Ingrid Adams

Ernst Biberstein:
Vom evangelischen Pfarrer zum SS-Verbrecher

Teilband 1

Geschichte
History

Band/Volume 174

LIT

Ingrid Adams

Ernst Biberstein: Vom evangelischen Pfarrer zum SS-Verbrecher

Eine Biographie als Strukturanalyse der NS-Täterschaft

Teilband 1

LIT

Umschlag:
Bildunterschrift Foto: German soldiers of the Waffen-SS and the Reich Labor Service look on as a member of an Einsatzgruppe prepares to shoot a Ukrainian Jew kneeling on the edge of a mass grave filled with corpses.
(Quelle: United States Holocaust Memorial Museum. Photograph | Photograph Number: 64407, Date: 1941 – 1943, Locale: Vinnitsa, [Podolia; Vinnitsa] Ukraine, Photo Credit: United States Holocaust Memorial Museum, courtesy of Sharon Paquette).

Die vorliegende Forschungsarbeit wurde von der Philosophischen Fakultät der Universität zu Köln im Januar 2019 im Fach Neuere/Neueste Geschichte als Dissertation angenommen unter dem Titel: *Der Fall des NS-Verbrechers Ernst B. Evangelischer Pfarrer. Leiter eines Erschießungskommandos im Russlandfeldzug 1941 – 1945. Zum Tode verurteilter NS-Gewalttäter. Haftentlassener auf „Parole“.*

Gedruckt auf alterungsbeständigem Werkdruckpapier entsprechend
ANSI Z3948 DIN ISO 9706

Bibliografische Information der Deutschen Nationalbibliothek
Die Deutsche Nationalbibliothek verzeichnet diese Publikation in der Deutschen Nationalbibliografie; detaillierte bibliografische Daten sind im Internet über http://dnb.dnb.de abrufbar.

ISBN 978-3-643-14531-4 (gb.)
ISBN 978-3-643-14531-4 (PDF)
Zugl.: Köln, Univ., Philosophische Fakultät, Diss., 2019

Verlagskontakt:
Fresnostr. 2 D-48159 Münster
Tel. +49 (0) 2 51-62 03 20
E-Mail: lit@lit-verlag.de http://www.lit-verlag.de

Auslieferung:
Deutschland: LIT Verlag, Fresnostr. 2, D-48159 Münster
Tel. +49 (0) 2 51-620 32 22, E-Mail: vertrieb@lit-verlag.de

Diese Forschungsarbeit ist zwei überragenden Persönlichkeit gewidmet, die durch Entschlossenheit, Mut und persönlichen Einsatz Nazi-Verbrechen aufgedeckt und damit Millionen von ermordeten NS-Opfern die Würde wiedergegeben haben.

Benjamin B. Ferencz (Jg. 1920)
Chefankläger im Fall 9 der Nürnberger Nachfolgeprozesse
(Nürnberger Einsatzgruppenprozess)

Dr. Fritz Bauer (1903–1968)
Generalstaatswalt in Hessen
Initiator des Ersten Frankfurter Auschwitz-Prozesses

Vorwort

Die vorliegende Forschungsarbeit ist die leicht überarbeitete Fassung meiner Dissertation, die im Wintersemester 2018/19 unter dem nachfolgenden Titel von der Philosophischen Fakultät der Universität zu Köln angenommen wurde:

Der Fall des NS-Verbrechers Ernst B.
Evangelischer Pfarrer
Leiter eines Erschießungskommandos im Russlandfeldzug 1941–1945
zum Tode verurteilter NS-Gewalttäter
Haftentlassener auf „Parole“

Diese Studie hätte nicht entstehen können ohne die tatkräftige Mitwirkung zahlreicher Menschen und Institutionen, denen ich an dieser Stelle danken möchte. Vorrangig und ganz besonders gilt mein Dank meinem Doktorvater Herrn Prof. Dr. Habbo Knoch, Inhaber des Lehrstuhls für Neuere und Neueste Geschichte an der Universität zu Köln, der mein Forschungsprojekt über mehrere Jahre mit wissenschaftlichem Rat begleitet und mich in regelmäßigen Gesprächen durch konstruktive Kritik auf Notwendiges hingewiesen hat. Desgleichen danke ich dem Zweitbetreuer dieser Studie, dem Historiker Herrn PD Dr. Aribert Reimann, für wichtige Fachdiskussionen. Zu besonderem Dank verpflichtet bin ich dem Lehrstuhlinhaber für Neuere Geschichte an der Universität zu Köln Herrn Prof. Dr. Ralph Jessen für die Übernahme des Drittgutachtens.

Zum Gelingen der vorliegenden Arbeit haben des Weiteren zahlreiche Archive beigetragen, deren Personal durch besonderes Fachwissen meine Recherchen vor Ort ermöglicht und unterstützt hat, von denen ich daher einige besonders hervorheben möchte. So bedanke ich mich ganz herzlich bei Frau Archivoberrätin Undine Beier, Bundesarchiv Berlin-Lichterfelde und Frau Annegret Neupert, Bundesarchiv Koblenz, insbesondere jedoch bei Frau Archivamtsrätin i. R. Bärbel Bauerschäfer und Herrn Archivamtsrat Gunther Friedrich, Staatsarchiv Nürnberg. Ebenso bin ich zu Dank verpflichtet gegenüber Frau Petra Mörtl und dem Team des Instituts für Zeitgeschichte München, des Weiteren gegenüber der Leiterin des Landeskirchlichen Archiv der Nordkirche (ehemals Nordelbisches Kirchenarchiv Kiel), Frau Dr. Annette Göhres. Herrn Propst a. D. Johannes Jürgensen danke ich für die Zusendung seines Vortragsmanuskriptes über die Rolle des Propstes Steffen im Rahmen der Haftentlassung Bibersteins während der Jahre 1955–1958. Die Vermittlung zu Propst Steffen kam zustande durch den heutigen Studienleiter für Erinnerungskultur und

Gedenkstättenarbeit der EVANGELISCHEN AKADEMIE DER NORDKIRCHE Herrn Dr. Stephan Linck. Auch ihm sei gedankt.

Nicht zuletzt gilt mein Dank dem Team zweier Bibliotheken für deren vielfältige Hilfe: zum einen Frau Claudia Manns und Herrn Christoph Hutter von der ERZBISCHÖFLICHEN DIÖZESAN- UND DOMBIBLIOTHEK KÖLN, zum andern Frau Dr. Annette Haller († 2017), der Geschäftsführerin der wissenschaftlichen Spezialbibliothek in Köln zur Geschichte des deutschsprachigen Judentums GERMANIA JUDAICA und ihrer Nachfolgerin Frau Dr. Ursula Reuter. Die ersten wichtigen Hinweise zu Recherchemöglichkeiten auf dem Gebiet der NS-Verbrechen verdanke ich dem ehemaligen Leiter der ZENTRALEN STELLE DER LANDESJUSTIZVERWALTUNGEN ZUR AUFKLÄRUNG NATIONALSOZIALISTISCHER VERBRECHEN IN LUDWIGSBURG Herrn Oberstaatsanwalt Kurt Schrimm, aber auch dem wissenschaftlichen Mitarbeiter des MARTIN-BUBER-INSTITUTS FÜR JUDAISTIK DER UNIVERSITÄT ZU KÖLN Dr. Carlo Gentile.

Darüber hinaus schulde ich Dank den Rechteinhabern für die Gewährung der Bildlizenzen, so unter anderem dem UNITED STATES HOLOCAUST MEMORIAL MUSEUM in Washington und dem WORLD HOLOCAUST REMEMBRANCE CENTER YAD YASHEM in Jerusalem. Nicht zuletzt sei dem LIT VERLAG und insbesondere dessen Lektor Herrn Guido Bellmann gedankt für die Aufnahme meiner Forschungsarbeit in die Schriftenreihe Geschichte.

BAND I

Inhalt: Band I

Vorwort i

Einleitung 1

1 Quellenlage. 4

2 Forschungsstand 7
Erste Phase (1945 bis etwa 1972) 8
Zweite Phase (1969 bis 1989/90). 13
Dritte Phase (ab 1989/90) 15

3 Forschungsziel und Forschungsmethoden 26

4 Gliederung der Arbeit 35

Kapitel 1
Werdegang bis zur Niederlegung des Kirchenamtes 1935 . . . 47

1 Bibersteins Sozialisation bis zum Eintritt in die NSDAP im Jahre 1926 . 47
1.1 Soziale Provenienz und frühe Erziehung. 47
1.2 Schulausbildung, Universitätsstudium, Einstieg in das Berufsleben 49

2 Völkische Bewegung als früher Prägefaktor. 51
2.1 Integraler Nationalismus und rassistischer Antisemitismus 52
2.2 Vertreter und Formierungen der völkischen Bewegung 53
2.3 Bibersteins Einritt in die NSDAP 57

3 Verhaftetsein in nationalprotestantischer Mentalität 59

4 Gesellschaftspolitische Aspekte zu Bibersteins Sozialisation 63
4.1 Versailler Vertrag und NSDAP-Beitritt 63
4.2 NSDAP-Hochburg Schleswig-Holstein 66

5 Ideologiegeschichtliche Aspekte zu Bibersteins Sozialisation. 71
5.1 Die Glaubensbewegung *Deutsche Christen* (DC) 72
Lagarde – Antisemit und Vordenker des Madagaskar-Plans 74
5.2 Bibersteins Affinität zur neopaganen Strömung 77
Die neopagane *Deutsche Glaubensbewegung* (DG). 78

6 Zur Dimension und politischen Funktion der *Deutschen Christen* (DC) . 84
6.1 Steigbügelhalter der NSDAP bei den Reichstagswahlen. 85

6.2 DC-Richtlinien – Vorwegnahme der Nürnberger Rassegesetze . . 90
6.3 Niedergang der Deutschen Christen 98
Pfarrernotbund – Protest der DEK. 101
Hitlers Reaktion 102

7 Biberstein – designierter Mitinitiator der *Deutschen Christen* in Schleswig-Holstein 104
7.1 Installation der DC – Auslöser Altonaer Blutsonntag? 104
7.2 Biberstein – Kreisfachberater bei den Kirchenwahlen 1933 105
7.3 Umstrukturierung der Landeskirche nach dem NS-Führerprinzip . 108
Einführung des Arierparagraphen 109
Einsetzung des NSDAP-Mitglieds Paulsen als Landesbischof . . . 111

8 Aufstieg in der kirchlichen Hierarchie 112
8.1 Propst von Bad Segeberg 1933 112
Einsetzende Auseinandersetzungen mit Amtsbrüdern und Vorgesetzten. 114
Parteipolitische Aktivitäten ab 1929 114
Konfrontation mit weltlichen Behörden 116
Einsetzung zum Kreisschulungsleiter der NSDAP 1933 118

9 Niederlegung des Kirchenamtes 1935 122
9.1 Äußerer Anlass 123
9.2 Bibersteins Begründungen 126

KAPITEL 2
KARRIERE IM NS-STAATSDIENST 1935-1945. 129

1 Kirchliche Angelegenheiten *vor* Entstehung des Reichskirchenministeriums 130

2 Machtzentrierung nach Hitlers Machtübernahme 131
2.1 Kirchliche Angelegenheiten im Reichsministerium für Wissenschaft, Erziehung und Volksbildung 132
2.2 Politische Dimension der Kirchlichen Angelegenheiten. 133
2.3 Dritte Abteilung für Kirchenangelegenheiten im SD-Hauptamt . . 134

3 Bildung eines Ministeriums für die kirchlichen Angelegenheiten 134

4 Struktur des Reichsministeriums für die kirchlichen Angelegenheiten . . 142
4.1 Referatsaufteilung bei Bibersteins Dienstantritt am 14.8.1935 . . . 142
4.2 Bibersteins Zuständigkeitsbereich. 143
4.3 Erweiterung von Bibersteins Aufgabenbereich 145

5 Zur Entstehung, Struktur und Funktion des SD 147
5.1 Nachrichtendienstliche Frühphase 147
5.2 Profil und Aufgabenbereich nach 1933 149
5.3 Organisation 150
5.4 Ideologisch geprägte Feindbilder 154
6 Zur kirchenpolitischen Funktion des SD 156
6.1 Amt II 113 – Konfessionell-politische Strömungen 156
Staatsfeind „Politischer Protestantismus“ 156
6.2 Biberstein – Referatsleiter „Gestapoangelegenheiten“ im Kirchenministerium 160
6.3 „Maßnahmen politischer Natur in kirchlichen Angelegenheiten“ . 162
7 Bibersteins Einbindung in die „SS-Sippengemeinschaft“ 1936 165
7.1 Personenkreis des SD-Netzwerkes als „Sparte der SS“ 166
7.2 Bibersteins Aufnahme in die SS. 168
Das SS-Selektionsverfahren 170
Personalberichtsbögen – NS-Bewertungsbögen 172
Großer Arier-Nachweis und Mindestkinderzahl 175
SS-Auszeichnungen für besondere Verdienste 176
8 Referent im Reichskirchenministerium und SS-Offizier im SDHA 1936-1941 179
8.1 Biberstein, Dudzus, Roth – Spitzeltätigkeit für den SD 179
8.2 Rückschau – religionpolitischer Kurs 1933/35 181
8.3 Massive Differenzen zwischen Kirchenmininister und Parteispitze. 187
Biberstein – Informant des SD 189
Attacken des Kirchenministers gegen seine Referenten 190
Rücktritt des Reichskirchenausschusses 191
Bibersteins Aufgaben bei der Durchführung der Kirchenwahlen . 192
Untergrabung des Hitler-Wahlerlasses durch den Kirchenminister . 194
8.4 SDHA – Gesetzentwürfe zur Trennung von Kirche und Staat . . . 198
8.5 Schaukelpolitik des Kirchenministers 199
Biberstein-Bericht: Parteinahme des Kirchenministers für die Deutschen Christen 201
8.6 Biberstein-Bericht: Boykottierung des Kirchenministers durch Mitarbeiter 203
Geplantes Disziplinarverfahren gegen Biberstein und Dudzus . . . 204
8.7 Verlust wichtiger Referate 206
8.8 Druckmittel des Kirchenministers – Hausverfügungen 209

8.9 Engmaschige SD-Überwachung des Kirchenministers 212

KAPITEL 3
BIBERSTEINS TÄTIGKEIT IM REICHSSICHERHEITSHAUPTAMT 1941-45 . 215

1 Die Aufhebung der rechtsstaatlichen Normen 219
1.1 Die Herauslösung des Exekutivapparates aus dem staatlichen Normengefüge. 221
1.2 Die Unterstellung der Polizeibehörden unter einen Partei-Apparat 225
1.3 Das Reichssicherheitshauptamt – Zentralisierungsorgan der Exekutivgewalt 227

2 Bibersteins Versetzung in das Reichssicherheitshauptamt 1941 232
2.1 Ausbildung im Reichssicherheitshauptamt 235
2.2 Hospitation im „Judenreferat“ 237

3 Chef der Staatspolizeistelle Oppeln/Oberschlesien 1941/42. 240
3.1 Bibersteins „Abkommen“ mit Heydrich 241
3.2 Zur Funktion der Staatspolizeistellen 247
3.3 Aufgabenbereiche und Zuständigkeiten als Gestapo-Chef 251
Beantragung von „Schutzhaft“ für Geistliche 255
Verschärfte Vernehmungsmethoden gegenüber „Staatsfeinden“ . . 260
Deportationen der über 65-jährigen Juden in das Ghetto Theresienstadt. 264
Deportationen von Juden in das Vernichtungslager Auschwitz. . . 273
Ausführung der Einsatzbefehle Heydrichs Nr. 8, 9 und 14. 277
Selektion sowjetischer Kriegsgefangener im Lager Lamsdorf . . . 284

4 Der politische Auftrag der Einsatzgruppen im Russlandfeldzug. 294
4.1 Operations- und Aufgabenbereich der Einsatzgruppen 309
4.2 Heydrichs „Judentötungsbefehl“ vom 2. Juli 1941 319
4.3 Selbstermächtigung der Einsatzgruppen zum Massenmord 320
4.4 Massenmord in der Ukraine 1941 als Folge der Selbstermächtigung 330
4.5 Die großen Massaker durch die Einsatzgruppe C im Herbst 1941 . 336
4.6 Zum Massaker von Babyń Jar und der NS-Legitimationsrhetorik . 341

5 Führer des Einsatzkommandos 6 im Russlandfeldzug 1942/43 357
5.1 Bibersteins Wehrmachtsbeorderung zum „Osteinsatz“ 357
5.2 Übernahme des Einsatzkommandos im September 1942 363

5.3 Zur Andersartigkeit des „sicherungspolitischen Auftrages“ im Herbst 1942 369
Marschrouten des EK 6 und des SK 10a/ EK 12 – ein geografischer Vergleich 376
5.4 Bibersteins Verbrechen an der Zivilbevölkerung im Rahmen der „Bandenbekämpfung“ 386
Zur Umwandlung des EK 6 in eine künftige stationäre Besatzungsstation 386
Bibersteins Aufgabenbereich als künftiger Kommandeur der Sicherheitspolizei und des SD (KdS) Rostow 387
Grundsätzliches zur Konstituierung der Zivilverwaltungen 396
Zum Einbau des EK 6 in die Befehlsstrukturen der Wehrmacht . . 397
Zielsetzungen der Partisanenkämpfe. 402
Zur Bekämpfung des zivilen Widerstandes in Bibersteins Einsatzgebiet 404
Hitlers Weisungen für die „verstärkte Bekämpfung des Bandenunwesens im Osten“ 408
Vom Grundsatzbefehl zur Selbstermächtigung 409
Bekämpfung der OUN in der Ost-Ukraine 1942 412
Grundsätzliches zum politischen Umschwenken der OUN 414
Tätigkeiten der OUN im Reichskommissariat Ukraine 415
Widerstandkampf der OUN in Bibersteins Einsatzgebiet 417
5.5 Zur Durchführung der „sicherungspolizeilichen Aufgaben“ 422
Exekutionen aufgrund völkerrechtswidriger Befehle 428
Hinrichtungen gemäß „geordneter polizeilicher Verfahren“ 430
Aufhebung der Rechtszuständigkeit durch den Kriegsgerichtsbarkeits-Erlass 431
Zur Arbeitsteiligkeit im Einsatzkommando 6. 433
Splitting der Zuständigkeitsbereiche auf Befehl des SS-Gruppenführers Dr. Thomas 436
Bibersteins Rekurs auf die „Verwaltungsaufgaben“. 438
Zum Ablauf der „Gerichtsverfahren“ und der Exekutionen 439
Bibersteins Berufung auf die verfassungsrechtlichen Prinzipien des „nationalsozialistischen völkischen Führerstaates“ 443
5.6 Rückzug des Einsatzkommandos im Februar 1943 446
Intensivierung der Exekutivtätigkeit aufgrund der militärischen Lage 446
Abordnung des Einsatzkommandos 6 zum „Bandeneinsatz“ in der West-Ukraine 447

6 Bibersteins Ausscheiden aus den Diensten des SD 448
6.1 Untersuchungsverfahren wegen des Verdachts des „passiven militärischen Ungehorsams“ 449
6.2 Militärrechtliche Begründung des Untersuchungsverfahrens . . . 450
Bibersteins Argumente 451
Auskünfte der Kommandantur des BdS an Biberstein 453
6.3 Rechtliche Würdigung der Befehlsverweigerung Bibersteins im Schlussbericht des Untersuchungsbeamten 454
6.4 Die vom Befehlshaber der Sicherheitspolizei und des SD (BdS) verhängte Disziplinarstrafe 456
7 Beamter in der inneren Verwaltung des Reichsministeriums des Innern . 457
7.1 Beorderung zum Einsatz in das Adriatische Küstenland 1944 . . . 458
7.2 Tätigkeit im Wirtschaftsreferat des Obersten Kommissars 459
7.3 Flucht ins Reich, Gefangennahme und Internierung 461

INHALT: BAND II

KAPITEL 4
ANGEKLAGTER VOR DEM US MILITARY TRIBUNAL II IN NÜRNBERG 1947/48 463

1 Juristische Voraussetzungen der Strafverfolgung. 464
- 1.1 Phasen der Entschlussbildung zur Ahndung der NS-Gewaltverbrechen 464
  - Gründung der Allied Commission for Punishment of War Crimes . 464
  - Installation der United Nations War Crimes Commission (UNWCC) 1942 466
  - Dekret des Präsidiums des Obersten Sowjets der UdSSR 1943 . . 466
  - Statement on Atrocities 1943 470
- 1.2 Das Londoner Statut – ein neues Rechtsinstrument 470
- 1.3 NS-Prozesse vor alliierten Militärgerichten 471
  - Strafprozesse vor britischen Militärgerichtshöfen. 471
  - Strafprozesse vor französischen Militärgerichtshöfen 472
  - Strafprozesse vor sowjetischen Militärgerichtshöfen 472
  - Strafprozesse vor US-amerikanischen Militärgerichtshöfen 472

2 Der Einsatzgruppenprozess – die Rückkehr des Rechts. 473
- 2.1 Entscheidungsfindung und Planung des Einsatzgruppenprozesses . 477
  - Installation des Office Chief of Counsel für War Crimes (OCCWC) 477
  - Benjamin Ferencz – Chefankläger im Einsatzgruppenprozess . . . 477
- 2.2 Rechtsgrundlagen und Verfahrensordnung des Einsatzgruppenprozesses 481
  - Das Kontrollratsgesetz Nr. 10 – die neue Rechtsgrundlage 481
  - Ordinance No. 7 – die neue Verfahrensordnung 485
- 2.3 Das Sozialprofil der Angeklagten 489
  - SS-Rangstufen. 489
  - Altersstruktur 491
  - Bildungsstand und Beruf 493
- 2.4 Zur Gruppenanklageschrift vom 29. Juli 1947 496
- 2.5 Das Beweisaufnahmeverfahren gegen Biberstein 500
  - Aspekte zu Bibersteins Affidavits 502

Zu Bibersteins Kenntnis des „Judenausrottungsbefehls“ 512
„Geordnete polizeiliche Strafverfahren“ oder Willkürakte? 519
2.6 Die Einzelanklageschrift gegen Biberstein 525
Rechtsgrundlagen der Anklage 526
In verantwortlicher Stellung begangene Verbrechen 530
Entlastendes Vorbringen 534
Aspekte zu Bibersteins Kenntnis der Judenausrottung 539
Der Prozess gegen Biberstein – ein Indizienverfahren. 541
2.7 Das Plädoyer der Verteidigung für Biberstein 544
Negation der Rechtszuständigkeit des US Military Tribunal II in Nürnberg 544
Negation völkerrechtlicher Bindungen – ein Entlastungsmoment? . 546
2.8 Die Aufhebung rechtsstaatlicher Normen als Erklärung für Bibersteins Verbrechen. 552
2.9 Verteidigungslinien der übrigen Angeklagten 558
Frage der Teilnahme an Exekutionen 558
Hinrichtungen als völkerrechtsmäßige Repressalie 561
Befehlsnotstand 564
Exkurs: Zur Entstehung des Judenausrottungsbefehls 569
3 Das Gerichtsurteil des US Military Tribunal II gegen Biberstein 572
3.1 Urteilsspruch und Urteilsbegründung 572
3.2 Verteidigung im Anschluss an den ergangenen Urteilsspruch – die Revisionsgesuche Bibersteins 585
Petition for Writ of Habeas Corpus and Writ of Prohibiton, 20.4.1948 586
Appeal for revision of the verdict of Military Tribunal II, 23.4.1948 592
Supplemental Petition Biberstein, 25.2.1949 600
3.3 Bestätigung des Todesurteils 602
4 Aspekte zur Tötungsbereitschaft der im Fall 9 verurteilten SS-Offiziere . 603
4.1 François Bayle – medizinischer Sachverständiger im Fall 9 605
4.2 Handlungsgrundlagen und Antriebskräfte 613
Handlungsgrundlagen:
(a) Verfassungsrechtliche Prinzipien des „nationalistischen völkischen Führerstaates“ 619
Handlungsgrundlagen:
(b) Selbstverständnis der SS als Ordenselite und Exekutivorgan der „Führergewalt“. 638

Antriebskräfte:
(a) Systemimmanenter massiver Effizienzdruck seitens der Dienstvorgesetzten 652
Antriebskräfte:
(b) Privilegien und Karrierechance (Himmlers Belohnungssystem) 660
Antriebskräfte:
(c) Gezielte immerwährende politische Indoktrinierung 662

KAPITEL 5
AUFHEBUNG DES TODESURTEILS 1951 675

1 Schuld- und Unschuldsdebatten nach 1945 – Kollektivschuld und Entnazifizierung 676
1.1 Zur Kollektivschuldthese – „Erschreckens"- und „Sühnerituale"[2] . 676
1.2 Karl Jaspers Einlassungen zur Kollektivschuldthese 681
1.3 Aspekte US-amerikanischer Entnazifizierungspolitik 684
1.4 Offensive der Kirchen gegen die US-Entnazifizierungspolitik . . . 689
Kirchliche Entnazifizierungskritik aus Bayern 690
Kirchliche Entnazifizierungskritik aus Württemberg 692
Selbstreinigungsbestebungen der protestantischen Kirche 695
2 „Kriegsverbrecherfrage" und kirchliche Lobbyarbeit. 700
2.1 Vorstoß der protestantischen Kirche in der „Kriegsverbrecherfrage" 701
Einforderung einer Appellationsinstanz 701
Einschalten der Presse 709
2.2 Vorstoß der katholischen Kirche in der „Kriegsverbrecherfrage". . 711
Einforderung einer Appellationsinstanz 711
Einschalten der Presse 715
2.3 Die Simpson-Überprüfungskommission 717
2.4 Individuelle kirchliche Fürsprache 721
Engagement für Todeskandidaten des Falles 9 721
Kirchliches Engagement für NS-Verbrecher – Erklärungsversuche 725
3 „Kriegsverbrecherfrage" und Lobbyarbeit der Juristen 735
3.1 Individuelle juristische Fürsprache 735
3.2 Unterstützung seitens des Heidelberger Juristenkreises 740
4 Aufhebung des Todesurteils 747
4.1 Politische Voraussetzungen 747

4.2 „Kriegsverbrecherfrage" und westdeutscher Erwartungshorizont 1949 . . . 749
4.3 Gnadenentscheid als US-amerikanischer Strafrechtsgrundsatz . . 753
Forderungen der Kriegsverbrecherlobby . . . 753
McCloys Vorentscheidungen . . . 757
Zur Arbeit des *Advisory Board on Clemency for War Criminals* . . 759
McCloys Gnadenentscheid vom 31.1.1951 . . . 765
Reaktionen auf McCloys Gnadenentscheid . . . 775

KAPITEL 6
HAFTAUSSETZUNG NACH DEM „PAROLE-VERFAHREN" UND RE-INTEGRATION 1958 . . . 777

1 Das „Parole-Verfahren" als Bestandteil des Überleitungsvertrages von 1952 . . . 778
1.1 Artikel 6 des Überleitungsvertrages . . . 779
1.2 Von den bilateralen Interim Boards zu dem Mixed Parole Board . . 784
2 Mixed (Parole) Board und Schleswig-Holsteinische Landeskirche . . . 788
2.1 Strafrechtliche Bestimmung der Haftaussetzung . . . 789
2.2 Bibersteins Arbeitsgesuch an die Schleswig-Holsteinische Landeskirche . . . 791
Auswärtiges Amt und Deutsches Rotes Kreuz . . . 795
Bericht des künftigen Paroliertenbetreuers . . . 797
Arbeitsplatzsuche seitens der Schleswig-Holsteinischen Landeskirche . . . 805
3 Re-Integration in das berufliche Leben . . . 812
3.1 Diverse Beschäftigungsverhältnisse . . . 812
3.2 Versorgungsleistungen im Alter . . . 819

SCHLUSS . . . 827
1 Rechtsfreie Sonderräume und genozidales Täterverhalten . . . 829
2 NS-Gewalttäter und mögliche Typisierungen . . . 833
3 Nulla poena sine lege? . . . 837
4 Die Nürnberger Prinzipien – Wegweiser für ein neues Völkerrecht . . . 839
5 Strafrechtliche Normsetzung durch den Internationalen Strafgerichtshof in Den Haag . . . 840
6 Strafrechtliche Normsetzung durch bundesdeutsche Gerichte 842

QUELLEN UND LITERATUR . . . 847
1 Quellen . . . 847
1.1 Archivalien . . . 847
1.2 Gedruckte Quellen . . . 853
2 Darstellungen . . . 868

Personenregister . . . 889
Ortsregister . . . 900

EINLEITUNG

> Die Tat des einzelnen Angeklagten, der an den Verbrechen mitwirkte, kann nur dann richtig und gerecht beurteilt werden, wenn man das Geflecht der geistigen, politischen und organisatorischen Voraussetzungen durchschaut, die zur Tat führten [...].
> Darum bedürfen wir in Deutschland für die geistige Arbeit mit dem Nationalsozialismus und seiner Zeit keiner Emotionen und keiner moralischen Erweckungsbewegung, sondern nüchterner Arbeit mit Verstand und Vernunft.[1]

Am 15. September 2017 veröffentlichte die *forsa Politik- und Sozialforschung GmbH* eine Studie über eine repräsentative Befragung von 1.009 Bundesbürgern (ab 14 Jahren) und 502 Schülern (ab 14 Jahren) zum Thema Geschichtsunterricht, die sie vom 7. Juli bis zum 31. August 2017 im Auftrag der Körber-Stiftung durchgeführt hatte. Im Rahmen jener Studie wurden deren Teilnehmer auch über ihre Bekanntheit von Auschwitz-Birkenau befragt. Während ähnlich wie bereits in den Jahren 2005 und 2012 die Mehrheit der befragen Bundesbürger – d. h. 80% von 1.009 – wusste, dass Auschwitz-Birkenau ein Konzentrations- bzw. ein Vernichtungslager war, besaßen lediglich 59% der befragten 502 Schüler Kenntnis über Auschwitz.[2]

Im Gegensatz zu dem Kenntnisstand der bundesrepublikanischen Bevölkerung über Auschwitz als Vernichtungslager scheint jedoch jener über das ukrainische *Babyń Jar* und das russische *Smijowskaja Balka* als Chiffre für die Ermordung der ein bis zwei Millionen jüdischer Bewohner der Sowjetunion durch Himmlers Einsatzgruppen und Polizeibataillone so gut wie unbekannt zu sein. So wurden am 29./30. September 1941 in der Schlucht Babyń Jar 33.771 Juden der Stadt Kiew erschossen und am 11./12. August 1942 in der Schlucht Smijowskaja Balka 27.000 Juden der Stadt Rostow am Don. In diesem Zusammenhang sei an die Rede des

---

[1] HANS BUCHHEIM/ MARTIN BROSZAT/ HANS-ADOLF JACOBSEN/ HELMUT KRAUSNICK: Anatomie des SS-Staates. Gutachten des Instituts für Zeitgeschichte 1965, München ⁸2005, S. 9, 11 (Vorwort der Herausgeber). Die heute vorliegende einbändige Ausgabe von 2005 war zunächst im Jahre 1979 als zweibändige Ausgabe in der Reihe dtv dokumete erschienen:
Bd. I: HANS BUCHHEIM: Die SS – das Herrschaftsinstrument. DERS.: Befehl und Gehorsam, München ²1979.
Bd. II: MARTIN BROSZAT: Nationalsozialistische Konzentrationslager 1933-1945. HANS ADOLF JACOBSEN: Kommissarbefehl und Massenexekutionen sowjetischer Kriegsgefangener. HELMUT KRAUSNICK: Judenverfolgung, München ²1979.

[2] https://www.koerber-stiftung.de/..../Ergebnisse_forsa-Umfrage_Geschichtsunterricht; 30.09.2017.

damaligen Bundespräsidenten Joachim Gauck erinnert, die er am 29. September 2016 in Kiew im Rahmen der Gedenkveranstaltung zum 75. Jahrestag des Massakers von Babyń Jar hielt und in der er mahnte, Babyń Jar als einen Erinnerungsort festzuhalten, an dem bis 1945 nicht nur die Juden der Stadt Kiew ermordet wurden, sondern ebenso „zehntausende sowjetische Kriegsgefangene, psychisch Kranke, Sinti und Roma und Angehörige der ukrainischen Nationalbewegung [OUN]. In unserem Wissen über den Massenmord an den Juden müsse Babyń Jar als Erinnerungsort einen festen Platz haben. Wir verstehen Auschwitz als Symbol für das Töten in den Vernichtungslagern. Babyń Jar steht für das, was dem industriellen Morden vorausging: das abertausendfache Töten durch Erschießen."[3] Gleiches gilt für Smijowskaja Balka.

Mit Blick auf die Forsa-Studie dürfte zudem das Wissen über die in der Nachkriegszeit durchgeführten Verfahren gegen Kriegsverbrecher und NS-Gewalttäter durch alliierte Militärgerichte ein ähnlich erschreckendes Bild geben, wenngleich auch dieser Sachverhalt bisher noch nicht durch eine Befragung der bundesrepublikanischen Bevölkerung statistisch relevant mittels Prozentangaben belegt wurde. Zwar ist der *Nürnberger Prozess gegen die Hauptkriegsverbrecher* vor dem International Military Tribunal (IMT) der Alliierten – unter anderem durch zahlreiche Fernsehdokumentationen – im kollektiven Gedächtnis der Deutschen verankert, hingegen ist der Kenntnisstand bezüglich der von den vier Alliierten in ihren jeweiligen Besatzungszonen bis zum Jahre 1949 durchgeführten Militärgerichtsprozesse gegen Kriegsverbrecher und NS-Gewalttäter aufgrund des Kontrollratsgesetzes Nr. 10 vom 20. Dezember 1945, Artikel III, Absatz 3-4, in Verbindung mit Artikel IV, Absatz 1, eher gering einzuschätzen.

So fanden in der US-amerikanische Besatzungszone vor den verschiedenen US Military Tribunals in Nürnberg von Oktober 1946 bis April 1949 zwölf weitere Gerichtsverfahren gegen 185 NS-Eliten statt, so in dem Ärzte-Prozess (Fall 1), dem Prozess gegen Generalfeldmarschall Erhard Milch (Fall 2), dem Juristenprozess (Fall 3), dem Prozess gegen das SS-Wirtschafts- und Verwaltungshauptamt (Fall 4), dem Prozess gegen hohe Repräsentanten der Industrie und Konzernführung: Flick, I.G. Farben, Krupp (Fall 5, 6, 10), dem Prozess gegen Süd-Ost-Generäle (Fall 7), dem Prozess gegen das Rasse- und Siedlungshauptamt der SS (Fall 8), dem Wilhelmstraßenprozess gegen Regierungsmitglieder (Fall 11), dem OKW-Prozess (Fall 12). In dem wohl berüchtigsten Fall 9 der Nürnberger Nachfolgeprozesse, dem Einsatzgruppenprozess, mussten sich 24 Leiter der in euphemistischer Diktion so bezeichneten *Einsatzgruppen* vor dem US Military Tribunal

[3] Rede des damaligen Bundespräsidenten Joachim Gauck im Pavillon für die Staatsoberhäupter in Kiew/Ukraine. Gedenkveranstaltungen am 29. September 2016 zum 75. Jahrestag der Massenhinrichtungen von Babyń Jar, in: http://www.bundespraesident.de/SharedDocs/Reden/DE/Joachim-Gauck/Reden/2016/09/160929-Kiew-Babyn-Jar.html; 29.06.2018.

II verantworten, die – in Einsatz- und Sonderkommandos unterteilt – als mobile Killing Units während des Russlandfeldzuges 1941-1945 aus rassenideologischen Gründen ein bis zwei Millionen sowjetische Zivilisten – überwiegend Juden, aber auch etwa eine halbe Million Sinti und Roma – getötet hatten. Als Chiffre für die Massenexekutionen jener seitens der US-amerikanischen Staatsanwaltschaft ermittelten ein bis zwei Millionen sowjetischer Zivilisten ist die Schlucht von Babyń Jar bei Kiew in der Ost-Ukraine zu bezeichnen, in der SS-Sturmbannführer Paul Blobel als Führer des lediglich 45 Mann starken Sonderkommandos 4 (SK 4) der Einsatzgruppe C, jedoch unter Beteiligung der 6. Armee unter Generalfeldmarschall Walter von Reichenau sowie mehreren größeren Einheiten von Polizeiregimentern der Ordnungs- und Feldpolizei am 29. und 30. September 1941 innerhalb von 24 Stunden 33.771 Juden der Stadt Kiew exekutieren ließ.[4] Hingegen konnte im Fall der 27.000 ermordeten Rostower Juden insofern nicht ermittelt werden, als die US-amerikanische Staatsanwaltschaft zu jenem Zeitpunkt keine Kenntnis über jenes größte Massaker auf russischem Boden besaß.

Einer der Führer jener 18 mobilen Killing Units war Ernst Emil Heinrich Biberstein, ein ehemaliger evangelischer Gemeindepfarrer und von 1933 bis 1935 sogar Propst der Schleswig-Holsteinischen Landeskirche, von der Rangstufe her etwa vergleichbar einem regionalen Bischof der katholischen Kirche. Nicht nur der Weg vom höheren geistlichen Würdenträger hinein in die NS-Vernichtungsmaschinerie erscheint auf den ersten Blick mehr als befremdlich, ebenso außergewöhnlich mutet Bibersteins Biografie nach 1945 an, als er zunächst am 10. April 1948 von dem US Military Tribunal II in Nürnberg zum Tod durch den Strang verurteilt wurde, das Urteil jedoch insofern nicht vollstreckt wurde, als infolge der Veränderung der weltpolitischen Lage durch den Kalten Krieg und der daraus resultierenden Modifizierung der US-amerikanischen Außenpolitik gegenüber der Bundesrepublik Deutschland seine Todesstrafe am 31. Januar 1951 durch den so bezeichneten *Gnadenentscheid* des amerikanischen Hohen Kommissars John Jay McCloy zunächst in eine lebenslange Haftstrafe umgewandelt und Biberstein sodann – symbolträchtig gewählt – am 8. Mai 1958 nach dem im US-amerikanischen Militärstrafrecht festgeschriebenen Rechtsgrundsatz der Strafunterbrechung nach dem *parole system* (release on parole)[5] unter bestimmten Auflagen vorzeitig aus der Haft entlassen wurde.

Jenes *Parole*-Verfahren war fest verankert in Artikel 6 des *Vertrages zur Regelung aus Krieg und Besatzung entstandener* Fragen, abgekürzt Überleitungs-

---

[4] KAZIMIERZ LESZCZYŃSKI (Hrsg.): *Fall 9.* Das Urteil von Nürnberg im SS-Einsatzgruppenprozeß gefällt am 10. April 1948 in Nürnberg vom Militärgerichtshof II der Vereinigten Staaten von Amerika. Mit einer Einleitung von Dr. Siegmar Quilitsch, Berlin(-Ost) 1963, S. 165.

[5] Code of Laws of the United States of America (United States Code), Title 10, Subtitle A, Chapter 48, Section 952 – Parole.

vertrag, einem Zusatzabkommen zum *Deutschlandvertrag* vom 26. Mai 1952 zwischen den drei Westalliierten und der Bundesrepublik Deutschland, durch den diese am 5. Mai 1955 den Rechtsstatus der (beschränkten) Souveränität erhielt.

1 QUELLENLAGE

Der vorliegenden empirischen Studie liegt umfangreiches Quellenmaterial zugrunde, insofern, als mehrere zehntausend Dokumente aus unterschiedlichen Archiven herangezogen und ausgewertet werden konnten. Ausführungen zu Bibersteins beruflichem Werdegang und zu seiner politischen Sozialisation sowie zu seiner Tätigkeit im Einsatzkommando 6 (EK 6) der Einsatzgruppe C, die als Killing Unit während des Russlandfeldzuges hinter der Heeresgruppe Süd in Teilen der Ostukraine und in der russischen Oblast Rostow am Don operierte, stützen sich zum einen auf die umfangreichen Bestände des Staatsarchivs Nürnberg zu dem Nürnberger Einsatzgruppenprozess,[6] zum anderen auf Bibersteins SS-Führer-Personalakte, die sich im ehemaligen *Berlin Document Center* (BDC) befand, dessen Bestände heute im Bundesarchiv, Dienstort Berlin-Lichterfelde, lagern, die aber auch als Kopie im Staatsarchiv Nürnberg (StAN) in den Dokumentenbüchern zu dem Nürnberger Einsatzgruppenprozess geführt werde. Bedauerlicherweise liegen hingegen keine *operativen* Quellen zu den von Biberstein an der ukrainischen Zivilbevölkerung begangenen Verbrechen während dessen Tätigkeit als Führer des EK 6 vor.

Dokumente zu Bibersteins Beschäftigung im NS-Staatsdienst als SS-Offizier und *Führer im SD* im Rahmen der religionspolitischen Funktion des Sicherheitsdienstes des Reichsführers SS (SD) während seiner Tätigkeit als Referent im Reichsministerium für die kirchlichen Angelegenheiten finden sich ebenfalls im Bundesarchiv, Dienstort Berlin-Lichterfelde, dort in unterschiedlichen Beständen, insbesondere jedoch in den personenbezogenen Sammlungen des NS-Archivs des Ministeriums für Staatssicherheit der ehemaligen DDR, das vormals im Zwischenarchiv Dahlwitz-Hoppegarten untergebracht war, dessen Bestände jedoch zwischenzeitlich im Bundesarchiv unter der neuen Signatur in die Abteilung R (Deutsches Reich 1495-1945) eingearbeitet worden sind. Desgleichen finden sich dort in unterschiedlichen Beständen Dokumente, insbesondere jedoch im Bestand R 58 (Reichssicherheitshauptamt), die hinsichtlich der Befehlsstrukturen für Bibersteins Tätigkeit als Chef der Gestapostelle Oppeln (Oberschlesien) und des in Bibersteins Zuständigkeitsbereich gehörenden Lagers für sowjetische Kriegsgefangene Lams-

[6] Das Gerichtsurteil gegen Biberstein und seine 23 Mitangeklagten hingegen befindet sich nicht im Staatsarchiv Nürnberg, sondern in den Beständen der U.S. National Archives (NA), Washington, D. C. Es existiert jedoch als Quelle in der oben erwähnten gedruckten Form: KAZIMIERZ LESZCZYŃSKI (Hrsg.), Fall 9.

dorf ebenso relevant sind wie für seine Funktion als Führer des Exekutionskommandos 6 der Einsatzgruppe C während des Russlandfeldzuges 1941-1945. Die Akten zu den Strafverfahren *Lager Lamsdorf* (Oberschlesien) und *Lager Neuhammer* (Niederschlesien) befinden sich bei der Staatsanwaltschaft Dortmund, jeweils unter dem Aktenzeichen 45 Js 9/69 bzw. 45 Js 43/65.

Während im Bundesarchiv Berlin-Lichterfelde der Bestand R 5101 (Reichsministerium für die kirchlichen Angelegenheiten) vollständig erhalten ist, weil er während des Krieges ausgelagert worden war, ist hingegen der Bestand R 58 (Reichssicherheitshauptamt) insofern lückenhaft, als die NS-Behörden beim Herannahen der alliierten Armeen darangingen, möglichst viel brisantes Dokumentenmaterial zu vernichten, insbesondere jene Schriftstücke, die geeignet gewesen wären, den Alliierten als Beweisstücke für die NS-Verbrechen zu dienen.

Im Nordelbischen Kirchenarchiv Kiel (NEK-Archiv) – heute umbenannt in Landeskirchliches Archiv der Ev.-Luth. Kirche in Norddeutschland, Standort Kiel (LKAK), – hingegen lagern Bestände, die unter anderem Auskunft geben über die Etablierung der *Deutschen Christen* (DC) in Schleswig-Holstein im Jahre 1933 sowie über die Beauftragung Bibersteins durch die NSDAP-Reichsleitung in München zur Etablierung der *Deutschen Christen* (DC) in Schleswig-Holstein. Weitere Bestände des Nordelbischen Kirchenarchivs (NEK-Archiv) lassen wesentliche Hinweise auf die Resozialisierung Bibersteins nach 1945 im Rahmen des US-amerikanischen *Parole*-Verfahrens zu.

Quellen zu den zahlreichen Eingaben an den Hohen Kommissar John Jay McCloy seitens der Kriegsverbrecherlobby als pressure group finden sich im Archiv des Instituts für Zeitgeschichte (IfZ) München im Bestand MF 260 (Akten des *Office of Military Government for Germany, U.S.* [OMGUS-Akten]). Jedoch haben die USA bisher lediglich ein Drittel des gesamten OMGUS-Bestandes der Bundesrepublik Deutschland zur Verfügung gestellt. Des Weiteren wurden kleinere regionale Archive in Anspruch genommen, insbesondere das Landesarchiv Schleswig-Holstein, dort die Bestände Abt. 352 Kiel, Nr. 949 sowie Abt. 301 (Akten des Oberpräsidenten) und Nr. 4559 (NSDAP 1931/32, Bd. 5), zudem das Archiv der Kirchengemeinde Neumünster.

Zur Innen- und Außenpolitik des Dritten Reiches hat Wolfgang Michalka in zweibändigem Format die *Dokumente zur Innen- und Außenpolitik des Dritten Reiches* ediert.[7] Als weitere wichtige gedruckte Quelle liegt unter anderem Gaugers bekanntes dreibändiges Dokumentenwerk *Chronik der Kirchenwirren*[8] vor,

[7] WOLFGANG MICHALKA (Hrsg.): Das Dritte Reich. Dokumente zur Innen- und Außenpolitik, München 1985. Bd. I: „Volksgemeinschaft" und Großmachtpolitik 1933-1939. Bd. II: Weltmachtanspruch und nationaler Zusammenbruch 1939-1945.

[8] JOACHIM GAUGER: Chronik der Kirchenwirren, Bd. I-III, Elberfeld 1934-1936. Bd. I: Vom Aufkommen der „Deutschen Christen" 1932 bis zur Bekenntnis-Reichssynode im Mai 1934. Bd. II:

in dem sich insbesondere eine Fülle von kirchlichen Verordnungen und Erlassen sowie solchen der verschiedenen Ministerien des Dritten Reiches zu dem so bezeichneten *Kirchenkampf* findet. Mit der gleichen Thematik befasst sich das von Georg Kretschmar, Carsten Nicolaisen und Gertraud Grünzinger herausgegebene fünfbändige Quellenwerk *Dokumente zur Kirchenpolitik des Dritten Reiches.*[9]

Im Hinblick auf Bibersteins Tätigkeit als Chef der Gestapostelle Oppeln sowie insbesondere als Führer des Exekutionskommandos 6 der Einsatzgruppe C während des Russlandfeldzuges 1941-1945 sind die im Jahre 1997 von Peter Klein herausgegebenen *Tätigkeits- und Lageberichte des Chefs der Sicherheitspolizei und des SD*[10] zu nennen, die elf Tätigkeits- und Lageberichte der Einsatzgruppen umfassen sowie 18 Einsatzbefehle aus dem Reichssicherheitshauptamt (RSHA), und zwar 17 schriftliche Einsatzbefehle Heydrichs sowie nach dessen Tod einen Funkspruch des Chefs der Geheimen Staatspolizei Heinrich Müller zur „Lösung der Judenfrage" in Litauen. Die Originale dieser Dokumente befinden sich im Sonderarchiv Moskau (Signatur 500-1-25). Anfang der 1960er-Jahre wurden sie als Kopie der am 6. November 1958 in Ludwigsburg eingerichteten *Zentralen Stelle der Landesjustizverwaltungen zur Aufklärung nationalsozialistischer Verbrechen* zu Strafverfolgungszwecken zur Verfügung gestellt (dort Signatur ZStL UdSSR, Bd. 403). Eine zweite Kopie der Dokumente befindet sich im Bundesarchiv, Dienstort Berlin-Lichterfelde, (Signatur BArch R 70/SU, Bd. 32).[11]

Zu der Tätigkeit der Einsatzgruppen während des Russlandfeldzuges 1941-1945 existieren zudem die im Jahre 2011 von Klaus-Michael Mallmann, Andrej Angrick, Jürgen Matthäus und Martin Cüppers edierten *Ereignismeldungen UdSSR 1941*, die 149 Meldungen der Einsatzgruppen innerhalb des Zeitraumes

Von der Barmer Bekenntnis-Reichssynode im Mai 1934 bis zur Einsetzung der Vorläufigen Leitung der Deutschen Evangelischen Kirche im November 1934. Bd. III: Von der Einsetzung der Vorläufigen Leitung der Deutschen Evangelischen Kirche im November 1934 bis zur Errichtung des Reichsministeriums für die kirchlichen Angelegenheiten im Juli 1935.

9 GEORG KRETSCHMAR/ CARSTEN NICOLAISEN/ GERTRAUD GRÜNZINGER (Hrsg.): Dokumente zur Kirchenpolitik des Dritten Reiches, Gütersloh 1971-2008. Bd. I: Das Jahr 1933. Bd. II: 1934/35. Vom Beginn des Jahres 1934 bis zur Errichtung des Reichsministeriums für die kirchlichen Angelegenheiten am 16. Juli 1935. Bd. III: Von der Errichtung des Reichsministeriums für die kirchlichen Angelegenheiten bis zum Rücktritt des Reichskirchenausschusses (Juli 1935-Februar 1937). Bd. IV: 1937-1939. Vom Wahlerlaß Hitlers bis zur Bildung des Geistlichen Vertrauensrates (Februar 1937-August 1939). Bd. V: 1939-1945. Die Zeit des Zweiten Weltkriegs (September 1939-Mai 1945).

10 PETER KLEIN (Hrsg.): Die Einsatzgruppen in der besetzten Sowjetunion 1941/42. Die Tätigkeits- und Lageberichte des Chefs der Sicherheitspolizei und des SD. Mit einer Einleitung vom Herausgeber und mit Beiträgen und Kommentaren von Andrej Angrick, Christian Gerlach, Dieter Pohl und Wolfgang Scheffler (Publikationen der Gedenk- und Bildungsstätte Haus der Wannsee-Konferenz; 6), Berlin 1997.

11 Ebd., S. 25.

vom 23. Juni 1941 bis zum 22. Dezember des gleichen Jahres umfassen.[12] Der Gesamtumfang der Ereignismeldungen UdSSR 1941/42 beinhaltet 195 Meldungen. Die Originaldokumente befinden im Bundesarchiv, Dienstort Berlin-Lichterfelde, (Signatur BArch R 58/214-219). In die nach 1945 beginnenden Auseinanderetzungen um die so bezeichnete *Kriegsverbrecherfrage* bieten unter anderem die Bundestags-Berichte hinreichend Einblicke, insbesondere jene aus den Jahren 1950/51.[13]

Seit 2008 ist eine Quellenedition in Planung, die vom Bundesarchiv, dem Institut für Zeitgeschichte München, dem Lehrstuhl für Neuere und Neueste Geschichte an der Albrecht-Ludwigs-Universität Freiburg und dem Lehrstuhl für Geschichte Ostmitteleuropas an der Freien Universität Berlin herausgegeben wird und die in sechzehn Bänden *Die Verfolgung und Ermordung der europäischen Juden durch das nationalsozialistische Deutschland 1933-1945* thematisiert. Elf der sechzehn Bände sind bereits erschienen, darunter die für diese Studie relevanten Bände 7/8, die den Bereich *Sowjetunion mit den annektierten Gebieten* umfassen.[14]

2 Forschungsstand

Die NS-Forschung lässt sich grob in drei Phasen einteilen, die ihrerseits jeweils veränderte Fragestellungen aufwarfen, aus denen zum Teil heftige wissenschaftliche Debatten hervorgingen. Die erste Etappe dauerte etwa bis zum kulturellen Epochen-Bruch der späten 1960er- und frühen 1970er-Jahre und hing eng mit der so bezeichneten *Vergangenheitsbewältigung* seitens der westdeutschen Bevölkerung zusammen. Die zweite Etappe war vor allem von Deutungskontroversen geprägt und umfasste die 1970er- und insbesondere die 1980er-Jahre. Die deutsche Wiedervereinigung 1989/90 leitete sodann die dritte Etappe der NS-Forschung ein,

---

[12] Klaus-Michael Mallmann/ Andrej Angrick/ Jürgen Matthäus/ Martin Cüppers (Hrsg.): Die „Ereignismeldungen UdSSR" 1941. Dokumente der Einsatzgruppen in der Sowjetunion I (Veröffentlichungen der Forschungsstelle Ludwigsburg der Universität Stuttgart; 20), Darmstadt 2011.

[13] *Verhandlungen des deutschen Bundestages.* Stenographische Berichte und Drucksachen, Bonn 1949ff.

[14] Bundesarchiv, Institut für Zeitgeschichte, Lehrstuhl für Neuere und Neueste Geschichte an der Albrecht-Ludwigs-Universität Freiburg und Lehrstuhl für Geschichte Ostmitteleuropas an der Freien Universität Berlin (Herausgeberschaft); Götz Aly, Wolf Gruner u. a. für diese Herausgeberschaft: Die Verfolgung und Ermordung der europäischen Juden durch das nationalsozialistische Deutschland 1933-1945. Bd. 7: Sowjetunion und annektierte Gebiete I – (1) Besetzte sowjetische Gebiete unter deutscher Militärverwaltung, Baltikum und Transnistrien, bearb. von Bert Hoppe und Hildrun Glass, München 2011. Bd. 8: Sowjetunion und annektierte Gebiete II, bearb. von Bert Hoppe und Imke Hansen, Berlin 2016.

die bis heute andauert. Sie bedeutete eine entscheidende Zäsur in der Historiografie und ist somit durch einen deutlichen Perspektivenwechsel gekennzeichnet.

Erste Phase (1945 bis etwa 1972):

In der unmittelbaren Nachkriegszeit war die Auseinandersetzung Deutschlands mit dem Nationalsozialismus zunächst geprägt von den Nürnberger Prozessen sowie den Entnazifizierungsmaßnahmen der Alliierten in Politik, Verwaltung und Wirtschaft. Insofern hatte die westdeutsche Bevölkerung den Prozess gegen die Hauptkriegsverbrecher vor dem Internationalen Militärgerichtshof (IMT) in Nürnberg in einem Erinnerungs- und Schuldabwehrmechanismus zunächst als Entlastung wahrgenommen in der Weise, dass sie die nationalsozialistische Genozid-Politik in reduktionistischer Weise allein Hitler und dessen engstem Mitarbeiterstab zuschrieb und dabei diesen Personenkreis, insbesondere Hitler selbst, dämonisierte.

Hingegen kamen die nachgeordneten Funktionseliten, etwa das Führungskorps des Sicherheitsdienstes des Reichsführers SS (SD), der Schutzstaffel (SS) und des Reichsicherheitshauptamtes (RSHA), bis weit in die 1960er-Jahre hinein sowohl in der Wahrnehmung der Bevölkerung als auch in der Historiografie „als selbständig handelnde Gruppe [...] nicht vor, sondern lediglich als Befehlsempfänger und Durchführungsgehilfen Hitlers.“[15] Insbesondere seit dem Jerusalemer Eichmann-Prozess im Jahre 1961 wurde jene Tätergruppe in reduktionistischer Betrachtungsweise mit dem Begriff *Schreibtischtäter* belegt. Zwar hatte Eichmann in der NS-Hierarchie gegenüber den Führungsstäben in SS, SD und ab 1939 im Reichssicherheitshauptamt (RSHA) tatsächlich eine nachgeordnete Rolle gespielt, insofern, als er etwa nach dem Geschäftsverteilungsplan des Reichssicherheitshauptamtes (RSHA) vom März 1941 bzw. nach der Umstrukturierung des Reichssicherheitshauptamtes (RSHA) im Juli 1941 als Leiter des Referates IV B 4 (Judenangelegenheiten, Räumungsangelegenheiten)[16] dem Amt IV B (Gegner-Erforschung und Gegner-Bekämpfung – Geheimes Staatspolizeiamt) unterstand, dessen Leitung der SS-Sturmbannführer Albert Hartl innehatte.[17] Gleichwohl oblag Eichmann in seiner Funktion als Leiter des Referates IV B 4 die gesamte Planung und Organisation hinsichtlich der Deportation der jüdischen Bevölkerung aus Deutschland und den besetzten Gebieten Europas, ebenso die Koordinierung der jeweiligen Transpor-

[15] ULRICH HERBERT: Best. Biographische Studien über Radikalismus, Weltanschauung und Vernunft 1903-1989, Bonn ^{5}2011; teilweise zugleich: Hagen, Fernuniv., Habil.-Schr., 1992, S. 17.

[16] Das *Eichmann Referat* hatte seinen Sitz nicht im Reichsicherheitshauptamt im Prinz-Albrecht-Palais in der Wilhelm-Str. 101, sondern war im Bezirk Tiergarten in der Kurfürstenstr. 115/116 untergebracht, also weit entfernt vom Regierungsviertel in Berlin Mitte/ Berlin Kreuzberg.

[17] Änderung des Geschäftsverteilungsplanes des Reichssicherheitsamtes vom Mai bzw. Juli 1941, BArch, R 58/7396, fol. 14 und 17.

te mit der Reichsbahn und den zuständigen Polizeistellen in die entsprechenden Konzentrations- und Vernichtungslager im Osten.

Desgleichen war die Historiografie der unmittelbaren Nachkriegsjahre vor allem auf die Haupttäter fokussiert, wenngleich die Akten der Nürnberger Prozesse – in denen auch ausführlich über die Instrumente der NS-Herrschaft wie SS, SD und Gestapo verhandelt worden war – bereits ab 1950 der Forschung zugänglich waren. Stattdessen wurde in apologetischer Manier „der Nationalsozialismus [...] als ‚Kulturvergessenheit', als Negation des christlichen Abendlandes oder gar als Gottlosigkeit überhaupt gedeutet." Darüber hinaus konkretisierte sich jener Schuldabwehrmechanismus in der „Viktimisierung der Deutschen",[18] die sich als Opfer alliierter Bombenangriffe und Vertreibung begriffen.[19]

Durch den Ulmer Einsatzgruppenprozess im Jahre 1958 gegen zehn Gestapo-, SD- und Polizeiangehörige, insbesondere jedoch durch den Jerusalemer Prozess gegen Adolf Eichmann im Jahre 1961 sowie durch die drei Auschwitz-Prozesse gegen das Personal der Konzentrations- und Vernichtungslager in den Jahren 1963-1968 (1963/65, 1965/66, 1967/68) ebenso wie durch den 1975 bis 1980 durchgeführten Majdanek-Prozess in Düsseldorf gegen 16 Angehörige der SS, die jeweils von starkem Medieninteresse begleitet wurden, erlangte die bundesrepublikanische Bevölkerung erstmals genauere Kenntnis über die nationalsozialistischen Massenverbrechen. Besonders großes Medieninteresse erregte der 2009 anberaumte Strafprozess vor dem Landgericht München II gegen den ehemaligen ukrainischen Soldaten der Roten Armee, John Demjanjuk, der als so bezeichneter „Hilfswilliger" für die SS im Vernichtungslager Sobibór tätig gewesen war, desgleichen die seit 2015 in die Wege geleiteten sechs Auschwitz-Prozesse.[20] Zugleich wurde im Zusammenhang mit den zwischen 1958 und 1981 durchgeführten Gerichtsprozessen einer breiteren Bevölkerungsschicht eine neue Historikergeneration bekannt, deren Vertreter bereits Jahre zuvor intensive Forschungsarbeit „über das NS-Regime und seine Verbrechen" betrieben hatten und „die nun vor den Gerichten als Gutachter auftraten und Anfang der [19]60er-Jahre ihre Ergebnisse in

---

18 MICHAEL WILDT: Die Epochenzäsur 1989/1990 und die NS-Historiographie, in: Zeithistorische Forschungen/ Studies in Contemporary History, 5 (2008), H. 3.

19 ULRICH HERBERT: Vernichtungspolitik. Neue Antworten und Fragen und Antworten zur Geschichte des „Holocaust", in: DERS. (Hrsg.): Nationalsozialistische Vernichtungspolitik 1939-1945. Neue Forschungen und Kontroversen, Frankfurt/M. 1988, S. 9-66, hier S. 13.

20 2015: Lüneburger Auschwitz-Prozess gegen *Oskar Gröning*, 2016: Detmolder Auschwitz-Prozess gegen *Reinhold Hanning*, 2016: Neubrandenburger Auschwitz-Prozess gegen *Hubert Zafke*, 2015: Kieler Auschwitz-Prozess gegen eine SS-Helferin, 2015: Hanauer Auschwitz-Prozess gegen einen SS-Wachmann, 2018: Stuttgart/Mannheimer Auschwitz-Prozess gegen einen SS-Wachmann. Jedoch nur die Strafverfahren gegen Gröning und Hanning konnten verhandelt werden, da die in den übrigen oben genannten Verfahren entweder als dauerhaft verhandlungsunfähig erklärt worden oder während des Verfahrens verstorben waren.

Buchform vorlegten."[21] Federführend wurde dabei das Institut für Zeitgeschichte (IfZ) München.[22]

„Insbesondere in den 1950er- und 1960er-Jahren unterstützten IfZ-Wissenschaftler Behörden und die Justiz mit Sachverständigengutachten über Funktionsweise, Strukturen oder Personal des NS-Regimes bei der Verfolgung von NS- und Kriegsverbrechen. Die Zahl solcher IfZ-Gutachten lag bis 1958 bei durchschnittlich 150 im Jahr. Seit 1958, als die Prozesse gegen das Personal der Konzentrations- und Vernichtungslager und die der Einsatzgruppen geführt oder vorbereitet wurden, stieg die Zahl der Aufträge auf bis zu 600 im Jahr an."[23] Die ersten *Veröffentlichungen* der IfZ-Gutachten waren jene für die NS-Forschung wegweisenden fünf Studien, in denen vier namhafte Historiker und Politikwissenschaftler die Struktur und Organisation der nationalsozialistischen Herrschaft analysiert und dabei die Funktionselite des NS-Terrorapparates durchaus als „selbständig handelnde Gruppe"[24] ausgewiesen hatten. Jene fünf Gutachten waren von dem Generalstaatsanwalt der Frankfurter Auschwitz-Prozesse, Dr. iur. Fritz Bauer, noch vor Prozessbeginn bei dem Institut für Zeitgeschichte in Auftrag gegeben worden, um Richtern und Staatsanwälten im Hinblick auf Wirkungszusammenhänge und Verantwortlichkeiten der NS-Funktionseliten den Erwerb umfassender Sachkenntnisse zu ermöglichen.[25] So stellte Hans Buchheim dem Gericht die beiden Gutachten *Die SS – das Herrschaftsinstrument* sowie *Befehl und Gehorsam* (bezogen auf die Angehörigen der SS und Polizei) zur Verfügung. In dem letztgenannten Gutachten erörterte Buchheim unterschiedliche Befehlsformen und beantwortete die für das Gericht relevante Frage nach der Befehlsverweigerung in Weltanschauungssachen. Martin Broszat ergänzte jene Gutachten-Reihe durch seine Studie über *Nationalsozialistische Konzentrationslager*. Hans-Adolf Jacobsen wiederum analysierte in seiner Forschungsarbeit die *Massenexekutionen russischer Kriegsgefangener* aufgrund des von Hitler erteilten völkerrechtswidrigen so bezeichneten *Kommissarbefehls* in Verbindung mit dem *Militärgerichtsbarkeitserlass*, d. h. *der Weisung zur Einschränkung der Kriegsgerichtsbarkeit*, während des Vernichtungsfeldzuges gegen die Sowjetunion 1941-1945. Helmut Krausnick dagegen lieferte den Prozessbeteiligten in seiner Studie über *Judenverfolgung* wesentliche Erkenntnisse über

---

21 ULRICH HERBERT, Vernichtungspolitik, S. 14.

22 INSTITUT FÜR ZEITGESCHICHTE MÜNCHEN-BERLIN: Gutachten des Instituts für Zeitgeschichte, 2 Bd., München 1958 u. 1966.

23 INSTITUT FÜR ZEITGESCHICHTE MÜNCHEN-BERLIN. GESCHICHTE DES INSTITUTS. Gutachten, www.ifz-muenchen.de/das-institut/Gutachten; 05.05.2014.

24 ULRICH HERBERT, Best, S. 17.

25 HANS BUCHHEIM/ MARTIN BROSZAT/ HANS-ADOLF JACOBSEN/ HELMUT KRAUSNICK: Anatomie des SS-Staates (Gutachten des Instituts für Zeitgeschichte), München ^{8}2005 [erste Auflage 1965].

den modernen, d. h. rassistisch begründeten Antisemitismus, der nicht erst in der NS-Zeit, sondern bereits ab der Mitte des 19. Jahrhunderts aufgekommen war.[26]

Abgesehen von jenen fünf wegweisenden Studien ist jedoch bis in die späten 1980er-Jahre eine Marginalisierung des nationalsozialistischen Massenmordes „in nahezu allen deutschsprachigen Gesamtdarstellungen des ‚Dritten Reiches'"[27] festzustellen. Desgleichen fanden wegweisende empirische Forschungsergebnisse ausländischer Wissenschaftler zum Themenkomplex des Holocaust in der deutschen NS-Forschung in der Regel keine größere oder gar keine Beachtung, so die Forschungsarbeiten des französischen Neuropsychiaters François Bayle, der als Prozessbeobachter bei sämtlichen Nürnberger Prozessen zugelassen worden war. Seine dort getätigten empirischen Studien und Erfahrungen veröffentlichte er 1950 und 1953. In der ersten umfangreichen wissenschaftlichen Arbeit *Croix Gammée contre caducée. Les expériences humaines en Allemagne pendant la deu-*

---

[26] HANS BUCHHEIM: Die SS – das Herrschaftsinstrument. Schriftliches Sachverständigen-Gutachten für den Auschwitz-Prozeß, vor Gericht am 7. Februar 1964 auszugsweise mündlich vorgetragen, in: HANS BUCHHEIM/ MARTIN BROSZAT/ HANS ADOLF JACOBSEN/ HELMUT KRAUSNICK: Anatomie des SS-Staates. Gutachten des Instituts für Zeitgeschichte 1965, München [8]2005, S. 13-212. DERS.: Befehl und Gehorsam. Schriftliches Sachverständigen-Gutachten für den Auschwitz-Prozeß, vor Gericht am 2. Juli 1964 auszugsweise mündlich vorgetragen, in: HANS BUCHHEIM/ MARTIN BROSZAT/ HANS-ADOLF JACOBSEN/ HELMUT KRAUSNICK: Anatomie des SS-Staates. Gutachten des Instituts für Zeitgeschichte 1965, München [8]2005, S. 213-320. Der Politikwissenschaftler Hans Buchheim (Jg. 1922) war von 1951 bis 1960 im Institut für Zeitgeschichte München als wissenschaftlicher Mitarbeiter tätig und forschte dort über die Herrschaftsorganisation des NS-Staates sowie über die SS und deren Organisationen. Seit 1960 lehrte Buchheim als Ordinarius für Politikwissenschaft an der Johannes-Gutenberg-Universität Mainz. MARTIN BROSZAT: Nationalsozialistische Konzentrationslager 1933-1945. Schriftliches Sachverständigen-Gutachten für den Auschwitz-Prozeß, vor dem Schwurgericht Frankfurt a. M. am 21. Februar 1964 mündlich vorgetragen, in: HANS BUCHHEIM/ MARTIN BROSZAT/ HANS-ADOLF JACOBSEN/ HELMUT KRAUSNICK: Anatomie des SS-Staates. Gutachten des Instituts für Zeitgeschichte 1965, München [8]2005, 321-445. Der Historiker Martin Broszat (1926-1989) war von 1955 bis 1972 zunächst wissenschaftlicher Mitarbeiter des Instituts für Zeitgeschichte München, danach bis zu seinem Tod dessen Leiter als Nachfolger von Helmut Krausnick. HANS-ADOLF JACOBSEN: Kommissarbefehl und Massenexekutionen sowjetischer Kriegsgefangener. Schriftliches Sachverständigen-Gutachten für den Auschwitz-Prozeß, vor dem Schwurgericht in Frankfurt a. M. am 14. August 1964 mündlich vorgetragen, in: HANS BUCHHEIM/ MARTIN BROSZAT/ HANS-ADOLF JACOBSEN/ HELMUT KRAUSNICK: Anatomie des SS-Staates. Gutachten des Instituts für Zeitgeschichte 1965, München [8]2005, S. 447-544. Der Politikwissenschaftler und Historiker Hans-Adolf Jacobsen (Jg. 1925) war von 1969 bis zu seiner Emeritierung im Jahre 1991 Ordinarius am Seminar für Politische Wissenschaft der Rheinischen Friedrich-Wilhelms-Universität Bonn. HELMUT KRAUSNICK: Judenverfolgung. Schriftliches Sachverständigen-Gutachten für den Auschwitz-Prozess, vor dem Schwurgericht Frankfurt a. M. am 17. Februar 1964 auszugsweise mündlich vorgetragen, in: HANS BUCHHEIM/ MARTIN BROSZAT/ HANS-ADOLF JACOBSEN/ HELMUT KRAUSNICK: Anatomie des SS-Staates. Gutachten des Instituts für Zeitgeschichte 1965, München [8]2005, S. 547-678. Der Historiker Helmut Krausnick (1905-1990) war von 1953-1958 wissenschaftlicher Mitarbeiter des Instituts für Zeitgeschichte München und von 1959 bis 1972 dessen Leiter.

[27] ULRICH HERBERT, Vernichtungspolitik, S. 15.

xième guerre mondiale (Hakenkreuz gegen Äskulapstab. Die Menschenversuche in Deutschland während des Zweiten Weltkriegs) dokumentierte und analysierte er auf 1.521 Seiten die NS-Gewaltverbrechen und deren Täter, wie über sie in dem ersten Nürnberger Nachfolgeprozess, dem sogenannten Ärzteprozess, verhandelt worden war.[28] Jene Forschungsarbeit Bayles ist entschieden detaillierter als die im Jahre 1999 als Microfiche von Klaus Dörner 1999 herausgegebene Dokumentation und der dazugehörige Erschließungsband.[29] In der zweiten 550 Seiten umfassenden Forschungsarbeit *Psychologie et ethique du National-Socialisme. Étude anthropologique des dirigeants S.S.* (Psychologie und Ethik des Nationalsozialismus. Anthropologische Studie der SS-Führungsoffiziere)[30] analysiert er in Kapitel II die Charaktereigenschaften sämtlicher im Nürnberger Einsatzgruppenprozess angeklagten und verurteilten SS-Offiziere, somit auch den Charakter Bibersteins. Dr. phil. Dr. med. François Bayle war ab 1953 als Oberstabsarzt der französischen Marine und als Facharzt für Neuro-Psychiatrie in Krankenhäusern tätig (Médecin de 2ème classe de la Marine. – Spécialiste de neuropsychiatrie des hôpitaux). Wie Bayle war auch der französische Historiker Léon Poliakov als Prozessbeobachter und Übersetzer bei den Nürnberger Prozessen akkreditiert. Bereits im Jahre 1951 erschien seine Forschungsarbeit *Bréviaire de la Haine. Le IIIe Reich et les Juifs* (Brevier des Hasses. Das Dritte Reich und die Juden).[31] Bis heute gibt es keine deutsche Übersetzung jener wichtigen empirischen Forschungsarbeit. Zwar wurde die im Jahre 1953 erschienene und auf den gleichen Quellen wie Poliakovs Studie basierende Analyse des britischen Historikers Gerald Reitlinger[32] bereits drei Jahre nach ihrem Erscheinen ins Deutsche übersetzt, fand jedoch in der deutschen Geschichtswissenschaft ebenfalls keine wesentliche Rezeption. Selbst die 1955 abgeschlossene und 1961 veröffentlichte großangelegte und auf mehr als 40.000 Quellen basierende Dissertation Raul Hilbergs[33] erschien erst 21 Jahre später, d. h. im Jahre 1981, in deutscher Übersetzung.

---

28 FRANÇOIS BAYLE: Croix Gammée contre caducée. Les expériences humaines en Allemagne pendant la deuxième guerre mondiale, Neustadt 1950.

29 KLAUS DÖRNER (Hrsg.): Der Nürnberger Ärzteprozeß 1946/47. Wortprotokolle, Anklage- und Verteidigungsmaterial, Quellen zum Umfeld / im Auftr. der Hamburger Stiftung für Sozialgeschichte des 20. Jahrhunderts, bearb. von Karsten Linne. Erschienen als Mikrofiche-Edition u. Erschließungsbd., München 1999/2000.

30 FRANÇOIS BAYLE: Psychologie et ethique du National-Socialisme. Étude anthropologique des dirigeants S.S., Paris 1953; zugleich: Paris, Diss., 1952.

31 LÉON POLIAKOV: Breviaire de la Haine. Le IIIe Reich et les Juifs, Paris 1951.

32 GERALD REITLINGER: The final Solution. The Attempt to exterminate the Jews of Europe 1939-1945, London 1953. Deutsche Übersetzung von J. W. Brügel u. d. T. *Die Endlösung. Hitlers Versuch der Ausrottung der Juden Europas 1939-1945*, Berlin 1956.

33 RAUL HILBERG: The Destruction of the European Jews, Vol. 1-3, Chicago 1961. Deutsche Übersetzung von Christian Seeger u. d. T. *Die Vernichtung der europäischen Juden. Die Gesamtgeschichte des Holocaust,* Berlin 1982.

Im Gegensatz zu Poliakov, Reitlinger und Hilberg, die jeweils Opfer wie Täter in ihren Forschungsansatz einbezogen, war die frühe NS-Forschung in Westdeutschland jedoch insbesondere von der Fragestellung geprägt, wie es überhaupt zum NS-Regime hatte kommen können. Insofern war sie überwiegend „politik- und organisationsgeschichtlich [...] ausgerichtet",[34] wie an Martin Broszats Darstellung *Der Staat Hitlers* exemplarisch aufgezeigt werden kann. Während Broszat dort auf 384 Seiten Wirkungsweisen und Strukturen des NS-Regimes analysiert, beschreibt er zwar die „rechtsformalen und organisatorischen Voraussetzungen des Euthanasiebefehls und der *Endlösung der Judenfrage*" auf vier Seiten, wobei er jedoch der Thematik des Holocaust lediglich eineinhalb Seiten einräumt und dabei weder Täter noch Opfer ins Blickfeld nimmt.[35]

Zweite Phase (1969 bis 1989/90):

Seit dem Einsetzen der westdeutschen Studentenbewegung in den 1960er-Jahren, die einer breiteren Öffentlichkeit unter der Chiffre *68er* bekannt wurde, war die NS-Forschung zunächst überlagert von den Auseinandersetzungen jener jungen Generation mit der von ihnen so bezeichneten *Tätergeneration* sowie von Protesten gegen die Kontinuität ehemaliger NS-Eliten in der westdeutschen Politik, Justiz, Wirtschaft und Gesellschaft, wie sie unter anderem aufgrund der Veröffentlichung eines Braunbuches des Journalisten und SED-Politikers Albert Norden im Sommer 1965 bekannt wurde.[36] Zur gleichen Zeit verdrängte die *Totalitarismus- und Faschismus-Debatte* in der Fachwissenschaft eine sinnvolle Auseinandersetzung mit den NS-Verbrechen – sowohl im Hinblick auf die Täter als auch in Bezug zu den Opfern –, sodass Ulrich Herbert in diesem Zusammenhang von einer „Phase der zweiten Verdrängung"[37] spricht.

Etwa zeitgleich, d. h. um 1969, verlagerte sich der Forschungsschwerpunkt, als eine neue Historikergeneration den Anstoß zu einer Grundsatzdebatte gab zwischen Intentionalisten/ Programmologen und Strukturalisten/Funktionalisten. Während die Intentionalisten – so Karl Dietrich Bracher, Eberhard Jäckel und Gerald Fleming – die Vernichtung der europäischen Juden als Folge einer frühzeitigen Planung durch Hitler mit einem *schriftlich* formulierten Führerbefehl sahen, inter-

---

34 DETLEF SCHMIECHEN-ACKERMANN: Die wissenschaftliche Aufarbeitung der NS- und SED-Diktatur in Sachsen-Anhalt seit 1989, S. 1, in: www.fes.de/magdeburg/pdf/d_27_10_5_2.pdf; 10.05.2014.

35 MARTIN BROSZAT: Der Staat Hitlers. Grundlegung und Entwicklung seiner inneren Verfassung, München 1969.

36 NATIONALRAT DER NATIONALEN FRONT DES DEMOKRATISCHEN DEUTSCHLAND. DOKUMENTATIONSZENTRUM DER STAATLICHEN ARCHIVVERWALTUNG DER DDR (Hrsg.): *Braunbuch*. Kriegs- und Nazi-Verbrecher in der Bundesrepublik. Staat, Wirtschaft, Verwaltung, Armee, Justiz, Wissenschaft, Berlin 1965.

37 ULRICH HERBERT, Vernichtungspolitik, S. 19.

pretierten hingegen die Strukturalisten – so Uwe Dietrich Adam[38], Martin Broszat und Hans Mommsen – den Holocaust „als Ergebnis einer zunehmenden strukturellen Anarchie der NS-Herrschaft, deren chaotisch wuchernde Institutionen nicht mehr zu einer sachlichen, planerischen Politik imstande gewesen seien, sondern sich nur noch auf den kleinsten, d. h. radikalsten Nenner hätten einigen können."[39] Mommsen sprach in diesem Zusammenhang von einer „kumulativen Radikalisierung."[40]

In den 1970er-Jahren, mehr noch in den 1980er-Jahren, wurde die NS-Forschung neben dem strukturalistischen Geschichtsverständnis zunehmend durch einen sozial- und mentalitätsgeschichtlichen Ansatz geprägt, wie er von der *Bielefelder Schule der Geschichtswissenschaft* und hier insbesondere durch Hans-Ulrich Wehler und Jürgen Kocka vertreten wurde. Jene Richtung – die im Hinblick auf die NS-Forschung die Alltags- und Mentalitätsgeschichte des Dritten Reiches erforschte – ging mit einem deutlichen Perspektivenwechsel einher, und zwar weg von der Strukturanalyse des NS-Herrschaftssystems hin zu den handelnden Personen. Exemplarisch sei in diesem Zusammenhang das große empirische Forschungsprojekt des Instituts für Zeitgeschichte München genannt.[41]

Ulrich Herbert greift zwei wichtige Fragestellungen auf, wenn er im Hinblick auf den Forschungsansatz der Alltags- und Mentalitätsgeschichte zur NS-Diktatur konstatiert:

> „Im Zusammenhang mit der nationalsozialistischen Judenpolitik [...] wurde es nun allmählich auch möglich, *die rassistische Politik des Regimes* als *Einheit* zu begreifen und *ihre Traditionen in der deutschen Gesellschaft* freizulegen. Die rassenhygienisch motivierte Verfolgung der *verschiedenen Opfergruppen* in Deutschland [Homosexuelle, Behinderte, so bezeichnete Zigeuner und andere diskriminierte Gruppen] und das Vorgehen gegen die Angehörigen der slawischen Bevölkerung und vor allem gegen die Juden wurden nun langsam auch *konzeptionell als miteinander in Zusammenhang stehend* untersucht. [Kursivdruck vom Verf.]."[42]

Als Defizit jenes alltags- und mentalitätsgeschichtlichen Forschungsansatzes erwies sich dabei die Konzentration auf die deutschen Juden im *Reich* insofern, als „die Deportationen der deutschen Juden ab dem Herbst 1941 und deren Ermordung [...] unbeleuchtet"[43] blieben, desgleichen der Mord insbesondere an den

---

38 UWE DIETRICH ADAM: Judenpolitik im Dritten Reich (Tübinger Schriften zur Sozialgeschichte; 1), Düsseldorf 1972; zugleich: Tübingen, Univ., Diss., 1971.

39 MICHAEL WILDT, Epochenzäsur, S. 2.

40 HANS MOMMSEN: Die Realisierung des Utopischen. Die „Endlösung der Judenfrage" im Dritten Reich, in: Geschichte und Gesellschaft. Zeitschrift für Sozialwissenschaft (1983), S. 381-420.

41 MARTIN BROSZAT u. a. (Hrsg.): Bayern in der NS-Zeit, 6 Bd., München 1977-1983.

42 ULRICH HERBERT, Vernichtungspolitik, S. 22.

43 MICHAEL WILDT, Epochenzäsur, S. 5.

osteuropäischen Juden, aber auch an den Sinti und Roma,[44] wie er unter anderem im Vernichtungskrieg gegen die Sowjetunion 1941-1945 von den Einsatzgruppen ausgeführt wurde.

Dritte Phase (ab 1989/90):

In der NS-Historiografie werden die Wiedervereinigung Deutschlands 1989/90 und der Zusammenbruch der parteikommunistischen Systeme in Mittel- und Osteuropa übereinstimmend als Epochen-Zäsur wahrgenommen.[45] So wurde mit der Öffnung des Eisernen Vorhangs „der Blick auf Osteuropa frei, wo die Massenverbrechen des NS-Regimes überwiegend stattgefunden hatten."[46] Zeitgleich etablierte sich die *NS-Täterforschung* als Subdisziplin der NS-Forschung. War in den 1980er-Jahren der Völkermord an etwa sechs Millionen europäischer Juden durch die oben erwähnten Theorien und Debatten „vor allem gedeutet, aber kaum näher erforscht", so spiegelte sich nun „im geschichtswissenschaftlichen Interesse an NS-Tätern [...] eine empirische Re-Konkretisierung des Holocaust wider."[47] Neben den Tätern vor Ort, etwa der Wehrmacht oder den Einsatzgruppen in den besetzten Gebieten Osteuropas,[48] wandte sich die NS-Täterforschung nun auch den „Vordenkern der Vernichtung"[49] zu. Das waren vor allem die wissenschaftlichen Eliten im Reich, die als Rassenhygieniker, Ökonomen, Sozialwissenschaftler oder Raumplaner den jeweiligen NS-Institutionen im Rahmen des Großprojektes *Generalplan Ost* Gutachten, Planungsskizzen und anderes wissenschaftliches Material für die Schaffung des *Lebensraumes im Osten* geliefert hatten, die mit einer ethnischen Neuordnung Europas nach rassenbiologischen Kriterien verbunden war, an dessen Ende dann der millionenfache Massenmord an den europäischen Juden

---

44 Zum Massenmord an den Sinti und Roma: MICHAEL ZIMMERMANN: Die nationalsozialistische „Lösung der Judenfrage", in: ULRICH HERBERT (Hrsg.): Nationalsozialistische Vernichtungspolitik 1939-1945. Neue Forschungen und Kontroversen, Frankfurt/M. 1988, S. 235-262.

45 Exemplarisch seien genannt: FRANK BAJOHR: Neuere Täterforschung, Version 1.0 in: Docupedia-Zeitgeschichte,18.6.2013, URL: http://docupedia.de/zg/NeuereTäterforschung?oldid86938; 29.4.2014. Ebenso: DETLEF- SCHMIECHEN-ACKERMANN, Aufarbeitung sowie MICHAEL WILDT, Epochenzäsur.

46 Ebd., S. 6.

47 FRANK BAJOHR, Täterforschung.

48 Bereits 1981 hatten Helmut Krausnick und Hans-Heinrich Wilhelm ihre großangelegten empirischen Studien in einem Doppelband veröffentlicht. HELMUT KRAUSNICK/ HANS-HEINRICH WILHELM: Die Truppe des Weltanschauungskrieges. Die Einsatzgruppen der Sicherheitspolizei und des SD 1938-1942 (Quellen und Darstellungen zur Zeitgeschichte; 22), Stuttgart 1981. Teil I: HELMUT KRAUSNICK: Die Einsatzgruppen vom Anschluss Österreichs bis zum Feldzug gegen die Sowjetunion. Entwicklung und Verhältnis zur Wehrmacht. Teil II: HANS-HEINRICH WILHELM: Die Einsatzgruppe A der Sicherheitspolizei und des SD 1941/42. Eine exemplarische Studie.

49 GÖTZ ALY/ SUSANNE HEIM: Vordenker der Vernichtung. Auschwitz und die neuen Pläne für eine neue europäische Ordnung, Frankfurt/M. 1991.

stand. Mit der Fokussierung auf jene Tätergruppe wurde zugleich die These bestätigt, dass sich die NS-Täter nicht – wie bisher angenommen, etwa bei Eugen Kogon,[50] – aus dem Rand der Gesellschaft rekrutiert hatten, sondern dass sie aus deren bürgerlicher Mitte kamen. Damit stellte sich die Frage nach der „Motivation" der Täter. Jene Frage wurde maßgeblich durch die Forschungsarbeiten zweier amerikanischer Historiker in Gang gesetzt, und zwar durch jene von Christopher R. Browning[51] sowie durch die Dissertation von Daniel Jonah Goldhagen, die eine Antwort auf Brownings Thesen darstellte.[52]

Obgleich beide Historiker ihren Studien dasselbe Quellenmaterial zugrunde gelegt hatten, kamen sie jedoch zu jeweils unterschiedlichen Schlussfolgerungen. Während Browning das mörderische Handeln der Täter mittels eines sozialwissenschaftlichen Ansatzes zu erklären suchte – er führte sozial-psychologische Aspekte an wie Anpassung durch Gruppendruck und Abstumpfung durch sukzessive Gewöhnung oder Autoritätsglaube –, sah Goldhagen die Motivation der Täter hingegen in einem jahrhundertealten und in der Kultur der Deutschen verankerten „eliminatorischen Antisemitismus" begründet, wie er vor allem in Kapitel 3 seiner Dissertation konstatiert.

Der Soziologe Harald Welzer versuchte die Browning-Goldhagen-Deutungskontroverse mit Hilfe der so bezeichneten *Referenzrahmenanalyse*[53] „produktiv aufzulösen."[54] Welzer ging es darum, „mit Hilfe der Referenzrahmenanalyse einen *unmoralischen*, nämlich nicht-normativen Blick auf die Gewalt zu werfen, die im Zweiten Weltkrieg ausgeübt wurde – um zu verstehen, was die Voraussetzungen dafür sind, dass psychisch ganz normale Menschen unter ganz bestimmten Bedingungen Dinge tun, die sie unter anderen Bedingungen nie tun würden."[55] Nach Auswertung zahlreicher Quellen kam Welzer zu dem Schluss, dass „in einem sozialen Gefüge lediglich eine einzige Koordinate verschoben werden [müsse], um

---

[50] EUGEN KOGON: Der SS-Staat. Das System der deutschen Konzentrationslager, Ausgabe 211.-234. Tausend, Frankfurt/M. 1965, S. 346.

[51] CHRISTOPHER R. BROWNING: Ordinary men: reserve police Battalion 101 and the final solution in Poland, New York 1992. Deutsche Ausgabe u. d. T.: *Ganz normale Männer. Das Reserve-Polizeibataillon101 und die „Endlösung" in Polen*, Hamburg 1993. Browning war im Jahre 1978 mit seiner brillanten Forschungsarbeit zur Beteiligung des Referates D III des Auswärtigen Amtes am Holocaust promoviert worden. DERS.: The final solution and the German Foreign Office: a study of referat D III of Abteilung Deutschland 1940-43, New York 1978.

[52] DANIEL JONAH GOLDHAGEN: Hitler's willing executioners: ordinary Germans and the Holocaust, New York, 1996. Deutsche Ausgabe u. d. T.: *Hitlers willige Vollstrecker. Ganz gewöhnliche Deutsche und der Holocaust*, Berlin 1996.

[53] HARALD WELZER: Täter. Wie aus ganz normalen Menschen Massenmörder werden, Frankfurt/M. 2005.

[54] MICHAEL WILDT, Epochenzäsur, S. 8.

[55] SÖHNKE NEITZEL/ HARALD WELZER: Soldaten. Protokolle vom Kämpfen, Töten und Sterben, Frankfurt/M. 2011, S. 18. Dieser Frage ist der englische Historiker Donald Bloxham ebenfalls nachgegangen. DONALD BLOXHAM: The final solution: a genocide, Oxford 2009, S. 259-300.

das Ganze zu verändern – um eine Wirklichkeit zu etablieren, die anders ist als die, die bis zum Zeitpunkt dieser Koordinatenverschiebung bestanden hatte. Diese Koordinate heißt soziale Zugehörigkeit."[56] Jene soziale Zugehörigkeit zu einer *Volksgemeinschaft*, die auf Inklusion und Exklusion insbesondere rassenbiologisch definierter gesellschaftlicher Gruppen beruhte, verändere den *normativen Referenzrahmen* grundlegend in der Weise, dass nunmehr „die individuelle Moral es erlaubt[e], das bislang Verbotene nun für das Gebotene zu halten."[57]

Erhebliche Kritik an dem Erklärungsansatz des Harald Welzer erhoben die beiden renommierten Wissenschaftler Rolf Pohl und Joachim Perels. Deren Einwände sind von eminent fachkundiger und grundsätzlicher Bedeutung, sodass sie hier wörtlich zitiert werden. So gibt der Soziologe und Sozialwissenschaftler Pohl zu bedenken, dass mit Welzers Konstruktionsmodell eines so bezeichneten *äußeren Referenzrahmens* „erneut das [...] Problem der Bestimmung von Moral und einer historischen Relativierung der Geltung universalistischer, aus der Aufklärung gewonnener moralischer Bewertungssysteme auf[tauche]: Für Welzer ist mit der Änderung des ‚äußeren Referenzrahmens' mittels einer einfachen und einzigen mentalen Koordinatenverschiebung das Einfallstor für die nach 1933 geltende destruktive ‚partikulare NS-Moral' gegeben [...]. Nicht wie auch immer geartete ‚Binnen-Rationalität' und eine dort herrschende ‚partikulare Moral', sondern das Schwinden von Rationalität und Moral überhaupt sind hier – und das bezieht sich nicht nur auf das Verhalten des SS-Personals in den Konzentrations- und Vernichtungslagern – zu verzeichnen. Die NS-Täter haben, aus dieser von Welzer unterschlagenen Perspektive, die Wirklichkeit nach und nach hinter sich gelassen",[58] „und zwar in dem Maß, wie sich ihre Moral zunehmend von jener ablöste, die allen Zeiten und Kulturen gemeinsam und Teil unseres menschlichen Erbes ist."[59] Zudem ist anzumerken, dass Welzer die politischen Gegebenheiten und Zusammenhänge, die zum Genozid führten, in seinem Modell unberücksichtigt lässt.

Desgleichen übt der Politikwissenschaftler Joachim Perels, der sich unter anderem intensiv mit der Aufarbeitung der NS-Vergangenheit befasst, heftige Kritik an Welzers These einer partikularen „NS-Moral", indem er konstatiert: „Welzer löst die analytische und normative Wahrnehmung der Verbrechen der NS-Diktatur methodisch auf. Er verwendet für das nationalistische Mordsystem – von den mo-

[56] HARALD WELZER, Täter, S. 248.

[57] MICHAEL WILDT, Epochenzäsur, S. 8.

[58] ROLF POHL: „Normal" oder „pathologisch"? Eine Kritik an der neueren NS-Täterforschung, in: ROLF POHL/ JOACHIM PERELS (Hrsg.): Normalität der NS-Täter? Eine kritische Auseinandersetzung (Schriftenreihe des Fritz-Bauer-Institutes, Frankfurt am Main. Studien- und Dokumentationszentrum zur Geschichte und Wirkung des Holocaust; 27), Hannover 2011, S. 9-46, hier S. 27f, 33.

[59] PRIMO LEVI: Die Untergegangenen und die Geretteten, München 1993, S. 108. Pohl verwendet dieses Zitat auf S. 33 seines oben zitierten Aufsatzes „Normal" oder „pathologisch"?

bilen Tötungseinheiten über den sadistischen Terror in den Konzentrationslagern bis zum Verwaltungsmassenmord – den Begriff der Moral, der im Kern von der Ideologie Himmlers, die sich selber als moralisch ausgab, nicht unterschieden werden kann. Dessen politischen Maßstäbe resultierten aus der Negation des Christentums. Weil es den Grundsatz der Barmherzigkeit proklamierte, insistierte Himmler auf der Abkehr von humanitären Werten, die der ‚Härte' im Vernichtungskampf mit den ‚Untermenschen' entgegenstanden. Welzer verwendet das Wort Moral unabhängig von ihrem von Moses bis Kant bestimmten Gehalt der wechselseitigen Achtung der Subjektivität der Menschen, die im Tötungsverbot ihren deutlichsten Ausdruck findet. So wird das Wort Moral zur beliebig verwendbaren Spielmarke, die das Gegenteil ihres Gehalts legitimiert."[60]

Zudem verweist Perels – der wie Pohl ein *universalistisches* Moralverständnis vertritt und somit eine partikulare „NS-Moral" verneint – darauf, dass mit Welzers Erklärungsmodell des „Referenzrahmens" die Kategorie des Rechts außer Acht gelassen würde. „Dass Welzer den sogenannten ‚Referenzrahmen' der NS-Täter zur ausschließlichen Blickrichtung erklärt, hat Folgen. Damit wird die analytische Kategorie des Rechts, das in Gestalt des im Dritten Reich weitergeltenden Strafgesetzbuchs, das mit den Tatbeständen des Mords, des Totschlags, der Körperverletzung die Individuen schützte, beiseitegeschoben [...]. Die Nichtverwendung der Kategorie des Rechts, dessen analytische Qualität in den bis heute maßgebenden Analysen der NS-Herrschaft von Ernst Fraenkel bis Franz Neumann zum Ausdruck kommt, die den millionenfachen Bruch des Regimes mit den rechtlichen Garantien der modernen Zivilisation ins Zentrum rücken, wird von Welzer damit gerechtfertigt, dass die NS-Täter mit ihren Handlungen einer ‚Sinnzuschreibung folgten', die erst ‚viel später', nach dem Ende des Dritten Reichs ‚als moralisch extrem verwerflich erscheint'. So werden die Gewalthandlungen des NS-Regimes, weil mit einer subjektiven Sinnzuschreibung verbunden, von der Kategorie des Rechts getrennt."[61] Perels verweist in diesem Zitat zum einen auf den deutsch-amerikanischen Juristen und Politikwissenschaftler Ernst Fraenkel, der in seinem bereits 1941 erschienenen Werk *The dual state* den an Gesetze gebundenen Normenstaat von dem Maßnahmenstaat unterscheidet, der sich an nicht an Gesetzen ausrichtet, sondern an weltanschaulich-politischen Zielrichtungen und Zwecken,[62] zum anderen auf den Juristen und Politikwissenschaftler Franz Neumann,

---

[60] JOACHIM PERELS: Der Teufel weint nicht. Zur Entwirklichung von NS-Tätern, in: ROLF POHL/ JOACHIM PERELS (Hrsg.): Normalität der NS-Täter? Eine kritische Auseinandersetzung (Schriftenreihe des Fritz-Bauer-Institutes, Frankfurt am Main. Studien- und Dokumentationszentrum zur Geschichte und Wirkung des Holocaust; 27), Hannover 2011, S. 47-62, hier S. 57f.

[61] JOACHIM PERELS, Teufel, S. 59.

[62] ERNST FRAENKEL: The dual state. A contribution to the theory of dictatorship, New York 1941. Die deutsche Übersetzung erschien 1984 unter dem Titel: ERNST FRAENKEL: Der Doppelstaat. Recht u. Justiz im „Dritten Reich". Aus d. Amerikan. rückübers. von Manuela Schöps in Zusam-

der 1942 seine Forschungsarbeit über Struktur und Praxis des Nationalsozialismus veröffentlichte, in der er den NS-Staat mit dem aus der jüdischen Mythologie stammenden alles verschlingenden Ungeheuer-Tieres Behemoth vergleicht.[63]

Einige Repräsentanten der *neueren NS-Täterforschung* sehen jedoch in jenem sogenannten „veränderten normativen Referenzrahmen" (Welzer) lediglich eine von mehreren Determinanten, die das mörderische Verhalten der NS-Täter bestimmte. Darauf wird im Abschnitt „Forschungsziel und Forschungsmethoden" näher einzugehen sein, wiewohl die NS-Täterforschung keine Methode sei, wie Frank Bajohr ausdrücklich vermerkt, sondern eine Perspektive, „die in den letzten zwanzig Jahren zu einer bis dahin unbekannten empirischen Rekonstruktion des Holocaust aus der Nahperspektive geführt und dabei frühere Grundannahmen über den nationalsozialistischen Völkermord korrigiert hat."[64] Im Nachfolgenden wird daher exemplarisch auf die wichtigsten Forschungsarbeiten der neueren NS-Täterforschung verwiesen, die zwar jeweils unterschiedliche politische Felder beleuchten, jedoch im Zusammenhang mit der vorliegenden Fallstudie stehen.

Bereits in den 1980er-Jahren, dann aber ab Mitte der 1990er-Jahre hatte die NS-Täterforschung einen Boom erlebt, den Ulrich Herbert nicht nur dadurch erklärt, dass nach der friedlichen Revolution in der DDR 1989/90 und dem Zusammenbruch der kommunistischen Systeme deren Archive zugänglich geworden waren, sondern insbesondere damit, dass „vor allem in der jüngeren Generation ein gewisser Überdruss an theoretischen Debatten und moralischen Betroffenheitsbekundungen über die NS-Zeit entstanden und der Bedarf an solider, quellengestützter Forschung über die NS-Massenverbrechen gestiegen war."[65] Jene Studien – unter ihnen herausragende Dissertationen und Habilitationsschriften – untersuchen unterschiedliche Tätergruppen der Funktionseliten im Hinblick auf deren Verantwortlichkeiten. So waren Anfang der 1980er-Jahre mit den bereits erwähnten empirischen Forschungsarbeiten von Helmut Krausnick und Hans-Heinrich Wilhelm erstmals zwei Studien zur Einsatzgruppenthematik entstanden. Während Helmut Krausnick im ersten Teil des umfangreichen Doppelbandes[66] Organisation und Einsatz der Einsatzgruppen vom Anschluss Österreichs 1938 bis zum Vernichtungsfeldzug gegen die Sowjetunion 1941 erforscht und die Entwicklung der Einsatzgruppen zur deutschen Wehrmacht darstellt, untersucht Hans-Heinrich Wilhelm im zweiten Teil die Einsatzgruppe A der Sicherheitspolizei und des SD in der Sowjetunion im Jahre 1941/42. Weitere Erkenntnisse zur Einsatzgruppenthe-

---

menarbeit mit d. Autor, Frankfurt 1984.

[63] FRANZ NEUMANN: Behemoth. The structure and practice of national socialism, London 1942. Die deutsche Ausgabe 1988 erschien unter dem Titel: FRANZ NEUMANN: Behemoth. Struktur und Praxis des Nationalsozialismus 1933-1944. Mit einem Nachw. von Gert Schäfer, Frankfurt 1988.

[64] FRANK BAJOHR, Täterforschung.

[65] ULRICH HERBERT, Best, S. 540.

[66] HELMUT KRAUSNICK/ HANS-HEINRICH WILHELM, Einsatzgruppen.

matik lieferte zu Beginn der 1990er-Jahre Ralf Ogorreck.[67] In seiner Dissertation geht er der Frage nach, zu welchem Zeitpunkt den Einsatzgruppen im Rahmen der Genesis der *Endlösung* Hitlers so bezeichneter *Judentötungsbefehl*[68] übermittelt worden sei, ausnahmslos alle Juden unabhängig von Alter und Geschlecht zu erschießen und beendete damit jene Kontroverse, die Mitte der 1980er-Jahre zwischen dem Leitenden Oberstaatsanwalt der Landesjustizverwaltungen in Ludwigsburg, Alfred Streim[69] und dem Historiker Helmut Krausnick geführt worden war. Krausnick berief sich damals auf die von Otto Ohlendorf bereits im Prozess gegen die Hauptkriegsverbrecher und danach im Nürnberger Einsatzgruppenprozess getätigten beiden eidesstattlichen Aussagen, wonach der so bezeichnete *Judentötungsbefehl* Hitlers den Einsatzgruppen bereits wenige Tage *vor* Beginn des Russlandfeldzuges während deren dreiwöchiger Ausbildung im Bereitstellungsraum Pretzsch an der Elbe von Bruno Streckenbach (RSHA – Amt I) im Beisein Heydrichs persönlich übermittelt worden sei. Diesen Standpunkt hatte Krausnick bereits in dem oben erwähnten Gutachten für die Frankfurter Auschwitz-Prozesse vertreten.[70] Streim hingegen argumentierte unter Verweis auf die späteren, vor deutschen Staatsanwaltschaften getätigten eidesstattlichen Erklärungen einiger im Nürnberger Einsatzgruppenprozess verurteilter Einsatzgruppenleiter, dass der so bezeichnete *Judentötungsbefehl* erst mehrere Wochen *nach* Beginn des Russlandfeldzuges ergangen sein konnte, also erst im September 1941.[71]

Die eidesstattlichen Aussagen Ohlendorfs sind weder von dem International Military Tribunal in Nürnberg noch danach jahrelang von der Historiografie je in Zweifel gezogen worden. Erst nachdem Streckenbach am 10. Oktober 1955 aus

---

67 RALPH OGORRECK: Die Einsatzgruppen und die Genesis der „Endlösung" (Reihe: Dokumente, Texte, Materialien/ Zentrum für Antisemitismus-Forschung der Technischen Universität Berlin; 12), Berlin 1996; zugleich: Berlin, Freie Univ., Diss., 1994.

68 Zur Kontroverse zwischen Martin Broszat und Christopher R. Browning hinsichtlich des Zeitpunktes der Erteilung eines „Judentötungsbefehls" durch Hitler: CHRISTOPHER R. BROWNING: Zur Genesis der „Endlösung". Eine Antwort an Martin Broszat, in: Vierteljahreshefte für Zeitgeschichte (VfZ) 29 (1981), S. 97-109.

69 Alfred Streim war nach Adalbert Rückerl von 1984 bis 1996 Leiter der *Zentralen Stelle der Landesjustizverwaltungen zur Aufklärung nationalsozialistischer Verbrechen* mit Sitz in Ludwigsburg, die 1958 im Zusammenhang mit dem *Ulmer Einsatzgruppenprozess* gegründet worden war.

70 HELMUT KRAUSNICK: Judenverfolgung, in: Schriftliches Sachverständigen-Gutachten für den Auschwitz-Prozess, vor dem Schwurgericht Frankfurt a. M. am 17. Februar 1964 auszugsweise mündlich vorgetragen, in: HANS BUCHHEIM/ MARTIN BROSZAT/ HANS ADOLF JACOBSEN/ HELMUT KRAUSNICK: Anatomie des SS-Staates. Gutachten des Instituts für Zeitgeschichte 1965, München ^{8}2005, S. 547-678. DERS.: Hitler und die Befehle an die Einsatzgruppen im Sommer 1941, in: EBERHARD JÄCKEL/ JÜRGEN ROHWER (Hrsg.): Der Mord an den Juden im Zweiten Weltkrieg. Entschlußbildung und Verwirklichung, Stuttgart 1985, S. 88-106.

71 ALFRED STREIM: Zur Eröffnung des allgemeinen Judenvernichtungsbefehls gegenüber den Einsatzgruppen, in: EBERHARD JÄCKEL/ JÜRGEN ROHWER (Hrsg.): Der Mord an den Juden im Zweiten Weltkrieg. Entschlußbildung und Verwirklichung, Frankfurt/M. 19887, S. 107-119.

russischer Kriegsgefangenschaft entlassen worden war, wurden sie als Meineid entlarvt. Zu einem wesentlich späteren Zeitpunkt haben namhafte Historiker zudem quellengestützt nachweisen können, dass es gar keinen *schriftlich* formulierten Führerbefehl zur Vernichtung der Juden gegeben hatte, so der renommierte Holocaust-Forscher Peter Longerich, der quellengestützt darlegt, dass der „Judenausrottungsbefehl" erst ab Mitte Juli ergangen sein konnte.[72] Longerichs Argumentation beruht auf der Feststellung, dass vier Wochen nach Beginn des Vernichtungsfeldzuges gegen die Sowjetunion Alfred Rosenberg von Hitler am 17. Juli 1941 zum *Reichsminister für die besetzten Ostgebiete* (Baltikum, Weißrussland und Ukraine) ernannt worden war. Jenes Amt hatte jedoch Himmler für sich erhofft.[73]

„In der Tat scheint Himmler, bei dem die Befehlsketten zusammenliefen, bei der Ausdehnung der Morde an der jüdischen Zivilbevölkerung in den besetzten sowjetischen Gebieten die Initiative übernommen zu haben. Er tat dies nach der entscheidenden Besprechung vom 16. Juli [1941], bei der Hitler die Grundzüge der Besatzungspolitik festlegte [...]. Die Tatsache, daß Himmler bei diesem Spitzentreffen, bei dem er selbst nicht zugegen war, nur mit der ‚polizeilichen' Sicherung des neu eroberten Ostraums betraut worden war, nicht aber mit der von ihm erhofften ‚Befriedung und Festigung der politischen Verhältnisse' in den eroberten Gebieten, dürfte ihn bewogen haben, seine bereits vorhandenen Kompetenzen nun eigenmächtig zu erweitern. Zum einen dehnte er die Massenerschießungen von Juden, deren Opfer bisher Männer im wehrpflichtigen Alter waren, die pauschal als Plünderer, Kommunisten oder Partisanenunterstützer verdächtigt wurden, auf die gesamte jüdische Zivilbevölkerung aus. Indem er die ursprünglich terroristisch angelegte Mordkampagne zum Genozid ausweitete, begann er bereits während des Krieges eine Politik, die das NS-Regime ursprünglich für die Zeit nach Kriegsende vorgesehen hatte. Denn nach Plänen des Regimes sollte die Bevölkerung der Sowjetunion um etwa 30 Millionen Menschen dezimiert werden, wobei als selbstverständlich galt, daß die Angehörigen der jüdischen Minderheit als erste Opfer dieser Politik werden sollten. Was ursprünglich utopische Vorstellung für die Zeit nach dem Kriege war, setzte Himmler nun, da der Krieg sich nicht, wie ursprünglich geplant, innerhalb weniger Monate gewinnen ließ, in konkrete Maßnahmen um. Die Massenmorde an den Juden waren aus seiner Sicht der erste Schritt zur rassischen ‚Neuordnung' der eroberten Gebiete."[74] Einer ganz anderen Thematik widmete sich der Wiener Historiker Hans Safrian. Er untersucht in seiner 1993 erschienenen Dissertation Struktur und Praxis des geheim gehaltenen Referates IV B 4 des Reichssicherheitshauptamtes (RSHA), des sogenannten *Eichmann-*

[72] PETER LONGERICH: Heinrich Himmler: Biographie, München 2010, S. 545-548, hier S. 546.
[73] Ebd.
[74] DERS.: Der ungeschriebene Befehl. Hitler und der Weg zur „Endlösung", München 2001, S. 109f.

Referates, und erbringt zudem den Nachweis der Beteiligung von Österreichern an der nationalsozialistischen Vertreibungs- und Genozid-Politik.[75]

Andere Forschungsarbeiten beleuchten Befehlsstrukturen in unterschiedlichen Bereichen des NS-Machtapparates. So präsentiert Wolfgang Dierker detaillierte Ergebnisse zu Aufbau und Struktur des Sicherheitsdienstes des Reichsführers SS (SD) und stellt auf breiter Quellenbasis dessen Religionspolitik dar.[76] Heike Kreutzer wiederum untersucht die nationalsozialistische Kirchenpolitik des Reichsministeriums für die kirchlichen Angelegenheiten und geht dabei unter anderem auf die Konkurrenzkämpfe innerhalb dessen Mitarbeiterstabes ein, die sich aus divergierenden religionspolitischen Vorstellungen und Zielsetzungen ergeben hatten.[77]

Wegweisend ist Michael Wildts Habilitationsschrift über das Reichssicherheitshauptamt (RSHA), welches in der älteren Historiografie als reines *Verwaltungsamt* verstanden wurde. Wildt hingegen weist quellendokumentiert nach, dass das Reichssicherheitshauptamt (RSHA) bereits mit dessen Installierung am 27. September 1939 als „eine Institution des Krieges“[78] konzipiert und aktiv in den rassenideologischen Vernichtungsapparat eingebaut worden war. Demzufolge hatte es sich als „kämpfende Verwaltung“[79] verstanden.

In diesem Zusammenhang sei auf drei wichtige Forschungsarbeiten zu den NS-Terrorapparaten verwiesen. Bereits Anfang der 1980er-Jahre hatte der Historiker Bernd Wegner mit seiner herausragenden Dissertation einen wesentlichen Forschungsbeitrag zur Waffen-SS, d. h. dem bewaffneten Führungskorps der SS, in den Jahren 1933-1945 geleistet.[80] Sodann veröffentlichte Carsten Schreiber im Jahre 2008 seine Studie zur Ideologie und Herrschaftspraxis des Sicherheitsdienstes des Reichsführer SS (SD), die auf der Personalkartei des Dresdner SD-Abschnittes

---

[75] HANS SAFRIAN: Die Eichmann-Männer, Wien 1993; zugleich: Wien, Univ., Diss., 1993 u. d. T.: Safrian, Hans*: Die Gehilfen Eichmanns. Zur Beteiligung von Österreichern an der nationalsozialistischen Vertreibungs- und Genozidpolitik.*

[76] WOLFGANG DIERKER: Himmlers Glaubenskrieger. Der Sicherheitsdienst der SS und seine Religionspolitik 1933-1941 (Veröffentlichungen der Kommission für Zeitgeschichte, Reihe B: Forschungen; 92), Paderborn u. a. 2002; zugleich: Bonn, Univ. Diss., 2000 u. d. T: Dierker, Wolfgang: *Die Religionspolitik des SD.*

[77] HEIKE KREUTZER: Das Reichskirchenministerium im Gefüge der nationalsozialistischen Herrschaft (Schriften des Bundesarchivs; 56), Düsseldorf 2000; zugleich: Tübingen, Univ., Diss., 1999.

[78] MICHAEL WILDT: Generation des Unbedingten. Das Führungskorps des Reichssicherheitshauptamtes, Hamburg ^{2}2008 (durchgesehene und aktualisierte Neuausgabe der Ausgabe von 2002); zugleich: Hannover, Univ., Habil.-Schr., 2001, S. 283f.

[79] GERHARD PAUL: „Kämpfende Verwaltung“. Das Amt IV des Reichssicherheitshauptamtes als Führungsinstanz der Gestapo, in: DERS. / MICHAEL MALLMANN (Hrsg.): Die Gestapo im Zweiten Weltkrieg. ‚Heimatfront‘ und besetztes Europa, Darmstadt 2000, S. 42-81.

[80] BERND WEGNER: Hitlers politische Soldaten. Die Waffen-SS 1933-1945: Studien zu Leitbild und Funktion einer nationalsozialistischen Elite, Paderborn 1982; zugleich: Hamburg, Univ., Diss., 1980 u. d. T.: Wegner, Bernd: *Das Führungskorps der bewaffneten SS 1933-1945.*

mit den Namen aller 2.746 V-Leute in Sachsen basiert.[81] Der damalige Mitarbeiter des Instituts für Zeitgeschichte München wiederum, Dr. Bastian Hein, leistete mit seiner herausragenden Habilitationsschrift einen wichtigen Forschungsbeitrag zur Allgemeinen SS und zu deren Mitgliedern in den Jahren 1925-1945.[82] Zur Gestapo als „Weltanschauungsexekutive mit gesellschaftlichem Rückhalt" (Klaus-Michael Mallmann/ Gerhard Paul) sind unzählige Forschungsbeiträge veröffentlicht worden, von denen lediglich der von Gerhard Paul und Klaus-Michael Mallmann herausgegebene Sammelband erwähnt werden soll, in dem 27 Beiträge namhafter Historiker zusammengefasst sind.[83] Felix Römer hingegen hat mit seiner wegweisenden Dissertation *Der Kommissarbefehl. Wehrmacht und Verbrechen an der Ostfront 1941/ 42* einen wichtigen Forschungsbeitrag geleistet zur Verstrickung der deutschen Wehrmacht während des Vernichtungsfeldzuges gegen die Sowjetunion 1941-1945 aufgrund des widerrechtlichen Kommissar-Befehls,[84] der auch im Zusammenhang mit dem Aufgabenbereich der Einsatzgruppen zu betrachten ist.

Im Rahmen der neueren NS-Täterforschung sind zum nationalsozialistischen Mythos einer elitären *Volksgemeinschaft* unter Exklusion insbesondere der jüdischen Bevölkerung unterschiedliche Publikationen erschienen, unter denen lediglich die jüngeren Veröffentlichungen exemplarisch hervorgehoben werden sollen, so die 2007 herausgegebene Forschungsarbeit von Michael Wildt über die *Volksgemeinschaft als Selbstermächtigung*,[85] in der er unter anderem hinweist auf die unterschiedlichen Positionen im Parteienspektrum der Weimarer Republik. Denn während die linken Parteien den Begriff *Volksgemeinschaft* unter Inklusion aller Schaffenden der bürgerlichen Zivilgesellschaft verwendet wissen wollten, verstanden hingegen die rechten Parteien – und hier insbesondere die Nationalsozialisten – *Volksgemeinschaft* als ein elitär definiertes Kollektiv unter Exklusion bestimmter von ihnen als „minderwertig" klassifizierter Bevölkerungsgruppen wie Behinderte, Homosexuelle, Sinti und Roma, slawische Völker, insbesondere jedoch Juden. Dabei nahm der rassenbiologisch begründete Antisemitismus einen konstituierenden Stellenwert ein und bot damit eine Pseudo-Legitimation für die sukzessive Isolierung der Juden sowie die zunehmende Gewalttätigkeit gegen sie

---

[81] CARSTEN SCHREIBER: Elite im Verborgenen. Ideologie und Herrschaftspraxis des Sicherheitsdienstes der SS und seines Netzwerkes am Beispiel Sachsens (Studien zur Zeitgeschichte; 77), München 2008; zugleich: Kurzfassung von: Leipzig, Univ., Diss., 2005.

[82] BASTIAN HEIN: Elite für Volk und Führer? Die allgemeine SS und ihre Mitglieder 1925-1945 (Quellen und Darstellungen zur Zeitgeschichte; 92), München 2012; zugleich: Regensburg, Univ., Habil.-Schr., 2011.

[83] GERHARD PAUL/ KLAUS-MICHAEL MALLMANN: Die Gestapo im Zweiten Weltkrieg. ‚Heimatfront' und besetztes Europa, Darmstadt 2000.

[84] FELIX RÖMER: Der Kommissarbefehl. Wehrmacht und NS-Verbrechen an der Ostfront 19941/42, Paderborn u. a. 2008; zugleich: Kiel, Univ., Diss., 2007.

[85] MICHAEL WILDT: Volksgemeinschaft als Selbstermächtigung. Gewalt gegen Juden in der deutschen Provinz 1919 bis 1939, Hamburg 2007.

aufgrund der nationalsozialistischen Judengesetzgebung. Als weitere Forschungsarbeit zur Thematik *Volksgemeinschaft* sei der von Frank Bajohr und Michael Wildt im Jahre 2009 herausgegebene Aufsatzband *Volksgemeinschaft. Neuere Forschungen zur Gesellschaft des Nationalsozialismus*[86] erwähnt, der zehn Forschungsergebnisse führender Historiker umfasst, die zum Teil auf dem Historikertag in Dresden im Jahre 2008 zur Diskussion gestellt worden waren. Desgleichen sei auf weitere Beiträge der jüngeren Historikergeneration zur kontroversen Debatte um die von dem NS-Regime gepriesene *Volksgemeinschaft* verwiesen, zum einen auf den von Detlef Schmiechen-Ackermann herausgegebenen Sammelband mit dem Titel *„Volksgemeinschaft". Mythos, wirkungsmächtige soziale Verheißung oder soziale Realität im „Dritten Reich? Zwischenbilanz einer kontroversen Debatte*,[87] zum anderen auf einen weiteren Sammelband, herausgegeben von Dietmar von Reeken und Malte Thießen mit dem Titel *„Volksgemeinschaft" als soziale Praxis. Neue Forschungen zur NS-Gesellschaft vor Ort.*[88]

Im Zusammenhang mit Hitlers Vision einer elitären *Volksgemeinschaft* unter Exklusion bestimmter als minderwertig deklarierter Bevölkerungsgruppen sowie der Schaffung eines Groß-Germanischen Reiches unter deutscher Herrschaft, d. h. der ethnischen Neuordnung Europas unter rassenideologischen Gesichtspunkten, sei auf die 2011 erschienene hervorragende Dissertation von Andreas Strippel[89] hingewiesen, mit der er eine Forschungslücke schließt hinsichtlich der nationalsozialistischen Rasse- und Volkstums-Politik. Wesentlich für die hier vorliegende Fallstudie sind ebenfalls die religionspolitologischen Forschungsarbeiten zur so bezeichneten *politischen Religion* Hitlers, aus der er in einem dualistisch geprägten Religions- und Gottesverständnis heraus sowohl die Divinisierung der arischen Rasse als auch die Satanisierung der semitischen Rasse ableitete. In diesem Zusammenhang seien zwei Untersuchungen exemplarisch herausgehoben, zum einen die 2002 als Neuauflage herausgebrachte und mit überaus reichem Quellenmaterial aus Hitlers Schriften und Reden versehene Studie von Claus-Ekkehard Bärsch

---

[86] FRANK BAJOHR/ MICHAEL WILDT (Hrsg.): Volksgemeinschaft. Neuere Forschungen zur Gesellschaft des Nationalsozialismus (Die Zeit des Nationalsozialismus), Frankfurt/M. 2009.

[87] DETLEF SCHMIECHEN-ACKERMANN (Hrsg.): „Volksgemeinschaft". Mythos, wirkungsmächtige soziale Verheißung oder soziale Realität im „Dritten Reich"? Zwischenbilanz einer kontroversen Debatte (Nationalsozialistische Volksgemeinschaft; 1), Paderborn u. a. 2012.

[88] DIETMAR VON REEKEN/ MALTE THIESSEN (Hrsg.): „Volksgemeinschaft" als soziale Praxis. Neue Forschungen zur NS-Gesellschaft vor Ort (Nationalsozialistische Volksgemeinschaft; 4), Paderborn u. a. 2013.

[89] ANDREAS STRIPPEL: NS-Volkstumspolitik und die Neuordnung Europas. Rassenpolitische Selektion der Einwanderungszentrale des Chefs der Sicherheitspolizei und des SD 1939-1945 (Sammlung Schöningh zur Geschichte und Gegenwart), Paderborn u. a. 2011; zugleich: Hamburg, Univ., Diss., 2009.

über die *politische Religion* des Nationalsozialismus[90] sowie die 2007 erschienene gemeinsame Arbeit von Anton Grabner-Haider und Peter Strasser.[91]

Zum Phänomen der kollektiven Schuldabwehr in der Zeit des Beschweigens – d. h. während der Besatzungszeit durch die Alliierten sowie nach Gründung der Bundesrepublik Deutschland bis etwa Ende der 1960er/Anfang der 1970er-Jahre – liegt eine Fülle von Literatur vor, aus der exemplarisch die wegweisende Forschungsarbeit von Norbert Frei zur Vergangenheitspolitik der Bundesrepublik Deutschland herausgegriffen werden soll, in der er unter anderem quellengestützt darlegt, wie Regierung und Parlament durch Vertragsbildung und Gesetzgebungswerke auf verschiedenen politischen Feldern den Weg bereiteten, auf dem dann auch schwerstbelasteten Kriegsverbrechern wie etwa Ernst Biberstein ohne eigene Einflussnahme eine nahtlose Re-Integration in die bundesrepublikanische Gesellschaft gelingen konnte.[92]

Im Hinblick auf täterbiografische Studien ist zu vermerken, dass zwar über die engsten Mitarbeiter Hitlers zahlreiche biografische Studien zu verzeichnen sind – exemplarisch seien hier zwei jüngst erschienene Untersuchungen genannt, zum einen die bereits erwähnte umfangreiche Forschungsarbeit über Heinrich Himmler von Peter Longerich, dem ehemaligen langjährigen Mitarbeiter des Instituts für Zeitgeschichte (IfZ) München und ausgewiesenen Experten des Nationalsozialismus und des Holocaust,[93] zum anderen auf der Basis neuerer Quellen die Dissertation über Reinhard Heydrich von Robert Gerwarth.[94]

Hingegen sind über die Funktionseliten des Reichssicherheitshauptamtes (RSHA) bisher nur wenige Forschungsarbeiten zu verzeichnen, so etwa die bereits erwähnte wegweisende Habilitationsschrift von Ulrich Herbert über Werner Best, den führenden Ideologen und Organisator des SD in München sowie der Gestapo und des SD in Berlin, der von Oktober 1939 bis März 1941 Leiter des Amtes I (Organisation, Verwaltung, Recht) im Reichssicherheitsamt (RSHA) war[95] oder aber die Forschungsarbeit des Medienwissenschaftlers Lutz Hachmeister über den Gegnerforscher Franz Alfred Six, der von Oktober 1939 bis März 1941 Leiter des Am-

---

[90] CLAUS-EKKEHARD BÄRSCH: Die politische Religion des Nationalsozialismus. Die religiösen Dimensionen der NS-Ideologie in den Schriften von Dietrich Eckart, Joseph Goebbels, Alfred Rosenberg und Adolf Hitler, 2., vollst. überarb. Aufl., München 2002. Bärsch hatte im Jahre 1996 das Institut für Religionspolitologie e. V. in Duisburg gegründet. Der Begriff *Religionspolitologie* als Subdisziplin der Politikwissenschaft wurde u. a. von ihm geprägt.

[91] ANTON GRABNER-HAIDER/ PETER STRASSER: Hitlers mythische Religion. Theologische Denklinien und NS-Ideologie, Wien u. a. 2007.

[92] NORBERT FREI: Vergangenheitspolitik. Die Anfänge der Bundesrepublik und die NS-Vergangenheit, München ²2003; zugleich: Bielefeld, Univ., Habil.-Schr., 1995.

[93] PETER LONGERICH, Himmler.

[94] ROBERT GERWARTH: Reinhard Heydrich. Biographie. Aus dem Englischen übersetzt von Udo Rennert, München 2011; zugleich: New Haven, Yale Univ., Diss., 2011.

[95] ULRICH HERBERT, Best.

tes II (Gegnerforschung) des Reichssicherheitshauptamtes (RSHA) und von Juli bis 20. August 1941 Führer des Vorkommandos Moskau (VKM) der Einsatzgruppe B war.[96] Gleichwohl sind über die *nachgeordneten* Funktionsstäbe des Reichssicherheitshauptamtes (RSHA) bisher täterbiographische Einzelstudien ebenso wenig erschienen wie über die Leiter der Einsatzgruppen und Führer der nachgeordneten Kommandos im Russlandfeldzug 1941-1945, die sich – mit Ausnahme von Biberstein – ebenfalls aus dem Personalstamm der mittleren bis oberen Hierarchieebene des RSHA und dessen Außenstellen rekrutierten. Auf diesem Gebiet besteht weiterer Forschungsbedarf. Hier möchte die vorliegende Fallstudie anknüpfen.

3 Forschungsziel und Forschungsmethoden

Vor dem Hintergrund der oben aufgezeigten Forschungsergebnisse in den unterschiedlichen Politikfeldern ist es daher Ziel der vorliegenden Arbeit, weder eine Biografie im üblichen Sinne zu schreiben, noch gar eine psychologische Studie über den ehemaligen evangelischen Geistlichen und späteren Massenmörder Ernst Biberstein zu erstellen, insofern, als ausreichende Ego-Dokumente fehlen, etwa Tagebücher, persönliche Briefe oder spätere reflektierende Aufzeichnungen, aus denen die „Motivation“ zum Massenmord eindeutig entnommen werden könnte.

Zwar liegt ein auf den 22. August 1958 datierter vierzehn Seiten umfassender maschinenschriftlicher Lebenslauf vor, der nicht nur in übermäßig exkulpatorischem Duktus verfasst ist, sondern wesentliche Verbrechenstatbestände bewusst verfälscht oder schlichtweg nicht erwähnt.[97] In jenem – offenbar an die damalige Schleswig-Holsteinische Landeskirche gerichteten Lebenslauf zwecks Erwerb eines Arbeitsplatzes – geriert sich Biberstein als „sauberer und anständiger Charakter“, der nicht nur an den im Nürnberger Einsatzgruppenprozess verhandelten NS-Gewaltverbrechen nicht mitgewirkt, sondern sich während seiner Tätigkeit als Gestapochef in Oppeln/Oberschlesien gegenüber polnischen und russischen Zwangsarbeitern als hilfsbereiter Lebensretter erwiesen habe. Er stellt sogar infrage, dass das Einsatzkommando 6 (EK 6) unter seinem Vorgänger, dem SS-Sturmbannführer Robert Mohr, jemals Judenexekutionen vorgenommen haben könnte, wiewohl in den *Ereignismeldungen UdSSR 1941/42* für jenen Zeitraum derartige vom Einsatzkommando 6 durchgeführten Morde mehrfach eindeutig belegt sind. Zudem ist durch die Gerichtsentscheidungen des Landgerichts Wuppertal, AZ 651230, sowie

[96] Lutz Hachmeister: Der Gegnerforscher. Die Karriere des SS-Führers Alfred Six, München 1998.

[97] Ernst Biberstein: Bericht über meinen Lebensweg seit meinem Ausscheiden aus dem Kirchendienst im Jahre 1935, Neumünster, 22.8.1958, Landesarchiv Schleswig-Holstein (LASH), Abt. 352 Kiel, Nr. 949, S. 1-14.

durch zwei Entscheidungen des Bundesgerichtshofs, AZ 641211/ AZ 670524, und durch eine weitere Entscheidung des Landgerichts Wuppertal, AZ 67024, die Beteiligung des Robert Mohr an nachstehenden NS-Verbrechen während dessen Führung des Einsatzkommandos 6 (EK 6) bestätigt worden: „Erschiessung und Vergasung mittels ‚Gaswagen' von tausenden jüdischen Männern, Frauen und Kindern. Erschiessung kommunistischer Funktionäre, anderer Zivilisten sowie von 800 Insassen der Irrenanstalt Igrin bei Dnjepropetrowsk."[98]

Unter Berücksichtigung dieser Aspekte bliebe ein rein täterbiografischer Zugang als monokausales Erklärungsmodell für die von Biberstein begangenen NS-Verbrechen, insbesondere für die Massenmorde an der südrussischen Zivilbevölkerung, die während seiner Dienstzeit 1942/43 von den Außen-/Teilkommandos des Einsatzkommandos 6 (EK 6) durchgeführt wurden, ohne Relevanz für die NS-Forschung. Zum anderen besteht das Ziel der neueren NS-Täterforschung gerade darin, die organisatorischen und institutionell-strukturellen Voraussetzungen zu beleuchten und ebenso die Realität vor Ort zu schildern, die in ihrer Komplexität den Massenmord erst möglich machten.

Mit Bezug zu Täterbiografien sollten diesen Forschungszielen jedoch weitere wesentliche Aspekte hinzugefügt werden, so die massive ideologische Beeinflussung der SS-Führungsschicht sowie – insbesondere mit Blick auf den weltanschaulich und rassenideologisch geführten Vernichtungskrieg gegen die Sowjetunion 1941-1945 – die Entgrenzung der Gewalt durch die Schaffung rechtsfreier Sonderräume aufgrund der verfassungsrechtlichen Bedingungen des auf einer *außernormativen* Führergewalt beruhenden sich selbst so bezeichnenden „nationalsozialistischen völkischen Führerstaates", aber auch die sich als ungeheuer wirkmächtig erwiesene spezifische Führerbindung der SS-Offiziere durch die geleisteten drei Eide, insbesondere durch den SS-Eid ebenso wie durch die pervertierten SS-Kodizes. Zudem sei darauf verwiesen, dass in der NS-Täterforschung der Begriff *Täter* gemäß der Definition von Jan Erik Schulte und Clemens Vollnhals lediglich eine „Hilfskonstruktion" darstellt, der in Abgrenzung zu Mittätern, Zuschauern und Opfern gebraucht wird. Insofern wohnen ihm im Gegensatz zum strafrechtlichen Verfahren keine rechtlich klar fassbaren Merkmale inne. Ebenso werde in der Regel weder im juristischen noch im ethischen Sinne nach *Schuld* gefragt.[99] Zudem ist zu beachten, dass die NS-Gewalttäter der in der Sowjetunion operierenden Einsatzgruppen und deren Kommandos den Auftrag, staatlich angeordnete

---

98 *Justiz und NS-Verbrechen.* Sammlung Deutscher Strafurteile wegen Nationalsozialistischer Tötungsverbrechen 1945 – 1966, Band XXII: Die vom 21.08.1965 bis zum 31.12.1965 ergangenen Strafurteile, Lfd. Nr. 596-606, bearb. im „Seminarium voor Strafrecht en Strafrechtspleging Van Hamel" der Universität von Amsterdam von Adelheid Rüter-Ehlermann.

99 JAN ERIK SCHULTE/ CLEMENS VOLLNHALS: Einleitung: NS-Täterforschung. Karrieren zwischen Diktatur und Demokratie, in: Totalitarismus und Demokratie 7 (2010), S. 179-181.

Massenmorde an zuvor devaluierten und dehumanisierten Zivilisten durchzuführen, jeweils in ganz spezifischen Täterkollektiven begangen hatten. Insofern sind bei einem derartigen *Organisations*verbrechen die jeweiligen Handlungsgrundlagen und Antriebskräfte der *Einzel*täter kaum in wissenschaftlicher Evidenz zu ermitteln.

In dicsem Sinne besteht das Ziel dieser Fallstudie darin, die Person Ernst Biberstein – obgleich jener im Hinblick auf seine Tätigkeit im Reichssicherheitshauptamt (RSHA) als Quereinsteiger zu betrachten ist – dennoch zum einen auf mentalitäts- und ideologiegeschichtlicher Folie als einen Prototypus zu zeichnen, den Michael Wildt im Hinblick auf das Täterprofil der Führungselite im Reichssicherheitshauptamt (RSHA) der *Generation des Unbedingten* zurechnet. Zum anderen sind die biografischen Fragestellungen mit einem organisations- und strukturgeschichtlichen Bezugsrahmen zu verknüpfen, und zwar mit jenem des NS-Terror- und Vernichtungsapparates. Das soll im Folgenden hinsichtlich der biografischen Daten Bibersteins näher erläutert werden.

Biberstein hatte nach diversen abgeschlossenen Studien zunächst eine Universitätslaufbahn angestrebt, sich dann aber aus wirtschaftlichen Gründen für den Beruf eines Pfarrers entschieden. Nachdem er zehn Jahre im Dienst der Schleswig-Holsteinischen Kirche gestanden hatte – zunächst als einfacher Gemeindepfarrer, sodann jedoch ab 1933 in der Position eines Propstes –, wechselte er in den NS-Staatsdienst. Dort war er als Staatsbeamter von 1935 bis 1941 im Range eines Oberregierungsrates hauptamtlich als Leiter mehrere Referate in der Evangelischen Abteilung des neu gegründeten Reichsministeriums für die kirchlichen Angelegenheiten beschäftigt. Nach seiner Aufnahme in die Allgemeine SS im September 1936 unter gleichzeitiger Ernennung zum „Führer im Sicherheitsdienst des Reichsführers SS (SD)", fungierte er im SD-Hauptamt auf *ehrenamtlicher* Basis in religionspolitischer Funktion als Verbindungsmann des SD zum Reichsministerium für die kirchlichen Angelegenheiten. Das beinhaltete, dass er den SD mit Informationen über den religionspolitischen Kurs des Reichministers für die kirchlichen Angelegenheiten Hanns Kerrl zu beliefern hatte, gerade auch im Hinblick darauf, dass jener aufgrund seiner kirchenpolitischen Zielsetzungen und einseitigen Parteinahme für die *Deutschen Christen* (DC) in völligem Kontrast zu der Regierungs- und Parteispitze stand und demzufolge in die strenge Observation des SD geraten war.

Die Aufnahme Bibersteins in die SS stellte *die* entscheidende täterbiografische Zäsur dar, insofern, als sich ab jenem Zeitpunkt infolge der Einbindung in die so bezeichnete *SS-Sippengemeinschaft* und deren pervertiertem Ehrenkodex sowie der beständigen *weltanschaulichen Schulungen* der SS-Offiziere sein abendländisch-christlich geprägter Werte- und Normenhorizont langsam zu verändern begann.[100] Ein weiteres gravierendes täterbiografisches Ereignis, das ihn unmittelbar in die NS-Vernichtungsmaschinerie einbinden sollte, ist in der zwangsweise erfolgten Versetzung Bibersteins aus dem *Reichministerium für die kirchlichen Angelegenheiten* (RMfdkA) in das dem *Reichsministerium des Innern* unterstehende Reichssicherheitshauptamt (RSHA) zu sehen, die auf Betreiben des Chefs des Reichssicherheitshauptamtes, SS-Obergruppenführer und General der Polizei Reinhard Heydrich, erfolgt war. Über Heydrichs Gründe, ohne Bibersteins Wissen das Versetzungsverfahren eines Staatsbeamten auf Lebenszeit zu betreiben, kann nur spekuliert werden. Es bietet sich jedoch folgende plausible Erklärung an: Bereits neun Monate nach der Entstehung des als einer „Institution des Krieges" (Michael Wildt) konzipierten Reichssicherheitshauptamtes (RSHA) am 27. September 1939 hatten auch dort die unter äußerster Geheimhaltung getroffenen Vorbereitungen für den wirtschaftspolitisch und rassenideologisch konzipierten Vernichtungsfeldzug gegen die Sowjetunion begonnen. Bibersteins zwangsweise Versetzung in das Reichssicherheitshauptamt wäre demzufolge unter der Prämisse zu sehen, dass durch entsprechende rechtzeitige Versetzungsmaßnahmen innerhalb einzelner Ministerien ein infolge der bevorstehenden Wehrmachtseinberufungen voraussehbarer Personalmangel behoben werden könnte.

Wenn sich auch nicht mit wissenschaftlicher Evidenz ermitteln lässt, auf welche *Weise* Heydrich die Einbindung Bibersteins in die NS-Vernichtungsmaschinerie bereits zu jenem frühen Zeitpunkt eingeplant hatte, so ist indessen quellendokumentarisch belegt, dass Biberstein Ende 1940 – nach kurzem Kriegseinsatz an der Westfront – durch Heydrich unabkömmlich (u. k.) gestellt und nach einer neunmonatigen Informationsphase offiziell zum 1. Juli 1941, wiederum auf dessen ausdrückliche Initiative in das dem *Reichsministerium des Innern* unterstehende *Reichssicherheitshauptamt* (RSHA) versetzt wurde. Dass Biberstein in das Visier Heydrichs gelangt war, ergibt sich möglicherweise aus den überaus positiven Beurteilungen seitens der im SD-Hauptamt tätigen Amtschefs im Hinblick auf die für den SD geleistete ehrenamtliche Arbeit Bibersteins, d. h. der Bespitzelung des Chef des Reichsministeriums für die kirchlichen Angelegenheiten Hanns Kerrl, der wegen seiner Religionspolitik bei der Staats- und Parteispitze in Ungnade gefallen war.[101] Mit seiner Versetzung wurde Biberstein als nunmehr *hauptamtlicher* Mitarbeiter im *Reichssicherheitshauptamt* (RSHA) ab dem 1. Juli 1941 zwangsläufig in die NS-Vernichtungsmaschinerie eingebunden – zumal er Mitarbeiter im Beamtenstatus war.

Zwar gehört der 1899 geborene Biberstein altersmäßig und zudem als Quereinsteiger nicht zu der von Michael Wildt gekennzeichneten Funktionselite des

---

[100] Vgl. dazu die entsprechenden Ausführungen in den Kapiteln II und IV.

[101] Vgl. dazu die entsprechenden Ausführungen in Kapitel II.

Reichssicherheitshauptamtes (RSHA), die unmittelbar nach dem Universitätsabschluss in dem SD-Hauptamt oder in den SD-(Ober)Abschnitten ranghohe Stellungen bekleidet hatten und die Wildt überwiegend in der um 1910 geborenen *Nachkriegsgeneration* verortet, sondern zu der um 1900 geborenen *Frontgeneration*. Dennoch ist Biberstein hinsichtlich seines Weltanschauungsprofils jenem NS-Tätertypus zuzurechnen, den Wildt im Hinblick auf das Führungskorps des Reichssicherheitshauptamtes (RSHA) treffend als die *Generation des Unbedingten* gekennzeichnet hat. Jene Funktionselite, die in einer Art Headhunter-Verfahren aus allen Regionen Deutschlands eigens für das Reichssicherheitshauptamt (RSHA) zusammengestellt worden war, wies ganz spezifische Eigenschaften auf, insofern, als die späteren NS-Gewalttäter aus sogenannten guten und religiös ausgerichteten Elternhäusern stammten. In der Regel um 1910 geboren, gehörten sie der jungen *Nachkriegsgeneration* an. Sie zeichneten sich nicht nur durch ein außerordentliches Karrierestreben aus, sondern ebenso durch eine überdurchschnittlich hohe Intelligenz und eine solide akademische Ausbildung. Ein Großteil der späteren NS-Gewalttäter, die das US Militäry Tribunal II im Nürnberger Einsatzgruppenprozess angeklagt und am 10. April 1948 verurteilt hatte, waren promovierte Juristen, unter ihnen der zweifach promovierte Wissenschaftler Dr. iur. Dr. rer. pol. Otto Emil Rasch und sogar ein habilitierter Jurist, der im Tatzeitraum erstaunlich junge Prof. Dr. Franz Alfred Six.[102] Was sie für ihre Aufgabe im Reichsicherheitshauptamt (RSHA) darüber hinaus qualifizierte, war ihre durch die regelmäßigen „weltanschaulichen Schulungen“ internalisierte feste nationalsozialistische Weltanschauung, die auch Biberstein immer wieder in den einzelnen Personalberichten seiner SS-Personalakte (SSO) von den jeweiligen Amtschefs des SD-Hauptamtes attestiert wurde. Ihre späteren Verbrechen begingen jene im Fall 9 der Nürnberger Nachfolgeprozesse angeklagten jungen SS-Offiziere demzufolge nicht etwa aus emotionalen Beweggründen, auch waren sie keine psychopatischen Massenmörder und ebenso keine einfachen Befehlsempfänger, sondern ausgewiesene NS-Gesinnungstäter: Sie gehörten der *Generation des Unbedingten* (Michael Wildt) an. Gerade darin lag ihre Gefährlichkeit.

Während der Urteilsbegründung am 8./9. April 1948 im Nürnberger Einsatzgruppenprozess vor dem US Military Tribunal II in Nürnberg, dessen Vorsitz der Richter Michael A. Musmanno hatte, charakterisierte John J. Speight, einer der beiden beisitzenden Richter, jene *Generation des Unbedingten* mit folgenden Worten:

> „Die Angeklagten sind keine ungebildeten Wilden, unfähig, die höheren Werte des Lebens und der Lebensführung zu schützen. Jeder der auf der Anklagebank Sitzenden hatte den Vorteil einer beträchtlichen Ausbildung genossen.

[102] MICHAEL WILDT, Generation, S. 14.

Acht sind Juristen, einer [war] Universitätsprofessor, ein anderer Zahnarzt und wieder ein anderer Kunstsachverständiger. Einer gab als Opernsänger Konzerte in ganz Deutschland, bevor er seine Rußlandtour mit den Einsatzkommandos begann.

Diese Gruppe von gebildeten und wohlerzogenen Männern zählt in ihren Reihen sogar einen früheren Pfarrer [Biberstein], wenn er auch den Priesterrock selbst auszog. Ein anderer der Angeklagten, der einen in der Musikwelt berühmten Namen trägt, sagte uns, daß ein Zweig seiner Familie auf den Schöpfer der ‚Unvollendeten' [Franz Schubert] zurückreiche [. . .].

Es war in der Tat eine der vielen bemerkenswerten Seiten dieses Prozesses, daß die Schilderungen ungeheurer Greultaten ständig mit den akademischen Titeln der als ihre Täter genannten Personen durchsetzt war. Wenn diese Männer im Leben gefehlt haben, kann man nicht sagen, daß es ein Mangel an Erziehung, das heißt an formaler Erziehung war, der sie irreführte. Die meisten der Angeklagten kamen nach ihren eigenen Angaben, denen zu mißtrauen kein Grund vorliegt, von *frommen* Eltern". [Kursivdruck vom Verf.].[103]

Dass die Frage nach der „Motivation" jener Massenmörder mittels eines rein täterbiografischen Ansatzes in eine Sackgasse führt, zeigt das Dilemma der hier zitierten Fragestellung des US-amerikanischen Richters Speight. Zielführend erscheint daher ein multiperspektivischer Zugang, der biografische Gesichtspunkte mit verfassungsrechtlichen ebenso wie mit „strukturellen und institutionellen Aspekten"[104] kombiniert. In der hier vorliegenden Fallstudie ist daher zunächst in einem ersten Schritt die weltanschauliche Grundüberzeugung jenes Tätertypus der „Generation des Unbedingten" (Wildt) zu analysieren, und zwar im Hinblick auf Biberstein in diachroner Perspektive in der Weise, dass die individuelle Biografie Bibersteins mit generalisierenden Fragestellungen verknüpft wird. Methodisch beinhaltet das zugleich eine Kombination von sozialhistorischem und kulturgeschichtlichem Forschungsansatz. So sind auf der einen Seite die mentalitäts- und ideologiegeschichtlichen Prädispositionen, deren Wurzeln bis in die Wilhelminische Ära zurückreichen, ebenso zu analysieren wie die politische und weltanschauliche Verfasstheit der Gesellschaft, aus deren bürgerlichen Mitte jene späteren NS-Gewalttäter kamen. Gemeint ist die Zeitspanne von der Mitte des 19. Jahrhunderts bis zum Ende der Weimarer Republik. Insofern wird dieser Thematik in den Kapiteln I.2 bis I.4 ein breiter Raum zu gewähren sein.

Da jedoch die weltanschauliche Grundüberzeugung als monokausaler Aspekt das spätere Täterhandeln nicht überzeugend erklären kann, sind in einem zweiten Schritt weitere Determinanten zu analysieren, so etwa „die institutionell geformte Handlungspraxis der Täter".[105] Gemeint ist die Handlungspraxis jener Partei-Institutionen wie der SS und des SD sowie des Reichssicherheitshauptamtes (RSHA) als einer „Institution des Krieges" (Wildt), in der die späteren NS-Gewalttäter ihre

[103] Kazimierz Leszczyński (Hrsg.), Fall 9, S. 133f.

[104] Frank Bajohr, Täterforschung.

[105] Ebd.

politische Sozialisation erfahren hatten. Denn in jenen Institutionen wurde der *außer*normative Rahmen indoktriniert, der es den späteren Tätern „ermöglicht[e], zu morden und sich zugleich weiterhin als moralische, normativ urteilende Menschen zu sehen, die eben keine ‚Unmenschen' seien."[106]

Das geschah zum einen durch die Einbindung der jungen SS-Offiziere und ihrer Familien in dic von Himmler so bezeichnete *SS-Sippengemeinschaft*, die ihrerseits verbunden war mit der Verpflichtung auf den ganz spezifischen SS-Wertekodex, der sich in seiner Pervertierung demzufolge fundamental von dem tradierten christlich-abendländischen Weltbild und Wertefundament unterschied. Zum anderen erweiterte die intensive so bezeichnete *weltanschauliche Erziehung*[107] den *außer*normativen Bezugsrahmen dahingehend, dass schon zu einem sehr frühen Zeitpunkt nicht nur ganz spezifische Feindbilder, sondern imaginierte Feindbilder, erzeugt wurden – etwa das der „minderwertigen Rassen" oder das des „bolschewistischen Weltjudentums", dessen Interesse allein darauf ausgerichtet sei, die abendländische Kultur zu vernichten[108] –, die dann die Handlungspraxis der späteren NS-Gewalttäter maßgeblich und in verheerender Weise bestimmten sollte. Gleichzeitig kreierte jene *weltanschauliche Erziehung* den Mythos einer egalitären *Volksgemeinschaft* der arischen Herrenrasse, als deren Vorhut sich die SS in ihrem Selbstverständnis als arisch reine *Elite-Einheit* gerierte.

Als dritte Determinante im Hinblick auf die Tatantriebe der Täter sind sozialpsychologische Aspekte einzubeziehen, auf die bereits Browning verwiesen hatte, etwa Druck seitens der Vorgesetztenhierarchie. Zwar hatte für die im Nürnberger Einsatzgruppenprozess Verurteilten zu *Beginn* des als „Blitzkrieg" geplanten Vernichtungskrieges gegen die Sowjetunion durchaus die Möglichkeit bestanden, anlässlich einer Rücksprache in der Personalabteilung des Reichssicherheitshauptamtes (RSHA) mittels eines geschickt formulierten Ablösungsgesuches sich von den mörderischen Tätigkeiten befreien zu lassen. Jedoch wurde ein solches Verhalten sowohl seitens der Dienstvorgesetzten im Reichssicherheitshaupt (RSHA)

[106] MICHAEL WILDT, Epochenzäsur, S. 8.

[107] Basis jener *weltanschaulichen Erziehung* waren – neben den zahlreichen Schulungsvorträgen seitens der einzelnen Abteilungen in den jeweiligen Institutionen – insbesondere die *SS-Leithefte,* die für jede Abteilung beim Eher-Verlag in ausreichender Stückzahl bestellt wurden und deren Lektüre für jeden SS-Offizier verpflichtend war. Daneben waren spezielle Schulungskurse in der SS-Führerschule in Bernau bei Berlin insbesondere für die SS-Anwärter bindend. Auch Biberstein hat sich einer solchen Schulung in Bernau unterziehen müssen, wie durch die positive Bescheinigung des Lehrgangsleiters belegt ist.

[108] Dieses Feindbild wurde den SS-Offizieren in den weltanschaulichen Schulungsvorträgen sowie in den SS-Leitheften vermittelt, insbesondere von Heydrich und Himmler sowie durch die Parteitagsreden Goebbels. REINHARD HEYDRICH: Wandlungen unseres Kampfes, Berlin 1935. HEINRICH HIMMLER: Die Schutzstaffel als antibolschewistische Kampforganisation, Berlin 1936. JOSEPH GOEBBELS: Bolschewismus in Theorie und Praxis. Rede von Reichsleiter Reichsminister Dr. Goebbels auf dem Parteikongreß in München 1936, Zentralverlag der NSDAP, München 1936.

als auch von den „Kameraden“ vor Ort als „Drückebergerei“ und „Verrat an der Volksgemeinschaft“ verstanden.

Auch Biberstein hatte vor seiner Wehrmachtsbeorderung zum Einsatzkommando 6 (EK 6) diesbezüglich im Reichssicherheitsamt (RSHA) vorgesprochen und zudem knapp zwei Monate nach Übernahme des Einsatzkommandos 6 beim Reichssicherheitshauptamt (RSHA) ein entsprechendes schriftliches Versetzungsgesuch sowie zudem den Antrag auf ein *endgültiges* Ausscheiden aus dem SD eingereicht, dem jedoch erst im März 1943 entsprochen wurde. Der Grund lag darin, dass eine kurzfristige Ablöse der Einsatzgruppenführungsschicht wegen Verknappung des Führungspersonals im Reichssicherheitshauptamt (RSHA) und dessen Außenstellen, d. h. den Stapo(leit)stellen und SD-Abschnitten, aufgrund von Wehrmachtsbeorderungen nicht mehr möglich war, nachdem sich die Konzeption eines Blitzkrieges als illusorisch erwiesen hatte, sondern – wie von Heydrich bereits vor Beginn des Russlandfeldzuges vorgesehen – erst nach einem Jahr jeweils zum 1. Juli.

Als weiteres Moment sind situative Aspekte in die Analyse der Tatantriebe einzubeziehen, wie sie allein schon durch Heydrichs Einsatzbefehle insofern vorprogrammiert waren, als diese den Einsatzgruppenleitern und den ihnen nachgeordneten Kommandoführern weitgehende Handlungsfreiheit in der *Durchführung* der jeweiligen Befehle zugestanden, sodass hier nicht von Begrenzung, sondern von fundamentaler *Entgrenzung* der Handlungspraxis jener Täter gesprochen werden kann. So konnten bestimmte Situationen seitens der einzelnen Täter durchaus unterschiedlich wahrgenommen werden, etwa als Bedrohungspotential vermeintlicher Partisanen oder Banden. Frank Bajohr greift zudem einen weiteren wichtigen Motivationsaspekt auf, wenn er konstatiert:

> „Die Entgrenzung der Handlungspraxis ging mit ungeahnten Karrieremöglichkeiten einher und eröffnete ehrgeizigen jungen Männern Einflussmöglichkeiten und Machtpositionen, in die sie qua Lebensalter und Qualifikation normalerweise niemals gekommen wären. Auf diese Weise *beförderte die institutionell determinierte Handlungspraxis eine Radikalisierungsspirale*, die für die Eskalation der Mordpraxis und das Handeln der Täter *konstitutiv* war. (Kursivdruck vom Verf.].“[109]

Auch Biberstein sind von Seiten Heydrichs derartige Karrieremöglichkeiten eröffnet worden, um ihn zu der Übernahme der Leitung der Gestapostelle Oppeln/Oberschlesien zu bewegen.[110] Zusammenfassend lässt sich feststellen, dass die „Motivation“ zur *Entgrenzung* der Gewalt jener im Nürnberger Einsatzgruppenprozess verurteilten NS-Gewalttäter daher am ehesten multifaktoriell erklärt werden kann, denn „erst aus der Verbindung einer generationellen Erfahrung, die sich zu einer spezifischen Weltanschauung formte, und einer Institution neuen Typs wie dem

---

[109] FRANK BAJOHR, Täterforschung.

[110] Vgl. Kapitel III.1.

Reichssicherheitshauptamt sowie den Bedingungen des Krieges lässt sich die Praxis dieser Akteure erklären. Der Genozid befand sich keineswegs im Horizont dieser Täter, als sie nach der universitären Ausbildung [oder wie Biberstein als Quereinsteiger nach zehnjährigem Dienst als evangelischer Geistlicher und anschließendem sechsjährigen Dienst als kirchlicher Referent im Reichsministerium für die kirchlichen Angelegenheiten] zum SD oder zur Gestapo kamen."[111] Ziel dieser Studie ist demzufolge, kein Portrait Bibersteins zu zeichnen, sondern auf einer ganz spezifischen, sehr weit ausgebreiteten Folie den *Typus* eines in Täterkollektiven eingebundenen Massenmörders zu ermitteln.

Mit Blick auf die Zeit nach 1945 ist zudem das Problem mentalitätsgeschichtlicher und personeller Kontinuitäten zu klären, das darin bestand, den ehemaligen NS-Funktionseliten – unter anderem durch verschiedene bundesrepublikanische Gesetzgebungswerke – die Re-Integration in die Gesellschaft zu ermöglichten, man denke etwa an den Artikel 131 des Grundgesetzes bzw. dessen Ausführung, d. h. das *Gesetz zur Regelung der Rechtsverhältnisse der unter Artikel* 131 *des Grundgesetzes fallenden Personen* aus dem Jahr 1951, das den ehemaligen NS-Beamten, Hochschullehrern, Richtern und Berufssoldaten die Wiedereinstellung in den Beamtenstatus gewährte, sofern sie im Entnazifizierungsverfahren nicht als *Hauptschuldige* oder *Belastete* eingestuft worden waren. Desgleichen wurde den verurteilten NS-Gewalttätern die nahtlose Wiedereingliederung in die bundesrepublikanische Gesellschaft unter Gewährung ausreichender Versorgungsleistungen ermöglicht, so auch Biberstein.

Unter dem Gesichtspunkt personeller und mentalitätsgeschichtlicher Kontinuität ist in diesem Zusammenhang auch die überaus wirkmächtige Präsenz der Kriegsverbrecherlobby während der alliierten Besatzungszeit und der Adenauerära zu betrachten. Zu jener Kriegsverbrecherlobby gehörten nicht nur der rechte Flügel der FDP – wie die Bundestags-Berichte der Jahre 1951/52 eindrucksvoll belegen –, sondern neben dem Heidelberger Juristenkreis, der sich aus den ehemaligen Strafverteidigern der in den Nürnberger Prozesses Angeklagten und aus namhaften Universitätsprofessoren formiert hatte, auch hohe Repräsentanten der Kirchen beider Konfessionen, insbesondere jene der Deutschen Evangelischen Kirche (EKD), die sich nach 1945 neu formiert und die in ihre Reihen auch die ehemaligen überaus NS-affinen *Deutschen Christen* (DC) integriert hatte, sodass deren deutschnationale und antisemitische Mentalität nicht nur in latenter Ausprägung fortbestand.

Insofern erscheint es folgerichtig, den Forschungsrahmen dieser Studie sowohl über das Epochen-Jahr 1933 als auch über die Epochen-Zäsur 1945 auszudehnen. Methodisch beinhaltet die *causa Biberstein* daher zugleich die Darstellung der mentalitäts- und ideologiegeschichtlichen sowie gesellschaftspolitischen Aspek-

[111] MICHAEL WILDT, Generation, S. 847.

te im letzten Drittel des 19. Jahrhunderts sowie die Deutung entsprechender Gesichtspunkte innerhalb der Zeitspanne ab dem Zusammenbruch des Kaiserreiches bis hin zur so bezeichneten *Kulturrevolution* der 1960er-Jahre.

4 Gliederung der Arbeit

In dem Prozess gegen die 24 Funktionseliten der Einsatzgruppen der Sicherheitspolizei und des SD[112] vor dem US Military Tribunal II in Nürnberg umriss der Vorsitzende Richter Michael A. Musmanno in der Urteilsbegründung vom 8. Februar 1948 das Täterprofil der angeklagten NS-Gewalttäter mit folgenden Worten:

> „Wer unerfahren ist in den Phänomenen, denen die menschliche Seele fähig ist, könnte beim Lesen der Einsatzgruppenmeldungen wohl an der menschlichen Rasse verzweifeln. Hier sind Verbrechen, die infolge der Tiefe und Weite ihrer Vertiertheit der Beschreibung trotzen. Hier erreicht die Erbarmungslosigkeit ihren Tiefpunkt, und nichts in Dantes imaginärem Inferno kann den Schreckenstaten gleichen, die sich, wie wir gefunden haben, in den Jahren 1941, 1942 und 1943 in Weißruthenien, der Ukraine, Litauen, Estland, Lettland und der Krim ereigneten.
> In diesem Prozeß lernte man Menschenhandlungen kennen, die jedem Begriff von Moral und Gewissen ins Gesicht schlugen. Man blickte auf Mordhandlungen von nie dagewesenem Umfang. Hier liegt das Paradoxon [...]. Einige der Angeklagten luden Zeugen für ihre guten Taten, und fast alle von ihnen legten zahlreiche eidesstattliche Erklärungen vor, die ihre guten Taten priesen. Die Seiten dieser Zeugnisse glitzern geradezu von solchen Phrasen wie ‚ehrlich und wahrheitsliebend', ‚rechtsdenkende und freundliche Art', ‚fleißig, emsig und gutherzig', ‚von sensibler Natur', ‚absolut ehrlich'."[113]

Um dieses vermeintliche „Paradoxon" auflösen und die oben beschriebenen Handlungsweisen der NS-Gewalttäter aufklären zu können, werden diese zunächst jeweils aus der Binnenperspektive des SS-Offiziers skizziert, im Hinblick auf Biberstein in der Weise, dass dessen biografische Daten hinsichtlich ihrer Radikalisierungsmomente mit der Analyse der rassistischen nationalsozialistischen Weltanschauung und der Untersuchung der sozialen Mechanismen jener Institutionen vernetzt werden, in denen die Täter zunächst ihre politisch-weltanschauliche Ausrichtung bekommen hatten, um diese dann vor Ort aktiv in den Vernichtungsapparat der *Judenpolitik* einbinden zu können.

Da die im Nürnberger Einsatzgruppenprozess angeklagten SS-Offiziere ihre Sozialisation im Kaiserreich und zu Beginn der Weimarer Republik erfahren haben, erscheint es sinnvoll, den darzustellenden Zeitrahmen über die NS-Zeit hinaus in Richtung Weimarer Republik auszuweiten, um das spätere Verhalten jener

[112] Angeklagt waren der SS-General Otto Ohlendorf sowie vier SS-Brigadeführer, fünf SS-Standartenführer, vier Obersturmbannführer, vier Sturmbannführer – unter ihnen Biberstein –, sechs Hauptsturmführer und ein Oberscharführer.

[113] Kazimierz Leszczyński (Hrsg.), Fall 9, S. 139f.

SS-Offiziere innerhalb der nationalsozialistischen Vernichtungsmaschinerie historisch sinnvoll einordnen zu können.[114] Methodisch beinhaltet die *causa Biberstein* daher zugleich die Darstellung der mentalitäts- und ideologiegeschichtlichen sowie gesellschaftspolitischen Aspekte im letzten Drittel des 19. Jahrhunderts sowie die Deutung entsprechender Gesichtspunkte innerhalb der Zeitspanne ab dem Zusammenbruch des Kaiserreiches bis hin zur so bezeichneten *Kulturrevolution* der 1960er Jahre.

Das erste Kapitel umfasst den Zeitraum bis zum Sommer 1935, als Biberstein sein geistliches Amt niederlegte und in den NS-Staatsdienst überwechselte. Dabei wird diachron verfahren in der Weise, dass die individuelle politische und berufliche Sozialisation Bibersteins eingebunden wird sowohl in den mentalitäts- und ideologie- sowie religionsgeschichtlichen als auch in den gesellschaftspolitischen Kontext. Diesem Gesichtspunkt wird in den Kapiteln I.2 bis I.5 insofern ein breiter Raum gewährt, als er inhaltlich ein Pendant bildet zu dem Kapitel V.2 „Kriegsverbrecherfrage und kirchliche Lobbyarbeit“, bzw. ein Erklärungsmodell darstellt für die Beteiligung führender Repräsentanten der protestantischen Kirche innerhalb der Kriegsverbrecherlobby der Nachkriegszeit. Mittels dieses biografischen Zugangs werden jedoch lediglich die Gründe für Bibersteins frühzeitige Hinwendung zum Nationalsozialismus und sein entschiedenes Engagement für die NSDAP ersichtlich, von dessen Wirken er sich politisch-gesellschaftliche Veränderungen zunächst in der Weimarer Republik erhoffte, insbesondere mit Blick auf die notleidende untere soziale Bevölkerungsschicht während der 1920er-Jahre. Hingegen lässt sich mit diesem Zugang weder Bibersteins spätere politische Radikalisierung erklären noch seine Einbindung als wichtiger Funktionsträger im rassenideologischen Ausrottungsprogramm des Nationalsozialismus, insbesondere während des Russlandfeldzuges 1941-1945.

Da Biberstein von 1932-1934 der Glaubensbewegung *Deutsche Christen* (DC) angehörte und danach der neopaganen *Deutschen Glaubensbewegung* (DG) des Religionswissenschaftlers Jakob Wilhelm Hauer ideell nahestand, wird auch auf diese beiden Strömungen näher einzugehen sein, ebenso auf die *politische* Funktion der *Deutschen Christen* (DC),[115] als dessen Mitinitiator in Schleswig-Holstein Biberstein zunächst von der NSDAP vorgesehen war. In diesem Zusammenhang ist auch die kulturelle Rezeption des Paul de Lagarde seitens der bürgerlichen Gesellschaftselite während der Weimarer Republik zu beleuchten, insbesondere, weil der

[114] Vgl. WOLFRAM WETTE: Der Krieg gegen die Sowjetunion – ein rassenideologisch begründeter Vernichtungskrieg, in: WOLFGANG KAISER (Hrsg.): Täter im Vernichtungskrieg. Der Überfall auf die Sowjetunion und der Völkermord an den Juden (in Zusammenarbeit mit der Gedenk- und Bildungsstätte Haus der Wannsee-Konferenz), Berlin/München 2002, S. 15-38, hier S. 33.

[115] Der Thematik des Kapitels I.5 wird ein breiter Raum gewährt im Hinblick auf die kirchenpolitischen Diskrepanzen zwischen dem Reichsminister für die kirchlichen Angelegenheiten und der NSDAP-Parteispitze (Kapitel II.5).

fanatische Zweig der *Deutschen Christen* (DC) unter Reinhold Krause die radikale Forderung Lagardes nach einer *arteigenen Religion* wörtlich wiederholte und damit einen Skandal auslöste. Durch die Diskrepanzen mit kirchlichen Vorgesetzten und Untergebenen hinsichtlich der religiösen Ausrichtung – insbesondere der religiös-weltanschaulichen Nähe zu der neopaganen *Deutschen Glaubensbewegung* (DG) – sowie wegen massiver Kritik an seiner inzwischen intensiven parteipolitischen Betätigung wurde Biberstein gezwungen, sein Kirchenamt im Mai 1935 niederzulegen und in den Staatsdienst zu wechseln.

Das *zweite Kapitel* umfasst den Zeitraum vom 15. August 1935 bis zum 1. Juli 1941 und beleuchtet Bibersteins Karriere als Beamter auf Lebenszeit im NS-Staatsdienst. Dabei ist besonderes Augenmerk auf die Entstehung des Reichsministeriums für die kirchlichen Angelegenheiten zu richten, insofern, als die so bezeichnete „Abteilung für kirchliche Angelegenheiten“ zunächst im *Reichministerium des Innern* verortet war, danach ab 1934 in das *Reichsministerium für Wissenschaft, Erziehung und Volksbildung* wechselte bis endlich am 16. Juli 1935 das Reichsministeriums für die kirchlichen Angelegenheiten installiert wurde. In der Interimszeit von der Niederlegung des Kirchenamtes bis zur Errichtung des Reichkirchenministeriums, bzw. bis zu seiner dortigen Anstellung am 15. August 1935, musste sich Biberstein nahezu ein Vierteljahr als Hilfsarbeiter verdingen, um für seine drei minderjährigen Kinder sowie für die Ehefrau und sich selbst den Lebensunterhalt zu sichern. Dieses von ihm streng gehütete Geheimnis kam erst gegen Ende seines Lebens ans Licht, wie aus den Akten der Versicherung für Angestellte in Berlin-Wilmersdorf hervorgeht.

Im neu gegründeten Reichsministerium für die kirchlichen Angelegenheiten war Biberstein zunächst von 1935 bis 1941 als Leiter mehrerer Referate beschäftigt sowie gleichzeitig ab 1936 als Verbindungsmann jenes Ministeriums zum Sicherheitsdienst des Reichsführers SS (SD). In diesem Zusammenhang ist insbesondere auf die *kirchenpolitische* Funktion des SD einzugehen, da sie in Verbindung steht mit Bibersteins Beschäftigung als ehrenamtlich tätigem *Führer im SD*. Jene Arbeit, d. h. die Bespitzelung seines Dienstvorgesetzten, des Reichskirchenministers Hanns Kerrl, wurde seitens des SD-Hauptamtes mit jährlichen Beförderungen innerhalb der SS-Offiziersränge honoriert. Darauf wird jedoch erst in Kapitel III.3 im Zusammenhang mit Bibersteins Ernennung zum Chef der Gestapostelle Oppeln/ Oberschlesien einzugehen sein.

Die Aufnahme in die Allgemeine SS zum 13. September 1936 war für Biberstein nicht nur ein lang erstrebtes Ziel, sondern bedeutete zugleich *die* einschneidende biografische Zäsur, insofern, als mit der Zugehörigkeit zu jener *Partei*-Formation, die sich als elitäre *rassische* Auslese definierte, Bibersteins politische Radikalisierung begann – zunächst ganz unsichtbar in der weltanschaulichen Ausrichtung. Daher ist ausführlich auf den SS-Aufnahmeritus einzugehen, ebenso auf die Einbindung in die von Himmler so bezeichnete *SS-Sippengemeinschaft*, auch im Hinblick auf das spätere Handeln Bibersteins als NS-Gewalttäter, das jedoch erst im vierten Kapitel thematisiert wird.

Das *dritte Kapitel* hat den Zeitraum vom 1. Juli 1941 bis Kriegsende im Blick und beschäftigt sich mit Bibersteins Tätigkeit als nunmehr hauptamtlichem Mitarbeiter des Reichssicherheitshauptamtes (RSHA) und demzufolge mit dessen NS-Gewaltverbrechen. Der Schwerpunkt dieses Kapitels erschöpft sich jedoch *nicht* in der Aufdeckung oder Aufzählung der einzelnen NS-Verbrechen Bibersteins, sondern ist auf die Darstellung seines *Dienstalltags* innerhalb des NS-Gefüges fokussiert, wie er sich aus der Binnenperspektive darstellt, d. h. aus der ganz spezifischen Sicht eines SS-Offiziers. Das betrifft insbesondere Bibersteins „Osteinsatz", für den zwar keine reichsamtlichen operativen Quellen zu dessen Tätigkeit vorliegen, jedoch Aussagen grundsätzlicher Art der im Nürnberger Einsatzgruppenprozess Angeklagten. Dabei erscheint es von Wichtigkeit, die Handlungsgrundlagen der NS-Gewalttäter zu beleuchten, die beispielsweise durch die Vernetzungen innerhalb der Vernichtungsmaschinerie gegeben waren, etwa die Unterstellungsverhältnisse der Einsatzkommandos zu den ihnen zugewiesen Armeen unter Verweis auf die verschiedenen verbrecherischen Wehrmachtsbefehle, wie sie in dem Kommissarbefehl und insbesondere in dem Kriegsgerichtsbarkeit-Erlass begründet lagen – für Biberstein war das der Befehl des Befehlshabers des Heeresgebietes Don, der so etwas wie einen „Verbrechens- oder Strafkatalog" aufgestellt hatte, nach deren Richtlinien Bibersteins Außen/Teilkommandos die „Gerichtsverfahren" gegen die Zivilbevölkerung durchführten. Ein weiterer wichtiger Aspekt ist die Darstellung der Inanspruchnahme von Kollaborateuren, die zwecks Bildung einer nationalen Hilfspolizei von den Einsatzkommandos angeheuert worden waren und gemäß den im Reich gültigen Angestelltentarifen entlohnt wurden.

Da Biberstein der einzige Angeklagte im Nürnberger Einsatzgruppenprozess war, der erst sehr spät zum „Osteinsatz" gelangte – zu einer Zeit, als die großen Massaker an der jüdischen Bevölkerung bereits ausgeführt waren und der überwiegende Teil der eroberten Ostgebiete „judenfrei" war, wie es im NS-Jargon hieß – erscheint es ebenso von Wichtigkeit, die Veränderung des „sicherheitspolizeilichen Arbeitsauftrages" darzulegen, wie er sich aufgrund der militärischen Kampfhandlungen ergeben hatte, die zu einer teilweisen Umwandlung der bereits eroberten und „befriedeten", d. h. der „sicherheitspolizeilich überholten" Gebiete in das im Norden gelegene *Reichskommissariat Ostland* (RKO) und das im Süden gelegene *Reichskommissariat Ukraine* (RKU) führten.

Wie aus den in den *Ereignismeldungen UdSSR 1941/42* niedergelegten Berichten der Einsatzgruppen wissenschaftlich evident hervorgeht und des Weiteren durch die bereits 1946 getätigten Aussagen Ohlendorfs in dem Nürnberger Prozess gegen die Hauptkriegsverbrecher belegt ist, war ein beträchtlicher Teil des

Judentums bei Bibersteins Übernahme der Dienstgeschäfte in seinem ihm von der Armee zugewiesen Operationsraum – der russischen Oblast Rostow – zuvor von dem Sonderkommando 10 a der Einsatzgruppe D ausgelöscht worden. Demzufolge ergaben sich für Biberstein zum Teil „Sicherungsaufgaben" anderer Art, die überwiegend in der Bekämpfung von vermeintlichen oder tatsächlichen Partisanen und deren mutmaßlichen Helfern lagen.

Aufgrund der desolaten Quellenlage liegen beispielsweise Forschungsergebnisse hinsichtlich der Bedeutung der seitens der deutschen Wehrmacht als Partisanen eingestuften Organisation der ukrainischen Nationalisten (OUN) für die Ost-Ukraine bisher nicht vor. Jedoch konnten einige wenige Archivalien herangezogen werden, die auf verschiedene Aktionen im Distrikt der Einsatzgruppe C verweisen, etwa auf die Aushöhlung der Besatzungsstrukturen durch Mitglieder der OUN, die sich unter dem Deckmantel einer vorgetäuschten Kollaborationswilligkeit in die Besatzungsverwaltung eingeschlichen hatten, wie es etwa für den Bürgermeister von Kiew Wołodymyr Bahazij/Bagasi belegt ist, der jedoch von der Gestapo enttarnt und wegen Unterstützung der OUN verhaftet und am 21. Februar 1942 in Babyń Jar erschossen wurde.[116]

Da in der NS-Täterforschung die Tätigkeit der Einsatzkommandos vornehmlich, zum Teil sogar ausschließlich, mit der Durchführung von Exekutionen und Massenmorden konnotiert wird, und zwar aufgrund der Berichte der Einsatzgruppen an das Reichssicherheitshauptamt – wie sie sich beispielsweise in den 195 *Ereignismeldungen UdSSR 1941/42* niederschlagen, die aber lediglich den Zeitraum bis zum 24. April 1942 umfassen – erscheint es ebenfalls von Bedeutung, auch Teilbereiche des Dienstalltag des Führers eines bereits *stationär* gewordenen Einsatzkommandos zu beschreiben, hier aus Bibersteins Dienstalltag. Meines Wissens sind bisher noch nie derartige Verwaltungsaufgaben beschrieben worden, beispielsweise die Bewirtschaftung von Kolchosen und Sowchosen durch die Teilkommandos oder aber Planungsaufgaben im Hinblick auf die vorgesehene vollkommene wirtschaftliche Ausbeutung der eroberten sowjetischen Gebiete nach Beendigung der militärischen Kampfhandlungen.

Sofern in Kapitel III auf die im Nürnberger Einsatzgruppenprozess getätigten Einlassungen Bibersteins Bezug genommen wird, so geschieht das nicht, um dessen Verteidigungsstrategie aufzuzeigen, sondern um anhand jener Rechtfertigungsmuster dessen Dienstalltag aus der typischen NS-Perspektive zu beschreiben, d. h. Bibersteins *Handlungsgrundlagen* aufzuzeigen wie sie sich unter anderem aus dem völkerrechtswidrigen Kriegsgerichtsbarkeits-Erlass ergeben, des-

[116] Die Verfolgung und Ermordung der europäischen Juden durch das nationalsozialistische Deutschland 1933-1945. Dokumentensammlung, herausgegeben im Auftrag des Bundesarchivs von Susanne Heim, Bd. 8: Sowjetunion mit annektierten Gebieten II, bearb. von Bert Hoppe, Berlin/Boston 2016, S. 167, Anm. 6.

sen weitreichende Wirkmächtigkeit nur möglich war auf der Grundlage des widerrechtlichen sich selbst so bezeichnenden „nationalsozialistischen völkischen Führerstaates", dessen verfassungsrechtliche Prinzipien der Verfassung der Weimarer Republik von Seiten Hitlers einfach übergestülpt worden waren. Daher ist die verfassungsrechtliche Umstrukturierung des Weimarer Rechtsstaates in jenen normenauflösenden Führerstaat gleich zu Beginn des Kapitels III zu beleuchten, wurden doch erst durch die Etablierung rechtsfreier Sonderräume die Voraussetzungen für das Agieren der NS-Vernichtungsmaschinerie geschaffen.

Mit Blick auf Bibersteins NS-Verbrechen ergibt sich folgender Dienstverlauf: Zunächst war Biberstein im Jahre 1941/42 als Chef der Gestapostelle Oppeln/Oberschlesien tätig, sodann operierte er 1942/43 als Leiter des Exekutionskommandos 6 der Einsatzgruppe C im wirtschaftspolitisch und rassenideologisch ausgerichteten Vernichtungsfeldzug gegen die UdSSR.

Danach arbeitete er von 1944 bis 1945 als Referatsleiter der Abteilung Wirtschaft/Wirtschaftskriminalität in der Operationszone Adriatisches Küstenland. In Oppeln/Oberschlesien hatte er nach eidesstattlichen Angaben unter anderem Heydrichs Einsatzbefehle Nr. 8, 9 und 14 umzusetzen in der Weise, dass eine von ihm zusammengestellte Einsatzgruppe in dem Kriegsgefangenenlager Lamsdorf/Oberschlesien – das in Bibersteins Zuständigkeitsbereich fiel – nicht nur die sowjetischen politischen Kommissare, sondern ebenso „alle männlichen kriegsgefangenen Juden" auszusondern hatte, die dann auf weiteren Befehl des Reichssicherheitshauptamtes (RSHA) in das Vernichtungslager Auschwitz deportiert wurden, wo sie entweder sofort exekutiert oder bei entsprechender Arbeitsfähigkeit vor ihrer Ermordung als Zwangsarbeiter ausgebeutet wurden.

Als Leiter des Einsatzkommandos 6 (EK 6) der Einsatzgruppe C unter dem damaligen SS-Gruppenführer und Generalleutnant der Polizei Dr. med. Max Thomas war Biberstein gemäß seinen weiteren eidesstattlichen Aussagen verantwortlich für die aus „politischen Gründen" erfolgte Exekution von 2.000 bis 3.000 Zivilisten. Die Funktion der Einsatzgruppen im Vernichtungskrieg gegen die Sowjetunion 1941/45 – der von Hitler expressis verbis als „Kampf zweier Weltanschauungen" bezeichnet wurde – ist in Verbindung mit dessen Vision einer rassisch egalitären *Volksgemeinschaft* und der Schaffung *neuen Lebensraumes im Osten* zu analysieren, die ebenso im Kontext standen mit dessen Großprojekt der Unterwerfung ganz Europas und der geografischen und ethnischen Neuordnung nach rassenbiologischen Gesichtspunkten. Hinsichtlich der Kriegs- und Gewaltverbrechen der Einsatzgruppen verdienen daher insbesondere die Ideologie und Befehlsstrukturen des NS-Staates und seines Terrorapparates besondere Beachtung. Insofern ist im Hinblick auf die verschiedenen Determinanten der *Entgrenzung* der Gewalt ausdrücklich auch auf die Bedeutung des Führereides einzugehen, der nicht mehr auf die Verfassung geleistet wurde, sondern auf die *Person* Hitlers, d. h. auf den

„Führer", der in Personalunion zum einen Chef der NSDAP war, zum anderen als Staatsoberhaupt (Reichspräsident) und als Chef der Regierung (Reichskanzler) sowie ab 1938 als Oberbefehlshaber der Wehrmacht drei Staatsämter auf sich vereinigte.

Das vierte Kapitel hat den Nürnberger Einsatzgruppenprozess zum Inhalt. In dessen Mittelpunkt steht das Strafverfahren, insbesondere dessen Rechtsgrundlage und Verfahrensordnung. Zunächst ist das strafrechtliche System zu beleuchten, wie es von den Alliierten durch das Londoner Statut vom 8. August 1945 als Strafrechtsgrundlage für den Internationalen Militärgerichtshof in Nürnberg (IMT) festgelegt und sodann für alle NS-Folgeprozesse in den Besatzungszonen in das Kontrollratsgesetz Nr. 10 vom 20. Dezember 1945 übernommen worden ist. Desgleichen wird die strafrechtliche Verfahrensordnung thematisiert, die der anglo-amerikanischen Rechtstradition entspricht und in der Ordinance No. 7 vom 18. Oktober 1946 (Military Government – Germany. United States Zone. Ordinance No. 7. Organisation and Powers of certain Military Tribunals) in 23 Artikeln niedergelegt ist. Insbesondere im Hinblick darauf, dass sowohl die angeklagten NS-Gewalttäter wie deren Strafverteidiger und ebenso der Großteil der westdeutschen Bevölkerung in Erkenntnisverweigerung und Schuldabwehr die alliierten Strafverfahren gegen NS-Gewaltverbrecher als „Siegerjustiz" diffamierten, ist die Erörterung jener Rechts- und Verfahrensgrundlagen von besonderer Relevanz. Sodann werden die Anklagepunkte, Verteidigungsschriften und Strafurteile beleuchtet.

Spätestens mit Blick auf die Strafurteile stellt sich die *generalisierende* Frage nach der Tötungs*bereitschaft* im Fall 9 angeklagten und verurteilten NS-Gewalttäter, d. h. wie erklärt es sich, dass die im Nürnberger Einsatzgruppenprozess angeklagten 24 hochgebildeten ranghohen SS-Offiziere, die in christlich-geprägten Elternhäusern ihre erste Sozialisation erfahren hatten, zu Massenmördern werden konnten? Durch welche irrationalen Momente wurden sie zu einem späteren Zeitpunkt *konditioniert*, um die natürliche Tötungshemmung zu überwinden? Im Hinblick darauf, dass die in Täterkollektiven operierenden SS-Offiziere jene von höchster Staatsstelle befohlenen und durchgeplanten *Organisations*verbrechen begingen, erscheint es wenig zielführend, den individuellen Motiven einzelner Täter nachzugehen, sondern stattdessen nach den *Handlungsgrundlagen* und *Antriebskräften* als möglichem Erklärungsmuster für das Zustandekommen der Massenexekutionen an zuvor devaluierten und dehumanisierten Personengruppen zu fragen, und zwar mit nachfolgender Begründung:

(1) Die Berichte der Einsatzgruppen, wie sie etwa in Form der *Ereignismeldungen UdSSR 1941/42* vorliegen, spiegeln keinesfalls die Tätermotivation wider, insofern, als sie reine Arbeitsberichte darstellen, die wöchentlich abzuliefern waren, und die nach speziellen von Heydrich vorgeschriebenen formalen Kriterien zu erfolgen hatten, wie Angabe der Exekutionsziffern aufgeschlüsselt nach Ge-

schlechtern – einschließlich der Exekutierten im Kindesalter. Eine weitere Vorgabe war die Benennung des Exekutionsgrundes. Logischerweise gab der Berichterstatter dabei nicht seine persönlichen Motive kund, etwa Karrieregründe oder Druck seitens seines Dienstvorgesetzten und ganz sicher nicht seine antisemitische Einstellung, denn gerade seine „weltanschauliche Festigkeit" war ja die Voraussetzung gewesen, dass er von Heydrich überhaupt für einen „Osteinsatz" ausgewählt worden war.

Insofern lassen sich aus den Berichten der Einsatzgruppen nicht etwaige individuelle Tatmotivationen entnehmen, da die in den Berichten der Kommandoführer aufgeführten Exekutionsgründe zum einen lediglich Sachzwänge benennen, etwa wenn ein Ghetto geräumt und dessen Bewohner ermordet wurden, weil die dortigen Räumlichkeiten von der Wehrmacht benötigt wurden. Zum anderen sind die in den *Ereignismeldungen UdSSR 1941/42* genannten Exekutionsgründe genau die „Verbrechen", die in den „Strafkatalogen" der Wehrmacht aufgeführt waren und deren Verstoß mit der Todesstrafe belegt wurde, etwa tatsächliche oder vermeintliche „Sabotageakte" durch Arbeitsverweigerung, Missachtung der Verdunklungsvorschriften oder Entfernung aus dem Ghetto und Rückkehr in die angestammte Wohnung.

(2) Ebenso sind aus späteren Zeugenaussagen der NS-Gewalttäter deren Motivation kaum zu eruieren. Sofern die Täter unter Anklage standen, wäre es für sie undenkbar gewesen, ihre wirkliche Tatmotivation preiszugeben, allenfalls die möglichen Handlungsgrundlagen zu benennen, etwa die Führerbindung durch den dreifach abgeleisteten Eid (Beamteneid, Soldateneid, SS-Eid), oder auch die im veränderten Verfassungsrecht begründete Tatsache, dass nach der „neuen nationalsozialistischen Rechtsauffassung" – wie sie von dem SS-Verwaltungsjuristen Dr. Werner Best maßgeblich formuliert wurde – alle Äußerungen des Führers Rechtskraft besäßen, dass also Hitlers Weisungen und Befehle in Buchstaben gegossenes Gesetz gewesen seien. Selbst als NS-Gewalttäter später in bundesrepublikanischen Strafverfahren lediglich als Zeugen auftraten, waren sie verständlicherweise nicht bereit, ihre wahre Motivation preiszugeben, etwa ihre (damalige) antisemitische Grundhaltung oder ihr Bestreben nach einem Karriereaufstieg durch besonders effiziente Arbeitsweise, d. h. durch Forcierung der Judenexekutionen. Zudem ist zu berücksichtigen, dass Tätermotivationen entscheidend abhängig waren von der ganz speziellen Einbindung des Täters in die NS-Vernichtungsmaschinerie, d. h. von dessen Verantwortungsgrad als Befehlsgeber oder Befehlsempfänger, ebenso von den jeweiligen situativen Gegebenheiten. Insofern erscheinen Theorien philosophischer oder (tiefen-)psychologischen Art noch irgendwelche Modelle – etwa wie sie sich aus dem Milgram-Experiment herleiten – aus verschiedenen Gründen nicht auf die im Nürnberger Einsatzgruppenprozess angeklagten NS-Gewalttäter übertragbar.

Mit Blick auf Bibersteins Lebenslauf ist zu vermerken, dass er in der ersten Phase, d. h. bis zum Zusammenbruch des NS-Regimes, zunächst zum Profiteur der nationalsozialistischen politischen Konjunktur wurde, und zwar in einer *aktiven* Rolle, insofern, als er im Rahmen der Anerkennung seiner frühzeitigen NSDAP-Mitgliedschaft, die er zunächst aus politischem Idealismus mit außerordentlich regen parteipolitischen Aktivitäten verbunden hatte, bereits in jungen Jahren unmittelbar nach Hitlers Machtübernahme vom einfachen Gemeindepfarrer in eine leitende kirchliche Position aufstieg. Sodann gelang ihm der Karrieresprung in eine höhere Position innerhalb des NS-Staatsdienstes, und zwar in eines der ab 1933 neu gegründeten Reichsministerien. Zusätzlich war das für ihn verbunden mit einem erheblichen sozialen Aufstieg, wechselte er doch von der norddeutschen Provinz in die Hauptstadt Berlin. Erst die zwangsweise Versetzung in das Reichssicherheitshauptamt (RSHA) im Jahre 1940 sollte sich für ihn als Falle erweisen.

Die Kapitulation Nazi-Deutschlands am 8. Mai 1945 bedeutete zwar die gravierendste biografische Zäsur in Bibersteins Leben, jedoch wurde er in der Folgezeit erneut – nunmehr hingegen in einer *passiven* Rolle – zum Profiteur politischer Konjunkturen. Das ist die Thematik der beiden Folgekapitel. Dabei wird wiederum in diachroner Perspektive die individuelle Täterbiografie mit generalisierenden Fragestellungen verknüpft, etwa mit dem Problem personeller Kontinuitäten von NS-Eliten in Politik, Verwaltung, Wirtschaft und Justiz, durch die den NS-Tätern nicht nur die problemlose Re-Integration in die bundesrepublikanische Gesellschaft ermöglicht, sondern ihnen auch durch entsprechende Gesetzgebungswerke eine hinreichende Altersversorgung garantiert wurde.

Das *fünfte Kapitel* befasst sich demzufolge mit den politischen, insbesondere jedoch mit den gesellschaftlichen Faktoren, die zum so bezeichneten *Gnadenentscheid* McCloys vom 31. Januar 1951 führten, durch den die Todesstrafe Bibersteins in eine lebenslange Haftstrafe umgewandelt wurde, wobei anzumerken ist, dass es sich bei dem *Gnadenentscheid* juristisch gesehen lediglich um ein Revisionsverfahren nach anglo-amerikanischen Rechtsgrundsätzen gehandelt hat. In diesem Zusammenhang ist auch die Kriegsverbrecherlobby als *pressure group* zu beleuchten, so der bereits im Frühjahr 1949 gegründete *Heidelberger Juristenkreis*, der sich aus führenden Juraprofessoren und Rechtsanwälten – insbesondere den ehemaligen Strafverteidigern der Nürnberger Prozesse – sowie aus Richtern und Beamten des Justizministerium zusammensetzte und der sich als *pressure group* für die Freilassung und Rehabilitierung der verurteilten in Landsberg einsitzenden NS-Gewalttäter stark machte. Der *pressure group* sind zudem führender Repräsentanten der Kirche beider Konfessionen zuzurechnen, zumal auch Verwaltungsfachleute der Kirchen beider Konfessionen eng mit dem *Heidelberger Juristenkreis* operierten. In diesem Zusammenhang sind die diesbezüglichen Motivationen einzelner führender Repräsentanten der protestantischen Kirche insbesondere unter Rückgriff auf die Kapitel I.2 bis I.5 zu analysieren.

Das *sechste Kapitel* beleuchtet die vertrags- und sozialrechtlichen Voraussetzungen, die dann am 8. Mai 1958 – symbolträchtig gewählt – zur Umwandlung der lebenslangen Freiheitsstrafe Bibersteins in eine Haftunterbrechung auf Bewährung gemäß des im US-amerikanischen Militärstrafrecht verankerten *parole system*[117] geführt haben – gemeint sind sowohl der *Vertrag zur Regelung aus Krieg und Besatzung entstandener Fragen* (Überleitungsvertrag) von 1952 als einem Zusatzvertrag zum Deutschlandvertrag als auch verschiedene „vergangenheitspolitische Gesetzgebungswerke und administrative Entscheidungen",[118] die in der Ära Adenauer zur Re-Integration ehemaliger NS-Eliten beschlossen wurden, in deren Genuss dann auch Biberstein ganz ohne eigene Einflussnahme kam.

Im Hinblick auf die Durchführung des *Parole*-Verfahrens wird zudem der Frage nachzugehen sein, warum die junge Bundesrepublik Deutschland nicht die vertraglichen Bedingungen des *Überleitungsvertrages*, Artikel 6, Absatz 4, erfüllte, d. h. warum sie nicht die von den Alliierten eingeforderten Rechtsgrundlagen schuf, um die fünf in der Haftanstalt Landsberg verbliebenen NS-Verbrecher – unter ihnen Biberstein – in bundesrepublikanischen Gewahrsam zu übernehmen, sodass sich letztendlich das US-amerikanische Außenministerium veranlasst sah, das Deutsche Rote Kreuz zu beauftragen, bei den ehemaligen Arbeitgebern der letzten fünf „Landsberger" um die Gewährung eines Arbeitsplatzes nachzusuchen, damit das *Parole*-Verfahren nach den im Überleitungsvertrag festgelegten Rechtsvorschriften durchgeführt werden konnte. Auch im Fall Biberstein sprach ein Vertreter des Roten Kreuzes bei dessen ehemaligem Arbeitgeber, der Schleswig-Holsteinischen Landeskirche, vor mit der Bitte um die Gewährung eines Arbeitsplatzes, mit dem dann die Voraussetzungen zur Durchführung des *Parole*-Verfahrens geschaffen wurden.

Abschließend sei vermerkt, dass ganz bewusst sehr großer Wert auf das wörtliche Zitat gelegt wurde, selbst wenn das einzelne Zitat sich über nahezu eine Seite erstrecken sollte, denn „nur im wörtlichen Zitat ist das Geschriebene ganz, was es einmal war, und nur so ist das zuweilen unglaubhaft Scheinende glaubhaft."[119] Gleichzeitig sei bereits hier aus quellenkritischen Gründen darauf verwiesen, dass Biberstein als Angeklagter vor dem US Military Tribunal II seine Tätigkeit im Reichssicherheitshauptamt 1941-1945, insbesondere die vom ihm zu verantwor-

---

[117] Code of Laws of the United States of America (United States Code), Title 10, Subtitle A, Chapter 48, Section 952 – Parole.

[118] NORBERT FREI, Vergangenheitspolitik, S. 13.

[119] KURT SONTHEIMER: Antidemokratisches Denken in der Weimarer Republik. Die politischen Ideen des deutschen Nationalismus zwischen 1918 und 1933, Studienausgabe von 1968, München 1978, S. 19.

tenden Massenmorde während seines „Osteinsatz“ 1942/43 als Führer des EK6 aus verteidigungsstrategischem Kalkül in euphemistisch-exkulpatorischem Duktus schilderte. Das ist besonders in den Passagen auffällig, in denen er aus der typischen Binnenperspektive eines weltanschaulich überzeugten SS-Offiziers seinen Dienstalltag euphemistisch darstellte mit der Zielsetzung, dadurch seine Verantwortung für die Massenmorde minimieren zu können. Zur Vermeidung von Redundanzen wird daher in den einzelnen Unterabschritten des Kapitels III – hier insbesondere in den Abschnitten 4.1-4.7 und 5.1-5.6 – nicht noch einmal auf Erklärungen zu dem euphemistisch-exkulpatorischen Duktus eingegangen.

KAPITEL 1
WERDEGANG BIS ZUR NIEDERLEGUNG DES KIRCHENAMTES 1935

1 BIBERSTEINS SOZIALISATION BIS ZUM EINTRITT IN DIE NSDAP IM JAHRE 1926

1.1 SOZIALE PROVENIENZ UND FRÜHE ERZIEHUNG[1]

Biberstein wurde am 15. Februar 1899 in Hilchenbach, Kreis Siegen/Westfalen, als Ernst Emil Heinrich Szymanowski geboren. Diesen „polnisch" klingenden Namen ließ er am 9. Juni 1941 *angleichen*, so die damalige Bezeichnung.[2] Eine Namensänderung war jedoch bereits ab dem Jahre 1938 möglich, und zwar aufgrund des *Gesetzes über die Änderung von Familiennamen und Vornamen vom 5. Januar 1938*, Paragraph 1 in Verbindung mit Paragraph 3.[3] Die Änderung „polnisch klingender Namen" war zudem ausdrücklich von Heydrich erwünscht. So forderte jener in einem Schreiben vom 18. März 1940, das eine weitreichende Liste von Adressaten umfasste:

> „Da es *mit der Ehre eines deutschen Mannes nicht länger vereinbar* ist, einen polnischen oder tschechischen oder polnisch bzw. tschechisch klingenden Familiennamen zu führen, ist es erwünscht, daß die Angehörigen der Sicherheitspolizei und des SD solche Namen in deutsche ändern lassen.
>
> Ich ersuche, auf die in Frage kommenden Angehörigen der Sicherheitspolizei und des SD in geeigneter Weise *persönlich einzuwirken*, daß sie von sich aus die Änderung ihrer Familiennamen veranlassen. Bei der Änderung der Namen ist darauf Wert zu legen, daß eine sprachlich richtige Verdeutschung erfolgt. Soweit eine solche nicht möglich ist, sind die Vorschläge für die Annahme deutscher Namen mir vorzulegen." [Kursivdruck vom Verf.].[4]

---

[1] Die Personendaten zu Bibersteins Provenienz und Sozialisation im Elternhaus sind meiner Magisterarbeit entnommen: INGRID ADAMS: Ernst Biberstein – Profiteur politischer Konjunkturen (Magisterarbeit), Köln 2011, S. 7.

[2] Änderung des Familiennamens in „Biberstein" durch Verfügung des Polizeipräsidenten in Berlin am 9. Juni 1941, Geschäfts-Nr. II 8000.S. 279, BArch (ehem. BDC) SSO, Biberstein, Ernst, 15.02.1899.

[3] *Gesetz über die Änderung von Familiennamen und Vornamen. Vom 5. Januar 1938*, in: Reichsgesetzblatt, Teil I (1938) Nr. 2, S. 9f.

[4] Der Chef der Sicherheitspolizei und des SD, Schreiben vom 18.3.1939 an die Befehlshaber der Sicherheitspolizei und des SD in Prag und Krakau, die Kommandeure der Sicherheitspolizei und des SD in Krakau, Warschau, Radom und Lublin, die Inspekteure der Sicherheitspolizei und des SD,

Vor dem US-Militärgerichtshof II in Nürnberg berief sich Biberstein nicht auf jene ausdrückliche Forderung Heydrichs, sondern gab am 20. November 1947 als rassenideologisch orientierte Begründung an, er habe „unter einem Vorwand" am 9. Juni 1941 auf seinen Antrag hin vom Polizeipräsidenten in Berlin seinen ursprünglichen Namen in *Biberstein* umändern lassen, da er, Biberstein, der „urdeutschen" Familie Biberstein entstamme und dieser Familienname bis ins Jahr 938 n. Chr. zurückzuverfolgen sei.[5] Ähnlich argumentierte er in der bereits erwähnten Vernehmung durch den US-Zivilermittler Rolf Wartenberg, dahingehend, dass er, Biberstein, „kein Pole" sei.[6] Mit hoher Wahrscheinlichkeit ist anzunehmen, dass die Namensänderung im Zusammenhang mit Bibersteins Versetzung als Leiter der Gestapostelle Oppeln/ Oberschlesien stand.

Biberstein wuchs in einer Familie auf, die in ihrer Sozialstruktur der bürgerlichen Mittelschicht angehörte. Sein Vater, Ernst Szymanowski, geboren am 29.04.1873 in der Kreisstadt Torgau,[7] war Eisenbahnbeamter – zuletzt Reichsbahnrat in Altona[8] – und kam aus einer alten Handwerkerfamilie. Seine Mutter, eine geborene Kiesler, entstammte einer alten Beamten- und Bauernfamilie. Er hatte noch einen jüngeren Bruder – von Beruf Maler und wegen eines lahmen Beines kriegsuntauglich –, der 1943 in Berlin bei einem Bombenangriff ums Leben gekommen war. Hinsichtlich seiner Sozialisation erklärte Biberstein dem US-Militärgerichtshof II in Nürnberg, dass er in einer preußischen Beamtenfamilie erzogen worden sei und dort drei Tugenden kennen und schätzen gelernt habe: „Ehrfurcht vor Gott,[9] Gehorsam und Treue gegenüber der Staatsführung sowie Sauberkeit, Ehrlichkeit und Gewissenhaftigkeit in der Berufs- und Lebensführung."[10] Insbesondere die fünf letztgenannten Tugenden gehörten zu dem Ehrenkodex der SS. Bibersteins Aussage ist daher aus der Binnenperspektive eines SS-Offiziers zu verstehen, der durch die Aufnahme in die SS und den geleisteten spezifischen *Führereid* vollständig in die von Himmler so bezeichnete *SS-Sippengemeinschaft*

die Grenzinspekteure I, II und III, die Leiter der Staatspolizei(leit)stellen, die Leiter der Kriminalpolizei(leit)stellen und Kriminalabteilungen, die Führer der SD(leit)Abschnitte, den Kommandeur der Führerschule der Sicherheitspolizei in Berlin-Charlottenburg, den Kommandeur der Grenzpolizeischule in Pretzsch, den Leiter der Einwandererzentrale in Lodsch, das Referat I-HB, das Amt V. Nachrichtlich dem Referat I C (a) 2 [RSHA], dem Referat I C (b) 3 [RSHA], Betrifft „Änderung polnischer Familiennamen [Unterstreichungen im Original], BArch, R 58/ 261, fol. 70.

[5] Zeugeneinvernahme Biberstein, StAN, Rep. 501, KV-Prozesse, Fall 9, A 32-33, S. 2735-2736.

[6] Zeugeneinvernahme Biberstein durch Wartenberg, StAN, Rep. 502, KV-Anklage, Interrogations, B-75, S. 1.

[7] Fragebogen für Gau- und Kreisschulungsleiter für Kommunalpolitik des Ernst Szymanowski [sen.], BArch (ehem. BDC), Parteikorrespondenz (PK) 1120024407, Szymanowski, Ernst, 29.04.1873.

[8] Lebenslauf (1936), BArch (ehem. BDC), SSO, Biberstein, Ernst, 15.02.1899.

[9] Himmler duldete in seinen SS-Reihen ausdrücklich keine *Atheisten*.

[10] Zeugeneinvernahme Biberstein, StAN, Rep. 501, KV-Prozesse, Fall 9, A 32-33, S. 2736.

integriert wurde. Darauf wird in Kapitel II.5 „Einbindung in die *SS-Sippengemeinschaft* 1936" näher einzugehen sein.

Aufschlussreich ist in diesem Zusammenhang, dass der spätere Mitangeklagte Bibersteins im Nürnberger Einsatzgruppenprozess, der ehemalige SS-Brigadeführer und Generalmajor der Polizei sowie Amtschef im SD-Hauptamt Amt III im Reichssicherheitshauptamt (RSHA), Heinz Jost, hinsichtlich seiner frühen Sozialisation vor dem US Military Tribunal II ähnliche Aussagen tätigte wie Biberstein. In seinem Elternhaus sei er zu „tiefer Gläubigkeit, zur Tradition des anständigen, ehrlichen, geachteten Bürgerstandes" erzogen worden und insbesondere durch den Vater sei eine „Erziehung zur Pflichterfüllung, Rechtlichkeit und Lauterkeit in der Gesinnung und zur Liebe gegenüber Heimat und Volk" erfolgt.[11]

1.2 Schulausbildung, Universitätsstudium, Einstieg in das Berufsleben

Hinsichtlich der Schulausbildung sowie des Universitätsstudiums[12] machte Biberstein in der Gerichtsverhandlung am 20. November 1947 sehr detaillierte Ausführungen. Möglicherweise versuchte er auf diese Weise seinen späteren raschen Aufstieg in der Hierarchie der protestantischen Kirche aufgrund seiner Parteizugehörigkeit im Verhältnis zu seiner sozialen Provenienz deutlich werden zu lassen, insofern, als Biberstein nicht – wie sonst bei seinen Amtskollegen üblich – einer alteingesessenen Pastorenfamilie entstammte. So gab er an, nach dem Besuch der Volksschule von 1905 bis 1908 – zunächst in Mülheim an der Ruhr und danach in Neumünster/Schleswig-Holstein – das humanistische Gymnasium absolviert und dort die Reifeprüfung als *primus omnium* bestanden zu haben. Bereits seit dem Besuch des Gymnasiums sei es im Elternhaus eine ausgemachte Sache gewesen, dass er Pastor werden sollte. Demzufolge habe er schon auf dem Gymnasium die hebräische Sprache erlernt neben den Pflichtfächern Latein und Altgriechisch.[13]

Im Frühjahr 1917 habe er sich dann an der Christian-Albrechts-Universität zu Kiel für das Fach Theologie immatrikuliert,[14] jedoch sein Studium unterbrechen müssen, da er bereits am 16. Juli 1917 – gerade 18-jährig – zum Wehrdienst eingezogen worden sei und bis zum Schluss des Ersten Weltkrieges als einfacher Infanterist am Kampf an der Westfront teilgenommen habe. Nach Bibersteins ausdrücklichen Aussagen seien die furchtbaren Kriegseindrücke prägend für sein ganzes

---

[11] Zeugeneinvernahme Jost, StAN, Rep. 501, KV-Prozesse, Fall 9, A 12-14, S. 1147.

[12] Die Daten zu Bibersteins Schulausbildung und Universitätsstudium sind entnommen: Ingrid Adams, Profiteur, S. 9f.

[13] Zeugeneinvernahme Biberstein, StAN, Rep. 501, KV-Prozesse, Fall 9, A 32-33, S. 2737.

[14] Demzufolge muss Biberstein das Gymnasium statt wie üblich in 13 Jahren in nur 12 Jahren durchlaufen haben.

Leben gewesen und hätten ihn in seinem Entschluss bestärkt, das Theologiestudium fortzusetzen.[15] Zunächst habe er sich auf das Alte Testament spezialisiert. Dann aber sei im Rahmen einer erfolgreichen Bearbeitung einer akademischen Preisarbeit Professor Dr. Sellin[16] auf ihn aufmerksam geworden, und er [Biberstein] sei dessen Schüler geworden. Er habe die altsyrisch-babylonische Keilschrift sowie Arabisch erlernt und eine universitäre Laufbahn angesteuert, nämlich eine Dozentur für altorientalische Sprachen sowie Geschichte und Religionsgeschichte.[17] Obwohl er bereits sein Habilitationsthema erhalten habe, sei er aber letztendlich wegen der brisanten wirtschaftspolitischen Lage [Hyper-Inflation 1923] gezwungen gewesen, sich nach einer festen Fachstelle umzusehen, um auf diese Weise eine Existenzgrundlage zu erwerben. Zudem sei die Entlohnung der Privatdozenten so mangelhaft gewesen, dass eine Heirat für absehbare Zeit ausgeschlossen gewesen sei. Insofern habe er den Plan einer universitären Karriere aufgegeben und die Pastorenlaufbahn angestrebt.[18]

Nach dem sechssemestrigen Theologiestudium und dem Abschluss der Ersten wissenschaftlichen theologischen Prüfung am 29. April 1922 sowie der Zweiten praktischen theologischen Prüfung am 29. Oktober 1923 – beide in Kiel – wurde Biberstein ein Jahr später als Pastor ordiniert und trat am 28. Dezember 1924 seine erste Pfarrstelle in der Gemeinde Kating auf der Halbinsel Eiderstedt an der Westküste Schleswig-Holsteins an.[19] Auf dieser sicheren Existenzgrundlage hatte er dann am 5. Januar 1925 die am 29. November 1898 in Neumünster geborene Anna Dahmlos geheiratet.[20] Aus der Ehe waren drei Kinder hervorgegangen, zwei

---

15 Durch Bibersteins Entscheidung zur Fortsetzung seines Theologiestudiums aufgrund der traumatischen Erfahrungen im Ersten Weltkrieg wird die von Klaus-Michael Mallmann entwickelte Brutalitäts-Theorie widerlegt.

16 Ernst Sellin (1867-1946), Sohn eines Pfarrers, war Professor für alttestamentliche Exegese und Archäologie und während Bibersteins Studienzeit Rektor der Christian-Albrechts-Universität zu Kiel. Zu Sellin: JENDRIS ALWAST: Theologie in den zwanziger Jahren in wissenschafts- und problemgeschichtlichem Zusammenhang, in: Verein für Schleswig-Holsteinische Kirchengeschichte (Hrsg.): Schleswig-Holsteinische Kirchengeschichte, Bd. 6/1: Kirche zwischen Selbstbehauptung und Fremdbestimmung/ unter Mitarbeit von KLAUS BLASCHKE u. a. (Schriften des Vereins für Schleswig-Holsteinische Kirchengeschichte, Reihe I, 35), Neumünster 1988, S. 79-109, hier S. 81f. RUDOLF RIETZLER: „Kampf in der Nordmark". Das Aufkommen des Nationalsozialismus in Schleswig- Holstein 1919-1928 (Studien zur Wirtschafts- und Sozialgeschichte; 4), Neumünster 1982; zugleich: Hamburg, Univ., Diss., 1979, S. 130. Rietzler führt mit Bezug zum Titel seiner Dissertation zu Beginn der Einleitung auf Seite 13 aus: „*Kampf in der Nordmark* [war die] Überschrift einer ständigen Rubrik in dem NSDAP-Organ *Schleswig-Holsteinische Tageszeitung*".

17 Dieser Berufswunsch erinnert durchaus an jenen des Paul de Lagarde, auf den weiter unten (Kapitel I.4) im Zusammenhang mit den *Deutschen Christen* eingegangen wird.

18 Zeugeneinvernahme Biberstein, StAN, Rep. 501, KV-Prozesse, Fall 9, A 32-33, S. 2738-2740.

19 Ebd.

20 Führerkartei-Bogen, vierseitig, o. D., BArch (ehem. BDC) SSO, Biberstein, Ernst, 15.02.1899, S. 1.

Jungen und ein Mädchen. Die beiden Jungen sind am 13. Oktober 1925 und 5. Mai 1928 geboren, das Mädchen am 15. April 1930.[21]

Im Prozess vor dem US-amerikanischen Militärgerichtshof II in Nürnberg führte Biberstein weiter aus, dass die Aufgaben im Pfarramt ihn zunächst voll in Anspruch genommen hätten. Dann aber sei er wieder gedanklich beim Alten Testament und dem Alten Orient gelandet, insbesondere, nachdem er im Jahre 1926 während eines Berlin-Aufenthaltes vor der Berliner Universität Prof. Dr. Sellin wiedergetroffen habe, der 1922 einem Ruf nach Berlin gefolgt war. Sellin habe ihn förmlich gebeten, nunmehr seine Habilitation in Angriff zu nehmen. Zwar habe er sich daraufhin in Kiel die Lizenziatsarbeit mit dem Titel *Das besondere Sprachgut des Buches Hiob* geben lassen, jedoch habe sich bei ihm unter dem Einfluss der NSDAP eine innere Wandlung vollzogen. Er sei zu der Erkenntnis gekommen, dass die Fragen und Problemstellungen, die den Alten Orient beträfen, auch überall auf deutschem Boden auftauchten. Von da an habe er sich der deutschen Heimatgeschichte[22] und europäischen Vorgeschichte zugewandt, insbesondere jedoch der altgermanischen Religionsgeschichte in Mythen, Sagen und Märchen sowie der Familiengeschichtsforschung.[23] Mit dem Begriff *Familiengeschichtsforschung* bezeichnete Biberstein in diesem Zusammenhang offensichtlich die rassistisch-nationalsozialistisch geprägte Ahnenforschung zur Feststellung der *arischen Rasse* als der vermeintlichen *Herrenrasse*.

Ende November 1927 wurde Biberstein dann zunächst als Pastor nach Kaltenkirchen, Kreis Segeberg/Schleswig-Holstein berufen sowie danach im November 1933 – nach der Tagung der so bezeichneten *Braunen Synode* zu Rendsburg am 12. September 1933, auf die noch zurückzukommen sein wird – zum Propst der Propstei Segeberg.[24] Das Amt eines Propstes ist vergleichbar dem eines Superintendenten in anderen evangelischen Landeskirchen sowie dem eines Regionalbischofs in der katholischen Kirche. Auf den beruflichen Werdegang nach Hitlers Machtantritt am 30. Januar 1933, d. h. auf das Wirken als Propst, wird später einzugehen sein.

2 Völkische Bewegung als früher Prägefaktor

Um Bibersteins frühzeitig einsetzende Affinität zu extremen völkischen sowie deutsch-nationalen Weltanschauungsmustern, die sein Verhalten und seinen Le-

[21] Ebd. und Zeugeneinvernahme Biberstein, StAN, Rep. 501, KV-Prozesse, Fall 9, A 32-33, S. 2738–2740.

[22] Im Sinne der von Julius Langbehn beeinflussten *Schleswig-Holstein-Bewegung*.

[23] Zeugeneinvernahme Biberstein, StAN, Rep. 501, KV-Prozesse, Fall 9, A 32-33, S. 2740-2741.

[24] Ebd., S. 2740.

benshorizont fortan bestimmen sollten, sowie daraus resultierend seine schon bald nach dem Eintritt in den Pfarrerstand erfolgte Mitgliedschaft in die NSDAP und die beginnenden parteipolitischen Aktivitäten in den ideologiegeschichtlichen Kontext einordnen zu können, sind zuvor einige der ideologiegeschichtlichen Strömungen zu beleuchten, die bereits in der wilhelminischen Ära begannen und dann im *Dritten Reich* ihre schärfste Ausprägung fanden. Die Erwähnung jener Strömungen erscheint in diesem Zusammenhang insofern von Bedeutung, als Bibersteins Eltern während jener Zeit im Erwachsenenalter standen und zumindest bei Bibersteins Mutter mit hoher Wahrscheinlichkeit eine Neigung zur völkischen Bewegung vermutet werden kann, wie sich aus Bibersteins späteren Aussagen vor dem US Military Tribunal II entnehmen lässt.

2.1 Integraler Nationalismus und rassistischer Antisemitismus

Zu den ideologiegeschichtlichen Strömungen, die bereits während des Kaiserreiches zunehmend an Einfluss gewannen, zählt zum einen der rechtsextreme, chauvinistische so bezeichnete *integrale Nationalismus*,[25] zum anderen der moderne, d. h. der ab 1879 beginnende *rassistische Antisemitismus*, zu dessen bekanntesten Vertretern auf theologischem Gebiet der Berliner Hofprediger *Adolf Stöcker*[26] sowie für den schleswig-holsteinischen Raum der als Hauptpastor an der evangelischen Johanniskirche in Flensburg tätige *Friedrich Karl Emil Andersen*[27] ebenso gehören wie im geschichtspolitischen Bereich der Historiker *Heinrich von Treitschke*.[28] Von Treitschke stammt das allseits bekannte rassistisch-antisemitische Zitat „Die Juden sind unser Unglück", das in jeder Ausgabe des nationalsozialistischen Hetz- und Agitationsblattes *Der Stürmer* im unteren Teil der Titelseite gedruckt war. In

---

[25] Der Begriff *Integraler Nationalismus* wurde von dem amerikanischen Historiker Carlton J. H. Hayes (1882-1964) geprägt. CARLTON J. H. HAYES: The Historical Evolution of Modern Nationalism, New York 1931.

[26] Zu Adolf Stöcker (1835-1909) grundlegend: GÜNTHER BRAKELMANN: Adolf Stöcker als Antisemit, Waltrop 2004. Teil I: Leben und Wirken Adolf Stöckers im Kontext seiner Zeit. Teil II: Texte des Parteipolitikers und Kirchenmannes. DERS. / MARTIN GRESCHAT/ WERNER JOCHMANN: Protestantismus und Politik. Werk und Wirkung Adolf Stöckers (Beiträge zur Sozial- und Zeitgeschichte; 17), Hamburg 1982.

[27] Zu Friedrich Karl Emil Andersen (1860-1940): HANS BUCHHEIM: Art. Andersen, Friedrich Karl Emil, in: Neue Deutsche Biographie (NDB), Bd. I, Berlin 1953, S. 268. HAUKE WATTENBERG: Friedrich Andersen. Ein deutscher Prediger des Antisemitismus. Mit einem Epilog von Stephan Linck (Kleine Reihe der Gesellschaft für Flensburger Stadtgeschichte; 34), Flensburg 2004.

[28] Zu Heinrich von Treitschke (1834-1896): WOLFGANG WEBER: Völkische Tendenzen in der Geschichtswissenschaft, in: UWE PUSCHNER u. a. (Hrsg.): Handbuch zur Völkischen Bewegung 1871-1919, München u. a. 1996, S. 834-858, hier S. 843f und 846f. Zum Berliner Antisemitismusstreit: Der Berliner Antisemitismusstreit 1879-1881. Eine Kontroverse um die Zugehörigkeit der deutschen Juden zur Nation. Kommentierte Quellenedition, bearb. von Karsten Krieger, Teil I und II, München 2004.

diesem Zusammenhang ist zu betonen, dass sowohl Stöcker als auch Treitschke durchaus keine gesellschaftlichen Außenseiter waren, sondern zu Lebzeiten hohes Ansehen genossen.

Wie eingangs hervorgehoben, war für Bibersteins beruflichen Werdegang sowie für seine politische Sozialisation insbesondere die *Völkische Bewegung* ausschlaggebend. Zu deren wichtigsten Vordenkern und Agitatoren zählen insbesondere der Kulturpessimist *Paul de Lagarde*, der als Universitätsprofessor in Göttingen lehrte und der sich als Orientalist weltweit größte Anerkennung erworben hatte[29] sowie dessen Schüler und geistiger Nachfolger, der in Hadersleben/Nordschleswig geborene Schriftsteller *Julius Langbehn*, die allesamt bereits in der Wilhelminischen Ära infolge der hohen Auflagenziffern ihrer Schriften eine große Breitenwirkung erzielten und vor allem beim Bildungsbürgertum hohe Akzeptanz fanden.[30]

2.2 Vertreter und Formierungen der völkischen Bewegung

Die rassistischen Volkstums-Irrationalismen des *Paul de Lagarde* erfuhren sodann in der Weimarer Republik eine große Renaissance – insbesondere zu dessen hundertjährigem Geburtsjubiläum in Göttingen im Jahre 1927. In diesem Zusammenhang ist zu vermerken, dass Hitler ein großer Verehrer Lagardes war, der dessen gesamtes Schriftwerk in seiner privaten Bibliothek aufbewahrte und die einzelnen Schriften nicht nur akribisch studiert, sondern auch mit entsprechenden Randbemerkungen versehen hatte. Die Idee einer Deportation der europäischen Juden auf die unwirtliche Insel Madagaskar war bereits von Lagarde ins Auge gefasst worden. Nach der Kapitulation Frankreichs im Juni 1940 wurde zwar der so bezeichnete Madagaskar-Plan im Reichssicherheitshauptamt (RSHA) und im Auswärtigen Amt des Deutschen Reiches ausgearbeitet, aber infolge des Krieges mit Großbritannien nicht in die Realität umgesetzt.

Für den norddeutschen Raum hingegen wurden die mythischen *Nordmark*-Ideologeme des *Julius Langbehn* insbesondere von der *Schleswig-Holstein-Bewe-*

[29] Zu Paul de Lagarde (1827-1891) knapp, aber profund: INA ULRIKE PAUL: Paul Anton de Lagarde, in: UWE PUSCHNER u. a. (Hrsg.): Handbuch zur „Völkischen Bewegung" 1871-1918, München 1999, S. 45-93.

[30] Zu Julius Langbehn (1851-1907): BERND BEHRENDT: August Julius Langbehn, der „Rembrandt-Deutsche", in: UWE PUSCHNER u. a. (Hrsg.): Handbuch, S. 94-113. Zur politischen Ideengeschichte nationaler Ideologie unter besonderer Berücksichtigung von Langbehn und Lagarde als den Ideengebern des Nationalsozialismus grundlegend und umfassend die hervorragende Dissertation von Fritz Stern aus dem Jahre 1961: FRITZ STERN: Kulturpessimismus als politische Gefahr. Eine Analyse nationaler Ideologie in Deutschland. Einzig berechtigte Übersetzung aus dem Amerikanischen von Alfred P. Zeller. Mit einem Vorwort von Norbert Frei, Stuttgart 2005. Die Originalausgabe *The Politics of Cultural Despair* erschien 1961 bei der University California Press, Berkeley.

gung rezipiert, einer „regionalen Variante [...] der im 19. Jahrhundert entstandenen Volkstums- und Heimatbewegung in Deutschland."[31] Im Hinblick auf die *Völkische Bewegung*[32] ist zu vermerken, dass sie eine lose Sammelbewegung heterogener Weltanschauungskonzepte jedoch mit breiter Öffentlichkeitswirkung war, die sich bereits während des Kaiserreiches formiert und inhaltlich „bereits vor dem Ersten Weltkrieg vollständig ausformuliert"[33] hatte.

In ihrem Selbstverständnis präsentierte sie sich als kulturpessimistische und lebensreformerische Erneuerungsbewegung,[34] die „neben Antisemitismus, Antislavismus und Antiromanismus ein[en] rigorose[n] Antiurbanismus [vertrat]. Sie beinhaltet[e] aber vor allem auch eine dezidierte Ablehnung jedes Internationalismus, sei es jener der Sozialdemokratie (Rote Internationale) und der Gewerkschaftsbewegung oder jener des Liberalismus (Graue Internationale), der Großindustrie und Banken (Goldene Internationale) oder schließlich jener des Ultramontanismus (Schwarze Internationale), der in der *Los-von-Rom-Bewegung* zu Tage"[35] trat.

Konstitutiv für die *Völkische Bewegung* mit ihren heterogenen und vielfach divergierenden Parteiungen war „das Bekenntnis zur Rasse."[36] Eine ihrer ältesten Formierungen war der 1894 von Friedrich Lange in Berlin gegründete *Deutschbund*. Hingegen gilt als agitatorischer Hauptträger der *Völkischen Bewegung* der 1890/91 gegründete *Alldeutsche Verband* (ADV), der sich zusammen mit anderen Verbänden nach dem Ersten Weltkrieg zu dem extrem antisemitischen *Deutschvölkischen Schutz- und Trutzbund* (DVSTB) zusammengeschlossen hatte,[37] und der

---

[31] RUDOLF RIETZLER, Kampf, S. 296. Zur Rezeption der Ideologeme des Paul de Lagarde und des Julius Langbehn durch die *Schleswig-Holstein- Bewegung* ebd., S. 37-39 und S. 289-324.

[32] Zur Ideologie der *Völkischen Bewegung*: GÜNTHER HERTUNG: Völkische Ideologie, in: UWE PUSCHNER u. a. (Hrsg.): Handbuch, S. 22-44.

[33] UWE PUSCHNER: Ein Volk, ein Reich, ein Gott. Völkische Weltanschauung und Bewegung, in: BERND SÖSEMANN (Hrsg.): Der Nationalsozialismus und die deutsche Gesellschaft. Einführung und Überblick, München 2002, S. 25-41, hier S. 28.

[34] Auf den kultur- und lebensreformerischen Aspekt der *Völkischen Bewegung* – etwa der 1896 in Berlin gegründeten Wandervogelbewegung oder der aus ihr hervorgegangenen Jugendbewegung zu Beginn des 20. Jahrhunderts – wird hier nicht weiter eingegangen, da er auf Bibersteins Sozialisation keinen Einfluss hatte. Zum kultur- und lebensreformerischen Aspekt jedoch exemplarisch: STEFAN BREUER: Die Völkischen in Deutschland: Kaiserreich und Weimarer Republik, 2., unveränderte Auflage, Darmstadt 2010, hier S. 98-111. UWE PUSCHNER: Die völkische Bewegung im wilhelminischen Kaiserreich. Sprache · Rasse · Religion, Darmstadt 2001, hier S. 145-173.

[35] DERS. u. a. (Hrsg.): Handbuch zur „Völkischen Bewegung" 1871-1918, München u. a. 1996, S. XVIII (Vorwort der Herausgeber).

[36] DERS., Bewegung, S. 68. Auf den Aspekt der Rasse wird in Kapitel III einzugehen sein.

[37] WALTER JUNG: Art. Deutschvölkischer Schutz- und Trutzbund (DVSTB), 1919-1924/35, in: Historisches Lexikon Bayerns. http:/www.historisches-lexikon-bayerns.de/artikel/artikel_44476; 28.06.2013. HELLMUTH AUERBACH: Art. Völkische Bewegung, in: WOLFGANG BENZ u. a. (Hrsg.): Enzyklopädie des Nationalsozialismus (^{5}2007), S. 853f.

als Massenorganisation „eine bedeutungsvolle Funktion als Schrittmacher des Nationalsozialismus erfüllte."[38]

Zu den prominentesten Mitgliedern des *Deutschvölkischen Schutz- und Trutzbundes* (DVSTB) gehörten Personen, die während der Weimarer Republik sowie im *Dritten Reich* im engeren wie weiteren Sinne Bibersteins Vorgesetzte und dezidierte Förderer waren. So bekleidete *Hinrich Lohse* während Bibersteins Tätigkeit als evangelischer Geistlicher ab 1925 in Kiel das Amt des Gauleiters in Schleswig-Holstein sowie von 1933-1939 das des Oberpräsidenten der Provinz Schleswig-Holstein in Preußen.[39] Während der Tätigkeit als evangelischer Geistlicher der Schleswig-Holsteinischen Landeskirche wurde Biberstein dessen dezidierter Protegé.

Zu den weiteren Mitgliedern des *Deutschvölkischen Schutz- und Trutzbundes* (DVSTB) gehörten unter anderem der Jurist und SS-Obergruppenführer *Werner Best*, der während Bibersteins Tätigkeit als SS-Offizier und SD-Führer im SD-Hauptamt in den Jahren 1936-1941 sehr positiv formulierte Personalberichte anfertigte, die als Entscheidungsvorlage für Biberstein Beförderungen innerhalb der SS-Ränge dienten.[40] Das prominenteste Mitglied des DVSTB jedoch war *Reinhard Heydrich*,[41] Bibersteins unmittelbarer Vorgesetzter während dessen ehrenamtlicher Beschäftigung als SS-Offizier im SD-Hauptamt während der Jahre 1936 bis 1941 und sodann während dessen Tätigkeit als Leiter der Gestapo-Leitstelle Oppeln/Oberschlesien im Jahre 1941/42 sowie danach als Führer des Exekutionskommando 6 der Einsatzgruppe C im Jahre 1942/43, die während des Vernichtungsfeldzuges gegen die UdSSR in der Oblast Rostow operierte.[42] Wie aus den Quellen eindeutig hervorgeht, wurde Biberstein auch dessen Protegé. Da Lohse, Best und insbesondere Heydrich dezidierte Antisemiten waren, ist zu vermuten, dass deren rassistisch geprägte Weltanschauung nicht ohne Einfluss auf Biberstein gewesen sein kann, wiewohl das dokumentarisch nicht eindeutig belegt ist.

---

[38] KURT BAUER: Nationalsozialismus. Ursprünge, Anfänge, Aufstieg und Fall, Wien u. a. 2008, S. 91.

[39] ERNST KLEE: Das Personenlexikon zum Dritten Reich. Wer war was vor und nach 1945, Frankfurt/M. [3]2011, S. 378f.

[40] Dr. Best war während Bibersteins ehrenamtlicher Tätigkeit im SD-Hauptamt der Organisationschef des Sicherheitsdienstes des Reichsführers SS (SD) und stellvertretender Leiter des Geheimen Staatspolizeiamtes (Gestapa) sowie ab 1935 der Chef des Hauptamtes I (Recht, Personal, Verwaltung) der Geheimen Staatspolizei (Gestapo), ERNST KLEE, Personenlexikon., S. 45.

[41] SS-Obergruppenführer Heydrich war ab 1932 Chef des Sicherheitsdienstes des Reichsführers SS (SD) sowie ab 1934 in Personalunion Leiter des SD-Hauptamtes und Chef des Geheimen Staatspolizeiamtes in Berlin. Mit der Gründung des Reichssicherheitshauptamtes (RSHA) am 27. September 1939 hatte er deren Leitung inne, ERNST KLEE, Personenlexikon, S. 253. www.dhm.de/lemo/html/biografien/Heydrichregzwei{Heydrich,Reinhard}/Reinhard; 28.10.2013.

[42] Nach Heydrichs Tod am 4. Juni 1942 hatte Ernst Kaltenbrunner nach einer Interimszeit am 30. Januar 1943 dessen Amtsbereich übernommen.

Insbesondere zahlreiche detaillierte Einlassungen Bibersteins während seiner Zeugeneinvernahme vor dem US Military Tribunal II in Nürnberg lassen den begründeten Schluss zu, dass die *Völkische Bewegung* auf seine politische Sozialisation insofern eine ausgeprägte Einflussnahme ausgeübt haben muss, als jene Bewegung sich nach dem Ende des Ersten Weltkrieges und während der Weimarer Republik als deutschnationale Protestbewegung verstanden hatte,[43] wie sie bereits mit dem Titel ihrer Monatsschrift *Deutschlands Erneuerung: Monatsschrift für das deutsche Volk* verdeutlichte. So forderte sie unter anderem eine strikte Revision des Versailler Vertrages sowie die Rückkehr zur Monarchie, d. h. die Restitution des Kaiserreiches, und lehnte demzufolge die von ihr als *bolschewistisch* und *verjudet* titulierte Weimarer Republik und deren Parteienpluralität strikt ab.

Ihrer antidemokratischen und antisozialistischen Einstellung sowie ihrer antisemitischen und antislawischen Weltanschauung lagen drei Basisvorstellungen zugrunde:

1. Mit der sozialdarwinistischen Idee vom *Kampf ums Dasein* begründete sie zum einen die vermeintliche Notwendigkeit der *rassischen Auslese.*
2. Aus jener Vorstellung des *Kampfes ums Dasein* resultierte zum anderen die Notwendigkeit einer *Erweiterung des Lebensraumes* für das deutsche Volk – insbesondere in Richtung Osteuropa.
3. Aus der Auffassung von der *Rassenauslese* erfolgte ein rassenbiologisch – nicht aber ein theologisch begründeter Antisemitismus.[44]

Jene Ideologeme wurden von Hitler übernommen – jedoch mit Bezug zu dessen ganz spezifisch ausgerichteten Denkmustern und politischen Zielsetzungen entsprechend neu formuliert – und später in dem als Weltanschauungs- und Vernichtungskrieg konzipierten und durchgeführten Russlandfeldzug 1941-1945 von den Einsatzgruppen als auch von der Wehrmacht in blutige Praxis umgesetzt.

Während der Weimarer Zeit wurde der rassenbiologische Antisemitismus in extremer Weise insbesondere von der *Deutschnationalen Volkspartei* (DNVP) vertreten, die sich als Sammelbecken verschiedener Gruppierungen der *Völkischen Bewegung* am 24. November 1918 gegründet hatte, also unmittelbar nach Kriegsende während der Novemberrevolution 1918/19. Sie agierte als die stärkste Rechtspartei der Weimarer Parteienlandschaft, insbesondere deren radikal-alldeutscher Hugenberg-Flügel, der sich nach 1928 ganz durchsetzte und am 30. Januar 1933 zur Beteiligung der DNVP im Hitler-Kabinett führte.[45]

---

[43] Zeugeneinvernahme Biberstein, StAN, Rep. 501, KV-Prozesse, Fall 9, A 32-33, S. 2741, 2743.

[44] KURT BAUER, Nationalsozialismus, S. 30-34. HELLMUTH AUERBACH, Völkische Bewegung, S. 853f.

[45] Zur DNVP umfassend die Dissertation von Maik Ohnezeit: MAIK OHNEZEIT: Zwischen „schärfster Opposition" und dem „Willen zur Macht." Die Deutsch- nationale Volkspartei (DNVP) in der Weimarer Republik 1918-1928 (Beiträge zur Geschichte des Parlamentarismus und der politischen

2.3 Bibersteins Einritt in die NSDAP

Vor dem Hintergrund jener völkischen und deutschnationalen Strömungen, die auch in seinem preußisch-protestantischen Elternhaus breite Akzeptanz fanden, hatte Biberstein seine politische Sozialisation erfahren. Zwar hatte Bibersteins Vater, Ernst Szymanowski, der zu jenem Zeitpunkt Reichsbahn-Oberinspektor in Neumünster/Schleswig-Holstein war,[46] zunächst eine hohe führende Position in der 1918 gegründeten linksliberalen *Deutschen Demokratischen Partei* (DDP) innegehabt,[47] war dann aber ohne Umwege – nachdem die DDP zunehmend Stimmen an rechtsradikale Parteien wie die *Deutsche Volkspartei* (DVP) und die *Deutschnationale Volkspartei* (DNVP) verloren hatte – am 14. August 1925 der *Nationalsozialistischen Arbeiterpartei* (NSDAP) unter der Mitgliedsnummer 17082 beigetreten,[48] also unmittelbar nach deren Reorganisation im Februar 1925.[49] Er gilt daher als ein Mann der ersten Stunde, der als überzeugter Nationalsozialist in der Funktion eines Kreisabteilungsleiters aktiv in die Kommunalpolitik eingebunden war.[50] Biberstein selbst hatte ein Jahr später, am 19. Juli 1926, den Eintritt in die NSDAP unter der Mitgliedsnummer 40718 vollzogen.[51] Vor dem US-amerikanischen Militärgerichtshof II in Nürnberg erklärte er, dass er zum Nationalsozialismus durch seine zwischenzeitlich verstorbene fromme Mutter gekommen sei, die sich früher nicht um Politik gekümmert habe, ihn dann jedoch Anfang der zwanziger Jahre gebeten habe, den *Völkischen Beobachter* zu abonnieren.[52]

Von Ende Dezember 1920 bis Ende April 1945 fungierte der *Völkische Beobachter* als zentrales propagandistisches Presseorgan der *Nationalsozialistischen Deutschen Arbeiterpartei* (NSDAP), die sich am 24. Februar 1920 im Festsaal des Münchner Hofbräu-Hauses als Nachfolgeorganisation der *Deutschen Arbeiterpar-*

Parteien; 158), Düsseldorf 2011; zugleich: Hamburg, Univ., Diss., 2006.

[46] Bibersteins Vater, Ernst Szymanowski, wurde am 29. April 1873 in Torgau, Kreis Torgau, geboren. Fragebogen für Gau- und Kreisabteilungsleiter für Kommunalpolitik [Ernst Szymanowski sen.], BArch (ehem. BDC), Parteikorrespondenz (PK) 11 200 24407, Szymanowski, Ernst, 29.04.1873.

[47] Zeugeneinvernahme Biberstein, StAN, Rep. 501, KV-Prozesse, Fall 9, A 32-33, S. 2741.

[48] Ebd. Fragebogen für Gau- und Kreisabteilungsleiter für Kommunalpolitik [Ernst Szymanowski sen.], BArch (ehem. BDC), Parteikorrespondenz (PK) 11 200 24407, Szymanowski, Ernst, 29.04.1873.

[49] Auf die frühe Formierung nationalsozialistischer Ortsgruppen im Raum Schleswig-Holstein und die Entwicklung Schleswig-Holsteins zu einer NSDAP-Hochburg wird weiter unten eingegangen werden.

[50] Fragebogen für Gau- und Kreisabteilungsleiter für Kommunalpolitik [Ernst Szymanowski sen.], BArch (ehem. BDC), Parteikorrespondenz (PK) 11 200 2447, Szymanowski, Ernst, 29.04.1873.

[51] Fragebogen Szymanowski vom 18. August 1937, BArch (ehem. BDC) SSO, Biberstein, Ernst, 15.02.1899. Die Daten zu Bibersteins NSDAP-Beitritt sind ebenfalls in meiner Magisterarbeit erwähnt. Ingrid Adams, Profiteur, S. 8.

[52] Zeugeneinvernahme Biberstein, StAN, Rep. 501, KV-Prozesse, Fall 9, A 32-33, S. 2741.

Berliner Ausgabe

Berliner Ausgabe

Berlin, Montag, 14. November 1938

VÖLKISCHER BEOBACHTER

Mit dem Sport vom Sonntag

Kampfblatt der national-sozialistischen Bewegung Großdeutschlands

Der Jude ist Deutschlands Feind!

Alle jüdischen Geschäfte in kürzester Frist deutsch!

Dr. Goebbels über die endgültige Lösung der Judenfrage

Dank des Reichsministers an die ehrenamtlichen Helfer des WHW.

Die Regierung erfüllt den Willen des deutschen Volkes

Gerechtes Strafgericht

Das Attentat von Paris

Die deutsche Antwort

GZB 21-51.11.-318. 1938.

Bild 1: *Völkischer Beobachter* vom 14.11.1938. Die Ausgabe erschien fünf Tage nach der Reichspogromnacht.
(Quelle: Deutsches Historisches Museum, Berlin, Inv.-Nr.: GZB 21-51.1938,318 (Berliner Ausg.).

tei (DAP) gegründet hatte. Auf jener Massenkundgebung im Hofbräu-Haus hatte Hitler sein *25-Punkte-Parteiprogramm* propagiert, das „inhaltlich […] ganz dem Standardrepertoire der Völkischen Bewegung"[53] entsprach und von dem sich Biberstein sehr beeindruckt gezeigt hatte.[54] Es ist davon auszugehen, dass Bibersteins Mutter den *Völkischen Beobachter* bereits ab dessen Erscheinen im Dezember 1920 gelesen und dessen Rassenantisemitismus sowie *Blut-und-Boden*-Ideologie rezipiert und in der Familie weiterverbreitet hatte, wiewohl das durch weitere Quellen nicht exakt belegt werden kann. Aus Bibersteins Einlassungen vor dem US Military Tribunal II ist jedoch zu entnehmen, dass er die nationalsozialistische Ideologie, welche die eingangs beschriebenen antisemitischen und antislawischen sowie deutschnationalen Weltanschauungsmuster der *Völkischen Bewegung* für ihre politischen Zwecke instrumentalisiert hatte, von Jugend an allmählich internalisiert und in der Folgezeit dann dezidiert in der Öffentlichkeit vertreten hatte. Er gehörte demzufolge nicht zu den so genannten *Märzgefallenen*, sondern zu den so bezeichneten *Alten Kämpfern*.[55]

3 Verhaftetsein in nationalprotestantischer Mentalität

Als weitere frühe und tiefgreifende Prägung, insbesondere hinsichtlich der beruflichen Sozialisation Bibersteins, kann das Verhaftet-Sein in der Tradition der nationalprotestantischen Mentalität angesehen werden. Denn dass ein evangelischer Pfarrer wie Biberstein zu einem solch frühen Zeitpunkt der NSDAP beitrat, war Mitte der zwanziger Jahre durchaus nicht ungewöhnlich, stellte doch „für fast alle Kirchenvertreter Schleswig-Holsteins die Gleichsetzung von ‚christlich' und ‚vaterländisch-rechts' ein ungeschriebenes Gesetz dar. Aus dieser Einstellung ergab sich für eine Reihe von Pastoren ihre Aktivität in führenden Positionen örtlicher DNVP-Gruppen und die häufige Beteiligung kirchlicher Würdenträger an Veranstaltungen des Stahlhelms."[56]

[53] Kurt Bauer, Nationalsozialismus, S. 106.8.

[54] Zeugeneinvernahme Biberstein, StAN, Rep. 501, KV-Prozesse, Fall 9, A 32-33, S. 2743-2747.

[55] *Märzgefallene* war die despektierliche Bezeichnung für alle NSDAP-Parteigenossen, die erst nach Hitlers Machtübernahme aus rein opportunistischen Gründen in die NSDAP eingetreten waren im Gegensatz zu den so bezeichneten *Alten Kämpfern*, die sich selbst als *idealistische Gesinnungsgenossen* wahrnahmen.

[56] Rudolf Rietzler, Kampf, S. 286. Der *Stahlhelm. Bund der Frontsoldaten* war ein paramilitärisch organisierter Wehrverband, der von dem Reserveoffizier Franz Seldte im Dezember 1918, also unmittelbar nach Beendigung des Ersten Weltkrieges, gegründet worden war. Am 11. Oktober 1931 schloss sich der *Stahlhelm* mit DNVP und NSDAP zur *Harzburger Front* zusammen, um in einer Großveranstaltung gemeinsam den Kampf gegen die verhasste Weimarer Republik aufzunehmen. Nach Hitlers Machtübernahme erfolgte 1934 zunächst die Eingliederung des *Stahlhelms* in die *Sturmabteilung* (SA), jedoch 1935 dessen Auflösung. Klaus-Peter Merta/ Burkhard Asmuss: Der *Stahlhelm. Bund der Frontsoldaten*, in: http://www.hdm.de/lemo/html/weimar/gewa

In dieser Hinsicht hatte das protestantisch geprägte Schleswig-Holstein während der Weimarer Republik insofern keine Ausnahme gebildet, als sich reichsweit ähnliche Affinitäten der evangelischen Geistlichkeit zu deutschnational und extrem antisemitisch ausgerichteten Parteien und Gruppierungen feststellen ließen. Diesbezüglich wartet Karl-Wilhelm Dahm in seiner Dissertation mit einer beeindruckenden Statistik auf, in der er alle DNVP-Abgeordneten mit vollem Namen, Titel und Rang benennt. So waren aus dem protestantischen Pfarrerstand allein auf Landes- oder Reichsebene 27 Abgeordnete der rechtskonservativen *Deutschnationalen Volkspartei* (DNVP) vertreten gegenüber lediglich neun Abgeordneten der liberalkonservativen, von Stresemann geführten *Deutschen Volkspartei* (DVP), zwölf Abgeordneten der linksliberalen *Deutschen Demokratischen Partei* (DDP), drei Abgeordneten der SPD und einem Minister des Reiches (MdR) der NSDAP.[57] „Insgesamt [war] die Zahl der Abgeordneten aus dem Pfarrerstand bei der DNVP etwa genauso hoch wie bei allen anderen Parteien zusammen. Dabei [war] unter den DNVP-Abgeordneten die Führungsschicht des Pfarrerstandes auffallend stark vertreten: 5 Generalsuperintendenten, 2 (spätere) Kirchenpräsidenten, 2 Professoren, ein Oberdomprediger“, unter ihnen zwei renommierte Vertreter der späteren *Bekennenden Kirche* (BK). So kandidierte als DNVP-Abgeordneter für den württembergischen Landtag – wenn auch nur kurzfristig – der damalige Pfarrer Theophil Wurm, der 1929 Kirchenpräsident der württembergischen Landeskirche wurde.[58] Desgleichen war das spätere Mitglied der Bekennenden Kirche (BK) Otto Dibelius, der während der Jahre 1925 bis 1933 als Generalsuperintendent der Kurmark Brandenburg fungierte, bereits 1925 der DNVP beigetreten und wurde „zeitweilig [deren] Landtagsabgeordneter.“[59]

Jene Affinität eines Großteils der evangelischen Geistlichkeit zu deutsch-nationalen Weltanschauungsmustern lässt sich aus deren nationalprotestantischer Mentalität erklären. Auf diesen Zusammenhang hatte auch Biberstein während des Ge-

lt/stahlhelm; 28.02.2014.

57 KARL-WILHELM DAHM: Pfarrer und Politik. Soziale Position und politische Mentalität des deutschen evangelischen Pfarrerstandes zwischen 1918 und 1933 (Dortmunder Schriften zur Sozialforschung; 29) Köln u. a. 1965; zugleich: Münster, Univ., Diss., 1965, S. 150.

58 Ebd., S. 150. Ab 1933 wurde das Amt des Kirchenpräsidenten umbenannt in das eines Landesbischofs, das Wurm bis 1945 innehatte. Nach 1945 wurde Wurm dann Erster Ratsvorsitzender der Evangelischen Kirche Deutschlands (EKD). Er setzte sich u. a. für verurteilte Kriegsverbrecher und NS-Gewalttäter ein. Vgl. dazu Kapitel V.2/3. Zur politischen Einstellung der Pastorenschaft in Schleswig-Holstein während der Weimarer Republik: VOLKER JAKOB: Die evangelische Landeskirche Schleswig-Holstein in der Weimarer Republik – Sozialer Wandel und politische Kontinuität. Statistische Untersuchungen zur Geschichte der Evangelisch- Lutherischen Landeskirche Schleswig-Holsteins 1918-1933 (Sozial- und Wirtschaftsgeschichte; 2), Münster u. a. 1993; zugleich: Münster, Univ., Diss., 1984 u. d. T.: *Sozialer Wandel und politische Kontinuität*, hier S. 152-155.

59 OTTO DIBELIUS: Ein Christ ist immer im Dienst. Erlebnisse und Erfahrungen in einer Zeitenwende, Stuttgart 1961, S. 165.

Bild 2: DNVP-Wahlwerbung zur Reichstagswahl 1930. Text: „Wir bekämpfen die Auslieferung Deutschlands an das internationale Judenkapital".
(Quelle: Bundesarchiv, Bild 183-2006-0329-504).

richtsverfahrens vor dem US Military Tribunal II in Nürnberg verwiesen, insofern, als der Nationalprotestantismus sich daraus erkläre, dass seit der Reformation in den evangelischen Territorien Deutschlands die Landesfürsten zugleich Inhaber des *landesherrlichen Kirchenregiments* gewesen seien.[60]

Nach der Gründung des Deutschen Reiches 1871 hatten sich dann „Thron und Altar [...] zur Dreiheit von Thron, Nation und Altar [erweitert]; das Pathos gegenüber König und Staat galt jetzt auch für die Nation, die Sanktionierung des Staates verwandelte sich in eine Verherrlichung der Nation. Oder: Weil der Nationalismus jetzt etabliert und rechts geworden war, konnte und mußte ihn auch die konservative Amtskirche übernehmen [...]. Der Staatsprotestantismus wurde zum Reichsprotestantismus. Reich und Reich Gottes rückten mehr zusammen. Die Ereignisse von 1870/71 waren als gemeinsame Erfahrung auch in die Kirche eingegangen. Der Sedantag[61] – das war das protestantische Reichs-Gebet für den

[60] Zeugeneinvernahme Biberstein, StAN, Rep. 501, KV-Prozesse, Fall 9, A 32-33, S. 2747.

[61] Der Sedantag wurde im Kaiserreich jährlich am 2. September im Gedenken an die siegreiche Schlacht von Sedan im *Deutsch-Französischen Krieg* gegen Napoleon III. (1870/71) als nationaler

Bild 3: Postkarte Sedantag.
(Quelle: Bundesarchiv Koblenz).

Sieg und Bestand des nationalen Staates."[62] Ab dem Zeitpunkt der Reichsgründung im Jahre 1871 hatten „Nationalprotestanten [. . .] emphatisch vom ‚evangelischen Kaisertum'"[63] geredet – in Abgrenzung zu dem katholischen Kaisertum des 1806 untergegangenen Heiligen Römischen Reiches Deutscher Nation. Der Zusammenbruch des Kaiserreiches als Folge des Ersten Weltkrieges und die Entstehung der Weimarer Republik bedeuteten somit für die evangelischen Landeskirchen eine existentielle Sinnkrise, denn durch die Abdankung der deutschen Könige und Fürsten war jene jahrhundertealte Allianz zwischen *Thron und Altar* zerbrochen.[64] Mit Inkrafttreten der Weimarer Verfassung am 11. August 1919 wurde die Trennung von Kirche und Staat insofern vollzogen, als Artikel 137 die Staatskirche aufhob.

Gedenktag enthusiastisch gefeiert. Das Datum 2. September war vorgeschlagen worden von Pastor Friedrich Wilhelm von Bodelschwingh (1831-1910), dem Vater des gleichnamigen Leiters (1877-1946) der *Bodelschwinghschen Anstalten Bethel* für Menschen mit körperlichen oder geistigen Behinderungen, die heute die Bezeichnung *Bodelschwinghsche Stiftungen Bethel* tragen. Jedoch wollte Bodelschwingh den Sedantag ursprünglich als Bußtag in kirchlichem Sinne verstanden wissen.

[62] THOMAS NIPPERDEY: Deutsche Geschichte 1866-1918, Bd. I: Arbeitswelt und Bürgergeist, München 1994, S. 488.

[63] DERS.: Deutsche Geschichte 1866-1918, Bd. II: Machtstaat vor der Demokratie, 3., durchgesehene Auflage, München, 1995, S. 259.

[64] VOLKER JAKOB, Landeskirche, S. 37-43.

Die Religionsgesellschaften wurden nunmehr Körperschaften öffentlichen Rechts und hatten ihre Angelegenheiten selbständig zu ordnen und zu verwalten.[65] Da der politische Protestantismus im Gegensatz zum politischen Katholizismus[66] in der Weimarer Republik keine Vertretung hatte, „fand die Mehrheit der deutschen Protestanten in der Deutschnationalen Volkspartei (DNVP), dem Sammelbecken aller auf Restauration bedachten Kräfte, ihre Heimat“[67] oder aber – wie Biberstein und dessen Vater – unmittelbar im Nationalsozialismus.

4 Gesellschaftspolitische Aspekte zu Bibersteins Sozialisation

4.1 Versailler Vertrag und NSDAP-Beitritt

Vor dem US Military Tribunal II in Nürnberg hatte Biberstein seinen frühzeitigen Beitritt zur NSDAP in antidemokratischer Diktion[68] begründet. Zum einen habe er den Versailler Vertrag als demütigend empfunden. Zum anderen hätten die damaligen nationalen Parteien [etwa die DVP oder die DNVP] auf einer zu schmalen sozialpolitischen Basis gearbeitet. Hitler hingegen – ein einfacher Mann des arbeitenden Volkes und im Ersten Weltkrieg einfacher Soldat – habe in der Gründung der NSDAP einen starken nationalen Willen als Ausdruck des Volkswillens verkörpert. Zudem habe er [Biberstein] als Geistlicher eine seelsorgerliche Verantwortung als „Auftrag Gottes“ empfunden, insbesondere „gegenüber den sozial schlechter gestellten Menschen“, und die NSDAP als Arbeiterpartei habe diese notwendige gesellschaftliche Integration des Arbeiterstandes als ihr Ziel verwirklichen wollen. Das nationale und das soziale Element hätten sich in der NSDAP die Hand gereicht und – „unter Abwehr aller *zersetzenden Erscheinungen*[69] –

[65] *Die Verfassung des Deutschen Reiches („Weimarer Reichsverfassung“)* vom 11. August 1919.

[66] Der politische Katholizismus wurde in der Weimarer Republik durch die am 13. Dezember 1870 gegründete *Deutsche Zentrumspartei* vertreten. In ihrer Funktion als *Partei der Mitte* wurde sie auf Reichs- wie Länderebene wichtigster Koalitionspartner der jeweiligen Regierung.

[67] Manfred Jakubowski-Tiessen: Gemeinschaftsverein und Nationalsozialismus in Schleswig-Holstein, in: Klauspeter Reumann(Hrsg.): Kirche und Nationalsozialismus. Beiträge zur Geschichte des Kirchenkampfes in den evangelischen Landeskirchen Schleswig-Holsteins (Schriften des Vereins für Schleswig- Holsteinische Kirchengeschichte, Reihe I, 35), Neumünster 1988, S. 185-222, hier, S. 188.

[68] Zum antidemokratischen Denken in der Weimarer Republik vgl. die wegweisende Habilitations-Schrift von Kurt Sontheimer: Kurt Sontheimer: Antidemokratisches Denken in der Weimarer Republik. Die politischen Ideen des deutschen Nationalismus zwischen 1918 und 1933, München 1960; zugleich: Freiburg i. Br., Univ., Habil.- Schr., 1960. Im Jahre 1978 erschien bei dtv die gekürzte Fassung der Habilitations-Schrift als Studienausgabe.

[69] Unter *zersetzenden Erscheinungen* verstand Biberstein in jenem Zusammenhang gemäß dem tra-

die Schaffung einer *Volksgemeinschaft*[70] versprochen", die alle Stände des Volkes gleichzeitig erfasst. Er [Biberstein] habe sein gesamtes Leben „als Dienst am Volk unter dem Gehorsam Gottes" verstanden und gelebt und seine intensive Mitwirkung an der Verwirklichung der nationalsozialistischen *Volksgemeinschaft* als „Auftrag Gottes" [sic!] gesehen. [Kursivdruck vom Verf.][71]

In ähnlich euphemistisch-apologetischer Diktion wie Biberstein begründeten einige der späteren Mitangeklagten im Nürnberger Einsatzgruppenprozess ihre Parteimitgliedschaft. So gab Dr. Martin Sandberger, ehemaliger SS-Standartenführer und Führer des Einsatzkommandos 1a (EK 1a), an, die zunehmende politische und wirtschaftliche Lage in Deutschland, das Massenelend und die Massenarbeitslosigkeit seien ausschlaggebend gewesen, dass er 1931 als 20-Jähriger in die NSDAP eingetreten sei.[72] Mit seiner Parteimitgliedschaft habe er zudem erstrebt, dass der in Deutschland bestehende Kastengeist und Klassengeist durch die Schaffung einer praktischen Volksgemeinschaft überwunden werde.[73] Entsprechend äußerte sich Heinz Jost, ehemaliger SS-Brigadeführer und Generalmajor der Polizei sowie Amtschef im SD-Hauptamt, Amt III im Reichssicherheitshauptamt (RSHA), und späterer Chef der Einsatzgruppe A. Er habe Kameraden aus dem Arbeiterstand als anständige und wertvolle Menschen kennengelernt, deren wirtschaftliche Not ihn bedrückt habe. Der Arbeiter sei damals nicht als vollwertiges Mitglied der Gesellschaft anerkannt worden. In der deutschen Gesellschaft habe eine tiefe Kluft bestanden, insofern habe er für eine Aufhebung der Klassengesellschaft plädiert.[74]

Eine sehr detaillierte, jedoch stark apologetisch gefärbte Argumentation hinsichtlich seines Parteieintrittes gab Dr. Walter Blume, ehemaliger Ministerialrat und SS-Standartenführer sowie Führer des Sonderkommandos 7a (SK 7a) dem US Military Tribunal II.

> „Als ich [während des Referendariats] entsprechend dem Wunsche meines Vorgesetzten Schepmann der Partei und der SA beitrat, habe ich dies nicht wegen meines beruflichen Fortkommens getan, sondern ich sah *damals* in der Verbindung von nationalen und sozialen Forderungen, wie sie die NSDAP vertrat, eine ideale Lösung der sehr schwierigen

---

dierten völkisch-nationalen Feindbildmuster und in nationalsozialistischer Diktion zum einen das *(Welt-) Judentum,* zum anderen den *Bolschewismus*, bzw. aufgrund von Synonymisierung das *bolschewistische Weltjudentum.* Der Antisemitismus wird in Kapitel III thematisiert.

70 *Volksgemeinschaft* war gemäß dem NS-Staatsrechtler Reinhard Höhn die nationalsozialistische Vision einer egalitären Gemeinschaft ohne soziale Schichten unter Negierung von Herkunft, Stand, Bildung, Beruf und Vermögen, jedoch unter Exklusion alles Nicht-Arischen. Auf die Vision einer *Volksgemeinschaft* wird in Kapitel IV im Zusammenhang mit Hitlers Projekt einer *geografischen und ethnischen Neuordnung Europas* und dem Auftrag der Einsatzgruppen näher einzugehen sein.

71 Zeugeneinvernahme Biberstein, StAN, Rep. 501, KV-Prozesse, Fall 9, A 32-33, S. 2743–2747. Vgl. ebenso: INGRID ADAMS, Profiteur, S. 8f.

72 Zeugeneinvernahme Sandberger, StAN, Rep. 501, KV-Prozesse, Fall 9, A 24-26, S. 2190.

73 Zeugeneinvernahme Biberstein, StAN, Rep. 501, KV-Prozesse, Fall 9, A 32-33, S. 2743-2747.

74 Zeugeneinvernahme Jost, StAN, Rep. 501, KV-Prozesse, Fall 9, A 12-14, S. 1147.

> wirtschaftlichen und politischen deutschen Probleme, welche vor allem seit 1930 die Lage Deutschlands in steigendem Maße überschattet hatten.
>
> Vor allem lehnte ich den Gedanken des Klassenkampfes ab, den die politisch linksstehenden Parteien vertraten, nämlich die Kommunisten und Sozialdemokraten. Stattdessen hielt ich den politischen Gedanken der Volksgemeinschaft für richtig, wie ihn die NSDAP vertrat. Parteidogmen gab es für mich nicht. Die alten und die neuen Parteimitglieder waren sämtlich sehr verschiedenartige Menschen, und der Rahmen der Betätigungsmöglichkeiten in der Partei schien mir *damals* weit und auf guten Idealen aufgebaut.
>
> Das einigende Band in der Partei war nach meiner Ansicht *damals* der Gedanke der Volksgemeinschaft und die Erkenntnis, dass nicht eine Vielzahl von Parteien Deutschland aus dem Elend herausführen könnte, sondern nur die vorübergehende [sic!] freiwillige Unterordnung unter einen einzigen, tatkräftigen Willen.
>
> Im übrigen wünschte ich eine grundlegende Gesundung der wirtschaftlichen Verhältnisse in Deutschland und eine geachtete Stellung eines freien Deutschlands in der Welt. Ich glaubte fest, daß die NSDAP diese Ziele auf legalem und friedlichem Wege erreichen könnte [...]. Ich hielt es *damals* vor allem für notwendig, dass das Staatschiff zunächst einmal aus der stürmischen Zeit durch Übertragung der Verantwortung auf *einen* Kapitän herausgeführt wurde, Hitler schien mir *damals* dafür geeignet zu sein, weil er sich durch sein persönliches, mutiges Auftreten die Zuneigung der breiten Masse der einfachen Menschen erwarb und dadurch die Möglichkeit gegeben war, die verderbliche Idee des Klassenkampfes zu überwinden.
>
> Aber ich stand persönlich und als Jurist fest auf dem Boden des Rechtsstaates und glaubte, dass die NSDAP nach einer kurzen revolutionären Übergangszeit einen neuen Rechtsstaat schaffen würde. Der Rechtsstaat ist das Gegenteil von Diktatur." [Kursivdruck vom Verf.].[75]

Mit Blick auf Biberstein bedürfen insbesondere seine oben zitierten Aussagen vor dem US Military Tribunal II, die durch die Erklärungen der Mitangeklagten untermauert wurden, weiterer Erläuterungen. Zum einen hatte Biberstein zu Beginn der 1920-Jahre – geprägt durch die für ihn traumatisierenden Erfahrungen als junger 18-jähriger Soldat während des Ersten Weltkrieges sowie bestürzt durch den Kieler Matrosenaufstand, der zu den politischen Wirren der Novemberrevolution 1918 und dem Zusammenbruch der Monarchie geführt hatte – in Hitler, den er glühend verehrte, aufgrund dessen sozialer Provenienz eine Identifikationsfigur gesehen und im Nationalsozialismus eine Projektionsfläche für Veränderungssehnsüchte politischer und insbesondere sozialpolitischer Art gefunden.[76]

Zum anderen kann als idealtypisch für alle deutschnational und antidemokratisch gesinnten Personengruppen sowohl des rechten Parteienspektrums der Weimarer Republik im Allgemeinen als auch der nationalprotestantisch orientierten

---

[75] Zeugeneinvernahme Blume, StAN, Rep. 501, KV-Prozesse, Fall 9, A 21-23, S. 1804f.

[76] Zeugeneinvernahme Biberstein, StAN, Rep. 501, KV-Prozesse, Fall 9, A 32-33, S. 2738f, 2743-2747, 2755. Allgemein zur Führerbindung im Nationalsozialismus knapp, aber exemplarisch: MARTIN BROSZAT: Soziale Motivation und Führerbindung im Nationalsozialismus, in: Vierteljahreshefte für Zeitgeschichte (VfZ) 18 (1970), S. 392-409, hier insbesondere S. 401-405.

Pastorenschaft im Besonderen – und somit auch für Biberstein – die strikte Ablehnung des Versailler Vertrages angesehen werden, insbesondere dessen *Kriegsschuldartikel* (Artikel 231).

> „Die alliierten und assoziierten Regierungen erklären, und Deutschland erkennt an, daß Deutschland und seine Verbündeten als *Urheber* für alle Verluste und Schäden verantwortlich sind, die die alliierten und assoziierten Regierungen und ihre Staatsangehörigen infolge des durch den Angriff Deutschlands und seiner Verbündeten aufgezwungenen Krieges erlitten hat." [Kursivdruck vom Verf.].[77]

Gerade jener Artikel 231 wurde sowohl von Biberstein als auch von dessen späteren Mitangeklagten des Nürnberger Einsatzgruppenprozesses als starke Demütigung und Verletzung der nationalen Ehre des deutschen Volkes empfunden, der als einer von mehreren wichtigen Faktoren den NSDAP-Beitritt begründete. Völkerrechtlich bildete der *Kriegsschuldartikel* die Grundlage für die hohen Reparationszahlungen der Siegermächte zum einen sowie die umfangreichen Gebietsabtretungen zum anderen. Von jenen an die Siegermächte verloren gegangenen Gebieten war – neben Elsass-Lothringen, das an Frankreich verloren ging, Posen und größtenteils Westpreußen, die an Polen fielen, kleineren Grenzgebieten Niederschlesiens, die der Tschechoslowakei oder Polen eingegliedert wurden sowie Eupen und Malmedy, die an Belgien gelangten, schließlich das Memelland, das an Litauen fiel – auch Schleswig-Holstein betroffen, insofern, als gemäß den Artikeln 109 bis 111 des Versailler Vertrages Nordschleswig auf dem Wege über zwei Volksabstimmungen an Dänemark abtreten werden musste, wiewohl Dänemark nicht zu den kriegsteilnehmenden Mächten gehört hatte.[78] (Bild 4). Während Schleswig-Holstein im Jahre 1910 noch eine Einwohnerzahl von 1.621.004 auf einer Gebietsfläche von 19.019 km^2 verzeichnen konnte, schrumpfte es nach der Abtretung im Jahre 1920 auf eine Gebietsfläche von 15.060 km^2 mit einer Einwohnerzahl von etwa 1,5 Millionen.[79]

4.2 NSDAP-Hochburg Schleswig-Holstein

Jene Gebietsabtretungen hatten starke gesellschaftspolitische Auswirkungen und können unter anderem als Wegbereiter dafür gewertet werden, dass sich Schles-

---

[77] Friedensvertrag von Versailles vom 28. Juni 1919, Art. 231 (Wiedergutmachung), in: Reichsgesetzblatt (RGBl.) 1919 Nr. 140, S. 985.

[78] Friedensvertrag von Versailles vom 28. Juni 1919, Art. 27 bis 30 (Deutschlands Grenzen), in: Reichsgesetzblatt 1919, Nr. 140, S. 749-760. Friedensvertrag von Versailles vom 28. Juni 1919, Art. 31-117 (Politische Bestimmungen über Europa) in: Reichsgesetzblatt 1919, Nr. 140, S. 761-893, hier Art. 109-111 (Teil III, Abschnitt XII: Schleswig), S. 879-887.

[79] Rudolf Rietzler, Kampf, S. 22, Anm. 4.

wig-Holstein in den Jahren 1924 bis 1933 rasch zu einer NSDAP-Hochburg entwickeln konnte.[80]

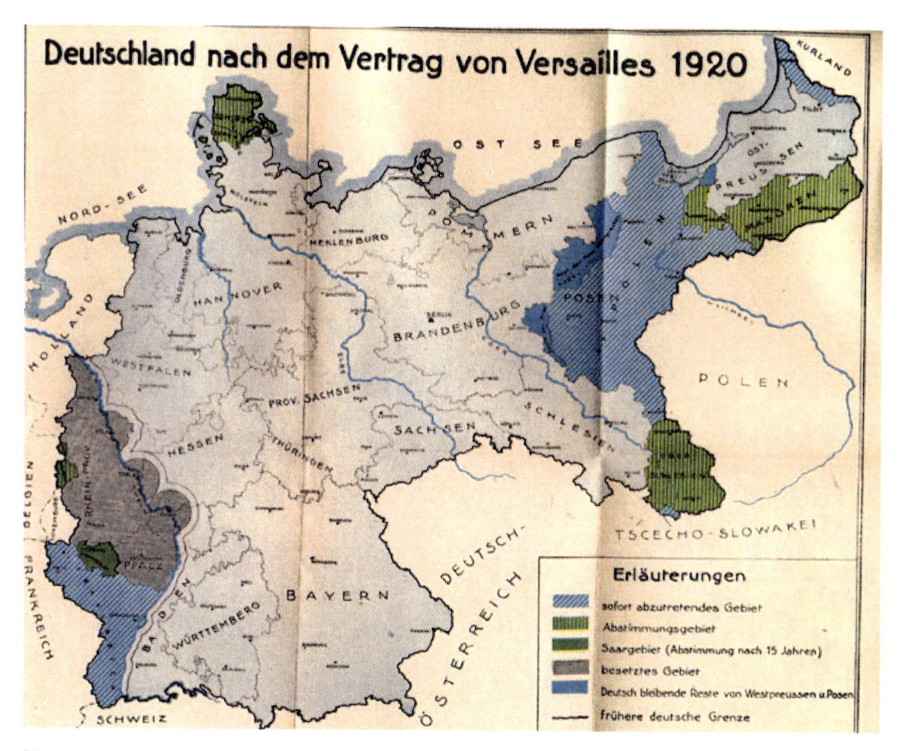

Bild 4: Deutschland nach dem Vertrag von Versailles 1920: Gebietsabtretungen, Abstimmungsgebiete, Saargebiet und besetztes Rheinland (aus: Max Lohan: Der Vertrag von Versailles, Berlin 1920). (Quelle: www.historisches-lexikon-bayerns.de/Lexikon/Versailler_Vertrag,1919/20; 7.7.2018).

Denn durch den Verlust seines nördlichen Landesteils an Dänemark war das *Sonderbewusstsein* Schleswig-Holsteins in dessen Selbstverständnis als stolze *Nordmark-Region*[81] ganz erheblich beschädigt worden, hatte sich doch nach dem *Preußisch-Deutschen Krieg* und der Annexion Schleswig-Holsteins durch Preußen im Jahre 1867 „eine starke Betonung der kulturellen Eigenständigkeit mit einem extremen Nationalismus zu einem eigentümlichen komplexhaften Selbst-

[80] Zum Wählerverhalten der schleswig-holsteinischen Bürger im Jahre 1933 detailliert und quellengestützt: FRANK OMLAND:"Unser aller ‚Ja' dem Führer!" Zur Geschichte der ersten nationalsozialistischen Reichstagswahl und Volksabstimmung vom 12. November 1933, in: Informationen zur Schleswig-Holsteinischen Zeitgeschichte, Heft 39 (2001), S. 3-48.

[81] Zum Sonderbewusstsein Schleswig-Holsteins sowie zum Nordmark-Mythos prägnant: RUDOLF RIETZLER, Kampf, S. 120f.

verständnis“[82] verbunden. Insofern veränderte die *Nordschleswig-Frage* die politisch-weltanschauliche Verfasstheit eines Großteils des schleswig-holsteinischen Bürgertums in der Weise, dass *Versailles* und die *Nordschleswig-Frage* nun als Kampfmittel gegen die verhasste *Weimarer Kommunisten-Republik* – so die polemische Bezeichnung – verwendet wurden[83] und eine Protestbewegung mobilisierte, zu dessen Sprachrohr insbesondere der *Deutsche Ausschuß* avancierte.

Dessen Grenzland-Agitationen schloss sich auch die Kieler Studenten- und Professorenschaft an, unter ihnen der von Biberstein hochverehrte Alttestamentler Ernst Sellin.[84] Sellin, der im Jahre 1921 Prorektor der Kieler Universität war, die sich in ihrer Ausprägung als *Nordmark-Universität* verstand, sah es geradezu als „heilige Aufgabe“ seiner Universität an, „Vorkämpfer zu sein für das Deutschtum in der Nordmark.“[85] Es kann davon ausgegangen werden, dass auch Biberstein von jener politisch aufgeladenen Atmosphäre an der Kieler Universität mitgerissen wurde, zumal Sellin für ihn eine große Vorbildfunktion hatte – wiewohl das dokumentarisch nicht belegt ist.

Als Träger jenes „antidemokratischen Denkens neuen Stils“[86] erwiesen sich ebenfalls die nach dem Ersten Weltkrieg gegründeten Freikorps, aber auch der bereits erwähnte *Stahlhelm. Bund der Frontsoldaten* sowie der *Bund der Frontsoldaten an deutschen Hochschulen*, der sich am 26. Februar 1919 in Kiel formiert hatte und zu dessen Ehrenvorsitzendem ebenfalls Sellin – damals in seiner Funktion als Rektor der Kieler Universität – ernannt wurde, der jene militant und nationalistisch auftretende Freikorpsformation „tatkräftig förderte.“[87] Es ist zu vermuten, dass auch Biberstein jenem *Bund der Frontsoldaten an deutschen Hochschulen* angehört oder zumindest nahe gestanden hatte – schon allein aus Solidarität mit dem von ihm hochgeschätzten Sellin –, wiewohl er das vor dem US Military Tribunal II nicht explizit erwähnte, während er auf die für ihn extreme Traumatisierung durch die Fronterlebnisse im Ersten Weltkrieg sowie auf die starke Kameradschaft unter den Soldaten verwies, die für sein späteres Leben prägend gewesen seien.[88]

Jene politisch aufgeheizte Atmosphäre um die *Nordschleswig-Frage* ist idealtypisch für alle durch den Versailler Vertrag betroffenen Grenzlandregionen, in denen das Trauma des Gebiets- und Bevölkerungsverlustes eine starke Ausbreitung und Intensivierung völkisch-nationalistischen Gedankengutes innerhalb der Bevölkerung bewirkte. Insofern konnte sich Schleswig-Holstein schon recht früh zu einer NSDAP-Hochburg entwickeln, wie ein Vergleich der Reichstagswahler-

---

82 Ebd., S. 22.
83 Ebd., S. 112f.
84 Ebd., S. 22 und 114f.
85 Kieler Neuste Nachrichten. Zitiert nach: RUDOLF RIETZLER, Kampf, S. 340.
86 KURT SONTHEIMER, Antidemokratisches Denken (1978), S. 31.
87 RUDOLF RIETZLER, Kampf, S. 130.
88 Zeugeneinvernahme Biberstein, StAN, Rep. 501, KV-Prozesse, Fall 9, A 32-33, S. 2738f, 2755.

gebnisse vom 19. Januar 1919 in Schleswig-Holstein mit jenen vom 31. Juli 1932 sowie vom 5. März 1933 eindrucksvoll zeigt. Denn während die SPD in Schleswig-Holstein in der Reichstagswahl vom 19. Januar 1919 – d. h. in der Wahl zur Deutschen Nationalversammlung – noch 45,7 Prozent der Wähler auf sich vereinen konnte (reichsweit 37,9 Prozent), fiel sie in den Reichstagswahlen vom 31. Juli 1932 auf 26,1 Prozent Stimmenanteil herunter (reichsweit 21,6 Prozent). Am 5. März 1933 waren es lediglich 21,9 Prozent (reichsweit 18,3 Prozent).[89] (Tabelle I).

Die NSDAP hingegen erzielte bis 1933 fulminante Wahlerfolge. Konnte die am 5. Januar 1919 gegründete *Deutsche Arbeiterpartei* (DAP) – die sich am 24. Februar 1920 unter gleichzeitiger Bekanntgabe ihres 25-Punkte-Parteiprogramms in *Nationalsozialistische Deutsche Arbeiterpartei* (NSDAP) umbenannt hatte – in der Wahl zur Nationalversammlung vom 19. Januar 1919 noch keine einzige Stimme für sich verzeichnen, weder in Schleswig-Holstein noch reichsweit, so stieg sie bereits *vor* Hitlers Machtübernahme in der Reichstagswahl vom 31. Juli 1932 mit 51,09 Prozent der schleswig-holsteinischen Wählerstimmen zur stärksten Partei auf (reichsweit 37,4 Prozent), ebenso in der Reichstagswahl vom 5. März 1933 mit 53,27 Prozent Stimmenanteil in Schleswig-Holstein (reichsweit 43,9 Prozent),[90] wobei jene Reichstagswahl nach Hitlers Machtübernahme nur mit erheblichen Einschränkungen als *demokratisch* bezeichnet werden kann. (Tabelle I).

Schon ab 1922 hatte es in Norddeutschland ganz vereinzelt frühe NSDAP-Stützpunkte gegeben, die mit der Parteizentrale in München in engem Kontakt standen.[91] So war es im Januar 1922 mit der ersten offiziellen Ortsgruppengründung in Hannover zur Etablierung der NSDAP im norddeutschen Raum gekommen.[92] Dazu konstatierte Hitler in einem NSDAP-Rundschreiben stolz: „Wir freuen uns, daß die Bewegung nun allmählich auch über Norddeutschland sich mehr und mehr auszubreiten beginnt."[93]

---

[89] UWE DANKER/ ASTRID SCHWABE: Schleswig-Holstein und der Nationalsozialismus, Neumünster ^{2}2006, S. 21.

[90] Ebd. Übersicht der Reichstagswahlen 1919-1933, in: www.gonschior.de/weimar/Deutschland/Uebersicht_RTW.html; 7.7.2018. JÜRGEN FALTER u. a.: Wahlen und Abstimmungen in der Weimarer Republik. Materialien zum Wahlverhalten 1919-1933 (Statistische Arbeitsbücher zur neueren deutschen Geschichte), München 1986, S. 41.

[91] RUDOLF RIETZLER, Kampf, S. 192-193, hier S. 192.

[92] Ebd.

[93] NSDAP-Rundschreiben Nr. 23 vom 4. März 1922, BArch, NS 26/95.

Tabelle 1: Die Provinz Schleswig-Holstein. Reichstagswahlen 1919–1933.

Jahr	1919	1921	1924 I	1924 I	1928	1930	1932 I	1932 I	1933
Wahlbeteiligung		78,05	77,17	77,16	76,84	82,50	87,60	84,80	89,50
NSDAP	**.**	**.**	**7,42**[a]	**2,69**[b]	**4,09**	**26,95**	**51,09**	**45,81**	**53,27**
Landvolk	.	.	.	.	0,33	3,76	0,04	.	.
DNVP	7,29	20,48	31,02	33,10	22,87	6,14	6,41	10,18	10,07
KVP	.	.	.	.	.	2,02	.	.	.
WP	.	.	.	0,49	5,40	4,08	0,18	0,16	.
DVP	7,96	18,41	12,18	14,75	13,79	7,23	1,40	2,18	1,32
SHBLD	7,34	3,73	0,77	.	.	.	.	.	.
Zentrum	1,00	0,80	0,98	1,04	1,07	1,02	1,20	1,02	1,02
DDP	27,23	9,38	8,01	8,68	5,63	4,76	1,40	1,22	0,79
SPD	**45,72**	**37,46**	**24,69**	**30,08**	**35,13**	**29,60**	**26,08**	**24,50**	**21,95**
USPD	3,45	3,00	1,06	0,45	.	.	.	.	.
KPD	.	6,06	10,33	6,82	7,99	10,73	10,83	13,39	10,81
Sonstige	.	0,68	1,13	0,92	3,71	3,70	1,38	1,54	0,77

[a] DVFP und NSDAP. [b] NSFB
(Quelle: www.gonschior.de/weimar/Preussen/Schleswig-Holstein/Uebersicht_RTW.html; 7.7.2018).

Zwar war es nach dem missglückten Hitler-Putsch vom 8. November 1923 reichsweit zu einem NSDAP-Verbot gekommen,[94] sodass die NSDAP-Gruppen nur als Tarnorganisationen von Hitlers engsten Vertrauten weitergeführt werden konnten. Jedoch bereits nach der vorzeitigen Entlassung aus der Landsberger Haft am 20. Dezember 1924 begann Hitler ab Februar 1925 mit der Reorganisation der NSDAP, die dann auch in Schleswig-Holstein recht bald Fuß fasste. Als Mann der ersten Stunde galt der oben erwähnte damals 29jährige Bankangestellte Hinrich Lohse, der bereits am 22. Februar 1925 von Gregor Strasser in Hamm/Westfalen zum Leiter des Gaues Schleswig-Holstein ernannt worden war, und zwar während der Tagung zur Reorganisation der NSDAP im Norden und Westen Deutschlands.[95]

Bereits eine Woche später, am 1. März 1925, rief Lohse dann in Neumünster/Schleswig-Holstein zur NSDAP-Gründungsversammlung für den Gau Schleswig-Holstein auf, zu der 29 Personen erschienen waren, von denen sich jedoch lediglich 26 in die dort bereitliegenden NSDAP-Mitgliederlisten eintrugen.[96] Wie

---

[94] Zuvor waren bereits in mehreren Ländern des Deutschen Reiches NSDAP-Verbote ergangen, so am 15. November 1922 in Preußen und damit auch in Schleswig-Holstein, das damals noch zu Preußen gehörte, dann am 25. November 1922 in Hamburg sowie 1922/23 in Thüringen und Sachsen, des Weiteren am 29. April 1923 in Hessen und am 18. September 1923 in Braunschweig. RUDOLF RIETZLER, Kampf, S. 191, Anm. 16.

[95] Ebd., S. 346.

[96] Lohse an Hitler: Bericht über die Gründungsversammlung der NSDAP im Gau Schleswig-Holstein, BArch, Sammlung Schumacher/ 208. „Mitgliederliste der NSDAP. Eingetragen auf der Gautagung in Neumünster am 1. März 1925“, BArch, Sammlung Schumacher/ 208.

aus der Teilnehmerliste hervorgeht, kamen jene NSDAP-Parteigenossen jedoch keineswegs aus der Arbeiterschicht, wie der Parteieiname Nationalsozialistische Deutsche *Arbeiter*partei (NSDAP) der Öffentlichkeit offensichtlich suggerieren sollte, sondern aus dem bürgerlichen und kleinbürgerlichen Sozialmilieu.[97]

Ein Vergleich der Reichstagswahlergebnisse in der Provinz Schleswig-Holstein veranschaulicht eindrucksvoll, wie sich diese Provinz innerhalb der Jahre 1924 bis 1933 zu einer Hochburg der NSDAP entwickelte. (Tabelle 1). Denn hatte die NSDAP bei den Reichstagswahlen vom 4. Mai 1924 lediglich 7,4 % der schleswig-holsteinischen Wählerstimmen auf sich vereinen können – und am 7. Dezember 1924 sogar nur 2,7% –, so wuchs sie in den Folgejahren kontinuierlich zu einer Massenorganisation heran mit Spitzenergebnissen von 51,1% der schleswig-holsteinischen Wählerschaft bei der Reichstagswahl vom 31. Juli 1932 und sogar 53,3% bei der Reichstagswahl vom 5. März 1933,[98] wiewohl die Reichstagswahlen nach Hitlers Machtübernahme nur mit erheblichen Einschränkungen als *demokratisch* bewertet werden sollten. Sehr zutreffend konstatiert Rietzler daher, dass „ein vom ‚Nordmark'-Mythos deformiertes öffentliches Bewusstsein [...] in der nördlichen Grenzprovinz für ein spezifisches geistig-politisches Klima [sorgte], das allgemeine Tendenzen der zwanziger Jahre stärker als anderswo hervortreten ließ."[99] In exakt jenem geistig-politisch aufgeheizten Klima hatte Biberstein seine berufliche ebenso wie seine politische Sozialisation erfahren. Mit Bezug zu seiner hervorstechenden Affinität zu völkischen und deutschnationalen Weltanschauungskonzepten sind zudem Prädispositionen ideologiegeschichtlicher Art einzubeziehen, die in den Folgekapiteln näher beleuchtet werden.

5 Ideologiegeschichtliche Aspekte zu Bibersteins Sozialisation

Auf die hohe Bedeutung der *Völkischen Bewegung* für Bibersteins beruflichen Werdegang sowie für seine politische Laufbahn ist mehrfach verwiesen worden.

---

[97] Ebd. Zur Sozial- und Altersstruktur der ersten NSDAP-Mitglieder in Schleswig-Holstein unter anderem: RUDOLF RIETZLER, Kampf, S. 351. Allgemein zur Gründung von NSDAP-Ortsgruppen im nördlichen Schleswig-Holstein (1925-1928) sowie im südlichen Schleswig-Holstein und Hamburg (1925-1928) detailliert und quellenbasiert die Darlegungen von Kai Dohnke sowie die Kartogramme von Frank Thamm: KAI DOHNKE: Nationalsozialismus in Norddeutschland. Ein Atlas. Mit einer Kartografie von FRANK THAMM, Hamburg/ Wien 2001, S. 12-15. Zum Wahlverhalten der NSDAP-Wähler vgl. die umfassenden Studien des Politikwissenschaftlers Jürgen W. Falter: JÜRGEN W. FALTER: Hitlers Wähler, Darmstadt 1991. DERS.: Zur Soziographie des Nationalsozialismus. Studien zu den Wählern und Mitgliedern der NSDAP (Historical Social Research, Supplement 25), GESIS, Leibnitz Institute for Social Sciences, Center for Historical Research, Köln 2013.

[98] UWE DANKER/ ASTRID SCHWABE, Schleswig-Holstein, S. 21.

[99] RUDOLF RIETZLER, Kampf, Verlagsangaben im vorderen Klappentext.

Insbesondere jedoch haben die unterschiedlichen *religiösen* Konzepte jener Bewegung den Lebensentwurf Bibersteins nachhaltig geprägt. Daher soll an dieser Stelle kurz auf deren Inhalte eingegangen werden, da sie einen zusätzlichen Hinweis liefern für die harten religionspolitischen Auseinandersetzungen, die Biberstein als Propst der Schleswig-Holsteinischen Landeskirche sowohl mit Amtskollegen und Untergebenen als auch mit Vorgesetzten führte und die letztendlich den Grund für die Niederlegung seines Kirchenamtes und den Eintritt in den Staatsdienst im Jahre 1935 darstellten.

Nicht erst die dreißiger Jahre des 20. Jahrhunderts, sondern bereits das Wilhelminische Kaiserreich ist nach Stephanie von Schnurbein „als Konstituierungsphase des völkischen Glaubens anzusehen."[100] Die in der Folgezeit entstandenen einzelnen heterogenen völkisch-religiösen Strömungen lassen sich ideologiegeschichtlich in zwei grobe Hauptrichtungen einteilen, zum einen in solche, die das Christentum grundsätzlich bejahten, es jedoch verändern wollten und solche, die es gänzlich ablehnten. Biberstein gehörte zu unterschiedlichen Zeitpunkten jeweils beiden Richtungen an bzw. stand ihnen nahe.[101] Diesbezüglich wird weiter unten im Zusammenhang mit Bibersteins amtskollegialen Auseinandersetzungen und der Niederlegung seines Kirchenamtes im Jahre 1935 zurückzukommen sein.

5.1 Die Glaubensbewegung *Deutsche Christen* (DC)

Zu der ersten Gruppe gehört die am Ende der Weimarer Republik entstandene „religiöse, kirchenpolitische Massenbewegung"[102] *Deutsche Christen* (DC), die sich nicht als „Theologiebewegung" verstand sondern als eine „Glaubensbewegung".[103] Entsprechend der Heterogenität ihrer unterschiedlichen religiösen Schwerpunktsetzungen variieren die Selbstbezeichnungen.

Der Begriff *Deutschchristen* wurde erstmals von dem Schriftsteller und dezidierten Antisemiten *Adolf Bartels* verwendet, der bereits 1913 in seinem Berliner Grundsatzvortrag forderte: „Immer mehr Deutschchristentum, immer weniger Judenchristentum!"[104] Zielvorgabe der *Deutschen Christen* (DC) war im Hinblick auf Glaubensinhalt und Lehre die Schaffung eines so bezeichneten *arteigenen* Chris-

---

[100] Stehpanie von Schnurbein: Die Suche nach einer „arteigenen" Religion in ‚germanisch-, und deutsch-gläubigen' Gruppen, in: Uwe Puschner u. a. (Hrsg.): Handbuch zur „Völkischen Bewegung" 1871-1918, München u. a. 1996., S. 172-185, hier S. 172.

[101] Zeugeneinvernahme Biberstein, StAN, Rep. 501, KV-Prozesse, Fall 9, A 32-33, S. 2760-2762.

[102] Manfred Gailus: Diskurse, Bewegung, Praxis. Völkisches Denken und Handeln bei den „Deutschen Christen", in: Uwe Puschner/ Clemens Vollnhals (Hrsg.): Die völkisch-religiöse Bewegung im Nationalsozialismus. Eine Beziehungs- und Konfliktgeschichte (Hannah-Arendt-Institut für Totalitarismusforschung; 47), Göttingen 2012, S. 233-248, hier S. 238.

[103] Ebd.

[104] Zitiert nach: Uwe Puschner, Bewegung, S. 215.

Die Entjudung des religiösen Lebens als Aufgabe deutscher Theologie und Kirche

von

Prof. Dr. W. Grundmann, Jena

1939

Verlag Deutsche Christen Weimar,

Bild 5: „Mittäterschaft am Holocaust“.
(Quelle: Online-Ausstellung „Widerstand!? Evangelische Christinnen und Christen im Nationalsozialismus“).

tentums durch Eliminierung jüdischer als vermeintlich *artfremder* Elemente in allen Schriften der Bibel.

Zudem forderte der radikale Flügel der *Deutschen Christen* (DC) um Reinhold Krause die Abschaffung des Alten Testaments, d. h. der Hebräischen Bibel. Damit knüpften die *Deutschen Christen* (DC) inhaltlich detailgetreu an den bereits zu Lebzeiten hoch anerkannten Lagarde an,[105] der sich in seiner Selbstwahrnehmung als „Prophet“ dargestellt hatte und der nach seinem Tod als *Praeceptor Germaniae*[106] verehrt wurde. Da die politischen und religiösen Weltanschauungskonzepte Lagardes in den 1920er-Jahren eine große Renaissance erlebten und seine Werke infolge sehr hoher Auflagenziffern gerade auch von breiteren Schichten des Bildungsbürgertums intensiv rezipiert wurden, insbesondere jedoch, weil Lagarde

[105] Reinhold Krause (1893-1980) hatte in seiner berüchtigten Rede im Berliner Sportpalast am 13. November 1933 fast wörtlich Lagarde rezipiert. Daher werden an dieser Stelle ausführlich die Vorstellungen Lagardes von einer *nationalen Religion* beleuchtet. Auf den durch Krause verursachten Skandal im Berliner Sportpalast wird in Kapitel 1.4 eingegangen werden.

[106] Thomas Mann, ein großer Lagarde-Verehrer, hatte 1918 in seinen *Betrachtungen eines Unpolitischen* für den Göttinger Universitätsgelehrten die Bezeichnung *Praeceptor Germaniae* geprägt. ULRICH SIEG: Deutschlands Prophet. Paul de Lagarde und die Ursprünge des modernen Antisemitismus, München 2007, S. 232.

ein Vertreter des modernen Antisemitismus[107] ist, soll in diesem Kapitel zunächst genauer auf dessen antisemitisch-religiösen Konzepte eingegangen werden.

Lagarde – Antisemit und Vordenker des Madagaskar-Plans

Lagarde, der an dem 1871 entstandenen Kaiserreich Kritik vielfältiger Art übte, hatte in seinem Hauptwerk *Deutsche Schriften* (1892)[108] eine *nationale Religion* eingefordert, da die Erneuerung der deutschen Nation nur durch eine neue *Religion der Zukunft* zu verwirklichen sei. Mit Bezug zu der gerade neu aufgekommenen wissenschaftlichen Methode der historisch-kritischen Bibelexegese verwarf er zum einen die bestehenden christlichen Religionen hinsichtlich ihres Inhalts und der Echtheit ihrer Lehre, zum anderen griff er die christliche Kirche als Institution an, und zwar gleichermaßen die römisch-katholische wie die protestantische.[109]

In seinen *theologisch-politischen Traktaten* führte Lagarde eine strikte Unterscheidung durch zwischen der reinen Botschaft Jesu und dem später entstandenen Christentum, das durch die Aufnahme insbesondere jüdischer, aber auch griechischer Elemente die Lehre Jesu verfälscht habe.[110] Insbesondere gegen den Apostel Paulus – in Lagardes Augen „ein unberufener Jude" – entwickelte er eine starke Aversion und beschuldigte ihn, das Bild von der Person und Botschaft Jesu der Nachwelt „in unerträglichem Maße" falsch vermittelt zu haben.[111] Zudem gab Lagarde zu bedenken, dass Paulus Jesus weder gesehen noch persönlich gekannt und zu dessen Jüngern keinerlei Kontakt gesucht habe. Daher habe „alles, was Paulus von Jesus und dem Evangelium sagt, [...] keine Gewähr für Zuverlässigkeit."[112] Stattdessen habe er „uns das Alte Testament in die Kirche gebracht, an dessen Einflusse das Evangelium, soweit dies möglich, zugrunde gegangen" sei.[113] Er habe das reine Evangelium Jesu mit jüdischen Glaubenslehren und Sitten vermischt, etwa der „jüdischen Opfertheorie", der Sündenlehre oder dem jüdischen Geschichtsbild sowie der alttestamentlichen messianischen Glaubenslehre, die er

---

[107] Diese Ansicht wird insbesondere von dem Historiker Ulrich Sieg vertreten, der sich intensiv mit den Schriften Lagardes befasst hat. ULRICH SIEG, Prophet.

[108] Die *Deutschen Schriften*, die Lagarde als *theologisch politische Traktate* bezeichnet hatte, sind eine Sammlung von Vorträgen und Aufsätzen aus den Jahren 1853-1885 zu den vier Themenbereichen: (1) Staat · Nation · Volk, (2) Theologie · Kirche · Religion, (3) Bildungswesen · Erziehung · Unterricht, (4) Beiträge zur Innen- und Außenpolitik Deutschlands. INA ULRIKE PAUL, Lagarde, S. 55.

[109] FRITZ STERN, Kulturpessimismus, S. 60-79.

[110] Ebd., S. 66 und PAUL DE LAGARDE: Die Religion der Zukunft (1878), in DERS.: Deutsche Schriften, Göttingen 1892, S. 217-247, hier S. 231.

[111] DERS.: Über das Verhältnis des deutschen Staates zu Theologie, Kirche und Religion. Ein Versuch, Nicht-Theologen zu orientieren (1873), in: DERS.: Deutsche Schriften, Göttingen 1892, S. 37-76, hier S. 56.

[112] Ebd.

[113] Ebd.

dann auf Jesus übertragen habe.[114] Man müsse daher, „um die Dogmen der Kirche religiös verwertbar zu machen, [...] das jüdische Gift von ihnen entfernen."[115] Dementsprechend sah Lagarde in Jesus nicht den Messias des Alten Testamentes, sondern den „Rebell[en], der sich gegen den pharisäischen Judaismus auflehnte [...]. Nun sollte endlich der von Jesus eingeleitete Akt der Auflehnung vollzogen und die jüdische Vergangenheit abgeschüttelt werden."[116] Daher forderte Lagarde für seine *Religion der Zukunft*, dass sich die „germanische Naturanlage [...] in der Kirche der Zukunft geltend machen" müsse.[117] Vergleichbare Gedankengänge hinsichtlich der Person Jesu legte auch Biberstein vor dem US Military Tribunal II in Nürnberg dar.[118]

Lagarde war es auch, der in Jesus einen *Galiläer arischer Abstammung* sah. So konstatierte er: „Christus war unserem Glauben nach Arier."[119] Aus dessen Theorie vom *arischen Jesus* leitete der Schriftsteller und Literaturhistoriker *Adolf Bartels* später die Behauptung – und für ihn geradezu die „unumstößliche Gewissheit" – ab, dass „das ursprüngliche, ‚reine' Christentum eine ‚arische Religion' sei, eine Religion, die – im Sinne der Rassenideologie – germanischem und deutschem ‚Wesen' entspreche und die es zur ‚Pflicht' mache"[120], ihren „arischen Charakter [...] zu bewahren, ihn herauszugestalten, wenn er durch fremde Einflüsse zu verschwinden droht."[121] Während Lagardes Vorstellung von einer *nationalen Religion* auf einem christlichen Antijudaismus beruhte und nicht auf dem modernen Rassenantisemitismus, beinhaltete hingegen für *Adolf Bartels* und später für die *Deutschen Christen* (DC) die Forderung nach einer sogenannten *arteigenen Religion*, die vermeintlich *arischen* Bestandteile der Lehre Jesu mit der behaupteten „völkischen Eigenart der Deutschen" auf nunmehr rassischer Grundlage in Einklang bringen zu müssen.[122]

Des Weiteren griff Lagarde die Kirche als Institution an. Hinsichtlich der protestantischen Lehre konstatierte er, dass „der Glaube der Reformation nur ein Bastard des Katholizismus, [sei, denn dieser habe] viele von den im Laufe der Geschichte verfälschten katholischen Lehren beibehalten, die apostolische Autorität jedoch verworfen, die bis dahin die Einheit von Glaube und Lehre bewahrt hat-

---

[114] Ebd.

[115] DERS., Religion, S. 234.

[116] FRITZ STERN, Kulturpessimismus, S. 68.

[117] PAUL DE LAGARDE, Religion, S. 237.

[118] Zeugeneinvernahme Biberstein, StAN, Rep. 501, KV-Prozesse, Fall 9, A 32-33, S. 2757.

[119] PAUL DE LAGARDE: Schriften für das deutsche Volk, Bd. I: Deutsche Schriften, hrsg. von Karl August Fischer, Bd. II: Ausgewählte Schriften. Als Ergänzung zu Lagardes Deutsche Schriften, zusammengestellt von Paul Fischer, München, 2., verm. Auflage 1934, S. 64 und 261-264.

[120] UWE PUSCHNER, Bewegung, S. 217.

[121] ADOLF BARTELS: Rasse und Volkstum. Gesammelte Aufsätze zur nationalen Weltanschauung, Weimar, 2. verm. Auflage 1920 [zuerst unter dem Titel *Rasse* erschienen], S. 269.

[122] UWE PUSCHNER, Bewegung, S. 217.

te.“[123] Insbesondere griff er die auf Paulus zurückgehende Rechtfertigungslehre Luthers an.[124] Hingegen verwarf er an der katholischen Lehre das Sakrament der Eucharistie, da die katholische Transsubstitutionslehre nach den Maßstäben der historisch-kritischen Bibelexegese nicht haltbar sei.[125]

Als Konsequenz aus diesen Feststellungen forderte Lagarde den *Staat* auf, die Auflösung aller Konfessionen zu betreiben und die „zur Zeit bestehenden religiösen Gemeinschaften Deutschlands, [da sie verbraucht seien] den Katholicismus und Protestantismus eingeschlossen, für Sekten zu erklären“[126] und an deren Stelle eine *nationale Religion* zu konstituieren, „da jeder Nation eine nationale Religion nothwendig“[127] sei. Zudem wollte er die neue Religion als eine konfessionsübergreifende Glaubensgemeinschaft[128] verstanden wissen, da „nur die nationale Kirche [...] nie in Kampf mit der Nation, nie in Widerspruch mit dem Staate kommen“[129] werde. Jene Forderungen Lagardes sind vor dem Hintergrund des Kulturkampfes des Kaiserreiches gegen die katholische Kirche zu sehen.

Des Weiteren verkündete Lagarde das Zeitalter eines nunmehr „neuen, heroischen Glaubens“[130] und die Wiederherstellung des *reinen* Evangeliums ohne jüdische, griechische und römische Einflüsse. Das beinhaltete für ihn die Fortschreibung eines *deutschen* Evangeliums, das „allmählich und durch die Arbeit der deutschen Nation selbst, so zu sagen zu einer deutschen Ausgabe“[131] gelangen müsse. Denn finde Deutschland den Weg zu einer nationalen Religion „nicht und nicht bald, so können wir auf die Zukunft unseres Vaterlandes verzichten: Deutschland wird dann noch eine Weile existieren, zu leben wird es bald genug aufhören.“[132]

Lagardes kulturpessimistisch orientierter Entwurf einer *nationalen Religion* und die daraus hergeleiteten Forderungen an den *Staat* sollten knapp vierzig Jahre später von der *Glaubensbewegung Deutsche Christen* (DC) nicht nur rezipiert, sondern in die Praxis umgesetzt werden. Dabei beinhaltete für die *Deutschen Christen* (DC) der Appell Lagardes nach einer *arteigenen Religion* zugleich – im Hinblick auf die Kirche als Institution – die Forderung nach der Auflösung der bestehenden 28 protestantischen Landeskirchen und die Konstituierung einer nach dem Führerprinzip straff organisierten Reichskirche. Das sollten ab 1935 auch die

---

[123] FRITZ STERN, Kulturpessimismus, S. 69. Stern fasst hier folgende Darlegungen Lagardes zusammen: PAUL DE LAGARDE, Verhältnis, S. 39-41, 48.

[124] Luther bezieht sich auf Röm 1,16f; 3,23f. 28.

[125] PAUL DE LAGARDE, Religion, S. 234.

[126] DERS., Verhältnis, S. 64, 66.

[127] Ebd., S. 66. Ähnliche Ziele verfolgte die NSDAP-Parteispitze, was dann ab 1935 zu dem Grundsatzkonflikt mit dem Reichminister für die kirchlichen Angelegenheiten Hanns Kerrl führen sollte.

[128] Dieser Aspekt Lagardes wurde später von Minister Kerrl aufgegriffen.

[129] DERS.: Diagnose, in: DERS.: Deutsche Schriften, Göttingen 1892, S. 88-97, hier S. 97.

[130] INA ULRIKE PAUL, Lagarde, S. 65.

[131] PAUL DE LAGARDE, Verhältnis, S. 75.

[132] DERS., Religion, S. 236.

religionspolitischen Zielsetzungen des Reichs- und Preußischen Ministers für die kirchlichen Angelegenheiten, Hanns Kerrl, werden, die jedoch den Absichten der NSDAP-Parteispitze diametral entgegenstanden.

Wesentlich für diese Studie ist, dass das Gedankengut des Paul de Lagarde seine Wirkmächtigkeit nicht nur in der Ideologie der Deutschen Christen (DC) entfaltete, sondern seine Schriften, die von Hitler gründlich studiert wurden, hatten Auswirkungen auf die imperialistisch-kolonialistische Zielvorstellungen des NS-Regimes. Des Weiteren ist zu vermerken, dass nicht erst Himmler in dem 1940 entwickelten Madagaskar Plan die beabsichtige Deportation der europäischen Juden ins Auge gefasst hatte, sondern eine derartige Maßnahme – Deportation der Juden nach Palästina oder Madagaskar – war bereits von dem Vertreter des modernen Antisemitismus Paul de Lagarde anempfohlen worden.

5.2 Bibersteins Affinität zur neopaganen Strömung

Als Auslöser für Bibersteins mehr als folgenreichen Schritt, im Jahr 1935 sein geistliches Amt in der Schleswig-Holsteinischen Landeskirche niederzulegen und in den Staatsdienst zu wechseln – zunächst in das Reichsministerium für die kirchlichen Angelegenheiten und sodann aufgrund einer von Heydrich veranlassten zwangsweisen Versetzung in das dem Reichsministerium des Innern unterstehende Reichssicherheitshauptamt (RSHA) – ist nicht nur seine zunehmende Affinität zu neopaganen Strömungen zu sehen, sondern auch die *Ausführung* eines solchen heidnischen Ritus anlässlich einer Konfirmationsfeier, der ihn als evangelischen Geistlichen für die Schleswig-Holsteinische Kirche untragbar machte. Daher erscheint es sinnvoll, jene paganen Strömungen näher zu beleuchten, die das Christentum gänzlich ablehnten – im Gegensatz zu den *Deutschen Christen* (DC), die es zwar grundsätzlich bejahten, es aber lediglich grundlegend verändern wollten. Noch im Nürnberger Einsatzgruppenprozess äußerte sich Biberstein gegenüber dem US Military Tribunal II (neo-)pagan dahingehend, dass er zwar an einen Schöpfergott glaube, jedoch Jesus nicht als Sohn Gottes betrachte, sondern lediglich als einen Prediger, der für ihn Vorbildcharakter habe.

> „Ich kannte keinen Glauben an Jesus von Nazareth als den Christus [...]. Ich sehe in Jesus den Bruder, der wie ich selbst und alle die, die an Gott glauben, ein Kind Gottes ist [...]. Die Person Jesu steht [stand] immer im Mittelpunkt dieser Predigten und all dieser Gedanken, aber nicht Jesus als Gott, als Christus, als Messias, sondern Jesus als Mensch, als Bruder, als Führer hin zu Gott.“[133]

[133] Zeugeneinvernahme Biberstein, StAN, Rep. 501, KV-Prozesse, Fall 9, A 32-33, S. 2756-2757, 2759.

Die neopagane *Deutsche Glaubensbewegung* (DG)

Die neopagane Strömung fand ihren Ausdruck in zahlreichen heterogenen *germanisch-* und *deutschgläubigen* Organisationen. So konnte Ekkehard Hieronimus[134] in einer 1983 erstellten Studie allein 69 völkisch-religiöse Vereinigungen für die Zeit zwischen 1870 und 1945 bestimmen.[135] Eine der frühesten neuheidnischen Gruppierungen, die bereits in der Wilhelminischen Ära entstand, ist die am 28. Mai 1912 auf dem Hermannsberg im damaligen Fürstentum Waldeck, heute Kreis Waldeck-Freudenberg (Hessen), von dem Maler und Schriftsteller Ludwig Fahrenkrog gegründete *Germanische Glaubensgemeinschaft.*[136] Sie existierte bis zum 21. Mai 1934, als ihr Gründer sie in die ebenfalls neopagane *Deutsche Glaubensbewegung* (DG) integrierte. Jene *Deutsche Glaubensbewegung* (DG) war auf Initiative des Tübinger Ordinarius für Religionswissenschaften und Indologie, *Jakob Wilhelm Hauer,*[137] entstanden und hatte sich offiziell am 21. Juni 1934 konstituiert,[138] d. h. zwei Jahre nach der Entstehung der *Deutsche Christen* (DC). Ihrer Gründung waren zwei aufsehenerregende Artikel vorausgegangen, die von dem Journalisten *Graf Ernst Christian Einar Ludwig Detlef zu Reventlow* in dessen von 1920 bis 1944 verlegten Zeitschrift *Reichswart. Wochenschrift für nationale Unabhängigkeit und deutschen Sozialismus*[139] am 19. März und 11. Juni 1933 veröffentlicht worden waren.[140]

Reventlow war der Mitbegründer der *Deutschvölkischen Freiheitspartei* (DVFP),[141] die im Dezember 1922 aus dem judenfeindlichen Flügel der *Deutsch-*

---

[134] Ekkehard Hieronomus (1926-1998) war unter anderem Pastor der Evangelisch-Lutherischen Landeskirche Hannover und Verfasser zahlreicher theologischer und kirchenhistorischer Werke.

[135] EKKEHARD HIERONUMUS: Zur Frage nach dem Politischen bei völkisch-religiösen Gruppierungen, in: JACOB TAUBES (Hrsg.): Religionstheorie und politische Theologie, Bd. I: Der Fürst dieser Welt. Carl Schmitt und die Folgen, Paderborn u. a. 1983, S. 316-321, hier S. 316.

[136] UWE PUSCHNER, Völkische Bewegung, S. 240.

[137] FRIEDRICH WILHELM BAUTZ: Art. Hauer, Jakob Wilhelm, in: Biographisch-Bibliographisches Kirchenlexikon (BBKL), Bd. 2 (1990), Sp. 593f. HORST JUNGINGER: Art. Jakob Wilhelm Hauer, in: INGO HAAR/ MICHAEL FAHLBUSCH/ MATTHIAS BERG (Hrsg.): Handbuch der völkischen Wissenschaften. Personen, Institutionen, Forschungsprogramme, Stiftungen, München 2008, S. 230.

[138] DERS.: Die Deutsche Glaubensbewegung als ideologisches Zentrum der völkisch-religiösen Bewegung, in: UWE PUSCHNER/ CLEMENS VOLLNHALS (Hrsg.), Bewegung, S. 65-102, hier S. 85.

[139] Die Zeitschrift *Reichswart. Wochenschrift für nationale Unabhängigkeit und deutschen Sozialismus* wurde mit Gründung der neuheidnischen *Deutschen Glaubensbewegung* deren publizistisches Sprachrohr und erhielt den Zusatz *Organ der deutschen Glaubensbewegung.*

[140] KLAUS SCHOLDER, Kirchen, Bd. I, S. 573.

[141] ERNST KLEE, Personenlexikon, S. 493. Seit 1937 saß Reventlow im Beirat der *Forschungsabteilung Judenfrage* des 1935 gegründeten *Reichsinstituts für Geschichte des neuen Deutschlands,* dessen Präsident Walter Frank (1905-1945) war. Ebd.

nativonalen Volkspartei (DNVP) hervorgegangen war.[142] Seit 1924 war er Reichstagsabgeordneter, zunächst der *Nationalsozialistischen Freiheitspartei* (NSFP), dann der *Nationalsozialistischen Deutschen Arbeiterpartei* (NSDAP), an deren Etablierung in Norddeutschland er seit seiner Parteimitgliedschaft im Februar 1927 maßgeblichen Anteil hatte.[143] Aufgrund jener Funktionen hatten seine politischen Verlautbarungen daher einen gewissen Stellenwert.

Wiewohl überzeugter Nationalsozialist, griff Reventlow in dem ersten Artikel Hitlers bisher praktizierte konfessionsorientierte Religionspolitik an und wies „auf die volkszerreißende Wirkung einer politisch und gar vom Staat betriebenen Religionspropaganda“[144] hin. Damit kritisierte er nachträglich indirekt Punkt 24 des Parteiprogramms der NSDAP, in welchem Hitler sich auf den Boden eines *positiven Christentums*[145] gestellt hatte, welches er als ein „Christentum der Tat“ verstanden wissen wollte. Den zweiten Artikel versah Reventlow mit der schlagkräftigen Überschrift *Gleichberechtigung für deutsche Nichtchristen!* und forderte darin eine vom Staat anzuerkennende Gleichberechtigung mit den christlichen Kirchen beider Konfessionen.[146] Erst mit der Gründung der *Deutschen Glaubensbewegung* (DG) 1934 wurde dann deutlich, dass jene Forderung auf eine staatliche Anerkennung der *Deutschen Glaubensbewegung* (DG) als einer *dritten Konfession*[147] hinauslief, was von den *Deutschen Christen* (DC) als vermeintliche existentielle Bedrohung wahrgenommen wurde.

Im weiteren Verlauf nahm die Forderung nach einer dritten staatlich anerkannten Konfession Gestalt an. So lud Hauer für den 29. und 30. Juli – d. h. nur eine

---

142 MICHAEL PETERS: Art. Reventlow, Ernst Christian Einar Ludwig Detlev, in: Neue Deutsche Biographie (NDB) 21 (2003), S. 476f.

143 Ebd., S. 477.

144 ERNST GRAF ZU REVENTLOW: Staat und Religion, in: Reichswart. Wochenschrift für nationale Unabhängigkeit und deutschen Sozialismus, Jg. 14 vom 19. März 1933.

145 Zu Hilters Religionsverständnis vgl. CLAUS-EKKEHARD BÄRSCH: Die politische Religion des Nationalsozialismus. Die religiösen Dimensionen der NS-Ideologie in den Schriften von Dietrich Eckart, Joseph Goebbels, Alfred Rosenberg und Adolf Hitler, 2., vollst. überarb. Aufl., München 2002.

146 ERNST GRAF ZU REVENTLOW: Gleichberechtigung für deutsche Nichtchristen! in: Reichswart. Wochenschrift für nationale Unabhängigkeit und deutschen Sozialismus, Jg. 14 vom 11. Juni 1933.

147 Die Bezeichnung *Dritte Konfession* erschien vermutlich zum ersten Mal in der Materialsammlung *Die „Dritte Konfession“*, die 1934 von dem *Evangelischen Preßverband für Deutschland* (EPD) als Heft 3 der Zeitschrift *Das Rüstzeug. Handreichung zum politischen Weltanschauungskampf* herausgegeben worden war. Mit dem *Evangelischen Preßverband* (EPD) arbeitete die 1921 gegründete *Apologetische Centrale* zusammen, die 1960 in *Evangelische Zentrale für Weltanschauungsfragen* umbenannt wurde. HORST JUNGINGER: Die Deutsche Glaubensbewegung und der Mythos einer „dritten Konfession“, in: MANFRED GAILUS/ ARMIN NOLZEN (Hrsg.): Zerstrittene Volksgemeinschaft. Glaube, Konfession und Religion im Nationalsozialismus, Göttingen 2001, S. 180-203, hier S. 180 und S. 200 (dort Anm. 1). Nachfolgend zur Unterscheidung der beiden Aufsätze von Junginger abgekürzt zitiert: Horst Junginger, Mythos.

Woche nach den Kirchenwahlen in Preußen am 23. Juli 1933 – zahlreiche neopagane Personenkreise und völkische Splittergruppen zu einem Arbeitskreis auf die Eisenacher Wartburg ein. Die auf jener Tagung gegründete *Arbeitsgemeinschaft Deutsche Glaubensbewegung* (ADG) – deren Führungsgremium zu zwei Dritteln aus NSDAP-Mitgliedern bestand – war sich trotz Divergenzen inhaltlicher Art einig in der Ablehnung des religiösen Alleinvertretungsanspruches seitens der bestehenden beiden Konfessionen.[148] Zu Pfingsten 1934 wurde dann auf einer Tagung der *Arbeitsgemeinschaft Deutsche Glaubensbewegung* (ADG), die vom 18. bis 21. Mai 1934 in Scharzfeld im südlichen Harz stattfand, als *neue deutschgläubige Religion* die *Deutsche Glaubensbewegung* (DG) offiziell konstituiert. Sie verstand sich als „ideologisches Zentrum der völkisch-religiösen Bewegung."[149] Die in ihren Strukturen straff organisierte *Deutsche Glaubensbewegung* (DG)[150] benannte in ihren Statuten drei Voraussetzungen für die Mitgliedschaft, die von den Bewerbern unter *Eid* zu bestätigen waren:

1. Der Bewerber musste *rassisch rein* sein, d. h. frei von jeglichem jüdischen oder farbigen Bluteinschlag.
2. Er durfte weder dem Jesuitenorden angehören, noch der Freimaurerloge oder einem anderen Geheimbund.
3. Er durfte nicht Mitglied einer anderen Glaubensgemeinschaft sein.[151]

Damit waren aufgrund der Satzung Doppelmitgliedschaften in der *Deutschen Glaubensbewegung* (DG) von vorneherein ebenso ausgeschlossen wie in den christlichen Konfessionen. Das bedeutete für den Bewerber den Kirchenaustritt aus der protestantischen oder der katholischen Kirche. Darauf wird in Kapitel I.8 im Hinblick auf Bibersteins Niederlegung des Kirchenamtes zurückzukommen sein.

Schon vor der Gründung der *Deutschen Glaubensbewegung* (DG) am 21. Mai 1934 hatte Hauer mit der von ihm am 1. Januar 1934 erstmals herausgegebenen Zeitschrift *Deutscher Glaube. Monatsschrift der Deutschen Glaubensbewegung* ein entsprechendes Publikationsorgan geschaffen, das bereits auf seiner Titelseite mit dem Symbol der *Deutschen Glaubensbewegung* (DG) – einer in Rechtsdrehung befindlichen goldenen Swastika auf blauem Hintergrund – auf den Nationalsozialismus verwies als „den entscheidenden politischen und weltanschaulichen Bezugspunkt."[152] (Bild 6).

---

[148] DERS., Glaubensbewegung, S. 82f.
[149] HORST JUNGINGER, Glaubensbewegung, S. 65.
[150] KLAUS SCHOLDER, Kirchen, Bd. I, S. 574.
[151] Zitiert nach HEINZ BARTSCH: Die Wirklichkeitsmacht der Allgemeinen Deutschen Glaubensbewegung der Gegenwart, Leipzig 1938; zugleich: Leipzig, Univ., Diss., 1938, S. 61.
[152] HORST JUNGINGER, Glaubensbewegung, S. 86.

Bild 6: Titelseite der Monatsschrift der Deutschen Glaubensbewegung (DG), Heft November 1934, Stuttgart 1934.
(Quelle: Karl Gutbrod Verlag Stuttgart).

Im Gegensatz zu den *Deutschen Christen* (DC) lehnte die *Deutsche Glaubensbewegung* (DG) – wie alle *germanisch-* und *deutschgläubigen* Organisationen vor ihr – das Christentum, deren zentraler Glaubensinhalt der christologische Aspekt ist, insgesamt als eine dem deutschen Wesen *artfremde* Religion ab, da es seine Wurzeln in der jüdischen Religion habe[153] und somit lediglich eine Variante des Judentums darstelle, wie bereits Lagarde argumentiert hatte. Stattdessen postulierte sie eine „aus rassisch verknüpftem deutschem Volkstum erwachsene, daran uneingeschränkt gebundene und im deutschen Volkstum letzte und tiefste Sinnerfüllung erhaltene Glaubensgestaltung."[154] Dementsprechend verstand die *Deutsche Glaubensbewegung* (DG) – wie alle neopaganen Organisationen – ihr religiöses Weltanschauungsmuster als eine *politische* Religion, insofern, als sie „ ‚Volk' oder ‚Nation' in den Rang Religion begründender Größen [erhob, wobei] die Gottesvorstellung […] in der Regel immanent und pantheistisch"[155] war. Mit Bezug zu der vorgeblichen Überlegenheit der so bezeichneten *arischen* Rasse definierte sie demzufolge die ethischen Kategorien *Gut* und *Böse* nicht als absolute Werte,

[153] STEFANIE VON SCHNURBEIN, Religion, S. 172.

[154] ALFRED MÜLLER: Die neugermanischen Religionsbildungen der Gegenwart. Ihr Werden und ihr Wesen (Untersuchungen zur allgemeinen Religionsgeschichte; 6), Bonn 1934; zugleich: Bonn, Univ., Diss., 1933, S. 5.

[155] STEFANIE VON SCHNURBEIN, Religion, S. 174.

sondern ausschließlich nach dem Nutzen für die eigene Rasse.[156] Die Veränderung des christlich-abendländischen Wertesystems durch die Umgestaltung des Referenzrahmens in Richtung einer rassenbiologisch definierten *Volksgemeinschaft* war nicht nur ein konstitutives Element der SS, die sich in ihrem Selbstverständnis als elitäre Auslese jener *Volksgemeinschaft* definierte, sondern hatte gleichermaßen eine verheerende Wirkung gerade auch auf christlich orientierte Personengruppen, insofern, als ohne die Akzeptanz jener partikularen „Moral" seitens breiter Bürgerschichten der Genozid an den europäischen Juden nicht möglich gewesen wäre.

Die Rasse als der Dreh- und Angelpunkt ihres religiösen Bekenntnisses wird ebenfalls in

der Formulierung der drei Glaubenssätze der *Deutschen Glaubensbewegung* (DG) erkennbar:

> „1. Die Deutsche Glaubensbewegung will die religiöse Erneuerung des Volkes aus dem Erbgrund der deutschen Art;
> 2. die *deutsche* Art ist in ihrem *göttlichen Auftrag* aus dem Ewigen, dem wir gehorsam sind;
> 3. in diesem Auftrag allein sind Wort und Brauchtum gebunden. Ihm gehorchen, heißt sein Leben deutsch führen." [Kursivdruck vom Verf.].[157]

Gemäß jenen von der *Deutschen Glaubensbewegung* (DG) verwendeten religiösen Theoremen hatte Biberstein 1947 vor dem US Military Tribunal II in Nürnberg seine Tätigkeit als Leiter eines mobilen Erschießungskommandos im Russlandfeldzug nicht nur als „Dienst an der *Volksgemeinschaft*" bezeichnet, sondern ebenso als „Dienst unter dem Gehorsam Gottes."[158]

Die Verwirklichung ihres Ziels einer staatlichen Anerkennung als *dritter Konfession* erhoffte sich die *Deutsche Glaubensbewegung* (DG), als Hitler nur drei Wochen nach den preußischen Kirchenwahlen am 23. Juli 1933 aus machtpolitischen Gründen eine taktische Umstellung seiner bisherige Religionspolitik gegenüber den *Deutschen Christen* (DC) in Richtung einer „religiösen" Neutralitätspolitik begann. Hitler leitete sein Umschwenken mit einem Artikel ein, den er von dem Chefideologen der NSDAP, Alfred Rosenberg[159] am 16. August 1933 im

---

[156] Ebd.

[157] Zitiert nach HEINZ BARTSCH, Wirklichkeitsmacht, S. 61.

[158] Zeugeneinvernahme Biberstein, StAN, Rep. 501, KV-Prozesse, Fall 9, A 32-33, S. 2747.

[159] Alfred Ernst Rosenberg (12.01.1893-16.10.1946) – Verfasser des insbesondere während der NS-Zeit auflagenstarken und äußerst einflussreichen Werkes *Der Mythos des 20 Jahrhunderts* (1930) – war ab Erscheinen des *Völkischen Beobachters* zunächst dessen Redakteur, dann ab 1923 dessen Hauptschriftleiter. Nach der Machtergreifung wurde er im April 1933 von Hitler zum Leiter des Außenpolitischen Amtes der NSDAP ernannt und im Januar 1934 zum *Beauftragten des Führers für die Überwachung der gesamten geistigen und weltanschaulichen Schulung der NSDAP.* ERNST KLEE, Personenlexikon, S. 507f.

Völkischen Beobachter veröffentlichen ließ.[160] Die zentrale Aussage jenes Artikels lautete:

> „Wenn es auch begreiflich ist, daß der nationalsozialistischen Bewegung im allgemeinen jene Gruppen sympathischer erscheinen, deren Führer sich in der Vergangenheit offen und ehrlich zum Kampf für das neue Deutschland bekannten, so sind wir doch in das Stadium getreten, wo der NS [Nationalsozialismus] sich nicht zur politischen Stütze der einen oder anderen kirchlichen Gruppierung hergeben kann. Diese Haltung entspricht genau unserem § 24, wonach die NS[DA]P sich nicht irgendwie konfessionell binden könne.
>
> Den Konfessionen stehen also zur *Austragung der seelischen und geistigen Kämpfe* nicht mehr die Machtmittel des Staates, aber auch nicht mehr die Wirkungsmöglichkeiten der Parteien zur Verfügung." [Kursivdruck vom Verf.].[161]

Zwei Monate später folgte am 13. Oktober 1933 ein Erlass des Stellvertreters des Führers, Rudolf Hess (1894-1987), in welchem die religiöse Gleichstellung aller Deutschen festgestellt wurde.[162] Mit Bezug zu einer am 11. Oktober 1933 veröffentlichten Erklärung des Reichsbischofs Ludwig Müller, in der jener versicherte, dass keinem Pfarrer Schaden daraus erwachsen werde, wenn er nicht der *Glaubensbewegung Deutscher Christen* (DC) angehöre, stellte Heß in seinem Erlass fest:

> „Im Anschluß an die Erklärung des RB Müller, wonach keinem Pfarrer dadurch Schaden erwächst, daß er nicht der GDC angehört, verfüge ich: Kein NS [Nationalsozialist] darf irgendwie benachteiligt werden, weil er sich nicht zu einer bestimmten Glaubensrichtung oder Konfession oder *weil er sich zu überhaupt gar keiner Konfession bekennt.* Der Glaube ist eines jeden eigenste Angelegenheit, die er nur vor seinem Gewissen zu verantworten hat. Gewissenszwang darf nicht ausgeübt werden." [Kursivdruck vom Verf.].[163]

Trotz Hitlers taktischer Neutralitätspolitik gegenüber den beiden christlichen Kirchen konnte sich die neoagane *Deutsche Glaubensbewegung* (DG) dennoch nicht als staatlich anerkannte *dritte Konfession* etablieren, wiewohl sie sich in „ideologischer Übereinstimmung mit dem Nationalsozialismus"[164] wähnte. Obwohl sie die „wichtigste heidnische Organisation des ‚Dritten Reiches' [war], der es erstmals

---

[160] HORST JUNGINGER, Glaubensbewegung, S. 84f. KLAUS SCHOLDER, Kirchen, Bd. I, S. 572. KURT MEIER: Die Deutschen Christen. Das Bild einer Bewegung im Kirchenkampf des Dritten Reiches (Arbeiten zur Geschichte des Kirchenkampfes. Erg.-R.; 3), Göttingen ^{3}1967, S. 30f.

[161] Völkischer Beobachter (Ausgabe 228) vom 16. August 1933. Zitiert nach: JOACHIM GAUGER: Chronik der Kirchenwirren, Bd. I: Vom Aufkommen der „Deutschen Christen" 1932 bis zur Reichssynode im Mai 1934, Elberfeld 1934, S. 98.

[162] HORST JUNGINGER, Glaubensbewegung, S. 84. KURT MEIER, Deutsche Christen, S. 31.

[163] Der Heß-Erlass wurde im Stuttgarter Neuen Tagblatt (Ausgabe 484/ 1933) abgedruckt. Zit. nach: JOACHIM GAUGER, Chronik, Bd. I, S. 106. Er ist ebenfalls abgedruckt bei: JAKOB WILHELM HAUER: Was will die deutsche Glaubensbewegung? (Flugschriften zum geistigen und religiösen Durchbruch der deutschen Revolution; 5), Stuttgart 1934, S. 14 und 57.

[164] HORST JUNGINGER, Mythos, S. 181.

in der Geschichte gelang, größere Teile des paganen Religionsspektrums zu vereinheitlichen",[165] blieb sie dennoch gegenüber den etablierten Konfessionen zahlenmäßig eine verschwindend kleine Größe, wie die Statistik der Volkszählung vom 15. Mai 1939 zeigt.[166] Danach betrug die Gesamtzahl der Angehörigen einer Kirche, Religionsgemeinschaft oder religiös weltanschaulichen Gemeinschaft 75,4 Millionen, das waren 95,0% aller Deutschen. Davon gehörten 53,7% den evangelischen Landeskirchen oder Freikirchen an und 40,3% der römisch-katholischen Kirche. Die Zahl der Angehörigen sonstiger nichtchristlicher Religionsgesellschaften und religiös weltanschaulicher Gemeinschaften – unter ihnen die neopagane *Deutsche Glaubensbewegung* (DG) – wurde mit 86.423 beziffert,[167] das waren lediglich 0,1% der Bevölkerung. Statistisch gesehen war das eine zu vernachlässigende Größe.

Nachdem Hauer und Reventlow Ende 1936 die *Deutsche Glaubensbewegung* (DG) wegen ideologischer Meinungsverschiedenheiten verlassen hatten, gab die neue Führungsspitze eine Verlautbarung heraus, „dass die Deutsche Glaubensbewegung in der nationalsozialistischen Bewegung aufgehen solle, weil das ‚Dritte Reich' keiner eigenständigen religiösen Sphäre mehr bedürfe."[168] In jener Verlautbarung kam die völlig übersteigerte Selbsteinschätzung der neuen Führungsspitze zum Ausdruck. Zwar erkannte Hitler die neopagane *Deutsche Glaubensbewegung* (DG) als eine eigenständige Religionsgemeinschaft an, duldete jedoch keinerlei Rivalität hinsichtlich eines Führungsanspruches weder seitens der beiden christlichen Kirchen noch der *Deutschen Christen* (DC) oder gar der *Deutschen Glaubensbewegung* (DG). Daher fuhr er weiterhin strikt seinen religionspoltischen Neutralitätskurs, und insofern gelang es Hauer auch nicht, „Einfluss auf die SS, die NSDAP oder andere Parteiinstanzen zu nehmen, oder in eine nähere Beziehung zu Himmler und anderen hochrangigen NS-Funktionären zu kommen."[169]

6 Zur Dimension und politischen Funktion der *Deutschen Christen* (DC)

Um Bibersteins Werdegang während seines Beitritts zur Glaubensbewegung *Deutsche Christen* (DC), der er von 1932 bis 1934 angehörte, zu beleuchten und damit die Wirkungszusammenhänge hinsichtlich seiner Auseinandersetzungen mit

[165] Ders., Glaubensbewegung, S. 102.
[166] Ebd., S. 98-100.
[167] Statistisches Reichsamt (Hrsg.): Wissenschaft und Statistik, Nr. 9, 1. Mai-Heft, 1939, S. 173. (Berechnungsgrundlage für diese Statistik war die Wohnbevölkerung des Reichsgebiets Mitte 1939 ohne das Memelland).
[168] Horst Junginger, Glaubensbewegung, S. 88.
[169] Ebd., S. 97f.

Amtskollegen, insbesondere mit jenen der *Bekennenden Kirche* (BK), verständlich machen zu können, ist zunächst das Phänomen *Deutsche Christen* (DC) in den Blick zu nehmen, die sich in ihrem Selbstverständnis als „innerkirchliche Parallelbewegung zur NS-Bewegung“[170] sahen. Diese Selbsteinschätzung der DC ist von besonderer Relevanz – nicht zuletzt auch im Hinblick auf Bibersteins Begründung vor dem US Military Tribunal II für die Niederlegung des Kirchenamtes im Jahre 1935 –, die unter anderem mit bedingt war durch die taktische Veränderung von Hitlers Religionspolitik während der Weimarer Republik ab 1930 sowie zu Beginn seiner Regierungszeit, auf die zu Beginn des Kapitels II.3 Bezug genommen wird.[171]

6.1 Steigbügelhalter der NSDAP bei den Reichstagswahlen

Die Bewegung *Deutsche Christen* (DC) hatte sich erst kurz vor Hitlers Machtantritt formiert. Offiziell wurde sie am 6. Juni 1932 in Berlin „auf Initiative der NSDAP“[172] als eigenständige innerevangelische Kirchenpartei durch den damals 33-jährigen Berliner Pfarrer Joachim Gustav Wilhelm Hossenfelder[173] gegründet und straff nach dem „Organisationsschema“ der NSDAP gegliedert.[174] Als ihr eigentlicher Vorläufer gilt die als radikal bezeichnete *Kirchenbewegung Deutsche Christen* (KDC) – besser bekannt unter dem Namen *Thüringer Deutsche Christen* – die sich bereits 1927 aus dem *nationalsozialistischen Pfarrer- und Lehrerkreis* im Wieratal bei Altenberg/Thüringen konstituiert hatte, sich dann aber nach der Gründung der *Deutschen Christen* (DC) diesen „organisatorisch eingliederte.“[175] Von ihrer thüringischen Gruppierung unterschieden sich die *Deutschen Christen* (DC) jedoch durch ihre „ausgesprochen kirchenpolitische Methode“,[176] insofern, als die Fraktion der NSDAP im Preußischen Landtag unter Wilhelm Kube[177] „mit der Gründung

[170] Manfred Gailus, Diskurse, S. 233-248, hier S. 233.

[171] Zeugeneinvernahme Biberstein, StAN, Rep. 501, KV-Prozesse, Fall 9, A 32-33, S. 2764–2767.

[172] Kurt Meier, Deutsche Christen, S. 10.

[173] Hossenfelder (1899-1976), seit 1929 Parteimitglied der NSDAP, wurde 1931 Pfarrer an der Christus- Kirche in Berlin.

[174] Hans Buchheim: Glaubenskrise im Dritten Reich. Drei Kapitel nationalsozialistischer Religionspolitik (Veröffentlichungen des Instituts für Zeitgeschichte), Stuttgart 1953, S. 78.

[175] Kurt Meier, Deutsche Christen, S. 1f.

[176] Ebd., S. 10.

[177] Wilhelm Kube (1887-1943) kam aus der Völkischen Bewegung und war seit 1912 Vorsitzender des völkischen Akademiker-Verbandes. Ab 1920 wurde er zunächst Generalsekretär der DNVP und trat 1923 der Deutsch-Völkischen Freiheitspartei (DVFP) bei. Im Jahr 1924 schloss er sich der Nationalsozialistischen Freiheitspartei (NSFP) an und fungierte für diese als Mitglied des Reichstages (MdR). Seit 1928 war Kube Fraktionsvorsitzender der NSDAP und Mitglied im Preußischen Landtag (MdL). Während des *Dritten Reiches* war er in allen vier Wahlperioden (1933-1945) Mitglied des Reichstages (MdR). „Akten der Reichskanzlei. Weimarer Republik“ Online „Kube, Wil-

und Unterstützung der DC [...] parteitaktische Zwecke verfolgte", und zwar zum einen mit Bezug zu Punkt 24 des NSDAP-Parteiprogramms eine Einflussnahme der NSDAP auf die protestantische Bevölkerung, zum anderen „eine außerparlamentarische Stärkung der NSDAP im Preußischen Landtag."[178]

Jene parteipolitische Strategie ist im Rückblick auf die Reichstagswahlen vom 20. Mai 1928 zu sehen, in der die NSDAP ein denkbar schlechtes Wahlergebnis eingebracht hatte. Die ausgesprochen politische Funktion der *Deutschen Christen*, d. h. deren Inanspruchnahme durch die NSDAP, ist nicht zu unterschätzen, wiewohl sich die Deutschchristen selbst verschleiernd als *Glaubensbewegung* präsentierten.[179] Die Einflussnahme der Nationalsozialisten auf die kirchliche Bevölkerung sollte mittels der im Herbst 1932 fälligen Kirchenwahlen in der Evangelischen Landeskirche der Altpreußischen Union (APU) erfolgen, in der die NSDAP mit einer eigenen Liste aufzutreten plante.[180] Nach außen hin sollte jene NSDAP-Liste jedoch als Liste einer neu zu gründenden innerevangelischen Kirchenpartei – der späteren Partei der *Deutschen Christen* (DC) – ausgegeben werden. Bereits im Januar und letztmalig am 9. Dezember 1931 hatte Kube daher dem damaligen Reichsorganisationsleiter der NSDAP Gregor Strasser[181] den Vorschlag unterbreitet, bei den im Herbst 1932 anstehenden Kirchenwahlen der Altpreußischen Union (APU) „eigene nationalsozialistische Listen aufzustellen, um die Kirche in unsere Hände zu bekommen".[182] Jene Wahllisten sollten zunächst unter dem Kennwort *Evangelische Nationalsozialisten* geführt werden.[183] Später jedoch wurde diese Namensgebung auf Hitlers Vorschlag hin aus propagandistischen Gründen in *Glau-*

helm", in: http://www.bundesarchiv.de/aktenreichskanzlei/1919-1933/000/adr/adrhl/kap1_4/para2_285.html; 04.08.2012. KLAUS SCHOLDER, Kirchen, Bd. I, S. 249.

[178] KURT MEIER, Deutsche Christen, S. 10.

[179] Die Führung des Zusatzes *Glaubensbewegung* wurde später durch Hitler untersagt.

[180] HANS BUCHHEIM, Glaubenskrise, S. 72.

[181] Strasser (1892-1934) war bereits 1921 der NSDAP beigetreten, d. h. ein Jahr nach deren Gründung am 24. Februar 1920. Ab Dezember 1924 fungierte er für die NSDAP als Mitglied des Reichstages (MdR) und war zudem ab 1926 zunächst Reichspropagandaleiter, danach ab 1928 Reichsorganisationsleiter der NSDAP. Nach dem Zerwürfnis mit Hitler, das seitens Hitler aus machtpolitischen Gründen erfolgt war, trat Strasser zu Beginn des Jahres 1933 von allen Parteiämtern zurück. Im Zusammenhang mit dem *Röhm- Putsch* wurde er von der Gestapo verhaftet und auf Weisung Hitlers ermordet. Die Propaganda versuchte, die Hinrichtung vor der Öffentlichkeit als Selbstmord zu tarnen. Der wahre Grund für die Beseitigung Strassers war jedoch ein machtpolitisches Konkurrenzdenken Hitlers, der Strasser zunehmend als Konkurrenten wahrgenommen hatte. „Akten der Reichskanzlei" Online „Gregor Strasser", in: www.bundesarchiv.de/aktenreichskanzlei/1919-1933/000/adr/adrsz/kap1_1/para2_514.html; 12.08.2014. ERNST KLEE, Personenlexikon, S. 606.

[182] Kube an Strasser. Schreiben vom 7. Januar 1931. Zitiert nach: JONATHAN R. C. WRIGHT: „Über den Parteien". Die politische Haltung der evangelischen Kirchenführer 1918-1933. Deutsche Fassung von Hannelore Braun und Birger Maiwald (Arbeiten zur kirchlichen Zeitgeschichte, Reihe B: Darstellungen; 2), Göttingen 1977, S. 148.

[183] KLAUS SCHOLDER, Kirchen, Bd. I, S. 253, 255.

bensbewegung Deutsche Christen umgewandelt, da die Bezeichnung *Evangelische Nationalsozialisten* von der Öffentlichkeit als einseitige Parteinahme der NSDAP auf den protestantischen Bevölkerungsteil hätte interpretiert werden können.[184] Diese Vorgehensweise entsprach der Taktik Hitlers, die auf eine religionspolitische „Neutralität“ zielte, sodass von Anbeginn an die Möglichkeit einer späteren „Distanzierung“ der NSDAP von ihren „kirchlichen Parteigängern“[185] gegeben war.

Bereits zu Jahresanfang 1932 ließ Kube aus parteipolitischem Kalkül in der Ausgabe des *Völkischen Beobachters* unter dem Rubrum *Kirchenwahlen 1932* einen groß angelegten Propagandafeldzug anlaufen, in dem zum ersten Mal „das einzig plausible kirchliche Wahlziel propagiert [wurde], über das die Deutschen Christen später verfügen sollten: Die Beendigung der sogenannten kirchlichen Zersplitterung und die Gründung einer Reichskirche.“[186] Der Artikel begann mit dem Aufruf:

> „Nationalsozialisten! [...] erobert Euch Eure Kirche und erfüllt sie mit dem lebendigen christlichen Geist der erwachten deutschen Nation. Laßt Euch schon jetzt in Stadt und Land zu Hunderttausenden und Millionen in die Wählerlisten eintragen. Es ist Zeit, daß das evangelische Volk in Deutschland seiner Kirche mehr Aufmerksamkeit widmet. Die Kirche darf nicht eine Sinekurve der christlich-sozialen und volkskonservativen Generalsuperintendenten bleiben. Wir brauchen eine *evangelische Reichskirche* für ganz Deutschland, die mit der Zersplitterung in anderthalb Dutzend Landeskirchen endlich Schluß macht.“ [Kursivdruck vom Verf.].[187]

Sodann entwarf Kube nach Rücksprache mit Gregor Strasser ein so bezeichnetes *Aktionsprogramm der Evangelischen Nationalsozialisten*, das bereits die wesentlichen Forderungen der späteren DC-Richtlinien enthielt.[188] In einem entsprechenden Wahlaufruf der *Glaubensbewegung Deutscher Christen* (DC) ließ er verlautbaren, dass die im Herbst 1932 stattfindenden Kirchenwahlen für das „kommende Dritte Reich von größter Bedeutung“[189] seien. Das war ein deutlicher Verweis auf das desolate Ergebnis der Reichstagswahlen vom 20. Mai 1928, bei denen die NSDAP das schlechteste Ergebnis seit ihrem Bestehen eingebracht hatte, nämlich lediglich 2,63% der Wählerstimmen und demzufolge spärliche zwölf Sitze im Reichstag gegenüber der SPD, die als stärkste Partei 29,76% der Wählerstimmen erreicht hatte und damit 153 von insgesamt 491 Sitzen im Reichstag erwerben

---

[184] KURT MEIER, Deutsche Christen, S. 13.

[185] KLAUS SCHOLDER, Bd. I, S. 261.

[186] Ebd., S. 257.

[187] WILHELM KUBE: Kirchenwahlen 1932, in: Völkischer Beobachter vom 10./11. Januar 1932, zweites Beiblatt.

[188] KURT MEIER, Deutsche Christen, S. 14. KLAUS SCHOLDER, Kirchen, Bd. I, S. 257.

[189] Das zunächst interne Rundschreiben wurde am 25. Februar 1932 in der Berliner Zeitung *Tägliche Rundschau* veröffentlicht. Es wurde danach u. a. abgedruckt in: HELMUT BAIER: Die Deutschen Christen Bayerns im Rahmen des bayrischen Kirchenkampfes (Einzelarbeiten aus der Kirchengeschichte Bayerns; 46), Nürnberg 1968; zugleich: Berlin, Univ., Diss., 1966, S. 357-359.

konnte.[190] Insofern erhoffte sich die NSDAP mit Hilfe der Kirchenwahlen eine größere politische Einflussnahme auf die christlichen, d. h. protestantisch geprägten Bevölkerungsschichten.

Einen zusätzlichen zielführenden Wahlaufruf ließ Hossenfelder in der Süddeutschen Zeitung veröffentlichen:

> „Die ‚Deutschen Christen' sind die SA Jesu Christi im Kampf zur Vernichtung der leiblichen, sozialen und geistigen Not. Sie sind alle Kameraden an der Front des christlichen und nationalen Sozialismus [...]. Unser Volk braucht das soziale Schaffen einer Kirche von deutschen Christen, um das dritte Reich bauen zu können [...]. Ehe, Familie, *Rasse Volk, Staat und Obrigkeit* sind uns *Gottes Schöpfungsordnungen*, die wir heilighalten. Wo menschliche und völkische Sünde sie zerstört haben, suchen wir sie nach Gottes Gebot in ihrer Krankheit wiederherzustellen.
> Mammonismus und Kapitalismus, Marxismus und Liberalismus, weltanschaulicher und praktischer Materialismus sind uns gottfeindliche Mächte. Sie[191] bekämpfen und den Staat und das Staatsvolk in diesem Kampf zu unterstützen, ist uns heiliges Anliegen." [Kursivdruck vom Verf.].[192]

Des Weiteren wurden alle NSDAP-Mitglieder seitens ihrer Partei zur Beteiligung an den Kirchenwahlen verpflichtet.[193] Auf jene parteiamtliche Forderung wies auch die Landesgruppe West der *Deutschen Christen* (DC) explizit hin, indem sie in dem Presseorgan *Das Evangelische Westfalen* erklären ließ:

> „Der Führer erwartet von seinen ev. NS [Nationalsozialisten], die in Bejahung von Evangelium und Volkstum sich zusammengefunden haben, daß sie mit größter Energie und stärkster Überzeugungskraft den letzten E n t s c h e i d u n g s k a m p f g e g e n d i e K i r c h e n r e a k t i o n, Schriftgelehrten- und Pharisäertum, Liberalismus und Marxismus, die sich in die Kirchenorganisationen und deren demokratische Einrichtungen zurückgezogen haben, durchfechten." [stilistische Fehler sowie Sperrdruck im Original].[194]

Außerdem erließ Kube in jenem *Aktionsprogramm* detaillierte Anweisungen zur praktischen Durchführung des Kirchenwahlkampfes, der in enger Zusammenarbeit zwischen der vorgesetzten Parteidienststelle und den jeweiligen Bezirks- und Ortsleitungen der NSDAP zu erfolgen hatte.[195] Daneben forderte er von den örtlichen NSDAP-Leitungen spezielle Nominierungslisten an über Pastoren sowie Mitglieder kirchlicher Verwaltungskörper, die sich bisher als aktive Parteigenossen

---

[190] STATISTISCHES REICHSAMT (Hrsg.): Statistik des Deutschen Reiches 372, III (1931), S. 4-6. Auswertung o. g. *Statistik des Deutschen Reiches* bei Jürgen Falter sowie bei Andreas Gonschior: JÜRGEN FALTER u. a., Wahlen, S. 41. ANDREAS GONSCHIOR: Das Deutsche Reich. Reichstagswahl 1928, in: www.gonschior.de/weimar/Deutschland/RT4.html; 11.08.2014.

[191] Damit war im engeren Sinne die Weimarer Republik gemeint und im grundsätzlichen Sinne das Judentum, bzw. die vom Judentum vermeintlich beherrschte Weimarer Republik.

[192] Süddeutsche Zeitung (Ausgabe 166). Zit. nach: JOACHIM GAUGER, Chronik, Bd. I, S. 93, Spalte 1.

[193] KURT MEIER, Deutsche Christen, S. 12.

[194] Das Evangelische Westfalen (Ausgabe August/September 1932). Zit. nach: JOACHIM GAUGER, Chronik, Bd. I, S. 93, Sp. 1.

[195] HANS BUCHHEIM, Glaubenskrise, S. 76.

bewährt hatten und die somit aus parteiideologischer Sicht für eine spätere Wahl in kirchenleitende Positionen oder in höhere Synodalämter – also in die Ämter der höheren kirchlichen Selbstverwaltung – geeignet erschienen.[196] Auf diese Weise ist auch Biberstein ohne Umwege vom einfachen Gemeindepfarrer in ein höheres kirchliches Amt aufgestiegen, d. h. in das eines Propstes.

Inhaltlich war das *Aktionsprogramm* für die im Herbst 1932 stattfindenden Kirchenwahlen überwiegend politisch ausgerichtet und „entsprach in plumper Weise dem parteitaktischen Zweck, dem die ‚Glaubensbewegung Deutsche Christen' ihre Existenz verdankte."[197] Wie die obigen Zitate belegen, richtete sich die Wahlpropaganda gegen die Weimarer Republik, und dort zum einen gegen die Zentrums-Partei als Vertreterin des politischen Katholizismus und zum anderen gegen alle Links-Parteien. Sie benutzte daher die altbekannten Feindbilder und Verschwörungstheoreme von der so bezeichneten *Gottlosen-Republik*, die von dem so bezeichneten *marxistisch-bolschewistischen Weltjudentum* gesteuert würden. In ihrer propagandistischen Hetze beschränkten sich die Wahlparolen, die bereits das Grundlagenprogramm der späteren Deutschchristen (DC) enthielten, auf sieben Hauptpunkte, wobei die völkisch-religiösen Forderungen – etwa das so bezeichnete *artgemäße Christentum* – bewusst ausgeklammert wurden:

1. „Ablehnung des liberalen Geistes der jüdisch-marxistischen Aufklärung.
2. Überwindung der aus jüdisch-marxistischem Geist geborenen Humanität [...].
3. Betonung eines kämpferischen Glaubens [...].
4. Reinigung und Erhaltung der Rasse [...].
5. Kampf gegen den religions- und volksfeindlichen Marxismus und seine christlich-sozialen Schleppenträger aller Schattierungen [...].
6. Neuer Geist für unsere amtlichen und privaten Stellen der Kirchenleitung [...]
7. Bereinigung der kleinen evangelischen Landeskirchen zu einer starken evangelischen Reichskirche."[198]

Weitere Forderungen rein politischer Art folgten, so der „Protest gegen das unverständliche Versäumnis der Kirche, Front zu machen gegen die Fesselung der Justiz, die Gewissensknebelung der Beamten, gegen Young-Plan und Paneuropagedanken."[199] Am 23. Mai 1932 wurde Pfarrer Hossenfelder dann von Gregor Strasser offiziell mit der Durchführung des Wahlkampfes für die altpreußischen Kirchenwahlen beauftragt. Damit galt die Glaubensbewegung *Deutsche Christen* (DC) noch vor ihrer offiziellen Gründung nicht nur als eine von der NSDAP-Parteileitung reichsweit sanktionierte Organisation, sondern als „einziger der Par-

---

[196] Ebd. und KURT MEIER, Deutsche Christen, S. 12.

[197] HANS BUCHHEIM, Glaubenskrise, S. 77f.

[198] *Tägliche Rundschau* vom 25. Februar 1932, abgedruckt in: HELMUT BAIER, Deutsche Christen, S. 357-359.

[199] Ebd.

tei angeschlossener Verband."[200] Drei Tage später, am 26. Mai 1932, setzte Hossenfelder nach Rücksprache mit Strasser und ausdrücklicher Genehmigung seitens der NSDAP-Reichsleitung die Richtlinien der *Deutschen Christen* (DC) fest, die am 6. Juni 1932 auf der offiziellen Gründungskundgebung der *Deutschen Christen* (DC) in den Berliner Passage-Hallen der Öffentlichkeit übergeben wurden.[201]

6.2 DC-Richtlinien – Vorwegnahme der Nürnberger Rassegesetze

Die DC-Richtlinien, die als Ziel angaben, „allen gläubigen deutschen Menschen Wege und Ziele auf[zu]zeigen, wie sie zu einer Neuordnung der Kirche kommen"[202] sollten, entsprachen formal wie inhaltlich dem NSDAP-Parteiprogramm vom 24. Februar 1920 und waren in ihrer Agitation „genau auf die Situation des Nationalsozialismus im Jahre 1932 zugeschnitten."[203]

Die Punkte 1 und 2 legten die *institutionelle* Umgestaltung der protestantischen Kirche nach dem Organisationsschema der NSDAP fest, nämlich Zentrierung sowie Ausrichtung nach dem Führerprinzip. Das beinhaltete den Zusammenschluss aller damaligen 28 Landeskirchen zu einer Evangelischen Reichskirche unter der zentralen Leitung eines Reichsbischofs.

In Punkt 4 gaben sich die *Deutschen Christen* (DC) als auf dem Boden des *positiven Christentums* stehend aus und wiederholten damit wortgenau den Punkt 24 des NSDAP-Partei-Programms. In den nachfolgenden Punkten wurden die ideologischen Theoreme und bekannten NS-Feindbilder entworfen, in denen den „Feinden" der Kampf angesagt wurde: So dem „gottfeindlichen Marxismus"/dem „religions- und volksfeindlichen Marxismus und seinen christlich-sozialen Schleppenträgern aller Schattierungen" (Punkte 5 und 6), den „Juden", der „Rassenmischung" (Punkt 7 und 9), den „Untüchtigen und Minderwertigen" (Punkt 8) sowie dem „christlichen Weltbürgertum, dem Pazifismus, der Internationale und dem Freimaurertum" (Punkt 10).[204]

Mit den Punkten 7 und 9 antizipierten die DC-Richtlinien inhaltlich bereits die Nürnberger Rassegesetze vom 15. September 1935. Der Punkt 8 verwies auf das, was im Oktober 1939 unter der internen Bezeichnung *Aktion T4* und der euphemistischen Bezeichnung *Euthanasie-Programm* begann, nämlich die Eliminierung so

---

200 Kurt Meier, Deutsche Christen, S. 13. Hans Buchheim, Glaubenskrise, S. 78, 122.

201 Ebd., S. 78.

202 Richtlinien der Glaubensbewegung „Deutsche Christen" vom 6. Juni 1932, in: Kirchliches Jahrbuch (KJ) 1932, S. 68-70. Zit. nach: Heiko A. Oberman u. a. (Hrsg.): Kirchen- und Theologiegeschichte in Quellen, Bd. IV/2, Neukirchen-Vluyn 1980, S. 118-119. Nachfolgend abgekürzt: KTGQ.

203 Hans Buchheim, Glaubenskrise, S. 78.

204 KTGQ, Bd. V/2, S. 118-119.

Bild 7: Flagge der Deutschen Christen, 1932. Mehr als aussagekräftig ist die Symbolik der Flagge. (Quelle: Bundesarchiv, Bild 102-15234).

bezeichneten *lebensunwerten Lebens* in den sechs Tötungsanstalten des Reiches, in denen von Januar 1940 bis Juli 1942 mehr als 70.000 Menschen mit Behinderung oder psychischer Erkrankung getötet wurden.[205] Wegen der verheerenden Auswirkungen – die zu einem protestantisch-innerkirchlichen Bruderkampf zwischen *Deutschen Christen* (DC) und *Bekennender Kirche* (BK) führten, in dessen Zwistigkeiten auch Biberstein hineingezogen wurde – wird an dieser Stelle der genaue Wortlaut der deutschchristlichen Richtlinien vom 6. Juni 1932 zitiert:

„1. Diese Richtlinien wollen allen gläubigen deutschen Menschen Wege und Ziele zeigen, wie sie zu einer *Neuordnung* der Kirche kommen. Diese Richtlinien wollen weder ein Glaubensbekenntnis sein oder ersetzen, noch an den Bekenntnisgrundlagen der evangelischen Kirche rütteln. Sie sind ein *Lebensbekenntnis*.

2. Wir kämpfen für einen Zusammenschluß der im „Deutschen Evangelischen Kirchenbund" zusammengefaßten 29 Kirchen zu einer evangelischen *Reichskirche* und marschieren unter dem Ruf und Ziel: ‚Nach außen eins und geistgewaltig, um Christus und sein Wort geschart, nach innen reich und vielgestaltig, ein jeder Christ nach Ruf und Art' (nach Geibel).

[205] Das Bundesarchiv gibt mit dem *Inventar der Quellen zur Geschichte der ‚Euthanasie'-Verbrechen 1939–1945* einen „Überblick über die archivalischen Überlieferungen, die sich auf die Vorbereitung und Durchführung des vom NS-Regime organisierten Mordes an psychisch Kranken und anderen Patienten beziehen. Erfasst wurden einschlägige Quellen in Deutschland, Österreich, Polen und Tschechien." www.bundesarchiv.de/geschichte_euthanasie; 21.08.2013.

3. Die Liste ‚Deutsche Christen' will keine kirchenpolitische Partei in dem bisher üblichen Sinne sein. Sie wendet sich an alle evangelischen Christen *deutscher* Art. Die Zeit des *Parlamentarismus* hat sich *überlebt*, auch in der Kirche. Kirchenpolitische Parteien haben keinen religiösen Ausweis, das Kirchenvolk zu vertreten, und stehen dann dem hohen Ziel entgegen, e i n Kirchenvolk zu werden [Sperrdruck im Original]. Wir wollen eine lebendige Volkskirche, die Ausdruck aller Glaubenskräfte unseres Volkes ist.
4. Wir stehen *auf dem Boden des positiven Christentums.* Wir bekennen uns zu einem bejahenden, *artgerechten* Christusglauben, wie er *deutschem* Luthergeist und *heldischer* Frömmigkeit entspricht.
5. Wir wollen das *wiedererwachte deutsche Lebensgefühl* in unserer Kirche zur Geltung bringen und unsere Kirche lebenskräftig machen. In dem *Schicksalskampf* um die *deutsche* Freiheit und Zukunft hat die Kirche in ihrer Leitung sich als zu schwach erwiesen. Die Kirche hat bisher nicht entschieden zum Kampf gegen den *gottfeindlichen Marxismus* und das *geistfremde Zentrum*[206] aufgerufen, sondern mit den politischen Parteien dieser Mächte einen Kirchenvertrag geschlossen.[207] Wir wollen, daß unsere Kirche in dem *Entscheidungskampf* um Sein oder Nichtsein unseres Volkes *an der Spitze kämpft.* Sie darf nicht abseitsstehen oder gar von den *Befreiungskämpfen* abrücken.
6. Wir verlangen eine Abänderung des Kirchenvertrages (politische Klausel)[208] und *Kampf* gegen den *religions- und volksfeindlichen Marxismus und seine christlichen Schleppenträger aller Schattierungen.* Wir vermissen bei diesem Kirchenvertrag das trauende Wagnis auf Gott und die Sendung der Kirche. *Der Weg ins Reich Gottes geht durch Kampf*, Kreuz und Opfer und nicht durch falschen Frieden.
7. Wir sehen in *Rasse, Volkstum und Nation* uns *von Gott geschenkte Lebensordnungen*, für deren Erhaltung zu sorgen, uns *Gottes Gesetz* ist. Daher ist der *Rassenmischung* entgegenzutreten. Die deutsche Äußere Mission ruft auf Grund ihrer Erfahrung dem deutschen Volk seit langem zu: ‚*Halte deine Rasse rein*!' und sagt uns, daß *der Christusglaube die Rasse* nicht zerstört, sondern sie vertieft und *heiligt.*
8. Wir sehen in der *recht verstandenen* Inneren Mission das lebendige Tatchristentum, das aber nach unserer Auffassung nicht im bloßen Mitleid, sondern im *Gehorsam gegen Gottes Willen* und im Dank gegen Christi Kreuzestod wurzelt. Bloßes Mitleid ist Wohltätigkeit und wird zur Überheblichkeit gepaart mit schlechtem Gewissen, und verweichlicht ein Volk. Wir wissen etwas von der christlichen Pflicht und Liebe den Hilflosen gegenüber, wir fordern aber auch *Schutz des Volkes vor Untüchtigen und Minderwertigen.* Die Innere Mission darf keinesfalls zur *Entartung unseres Volkes* beitragen. Sie hat sich im übrigen von wirtschaftlichen Abenteuern fernzuhalten und darf nicht zum Krämer werden.
9. In der *Judenmission* sehen wir eine schwere Gefahr für unser Volkstum. Sie ist das *Eingangstor fremden Blutes in unseren Volkskörper.* Sie hat neben der Äußeren Mission keine Daseinsberechtigung. Wir lehnen die Judenmission in Deutschland ab,

[206] Mit *gottfeindlichem Marxismus* sind die Linksparteien der Weimarer Republik gemeint und mit *geistfremdem Zentrum* die Deutsche Zentrumspartei als Vertreterin des politischen Katholizismus.

[207] Gemeint ist hier der am 11. Mai 1931 geschlossene Vertrag des Deutschen Evangelischen Kirchenbundes als dem Dachverband der 28 Landeskirchen mit dem Freistaat Preußen.

[208] Gemäß Artikel 7 des Vertrages des Deutschen Evangelischen Kirchenbundes mit dem Freistaat Preußen vom 11. Mai 1931 durften kirchenleitende Ämter von niemandem besetzt werden, „von dem nicht die zuständige kirchliche Stelle durch Anfrage bei der Preußischen Staatsregierung festgestellt hat, daß Bedenken politischer Art gegen ihn nicht bestehen." Zitiert nach KTGQ, Bd. IV/2, S. 121.

solange die Juden das Staatsbürgerrecht besitzen und damit die Gefahr der *Rassenverschleierung und –bastardisierung* besteht. Die Heilige Schrift weiß auch etwas zu sagen von *heiligem Zorn* und sich versagender Liebe. Insbesondere ist die *Eheschließung zwischen Deutschen und Juden zu verbieten.*

10. Wir wollen eine evangelische Kirche, die im *Volkstum* wurzelt, und *lehnen den Geist eines christlichen Weltbürgertums ab.* Wir wollen die aus diesem Geist entspringenden *verderblichen Erscheinungen wie Pazifismus, Internationale, Freimaurertum* usw. durch den Glauben an *unsere von Gott befohlene völkische Sendung* überwinden. Die Zugehörigkeit eines evangelischen Geistlichen zur Freimaurerloge ist nicht statthaft. Diese zehn Punkte der Liste „Deutsche Christen" rufen zum Sammeln und bilden in großen Linien die Richtung für eine kommende *evangelische Reichskirche*, die unter Wahrung konfessionellen Friedens die Kräfte unseres reformatorischen Glaubens zum besten des deutschen Volkes entwickeln wird." 26.05.1932.[209] [Die entscheidenden Leitwörter des DC-10-Punkte-Programms sind durch Kursivdruck der Verfasserin hervorgehoben].

Der „völkische Appell"[210] der DC-Richtlinien zeigte bei den vom 12. bis 14. November 1932 stattfindenden Kirchenwahlen der Altpreußischen Union (APU) insofern die von der NSDAP erwünschte Wirkung, als die *Deutschen Christen* (DC) dort etwa ein Drittel aller Sitze gewinnen konnten. Zwar unterstützte Hitler auch nach der Machtübernahme am 30. Januar 1933 zunächst die *Deutschen Christen*. Jedoch bewertete er beide Kirchen – die protestantische ebenso wie die katholische – lediglich als „taktische Größen",[211] da Religion in diesem Falle für ihn nur eine politische Funktion hatte, nämlich die einer „Stabilisierung politischer Verhältnisse."[212] Diese Sichtweise wird deutlich in Hitlers Rede, die er am 23. März 1933 vor dem Reichstag hielt. So äußerte er hinsichtlich der christlichen Kirchen:

„Indem die Regierung entschlossen ist, *die politische und moralische Entgiftung unseres öffentlichen Lebens durchzuführen*, schafft und sichert sie die Voraussetzungen für eine wirklich tiefe, innere Religiosität [...].

Die nationale Regierung sieht in den beiden Konfessionen wichtigste *Faktoren zur Erhaltung unseres Volkstums* [...]. *Sie erwartet aber und hofft, daß die Arbeit an der nationalen und sittlichen Erhebung unseres Volkes, die sich die Regierung zur Aufgabe gestellt hat, umgekehrt die gleiche Würdigung erfährt* [...].

Der *Kampf gegen eine materialistische Weltauffassung*[213] und für die Herstellung einer wirklichen *Volksgemeinschaft* dient ebensosehr den Interessen der deutschen Nation wie denen unseres christlichen Glaubens." [Kursivdruck vom Verf.][214]

---

[209] Richtlinien der Glaubensbewegung „Deutsche Christen" vom 6. Juni 1932, in: KTGQ, Bd. IV/2, S. 121.

[210] KLAUS SCHOLDER, Kirchen, Bd. I, S. 264.

[211] HANS BUCHHEIM, Glaubenskrise, S. 79.

[212] Ebd., S. 80.

[213] Das war Hitlers Kampfansage gegen die Linksparteien der Weimarer Republik, d. h. SPD und KPD, die aus der Reichstagswahl am 5. März 1933 als zweit- bzw. drittstärkste Partei hervorgegangen waren. Die NSDAP hingegen hatte die absolute Mehrheit verfehlt, so dass sie mit der DNVP

Am 22. April 1933 lud Hitler den Königsberger Wehrkreispfarrer und späteren Reichsbischof Ludwig Müller zu einem Gespräch ein,[215] in welchem er mit ihm „die Grundprinzipien der evangelischen Kirchenpolitik“[216] erörterte und festlegte. Einen Monat danach, am 16. Mai 1933, übernahm Müller dann die so bezeichnete *Schirmherrschaft* über die *Deutschen Christen* (DC), „um eine einheitliche Linie im Ringen um die Neugestaltung der Deutschen Evangelischen Kirche sicherzustellen.“[217] Ein Vierteljahr später gab sich sodann nach langen internen Verhandlungen die *Deutsche Evangelische Kirche* (DEK) als Nachfolgerin des *Deutschen Evangelischen Kirchenbundes* eine Verfassung, die am 11. Juli 1933 im Reichsministerium des Innern von den Kirchenführern der 28 Landeskirchen unterzeichnet wurde. Drei Tage danach wurde in der Kabinettssitzung das *Reichsgesetz zur Einführung der Verfassung der Deutschen Evangelischen Kirche* (DEK) beschlossen, das zuvor vom Innenministerium erarbeitet worden war.[218] Damit war die Selbstgleichschaltung der *Deutschen Evangelischen Kirche* (DEK) vollzogen. Sodann wurden gemäß Artikel 5 jenes *Reichsgesetzes zur Einführung der Verfassung der Deutschen Evangelischen Kirche* (DEK) für den 23. Juli 1933 Neuwahlen angeordnet, und zwar „für diejenigen kirchlichen Organe [...], die nach geltendem Landeskirchenrecht durch unmittelbare Wahl der kirchlichen Gemeindemitglieder gebildet werden.“[219] Die Anordnung von Kirchenwahlen durch Reichsgesetz war eindeutig verfassungswidrig, insofern, als sie gegen Artikel 137, Satz 1/3 der Weimarer Verfassung verstieß, die auch nach Hitlers Machtübernahme weiterhin Gültigkeit besaß. Dort heißt es:

> „Es besteht keine Staatskirche (Satz 1). Jede Religionsgemeinschaft ordnet und verwaltet ihre Angelegenheiten selbständig innerhalb der Schranken des für alle geltenden Gesetzes. Sie verleiht ihre Ämter ohne Mitwirkung des Staates oder der bürgerlichen Gemeinde (Satz 3).“[220]

---

koalieren musste, um eine Regierung bilden zu können. ANDREAS GONSCHIOR: Das Deutsche Reich. Reichstagswahl 1933, in: www.gonschior.de/weimar/Deutschland/RT8.html; 21.08.2012.

[214] PAUL MEIER-BENNECKENSTEIN u. a. (Hrsg.): Dokumente der deutschen Politik, Bd. I: Die national- sozialistische Revolution 1933, bearb. von Axel Friedrichs, Berlin 1935, S. 39f.

[215] KLAUS SCHOLDER, Kirchen, Bd. I, S. 371.

[216] Ebd., S. 385.

[217] HANS BUCHHEIM, Glaubenskrise, S. 97.

[218] Erläuterung zum Dokument *Gesetz über die Verfassung der Deutschen Evangelischen Kirche, 14. Juli 1933,* Reichsgesetzblatt I (1933), S. 471ff, in: EVANGELISCHE ARBEITSGEMEINSCHAFT FÜR KIRCHLICHE ZEITGESCHICHTE (Hrsg.): Dokumente zur Kirchenpolitik des Dritten Reiches, Bd. I: Das Jahr 1933, bearbeitet von Carsten Nicolaisen, München 1971, S. 107.

[219] Ebd., S. 108.

[220] Die Verfassung des Deutschen Reiches („Weimarer Reichsverfassung“) vom 11. August 1919, zweiter Hauptteil, dritter Abschnitt: Religion und Religionsgesellschaften, Artikel 137, in: www.verfassungen.de/de/de19-33verf19-i.htm; 21.10.2012.

Bild 8: Kirchenratswahlen am 23. Juli 1933. Berlin-Mitte, St. Marienkirche. SA-Männer vor der St. Marienkirche mit Plakat „Wählt Liste 1 Deutsche Christen" während der Kirchenwahl, davor Hitlerjunge mit Spendendose.
(Quelle: Bundesarchiv, Bild 183-1985-0109-502).

Für jene durch Reichsgesetz angeordneten Kirchenwahlen erfolgte seitens der NSDAP ein Propagandafeldzug in der gleichen Weise wie ein Jahr zuvor für die Kirchenwahlen der Altpreußischen Union (APU). So veröffentlichte der Völkische Beobachter nur vier Tage vor den Kirchenwahlen einen Wahlaufruf, in dem er unter anderem jeden Parteigenossen zur Wahl verpflichtete:

> „Jeder evangelische Parteigenosse genügt am Sonntag, dem 23. Juli, dem Tag der Kirchenwahl seiner Wahlpflicht: Das ist einfach eine Selbstverständlichkeit. Ebenso selbstverständlich ist es, daß er seine Stimme der ‚Glaubensbewegung Deutsche Christen' gibt.
>
> Diese Kirchenwahl, die erste Kirchenwahl, ist von entscheidender Bedeutung für die zukünftige Gestaltung unserer Kirche und ihren Dienst am deutschen Volk. Damit ist die Kirchenwahl *nicht mehr eine interne Angelegenheit der Kirche*, sondern eine *Angelegenheit des deutschen Volkes*." [Kursivdruck vom Verf.].[221]

Desgleichen hatte Hitler in seiner bekannten Rundfunkrede, die noch in der Nacht des Wahltages um zwei Uhr nachts ausgestrahlt wurde, hinsichtlich der Kirchenwahl eindeutig für die *Deutschen Christen* (DC) Partei ergriffen, und zwar mit

[221] Völkischer Beobachter vom 19. Juli 1933. Zit. nach: GAUGER, Chronik, Bd. I, S. 92.

ähnlichem Tenor wie in seiner Reichstagsrede vom 23. März 1933. Gerade in jener propagandistischen Rede zur Kirchenwahl wird deutlich, dass Hitler die Kirchen lediglich als „taktische Größen"[222] bewertet hatte.

> „Wenn ich zu den evangelischen Kirchenwahlen Stellung nehme, dann geschieht dies ausschließlich vom Standpunkt des politischen Führers aus, das heißt, mich bewegen nicht die Fragen des Glaubens, der Dogmatik oder der Lehre. Dies sind rein innere kirchliche Angelegenheiten.
>
> Darüber hinaus aber gibt es Probleme, die den Politiker und verantwortlichen Führer eines Volkes zwingen, offen Stellung zu nehmen. *Sie umfassen völkische und staatliche Belange in ihrer Beziehung zu den Bekenntnissen.*
>
> Der Nationalsozialismus hat stets versichert, daß er die christlichen Kirchen in staatlichen Schutz zu nehmen entschlossen ist. *Der Staat muß aber umgekehrt von den Kirchen verlangen, daß sie ihm auch ihrerseits jene Unterstützung zuteilwerden lassen, deren er zu seinem Bestand bedarf* [...]. Der starke Staat kann nur wünschen, daß er seinen Schutz solchen religiösen Gebilden angedeihen läßt, *die ihm auch ihrerseits wieder nützlich zu werden vermögen.*
>
> Tatsächlich hat sich auch innerhalb der evangelischen Bekenntnisse ein Kirchenvolk in den *Deutschen Christen* erhoben, die, von dem Willen erfüllt, den großen Aufgaben der Zeit gerecht zu werden, eine Einigung der evangelischen Landeskirchen und Bekenntnisse anstrebte.
>
> Wenn diese Frage nun wirklich in Fluß geraten ist, dann wird vor der Geschichte nicht durch dumme oder unwahre Einwendungen bestritten werden können, daß dies das *Verdienst der völkisch-politischen Umwälzung in Deutschland* war und *jener Bewegung innerhalb der evangelischen Bekenntnisse*, die sich eindeutig und klar zu dieser nationalen und völkischen Bewegung bekannte [...].
>
> Im Interesse des Wiederaufstiegs der deutschen Nation wünsche ich daher verständlicherweise, daß die neuen Kirchenwahlen in ihrem Ergebnis unsere neue Volks- und Staatspolitik unterstützen werden. Denn indem der Staat die innere Freiheit des religiösen Lebens zu garantieren bereit ist, hat er das Recht zu hoffen, daß in den Bekenntnissen diejenigen Kräfte gehört werden müssen, die entschlossen und gewillt sind, auch *ihrerseits für die Freiheit der Nation sich einzusetzen.*
>
> Diese Kräfte sehe ich in jenem Teil des evangelischen Kirchenvolkes in erster Linie versammelt, die in den *Deutschen Christen* bewußt auf den Boden des nationalsozialistischen Staates getreten sind. Nicht in erzwungener Duldung, sondern in *lebendiger Bejahung.*" [Kursivdruck vom Verfasser].[223]

Wie zu erwarten war, konnten die *Deutschen Christen* (DC) bei jenen Kirchenwahlen vom 23. Juli 1933 aufgrund der parteiamtlichen Wahlpropaganda und insbesondere jener Hitlerrede eine überwältigende Mehrheit in allen Landeskirchen erreichen. Damit ergab sich die Möglichkeit, alle kirchenleitenden Positionen mit

---

[222] HANS BUCHHEIM, Glaubenskrise, S. 79.

[223] LANDESGESCHÄFTSSTELLE DES EVANGELISCHEN VOLKSBUNDES FÜR WÜRTTEMBERG (Hrsg.): Materialdienst, Stuttgart 1931ff, hier 1934/ 3-4. HEINRICH HERMELINK (Hrsg.): Kirche im Kampf. Dokumente des Widerstands und des Aufbaus in der evangelischen Kirche Deutschlands von 1933-1945, Tübingen u. a. 1950, S. 47.

Bild 9: Die feierliche Einführung des Reichsbischofs Müller im Dom zu Berlin [am 23.9.1934]. Der Reichsbischof Ludwig Müller am Rednerpult während seiner Ansprache an die Gemeinde der Deutschen Christen vor dem Berliner Dom.
(Quelle: Bundesarchiv, Bild 102-16219).

DC-Personal zu besetzen. Sodann wurde am 27. September 1933 auf der Nationalsynode der *Deutschen Evangelischen Kirche* (DEK) in der Lutherstadt Wittenberg Ludwig Müller einstimmig – also auch von den so bezeichneten *Jungreformatoren*[224] – zum Reichsbischof gewählt und zwei Tage später feierlich in sein Amt eingeführt. (Bild 9).

Dass Hitler die *Deutschen Christen* (DC) lediglich als Steigbügelhalter zur „Stabilisierung politischer Verhältnisse“[225] benutzt hatte, ist bereits gesagt worden. Das ergibt sich nicht zuletzt aus Hitlers zahlreichen Erklärungen hinsichtlich seiner vermeintlichen „religiösen Neutralität“, die er vor allem durch Rosenberg und Heß verlautbaren ließ, so in dem von Rosenberg am 16. August 1933 veröffentlichten Artikel im *Völkischen Beobachter* sowie in dem Heß-Erlass vom 13. Oktober des gleichen Jahres, auf die im Zusammenhang mit den Erwartungen der neopaganen

224 Gegen den innerkirchlichen Führungsanspruch der *Deutschen Christen* (DC) hatten sich bereits am 9. Mai 1933 evangelische Pastoren und Theologen zur *Jungreformatorischen Bewegung* zusammengeschlossen.

225 HANS BUCHHEIM, Glaubenskrise, S. 80.

Bild 10: Feier zum Luthertag in Berlin vor dem Berliner Schloss. Am Rednerpult Bischof Johann Hossenfelder. Im Hintergrund vor den Häuserfenstern zwei Fahnenbanner mit dem Emblem der DC. (Das christliche Kreuz mit dem Hakenkreuz in dessen Mitte).
(Quelle: Bundesarchiv Bild 102-15234).

Deutschen Glaubensbewegung (DG) als einer dritten Konfession bereits verwiesen worden ist.

6.3 Niedergang der Deutschen Christen

Letztendlich zerbrach die Glaubensbewegung *Deutsche Christen* (DC) an internen Differenzen dogmatischer Art. Besonders eklatant kam das zum Ausdruck in dem berüchtigten *Sportpalastskandal.* Während einer Großveranstaltung der *Deutschen Christen* (DC) am 13. November 1933 im Berliner Sportpalast, zu der viele kirchliche Honoratioren geladen waren, hielt Dr. Reinhold Krause vor 20.000 Zuhörern eine Rede[226] mit dem Ziel, den „Kampfgeist der Bewegung wieder [zu entzünden] und die alten Ziele der Deutschen Christen wieder in den Vordergrund [zu rücken]."[227] Krause war – neben seiner Funktion als Gauobmann der Glaubensbewegung *Deutsche Christen* (DC) in Groß-Berlin sowie als Mitglied des

226 Joachim Gauger, Chronik, Bd. I, S. 109.

227 Reinhold Krause: Der „Fall Krause" und seine Folgen. Von den Deutschen Christen zur Deutschen Volkskirche, Berlin 1932, S. 13.

brandenburgischen Kirchenrats, der brandenburgischen Provinzialsynode und der preußischen Generalsynode, des preußischen Kirchensenats und ebenso als stellvertretendes Mitglied des Nationalsynode – hauptamtlich als Leiter des Elisabeth-Christinen-Lyzeums in Berlin-Niederschönhausen tätig.[228] Unter Verweis auf die von ihm behauptete „völkische Sendung Luthers" propagierte Krause das Ziel der *Deutschen Christen* (DC), nach der *nationalen Revolution* nunmehr auch die *deutsche Reformation* im Dritten Reich zu vollenden, „da der Totalitätsanspruch des Staates vor der Kirche nicht halt machen dürfe."[229] Sodann gab er eine Beschreibung der von ihm geforderten *Volkskirche,* die von den 20.000 Zuhörern mit „langanhaltendem Beifall"[230] aufgenommen wurde. (Bild 11).

Bild 11: Reichstagung der DC im Berliner Sportpalast, in der Reinhold Krause seine berüchtigte Rede hielt.
(Quelle: Bildarchiv Preußischer Kulturbesitz 30013749).

Da Krause in seiner Rede fast wörtlich die Vorstellungen Lagardes von dessen *nationaler Religion* rezipiert und zudem das auf Lagarde basierende völkisch-

[228] Nach seiner Internierung in Landsberg/Warthe und Buchenwald arbeitete er ab 1951 bis zu seiner Pensionierung im Jahre 1958 wieder als Studienrat in Konstanz. ERNST KLEE, Personenlexikon, S. 336.

[229] JOACHIM GAUGER, Chronik, Bd. I, S. 109. Gauger setzt unter die Wiedergabe der Rede Krauses den folgenden Vermerk: „Wörtlich nach doppeltem stenographischem Bericht".

[230] Ebd., S. 110.

religiöse Konzept Rosenbergs aus dessen Schrift *Der Mythos des 20. Jahrhunderts. Eine Wertung der seelisch-geistlichen Gestaltenkämpfe unserer Zeit*[231] übernommen hatte, erscheint es sinnvoll, jene Rede Krauses, die auch im Rundfunk übertragen wurde, in ihren wesentlichen Aussagen wörtlich wiederzugeben, nicht zuletzt deshalb, weil in ihr eine völkische Religion angepriesen und ein religiös begründeter Antisemitismus vertreten wurde, der nunmehr als die dogmatische Grundlage der protestantischen Kirche propagiert werden sollte.

An dieser Stelle sei vermerkt, dass Biberstein vor dem US Military Tribunal II in Nürnberg das gleiche völkisch-religiöse Konzept vertrat wie Krause in dessen Sportpalastrede, bzw. wie zuvor Rosenberg und Lagarde, jedoch mit dem Unterschied, dass er sich diesbezüglich in sehr knapper Form und in einer der Situation angemessenen, zurückhaltend-höflichen Tonart äußerte, um die religiösen Gefühle des Vorsitzenden Richters Michael A. Musmanno, eines streng gläubigen Katholiken, nicht zu verletzen.[232] Krause hingegen wählte in seiner Sportpalastrede eine aggressive Wortwahl, wie der nachstehende Auszug erkennen lässt.

> „Unsere Religion ist die Ehre der Nation im Sinne eines kämpfenden heldischen Christentums."
>
> Zum Bau jener V o l k s k i r c h e sei jedoch erforderlich, „die Befreiung von allem Undeutschen im Gottesdienst und im Bekenntnismäßigen, Befreiung vom Alten Testament mit seiner jüdischen Lehrmoral,[233] von diesen Viehhändler- und Zuhältergeschichten." [...]. Insofern schlössen sich das in den Richtlinien der DC propagierte a r t g e m ä ß e C h r i s t e n t u m und das gleichzeitige Haften am Alten Testament aus. [Hervorhebung durch Sperrdruck im Original].
>
> „Die Juden sind nicht Gottes Volk [...]. Hierher gehört auch, daß unsere Kirche keine Menschen judenblütiger Art mehr in ihre Reihen aufnehmen darf [...]. Judenblütige Menschen gehören nicht in die deutsche Volkskirche, weder auf die Kanzel, noch unter die Kanzel. Und wo sie auf den Kanzeln stehen, haben sie so schnell wie möglich zu verschwinden.
>
> Es wird auch notwendig sein, daß unsere Landeskirche sich damit beschäftigt, daß alle offenbar entstellten und abergläubischen Berichte des Neuen Testaments entfernt werden und daß ein grundsätzlicher Verzicht auf die ganze Sündenbock- und Minderwertigkeitstheologie des Rabbiners Paulus ausgesprochen wird, der eine Verfälschung jener Botschaft begangen hat, dieser schlichten Frohbotschaft: ‚Liebe deine Nächsten als dich selbst", halte diesen Nächsten als deinen Bruder und Gott als deinen Vater [...].
>
> Wenn wir aus den Evangelien das herausnehmen, was zu unseren deutschen Herzen spricht, dann tritt das Wesentliche der Jesuslehre klar und leuchtend zutage, daß sich –

[231] ALFRED ROSENBERG: Der Mythos des 20. Jahrhunderts. Eine Wertung der seelisch-geistlichen Gestaltungskämpfe unserer Zeit, München 1939, S. 74f, 129, 603, 604, 606f.

[232] Zeugeneinvernahme Biberstein, StAN, Rep. 501, KV-Prozesse, Fall 9, A 32-33, S. 2758f. Auf die enge Verwandtschaft von Bibersteins religiöser Weltanschauung zu jener des Reinhold Krause wie sie in dessen Sportpalastrede zum Ausdruck kommt, wird am Schluss des Kapitels I.7 einzugehen sein.

[233] Lagarde verwendet den Begriff „jüdische Lohnmoral".

und darauf dürfen wir stolz sein – restlos deckt mit den Forderungen des Nationalsozialismus [...].[234]

Wir müssen fordern: Rückkehr zu einem heldischen Jesus, dessen Leben für uns vorbildliche Bedeutung besitzt und dessen Tod das Siegel auf dieses Leben ist, das der Beschluß eines heldischen und kämpferischen Lebens für die ihm von seinem Vater übertragene Aufgabe ist. Wir müssen uns daher auch hüten vor der übertriebenen Herausstellung des Gekreuzigten. Wir können als Führer keinen in der Ferne thronenden Gott brauchen, sondern nur den furchtlosen Kämpfer [...]. Heldenehrung muß Gottesehrung werden [...].

Nicht knechtische Menschen, sondern stolze Menschen wollen wir haben, die sich dem Göttlichen verbunden und verpflichtet fühlen."[235]

Pfarrernotbund – Protest der DEK

Bereits zwei Monate zuvor, am 21. September 1933, hatte sich auf Initiative dreier evangelischer Berliner Pfarrer der Pfarrernotbund gegründet, dem kurze Zeit später Martin Niemöller sowie Dietrich Bonhoeffer als wichtige Repräsentanten beitraten. Jener Notbund war zum einen als Reaktion auf die Wahl Ludwig Müllers zum Reichsbischof entstanden, insbesondere jedoch als Protest gegen die Einführung des Arier-Paragraphen in die *Deutsche Evangelische Kirche* (DEK).

Da die Rede Krauses die Grundlagen christlichen Glaubens negiert hatte, übergaben die Führer des Notbundes, die Brüder Martin und Wilhelm Niemöller sowie Gerhard Jacobi, nur einen Tag nach dem Sportpalastskandal dem Reichsbischof eine von 3.000 evangelischen Pfarrern unterzeichnete Protestnote, die zur Folge hatte, dass sich Reichsbischof Müller am 15. November 1933 von der Sportpalastrede distanzierte. Sodann enthob er Dr. Reinhold Krause sämtlicher kirchlicher Ämter und erließ zudem eine Verfügung, nach der alle Mitglieder kirchlicher Vereine und Organisationen auf die Bibel und das evangelische Bekenntnis zu verpflichten waren. Als Protest auf jene Maßnahmen erklärte Alfred Rosenberg noch am gleichen Tag seinen Austritt aus der evangelischen Kirche.[236] Einen Tag später verkündete Müller aus taktischen Gründen den *Erlass zur vorläufigen Aussetzung des Arier-Paragraphen* und den *Erlass zur Niederschlagung schwebender Verfahren gegen die nicht-arischen Pfarrer*.[237] Am 6. Dezember 1933 legt er sodann seine Schirmherrschaft über die *Deutschen Christen* (DC) nieder. Als Konsequenz aus dem Sportpalastskandal und unter dem Druck der Nicht-DC gab auch Hossenfelder am 21. Dezember 1933 seinen vorläufigen Rücktritt von sämtlichen kirchlichen Ämtern bekannt.[238]

---

[234] Diesen Standpunkt vertrat auch Biberstein vor dem US Military Tribunal II in Nürnberg, StAN, Rep. 501, KV-Prozesse, Fall 9, A 32-.33, S. 2758f.

[235] JOACHIM GAUGER, Chronik, Bd. I, S. 109f.

[236] KLAUS SCHOLDER, Kirchen, Bd. I, S. 711.

[237] JOACHIM GAUGER, Chronik, Bd. I, S. 108-110.

[238] Ebd., S. 119.

Krause hingegen hatte zwischenzeitlich in einem Rundschreiben an die Führungsspitze der *Deutschen Christen* (DC) seinen Austritt aus deren Glaubensbewegung mitgeteilt[239] sowie am 19. November unter der Parole „Ein Volk – ein Reich – ein Glaube" eine neue Bewegung gegründet, die *Glaubensbewegung Deutsche Volkskirche*, für die er ein eigenes Nachrichtenblatt herausgab mit dem Titel *Die Deutsche Volkskirche.*[240] In den Richtlinien der *Glaubensbewegung Deutsche Volkskirche* stellte Krause die gleichen rassenbiologisch orientierten Forderungen auf, die er bereits in seiner Sportpalastrede propagiert hatte, nämlich ein „artgemäßes deutsches Christentum, Gottesoffenbarung in der in Blut und Boden wurzelnden Volksgemeinschaft, Ablehnung alles Fremden in Glaube und Sitte, Glaube an den heldischen Heiland und deutsche Frömmigkeit."[241] Jedoch bestand die *Glaubensbewegung Deutsche Volkskirche* nur kurze Zeit. Im Jahre 1935 schloss sich Krause der neopaganen *Deutschen Glaubensbewegung* (DG) an, zu einer Zeit, „als diese gerade begann, sich zur antireligiösen Kampfbewegung zu verändern."[242]

Hitlers Reaktion

Nicht nur die gemäßigten Nicht-DC hatten die Rede Krauses mit größter Fassungslosigkeit registriert, auch das Ausland zeigte sich bestürzt über den Sportpalastskandal, sodass Hitler durch die internen Querelen innerhalb der evangelischen Kirche nicht nur sein Ansehen im Ausland bedroht sah, sondern insbesondere „den ruhigen Aufbau einer Volksgemeinschaft"[243] als gefährdet betrachtete. Daher ließ er am 27. November 1933 in einem parteioffiziösen Aufsatz des nationalsozialistischen Pressebüros in Berlin nochmals seine „religiöse Neutralität" gegenüber den protestantisch-innerkirchlichen Bruderkämpfen klarstellen. Gleichzeitig brachte er erneut unmissverständlich zum Ausdruck, wie sehr er die *Deutschen Christen* (DC) lediglich als „taktische Größe"[244] beim Aufbau des nationalsozialistischen Staates bewertet hatte und dass er seine Führerposition im deutschen Volk nicht von Religionsgemeinschaften jedweder Art streitig zu machen gedenke:

> „Nationalsozialismus ist die Ansicht des ganzen Volkes; was daher den Anspruch erhebt, natsoz. zu sein, muß auch den Anspruch erheben können, Geltung für das ganze Volk zu besitzen. Es ist deshalb abwegig, wenn kirchliche Gruppen glauben, daß sie allein den NS vertreten oder wenn sie die Autorität dieses Begriffes bei der Austragung theologischer Streitigkeiten für sich in Anspruch nehmen.

---

239 REINHOLD KRAUSE: Rundschreiben vom 18. November 1933, in: Junge Kirche 1 (1933), S. 362f.

240 HANS BUCHHEIM, Glaubenskrise, S. 132f

241 Ebd.

242 Ebd., S. 133.

243 Zeugeneinvernahme Biberstein, StAN, Rep. 501, KV-Prozesse, Fall 9, A 32-33, S. 2772.

244 HANS BUCHHEIM, Glaubenskrise, S. 79.

Es soll an dieser Stelle zu den grundsätzlich kirchlichen Fragen, die hier zur Debatte stehen, nicht Stellung genommen werden Der NS [Nationalsozialismus] muß sich in Dingen, die rein Religiöses oder Theologisches berühren, einer Stellungnahme enthalten und erklären, daß eine Verkopplung rein theologischer Streifragen mit dem Begriff NS grundsätzlich abzulehnen ist. Die natsoz. Bewegung hat stets betont, daß sie keine religiöse Bewegung sein will, und der Führer hat es immer abgelehnt, ein religiöser Erneuerer sein zu wollen.

Es ist verständlich, daß Ereignisse, die so tief in die seelischen Grundlagen der Nation hereingreifen wie die nationale Revolution, auch einen neuen Aufbruch der religiösen Kräfte unseres Volkes zur Folge haben mußten. In diesem Sinne hat der natsoz. Staat die Aufwärtsentwicklung der ‚GDC' begrüßt, weil in ihr das Mittel gefunden schien, weite Kreise, die bisher abseits vom religiösen Leben gestanden hatten, wieder der Kirche zurückzugewinnen, und weil ferner die ‚GDC' zuerst die positive Beeinflussung des NS gegen über Religion und Christentum zu würdigen wußte.

Es darf dabei jedoch nicht dabei vergessen werden, daß das Interesse des Staates an der Religionsbewegung durchaus vom staatlichen Gesichtspunkte aus zu verstehen ist.

Der Staat ist sich wohl bewußt, wie sehr Religiosität die seelischen Kräfte eines Volkes zu aktivieren vermag, und das Interesse des Staates und der Religionsgemeinschaften deckt sich in dem Willen, dem Volke seelischen und moralischen Halt zu geben. Stets hat daher der NS die positive Mitarbeit der Religionsgemeinschaften gesucht und gefordert, ohne sich jedoch auf eine bestimmte Konfession oder deren Dogmatik festzulegen.

Der NS hat die ‚DC' gefördert, weil er ihre Hilfe am Staatsaufbau schätzte. Der natsoz. Staat sieht in dieser Bewegung das Instrument, christliche Kreise, die dem Aufbau des Staates bisher fernstanden, für diese zu interessieren und zur Mitarbeit zu bewegen.

Eine Bevorzugung dieser oder jener theologischen Haltung kann aber nicht in Betracht kommen, weil solche Fragen dem Aufgabenbereich des Staates durchaus fernstehen.

Die Aufgabe des deutschen Volkes ist es heute, für seinen wirtschaftlichen Wiederaufbau zu kämpfen, für seine Ehre vor der Welt einzutreten, nicht aber sich in religiösen Auseinandersetzungen aufzureiben und erneut zu spalten.

Es kann nicht geduldet werden, daß in dem Augenblick, in dem die größte Geschlossenheit des ganzen am Platze ist, der NS, der Träger der Staatsidee, von welcher Seite es auch sei, wieder in eine Parteistellung hineingedrängt werden soll.

Der NS ist heute Staatsidee. Eine Staatsidee hat das ganze Volk zu erfassen und darf nicht in Angelegenheiten gezogen werden, die die Einigkeit dieses Volkes zu bedrohen in der Lage sind." [Sperrdruck im Original].[245]

Drei Tage später, am 30. November 1933, erließ der Reichinnenminister Dr. Frick eine Anordnung, die im Evangelischen Pressedienst veröffentlicht wurde. Zu-

[245] Süddeutsche Zeitung (1933/ Ausgabe 28). Zitiert nach: JOACHIM GAUGER, Chronik, Bd. I. S. 114-116.

gleich legte das Reichspropagandaministerium der Tagespresse „strikte Zurückhaltung [auf] in der Wiedergabe aller kirchenpolitischen Nachrichten, insbesondere der Erklärungen einzelner Gruppen.“[246]

> „Innerhalb der DEK sind zur Zeit Auseinandersetzungen im Gang, die auf eine Klärung der kirchlichen Gesamtlage hinzielen.
>
> Der Reichskanzler hat die ausdrückliche Entscheidung getroffen, daß, weil es sich um eine rein kirchliche Angelegenheit handelt, von außen her in diesen Meinungsstreit nicht eingegriffen werden soll. Insbesondere soll jedes polizeiliche Eingreifen, wie Schutzhaft, Polizeibeschlagnahme u. a. unterbleiben [...].
>
> Aus gegebenem Anlaß weise ich darauf hin, daß auch kirchliche Stellen nicht befugt sind, ein Einschreiten staatlicher Organe im kirchlichen Meinungskampf herbeizuführen.“ [Sperrdruck im Original].[247]

Sowohl auf die parteioffiziöse Verlautbarung des nationalsozialistischen Pressebüros in Berlin vom 27. November als auch auf den Erlass des Reichsinnenministers Frick vom 30. November 1933 wird am Schluss des Kapitels I.8 im Zusammenhang mit Bibersteins Niederlegung des Kirchenamtes im Jahre 1935 zurückzukommen sein.

7 Biberstein – designierter Mitinitiator der *Deutschen Christen* in Schleswig-Holstein

In Schleswig-Holstein hatten sich die *Deutschen Christen* (DC) erst im Frühjahr 1933 formiert, also etwa ein Dreivierteljahr nach der Etablierung der Berliner *Deutschen Christen* (DC). Vor dem US Military Tribunal II in Nürnberg stellte Biberstein das Aufkommen der schleswig-holsteinischen Fraktion der *Deutschen Christen* (DC) als Reaktion auf den *Altonaer Blutsonntag* hin[248] und verfälschte damit in apologetischer Weise den Anlass ihrer Etablierung in Schleswig-Holstein, der keineswegs eine „Gegenwehr“ war, sondern der – wie zuvor die Formierung der *Deutschen Christen* (DC) unter Kube und Hossenfelder – eine rein *politische* Zielsetzung hatte.

7.1 Installation der DC – Auslöser Altonaer Blutsonntag?

Zum *Altonaer Blutsonntag* war es am 19. Juli 1932 während des Wahlkampfes für die auf den 31. Juli 1932 anberaumten Reichstagswahlen gekommen, aus der die

[246] Evangelischer Pressedienst Berlin (1933/ Ausgabe 48). Zit. nach: Joachim Gauger, Chronik, Bd. I, S. 116.

[247] Ebd.

[248] Zeugeneinvernahme Biberstein, StAN, Rep. 501, KV-Prozesse, Fall 9, A 32-35, S. 2759f.

NSDAP mit 37 % der Stimmen und 230 Reichstagsmandaten als stärkste Partei hervorgehen sollte.[249] Im Verlaufe der Wahlkampfpropaganda verzeichnete die Polizei reichsweit „bürgerkriegsähnliche Zusammenstöße“[250] zwischen rechten und linken Parteiungen, so auch in Altona, das damals noch zur preußischen Provinz Schleswig-Holstein gehörte. Dort kann es nur vierzehn Tage vor den Reichstagswahlen während eines Demonstrationsfeldzuges einer 10.000 Mann starken SA-Formation durch die von einer kommunistischen Arbeiterschaft geprägten Innenstadt Altonas zu einer überfallartigen Beschießung der SA seitens einiger Anhänger der kommunistischen *Antifaschistischen Aktion*, die in eine offene Straßenschlacht zwischen Polizei, Demonstranten und Anwohnern ausartete und 18 Tote sowie etwa 80 Verletzte hinterließ.[251]

Als eigentlicher Anlass für die kirchenpolitische Aufstellung der schleswig-holsteinischen *Deutschen Christen* (DC) sind jedoch die im Sommer 1933 fälligen dortigen Kirchenwahlen zu sehen, die mit der gleichen NS-parteipolitischen Zielvorgabe und dem gleichen Ergebnis ablaufen sollten wie einige Monate zuvor die preußischen Kirchenwahlen vom 12. bis 14. November 1932 und die als Endergebnis die völlige Umstrukturierung der schleswig-holsteinischen Landeskirche „aus dem Geist der NSDAP“ (Klauspeter Reumann) aufweisen sollten, an dessen Ende der einfache junge Gemeindepfarrer Biberstein von den DC-Synodalen in das Amt eines Propstes erhoben werden sollte.

7.2 Biberstein – Kreisfachberater bei den Kirchenwahlen 1933

Die Zielvorgabe einer Umstrukturierung der Schleswig-Holsteinischen Landeskirche „aus dem Geist der NSDAP“ wurde von „zwei zeitlich und strategisch unterschiedlichen Kristallisationszentren“[252] angestrebt. Die eine Führungsmannschaft hatte sich seit 1928 um den NSDAP-Parteigenossen und Pastor aus Viöl/ Kreis Husum, Johannes Peperkorn, gebildet.[253] Zu jenem Kreis gehörte auch Biberstein, der zu jener Zeit noch Szymanowski hieß. Die andere Führungsmannschaft hatte sich

---

[249] Statistisches Reichsamt (Hrsg.), Statistik, S. 372.

[250] Klauspeter Reumann: Der Kirchenkampf in Schleswig-Holstein1933-1945, in: Verein für Schleswig-Holsteinische Kirchengeschichte (Hrsg.): Kirche zwischen Selbstbehauptung und Fremdbestimmung/ unter Mitarbeit von Klaus Blaschke u. a. (Schriften des Vereins für Schleswig-Holsteinische Kirchengeschichte; Reihe I, Bd. 31), Neumünster 1998, S. 111-450, hier S. 122.

[251] Ebd., S. 122f. Klaus Scholder, Kirchenkampf, Bd. I, S. 226. Michael Wildt: Geschichte des Nationalsozialismus, Göttingen 2008, S. 57f.

[252] Klauspeter Reumann, Kirchenkampf, S. 132.

[253] Peperkorn (1890-1967) saß von 1932 bis 1933 als Abgeordneter der NSDAP im Preußischen Landtag. Nach Hitlers Machtübernahme amtierte er von 1933 bis 1944 als Kreisleiter von Südtondern und war gleichzeitig Referent in der Reichskirchenverwaltung im Range eines Oberkonsistorialrates. Klauspeter Reumann, Kirchenkampf, S. 132, 466.

Bild 12: Altonaer Blutsonntag, 19.7.1932.
(Quelle: Deutsches Historisches Museum, Berlin, Inv.-Nr.: BA 97/6559).

um den NSDAP-Parteigenossen und Kaufmann aus Blankenese Hans Aselmann formiert.[254] Trotz ihrer NSDAP-Zugehörigkeit hatten Peperkorn und Aselmann jedoch unterschiedliche Strategievorstellungen entwickelt hinsichtlich der Revolutionierung der Schleswig-Holsteinischen Kirche aus dem Geist der nationalsozialistischen Weltanschauung. Während Peperkorn die anstehenden Kirchenwahlen nach dem Vorbild der Berliner *Deutschen Christen* (DC) organisieren wollte, präferierte Aselmann hingegen eine Strategie, die erst sekundär auf eine NSDAP-Parteihilfe zurückkommen wollte.[255]

Um nun den parteipolitischen Einfluss auch auf die im Sommer 1933 anstehenden Kirchenwahlen der (damaligen) neupreußischen Provinz Schleswig-Holstein auszudehnen, hatte die NSDAP-Reichsleitung in München bereits im Herbst 1932 die beiden Pastoren und Parteigenossen Peperkorn und Biberstein als *Gaufachberater für Kirchenfragen* eingesetzt, und zwar Peperkorn als Gaufachberater für Schleswig und Biberstein als solchen für Holstein. Beide wurden dezidiert mit der

---

[254] Aselmann wurde nach Hitlers Machtübernahme zum Landesleiter des DC-Gaues Nordmark ernannt.

[255] KLAUSPETER REUMANN, Kirchenkampf, S. 132.

Aufgabe betreut, nach dem Muster der preußischen Kirchenwahlen nun auch für Schleswig-Holstein eine DC-Kandidatenliste aufzustellen.[256] Als Aselmann von jener Beauftragung seitens der NSDAP-Reichsleitung erfuhr, äußerste er gegenüber Hossenfelder, dem Reichsleiter der *Deutschen Christen* (DC), zunächst berechtigte Bedenken dahingehend, dass die anstehenden Kirchenwahlen wegen der allseits bekannten politischen Aktivitäten der Pastoren Peperkorn und Szymanowski/Biberstein von der Bevölkerung als von der NSDAP gelenkt erscheinen und demzufolge gerade die kirchentreuen Gemeindemitglieder von der Wahl abhalten könnten.[257] Hossenfelder entschloss sich daher zu einem Kompromiss, indem er Aselmannn am 24. November 1932 offiziell damit beauftragte, „in Schleswig-Holstein die Glaubensbewegung ‚Deutsche Christen' auf[zuziehen]", jedoch die beiden von der NSDAP-Reichsleitung eigens beauftragten Gaufachberater Peperkorn und Szymanowski/Biberstein in deren Amt zu belassen.[258] Mit diesem taktischen Kunstgriff kam er sowohl den Vorstellungen Aselmanns entgegen, die Organisation der *Deutschen Christen* (DC) unabhängig von parteiamtlicher Unterstützung aufzubauen, als auch dem ausdrücklichen Wunsch der NSDAP-Reichsleitung, die nach wie vor auf die bewährten NS-weltanschaulich gefestigten *Alten Kämpfer* Peperkorn und Biberstein setzte. Letztendlich verzichtete Biberstein auf seinen parteiamtlichen Auftrag, zusammen mit seinem engen Freund und Parteigenossen Peperkorn die Organisation der *Deutschen Christen* (DC) in Schleswig-Holstein aufzubauen, indem er jenem das Amt als Gaufachberater für Holstein überließ. Stattdessen stellte er sich ihm als Kreisfachberater zur Verfügung.[259]

In den Kirchenwahlen zu den Gemeindevertretungen ebenso wie zu jenen der Landessynode – d. h. dem Kirchenparlament als oberstem Entscheidungsorgan – errangen die *Deutschen Christen* (DC) dann am 23. Juli 1933 aufgrund der von ihnen erzwungenen Einheitslistenfestsetzung, die „mehrheitlich Deutsche Christen und Parteigenossen enthielt",[260] einen fulminanten Sieg, der die Erwartungen der NSDAP-Reichsleitung bei Weitem übertraf. Infolge der Einheitslistenfestsetzung konnte daher bereits am Vorabend der eigentlichen Kirchenwahlen Aselmann durch den Pastor der Gaumission in Kiel, Gustav Rössing, unterrichtet werden, dass die *Deutschen Christen* (DC) in den Gemeindevertretungen 90% der Sitze und in der Landessynode 95 % der Wählerstimmen errungen hätten.[261] Jene Voraussage war aufgrund der Einheitswahllisten möglich gewesen.

---

[256] Reichsleiter der DC, Hossenfelder an Aselmann, Schreiben vom 28. September 1932, NEK-Archiv Kiel 39.01 (Deutsche Christen), Nr. 206.

[257] Aselmann an Hossenfelder, Schreiben vom 3. Oktober 1932, ebd.

[258] Hossenfelder an Aselmann, Schreiben vom 24. November 1932, NEK-Archiv Kiel 39.01 (Deutsche Christen), Nr. 206. Aselmann an Hossenfelder, Schreiben vom 3. Oktober 1932, ebd.

[259] Rachmers an Aselmann, Schreiben vom 24. November 1932, ebd.

[260] KLAUSPETER REUMANN, Kirchenkampf, S. 145.

[261] Rössing an Aselmann, Schreiben vom 22. Juli 1933, NEK-Archiv 39.01, Nr. 205.

Zu dem triumphalen Sieg der *Deutschen Christen* (DC) hatte zudem maßgeblich der Gauleiter in Schleswig-Holstein, Hinrich Lohse, beigetragen, der – nach dem gleichen Muster wie ein Jahr zuvor Kube bei den Kirchenwahlen der Altpreußischen Union (APU) – Anfang Juli 1933 allen ihm unterstellten NS-Ortsgruppen befohlen hatten, geschlossen den *Deutschen Christen* (DC) beizutreten.[262]

7.3 Umstrukturierung der Landeskirche nach dem NS-Führerprinzip

Am 12. September 1933 tagte dann die Landessynode in Rendsburg, die wegen der weitreichenden Folgen als *Braune Synode von Rendsburg* in die Geschichte eingehen sollte. Die Bezeichnung *Braune Synode* hatte sie erhalten, weil alle NSDAP-Parteigenossen unter den Synodalen in der braunen Parteiuniform angetreten waren und demzufolge die „Braunhemden" das äußere Erscheinungsbild der Synode prägten.[263] Die Reden und Feierlichkeiten gerierten dann auch zu einer „braunen Sieg-Heil-Feier".[264] So wurde etwa der feierliche Einzug der Synodalen in die Marienkirche und wieder zurück in die Rendsburger Stadthalle „durch ein Spalier von SA- und SS-Leuten"[265] begleitet.

Ein Vergleich des Stimmenverhältnisses von Deutschchristen zu Nicht-Deutschchristen belegt eindrucksvoll, dass die *Braune Synode* eindeutig von den *Deutschen Christen* (DC) dominiert war, insofern, als von den insgesamt 99 beschlussberechtigten Abgeordneten 91 den *Deutschen Christen* (DC) angehörten, lediglich acht waren *Nicht-DC*. Daraus ergab sich für die *Deutschen Christen* (DC) „ein unerschütterliches Machtmonopol."[266]

Noch während der Nachmittagssitzung erfolgte sodann die Umstrukturierung der Schleswig-Holsteinischen Landeskirche durch folgenschwere Gesetzesbeschlüsse, für die vier Gesetzesvorlagen eingebracht wurden, die so bezeichneten „Anträge Deutscher Christen", die jeweils von Pastor Peperkorn unterschrieben waren:

1. Eingliederung der Schleswig-Holsteinischen Landeskirche in die Evangelische Kirche Niedersachsens,
2. Aufhebung der Bischofsämter,

---

262 Pastor Wilhelm Halfmann, Flensburg, an Staatssekretär Pfundtner, Reichsinnenministerium, Einspruch gegen die Kirchenwahlen in Schleswig-Holstein von 23. Juli 1933, NEK-Archiv Kiel, 98.4 (Nachlass Halfmann), BV, Nr. 4.

263 Protokoll der 5. Ordentlichen Landessynode vom 12. September 1933, Bordesholm 1933, S. 2.

264 Rudolf Rietzler: Von der „politischen Neutralität" zur „Braunen Synode", in: Zeitschrift der Gesellschaft für Schleswig-Holsteinische Geschichte 107 (1982), S. 139-153, hier S. 146.

265 Johann Bielfeldt: Der Kirchenkampf in Schleswig-Holstein 1933-1945 (Arbeiten zur Geschichte des Kirchenkampfes. Erg. R.; 1) Göttingen 1963, S. 40-51, hier S. 41

266 Klauspeter Reumann, Kirchenkampf, S. 152.

3. Schaffung und kirchenleitende Ermächtigung eines Landeskirchenausschusses,
4. Einstellung- und Entlassungskriterien der Geistlichen und kirchlichen Beamten.[267]

Mit dem Beschluss jener vier Gesetze, die eine völlige Umstrukturierung der Kirche nach dem NS-Führerprinzip beinhalteten, hatte die Evangelische Landeskirche von Schleswig-Holstein ihre Selbstintegration in den NS-Staat vollzogen.

Einführung des Arierparagraphen

Von großer Tragweite war das vierte Gesetz, das die Einführung des Arier-Nachweises beinhaltete, insofern, als nicht nur die Geistlichen und ihre Ehefrauen, sondern auch die übrigen kirchlichen Bediensteten mit Beamtenstatus ihre arische Abstammung nachzuweisen hatten. Das bedeutete für alle jüdischen Konvertiten, d. h. für Christen jüdischer Abstammung, die Entfernung aus dem kirchlichen Dienst. Rechtsgrundlage jenes Synodalbeschlusses war das von der Reichsregierung erlassene *Gesetz zur Wiederherstellung des Berufsbeamtentums* vom 7. April 1933, das den so genannten *Arier-Paragraphen* (§ 3) enthielt, der in Verbindung mit § 1 lautete:

> „Zur Wiederherstellung eines *nationalen* Berufsbeamtentums und zur Vereinfachung der Verwaltung können Beamte nach Maßgabe der folgenden Bestimmungen *aus dem Amt entlassen* werden, auch wenn die nach dem geltenden Recht hierfür erforderlichen Voraussetzungen *nicht* vorliegen (§ 1, Abs. 1).
>
> Als Beamte im Sinne dieses Gesetzes gelten unmittelbare und mittelbare Beamte des Reichs, unmittelbare und mittelbare Beamte der Länder, Beamte der Gemeinden und Gemeindeverbände und *Beamte von Körperschaften des öffentlichen Rechts* sowie diesen gleichgestellten Einrichtungen und Unternehmungen.
>
> Die Vorschriften finden auch Anwendung auf Bedienstete der Träger der Sozialversicherung, welche die Rechte und Pflichten der Beamten haben (§ 1, Abs. 2). Beamte im Sinne dieses Gesetzes sind auch Beamte im Ruhestand (§ 1, Abs. 3). Beamte, die *nicht arischer Abstammung* sind, sind in den *Ruhestand* (§§ 8ff) zu versetzen; soweit es sich um Ehrenbeamte handelt, sind sie aus dem Amtsverhältnis zu entlassen (§ 3, Abs.1).
>
> Abs.1 gilt nicht für Beamte, die bereits seit dem 1. August 1914 Beamte gewesen sind oder die im Weltkrieg an der Front für das Deutsche Reich oder für seine Verbündeten gekämpft haben oder deren Vater oder Söhne im Weltkrieg gefallen sind. [...] (§ 3, Abs. 2).“ [Kursivdruck vom Verf.].[268]

Zudem verpflichtete die schleswig-holsteinische Landeskirche nach ihrer Umstrukturierung ihre Geistlichen und Bediensteten aufgrund § 4 des *Gesetzes zur Wiederherstellung des Berufsbeamtentums*, „rückhaltlos für den nationalsozialistischen Staat einzutreten.“ Unter dieser Maßgabe war ihr die rechtlich gesicherte

---

[267] Protokoll der 5. Ordentlichen Landessynode vom 12. September 1933, Bordesholm 1933 (Eröffnungspredigt sowie 1. und 2. Sitzung, Aktenstücke und Beschlüsse).

[268] *Gesetz zur Wiederherstellung des Berufsbeamtentums* vom 7. April 1933, in: Reichsgesetzblatt 1933 I, S. 175-177, hier S. 175.

Möglichkeit gegeben, alle nicht genehmen Personengruppen ohne Aufwand aus dem kirchlichen Amt zu entfernen. Die entsprechende Rechtsgrundlage dazu lautete:

> „Beamte, die nach ihrer bisherigen politischen Betätigung nicht die Gewähr dafür bieten, daß sie jederzeit rückhaltlos für den nationalsozialistischen Staat eintreten, können aus dem Dienst entlassen werden. Auf die Dauer von drei Monaten nach der Entlassung werden ihnen ihre bisherigen Bezüge belassen. Von dieser Zeit an erhalten sie drei Viertel ihres Ruhegeldes (§ 8) und entsprechende Hinterbliebenenversorgung (§ 4).“[269]

Bild 13: „Braune Synode“ und „Arierparagraph“.
(Quelle: Beilage „Die Mark“ zum „Evangelium im Dritten Reich“, Nr. 25 vom 24. Juni 1934, S. 100. Zitiert in: Online-Ausstellung „Widerstand!? Evangelische Christinnen und Christen im Nationalsozialismus“).

Weitreichende Folgen hatte auch das dritte Gesetz, insofern, als mit jenem so bezeichneten *Ermächtigungsgesetz* die Landessynode ihr Gesetzgebungsrecht sowie ihre verfassungsändernde Kompetenz einem neugeschaffenen neunköpfigen Landeskirchenausschuss übertrug, der zudem „als Kirchenregierung fungierte“[270] und an dessen Spitze die „führenden DC des Landes“[271] gestellt wurden, und zwar

---

[269] Ebd.

[270] KLAUSPETER REUMANN, Kirchenkampf, S. 154.

[271] Ebd.

Traugott Freiherr von Heintze als Präsident sowie die beiden Konsistorialräte Christian Kinder[272] und Nicolaus Christiansen.[273]

Einsetzung des NSDAP-Mitglieds Paulsen als Landesbischof

Eine weitere Umstrukturierungsmaßnahme erfolgte ebenfalls noch während der Nachmittagssitzung der *Braunen Synode*, insofern, als unter Anwendung des zweiten eingebrachten Gesetzes die beiden Bischofsämter für Schleswig und Holstein aufgelöst und durch das einheitliche Amt eines schleswig-holsteinischen Landesbischofs ersetzt wurden. Die beiden missliebigen *Nicht-DC*-Bischöfe Adolf Mordhorst (1866-1951) für Holstein und Eduard Völkel (1878-1957) für Schleswig wurden mit sofortiger Wirkung ihrer Ämter enthoben.[274] An ihre Stelle trat „der Kieler Pastor und bekannte Rundfunkprediger“[275] Adalbert Paulsen in das neu geschaffene Landesbischofsamt,[276] der ab 1933 Bibersteins Dienstvorgesetzter wurde. Den Titel Landesbischof führte Paulsen – der 1932 der NSDAP beigetreten war[277] – durchgehend vom 25. September 1933 bis zur militärischen Kapitulation 1945 und dem Zusammenbruch des Dritten Reiches. Unmittelbar nach seiner Einführung in das Landesbischofsamt am 1. Oktober 1933 ließ Paulsen im *Kirchlichen Gesetz- und Verordnungsblatt* (KGVBl) eine Ansprache an die Gemeinden Schleswig-Holsteins veröffentlichen, in der er in NS-typischer Diktion seine künftige nationalsozialistisch orientierte kirchenpolitische Zielsetzung zum Ausdruck brachte:

> „Das Dritte Reich ist das Reich des heroischen Willens und des totalen Staates. Die Kirche kann in diesem totalen Staat und in diesem von Treue und tiefster Dankbarkeit getragenen Dritten Reich nur leben und wirken, wenn sie Geist von seinem Geist und Wille von seinem Willen ist [sic!].

---

[272] Der promovierte Jurist Christian Kinder (1897-1975) war erst 1933 offiziell der NSDAP beigetreten. Er gehörte daher zu den so bezeichneten *Märzgefallenen*. Nachdem die Glaubensbewegung *Deutsche Christen* (DC) – infolge des Sportpalastskandals vom 13. November 1933 – in verschiedene Splittergruppen zerfallen war, wurde Hossenfelder als ihr Reichsleiter zum Rücktritt gezwungen. An seiner Stelle amtierte von 1933-1935 Christian Kinder. Kinder gehörte neben dem Theologen Walter Grundmann zu den Mitbegründern des am 4. April 1939 in der Lutherstadt Eisenach geschaffenen *Instituts zur Erforschung und Beseitigung des jüdischen Einflusses auf das deutsche kirchliche Leben*. Einer der ersten Mitarbeiter jenes Instituts war auch der Landesbischof von Schleswig-Holstein, Adalbert Paulsen. ERNST KLEE, Personenlexikon, S. 309 und 452.

[273] KLAUSPETER REUMANN, Kirchenkampf, S. 154f sowie S. 455 und 459.

[274] Ebd., S. 155. Mordhorst wurde mit sofortiger Wirkung beurlaubt und danach in den Ruhestand versetzt. Völkel, der noch nicht die Pensionsgrenze erreicht hatte, bekam später das Pfarramt in der kleinen Gemeinde Bordesholm/ Kreis Rendsburg-Eckernförde. JOHANN BIELFELDT, Kirchenkampf, S. 46.

[275] RUDOLF RIETZLER, Politische Neutralität, S. 148. JOHANN BIELFELDT, Kirchenkampf, S. 46.

[276] KLAUSPETER REUMANN, Kirchenkampf, S. 155. KURT MEIER, Deutsche Christen, S. 85.

[277] ERNST KLEE, Personenlexikon, S. 451f, hier S. 451.

Die Glaubensbewegung DC ist der Ausdruck dieser unbedingten Verbundenheit und unlöslichen Treue zwischen Volk und Kirche, dem Willen des Dritten Reiches und dem Willen der neugestalteten Kirche."[278]

8 Aufstieg in der kirchlichen Hierarchie

In den ersten Wochen und Monaten nach der *Braunen Synode von Rendsburg* traf der mit hoher Kompetenz ausgestattete Kirchenausschuss weitere gravierende personalpolitische Maßnahmen in der Weise, dass er die Personalstruktur der Evangelischen Landeskirche von Schleswig-Holstein radikal veränderte, sodass nunmehr sämtliche kirchenleitenden Ämter mit deutschchristlichen Parteimitgliedern besetzt wurden, die sich als „Brückenkopf der NSDAP in der Kirche"[279] verstanden. Dementsprechend wurde die Hälfte der Propstämter nach parteipolitischen Kriterien neu mit DC-Personal bestückt, den so bezeichneten *33er-Pröpsten.* Das betraf elf von insgesamt 22 Propstämtern.[280]

In den Genuss jener Strukturveränderungen in der Evangelisch-Lutherischen Landeskirche Schleswig-Holstein aufgrund der herrschenden politischen Konjunktur war auch der erst 34 Jahre alte Pastor Szymanowski/Biberstein gekommen, der als überzeugter Nationalsozialist und parteipolitischer Aktivist bereits 1932 Mitglied der *Deutschen Christen* (DC) geworden war, also knapp ein Jahr vor deren offizieller Etablierung in Schleswig-Holstein.

8.1 Propst von Bad Segeberg 1933

Vor dem US Military Tribunal II in Nürnberg erläuterte Biberstein hinsichtlich seines beruflichen Werdegangs als evangelischer Geistlicher, dass er bereits im Oktober 1933 von der neuen DC-Kirchenregierung in Kiel zunächst als kommissarischer Kirchenpropst von Neumünster eingesetzt, sodann Ende des Monats hauptamtlich zum Propst von Bad Segeberg ernannt worden sei. Ergänzend fügte er hinzu, dass seine hauptamtliche Bestellung zum Propst auf ausdrücklichen Wunsch des derzeitigen NSDAP-Kreisleiters und Landrates von Bad Segeberg[281] erfolgt

---

[278] Johann Bielfeldt, Kirchenkampf, S. 48. Paulsens Ansprache an die Gemeinden wurde auch in dem evangelischen Blatt *Pflugschar und Meißel, Gemeindeblatt für das Kirchspiel Kaltenkirchen* vom 15. Oktober 1933 veröffentlicht. Zit. nach: Gerhard Hoch: Zwölf wiedergefundene Jahre. Kaltenkirchen unter dem Hakenkreuz (hrsg. vom Trägerverein KZ-Gedenkstätte Kaltenkirchen in Springhirsch e. V.), 2., leicht korrigierte Aufl., Norderstedt 2006, S. 80.

[279] Rudolf Rietzler, Politische Neutralität, S. 151. Kurt Meier, Deutsche Christen, S. 16 und 85f. Johann Bielfeldt, Kirchenkampf, S. 36f.

[280] Ebd., S. 49. Klauspeter Reumann, Kirchenkampf, S. 164.

[281] Biberstein meint hier den damals 28jährigen Werner Stiehr (1905-1982). Klauspeter Reumann, Kirchenkampf. S. 159 und 470.

sei – wie er jedoch erst später erfahren habe.[282] Seine Berufung in ein höheres Kirchenamt auf den speziellen Wunsch des Kreisleiters Stiehr hin und trotz der ausdrücklichen Protestaktion der Pastorenschaft von Bad Segeberg hatte Biberstein als so bezeichneter *Alter Kämpfer* ohne Zweifel seiner langjährigen Mitgliedschaft in der NSDAP zu verdanken, berichtete 1933 der Notbund-Pastor in Bad Segeberg, Karl Kobold.[283] Denn als Auswahlkriterien für die Vergabe eines Propstamtes galten zumindest eine feste nationalsozialistische Grundhaltung, besser noch eine NSDAP-Mitgliedschaft sowie parteipolitische Aktivitäten. Diese Voraussetzungen konnte Biberstein aufweisen. Ähnlich bewertet auch der Kirchenhistoriker Klauspeter Reumann die Beförderung des jungen Pastors Szymanowski/Biberstein in ein Propstamt:

> „Die Verbindung Peperkorns mit den in die Propstämter beförderten Pastoren Dührkop, Bender und Szymanowski beruhte auf ihrem nationalsozialistischen Überzeugungsfundament, das sie schon vor 1933 zusammengeführt hatte, und das sie seit den Kirchenwahlen und der Septembersynode im Gewande der DC verwirklichen konnten."[284]

Hingegen scheiterte im Frühjahr 1934 Bibersteins Berufung in das Lübecker Bischofsamt[285] an verschiedenen Kompetenzstreitigkeiten, insbesondere an der parteiamtlichen Zustimmung des bereits erwähnten damaligen zuständigen NSDAP-Gauleiters von Schleswig-Holstein, Hinrich Lohse.[286] Eine diesbezügliche Rücksprache Bibersteins mit Lohse hatte ergeben, dass eben derselbe Kreisleiter des Kreises Segeberg, Werner Stiehr, auf dessen maßgeblichen Einfluss hin Biberstein ein halbes Jahr zuvor ins Segeberger Propstamt gelangt war, lediglich deshalb seine Zustimmung zur Versetzung verweigert hatte, weil Biberstein sich um das Lübecker Bischofsamt ohne vorherige Rücksprache mit ihm beworben hatte. Diesen Alleingang habe der Kreisleiter als „grobe Disziplinlosigkeit" gewertet, und Lohse habe jene Ansicht des Kreisleiters respektiert, erläuterte Biberstein im Einsatzgruppenprozess.[287] Jedoch wäre eine Zustimmung seitens einer weltlichen Institution ohnehin nicht notwendig gewesen, da die evangelisch-lutherischen Bischöfe

---

[282] Zeugeneinvernahme Biberstein, StAN, Rep. 501, KV-Prozesse, Fall 9, A 32-33, S. 2762.

[283] Pastor Kobold an Amtsbruder Bielfeldt, Schreiben vom 9. Dezember 1933, NEK-Kiel 98.12, Nr. 33, S. 1.

[284] KLAUSPETER REUMANN, Kirchenkampf, S. 160.

[285] Die *Evangelisch-Lutherische Kirche im Lübeckischen Staate* war von 1871 bis 1937 eine eigenständige Landeskirche, da die Hansestadt Lübeck im Jahre 1871 Gliedstaat des Deutschen Reiches geworden war.

[286] Zeugeneinvernahme Biberstein, StAN, Rep. 501, KV-Prozesse, Fall 9, A 32-33, S. 2762f. Ernst Biberstein, Bericht über meinen Lebensweg seit meinem Ausscheiden aus dem Kirchendienst im Jahre 1935 (unveröffentlichtes Manuskript), Neumünster 1958, Landesarchiv Schleswig-Holstein Schleswig (LASH), Abt. 352 Kiel, Nr. 949, S. 1. Diese beiden Quellen sind erwähnt in: INGRID ADAMS, Profiteur, S. 10.

[287] Ebd. Zeugeneinvernahme Biberstein, StAN, Rep. 501, KV-Prozesse, Fall 9, A 32-33, S. 2763.

von den Synoden als den Parlamenten der kirchlichen Selbstverwaltung gewählt werden.

Einsetzende Auseinandersetzungen mit Amtsbrüdern und Vorgesetzten

Obgleich Biberstein durch seinen Beitritt zu den *Deutschen Christen* (DC) im Jahre 1932 – die Bildung eines nationalsozialistischen Pastorenbundes sei ja nicht gestattet gewesen, erklärte er vor dem Militärgericht in Nürnberg –[288] alle parteipolitischen Voraussetzungen für die Besetzung des Propstamtes erbracht hatte, kam es nichtsdestoweniger zu Auseinandersetzungen sowohl mit seinen Vorgesetzen als auch mit Amtskollegen. Jene Konfrontationen standen einerseits im Zusammenhang mit Bibersteins religiöser Ausrichtung, andererseits mit seinen parteipolitischen Aktivitäten.[289] Denn wie eingangs erwähnt, hatte Biberstein die Tätigkeit als evangelischer Geistlicher nicht ausschließlich aus Glaubensgründen gewählt, sondern überwiegend aus finanziellen Motiven, nachdem ihm die ursprünglich angestrebte Universitätslaufbahn wegen der wirtschaftspolitischen Lage der 1920er-Jahre als nicht existenzsichernd erschienen war.[290] Daneben erzeugte Bibersteins Zugehörigkeit zu dem äußerst radikalen Flügel der *Deutschen Christen* (DC) im Sinne Alfred Rosenbergs insbesondere unter den jungen Geistlichen der *Bekennenden Kirche* (BK) für Konfliktstoff, desgleichen seine Nähe zum 1921 gegründeten *Bund für Deutsche Kirche*,[291] deren Mitbegründer und Bundeswart der äußerst antisemitisch eingestellte Flensburger Pastor Friedrich Andersen war, der sich – in Anlehnung an Lagarde – als ein „radikaler Gegner des Alten Testaments und ?aller jüdische Trübungen der reinen Jesuslehre?"[292] darstellte. Jener *Bund für Deutsche Kirche* vertrat eine völkisch-antijudaistisch ausgerichtete Theologie und verstand sich als radikale religiöse Kampf- und Arbeitsgemeinschaft mit dem Ziel einer *völkischen Reformation*.[293]

Parteipolitische Aktivitäten ab 1929

Bereits vor seinem Amtsantritt als Propst, d. h. noch vor der Machtübernahme Hitlers, hatte sich Biberstein intensiv parteipolitisch betätigt, und zwar auf völlig freiwilliger Basis, insofern, als anlässlich seines Beitritts zur NSDAP im Jah-

288 Ebd., S. 2755. Ebd., S. 2740f.
289 Ebd., S. 2755.
290 Ebd., S. 2739f. Lebenslauf Biberstein (1958), LASH Schleswig, Abt. 353 Kiel, Nr. 949, S. 1.
291 KLAUSPETER REUMANN, Kirchenkampf, S. 214.
292 HANS BUCHHEIM: Art. Andersen, Friedrich Karl Emil, in: Neue Deutsche Biographie (1953), Bd. I, S. 268.
293 KURT MEIER: Der „Bund für deutsche Kirche" und seine völkisch-antijudaistische Theologie, in: KURT NOWAK/ GERARD RAULET: Protestantismus und Antisemitismus in der Weimarer Republik, Frankfurt/M./ New York 1994, S. 177-198.

re 1926 – Biberstein wurde zu jenem Zeitpunkt in der Parteimitgliedsakte noch als Einzelmitglied geführt[294] – Gauleiter Lohse ausdrücklich versichert hatte, dass die Partei Biberstein wegen dessen geistlichem Berufsstand von allen parteipolitischen Aktivitäten entbinden würde.[295] Dennoch hatte Biberstein bereits ab 1929 aus eigenem Antrieb für paramilitärisch organisierte Kampfverbände wie der *Sturmabteilung der NSDAP* (SA), deren Mitglied er seit seinem Parteibeitritt im Jahre 1926 war, oder dem *Stahlhelm, Bund der Frontsoldaten*[296] regelmäßig Feldgottesdienste, Fahnenweihen und Weihnachtsfeiern abgehalten. Desgleichen hatte er für jene Organisationen Totenfeiern für die im Ersten Weltkrieg gefallenen Soldaten vollzogen. In seinem Lebenslauf anlässlich seiner Bewerbung für das Bischofsamt in Lübeck hatte sich Biberstein daher selbst stolz als *SA-Pastor* bezeichnet.[297] Mit der Selbsteinschätzung und Titulierung als SA-Pastor knüpfte Biberstein an seinen Amtskollegen Joachim Hossenfelder an, der die *Deutschen Christen* (DC) in einem Wahlaufruf zu den im Jahr 1933 anstehenden Kirchenwahlen als die *SA Jesu Christi* bezeichnet hatte.

> „*Die ‚Deutschen Christen' sind die SA Jesu Christi* im Kampf zur Vernichtung der leiblichen, sozialen und geistigen Not. Sie sind alle Kameraden in der Front des christlichen und nationalen Sozialismus [. . .].
>
> Unser Volk braucht das soziale Schaffen einer Kirche von deutschen Christen, um das dritte Reich bauen zu können. Eine christliche, soziale Lehre, die die „Neutralität der Kirche" lehrt und keine sozialen Entscheidungen wagt, lehnen wir als Irrlehre und als glaubenslos ab.
>
> Ehe, Familie, *Rasse, Volk, Staat* und *Obrigkeit* sind uns *Gottes Schöpfungsordnungen, die wir heilighalten.* Wo menschliche und *völkische Sünde* sie zerstört haben, suchen wir sie *nach Gottes Gebot* in ihrer *Krankheit* wiederherzustellen.
>
> *Mammonismus* und *Kapitalismus, Marxismus* und *Liberalismus, weltanschaulicher Materialismus* sind uns *gottfeindliche Mächte.* Sie zu bekämpfen und den Staat und das Staatsvolk in diesem Kampf zu unter- stützen, ist uns *heiliges* Anliegen." [Kursivdruck vom Verf.].[298]

---

[294] Lebenslauf (1936), BArch (ehem. BDC), SSO, Biberstein, Ernst, 15.02.1899.

[295] Zeugeneinvernahme Biberstein, StAN, Rep. 501, KV-Prozesse, Fall 9, A 32-35, S. 2755.

[296] Wie bereits erwähnt, war der *Stahlhelm, Bund für Frontsoldaten* als paramilitärisch organisierter Wehrverband kurz nach Kriegsende im Dezember 1918 in Magdeburg von dem Reserveoffizier Franz von Seldte gegründet worden. Er beanspruchte eine Organisation zu sein, in der das Wirken aller Soldaten des Ersten Weltkriegs Anerkennung finden sollte, jedoch unter Exklusion der jüdischen Kriegsteilnehmer. Über seine Führungsspitze hatte der Stahlhelm enge Verbindungen zur *Reichswehr* sowie zu den antirepublikanischen Gruppierungen des rechten Parteienspektrums wie dem *Alldeutschen Verband*, der *Deutschnationalen Volkspartei* (DNVP) sowie der *Nationalsozialistischen Deutschen Arbeiterpartei* (NSDAP). Insofern stand er in klarer Opposition zur Weimarer Republik. KLAUS-PETER MERTA/ BURKHARD ASSMUS, Stahlhelm.

[297] Handschriftlicher Lebenslauf, 31. März 1934. Bewerbung des Propstes Ernst Emil Heinrich Szymanowski für das Bischofsamt zu Lübeck, Stadtarchiv Lübeck, Neues Senatsarchiv IX,1.

[298] JOACHIM HOSSENFELDER: Wahlaufruf vom 14. Juli 1933 zu den anstehenden Kirchenwahlen, in: Süddeutsche Zeitung (Ausgabe 166). Zitiert nach: JOACHIM GAUGER, Chronik, Bd. I, S. 93.

Konfrontation mit weltlichen Behörden

Jedoch nicht die zahlreichen parteipolitischen Aktivitäten Bibersteins als solche hatten die Kirchenleitung aufhorchen lassen, sondern der Missbrauch des geistlichen Amtes für Parteizwecke. Insbesondere wegen der Fahnenweihen war es zu scharfen Auseinandersetzungen mit der Schleswig-Holsteinischen Kirchenbehörde in Kiel gekommen.[299] Aber auch bei den weltlichen Behörden hatten die parteipolitischen Aktivitäten Bibersteins Ärgernis erregt. Als eklatantestes Beispiel wurde der Missbrauch seines geistlichen Amtes während einer NSDAP-Großveranstaltung in Itzehoe am 6. April 1931 angesehen. Denn nachdem zwei Tage zuvor der Oberregierungspräsident von Schleswig-Holstein ein Uniformverbot ausgesprochen hatte, „das sich bei sofortigem Inkrafttreten vor allem gegen die NSDAP und ihre Gliederungen richtete",[300] nutzte die NSDAP gezielt jenes Verbot, um öffentlich gegen die vermeintliche Autoritätsschwäche des verhassten Weimarer „Systems" zu protestieren.[301]

An eben jener oben erwähnten NSDAP-Protestveranstaltung in Itzehoe vom 6. April 1931, die unter Polizeiaufgebot stattfand, hatte auch Biberstein als Akteur teilgenommen. Vor 2.000 Parteigenossen, die zum Teil mit Koppel und Schulterriemen angetreten waren, zelebrierte er einen Feldgottesdienst unter Zugrundelegung des Bibelwortes „Der Tod ist verschlungen in den Sieg."[302] In jenem Text aus dem ersten Brief des Paulus an die Korinther (1Kor 15,55) geht es um die Auferstehung der Toten. Biberstein hingegen instrumentalisierte für seine Predigt – die vom Inhalt her eher einer nationalsozialistischen Propagandarede denn einer Predigt glich – die im Korintherbrief dargelegten Glaubenssätze in der Weise, dass er die Weimarer Republik mit dem Dunkel des Karfreitags verglich, hingegen den von ihm erwarteten Sieg des Nationalsozialismus gleichsetzte mit dem Licht des Osterereignisses. Das Sonderblatt *Schleswig-Holsteinische Tageszeitung* vom 8. April 1931 gab einen Bericht über jene Predigt, in der es am Schluss heißt:

> „Dann spricht der Prediger von der *Not* und all dem *Elend*, von dem *anklagenden Heer der Millionen, die keine Arbeit haben* und von der *nationalsozialistischen Bewegung*, die uns die Ostergewißheit des deutschen Volkes in die Herzen tragen läßt. Der Karfreitag hat sein Symbol in dem schlichten Kreuz gefunden – Die Ostern [die Auferstehung] in dem zum Himmel gewendeten Kreuz des Lichtes, im *Hakenkreuz*, das wir als Symbol an unsere Fahnen geheftet haben.
>
> Wir wissen, daß wir nur unter dem Segen des Allgewaltigen den Sieg erringen, aber wir wissen auch, daß der Ruf ‚Herr, mach uns frei' nicht unerhört verhallen wird, wenn wir in

---

[299] Zeugeneinvernahme Biberstein, StAN, Rep. 501, KV-Prozesse, Fall 9, A 32-33, S. 2755.
[300] VOLKER JAKOB, Evangelisch-Lutherische Landeskirche, S. 167.
[301] Ebd.
[302] Ebd.

Gottergebenheit das Rad deutscher Geschichte drehen. Das Reich muß uns doch bleiben." [Kursivdruck vom Verf.].[303]

Da neben Biberstein auch andere evangelische Geistliche ihr Amt für parteipolitische Aktivitäten missbraucht hatten, sah sich daher ein halbes Jahr später die schleswig-holsteinische Landeskirche zum Einschreiten veranlasst und erließ am 2. November 1931 die *Richtlinien für die politische Betätigung der Pastoren in Schleswig-Holstein*, die den Geistlichen äußerste Zurückhaltung hinsichtlich deren politischer Betätigung auferlegten.[304] Aus jenen Richtlinien wird ersichtlich, dass sämtliche parteipolitischen Aktivitäten, die Biberstein ab 1929 als evangelischer Geistlicher vorgenommen hatte, etwa Fahnenweihen, Feldgottesdienste und ähnliche pseudoreligiöse Zeremonien, in keiner Weise vereinbar gewesen waren mit den Vorstellungen, die die schleswig-holsteinische Landeskirche von der Amtsauffassung ihrer Geistlichen hatte. So heißt es in den Richtlinien ausdrücklich:

> „Der Pastor darf auf der Kanzel [. . .] nur vom Evangelium her zu den politischen Fragen Stellung nehmen. Die Veranstaltung besonderer Gottesdienste für politische oder parteipolitisch geschlossene Kreise in der Kirche oder einem anderen gottesdienstlichen Gebäude ist unzulässig. Die Weihe von Fahnen für nicht kirchliche Vereine oder Organisationen ist dem Pastor untersagt. Die kirchlichen Wahlen sollen von parteipolitischer Beeinflussung freigehalten werden. Der Pastor soll in der Öffentlichkeit keine Abzeichen politischer Parteien oder Verbände tragen[305] und nicht an öffentlichen Umzügen politischer Parteien oder Verbände teilnehmen."[306]

Bald sollte sich jedoch erweisen, dass selbst jene Richtlinien nicht „die zunehmende Hinwendung zum Nationalsozialismus innerhalb der [schleswig-holsteinischen] Pastorenschaft"[307] zu verhindern vermochten. Das belegen deutlich die Wahlergebnisse des Jahres 1932, nach denen mehr als 50% der Wählerschaft Schleswig-Holsteins für die NSDAP gestimmt hatte, unter ihnen auch ein entsprechender Anteil der protestantischen Geistlichkeit. Damit lässt jenes schleswig-holsteinische Wahlergebnis deutlich werden, „daß die Pastoren sich damit auf der Höhe der Zeit befanden."[308]

---

[303] Sonderblatt *Schleswig-Holsteinische Tageszeitung* Nr. 81 vom 8. April 1931, LASH Schleswig, Abt. 301 (Akten des Oberpräsidenten) / 4559 (NSDAP 1931/32, Bd. 5).

[304] RUDOLF RIETZLER, Neutralität, S. 142f.

[305] Biberstein hingegen trug in der Öffentlichkeit Partei-Uniform, wie durch ein Passbild aus dem Jahre 1934 belegt ist. (Bild 14).

[306] *Richtlinien für die politische Betätigung der Pastoren in Schleswig-Holstein* vom 2. November 1931. Zitiert nach: JOHANN BIELFELDT, Kirchenkampf, S. 21.

[307] RUDOLF RIETZLER, Neutralität, S. 148.

[308] Ebd.

Einsetzung zum Kreisschulungsleiter der NSDAP 1933

Nach der *Braunen Synode von Rendsburg* vom 12. September 1933 betätigte sich Biberstein während seiner Zeit als Propst in Bad Segeberg weiterhin parteipolitisch, nun jedoch auf höherer und damit einflussreicherer Ebene. Seine langjährige Mitgliedschaft in der Partei wurde auf vielfältige Weise „belohnt". So wurde er gleich nach seiner Ankunft in Segeberg im November 1933 „von der Partei ehrenhalber in den Stab des Kreises der NSDAP als Kreisschulungsleiter eingebaut."[309] (Bild 14). Daneben war er 1934/35 Aktivist in der *Deutschen Arbeitsfront* (DAF),[310] die am 10. Mai 1933 von Hitler als Einheitsgewerkschaft der NSDAP zunächst für Arbeiter und Angestellte – dann ab November 1933 auch für Unternehmer – gegründet worden war mit dem Ziel der Kontrolle und weltanschaulichen Schulung ihrer Mitglieder. Im Jahre 1938 umfasste sie 23 Millionen Mitglieder und war damit die größte nationalsozialistische Massenorganisation.[311]

Zudem war Biberstein Beisitzer im Kreisgericht sowie Kreispresseamtsleiter und Pressereferent im Stab der SA-Standarte 213, Gruppe Nordmark.[312] Die intensive Betätigung in diesen NS-Positionen verschaffte ihm nicht nur hohes Ansehen bei der Partei, sondern garantierte ihm auch die nötige Rückendeckung bei den Kollisionen mit Amtskollegen und Untergebenen. Denn wie bereits erwähnt, war es nicht nur mit der Kirchenleitung wiederholt zu Konfrontationen gekommen, auch mit der ortsansässigen Pastorenschaft – insbesondere jener der *Bekennenden Kirche* (BK) – war Biberstein während seines Amtes als Propst von Bad Segeberg schon bald und mehrfach in heftige Auseinandersetzungen geraten. So ließ er beispielsweise 200 junge SA-Männer in Zivil antreten, um den Gottesdienst eines Pfarrers zu stören, der Mitglied des *Pfarrer-Notbundes* war. Das vollzog sich in der Weise, dass sich die SA-Mitglieder auf Bibersteins Anweisung zunächst unauffällig in der Kirche zu verteilen hatten, während er selbst mit einem Vertrauten im Seitenschiff Platz nahm. Auf ein verabredetes Zeichen hin – nämlich ein gemeinsames Erheben Bibersteins und seines Begleiters – hatten dann die 200 im Raum

[309] Zeugeneinvernahme Biberstein, StAN, Rep. 501, KV-Prozesse, Fall 9, A 32-35, S. 2763.

[310] Ebd.

[311] Marie-Luise Recker: Deutsche Arbeitsfront (DAF), in: Wolfgang Benz u. a. (Hrsg.): Enzyklopädie des Nationalsozialismus, 5., aktualisierte und erweiterte Auflage, München 2007, S. 463f. Eine Unterabteilung der *Deutschen Arbeitsfront* (DAF) war die wohl bekannteste NS-Gemeinschaft *Kraft durch Freunde* (KdF). Dies.: Kraft durch Freude (KdF), in: Wolfgang Benz u. a. (Hrsg.).: Enzyklopädie, S. 605f.

[312] Reichsschulungsamt der NSDAP, Personalkarte Ernst Szymanowski vom 14.11.1934, BArch (ehem. BDC) VBS1 10000 722 37, Parteikorrespondenz (PK), Biberstein, Ernst, 15.2.1899. Dauer und Ausübung sämtlicher von Biberstein bekleideten NSDAP-Ämter sind auch in dem dreiseitigen Personalbogen der NSDAP aufgeführt, BArch (ehemal. BDC), VBS1 10000 722 37, Parteikorrespondenz (PK), Biberstein, Ernst, 15.2.1899, S. 1-3, hier S. 1. Handschriftlicher Lebenslauf Ernst Szymanowski (1937), BArch (ehem. BDC) SSO, Biberstein, Ernst, 15.02.1899. Zur Quellenangabe vgl. Ingrid Adams, Profiteur, S. 10.

Bild 14: Biberstein als Kreisschulungsleiter der NSDAP, 1933.
(Quelle: Reichsschulungsamt der NSDAP, Personalkarte Ernst Szymanowski vom 14.11.1934, BArch (ehem. BDC), VBS1 10000 722 37, Parteikorrespondenz (PK), Biberstein, Ernst, 15.02.1899).

verstreut sitzenden jungen SA-Männer demonstrativ die Kirche zu verlassen, während Biberstein im Seitenschiff mit einem Notizblock in der Hand sitzen blieb, um eventuelle Missfallensäußerungen des Pfarrers in Bezug auf das SA-Störmanöver notieren und zur Anzeige bringen zu können.[313]

Insbesondere gegen Karl Heinrich Kobold – einen der führenden Pastoren der *Bekennenden Kirche* (BK) in der Propstei Segeberg – intrigierte Biberstein in nicht unerheblichem Maße. So hatte er gezielt während Kobolds Abwesenheit völlig unhaltbare Gerüchte über dessen vermeintlich politische Unzuverlässigkeit in Umlauf gesetzt und ihn unter anderem beschuldigt, früher Marxist gewesen zu sein mit der Zielsetzung, in der Weimarer Republik marxistischer Regierungsrat werden zu wollen.[314] Gegen jene Diskreditierung versuchte sich Pastor Kobold zu wehren, indem er dezidiert auf seine völkische Gesinnung verwies. Zwar sei er niemals Mitglied einer politischen Partei gewesen, jedoch trage er bereits seit 1917 das Hakenkreuz als Zeichen völkischer Gesinnung. In dem Sieg der nationalen Bewegung habe er die Errettung des deutschen Volkes vor dem drohenden Untergang

[313] Maschinengeschriebene Notiz vom 14. Januar [o. Verf./ o. J.], NEK-Archiv Kiel, 98.12, Nr. 69. Zur Quellenangabe vgl. INGRID ADAMS, Profiteur, S. 11.

[314] Erklärung des Pastors Kobold, o. D. [vermutlich 6. Januar 1934, wie aus dem beigehefteten Dokumentenblatt 98.12, Nr. 2 zu ersehen ist], NEK-Archiv Kiel, 98.12, Nr. 2.

[durch das imaginierte Feindbild des so bezeichneten *bolschewistischen Weltjudentums*] und die Grundlage seiner Erneuerung gesehen und begrüßt. Dem Willen zur Mitarbeit am Volk und Staat Adolf Hitlers habe er Ausdruck gegeben durch den Beitritt zur Motor-SA[315] und durch die Mitarbeit im NS-Winterhilfswerk.[316]

Erstaunlich ist der ausdrückliche Verweis des BK-Pastors Kobold auf dessen anfängliche Zustimmung zum NS-Regime durchaus nicht, insofern, als sie der vorherrschenden nationalprotestantischen Mentalität eines Großteils der damaligen evangelischen Geistlichkeit entsprach, die keinerlei Unvereinbarkeit sah zwischen der Mitgliedschaft im *Pfarrernotbund* oder der *Bekennenden Kirche* (BK) und einer völkischen Grundhaltung bzw. der anfänglichen Zustimmung zum NS-Regime. Das heißt, auch Notbundpfarrer sowie Mitglieder der *Bekennenden Kirche* (BK) konnten durchaus nicht nur überzeugte Nationalsozialisten, sondern sogar Parteimitglieder, ja sogar SS-Angehörige sein, wie nach 1945 in den einzelnen Entnazifizierungsverfahren hinreichend dokumentiert und in Kapitel V.1.1.4 exemplarisch belegt ist. Eine gewisse Affinität zur NS-Weltanschauung galt insbesondere für einen Großteil der protestantischen Geistlichkeit Schleswig-Holsteins, wie nachstehend am Beispiel der *Not- und Arbeitsgemeinschaft schleswig-holsteinischer Pastoren* (NAG) demonstriert werden soll.

Wie bereits erwähn, war der *Pfarrernotbund* am 21. September 1933 von Martin Niemöller in der Lutherstadt Wittenberg ins Leben gerufen worden als Protest der Nicht-DC gegen die Einführung des Arier-Paragraphen in die *Deutsche Evangelische Kirche* (DEK), der die Entfernung aller Nicht-Arier – in diesem Fall der jüdischen Konvertiten – aus den Kirchenämtern vorsah. Als eigentlicher Initiator ist jedoch Dietrich Bonhoeffer anzusehen, der durch seine Schrift *Die Kirche vor der Judenfrage* vom 15. April 1933 als erster protestantischer Christ sowohl gegen den Judenboykott vom 1. April 1933 als auch gegen den sechs Tage später erfolgten Erlass des Arier-Paragraphen vehement Einspruch erhoben hatte.

In der Nachfolge des *Pfarrernotbundes* hatte sich die *Bekennende Kirche* (BK) auf der vom 29. bis 31. Mai 1934 in Barmen tagenden Bekenntnissynode gegründet. Unter Berufung auf das lutherische *sola scriptura-Prinzip* grenzte sie sich dogmatisch mit den sechs Thesen der *Theologischen Erklärung zur gegenwärtigen*

---

[315] Die nationalsozialistische Motorrad-SA war ein paramilitärischer Verband.

[316] Pastor Kobold: Erklärung vom 6. Januar, NEK-Archiv Kiel, 98.12, Nr. 2. Bei der Datumsangabe handelt es sich ganz offensichtlich um einen Schreibfehler Kobolds, insofern, als dieses Dokument – wie deutlich aus dem Inhalt hervorgeht – zweifelsohne *nach* Hitlers Machtübernahme entstanden ist. Das Datum muss demzufolge der 6. Januar 1934 sein. Dieses Dokument lässt deutlich werden, dass sowohl Pfarrer des *Notbundes* (NDG) als auch der *Bekennenden Kirche* (BK) schon allein aufgrund ihrer *nationalprotestantischen Mentalität* sich durchaus nicht im Gegensatz zum Nationalsozialismus gesehen hatten und dass demzufolge der so bezeichnete *Kirchenkampf* nicht als Widerstand gegen den Nationalsozialismus gewertet werden kann, sondern lediglich als innerkirchlicher Bruderkampf. Darauf wird in Kapitel V zurückzukommen sein.

Lage der Deutschen Evangelischen Kirche (DEK) vom 31. Mai 1931 entschieden ab gegen die rassistisch-völkische Weltanschauung der *Deutschen Christen* (DC), welche die „Entjudung der christlichen Botschaft“ sowie eine nach dem NS-Führerprinzip strukturierte Reichskirche propagierte.

Auch in Schleswig-Holstein hatte es kritisch-ablehnende Reaktionen auf die *Braune Synode von Rendsburg* vom 12. September 1933 gegeben. So schloss sich noch im gleichen Monat in Kiel eine Gruppe dem reichsweiten *Pfarrenotbund* an. Sodann versammelten sich am 19./20. Oktober in Rendsburg 70 Nicht-DC-Pastoren und gründeten die *Not- und Arbeitsgemeinschaft schleswig-holsteinischer Pastoren* (NAG),[317] die jedoch – trotz Niemöllers ausdrücklichem Anraten – *nicht* die Ablehnung des Arier-Paragraphen als eine eklatante Verletzung des protestantischen Bekenntnisses in ihr Programm aufnahm.[318] Jenes Verhalten der *Not- und Arbeitsgemeinschaft schleswig-holsteinischer Pastoren* (NAG) lässt sich durchaus als antisemitische Einstellung deuten. Stattdessen richtete sich deren Affront lediglich gegen die neopagane *Deutsche Glaubensbewegung* (DG) des Jakob Wilhelm Hauer,[319] wie der Auszug des nachfolgenden Schreibens an die Nicht-DC-Teilnehmer der Rendsburger Tagung vom 19./20. Oktober 1933 belegt:

> „Sehr geehrte Herren Amtsbrüder!
>
> Die evangelische Kirche Deutschlands ist aufs schwerste bedroht
> 1. durch die ruhige und planmäßige Arbeit des *Katholizismus*,
> 2. vor allem durch die deutsch-religiöse Bewegung, die sog. *Hauer-Bewegung*, die wir [...] aufs Ganze gesehen nur als ein *neues germanisches Heidentum* beurteilen können.
>
> Dieses Neuheidentum ist umso gefährlicher, als es mit seinem Appell an die freischöpferische Kraft des Menschen und mit seiner Ablehnung der Schuldverhaftung des Menschen vor Gott *dem vitalen Empfinden weitester Kreise unseres Volkes hundertprozentig entspricht*, ferner für seinen Kampf gegen Grundlehren und Einrichtungen des Christentums, die vermeintlich in *fremder Rasseneigenart* ihren Ursprung haben, der *Zustimmung weitester Kreise* sicher sein kann und außerdem führende Männer der NSDAP zu seinen Vorkämpfern zählt.
>
> Wir müssen daher mit einem *Massenabfall von der christlichen Kirche* oder wenigstens damit rechnen, daß Massen sich innerlich von der christlichen Kirche abwenden. Angesichts dieser Notlage wäre eine festgeschlossene Einheit der Kirche dringend notwendig. Auch wir, die wir nicht der Glaubensbewegung DC angehören, erstreben eine solche von Herzen.
>
> Aber wir sehen uns vor die Tatsache gestellt, daß
> 1. die Glaubensbewegung DC unsere verantwortliche Mitarbeit nicht will [...],
> 2. auch wir selbst grundsätzliche Bedenken gegen die Glaubensbewegung DC nicht überwinden können.“ [Kursivdruck vom Verf.].[320]

---

317 JOHANN BIELFELDT, Kirchenkampf, S. 51f.

318 KLAUSPETER REUMANN, Kirchenkampf, S. 167f.

319 Vgl. Kapitel I.5.2.

Mit seinen provokativen kirchenpolitischen Aktionen, die gottesdienstlichen Feiern der Pfarrer des *Notbundes* oder der *Bekennenden Kirche* (BK) durch Aufmärsche geschlossener SA-Formationen massiv zu stören, hatte Biberstein zumindest ab Mai 1934 gegen den Erlass der obersten SA-Führung vom 12. Mai 1934 verstoßen, der seinen Mitgliedern die Teilnahme an kirchenpolitischen Demonstrationen ausdrücklich untersagt hatte:

> „Um Versuche gewisser Elemente, Angehörige der SA in kirchenpolitische Streitigkeiten hineinzuziehen und dadurch dem Ansehen und der Geschlossenheit der SA zu schaden, ein für allemal unmöglich zu machen, hat Stabschef Röhm einen Erlaß an die SA herausgegeben, in dem angeordnet wird, daß jegliche Teilnahme von SA-Angehörigen an kirchlichen Demonstrationen verboten ist. Gleichzeitig wird jede Art von *Amtsbehinderungen* oder Maßnahmen gegenüber den Pfarrern beider Konfessionen untersagt." [Sperrdruck im Original, Kursivdruck vom Verf.].[321]

9 Niederlegung des Kirchenamtes 1935

Verschiedene Auseinandersetzungen mit Vorgesetzten, Eingriffe in die Amtsobliegenheiten der ihm unterstellten Pastorenschaft, wiederholte Verstöße gegen kirchenbehördliche sowie parteiamtliche Erlasse im Zusammenhang mit dem Missbrauch seines geistlichen Amtes für parteipolitische Zwecke hatten Bibersteins Verbleib im kirchlichen Amt aus Sicht der schleswig-holsteinischen Kirchenbehörde in hohem Maße fragwürdig gemacht, sodass Landesbischof Adalbert Paulsen auf erheblichen Druck seitens der Vikare der Bekenntnisfront ein Disziplinarverfahren gegen Biberstein angekündigt hatte.[322] Zwar war Landesbischof Paulsen seit 1932 ebenso wie Biberstein Mitglied der NSDAP und der Deutschen Christen (DC), jedoch gehörte er im Gegensatz zu jenem dem gemäßigten Flügel der *Deutschen Christen* (DC) an und versuchte während seines Amtes als DC-Landesbischof einen Sonderweg zu gehen, in der Weise, dass er einen Konsens zu finden suchte zwischen den Vorstellungen der DC- und jenen der BK-Pastorenschaft.[323] Nichtsdestoweniger war Paulsen antijudaistisch sowie äußerst antisemitisch eingestellt. Ganz besonders kam das zum Ausdruck in seiner inten-

---

[320] *Schreiben der Not- und Arbeitsgemeinschaft der schleswig-holsteinischen Pastoren an die Teilnehmer der Rendsburger Tagung vom 19./20. Oktober 1933.* Als Dokument vollständig abgedruckt in: JOHANN BIELFELDT, Kirchenkampf, S. 212-214.

[321] Mitteilung des Presseamtes der obersten SA-Führung vom 12. Mai 1934, in: Unter dem Wort (Ausgabe 22). Zitiert nach: JOACHIM GAUGER, Chronik, Bd. I, S. 192.

[322] Brief des Vikars Emmersleben an Wester vom 4. Juli 1935, NEK-Archiv, 98.40, ABK, Nr. 10 Lage 51. Brief des Vikars Bols an Wester vom 5. Juli1935, NEK-Archiv, 98.40, ABK, Nr. 10 Lage 51.

[323] Über die kirchliche Befriedungsaktion Paulsens ab 1934 ausführlich Klauspeter Reumann: KLAUSPETER REUMANN, Kirchenkampf, S. 183-191.

siven Mitarbeit in kirchenleitender Funktion in dem landeskirchenüberbergreifenden *Institut zur Erforschung und Beseitigung des jüdischen Einflusses auf das deutsche kirchliche Leben*, das am 4. April 1939 in der Lutherstadt Eisenach gegründet worden war. Paulsens Mitgliedschaft ist nachgewiesen durch die Verbandsmitteilungen Nr. 1 vom 30. Dezember 1939 sowie Nr. 2/3 vom 31. Dezember 1940.

9.1 Äusserer Anlass

Der äußere Anlass für jenes zu erwartende Disziplinarverfahren war jedoch eine nicht zulässige Amtshandlung Bibersteins gewesen, die in der schleswig-holsteinischen Pastorenschaft scharfe Proteste ausgelöst hatte, ganz besonders in jener der *Bekennenden Kirche* (BK), insofern, als Biberstein in seiner Funktion als Propst sowie als Anhänger des radikalen Flügels der *Deutschen Christen* im Sinne Alfred Rosenberg in Itzehoe die erste Konfirmation nach germanischem Initiationsritus abgehalten hatte.[324] Wegen jener „Konfirmationsfeier", die wegen ihrer Besonderheit ausdrücklich nicht ins Konfirmationsverzeichnis eingetragen worden war, sei er sogar von der ausländischen Presse – z. B. der englischen und schweizerischen – stark angegriffen worden, erklärte Biberstein in seinem 1958 verfassten und offensichtlich an die Schleswig-Holsteinische Landeskirche gerichteten Lebenslauf.[325]

Nach der Emeritierung des Flensburger Pastors Friedrich Andersen, der einer der „geistigen Väter des Bundes für Deutsche Kirche" war und bereits ab 1907 ein „radikaler Gegner des Alten Testaments und ‚aller Trübungen der reinen Jesuslehre' ",[326] hatten ab 1935 in Schleswig-Holstein verschiedene Vertreter der Religionslehrerschaft die Aktivitäten des *Bundes für Deutsche Kirche* übernommen, unter ihnen der einflussreiche NS-Gauinspektor Paul Schneider, ein ehemaliger Lehrer und zu jenem Zeitpunkt Fabrikant, der am 14. April 1935 „für seine drei Kinder in Itzehoe die erste Konfirmation deutschkirchlichen Stils"[327] inszenieren ließ. Zu jener privaten Feier in der Kapelle St. Jürgen, die sich im Besitz der Stadt Itzehoe befand – Biberstein nennt jene Feier eine „sogenannte Konfirmation" –, waren 200 Gäste geladen. Pressevertreter hatten ausdrücklich keinen Zutritt erhalten.[328]

Nach Bibersteins Darstellung habe sich die Öffentlichkeit über jene Feier lediglich wegen verschiedener Äußerlichkeiten empört, die er jedoch nicht in Eigeninitiative, sondern auf ausdrücklichen Wunsch der mit ihm befreundeten Familie Schneider durchgeführt habe. So seien unter anderem „wilde Gerüchte" darüber

---

[324] Maschinenschriftlicher Lebenslauf Biberstein (1958), LASH Schleswig, Abt. 352 Kiel, Nr. 949, S. 1f.

[325] Ebd.

[326] Hans Buchheim, Glaubenskrise, S. 45.

[327] Klauspeter Reumann, Kirchenkampf, S. 214f.

[328] Maschinenschriftlicher Lebenslauf Biberstein (1958), LASH Schleswig, Abt. Kiel, Nr. 949, S. 2.

verbreitet worden, dass er während der Feier den Mädchen Armspangen mit Runensprüchen übergeben habe. Großen Anstoß in der Öffentlichkeit habe zudem das Lied „Jung Siegfried war ein stolzer Knab" erregt. Jenes Lied habe er jedoch nur deshalb singen lassen, weil es thematisch zu der Konfirmationsrede gepasst habe, die den ritterlichen Kampf der Christen wider die Mächte der Finsternis zum Inhalt gehabt habe.[329] Den wahren Anlass der öffentlichen Empörung verschwieg Biberstein hingegen, nämlich die inhaltliche Ausrichtung der von ihm durchgeführte „sogenannten Konfirmation" nach rein neopaganen Glaubensgrundsätzen entsprechend den drei Forderungen des *Bundes für Deutsche Kirche*, die ihrerseits in der strengen und konsequenten Rezeption Lagardes standen.

1. „Entkanonisierung des Alten Testaments",
2. „Auflösung des rabbinischen Erlösungsprinzips des Paulus",
3. „Darlegung des heldischen Opfertodes Jesu in den Spuren der deutschen Mystik".[330]

Da allein schon die Abendmahls-Einsetzungsworte in den synoptischen Evangelien[331] in keiner Weise den neopaganen Glaubensvorstellungen des *Bundes für Deutsche Kirche* entsprachen, bezeichnete Biberstein die von ihm durchgeführte Feier, die inhaltlich eher einem neopaganen Initiationsritus entsprach, folgerichtig als „sogenannte Konfirmation." Denn gerade Abendmahl und Sündenvergebung, die den Kern jeder Konfirmation nach lutherischem Verständnis bilden, wurden bereits von Lagarde als „jüdische Opfertheorie des Paulus"[332] verworfen. Desgleichen hatte Krause in seiner Sportpalastrede in der Rezeption Lagardes von „jüdischer Lehrmoral" gesprochen und die „Rückkehr zu einem heldischen Jesus" gefordert.[333]

Zwar hatte sich Landesbischof Paulsen drei Tage vor jener neopaganen Feier in Itzehoe in einem Osterbrief gegen die Bestrebungen der neopaganen *Deutschen Glaubensbewegung* (DG) sowie des *Bundes für Deutsche Kirche* gewandt, dabei jedoch das allseits bekannte irrationale kulturpessimistische Feindbild von der *jüdisch-bolschewistischen Weltverschwörung* aufgerufen. Zudem endete seine Osterbotschaft mit einer Art Ergebenheitsadresse an das Dritte Reich bzw. an Hitler:

> „Ich rufe meine Amtsbrüder aus Verantwortung und Verbundenheit zu einem entschlossenen Schritt der Sammlung und Einigung [...]. Für diesen gemeinsamen Dienst ist die Grundlage gegeben in der Treue zu dem Bekenntnis, zum sola fide und sola gratia, die den Kern des Offenbarungswortes der Heiligen Schrift beider Testamente bedeuten. Aus diesem Glauben erwächst die evangelisch-lutherische Grundhaltung.

[329] Ebd., S. 1f.
[330] Zitiert nach: HANS BUCHHEIM, Glaubenskrise, S. 46.
[331] Mt 26, 26-28. Mk 14, 22-24. Lk 22, 19f.
[332] PAUL DE LAGARDE, Verhältnis, S. 56.
[333] JOACHIM GAUGER, Chronik, Bd. I, S. 109.

> Diese gemeinsame Haltung vereint uns zu einer klaren Stellungnahme gegen über den Bestrebungen des Deutschglaubens [DG] und der Deutschkirche.
>
> Wir sind einig in der Treue zum dritten Reich und in der Dankbarkeit gegen den Führer, der unser Volk rettete und unsere Kirche bewahrte vor der marxistischen Zersetzung und der bolschewistischen Vernichtung." [Sperrdruck im Original].[334]

Biberstein, der bereits 1934 – ebenso wie Landesbischof Paulsen, jedoch aus anderen Gründen – aus der Glaubensbewegung *Deutsche Christen* (DC) ausgetreten war,[335] hatte sich in seiner weltanschaulich-religiösen Grundhaltung zwischenzeitlich längst den neopaganen Strömungen angenähert, wie sie insbesondere von Friedrich Andersens *Bund für Deutsche Kirche* oder von Jakob Wilhelm Hauers *Deutscher Glaubensbewegung* (DG) praktiziert wurden. Aufgrund strenger Führerbindung und ebenso aus parteitaktischen Gründen war er jedoch den neopaganen Richtungen offiziell nicht beigetreten. Davon hatten ihn schon allein die oben zitierten zahlreichen „religiösen Neutralitätserklärungen" Hitlers abgehalten, wie sie etwa besonders deutlich sowohl in der parteioffiziösen Verlautbarung des nationalsozialistischen Pressebüros vom 27. November 1933[336] zum Ausdruck gekommen waren als auch in dem Erlass des Reichsinnenministers Frick vom 30. November 1933.[337] Zudem hätte eine Mitgliedschaft etwa in der *Deutschen Glaubensbewegung* (DG) für Biberstein den Austritt aus der Evangelisch-Lutherischen Landeskirche Schleswig-Holstein bedeutet und damit den Verlust von Dienstbezügen, da die *Deutsche Glaubensbewegung* (DG) keine Doppelmitgliedschaften duldete. Insofern war ein Austritt aus der Schleswig-Holsteinischen Landeskirche für Biberstein, der als Familienvater eine Ehefrau und drei kleine Kinder zu versorgen hatte, aus wirtschaftlichen Gründen zu jenem Zeitpunkt undenkbar.

Nach dem Ärgernis in Itzehoe galt Biberstein als Vertreter der Evangelisch-Lutherischen Landeskirche Schleswig-Holsteins – überdies noch in höherer geistlicher Position – zumindest in der Pastorenschaft der *Bekennenden Kirche* (BK) Schleswig-Holsteins als nicht mehr tragbar. Inwieweit jedoch ein Disziplinarverfahren gegen ihn hätte durchgesetzt werden können, erschien fraglich, da er als Protegé der NSDAP von dem Gauleiter Hinrich Lohse gedeckt wurde.[338] Biberstein selbst gab zu, dass sich Landesbischof Paulsen wegen des Skandals der „sogenannten Konfirmation" in Itzehoe an den Gauleiter Hinrich Lohse gewandt habe.[339]

---

334 Schleswig-Holsteinische Landeszeitung (Ausgabe 86). Zit. nach: JOACHIM GAUGER, Chronik, Bd. I, S. 168.

335 Zeugeneinvernahme Biberstein, StAN, Rep. 501, KV-Prozesse, Fall 9, A 32-35, S. 2765.

336 Evangelischer Pressedienst Berlin (1933/ Ausgabe 48). Zitiert nach: JOACHIM GAUGER, Chronik, Bd. I, S. 116.

337 Ebd.

338 KLAUSPETER REUMANN, Kirchenkampf, S. 218f.

339 Maschinenschriftlicher Lebenslauf Biberstein (1958), LASH Schleswig, Abt. 352 Kiel, Nr. 949, S. 1-14, hier S. 2.

Letztendlich aber sei eine weitere Auseinandersetzung mit der schleswig-holsteinischen Kirchenbehörde ausschlaggebend für die Niederlegung seines Kirchenamtes gewesen, erklärte Biberstein in seinem 1937 verfassten Lebenslauf, insofern, als es nach einem Schulungsvortrag vor der NS-Frauenschaft über *die Haltung der deutschen Frau im Laufe der deutschen Geschichte* zu einer Anzeige bei der Kirchenbehörde gekommen sei, da Teile von Bibersteins dortigen Ausführungen als Angriff auf die Führung der Kirche gewertet wurden.[340] Auch in jenem Fall hatte sich Gauleiter Lohse für Biberstein verwandt und ihn im Juli 1935 in das neu gegründete Reichsministerium für die kirchlichen Angelegenheiten vermittelt, gab Biberstein vor dem US Military Tribunal II an.[341] Jene Aussage trifft nicht ganz den Sachverhalt, wie im nachfolgenden Kapitel darzulegen sein wird, insofern, als Biberstein erst am 12. August 1935 seinen Dienst im Reichskirchenministerium antreten konnte.[342] In der Interimszeit, d. h. von der Niederlegung des Kirchenamtes im späten Frühjahr 1935 bis zur Beschäftigung im Reichskirchenministerium, musste er sich als Hilfsarbeiter verdingen.

9.2 Bibersteins Begründungen

Vor dem US-Militärgerichtshof II in Nürnberg hatte Biberstein dreierlei Gründe für die Niederlegung des Kirchenamtes angegeben:

1. *Glaubens*- und Gewissensgründe:

Er sei „gottgläubig", nicht „christgläubig" und glaube demzufolge weder an die Gottes-Sohnschaft Jesu noch an dessen Erlösungswerk. Jedoch sei Jesus als Person für ihn ein sehr wichtiges Vorbild hinsichtlich des von ihm geforderten Prinzips der Nächstenliebe.[343] In Bezug auf die Bezeichnung *gottgläubig* vertrat Biberstein den offiziellen Standpunkt der NSDAP, dahingehend, dass durch den Erlass des Reichsministeriums des Innern vom 26. November 1936 der Begriff *gottgläubig*"für alle nicht glaubenslosen Volksgenossen" offiziell eingeführt worden war. Es „war der Versuch, eine religiöse Identifikationsformel für Funktionäre und Mitglieder der NSDAP jenseits der Kirchen und jenseits der Glaubensgemeinschaften – damit auch der Deutschgläubigen Bewegung – zu schaffen."[344]

[340] Handschriftlicher Lebenslauf Biberstein (1937), BArch (ehem. BDC), SSO, Biberstein, Ernst, 15.02.1899, S. 2-3

[341] Zeugeneinvernahme Biberstein, StAN, Rep. 501, KV-Prozesse, Fall 9, A 32-35, S. 2767f.

[342] Handschriftlicher Lebenslauf Biberstein (1937), BArch (ehem. BDC), SSO, Biberstein, Ernst, 15.02.1899, S. 3.

[343] Zeugeneinvernahme Biberstein, StAN, Rep. 501, KV-Prozesse, Fall 9, A 32-33, S. 2765.

[344] GERHARD KRAUSE/ HORST ROBERT BALZ: Art. Deutschgläubige Bewegungen, (4) Nationalsozialistische Religionspolitik und Deutschgläubige Bewegung, in: Theologische Realenzyklopädie (TRE) 8 (1981), S. 558. Auf allen amtlichen Formularen ebenso wie auf den Personalbögen und

2. *Kirchenpolitische Gründe*:
Biberstein verwies auf die seit 1934 zunehmend schärfer werdenden Auseinandersetzungen zwischen der *Bekennenden Kirche* (BK) und den *Deutschen Christen* (DC) und in diesem Zusammenhang insbesondere auf die Anfeindungen und Beschwerden seitens der schleswig-holsteinischen Pastorenschaft der *Bekennenden Kirche* (BK) anlässlich der oben erwähnten neopaganen „Konfirmationsfeier" in Itzehoe im April 1935.[345]

3. *Politische Gründe*:
Biberstein bezog sich hier auf die „unerträgliche Haltung der politischen Öffentlichkeit" ihm gegenüber. Unter anderem erwähnte er die wiederholten Vorsprachen bei seinem parteipolitischen Gönner, dem Gauleiter Hinrich Lohse, ohne dabei jedoch gegenüber dem US Military Tribunal II auf Details inhaltlicher Art einzugehen.

Aus den Differenzen mit Vorgesetzten und Untergebenen, die Bibersteins parteipolitischen Aktivitäten ebenso wie seine religiöse Ausrichtung betrafen, lassen sich jedoch insofern keine täterbiografischen Vorhersagen treffen, als Auseinandersetzungen am Arbeitsplatz als ubiquitär anzusehen sind. Zu Recht konstatiert Michael Wildt, dass sich im Sommer 1935 der „Genozid [...] keineswegs im Horizont dieser Täter"[346] befand. Erst die Aufnahme in die SS am 13. September 1936 stellte *die* richtungsweisende täterbiografische Zäsur dar, insofern, als die Einbindung in die *SS-Sippengemeinschaft* mit deren pervertiertem Wertekodex nunmehr Bibersteins bisherigen christlich-abendländisch geprägten normativen Bezugsrahmen entscheidend zu verändern begann. Aber selbst die Zugehörigkeit zur SS erklärt nicht hinreichend genozidales Täterverhalten, insofern, als für die *Ausführung* staatlich angeordneter und in Täterkollektiven durchgeführter Massenmorde zunächst die Rechtsstaatlichkeit aufgehoben und in diesem Zuge rechtsfreie Sonderräume geschaffen werden mussten, wie noch darzulegen sein wird.

statistischen Erhebungen der Partei und deren Institutionen gab es für die Spalte „Religionszugehörigkeit" vier Kategorien: *evangelisch, katholisch, gottgläubig, Gottlose*. So weisen beispielsweise die Personalbögen in Bibersteins SS-Offiziersakte jene Kategorisierung auf.

[345] Zeugeneinvernahme Biberstein, StAN, Rep. 501, KV-Prozesse, Fall 9, A 32-33, S. 2765f.

[346] MICHAEL WILDT, Generation, S. 847.

Kapitel 2
Karriere im NS-Staatsdienst 1935-1945

In einem 1936 verfassten Lebenslauf hatte Biberstein den tatsächlichen Grund für die Niederlegung des Kirchenamtes verschwiegen und stattdessen den Wechsel in den NS-Staatsdienst in parteipolitischer Diktion mit Karrierebestebungen begründet. Jener Lebenslauf stand im Zusammenhang mit Bibersteins Beförderung zum SS-Obersturmführer am 20. April 1937, nachdem Himmler ihn mit Wirkung vom 13. September 1936 in die Schutzstaffel der NSDAP (SS) im Dienstrang eines SS-Untersturmführers aufgenommen hatte unter gleichzeitiger Ernennung zum „SS-Führer im SD-Hauptamt".

> „Im Mai 1935 faßte ich den Entschluß, mich ganz dem nationalsozialistischen Staat zur Verfügung zu stellen, in der Erkenntnis, daß Nationalsozialismus und Christentum unvereinbare Gegensätze seien und daß rückhaltlose Gefolgsleute des Führers nur einem Befehl gehorchen können: dem vom Führer genannten nationalsozialistischen Gewissen.
>
> Meine größte Genugtuung und Freude erlebte ich jedoch, als mich der Reichsführer SS auf mein Gesuch hin am 13. September 1936 als SS-Mann in seine Schutzstaffel überführte.
>
> Damit habe ich nach reichen Nöten und Kämpfen hingefunden zu meinem Volk und kann nun dem Führer und der Zukunft Deutschlands mit der zähen Verbissenheit und restlosen Geradlinigkeit eines Mannes der alten Garde dienen."[1]

Nicht erst nach dem Skandal um die neopagane „Konfirmationsfeier" am 14. April 1935, sondern bereits Anfang 1935 hatte Biberstein dem am 1. Mai 1934 errichteten Reichsministerium für Wissenschaft, Erziehung und Volksbildung ein Beschäftigungsgesuch eingereicht, da es dort eine so bezeichnete *Geistliche Abteilung* gab, jedoch keinerlei Bescheid erhalten.[2] Dass Bibersteins Anfrage ohne Beantwortung geblieben war, erklärt sich daraus, dass Hitler offensichtlich bereits zu jenem Zeitpunkt in Planung hatte, die Zuständigkeiten für die kirchlichen Angelegenheiten dem damaligen Reichsminister ohne Geschäftsbereich, Hanns Kerrl, zu übertragen.[3]

---

1 Handschriftlicher Lebenslauf Bibersteins (1936), BArch (ehem. BDC), SSO, Biberstein Ernst, 15.02.1899, S. 2-3.

2 Zeugeneinvernahme Biberstein, StAN, Rep. 501, KV-Prozesse, Fall 9, A 32-33, S. 2767f.

3 Aufzeichnung über eine Rede des Reichs- und Preußischen Ministers für die kirchlichen Angelegenheiten, Hanns Kerrl, vor den Gauobmännern der Deutschen Christen in seinem Amtssitz in der Leipziger Straße 3 (Preußenhaus), BArch, R 5101/ 23753, fol. 90-92, hier fol. 91 (V): „Der Führer hat schon vor sechs Monaten mit mir in der ganzen Angelegenheit gesprochen. Ich hätte schon damals das Amt übernehmen können, aber auch derartige Dinge müssen in einem bestimmten Sta-

Es sollte das erste und zugleich letzte Mal in der deutschen Geschichte sein, dass ein Staat sich genötigt glaubte, ein eigenes Ministerium für kirchliche Angelegenheiten installieren zu müssen. Insofern ist nicht nur auf dessen Entstehung und organisatorische Entwicklung ein gesondertes Augenmerk zu richten, sondern ganz besonders auf dessen *kirchenpolitischen* Kurs, der den religionspolitischen Zielvorstellungen der Parteispitze diametral entgegenstand und demzufolge den Reichsminister für die kirchlichen Angelegenheiten, Hanns Kerrl, quasi unter Kuratel von Parteispitze und SD stellte. Für Biberstein hatte das zur Folge, dass er durch seine Aufnahme in die SS unter gleichzeitiger Ernennung zum *Führer im SD* von der kirchenpolitischen Abteilung des SD-Hauptamtes vereinnahmt wurde, in der Weise, dass er 1940 als Staatsbeamter zwangsweise in das Reichsministerium des Innern versetzt wurde mit der dortigen Zuweisung zum Reichssicherheitshauptamt (RSHA). Das bedeutete für ihn die unmittelbare Einbindung in die NS-Vernichtungsmaschinerie.

1 Kirchliche Angelegenheiten *vor* Entstehung des Reichskirchenministeriums

Zum Zeitpunkt der Niederlegung seines Kirchenamtes im Frühjahr 1935 hatte Biberstein offensichtlich in der irrigen Annahme gestanden, in dem Bereich der kirchlichen Angelegenheiten die geregelten, den jeweiligen Ministerien zugewiesenen Kompetenzbereiche vorzufinden. Stattdessen befanden sich jene Zuständigkeitsbereiche gerade in einem Stadium völligen Umbruchs, sodass sich Biberstein – wie erst gegen Ende seines Lebens der Schleswig-Holsteinischen Landeskirche bekannt wurde – mehr als ein Vierteljahr als Hilfsarbeiter durchschlagen musste, bis er endlich am 14. August 1935 in dem Reichsministerium für die kirchlichen Angelegenheiten als Referatsleiter eingestellt werden konnte, also mit dessen offizieller Gründung am 15. August 1935.

Zwar waren in der Weimarer Republik durch die Verfassung des Deutschen Reiches vom 18. August 1919 (WRV)[4] die kirchlichen Angelegenheiten in der Weise geregelt, dass gemäß Artikel 137 ausdrücklich *keine* Staatskirche bestehen, sondern „jede Religionsgesellschaft [...] ihre Angelegenheiten selbständig innerhalb der Schranken des für alle geltenden Gesetzes [ordnen und verwalten sollte]“.[5] Dennoch konnte gemäß Artikel 10 der Verfassung „das Reich im Wege

dium ihrer Reife angepackt werden. Vor drei Monaten [Juli 1935] schien mir die richtige Zeit zu sein.“

4 *Die Verfassung des Deutschen Reichs. Vom 18. August 1919*, in: Reichsgesetzblatt I (1919), Nr. 15, S. 1383-1418.

5 Ebd., S. 1409.

der Gesetzgebung Grundsätze aufstellen für die Rechte und Pflichten der Religionsgesellschaften“,[6] indes war die Wahrnehmung jener Grundsätze gemäß Artikel 138 ausdrücklich Ländersache. Entsprechend heißt es in Artikel 138 der Weimarer Reichsverfassung (WRV):

> „Die auf Gesetz, Vertrag oder besonderen Rechtstiteln beruhenden Staatsleistungen an die Religionsgesellschaften werden durch die Landesgesetzgebung abgelöst. Die Grundsätze hierfür stellt das Reich auf.“[7]

Demzufolge wurden in der Weimarer Republik die Kultusangelegenheiten zum einen in den Kultusministerien der Länder geregelt, zum anderen lagen die Autoritäten für die kirchlichen Angelegenheiten beim Reichsministerium des Innern, und dort laut Geschäftsverteilungsplan (GVP) vom 25. Januar 1922 in der *Abteilung I für Politik und Verfassung*, Unterabteilung 5 (*Religions- und Kirchenangelegenheiten* [II,3 der Reichsverfassung]).[8]

2 Machtzentrierung nach Hitlers Machtübernahme

Nach Hitlers Machtübernahme unterstand jenes Reichsministerium des Innern bis zum 24. August 1943 zunächst Dr. Wilhelm Frick, danach bis zum 29. April 1945 Heinrich Himmler. Unter Frick wurde das Sachgebiet *Religions- und Kirchenangelegenheiten* zunächst als Sachgebiet *Kirche und Staat, Kirchenfragen, religiöses Leben in Deutschland, Kirchenpolitik* in der *Abteilung III für Wissenschaft, Unterricht, körperliche Erziehung, Sport* geführt.[9] Nachdem jedoch im Rahmen der nationalsozialistischen Politik der Machtzentrierung durch das *Gesetz über den Neuaufbau des Reichs* vom 30. Januar 1934, Artikel 2, Absatz 1/2 „die Hoheitsrechte der Länder auf das Reich [übergegangen waren] und die Landesregierungen [nunmehr] der Reichsregierung [unterstanden]“,[10] konnten demzufolge

> „mit Wirkung vom 1. November 1934 das Reichsministerium des Innern und das Preußische Ministerium des Innern räumlich und sachlich zusammengefasst und unter Aufgabe der Scheidung zwischen Reich und Preussen ausschließlich nach sachlichen Gesichtspunkten gegliedert [werden].“[11]

---

[6] Ebd., S. 1385.

[7] Ebd., S. 1409.

[8] Geschäftsverteilungsplan des Reichsministeriums des Innern vom 25. Januar 1922, BArch, R 1501/1, fol. 3-5 (V+R), hier fol. 4. Der Zusatz „II, 3 der Reichsverfassung“ meint in diesem Zusammenhang die Staatsorgane (II, 3) bzw. die Reichsregierung (II, 3.3).

[9] Geschäftsverteilungsplan des Reichsministeriums des Innern vom 20. Oktober 1933, BArch, R 1501/ 2174, (alte Sign. BA Potsdam 23.01/2174)

[10] *Gesetz über den Neuaufbau des Reichs. Vom 30. Januar 1934*, in: Reichsgesetzblatt I (1934), Nr. 11, S. 75.

Nach jener Machtzentrierung entstanden sodann im Reichsministerium des Innern sieben inhaltlich völlig neu strukturierte Fachabteilungen,[12] und die Zuständigkeiten für die kirchlichen Angelegenheiten wurden nunmehr in die Fachabteilung VI *Deutschtum, Leibesübungen und Kirche* überführt, die zunächst dem Verwaltungsjuristen und Staatssekretär Hans Pfundtner unterstehen sollte.

Dann jedoch weist der Geschäftsverteilungsplan vom 1. November 1934 in der Abteilung VI unter der neuen Leitung des Ministerialdirektors Dr. Rudolf Buttmann – der ebenfalls Verwaltungsjurist war – das Sachgebiet *Kirchen* auf, nun aber nach Konfessionen getrennt zum einen als *Referat 4* (*Katholische Kirche*) unter dem Referenten Ministerialrat Dr. Conrad und zum anderen als *Referat 5* (*Evangelische Kirche*) unter dem Referenten Regierungsrat Dr. Schucht.[13] Die Installation zweier Einzelreferate innerhalb des Sachgebietes *Kirche* war aufgrund der verschärften protestantischen Kirchenkampfsituation erfolgt, d. h. des innerkirchlichen Zwistes zwischen der *Bekennenden Kirche* (BK) und den *Deutschen Christen* (DC).[14]

Jener innerkirchliche Bruderkampf sollte für Bibersteins weiteren Lebensweg von entscheidender Wichtigkeit sein, erfolgte doch dessen Versetzung in das Reichsministerium des Innern und der Zuweisung zum Reichssicherheitshauptamt (RSHA) und damit hinein in den Vernichtungsapparat letztendlich aufgrund der zunehmenden Auseinandersetzungen zwischen dem Reichsminister für die kirchlichen Angelegenheiten Hanns Kerrl und der Parteispitze im Hinblick auf die baldige sinnvolle Beendigung jenes Kirchenkampfes.

2.1 Kirchliche Angelegenheiten im Reichsministerium für Wissenschaft, Erziehung und Volksbildung

Nachdem das Reichsministerium des Innern bereits mit Wirkung vom 13. März 1933 wichtige Kompetenzen an das neu errichtete Reichsministerium für Volksaufklärung und Propaganda[15] abgegeben hatte, gingen mit dem *Erlaß über die*

---

[11] Schreiben des Reichs- und Preußischen Ministers des Innern vom 23. Oktober 1934 an die Herren Staatssekretäre Pfundtner, Grauert und Hierl – einzeln – (1) und an den Herrn Preussischen Ministerpräsidenten (3), BArch, R 1501/4, fol. 1 (V+R).

[12] Schreiben des Reichs- und Preußischen Ministers des Innern vom 23. Oktober 1934 an die Herren Reichsminister, die Herren Reichsstatthalter, die Obersten Landesbehörden (4), BArch, R 1501/4, fol. 2 (V+R).

[13] Geschäftsverteilungsplan des *Reichsministeriums des Innern* vom November 1934, BArch, R 1501/4, fol. 109-110.

[14] Heinz Boberach: Organe der nationalsozialistischen Kirchenpolitik. Kompetenzverteilung und Karrieren in Reich und Ländern, in: Karl Dietrich Bracher u. a. (Hrsg.): Staat und Parteien. Festschrift für Rudolf Morsey zum 65. Geburtstag, Berlin 1992, S. 305-331, hier S. 305.

[15] *Erlaß über die Errichtung des Reichsministeriums für Volksaufklärung und Propaganda. Vom 13. März 1933*, in: Reichsgesetzblatt I (1933), Nr. 21, S. 104.

Errichtung des Reichsministeriums für Wissenschaft, Erziehung und Volksbildung vom 1. Mai 1934[16] weitere Zuständigkeiten auf jenes Ministerium über. So waren neben dem „gesamte[n] Erziehungs- Bildungs- und Unterrichtswesen des Reichs sowie [den] Aufgaben der Wissenschaft auch die kirchlichen Angelegenheiten eingeschlossen.

Im *Aktenplan der Hausabteilung* (Z I)[17] des Reichs- und Preußischen Ministeriums für Wissenschaft, Erziehung und Volksbildung 1934 ist unter dem Rubrum (I) *Organisation, Geschäftsgang, Dienstbetrieb* als letztgenannte Abteilung die *Geistliche Abteilung* (*G*) verzeichnet (I B 13).[18] Im Geschäftsverteilungsplan vom 10. Mai 1935, der insgesamt 16 Sachgebiete aufweist, findet sich nunmehr an elfter Stelle das Dezernat *Kirchenpolitische Angelegenheiten* unter dem Referenten Weber.[19]

2.2 Politische Dimension der kirchlichen Angelegenheiten

Ein Vergleich der Geschäftsverteilungspläne des Reichsministeriums des Innern während der Weimarer Republik mit jenen nach Hitlers Machtübernahme sowie mit jenen des 1934 errichteten Reichsministeriums für Wissenschaft, Erziehung und Volksbildung lässt erkennen, dass die *Kirchlichen Angelegenheiten* nach Hitlers Machtübernahme aus dem Bereich der reinen Verwaltung herausgelöst worden waren und nunmehr eine *politische* Dimension angenommen hatten, wie beispielsweise aus dem oben erwähnten Geschäftsverteilungsplan des Reichs- und Preußischen Ministeriums für Wissenschaft, Erziehung und Volksbildung vom 10. Mai 1935 eindeutig hervorgeht. Dieses Faktum ist im Zusammenhang mit jener folgenschweren Aussage zu werten, wie sie im *Erlaß über die Errichtung des Reichsministeriums für Volksaufklärung und Propaganda* vom 13. Mai 1933 sowie ebenfalls im *Erlaß über die Errichtung des Reichsministeriums für Wissenschaft, Erziehung und Volksbildung* vom 1. Mai 1934 zu finden ist und die dem späteren Reichsminister für die kirchlichen Angelegenheiten Hanns Kerrl jedwede eigenständige kirchenpolitische Entscheidung unmöglich machen und ihn unter die ständige geheime Beobachtung des SD-Hauptamtes stellen sollte:

> „Die einzelnen Aufgaben des Reichsministeriums für Wissenschaft, Erziehung und Volksbildung bestimmt der *Reichskanzler*." [Kursivdruck vom Verf.].[20]

---

[16] *Erlaß über die Errichtung des Reichsministeriums für Wissenschaft, Erziehung und Volksbildung. Vom 1. Mai 1934*, in: Reichsgesetzblatt I (1934), Nr. 49, S. 365.

[17] Z I ist hier das Kürzel für Zentralabteilung.

[18] *Aktenplan der Hausabteilung (Z I) des Reichs- und Preußischen Ministeriums für Wissenschaft, Erziehung und Volksbildung 1934*, BArch, R 4901/12408, nicht foliert.

[19] Geschäftsverteilungsplan des Reichs- und Preußischen Ministeriums für Wissenschaft, Erziehung und Volksbildung vom 10. Mai 1935, Z I Nr. 5462, BArch, R 4901/12408, nicht foliert.

[20] *Erlaß über die Errichtung des Reichsministeriums für Wissenschaft, Erziehung und Volksbildung.*

2.3 Dritte Abteilung für Kirchenangelegenheiten im SD-Hauptamt

Wie *politisch* der Bereich *Kirchliche Angelegenheiten* werden sollte, in den Biberstein nach der Niederlegung seines Kirchenamtes hineingezogen wurde, zeigt sich darin, dass neben den Abteilungen für Kultusangelegenheiten im Reichsministerium des Innern sowie im Reichsministerium für Wissenschaft, Erziehung, und Volksbildung eine weitere, d. h. dritte, kirchenpolitische Abteilung entstand, und zwar innerhalb des SD-Hauptamtes – also innerhalb eines *Partei*apparates –, nachdem der Sicherheitsdienst des Reichsführers SS (SD) am 9. Juni 1934 offiziell zum *einzigen* Nachrichtendienst der NSDAP erklärt worden war und seinen Sitz von der NSDAP-Zentrale im Braunen Haus in München nach Berlin in das Prinz-Albrecht-Palais in der Wilhelmstraße 102 verlegt hatte.[21]

3 Bildung eines Ministeriums für die kirchlichen Angelegenheiten

Eine grundlegende Zäsur der bisherigen nationalsozialistischen Kirchenpolitik stellte Hitlers *Erlaß über die Zusammenfassung der Zuständigkeiten des Reichs und Preußens in Kirchenangelegenheiten* vom 16. Juli 1935[22] dar. Jener Erlass, der unterzeichnet ist von dem Führer und Reichskanzler Adolf Hitler, dem Reichsminister des Innern Frick, dem Reichsminister für Wissenschaft, Erziehung und Volksbildung Bernhard Rust sowie dem Preußischen Ministerpräsidenten [Hermann Göring] (in Vertretung Körner), führt aus:

> „Auf den Reichsminister ohne Geschäftsbereich Kerrl gehen die bisher im Reichs- und Preußischen Ministerium des Innern sowie im Reichs- und Preußischen Ministerium für Wissenschaft, Erziehung und Volksbildung bearbeiteten kirchlichen Angelegenheiten über. Wegen der Ausführung dieses Erlasses treffen die beteiligten Reichs- und Preußischen Minister nähere Bestimmungen“[23]

In seiner Funktion als Reichs- und Preußischer Minister des Innern setzte Frick sogleich mit Schnellbrief vom 22. Juni 1935 alle ihm nachgeordneten Behörden

---

Vom 1. Mai 1934, in: Reichsgesetzblatt I (1934), Nr. 49, S. 365, Absatz 2 a. *Erlaß über die Errichtung des Reichsministeriums für Volksaufklärung und Propaganda. Vom 13. März 1933*, in: Reichsgesetzblatt I (1933), Nr. 21, S. 104, Absatz 2.

[21] Auf die kirchenpolitische Funktion des SD und deren Abteilung im SD-Hauptamt (SDHA) wird in Kapitel II.3 ausführlich einzugehen sein.

[22] *Erlaß über die Zusammenfassung der Zuständigkeiten des Reichs und Preußens in Kirchenangelegenheiten. Vom 16. Juli 1935*, in: Reichsgesetzblatt (RGBl.) I (1935), Nr. 80, S. 1029. BArch, R 43 II/ 139 b, fol. 32. BArch., R 5101/ 22406, fol. 197.

[23] Ebd.

über jenen Führer-Erlass in Kenntnis, schränkte dabei jedoch die Kompetenzen des Ministers Kerrl hinsichtlich exekutiver Maßnahmen – d. h. staatspolizeilicher Maßnahmen – in kirchenpolitischen Angelegenheiten von vorneherein durch folgende Anweisung ein:

> „Vorlagen auf diesem [kirchlichem] Gebiete sind daher in Zukunft unmittelbar an den Herrn Reichsminister Kerrl (Kirchenabteilung), Berlin SW 11, Prinz-Albrecht-Str. 5 (Preußenhaus) zu richten.
>
> Soweit dabei *Fragen polizeilicher Natur* berührt werden, für die nach wie vor in erster Linie *meine Zuständigkeit* gegeben ist, (z. B. Inschutzhaftnahme, Ausweisungen, Redeverbote, Beschlagnahmen und andere Maßnahmen zur Aufrechterhaltung der öffentlichen Ruhe, Ordnung und Sicherheit), ersuche ich, mir gleichzeitig einen Abdruck der Vorlagen zu übersenden.“ [Kursivdruck vom Verf.][24]

Eine „Abschrift [...] zur gefälligen Kenntnis mit der Bitte, wegen der erwähnten Fragen polizeilicher Natur mit mir (Referat III) ständige Fühlung zu halten“ sandte Reichsinnenminister Frick unter gleichem Datum „an den Herrn Reichsminister Kerrl (Kirchenabteilteilung)“.[25] In jenem Schnellbrief vom 22. Juni 1935 wurde Minister Kerrl dezidiert nicht als *Reichs- und Preußischer Minister für die kirchlichen Angelegenheiten* definiert und demzufolge dessen Büro, das in der Leipziger Straße 3 untergebracht war, auch nicht als *Ministerium für die kirchlichen Angelegenheiten*, sondern lediglich als *Kirchenabteilung*. Jene Bezeichnung wurde in unterschiedlichen Zusammenhängen ebenfalls sowohl von dem Reichsminister der Finanzen, Johann Ludwig Graf Schwerin von Krosigk, angewandt[26] als auch von dem Reichs- und Preußischen Minister für Wissenschaft, Erziehung und Volksbildung, Bernhard Rust.[27]

---

[24] Der Reichs- und Preußische Minister des Innern an Herrn Reichsminister Kerrl (Kirchenabteilung). An (a) die Landesregierungen für Preußen: den Herrn Ministerpräsidenten – Geheime Staatspolizei – (b) Herrn Reichskommissar für die Rückgliederung des Saarlandes, (c) die Herren Oberpräsidenten, (d) die Herren Regierungspräsidenten, (e) den Herrn Polizeipräsidenten in Berlin. Nachrichtlich an (a) die Herren Reichsminister, (b) die Herren Preußischen Minister, die Herren Reichsstatthalter. Nachrichtlich an (a) die Herren Reichsminister, (b) die Herren Preußischen Minister, (c) die Herren Reichsstatthalter, Schnellbrief vom 22. Juni 1935, BArch, R 43 II/ 139 b, fol. 34 (V+R).

[25] Abschrift des Schnellbriefes vom 22. Juli, BArch, R 5101/ 23482, Akte 1, nicht foliert.

[26] Der Reichsminister der Finanzen an den Herrn Staatssekretär und Chef der Reichskanzlei Berlin, Schreiben vom 27. Juli 1935, BArch, R 43 II/ 139 b, fol. 69-71. Abschrift des Schreibens an Reichsminister Kerrl, Berlin W 8, Preußenhaus, ebd.

[27] Der Reichs- und Preußische Minister für Wissenschaft, Erziehung und Volksbildung an die Herren Vorsteher der nachgeordneten preußischen Dienststellen, den Herrn Preußischen Finanzminister, die übrigen Herren Staatsminister, die kirchlichen Behörden, Schreiben vom 22. Juli 1935, BArch, R 5101/ 22406, fol. 199.

Bild 15: Vorderseite des ehemaligen Reichsministeriums für die kirchlichen Angelegenheiten, Leipziger Straße 3, Berlin, heute Sitz des Bundesrates.
(Quelle: www.bundesrat.de).

Bild 16: Rückseite des ehemaligen Reichsministeriums für die kirchlichen Angelegenheiten, Niederkirchnerstraße 5 (ehemals Prinz-Albrecht-Straße 5), heute Sitz des Berliner Abgeordnetenhauses.
(Quelle: www.stadtentwicklung.berlin.de).

Dessen ungeachtet hatte sich Minister Kerrl gleich in seinem ersten Runderlass vom 27. Juli 1935 – d. h. bereits zehn Tage nach dem konstituierenden Führererlass vom 16. Juli 1935 – eigenmächtig die Bezeichnung *Reichsminister für die kirchlichen Angelegenheiten* zugelegt.[28] Der Text des Runderlasses lautete:

[28] Der Reichsminister für die kirchlichen Angelegenheiten (1) An die nachgeordneten Behörden,

Bild 17: Das Reichsministerium für die kirchlichen Angelegenheiten (ehemaliges Herrenhaus) während Bibersteins Dienstzeit. Vorderseite Leipziger Straße 3.
(Quelle: Album von Berlin, Globus Verlag).

Betrifft die kirchlichen Angelegenheiten.
Mit Bezug auf den Runderlaß des Herrn Reichs- und Preußischen Ministers für Wissenschaft, Erziehung und Volksbildung vom 22. Juli 1935 – Z II a 2372, Z I, M –.[29]

Meine Erlasse in kirchlichen Angelegenheiten werden unter folgender Bezeichnung ergehen.

Der Reichsminister für die kirchlichen Angelegenheiten
Berlin, W 8, den ... ,
Leipziger Str. 3,
Fernspr.: vorläufig A 2 Flora 7071
(Pr. Staatsministerium)[30]

Derweil hatte der promovierte Verwaltungsjurist Hans Heinrich Lammers, der von Hitler am 21. März 1933 zum Staatssekretär und Chef der Reichskanzlei ernannt worden war, erhebliche staatsrechtliche Einwände hinsichtlich der eigenmächtigen Amtsbezeichnung des Ministers Kerrl geäußert, wie aus einem Vermerk der Reichskanzlei ersichtlich wird.

(2) An die Herren Staatssekretäre und Chefs der Präsidialkanzlei, die Herren Reichsminister, den Herrn Preuß. Ministerpräsidenten, den Herrn Preuß. Finanzminister, die Oberrechnungskammer, den Rechnungshof des Deutschen Reiches, die Regierungen der außerpreußischen Länder, (3) An die kirchlichen Behörden, Rundschreiben vom 27. Juli 1935, BArch., R 43 II/ 139 b, fol. 35 sowie BArch, R 5101/ 22406, fol. 200.

29 Rundschreiben vom 27. Juli 1935, BArch., R 43 II/ 139 b, fol. 35 sowie BArch, R 5101/ 22406, fol. 199.

„1. Da es mir zweifelhaft war, ob der Reichsminister Kerrl die Bezeichnung ‚Reichsminister für die kirchlichen Angelegenheiten' ohne einen besonderen Erlaß des Führers sich selbst beilegen durfte, habe ich die Angelegenheit heute [am 15. August 1935] dem Führer vorgetragen. Der Führer hat gegen die von Reichsminister Kerrl gewählte Bezeichnung keine Bedenken.

2. Von einem Erlaß des Führers kann daher abgesehen werden."[31]

Nachdem jedoch der Briefkopf eines Rundschreibens des Ministers Kerrl vom 5. Oktober 1935 – das an verschiedene Ministerien und staatliche Behörden und somit auch an Lammers ergangen war und das zu einer ersten gemeinsamen Amtsbesprechung für den 9. Oktober 1935 ins Preußenhaus geladen hatte, in der es um die Klärung der „Frage der haushaltsrechtlichen Behandlung der neuen Geschäftsbereiche vom Rechnungsjahr 1936 ab" gehen sollte –, erneut die Amtsbezeichnung *Der Reichs- und Preußische Minister für die kirchlichen Angelegenheiten* aufwies,[32] sah sich Lammers veranlasst, Minister Kerrl in einem persönlichen Anschreiben über die Unterredung zwischen Hitler und ihm hinsichtlich der staatsrechtlichen Relevanz jener eigenmächtigen Amtsbezeichnung hinzuweisen. Zwar sei ihm, Hanns Kerrl, als dem bisherigen Minister ohne Geschäftsbereich, durch den Führererlass vom 16. Juli 1935

„zweifellos ein Geschäftsbereich übertragen [worden]. Gleichwohl hätte es *nach staatsrechtlichen Gesichtspunkten* eines weiteren Erlasses des Führers und Reichskanzlers bedurft, der Ihnen die Bezeichnung als ‚Der Reichsminister für die kirchlichen Angelegenheiten' beigelegt hätte."

Nachdem Sie aber inzwischen durch Ihr Rundschreiben vom 27. Juli 1935 – v. A.G I a 2684 G II – sich diese Bezeichnung selbst beigelegt hatten, die an sich dem Erlaß des Führers vom 16. Juli entsprach, habe ich dem Führer und Reichskanzler vorgeschlagen, von einem weiteren Erlaß, der lediglich formale Bedeutung gehabt hätte, abzusehen, und die *Errichtung eines Reichsministeriums für kirchliche Angelegenheiten* stillschweigend zu billigen." [Kursivdruck vom Verf.].[33]

Somit ist nach *staatsrechtlichen* Gesichtspunkten das Reichsministerium für die kirchlichen Angelegenheiten *formal* erst mit der Unterredung zwischen Hitler und dem Chef seiner Reichskanzlei, Dr. Hans Heinrich Lammers, am 15. August

[31] Vermerk des Staatssekretärs und Chefs der Reichskanzlei, Dr. Hans Heinrich Lammers, zu Rk. 6506/35, Berchtesgaden, 15. August 1935, BArch, R 43 II/ 139, fol. 36.

[32] Der Reichs- und Preußische Minister für die kirchlichen Angelegenheiten an (a) den Herrn Preuß. Ministerpräsidenten, (b) den Herrn Staatssekretär und Chef der Reichskanzlei, (c) den Herrn Reichsminister der Finanzen, (d) den Herrn Preuß. Finanzminister, (e) den Herrn Reichs- und Preuß. Minister des Innern, (f) den Herrn Reichs- und Preuß. Minister für Wissenschaft, Erziehung und Volksbildung, Rundschreiben vom 5. Oktober 1935, BArch., R 43 II/ 139b, fol 38 (V+R). [Unterstreichung im Original].

[33] BArch, R 43 II/ 1156 a, fol. 54-55.

1935 auf dem Obersalzberg, bzw. in Berchtesgaden,[34] entstanden. Nichtsdestoweniger findet sich auf dem recht apologetisch formulierten Antwortschreiben des Ministers Kerrl vom 24. Oktober 1935 an Staatssekretär Lammers, in dem er devot vorschlägt, dass „die Frage der Bildung eines eigenen Reichsministeriums vorerst auf sich beruhen [könne]"[35] ein in Sütterlinschrift verfasster handschriftlicher Vermerk der Reichskanzlei, dass „von hier aus vorläufig nichts zu unternehmen [sei]."[36] Bereits hier zeichnen sich künftige Querelen ab, die den Reichskirchenminister Kerrl unter Kuratel des SD-Hauptamtes stellen sollten, mit der Folge, dass Biberstein zu dessen Bespitzelung eingesetzt wurde.

Da aufgrund des konstituierenden Hitlererlasses vom 16. Juli 1935 „die beteiligten Reichs- und Preußischen Minister wegen der Ausführung [des Erlasses] nähere Bestimmungen zu treffen [hatten]",[37] lud Minister Kerrl die Sachbearbeiter der beteiligten Ministerien sowie Ministerialrat Richard Albert Wienstein als Vertreter der Reichskanzlei zu einer ganztägigen ersten Ressortbesprechung für den 9. Oktober 1935 in das Preußenhaus, Eingang Leipziger Straße 3, ein.

Als Gegenstand der Erörterungen kündigte er zum einen die grundsätzliche Klärung der „Frage der haushaltsrechtlichen Behandlung der neuen Geschäftsbereiche"[38] vom Rechnungsjahr 1936 ab" an, zum anderen die „Schaffung einer neu-

---

[34] Neben der *Alten Reichskanzlei* in der Wilhelmstraße 77 und der *Neuen Reichskanzlei*, dem ab 1934 errichteten Monumentalbau entlang der im rechten Winkel zur Wilhelmstraße gelegenen Voßstraße, gab es in Berchtesgaden einen zweiten Regierungssitz Hitlers, die so bezeichnete *Kleine Reichskanzlei.*

[35] Reichsminister Kerrl an den Chef der Reichskanzlei, Staatssekretär Lammers, Schreiben vom 24. Oktober 1935, BArch, R 43 II/ 139 b, fol. 57.

[36] Ebd.

[37] *Erlaß über die Zusammenfassung der Zuständigkeiten des Reichs und Preußens in Kirchenangelegenheiten. Vom 16. Juli 1935*, in: Reichsgesetzblatt I (1935), Nr. 80, S. 1029. BArch, R 43 II/ 139 b, fol. 32 und R 5101/ 22406, fol 197.

[38] Kerrl bezieht sich hier unter anderem auf das Gesetz zur Regelung des Landbedarfs der öffentlichen Hand vom 29. März 1935 und auf seine Ernennung durch Hitler zum Leiter der *Reichsstelle zur Regelung des Landbedarfs der öffentlichen Hand* sowie auf seine Ernennung zum Leiter der *Reichstelle für Raumordnung* (RfO) im Juni des gleichen Jahres in Verbindung mit dem Erlass Hitlers vom 26. Juni des gleichen Jahres (Reichsgesetzblatt I (1935), Nr. 37, S. 468 und Nr. 66, S. 793). Ernennung Kerrls zum Leiter der *Reichsstelle zur Regelung des Landbedarfs der öffentlichen Hand.* Abschrift der beglaubigten Ernennungsurkunde vom 3. April 1935, BArch, R 43 II/ 139 b, fol 82. Der Reichs- und Preußische Minister für die kirchlichen Angelegenheiten an (a) den Herrn Preuß. Ministerpräsidenten, (b) den Herrn Staatssekretär, (c) den Herrn Reichsminister der Finanzen, (d) den Herrn Preuß. Finanzminister, (e) den Herrn Reichs- und Preuß. Minister des Innern, (f) den Herrn Reichs- und Preuß. Minister für Wissenschaft, Erziehung und Volksbildung, Schreiben vom 5. Oktober 1935 (Rk. 8229), BArch, R 43 II/ 139 b, fol. 38 (V+R). [Unterstreichung im Original].

en Ministerialdirigentenstelle",[39] die jedoch erst nach langwierigen Verhandlungen zwischen den beteiligten Ministerien errichtet werden konnte.[40]

Mit Schreiben vom 25. November 1935 teilte der Reichsminister der Finanzen, Johann Ludwig Graf Schwerin von Krosigk, dem Minister Kerrl mit, er habe sich „trotz der sich hieraus ergebenden neuen Belastung des Reichshaushalts bereiterklärt, die Verwaltungsausgaben für das Reichs- und Preuss. Ministerium für die kirchlichen Angelegenheiten in voller Höhe auf das Reich zu übernehmen."[41] Hinsichtlich jenes großzügigen Angebotes äußerte der Stellvertreter des Kirchenministers Ministerialrat Hermann von Detten jedoch kirchenpolitische Bedenken:

> „Ich wies [Minister Kerrl] besonders auf die Bedenken hin, die durch die Übernahme der Abteilung auf den Reichsetat entstehen. In weiten Kreisen, insbesondere der *Bekenntnisfront*, wird heute noch immer wieder verbreitet, daß es der Regierung mit der Bildung einer in sich geschlossenen freien Deutschen Evangelischen Kirche nicht ernst sei. Vielmehr wolle man eine Staatskirche vom Staat aus herstellen, die in vollkommener Abhängigkeit zum Staat ein bekenntnis- und organisationsfreies Leben führen solle [. . .].
>
> *Infolgedessen besteht kein Zweifel, daß eine Übernahme der Kirchenabteilung auf den Reichsetat von den Gegnern der Regierung so gedeutet werden würde, daß die gehegten Befürchtungen wahr würden* [. . .]. Der Reichsminister war zunächst ziemlich ablehnend [. . .]. Schließlich aber erklärte er, sich die Frage noch einmal überlegen zu wollen, und zwar besonders wohlwollend im Sinne der Kirche und ihre Befriedung." [Kursivdruck vom Verf.].[42]

Bereits zu jenem frühen Zeitpunkt hatte von Detten mit Scharfsinn die Punkte erkannt, die später zum Konflikt zwischen dem *Idealisten*[43] Hanns Kerrl, der an die Kompatibilität von Nationalsozialismus und Christentum glaubte, und den Hardlinern der Parteispitze führen sollte – insbesondere Rudolf Heß, dem *Stellvertreter*

---

[39] Ebd. Als Vertreter des Reichsministeriums für die kirchlichen Angelegenheiten hatte Minister Kerrl seinen Stellvertreter entsandt, den bisherigen Leiter der Abteilung für den kulturellen Frieden, Hermann von Detten, der die Ressortbesprechung leitete. Ministerialrat Wienstein, Reichskanzlei, Vermerk zu Rk. 8229 vom 11. Oktober 1935, BArch, R 43 II/ 139 b, fol. 39-40 (V+R).

[40] Der Reichs- und Preußische Minister des Innern an (a) den Herrn Reichs- und Preußischen Minister für die kirchlichen Angelegenheiten, (b) den Herrn Staatssekretär und Chef der Reichskanzlei, (c) den Herrn Reichs- und Preußischen Minister für Wissenschaft, Erziehung und Volksbildung, (d) den Herrn Reichs- und Preußischen Wirtschaftsminister, (e) den Herrn Reichsfinanzminister, (f) den Herrn Preußischen Ministerpräsidenten, (g) den Herrn Preußischen Finanzminister, Schnellbrief vom 11. Oktober 1935, BArch, R 43 II/ 139 b, fol. 55 (V+R) und 56 (V). [Unterstreichung im Original].

[41] Der Reichsminister der Finanzen an den Herrn Reichminister Kerrl, Schreiben vom 25. November 1935, BArch, R 5101/ 23603, fol. 61 (V+R).

[42] Ministerialdirigent von Detten, Reichs- und Preußisches Ministerium für die kirchlichen Angelegenheiten, Vermerk vom 5. Dezember 1935, BArch, R 5101/ 23603, fol. 62 (V+R). Offiziell wurde von Detten allerdings erst durch die von Hitler am 19. März 1936 unterzeichnete Bestallungsurkunde zum *Ministerialdirigenten* ernannt, BArch, R 5101/ 22440, fol. 64 (V+) und 65 (V).

[43] Diese Bezeichnung geht auf die Kirchenhistorikerin und Direktorin der Evangelischen Akademie Arnoldshain, Prof. Dr. Leonore Siegele-Wenschkewitz, zurück.

des Führers, sowie Martin Bormann, dem *Leiter der Parteikanzlei der NSDAP* und *Stabsleiter des Stellvertreters des Führers* –, sodass Minister Kerrl unter die ständige geheime Aufsicht durch das SD-Hauptamt geriet. Das hatte zur Folge, dass Heydrich als Chef des Sicherheitsdienstes des Reichsführers SS (SD) insgesamt drei hochrangige Mitarbeiter des Reichsministeriums für die kirchlichen Angelegenheiten zur ständigen Überwachung des Ministers Kerrl abstellte, und zwar die ehrenamtlich tätigen SS-Offiziere und *Führer im SD-Hauptamt* Ernst Biberstein, Willi Dudzus und Joseph Roth, die allesamt wie Heß und Bormann den offiziellen Standpunkt der NSDAP vertraten. Biberstein und Dudzus waren ehemalige evangelische Geistliche, desgleichen hatte Joseph Roth sein Amt als katholischer Priester niedergelegt.

Nachdem hinsichtlich der von Ministerialdirigent von Detten geäußerten Bedenken ein Schriftwechsel zwischen Minister Kerrl und dem Reichsminister der Finanzen erfolgt war,[44] lud Minister Kerrl für den 7., wahlweise 8. Januar 1936 den Reichsminister der Finanzen und den Preußischen Finanzminister „zwecks abschließender Klärung der noch offenen Fragen über die haushaltsmäßige Behandlung [des] kirchlichen Geschäftsbereichs im Rechnungsjahr 1936 [...] zu einer Chefbesprechung in [sein] Ministerium ein",[45] in der die von Ministerialrat von Detten beschriebenen kirchenpolitischen Bedenken gegen einen Reichshaushalt ebenso geklärt werden sollten wie verwaltungsrechtliche Zweifel.[46]

In jener Sitzung einigten sich die beteiligten Minister dahingehend, dass das Preußische Finanzministerium 70 Prozent und „das Reich 30 v. H. der gesamten persönlichen und sächlichen Verwaltungsausgaben des Reichs- und Preußischen Ministeriums [für die kirchlichen Angelegenheiten] tragen [werde]"[47] Zuvor war dem Minister Kerrl unmittelbar nach Errichtung seines Reichministeriums für die kirchlichen Angelegenheiten von dem Reichsminister der Finanzen „zur ersten Einrichtung der Abteilung vordringlich ein Betrag von 15.000 RM zur Bestreitung einmaliger und laufenden Kosten" zur Verfügung gestellt worden.[48] Dieser

[44] Der Reichsminister der Finanzen an den Herrn Reichsminister, Schreiben vom 25. November 1935, BArch, R 5101/ 23603, fol. 61 (V+R).

[45] Der Reichs- und Preußische Reichsminister für die kirchlichen Angelegenheiten (1) An den Herrn Reichsminister der Finanzen, (2) An den Herrn Preußischen Finanzminister, Abschrift des Schreibens vom 3. Januar 1936, BArch, R 5101/ 23603, fol. 63 (V+R).

[46] Vermerk des Reichsministeriums für die kirchlichen Angelegenheiten „für die Chefbesprechung am 8.1.36" betreffend den Haushalt des Kirchenministeriums für 1936, BArch, R 5101/ 23603, fol. 64 (V+R).

[47] Der Reichsminister der Finanzen an den Herrn Preußischen Minister der Finanzen, Abschrift des Schreibens vom 20. März 1936, BArch, R 5101/ 23595, nicht foliert. Der Reichs- und Preuß. Minister für die kirchlichen Angelegenheiten an (1) die Reichshauptkasse Berlin W 8, (2) die Generalstaatskasse Berlin, BArch, R 5101/ 23595, nicht foliert.

[48] Reichsminister Kerrl an den Herrn Reichsminister der Finanzen, Schreiben vom 26. Juli 1935, BArch, R 43 II/ 139 b, fol 71 (R). Der Reichsminister der Finanzen an den Herrn Reichsminis-

Betrag wurde von dem Staatssekretär und Chef der Reichskanzlei, Dr. Hans Heinrich Lammers, „für das Rechnungsjahr 1935 [auf] insgesamt 25.000,00 RM" aufgestockt.[49] Damit war das Reichsministerium für die kirchlichen Angelegenheiten zwar von der finanziellen Seite her funktionsfähig, nicht jedoch hinsichtlich der Ausübung seiner kirchenpolitischen Ziellinie.

Der Aufgabenbereich des Reichsministeriums für die kirchlichen Angelegenheiten umfasste sowohl die *Staatsaufsicht* über die Religionsgesellschaften und Weltanschauungsvereinigungen als auch die *Rechtshilfe* für die Kirchen und öffentlich-rechtlichen Religionsgemeinschaften. Das betraf etwa Fragen der staatlichen Mithilfe bei der Erhebung der Kirchensteuern oder aber solche, welche die Regelungen der auf Gesetz, Vertrag oder besonderen Rechtstiteln beruhenden Staatsleistungen an die Religionsgesellschaften betrafen, wie sie in Artikel 140 in Verbindung mit Artikel 138 der Weimarer Reichsverfassung geregelt sind. Das gesamte Sachgebiet wurde im Einzelnen in den jeweiligen Geschäftsverteilungsplänen geregelt.

4 Struktur des Reichsministeriums für die kirchlichen Angelegenheiten

4.1 Referatsaufteilung bei Bibersteins Dienstantritt am 14.8.1935

Die Struktur des am 16. Juli 1935 gegründeten, jedoch offiziell erst am 15. August 1935 errichteten Reichsministeriums für die kirchlichen Angelegenheiten ist den detailliert ausgearbeiteten Geschäftsverteilungsplänen zu entnehmen. Der erste Geschäftsverteilungsplan trat mit Wirkung vom 15. August 1935 in Kraft und wies zu jenem Zeitpunkt eine *nicht* hierarchische Dreiteilung auf.[50]

I. *Evangelische Angelegenheiten* (G I),
II. *Katholische Angelegenheiten* (G II),
III. *Allgemeine Angelegenheiten* (H. B.).[51]

ter Kerrl, Berlin W 8, Preußenhaus, Schreiben vom 27. Juli 1935, BArch, R 43 II/ 139 b, fol. 69-70.

49 Der Staatssekretär und Chef der Reichskanzlei (1) An den Herrn Reichsminister für die kirchlichen Angelegenheiten Kerrl, (2) An die Reichshauptkasse, (3) An den Herrn Reichsminister der Finanzen, (4) An den Rechnungshof des Deutschen Reichs, Schreiben vom 19. September 1935, BArch, R 43 II/ 139 b, fol. 76 (V+R) und 77 (V).

50 Geschäftsverteilungsplan des Reichsministeriums für die kirchlichen Angelegenheiten vom 15. August 1935, BArch, R 5101/ 23493, fol. 171-176 (V+R).

51 G steht jeweils als Kürzel für *Geistliche Abteilung*, H. B. als Kürzel für *Hauptbüro*, der späteren Zentralabteilung.

Die Evangelische Abteilung (G I) mit 47 Sachgebieten sowie der angegliederten *Beschlußstelle in Rechtsangelegenheiten der Evangelischen Kirche* als dem 48. Sachgebiet war ungleich größer angelegt als die Katholische Abteilung (G II), die lediglich 34 Referate umfasste. Die Zuständigkeit für beide Abteilungen lag bei insgesamt neun Referenten, die jeweils mehrere Sachgebiete zu bearbeiten hatten und zudem noch als Korreferenten tätig waren. Die Evangelische Abteilung (G I) umfasste verschiedene neue Aufgabenbereiche, die nicht nur eine kirchenpolitische Dimension aufwiesen – so das Sachgebiet (29) *Beziehungen der Religionsgesellschaften und Weltanschauungsgesellschaften untereinander, insbesondere konfessioneller Friede* –, sondern darüber hinaus eine politische Brisanz beinhalteten, etwa die Referate *Angelegenheit der Juden* (25), *religiöse Erziehung außerhalb der Schule, Hitlerjugend, evangelische Jugendverbände* (34) oder aber *Gestapo-Angelegenheiten, strafrechtlicher Schutz* (44).[52]

Die Installation jener Referate lässt deutlich werden, dass mit der Errichtung des Reichsministeriums für die kirchlichen Angelegenheiten die administrativen und organisatorischen Obliegenheiten der ehemals Geistlichen Abteilung im Reichsministerium des Innern und danach im Reichsministerium für Wissenschaft, Erziehung und Volksbildung nunmehr endgültig eine *politische* Dimension angenommen hatten. Das sollte sich künftig insbesondere für die protestantische Pastorenschaft als verheerend erweisen.

Die dritte Abteilung des ersten Geschäftsverteilungsplans, *Allgemeine Angelegenheiten* (Hauptbüro), war mit insgesamt zehn Sachgebieten verhältnismäßig klein dimensioniert. Deren Zuständigkeit lag allein bei Regierungsrat Helmut Urlacher, dem Regierungsinspektor Bech als Korreferent zugeteilt war.

4.2 Bibersteins Zuständigkeitsbereich

Biberstein hatte in jenem ersten Geschäftsverteilungsplan ein relativ kleines Aufgabenfeld zugewiesen bekommen. Sein Zuständigkeitsbereich als Referent oder Korreferent umfasste in der Evangelischen wie Katholischen Abteilung die nachfolgenden Sachgebiete:

In der Evangelische Abteilung:

(1) Referent für das Sachgebiet 11 c (Kirchenämter: Pfarramt, Vikariat),
(2) Referent für das Sachgebiet 44 (Gestapo-Angelegenheiten, strafrechtlicher Schutz),
(3) Referent für das Sachgebiet 45 (Innere und Äußere Mission) in Zusammenarbeit mit Friedrich Barner.
(4) Korreferent für das Sachgebiet 11 a (Kirchliche Oberbehörden einschließlich der Personalien).

[52] Geschäftsverteilungsplan des Reichsministeriums für die kirchlichen Angelegenheiten vom 15. August 1935, BArch, R 5101/ 23493, fol. 171-176 (V+R), hier fol. 173 (V+R).

In der Katholische Abteilung:

(1) Referent für das Sachgebiet 34 (Gestapo-Angelegenheiten, strafrechtlicher Schutz, polizeilicher Schutz).

Dass Biberstein, der damals unmittelbar vor Errichtung des ersten Geschäftsverteilungsplans in den NS-Staatsdienst eingetreten war,[53] zunächst mit einem recht kleinen Aufgabenbereich betraut wurde, ist vermutlich auf die Tatsache zurückzuführen, dass Minister Kerrl auf Mitarbeiter zurückgreifen konnte, die auf dem Gebiet der kirchlichen Angelegenheiten hochkompetent und seit Jahren gut eingearbeitet waren, hatte er doch die gesamte Mitarbeiterschaft der *Geistlichen Abteilung* des Reichsministeriums für Wissenschaft, Erziehung und Volksbildung mit deren jeweiligen Planstellen übernommen. Das waren immerhin 19 Personen, die auf eine langjährige Erfahrung zurückblicken konnten, unter ihnen als Beamte des höheren Dienstes die Ministerialräte Johannes Schlüter, Felix Theegarten, Kurt Grünbaum, Dr. Julius Stahn sowie Konsistorialrat Dr. Erich Ruppel.[54]

Bereits ein Vierteljahr später wurde ein zweiter Geschäftsverteilungsplan ausgearbeitet, der am 13. November 1935 in Kraft trat und wesentliche Neuerungen aufwies.[55] Er war nunmehr *hierarchisch* strukturiert und wies eine Viergliederung auf:

I. *Zentralabteilung (H. B.),*
II. *Evangelische Abteilung,*
III. *Katholische Abteilung,*
IV. *Beschlußstelle in Rechtsangelegenheiten der Evangelischen Kirche.*[56]

Die Zentralabteilung, ein ehemals kleines Hauptbüro, das früher von nur einem Referenten und einem Expedienten geleitet wurde und das lediglich zehn Sach-

---

[53] Biberstein hatte seinen Dienst im Reichsministerium für die kirchlichen Angelegenheiten am 14. August 1935 angetreten. Handschriftlicher Lebenslauf Biberschein (1937), BArch (ehem. BDC), SSO, Biberstein Ernst, 15.02.1899.

[54] Der Reichs- und Preußische Minister für Wissenschaft, Erziehung und Volksbildung an den Herrn Reichs- und Preußischen Minister für die kirchlichen Angelegenheiten, Schreiben vom 9. März 1936, BArch, R 5101/ 22462, nicht foliert. Es werden alle 19 Mitarbeiter namentlich jeweils unter Titel 1, 2 und 3 aufgeführt.

[55] Geschäftsverteilungsplan vom 13. November 1935, BArch, R 5101/ 23493, fol. 56-70 = fol. 177-192.

[56] *Die Beschlußstelle in Rechtsangelegenheiten der Evangelischen Kirche* war im Reichsministerium des Innern durch Reichsgesetz vom 26. Juni 1935 eingerichtet worden. Sie hatte in einem bürgerlichen Rechtsstreit darüber zu beschließen, ob die „seit dem 1. Mai 1933 in den Evangelischen Landeskirchen oder in der Deutschen Evangelischen Kirche getroffene[n] Maßnahmen gültig [seien] oder nicht [. . .]. Der Beschluß der Beschlußstelle [war] endgültig und allgemein verbindlich." Die Auswirkungen jenes Gesetzes im Hinblick auf die Bekennende Kirche wird hier nicht thematisiert werden, da der Kirchenkampf nicht Gegenstand dieser Studie ist. Gesetz über das Beschlußverfahren in Rechtsangelegenheiten der Evangelischen Kirche. Vom 26. Juni 1935, in: Reichsgesetzblatt I (1935), Nr. 65, S. 744.

gebiete umfasst hatte, war nunmehr mit 51 Referaten vertreten, für die sieben Referenten und Korreferenten zur Verfügung standen. Zu dem bisherigen Verwaltung- und Organisationsbereich (A) *Angelegenheiten des Hauses* kam nun der Aufgabenkreis (B) *Allgemeine Angelegenheiten des Geschäftsbereichs* hinzu mit kirchenpolitisch ausgerichteten Zuständigkeiten, die beispielsweise Hoheitssachen und Verfassungsangelegenheiten des Reiches und Preußens betrafen oder aber Gesetzentwürfe des Reiches, Preußens und der anderen Länder sowie Entscheidungen der Obersten Verwaltungsgerichte. Hinzu kam das rassenpolitisch ausgerichtete Referat (B 33) *Durchführung des Gesetzes zur Wiederherstellung des Berufsbeamtentums*. Desgleichen war die Katholische Abteilung von 34 auf 39 Referate erweitert worden. Zwar war die Evangelische Abteilung in ihrer Struktur unverändert geblieben, hatte jedoch zwei Referenten hinzubekommen, zum einen den Landgerichtsrat Werner Haugg, der unter anderem das neu eingerichtete Referat *Angelegenheiten der Juden* übernommen hatte, zum anderen Kurt Kränzlein, der das ebenfalls neu installierte Referat *Presse und Rundfunk* leitete und dieselbe Zuständigkeit auch für die Katholische Abteilung hatte.

4.3 Erweiterung von Bibersteins Aufgabenbereich

In jenem zweiten Geschäftsverteilungsplan war Biberstein als Referatsleiter und als Korreferent für nunmehr elf Sachgebiete zuständig:

In der Evangelischen Abteilung (G I):

(1) Referent für das Sachgebiet 10 (Synoden),
(2) Referent für das Sachgebiet 11 c (Pfarramt, Vikariat)
(3) Referent für das Sachgebiet 11 d (sonstige Kirchenämter),
(4) Referent für das Sachgebiet 12 e (Personalien, a: Strafsachen),
(5) Referent für das Sachgebiet 38 (Statistik),
(6) Referent für das Sachgebiet 39 (Bildende Kunst, Musik),
(7) Referent für das Sachgebiet 44 a (Gestapo-Angelegenheiten),
(8) Referent für das Sachgebiet 44 b (Strafrechtlicher Schutz),
(9) Korreferent für das Sachgebiet 11 a (Kirchliche Oberbehörden einschließlich Personalien).

In der Katholischen Abteilung (G II):

(1) Referent für das Sachgebiet 39 a (Gestapo-Angelegenheiten),
(2) Referent für das Sachgebiet 39 b (Strafrechtlicher Schutz).[57]

Knapp ein Jahr später traten in jenem zweiten Geschäftsverteilungsplan gravierende Veränderungen ein, die mit Bibersteins Tätigkeit als ehrenamtlich tätigem SS-

[57] Geschäftsverteilungsplan vom 13. November 1935, BArch, R 5101/ 23493, fol. 171-192.

Offizier und SD-Führer im SD-Hauptamt (SDHA) zusammenhingen. Darauf wird aus methodischen Gründen erst später in dem Kapitelteil „Referent im Reichskirchenministerium und SS-Offizier im SDHA 1936-1940" näher einzugehen sein, nachdem zunächst – als Vorbereitung dazu – die Entstehung, Struktur und kirchenpolitische Funktion des SD dargelegt sowie Bibersteins Einbindung in die SS-Sippengemeinschaft beleuchtet werden.

In den Jahren seit seinem Bestehen hatte sich das Reichsministerium für die kirchlichen Angelegenheiten zu einem relativ großen, umfassend strukturierten und personell gut ausgestatteten Verwaltungsapparat ausbauen können mit insgesamt vier großen Abteilungen, die ihrerseits in 20 Referate und zahlreiche Unterreferate untergliedert waren. Neben Referaten mit rein verwaltungstechnischen Aufgaben waren ebenso Bereiche mit politischer Brisanz installiert worden wie *Juden, konfessioneller Friede, Strafrecht* oder *Zusammenarbeit mit der Gestapo*. Im Jahre 193 hatte Minister Kerrl die beiden Leiter der Evangelischen und Katholischen Abteilung, die Ministerialräte Dr. Julius Stahn und Joseph Roth,[58] zu Generalreferenten ernannt.[59] Werner Haugg, Leiter unterschiedlicher Referate, benennt für das Jahr 1939 einen Mitarbeiterstab von insgesamt 80 Personen: Hanns Kerrl als Reichminister für die kirchlichen Angelegenheiten und Staatssekretär Dr. Hermann Muhs als dessen Stellvertreter sowie dreizehn Beamte des höheren Dienstes, neunzehn des gehobenen, fünf des mittleren, acht des einfachen, vierzehn Hilfsbeamte, fünfzehn Angestellte und vier Arbeiter.[60]

Bibersteins Beschäftigung im Reichskirchenministerium kommt im Hinblick auf dessen Einbindung in den NS-Vernichtungsapparat kaum Bedeutung zu. Hingegen stellt seine Aufnahme in die Allgemeine SS unter *gleichzeitiger* Ernennung zum Führer im SD am 13. September 1936 *die* einschneidende täterbiografische Zäsur dar, insofern, als die Partei-Institutionen SS und SD bei ihren Angehörigen durch entsprechende „weltanschauliche Schulungen" eine gezielte Veränderung des christlich-abendländisch geprägten normativen Wertesystems beabsichtigten, welche dann im Vernichtungsfeldzug gegen die Sowjetunion die Handlungspraxis der NS-Gewalttäter hinsichtlich der *Entgrenzung* der Gewalt maßgeblich beeinflussen sollte. Daher ist sowohl auf die Entstehung, Struktur und Funktion des SD als auch auf die Einbindung Bibersteins in die SS-Sippengemeinschaft ein besonderes Augenmerk zu richten.

---

58 Stahn erhielt seine Ernennung zum Ministerialdirigenten im Jahre 1938, Roth ein Jahr später.

59 Geschäftsverteilungsplan vom 5. Mai 1937, BArch R 5101/ 23493, fol. 1-46.

60 WERNER HAUGG: Das Reichsministerium für die kirchlichen Angelegenheiten (Schriften zum Staatsaufbau; 44), Berlin 1940, S. 8f.

5 Zur Entstehung, Struktur und Funktion des SD

5.1 Nachrichtendienstliche Frühphase

Bereits zu Beginn der dreißiger Jahre waren in den verschiedenen Organisationen der NSDAP zur Überwachung vermeintlicher oder tatsächlicher Gegner Nachrichtendienste installiert worden, so etwa in der Sturmabteilung (SA), der paramilitärischen Kampforganisation der NSDAP, oder aber nach Hitlers Machtübernahme im Amt *Information* der am 10. Mai 1933 gegründeten Deutschen Arbeitsfront (DAF), dem Einheitsverband von Arbeitnehmern und Arbeitgebern.[61] Des Weiteren übernahm am 10. April 1933 das von Hermann Göring gegründete Forschungsamt (FA) der Luftwaffe im Reichsluftfahrtministerium nachrichtendienstliche Funktionen.[62]

Auch die SS, die Schutzstaffel der NSDAP unter Heinrich Himmler, richtete einen eigenständigen Nachrichtendient ein, den so bezeichneten *Ic-Dienst*[63] , mit dessen Aufbau Reinhard Heydrich am 10. August 1931 von Himmler beauftragt wurde.[64] Mehr als ein Jahrzehnt später rechtfertigte Himmler die Installation jenes parteiinternen Nachrichtendienstes, indem er deren Aufgabenbereich umriss:

> „Im Jahre 1930 [1931] war es für die Partei notwendig, einen Nachrichtendienst zu bilden, um über die kommunistischen, jüdischen, freimaurerischen und reaktionären Gegner ins Bild zu kommen.
>
> Ich holte mir, empfohlen durch den damaligen Gruppenführer von Eberstein, den Oberleutnant zur See a. D. Reinhardt [Reinhard] Heydrich.“[65]

Jener Nachrichtendienst wurde nun generalstabsmäßig organisiert in der Weise, dass nach militärischem Vorbild[66] so bezeichnete Ic-Referenten in den einzelnen

---

[61] Jürgen Matthäus: Art. Sicherheitsdienst (SD), in: Wolfang Benz u. a., Enzyklopädie, S. 793f, hier S. 793. Zum Nachrichtendienst der DAF: Karl-Heinz Roth: Der Geheimdienst der „Deutschen Arbeitsfront“ und die Zerstörung der Arbeiterbewegung 1933-1938, Bremen 2000.

[62] Slomo Aronson: Heydrich und die Anfänge des SD und der Gestapo (1931-1935), Berlin 1967, zugleich: Berlin, Freie Univ, Diss., 1966, S. 56. Zum Forschungsamt: Günther W. Gellermann: ... und lauschten für Hitler“. Geheime Reichssache. Die Abhörzentralen des Dritten Reiches, Bonn 1991.

[63] Jürgen Matthäus: Art. Sicherheitsdienst (SD), in: Wolfang Benz u. a., Enzyklopädie, S. 793f, hier S. 793.

[64] Himmler an Heydrich, Schreiben vom 10.08.1931, BArch (ehemals BDC), SSO Heydrich, Reinhard, 07.03.1904, nicht foliert.

[65] Himmler in seiner Rede vom 30. Januar 1943 anlässlich der Amtseinführung von Ernst Kaltenbrunner als Chef des Reichssicherheitshauptamtes (RSHA), nachdem Heydrich am 4. Juni 1942 an den Folgen eines Attentates verstorben war und Himmler zwischenzeitlich dessen Amtsgeschäfte geführt hatte, US National Archives, RG 319, Box 102 A, File XE000440, Kaltenbrunner, abgedruckt in: Richard Breitman/ Slomo Aronson: Eine unbekannte Himmler-Rede vom Januar 1943, in: VfZ 38 (1990), S. 337-348, hier S. 343.

[66] Innerhalb der Reichswehr unterstand dem Dritten Generalstabsoffizier, dem so bezeichneten Ic-Offizier, die Feindnachrichtenabteilung.

SS-Formationen eingesetzt wurden, deren Aufgabe darin bestand, Nachrichtenmaterial über die oben genannten politischen, d. h. weltanschaulichen, Gegner der NSDAP zu sammeln.[67] Nach der Aufhebung des Verbotes von SS und SA im Juli 1932 wurde der Nachrichtendienst im Herbst des gleichen Jahres neu organisiert und erhielt die offizielle Bezeichnung *Sicherheitsdienst des Reichsführers SS* (SD).[68] Im Jahre 1938 legte Rudolf Heß als Stellvertreter des Führers dann Status und Funktion des Sicherheitsdienstes des Reichsführers SS (SD) innerhalb der NSDAP nochmals eindeutig fest:

> „Der Sicherheitsdienst des Reichsführers SS ist durch meine Anordnung vom 9.6.1934 als *einziger* politischer Nachrichten- und Abwehrdienst der NSDAP, ihrer Gliederungen und angeschlossenen Verbände eingesetzt worden. Der SD-RFSS ist also eine *Einrichtung der Partei*. Der organisatorische und menschliche Träger dieser Einrichtung ist *die SS* als Gliederung der Partei." [Unterstreichung im Original, Kursivdruck vom Verf.].[69]

War der SD gegen Ende des Jahres 1932 noch eine zahlenmäßig kleine Organisation mit vermutlich kaum mehr als vierzig Mitgliedern,[70] so weitete er sich im Jahre 1934 auf etwa 820 Personen aus. Jedoch bereits drei Jahre später erreichte er eine Stärke von etwa 2.500 Personen, und bis Kriegsbeginn wuchs die Organisation auf ungefähr 3.500 SD-Angehörige an. Ein Großteil von ihnen arbeitete wie Biberstein unentgeltlich auf ehrenamtlicher Basis.[71]

Im Jahre 1944 hatte sich der SD – dessen Hauptamt am 27. September 1939 als Amt III dem Reichssicherheitshauptamt (RSHA) eingegliedert worden war – zu einem nicht nur zahlenmäßig, sondern auch politisch beachtlichen Terrorapparat ausgeweitet, der reichsweit in 52 SD-(Leit)Abschnitte mit 51 Haupt- und 519 Außenstellen gegliedert war, in denen insgesamt 6.482 *hauptamtliche* Mitarbeiter tätig gewesen sein sollen und der nach den eidesstattlichen Aussagen Otto Ohlendorfs im Prozess gegen die Hauptkriegsverbrecher vor dem Internationalen Militärgerichtshof in Nürnberg zudem ein Netzwerk von weiteren 30.000 Personen

---

67 GEORGE C. BROWDER: Hitler's Enforcers. The Gestapo and the SS Security Service in the Nazi Revolution, New York/ Oxford 1996, S. 107-109. Innerhalb der Reichswehr unterstand dem Dritten Generalstabsoffizier, dem so bezeichneten Ic-Offizier, die Feindnachrichtenabteilung.

68 DERS.: Die Anfänge des SD. Dokumente aus der Frühgeschichte des Sicherheitsdienstes des Reichsführers SS, in: VfZ 27 (1979), Heft 2, S. 299-317, hier, S. 300. Himmler an Heydrich, Schreiben vom 22.07.1932, BArch (ehemals BDC), SSO Heydrich, Reinhard, 07.03.1904, nicht foliert.

69 Anordnung des Stellvertreters des Führers vom 9.6.1934, BArch, NS 6/ 217, fol. 1-2. Nationalsozialistische Deutsche Arbeiterpartei. Der Stellvertreter des Führers, München den 14. Dezember 1938, „Anordnung Nr. 201/38 (Nicht zur Veröffentlichung), btr. Die Stellung des Sicherheitsdienstes des Reichsführers SS (SD) in der Partei, BArch., R 58/ 243, fol. 191a (V+R), hier fol. 191a (V) sowie R 58/ 990, fol. 195.

70 GEORGE C. BROWDER, Anfänge, S. 302.

71 Ebd., S. 113. DERS.: The Numerical Strength of the Sicherheitsdienst des RFSS, in: Historical Social Research 28 (1983), S. 30-41. DERS., Anfänge, S. 301f.

umfasst haben soll.[72] Parallel dazu hatte sich der Mitarbeiterstab im SD-Hauptamt erhöht, der schon im Jahre 1937 insgesamt 366 SS-Führer, SS-Unterführer und SS-Männer aufwies.[73] Sechs Monate später war dessen Spitze bereits auf 414 Personen angewachsen, die sich aus einem „Führerstab" und drei „Stabsstürmen" zusammensetzte.[74]

5.2 Profil und Aufgabenbereich nach 1933

Nach Hitlers Machtübernahme hatten sich Profil und Aufgabenbereich des SD fundamental gewandelt, insofern, als jene Institution nunmehr „als institutioneller Teil des NS-Regimes zu dessen Stabilität und Herrschaftssicherung beizutragen"[75] hatte. Der politische Aufgabenbereich wurde später von Heydrich in der *Vorläufigen Geschäftsordnung des SDHA* vom 1. September 1935 mit folgenden Worten umrissen:

> „Der SD RFSS [Sicherheitsdienst des Reichsführers SS] ist ein selbständiges dem Reichsführer-SS unterstelltes Organ des Staats- und Volksschutzes gegen jeden offenen und geheimen Feind der nationalsozialistischen Weltanschauung. Es ist der erste große Versuch, einen politischen Sicherheitsdienst *weder behördenmäßig, noch als Spitzelapparat*, sondern als ein diszipliniertes Korps auf der Grundlage *politischen Pflicht- und Ehrgefühls* zu schaffen.
>
> Der SD RFSS ist *keine Geheimorganisation*, sondern ein durch *Dienstanzug* und *Abzeichen* gekennzeichneter Verband der SS und damit ein lebendiges Glied der nationalsozialistischen Bewegung." [Kursivdruck vom Verf.][76]

Nachdem Heydrich am 27. Januar 1933 zum *Führer zur besonderen Verwendung* (z. b. V.) *beim Stab des Reichsführers SS* ernannt worden war, verlegte die SD-Zentrale ihren Dienstsitz von der NSDAP-Parteizentrale in München nach Berlin in das dortige Regierungsviertel.[77] Da Heydrich zugleich Chef des SD-Hauptamtes und Leiter des Geheimes Staatspolizeiamtes war, wurde das Hauptbüro des SD, d.

---

[72] Wolfgang Benz, Enzyklopädie, S. 793f, hier S. 793.

[73] Signenverzeichnis des SDHA vom 01.01.1937, BArch, R 58/ 7074, fol. 1-8. Chef des SDHA, Stabsbefehl für SDHA 3/37, vom 15.01.1937, BArch, R 58/ 840, fol. 108-120.

[74] Chef des SDHA, Stabsbefehl für das SDHA 34/37, BArch R 58/ 840, fol. 108-120 sowie BArch, ZR 262, fol. 173-187.

[75] Michael Wildt: Einleitung, in: Ders. (Hrsg.): Nachrichtendienst, politische Elite und Mordeinheit. Der Nachrichtendienst des Reichsführers SS, Hamburg, 2003, S. 7-37, hier S. 11.

[76] CdSDHA, „Vorläufige Geschäftsordnung", 1.9.1935, BArch, R 58/ 7065, fol. 1. Bereits vier Monate zuvor, am 3. Mai 1935, hatte Heydrich durch den SD-Befehl 68/36 alle SD- Angehörigen zum Tragen des äußerst öffentlichkeitswirksamen Dienstanzuges, d.h. der braunen SD- bzw. der schwarzen SS-Uniform verpflichtet: Der Leiter der Zentralabteilung II 1 an alle Abteilungsleiter II 1 einschl. I 32 und I 311, Schreiben vom 17. Juni 1937, btr. Anordnung II 1 vom 5.5.37, SD-Befehl 68/36, BArch, R 58/ 996, fol. 29.

[77] George C. Browder, Anfänge, S. 305.

Bild 18: Geheimes Staatspolizeiamt, 1.1. 1933, Prinz-Albrecht-Straße 8, Berlin. Das Gebäude lag schräg gegenüber dem rückwärtigen Ausgang des Reichsministeriums für die kirchlichen Angelegenheiten.
(Quelle. Bundesarchiv, Bild 183-R97512).

h. Heydrichs Büro, demzufolge in dem Gestapa-Gebäude in der Prinz-Albrecht-Straße 8 untergebracht, die im rechten Winkel zur Wilhelm-Straße liegt.[78] (Bild 18). Hingegen hatten die einzelnen SD-Ämter ihren Dienstsitz in dem herrschaftlichen Prinz-Albrecht-Palais in der Wilhelmstraße 2.

5.3 Organisation

Anders als etwa für das Reichsministerium für die kirchlichen Angelegenheiten oder das Gestapo-Hauptamt (Gestapa) sind weder im Bundesarchiv noch in anderen europäischen und außereuropäischen Archiven Geschäftsverteilungspläne für die Frühphase des SD auffindbar. Insofern sind über den Organisationsaufbau jener Anfangszeit (1931-1934) bisher nur fragmentarische Informationen zu eruieren. Jedoch hat der US-amerikanische Historiker George Clark Browder im Frühjahr 1979 unter Zugrundelegung unzähliger Dokumente der *Gruppe West-Akten*

[78] Die Prinz-Albrecht-Straße wurde in Niederkirchner Straße umbenannt. Dort ist heute die Gedenk- und Informationsstätte *Topographie des Terrors* eingerichtet.

aus dem Hessischen Hauptarchiv Wiesbaden, Abt. 483/625, eine organisatorische Rekonstruierung des SD publiziert. Anhand dieser Rekonstruktion dürfte der SD in seiner Frühphase neben der *Stabsabteilung* (St), der *Abteilung* Z (Zentral) und den selbständigen Referaten *Presse* sowie *Technische Hilfsmittel* und *Funk* einen weiteren Organisationsaufbau mit fünf Abteilungen aufgewiesen haben, wobei die Ämter III und IV bereits den Kern der späteren weltanschaulichen Überwachungsgebiete enthielten:

III. **Information** (*Innenpolitik*), darin unter anderem die Referate

(1) N. S. völkische und monarchistische Opposition,
(2) Religion und Weltanschauung,
(3) Marxisten.

IV. **Spionageabwehr und Auslandsfragen**, darin unter anderem das Referat

(2) Juden, Pazifisten, Greuelpropaganda, Emigranten im Ausland.[79]

Am 25. Januar 1935 war mit dem *Befehl Nr. 2* des Reichsführers SS, Heinrich Himmler, die SD-Zentrale zum *Sicherheitshauptamt* aufgewertet worden.[80] Damit gehörte das SD-Hauptamt (SDHA) zu einem der drei ältesten Hauptämter der SS[81]. Noch im gleichen Jahr wurde sodann eine vorläufige Geschäftsordnung ausgearbeitet,[82] die aber bereits am 8. Januar 1936 durch eine weitere ersetzt wurde.[83] In Anlehnung an die Geschäftsverteilungspläne des Gestapo-Hauptamtes (Gestapa)[84] waren die SD-Ämter nunmehr durch römische Ziffern gekennzeichnet, ihre Dezernate hingegen durch arabische. Die drei SD-Ämter gliederten sich danach in:

Stabskanzlei I / Amt II (Inland) / Amt III (Abwehr).[85]

---

79 GEORGE C. BROWDER, Anfänge, S. 310.

80 RFSS, SS-Befehl 2 vom 25.01.1935, zit. nach: GEORGE C. BROWDER, Hitler's Enforcers, S. 175. KLAUS-MICHAEL MALLMANN: Die unübersichtliche Konfrontation. Die geheime Staatspolizei, Sicherheitsdienst und Kirchen, in: GERHARD BESIER (Hrsg.): Zwischen „nationaler Revolution" und militärischer Aggression. Transformationen in Kirche und Gesellschaft 1934-1939 (Schriften des Historischen Kollegs; Kolloquien 48), München 2001, S. 121-136, hier S. 123.

81 Das älteste der insgesamt zwölf SS-Hauptämter war das SS-Hauptamt (SS-HA), gefolgt vom 1931 installierten Rasse- und Siedlungshauptamt (RuSHA).

82 Chef des SDHA, Vorläufige Geschäftsordnung vom 01.09.1935, BArch, R 58/ 7065, fol. 1-12. CdSDHA, Stabsbefehl für SDHA 3/37, „Signenzeichnung", BArch, R 58/ 840, fol. 108-120.

83 Befehl des Chefs des SDHA zum organisatorischen Aufbau, 1936, Zentrum für die Aufbewahrung historisch-dokumentarischer Sammlungen (ZAHDS) 500/1/907, abgedruckt in: MICHAEL WILDT (Hrsg.): Die Judenpolitik des SD 1935-1938. Eine Dokumentation (Schriftenreihe der Vierteljahreshefte für Zeitgeschichte: 71), München 1995, Dok. 4, S. 73-80.

84 GVP des Gestapa vom 24. Oktober 1934, BArch R 58/ 840, fol. 24-25 sowie GVP des Gestapa vom 1. Oktober 1935, BArch R 58/ 840, fol. 60-74.

85 Befehl des Chefs des SDHA zum organisatorischen Aufbau, 1936, ZAHDS 500/1/907, abgedruckt in: MICHAEL WILDT, Judenpolitik, Dok. 4, S. 73-80.

Das bei weitem größte Amt war das Amt II (Inland). Es wurde zunächst von dem Juristen Dr. Hermann Behrends geleitet, danach stand es von 1937 bis 1939 unter Leitung des ehemaligen Universitätsprofessors für Zeitungswissenschaften Dr. Franz Alfred Six.[86] Sowohl Dr. Behrends als auch Prof. Dr. Six hatten jeweils bei Bibersteins Einstufung in einen höheren SS-Rang insofern mitgewirkt, als sie im Hinblick auf dessen Leistungen für den SD, d. h. der Bespitzelung des Ministers Kerrl, sehr positive Personalberichte erstellten.

Jenes Amt II (Inland) gliederte sich in die beiden Dezernate *Weltanschauliche Auswertung* (Amt II 1) und *Lebensgebietsmäßige Auswertung* (Amt II 2), die ihrerseits in drei und mehr Referate unterteilt waren.[87] Für den Zusammenhang dieser Studie ist das Amt II 1 im Hinblick auf Bibersteins spätere Tätigkeit als Chef der Gestapostelle Oppeln/ Oberschlesien insofern von Bedeutung, als deren Organisationsstruktur auf beeindruckende Weise veranschaulicht, dass der SD die ideologische Überwachung der gesamten Bevölkerung in ihren jeweiligen Lebensgebieten zum Ziel hatte. Darum erscheint es folgerichtig, den organisatorischen Aufbau sowohl des Amtes II 1 (Weltanschauliche Auswertung) als auch des Amtes II 2 (Lebensgebietsmäßige Auswertung) jeweils detailliert darzustellen.

Amt II 1 Weltanschauliche Auswertung (SS-Standartenführer Dr. Behrends)

II 11	**Weltanschauungen**
II 111	*Freimaurer*
II 1111	Humanitäre Logen
II 1112	Christlich-nationale Logen
II 1113	Winkellogen und freimaurerähnliche Logen
II 1114	Freimaurerei im Ausland
II 112	*Judentum*
II 1121	Zionisten
II 1122	Neutrale
II 1123	Assimilanten
II 113	*Konfessionell-politische Strömungen*

[86] Behrends wie Six hatten neben Hartl dienstliche Beurteilungen des ehrenamtlich tätigen SS-Offiziers im SD-Hauptamt, Ernst Biberstein, angefertigt. BArch (ehemals BDC), SSO, Biberstein, Ernst, 15.02.1899. Zur Person des Prof. Dr. Franz Alfred Six: Er hatte 1937 im Alter von nur 28 Jahren eine Professur für Zeitungswissenschaften an der Albertus-Universität zu Königsberg erhalten. 1940 wurde er Dekan der Auslandswissenschaftlichen Fakultät der Friedrich-Wilhelms-Universität zu Berlin, der heutigen Humboldt-Universität. Six war – ebenso wie Biberstein – einer der 24 Angeklagten im Nürnberger Einsatzgruppenprozess. Im Russlandfeldzug hatte er von Juni bis August 1941 die Leitung des Vorkommandos Moskau, danach das SK 7c der Einsatzgruppe B inne. Aufgrund jener Funktion wurde er im Nürnberger Einsatzgruppenprozess zu 20 Jahren Haft verurteilt.

[87] Befehl des Chefs des SDHA zum organisatorischen Aufbau, 1936, ZAHDS 500/1/907, abgedruckt in: MICHAEL WILDT, Judenpolitik, Dok. 4, S. 73-80.

	II 1131	Katholizismus
	II 1132	Protestantismus
	II 1133	Sekten
	II 1134	Völkisch-religiöse Gruppen
	II 12	**Gegnerformen**
	II 121	*Linksbewegung*
	II 1211	Kommunismus
	II 1212	S.P.D.
	II 1213	Sonstiger Marxismus
	II 122	*Mittelbewegung*
	II 1221	Demokratische Organisationen
	II 1222	Pazifistische Organisationen
	II 123	*Rechtsbewegung*
	II 1231	Reaktion
	II 1232	Völkische Opposition
	II 1233	Nationalbolschewismus.[88]
Amt II 2	**Lebensgebietsmäßige Auswertung** (SS-Sturmbannführer Reinhard Höhn)	
	II 21	**Kulturelles Leben**
	II 211	*Wissenschaft*
	II 212	*Volkstum und Volkskunde*
	II 213	*Rasse und Volksgesundheit*
	II 214	*Kunst*
	II 22	**Gemeinschaftsleben**
	II 221	*Verfassung und Recht*
	II 222	*Verwaltung*
	II 223	*Erziehung und Schulwesen*
	II 224	*Partei- und Staatsorganisationen*
	II 23	**Materielles Leben**
	II 231	*Ernährungswirtschaft*
	II 232	*Verkehrswirtschaft*
	II 233	*Bank und Börse*
	II 234	*Industrie und Handel*
	II 235	*Handwerk und Gewerbe*
	II 236	*Finanzwirtschaft*
	II 237	*Arbeitswesen.*[89]

Die Funktion des gesamten Amtes II mit den beiden Gebieten *Weltanschauliche Auswertung* und *Lebensgebietsmäßige Auswertung* fasste Heydrich in seinem

[88] MICHAEL WILDT, Judenpolitik, Dok. 4, S. 73-80, hier S. 75f sowie CdSDHA, Stabsbefehl für SDHA 3/37, „Signenzeichnung", 15.1.1937, BArch, R 58/ 840, fol. 108-120.

[89] BArch, R 58/ 840, fol. 108-120 sowie

Befehl des Chefs des Sicherheitshauptamtes zum organisatorischen Aufbau in einem knappen Satz zusammen:

> „Das Amt II (Inland) hat die Aufgabe, die Tätigkeit der Gegner der nationalsozialistischen Weltanschauung in ihren verschiedenen Formen festzustellen und so auszuwerten, daß das Wirken der fremden Weltanschauungen in Vergangenheit, Gegenwart und Zukunft klar erkennbar wird, so daß der Führung des Staats und der Bewegung die Grundlagen geboten werden können für die von ihr zur Abwehr und Bekämpfung zu treffenden Maßnahmen."[90]

5.4 Ideologisch geprägte Feindbilder

Offensichtlich hatte Heydrich die inneren Strukturen des Amtes II 11 (*Weltanschauungen*) und Amt II 12 (*Gegnerformen*) in Analogie zu den ideologisch geprägten Feindbildern entworfen, wie er sie in seiner Schrift *Wandlungen unseres Kampfes*[91] beschreibt. Jene Schrift hatte er ab Mai 1935 unter anderem in dem wöchentlich erscheinenden Kampfblatt der SS, *Das Schwarze Korps. Zeitung der Schutzstaffel der NSDAP – Organ der Reichsführung SS* in fünf Ausgaben veröffentlicht. Dort beschreibt er zwei Gruppen von Gegnern, zum einen den an seiner äußeren Form erkennbaren „sichtbaren Gegner", den er im Judentum, in der Freimaurerei und in den konfessionell-politischen Strömungen sowie im Marxismus, Liberalismus und der „Reaktion" sah, zum anderen den weitaus gefährlicheren, mit Zersetzungsmechanismen arbeitenden „getarnten Gegner":

> „Im Gegensatz zum sichtbaren Gegner ist der getarnte Gegner n i c h t o r g a n i s a t o r i s c h f a ß b a r.
>
> Er arbeitet illegal, wir können ihn vielleicht den unsichtbaren Apparat der schon bezeichneten großen Gegner [Freimaurer, Judentum, konfessionell-politische Strömungen sowie Marxismus, Liberalismus, ‚Reaktion'] nennen.
>
> Sein Ziel ist, die Einheit der Führung in Staat und Partei zu zerstören, um die Erreichung der weltanschaulichen Aufgaben des Nationalsozialismus unmöglich zu machen. Das Volk soll der Führung gegenüber mißtrauisch und unsicher werden, die Führer sollen nervös werden und sich gegenseitig mißtrauen.

---

[90] sowie Befehl des Chefs des Sicherheitshauptamtes zum organisatorischen Aufbau, 1936, ZAHDS 500/1/907, abgedruckt in: Michael Wildt, Judenpolitik, S. 73-80, hier S. 76. Die Hauptreferate des Amtes II 2 (*Lebensgebietsmäßige Auswertung*) sind in Analogie zu den Hauptreferaten des Amtes II 1 (*Weltanschauliche Auswertung*) ihrerseits in weitere 38 durch vierstellige arabische Ziffern gekennzeichnete Einzelreferate unterteilt, die wegen ihres Umfanges hier nicht weiter aufgeführt werden sollen. BArch, R 58/ 840, fol. 108-120 sowie Befehl des Chefs des Sicherheitshauptamtes zum organisatorischen Aufbau, 1936, ZAHDS 500/1/907, abgedruckt in: Michael Wildt, Judenpolitik, S. 73-80, hier S. 75. Die Bekämpfung des Judentums als weltanschaulichem Gegner ist Gegenstand des Kapitels III.

[91] Reinhard Heydrich: Wandlungen unseres Kampfes, in: Das Schwarze Korps. Zeitung der Schutzstaffel der NSDAP, Folge 9-13, Berlin 1935.

Zu diesem Zwecke besteht ein Netz von Querverbindungen zu fast allen Stellen des Staatsapparates, des öffentlichen Lebens und der Bewegung.“ [Sperrdruck im Original].[92]

Den Kampf des imaginierten weit vernetzten unsichtbaren Gegners stellte Heydrich exemplarisch dar an der taktischen Arbeit der Hochschulen, die versuchten, „nationalsozialistisches Gedankengut zugunsten des Liberalismus zu verbiegen.“[93] Endziel des „getarnten Gegners“, hinter dem sich allerdings die wahren Gegner verbergen, nämlich „Weltjudentum, Weltfreimaurerei und ein zum großen Teil politisches Priesterbeamtentum, welches die Religionsbekenntnisse mißbraucht“, sei „dessen zähes, ewig gleichbleibendes Anstreben seines Ziels, das immer nur heißt: die *Beherrschung der Welt und die Vernichtung nordischer Völker*.“ [Kursivdruck vom Verfasser].[94]

Nach der Verabschiedung der *Nürnberger Rassegesetze* am 15. September 1935 wurden sämtliche Feindbilder zunehmend subsummiert unter dem Begriff *Judentum*s als einer allumfassenden und omnipräsenten, die Weltherrschaft anstrebenden Macht.[95] Dementsprechend wurden die SS-Führungsanwärter in dem umfangreichen SS-Schulungsmaterial indoktriniert: „Die Feinde des Deutschen werden vom Judentum geführt oder sind seine geistigen Kinder.“[96] Unter anderem würde sich „das Judentum [auch] der politischen Kirche [bedienen], um seine Macht zu erhalten und auszudehnen und um die anderen Völker mit jüdischem Geist zu durchsetzen.“[97] Diese Eindimensionalität des Feindbildes als taktisches Manöver habe praktische Vorteile gehabt, konstatiert Wegner:

„Himmlers Versuch, dem Feindbild historische Tiefen zu verleihen, d. h. Kirche, Judentum u. a. als diejenigen Mächte zu identifizieren, die seit jeher schon die Feinde des deutschen Volkes waren, war durchaus geeignet, den Eindruck des SS-Mannes vom Ausmaß seiner Gefährdung zu verfestigen und ihn zugleich in eine historische Kontinuität zu stellen, die sein Selbstbewußtsein stärkte.

Denn wo die Bedrohung Tradition hatte, mußte es auch eine Tradition der Bekämpfung geben. Das Gefühl, in einem solchen Abwehrkampf von historischer Dimension zu stehen, und die Aussicht, ihn siegreich zu bestehen, sollten das Bewußtsein des SS-Mannes bestimmen [...].

---

92 Ebd., Folge 11, S. 9 und Folge 12, S. 9.

93 Ebd., Folge 12, S. 9.

94 Ebd., Folge 11, S. 9. Zur Thematik *„Erkennen“ des Gegners als zentrale Funktion der Weltanschauungselite* vgl. das gleichlautende Kapitel in: CARSTEN SCHREIBER, Elite, S. 124-128.

95 Schulungsmaterial für SS-Führungsanwärter: *Grundriß Nr. 9: Judentum*, BArch, R 58/ 844, fol. 71-74 (V+R), hier fol. 73 (V).

96 BArch, R 58/ 844, fol. 72 (V).

97 BArch, R 58/ 844, fol. 72 (R). Die hier benutzten Formulierungen entsprechen jener Argumentation, die Heydrich in seiner Schrift *Wandlungen unseres Kampfes* verwendet.

Darüber hinaus hatte die Monumentalität des Feindbildes den Vorteil, daß sie ein Klima steter Leistungserwartung schuf, ununterbrochene Einsatzbereitschaft und höchste Kraftentfaltung zu rechtfertigen schien."[98]

6 Zur kirchenpolitischen Funktion des SD

6.1 Amt II 113 – Konfessionell-politische Strömungen

Von besonderer Wichtigkeit im Hinblick auf Bibersteins Tätigkeit – der zwar hauptamtlich als Referent im Reichsministerium für die kirchlichen Angelegenheiten im Beamtenstatus beschäftigt war, gleichzeitig aber als SS-Offizier und ehrenamtlich tätiger *Führer im SD* von Heydrich mit der Überwachung des Ministers Kerrl betraut war – ist das Amt II 113 des SD-Hauptamtes (SDHA) zu sehen, das bis 1941 unter Leitung des ehemaligen Priesters Albert Hartl[99] stand, dessen Nachfolger dann der einstige Priester Friedrich Murawski wurde. Jenes SD-Amt II 113 wies vier Referate auf:

Amt II 113 **Konfessionell-politische Strömungen** (Hartl/ Murawski)

II 1131	Katholizismus (Gerhard Otto)
II 1132	Protestantismus (Theo Gahrmann)
II 1133	Sekten (Walter Kolrep)
II 1134	Völkisch-religiöse Gruppen.[100]

Staatsfeind „Politischer Protestantismus"

Aufgrund des Totalitätsanspruches des Nationalsozialismus fielen unter den Begriff *Politischer Protestantismus* gleichermaßen die *Bekennende Kirche* (BK) wie die *Deutschen Christen* (DC).[101] Zu dem Feindbild der *völkisch-religiösen Grup-*

---

98 Bernd Wegner, Soldaten, S. 70.

99 Hartl hatte im Nürnberger Einsatzgruppenprozess als Zeuge ausgesagt, jedoch mit seiner Falschaussage Biberstein zusätzlich belastet.

100 CdSDHA, Stabsbefehl für SDHA 3/37, „Signenzeichnung", 15.1. 1937, BArch, R 58/ 840, fol. 108-120 sowie Befehl des Chefs des SDHA zum organisatorischen Aufbau, 1936, ZAHDS 500/1/907, abgedruckt in: Michael Wildt, Judenpolitik, S. 73-80, hier S. 76. Die Stellenbesetzung des SD-HA 113 (Politische Kirchen) für das Jahr 1938 ist zudem einer Aktennotiz des Referatsleiters Kolrep zu entnehmen: Stellenbesetzung Abteilung II 113, BArch, R 58/ 6074, fol. 120-121. Die einzelnen Referatsleiter lassen sich z. T. auch anhand des Schriftverkehrs des SD-Hauptamtes ermitteln. So ist unterhalb der Zeile des Briefkopfes zunächst das jeweilige Amt und Referat mit römischen und arabischen Ziffern gekennzeichnet. Darunter findet sich das Kürzel des Amtsleiters bzw. des entsprechenden Referatsleiters.

101 SS-Sturmbannführer Paul Zapp: „Politischer Protestantismus", o. D., [Eingangsstempel vom 29.1.1941], BArch, R 58/ 779, fol. 127-140 (V+R), hier fol. 127 (V). Paul Zapp war im Range

pen zählte vorrangig die von Jakob Wilhelm Hauer im Jahre 1933 gegründete neopagane *Deutsche Glaubensbewegung* (DG), die um die Anerkennung als dritte Religionsgemeinschaft gekämpft hatte. (Vgl. Kap. I). Für den Zusammenhang dieses Kapitels sind jedoch lediglich das SD-Referat II 1132 (Protestantismus) – ab 1937 unter der internen Kennzeichnung II 1133 – und dessen Maßnahmen zur Gegner-Bekämpfung von Relevanz. Der Leiter jenes Referates war SS-Sturmbannführer Theo Gahrmann.[102]

Wie Judentum, Freimaurerei, Marxismus, Kommunismus und „Reaktion", so wurde auch die „politisierende Kirche" (Katholizismus, Evangelische Kirche, Sekten) mit dem Begriff des „Staatsfeindes"[103] belegt, der im NS-Schulungsmaterial wie folgt definiert wurde: „Im liberalistischen Staate" ist der Staatsfeind der „Gegner des jeweiligen Systems, das am Ruder ist, insbesondere des jeweiligen Machthabers." Hingegen ist „im nationalsozialistischen Staate" der Staatsfeind ein „*Volksfeind*, d. h. der Gegner der *volklichen*, *rassischen* und *geistigen Substanz unseres Volkes*."[Kursivdruck vom Verf.][104] Nach dieser Definition wurde der „politische Protestantismus" als ein äußerst gefährlicher Gegner eingestuft, hatte er doch vermeintlich als Endziel die *geistige* und *biologische* Auslöschung des deutschen Volkskörpers im Auge.[105]

Ziel des Kampfes gegen den Staatsfeind sei daher dessen „Kampfunfähigmachung, Zerschlagung und Vernichtung", wobei „eingehende weltanschauliche Schulung" und „bedingungsloses Erfassen der nationalsozialistischen Idee eine Grundvoraussetzung jeder politischen Gegenarbeit" sei. Als „Träger des Kampfes gegen den Staatsfeind" wurde zum einen „die NSDAP mit ihren Gliederungen als der Trägerin des Ideenkampfes gegen das geistige Fundament des Gegners" gesehen, zum anderen der Staat und dessen Einrichtungen, wobei hier „die Staatspolizei als Trägerin des taktischen und Vollzugsdienstes" und „der Sicherheitsdienst des Reichsführers SS als Träger des Nachrichten- und Forschungsdienstes" fungierten.[106] Bereits aufgrund ihres „Totalitätsanspruches"[107] sowie ihrer „Internatio-

---

des SS-Scharführers 1936/37 im Amt II 113 (Politische Kirchen) tätig gewesen. 1940/41 fungierte er im Range eines SS-Sturmbannführers als Leiter für die weltanschauliche Schulung des leitenden Dienstes der Sicherheitspolizei (Sipo) und des SD. Im Russlandfeldzug 1941-1945 war er von Juni 1941 bis Juli 1942 Führer des Sonderkommandos 11 a der Einsatzgruppe D, BArch (ehem. BDC), SSO, Zapp, Paul, 18.04.1904.

[102] Theo Gahrmann war einer der Mitglieder des *Einsatzkommandos Österreich*, das im März 1938 anlässlich des Anschlusses Österreich an das Reich zur Erledigung von *Sonderaufträgen* abgestellt wurde, die im Zusammenhang mit der *Gegnerbekämpfung* standen.

[103] „Die Feinde des Dritten Reiches und ihre Bekämpfung", o. D., BArch, R 58/ 779, fol. 1-3.

[104] Ebd., fol. 1.

[105] Ebd., fol. 1

[106] Ebd., fol. 1-2.

[107] SDHA J II, Hartl, „Eilbericht über die Lage des Kampfes der politischen Kirche gegen das nationalsozialistische Deutschland", zur Vorlage beim Reichsführer, 26.08.1935, BArch, R 58/ 5611 b, fol.

nalität“ sei die „politisierende Kirche“ notwendigerweise ein innen- wie außenpolitischer Feind des Nationalsozialismus und damit des gesamten deutschen Volkes, wird in einem der unzähligen SS-Schulungs-Leithefte hervorgehoben.

> „Auch im Protestantismus, [...] *dessen Lehre*, hervorgewachsen aus dem Katholizismus, deshalb ebenfalls *im Judentum wurzelt*, ist die These von der Auserwähltheit der judenchristlichen Menschheit verankert und führt daher, wie beim Katholizismus, zum Totalitätsanspruch, der sich notwendigerweise gegen den Nationalsozialismus richten muss. Dieser protestantische Anspruch ist nicht nur auf den Einzelnen, sondern auf das *gesamte Volk* gerichtet.
>
> [...] Der Kampf des Weltprotestantismus gegen den Nat.Soz. wird international geführt [...] Dieser internationale Kampf ist möglich durch die Weltorganisation der evgl. Kirche.“ [Unterstreichungen im Original, Kursivdruck vom Verf.].[108]

Gemäß dieser Definition wurden vier Organisationen des „Weltprotestantismus“ auf die Liste der zu bekämpfenden Staatsfeinde gesetzt.

(1) der protestantische Weltverband,
(2) die ökumenische Bewegung mit ihrer Veranstaltung der Weltkirchenkonferenzen,
(3) der Christliche Verein Junger Männer (CVJM),
(4) die Oxford- oder Gruppenbewegung.[109]

Dazu ergänzend führte SS-Sturmbannführer Paul Zapp aus, dass man hinsichtlich der innen- und außenpolitischen Gegnerschaft des Nationalsozialismus „von einer Einheitsfront des Weltprotestantismus“ sprechen könne, insofern, als „der protestantische Weltverband bis zu einem gewissen Grade verbunden [sei] mit der ökumenischen Bewegung, die ihren Sitz in Genf [habe] und in ständiger Verbindung mit dem Völkerbund [stehe]. – Es [sei] bekannt, dass die ökumenische Bewegung [...] die Weltkirchenkonferenzen [veranstalte], von denen die für uns [d. h. das SD-Referat *Konfessionell-politische Strömungen*] interessanteste die Konferenz in Oxford 1936[110] [gewesen sei], bei welcher einhellig festgestellt [worden sei], dass der Nat. Soz. als Irrlehre zu verdammen sei.“[111] Desgleichen sei der *Christliche Verein Junger Männer* (CVJM) als Teil der internationalen protestantischen Vereinigung „keineswegs jener harmlose Jünglingsverein, für den er in Deutschland gehalten [werde], [...] sondern eine höchst beachtliche politische Vereinigung.“[112]

Insbesondere unter der Leitung des Albert Hartl bestand entsprechend jener Begriffsfestlegung die Aufgabe des SD-Amtes II 113 (*Konfessionell-politische Strömungen*) darin, „die gesamte Tätigkeit der konfessionellen Kreise genauestens

578 und 655-685, hier fol. 662.

108 SS-Sturmbannführer Zapp: „Politischer Protestantismus“, o. D. [Eingangsstempel vom 29.1.1941], BArch, R 58/779, fol. 127-140 (V+R), hier fol. 127–128 (jeweils V).

109 Ebd., fol. 128 (V+R).

110 Hinsichtlich der Jahresangabe irrt Zapp. Die zweite Weltkirchenkonferenz fand im Jahre 1937 statt.

111 Ebd., fol. 128 (V).

112 Ebd.

zu beobachten und darüber schnellstens die zuständigen Stellen zu unterrichten",[113] d. h. das Geheime Staatspolizeiamt (Gestapa) als dem exekutiven Organ, insofern, als das Endziel der gesamten Abteilung *Konfessionell-politische Strömungen* darin bestehe, „die politischen Kirchen und Sekten als Gegnerformen des nationalsozialistischen Staates und der nationalsozialistischen Weltanschauung aus Deutschland völlig zu verdrängen und gleichzeitig ihre Kampfstellung gegen Deutschland im Ausland zu brechen [...]. Bei dem Totalitätsanspruch der Kirche [sei] es klar, dass sie immer wieder versuchen [werden], das gesamte öffentliche Leben in ihren Einflussbereich zu bekommen."[114]

Zur Erreichung jenes Endzieles ließ Hartl von den Referatsleitern für jedes Halbjahr Arbeitspläne mit genauen Zielsetzungen ausarbeiten. So sollten etwa für das Winterhalbjahr 1937/38 in der Abteilung II 1133 *Politischer Protestantismus*[115] unter anderem folgende Arbeitsgebiete aufgerollt werden:

(1) regionale Auflösung der konfessionellen Jugendverbände,
(2) regionale Auflösung der BK-Bruderräte,
(6) falls möglich, Auflösung der apologetischen Zentrale Berlin-Spandau, der evangelischen Schulungsstätte,
(7) Auflösung von kulturellen Vereinen, die in ausgesprochenem Sinne der BK arbeiten. [Unterstreichung im Original].[116]

Wie intensiv sich das SD-Amt II 113 mit der Bekämpfung der *Politischen Kirchen* befasste, lässt beispielsweise ein Ausschnitt aus dem Arbeitspensum der Abteilung II 1133 (*Politischer Protestantismus*) des Novembers 1937 erahnen. So ließ Hartl etwa zu den Themen „Protestantismus und Katholizismus" sowie „Protestantismus und Judentum" jeweils Stichwortsammlungen für die in regelmäßigen Zeitabständen abzuhaltenden *Schulungsvorträge* sowie für die so bezeichneten *SS-Leithefte* ausarbeiten,[117] wobei die Letztgenannten als monatlich erscheinendes Schulungsmaterial nicht nur reichsweit für die SD- und Gestapo-Mitarbeiter sowie die An-

113 „Richtlinien für das Sachgebiet II 113", vom 1.11.1938, BArch, R 58/ 6074, fol. 4-13, hier fol. 4.

114 SDHA II 113 an II 1133, Arbeitsplan für das Gebiet von II 113, BArch, R 58/ 5642, fol. 45-51, hier fol. 45 und 49.

115 SDHA II 113 an II 1133, „Politischer Protestantismus", btr. Winterarbeit 1937/38, BArch, R 58/ 5642, fol. 36-38. Hingegen sind Zielsetzung und Gegnerarbeit des SD-Referates *Politischer Katholizismus* nicht Gegenstand dieser Arbeit, insofern, als Biberstein in seiner Funktion als SS-Offizier und Führer im SD lediglich die *Evangelische Abteilung* des Reichsministeriums für die kirchlichen Angelegenheiten „SS-mäßig" zu bearbeiten hatte. Für die *Katholische Abteilung* hingegen war dessen Leiter, der ehemalige Priester Joseph Roth, vom SD eingesetzt.

116 BArch, R 58/ 5642, fol. 36-38, hier fol. 36 und fol. 67-76, hier fol. 69-70.

117 „Politischer Protestantismus", Stichwortsammlung, BArch, R 58/ 5642 fol. 8-11. Stichwortsammlung für den Vortrag „Politischer Protestantismus", BArch, R 58/ 5642, fol. 12-13. Stichwortsammlung „Zusammenarbeit des Protestantismus mit den Staatsfeinden", BArch, R 58/ 5642, fol. 14-15. „Der politische Protestantismus hat das Wort". Argumentationen der BK mit jeweiligen Gegenargumenten des Nationalsozialismus, BArch, R 58/ 5642, fol. 16-23. „Politischer Protestantismus". Entwicklung, kirchliche Gruppen und ihre Kampfmethoden, BArch, R 58/ 5642, fol. 24-29, „Kurzbericht über die evangelische Lage", ebd., fol. 30-32.

gehörigen der Sicherheitspolizei (Sipo), sondern ebenso für alle SS-Führungsanwärter fungierten.[118] Zusätzlich wurde mit der Erforschung der weltanschaulichen Gegner in den *Sonderbereichen Ökumene, Oxford-Bewegung und Freie Kirchen des SD-Amtes II 113* der SS-Untersturmbannführer Hans Wadel beauftragt.[119]

6.2 Biberstein – Referatsleiter „Gestapoangelegenheiten" im Kirchenministerium

Da der SD jedoch kein Exekutivorgan war,[120] durften „Maßnahmen polizeilicher Natur in kirchenpolitischen Angelegenheiten" *ausschließlich* von der Gestapo durchgeführt werden, und zwar nach vorheriger ausdrücklicher Antragstellung bei dem *Gestapoamt* durch den Reichsminister für die kirchlichen Angelegenheiten, Hanns Kerrl. Zu diesem Zweck waren im Reichsministerium für die kirchlichen Angelegenheiten – wie aus den Geschäftsverteilungsplänen ersichtlich ist – sowohl in der Evangelischen Abteilung (G I) als auch in der Katholischen Abteilung (G II) jeweils die Referate *Gestapo-Angelegenheiten* installiert worden, deren Leitung Biberstein innehatte.[121] Selbst nachdem Minister Kerrl Biberstein den Großteil der Referate mit Inkrafttreten des Geschäftsverteilungsplanes vom 5. Mai 1937 entzogen hatte, wurde er durch eine ausdrückliche Weisung des Chefs der Reichskanzlei, Hans Heinrich Lammers dazu verpflichtet, Biberstein eine korreferierende Beteiligung in Gestapo-Angelegenheiten einräumen.[122]

Vor dem US Military Tribunal II in Nürnberg bezeichnete Biberstein seine Funktion in den beiden Referaten Gestapo-Angelegenheiten als die eines *Verbindungsmannes* zwischen dem Reichsministerium für die kirchlichen Angelegenheiten und dem Gestapo-Amt (Gestapa) in dem Sinne, dass er, Biberstein, in seiner Funktion als Referatsleiter vom Reichskirchenminister Kerrl beauftragt worden sei, alle Meldungen und Vorschläge des Geheimen Staatspolizeiamtes bezüg-

---

[118] Die SD-, SS- und Gestapo-Mitarbeiter des höheren Dienstes waren *verpflichtet*, die Leithefte privat und auf eigene Kosten beim Eher-Verlag, dem Zentral-Verlag der NSDAP, zu abonnieren.

[119] SDHA II 113 an II 1133, Arbeitsplan für das Gebiet von II 113, R 58/ 5642, fol. 45-51, hier fol. 45 und 49. Ebd. fol. 38.

[120] Der Reichsführer–SS an das Reichssicherheitshauptamt, Schreiben vom 19.1.1943 „Geheim", BArch, R 58/ 990, fol. 170. Bei Verstoß gegen jene Anordnung Himmlers erfolgte „die Entfernung aus dem SD".

[121] Geschäftsverteilungsplan des Reichsministeriums für die kirchlichen Angelegenheiten vom 15. August 1935, BArch, R 5101/ 23493, fol. 171-176 (V+R). Geschäftsverteilungsplan des Reichsministeriums für die kirchlichen Angelegenheiten vom 13. November 1935, BArch, R 5101/ 23493, fol. 177-192.

[122] Geschäftsverteilungsplan des Reichsministeriums für die kirchlichen Angelegenheiten vom 5. Mai 1937, BArch, R 5101/ 23493 fol. 1-46 (V+R). Der Reichs- und Preußische Minister für die kirchlichen Angelegenheiten, Vermerk des Ministerialbürodirektors Helmut Urlacher vom Februar 1938, BArch, R 5101/ 23493 fol. 290.

lich „staatspolizeilicher Maßnahmen in kirchenpolitischen Angelegenheiten" entgegenzunehmen und „im sofortigen persönlichen Vortrag bei Minister Kerrl die *entsprechenden Entscheidungen* herbeizuführen." [Kursivdruck vom Verfasser].[123] Die hier von Biberstein verwendete Bezeichnung „Verbindungsmann" ist keinesfalls zu verwechseln mit Bibersteins Aufgabenbereich als ehrenamtlich tätigem SS-Offizier und Führer im SD-Hauptamt zur Observation des Ministers Kerrl.

Damit nun „Maßnahmen polizeilicher Natur in kirchenpolitischen Angelegenheiten"[124] durchgeführt werden konnten, erhielt Biberstein vom Reichsministerium für die kirchlichen Angelegenheiten den nachfolgenden Auftrag:

> „SS-U'Stuf. Szymanowski [Biberstein] ist von Staatssekretär Muhs beauftragt worden, kirchenpolitische Richtlinien für die künftigen Massnahmen der Geh. Staatspolizei auszuarbeiten."[125]

Erst auf der Grundlage jener Richtlinien konnte das Gestapo-Amt (Gestapa) dann exekutiv tätig werden. In diesem Zusammenhang ist darauf zu verweisen, dass Minister Kerrl sich bereits unmittelbar nach seinem Amtsantritt ohne irgendeine rechtliche Befugnis „eine Reihe von Befugnissen politischer Natur", d. h. polizeilicher Natur, angeeignet hatte, deren Ausübung bisher ausschließlich dem Innenminister vorbehalten gewesen waren. Jene „Maßnahmen politischer Natur in kirchlichen Angelegenheiten" wie „Inschutzhaftnahme, Ausweisungen, Redeverbote, Beschlagnahmen und andere in kirchlichen Angelegenheiten zur Aufrechterhaltung der Ordnung etwa erforderlichen Maßnahmen"[126] begründete Minister Kerrl wie folgt:

> „Der Führer und Reichskanzler hat mich mit der Regelung der kirchlichen Angelegenheiten beauftragt. Zur Durchführung dieses Auftrages, dessen Gelingen von großer Bedeutung für die *Wahrung der Volksgemeinschaft* sein wird, ist es notwendig, eine Reihe von Befugnissen politischer [polizeilicher] Natur für das Reich und die Länder vorübergehend letztinstanzlich in meiner Hand zu vereinigen." [Kursivdruck vom Verf.][127]

---

[123] Zeugeneinvernahme Biberstein, StAN, Rep. 501, KV-Prozesse, Fall 9, A 32-33, S. 2775.

[124] SDHA II 1133 – 1, *Meldung über Vorgänge im Reichskirchenministerium*, BArch, R 58/ 5755, T. 2, fol. 259. [Unterstreichungen im Original]. Da die Folie den Eingangsstempel der Sicherheitspolizei (Sipo) vom 12. März 1937 und als weiteren Stempel den Eingangsstempel des SD-Hauptamtes vom 17. März 1937 trägt, dürfte Biberstein vom Reichsministerium für die kirchlichen Angelegenheiten mit der Ausarbeitung jener Richtlinien für das Gestapo-Amt ungefähr Anfang März 1937 beauftragt worden sein.

[125] Ebd. Staatssekretär Dr. Hermann Muhs war Stellvertreter des Reichskirchenministers und wurde nach dessen Tod am 15. Dezember 1941 dessen Nachfolger.

[126] Der Reichs- und Preußische Minister für die kirchlichen Angelegenheiten, Schreiben an die Länderregierungen, die Herren Reichsstatthalter, die Herren Oberpräsidenten, die Herren Regierungspräsidenten, den Herrn Chef und Inspekteur der Geheimen Staatspolizei, den Herrn Staatskommissar der Hauptstadt Berlin, den Herrn Polizeipräsidenten von Berlin btr. *Maßnahmen politischer Natur in kirchlichen Angelegenheiten*, BArch R 5101/ 22406, fol. 201 [Unterstreichung vom Verf.].

[127] Ebd.

6.3 „Maßnahmen politischer Natur in kirchlichen Angelegenheiten“

Exemplarisch für die eigenmächtige Aneignung der „Maßnahmen politischer Natur in kirchlichen Angelegenheiten“ seitens des Kirchenministers wird in diesem Zusammenhang die Schließung der *Apologetischen Centrale der Deutschen Evangelische Kirche* und das Verbot des *Christlichen Vereins Junger Männer* (CVJM) beschrieben.

„Am 10.12.1937 [wurde] auf Ersuchen des Reichsministers für die kirchlichen Angelegenheiten durch die Staatspolizeileitstelle Berlin die Apologetische Zentrale[128] in Berlin-Spandau, Johannesstift, geschlossen“, nachdem zuvor eine Kontrolle der Privatwohnung des Leiters der Zentrale, des Privatdozenten Dr. Walter Künneth stattgefunden hatte sowie eine Durchsuchung und Versiegelung der Räume der Apologetischen Zentrale.[129] „Als Ergebnis dieser Aktion wurde vom SD-Hauptamt am 3. Januar 1938 [...] vorgeschlagen, das Vermögen der Apologetischen Zentrale als staatsfeindlich zu erklären und einzuziehen.“[130] Jener Vorschlag wurde sodann am 2.und 3. sowie am 6. und 7. September 1938 von der oben genannten Staatspolizeileitstelle Berlin – Stapo A 4 c – ausgeführt, wobei unter anderem das gesamte Archiv und die Bibliothek mit etwa 2.000 Bänden kirchenpolitischer Literatur zur Auswertung in das Archiv des SD-Hauptamtes in die Emser Straße verbracht wurde.[131]

Die *Apologetische Centrale der Deutschen Evangelischen Kirche* (DEK) war „1921 innerhalb des Verbandsprotestantismus als kirchliche Dokumentations- und Informationsstelle für Weltanschauungsfragen ins Leben gerufen worden“.[132] Der SD hingegen sah in der Apologetischen Centrale der DEK eine staatsfeindliche Einrichtung der Bekennenden Kirche, mit deren Schließung „die bedeutendste Kampf-, Schulungs- und Nachrichtenzentrale der Bekenntnisfront vernichtet“[133] werden sollte. Bereits Anfang 1937 hatten zwischen dem SD-Hauptamt, vertreten

[128] In den Schriftsätzen des SD und der Gestapo wird der Eigenname *Apologetische Centrale der Deutschen Evangelischen Kirche* grundsätzlich in „eingedeutschter Version“, d. h. Centrale mit Z geschrieben.

[129] SDHA II 1133 an RFSS, „Schließung der Apologetischen Zentrale der Deutschen Evangelischen Kirche in Spandau“, Mitteilung vom 14.12.1937, BArch, R 58/ 5729, T. 1, fol. 802.

[130] SDHA II 1133, 25. Juli 1938, Weiterleitung des Schreibens des Chefs des Sicherheitshauptamtes an die Geheime Staatspolizei, Geheimes Staatspolizeiamt, Berlin, o. D., BArch, R 58/ 5893, fol. 347 (V+R), hier fol. 347 (V).

[131] Ebd. und SDHA II 1133, Aktennotiz vom 19. 9. 1938, R 58/ 5499, fol. 33.

[132] Matthias Pöhlmann: „Illegale Fortbildungsstätte!“ – Vor 70 Jahren wurde die „Apologetische Centrale“ geschlossen, in: Materialdienst. Zeitschrift der Evangelischen Zentralstelle für Weltanschauungsfragen, Ausgabe 12/07, S. 444f.

[133] SDHA II 1133 – 1 an RFSS „Schließung der Apologetischen Zentrale der deutschen evangelischen Kirche in Spandau“, Mitteilung vom 14.12.1937, BArch, R 58/ 5729, Teil I, fol.802.

durch Hartl, und dem Stab des Stellvertreters des Führers verschiedene Besprechungen hinsichtlich des Vermögens der katholischen wie der protestantischen Kirche stattgefunden.[134]

Ferner hatte Hartl für das Referat II 1133 *Politischer Protestantismus* als Zielsetzung für das Winterhalbjahr 1937/38 „die regionale Auflösung der konfessionellen Jugendverbände“[135] angemahnt und als Begründung ebenfalls deren Staatsfeindlichkeit angegeben. Exemplarisch sei hier die Auflösung des *Evangelischen Jungmännerwerkes Sachsen e. V.* genannt als einem regionalen Teilverband des 1883 gegründeten *Christlichen Vereins Junger Männer* (CVJM). Am 15. Juni 1938 sandte das Gestapo-Amt II B 2 ein Fernschreiben an die Leitstelle der Gestapo Dresden sowie an die Gestapo-Stellen Chemnitz, Leipzig und Zwickau, das wie folgt lautete:

> „Das Evangel. Jungmännerwerk Sachsen e. V. hat durch seine dauernden Verstöße gegen staatliche Gesetze und Anordnungen eindeutig eine staatsfeindliche Einstellung unter Beweis gestellt. Ein weiterbestehen dieser Vereinigung sind nicht mehr tragbar. Ich ersuche daher, das Evangl. Jungmännerwerk Sachsen e.V. aufzulösen und zu verbieten. Über die getroffenen Maßnahmen ist mir zu berichten.“ [Orthografische und stilistische Fehler im Original].[136]

Die Auflösung des *Evangelischen Jungmännerwerkes Sachsen e.V.* wie auch jene der übrigen konfessionellen Jugendverbände durch die Gestapo geschah wiederum auf ausdrückliche Veranlassung des Reichskirchenministers. Zu diesem Zweck setzte Minister Kerrl Biberstein als Verbindungsmann ein, der als Leiter des Referates *Gestapo-Angelegenheiten* dem Geheimen Staatspolizeiamt (Gestapa) die Wünsche seines Dienstvorgesetzten zu übermitteln hatte.

Größte Aufmerksamkeit schenkte der SD den „großen ökumenischen Vereinigungen“,[137] von denen der deutsche Protestantismus ideenmäßig stark abhängig sei, argumentierte Theo Gahrmann, Referent der Abteilung II 1133 im SD-Hauptamt.[138] Denn „ähnlich wie der Katholizismus von Rom, so [empfange] auch der

---

[134] Nationalsozialistische Deutsche Arbeiterpartei. Der Stellvertreter des Führers – Stabsleiter – (a) an den Reichsführer SS, (b) den Chef des Sicherheitshauptamtes, Berlin, Schreiben vom 20.1.1937 btr. Statistische Erhebungen über das Vermögen der Kirche, BArch, R 58/ 5764 p, T. 2, fol. 1468.

[135] SDHA II 113 an II 1133, „Politischer Protestantismus, Zielsetzung für das Winterhalbjahr 1937/38, o. D, BArch, R 58/ 5642, fol. 36-38, hier fol.36.

[136] Gestapa II B 2 – 42/38 E – Baatz an Stapoleitstelle Dresden und die Stapoleitstellen Chemnitz, Leipzig, Zwickau, Schreiben vom 15.6.1938, BArch, R 58/ 5996 a (= Akte 5), T. 1, fol. 174. SDHA II 1133, „Besprechung zwischen SD II 113 und Gestapa II 1 B 1“ vom 30.6.1937, BArch, R 58/ 5729, T. 1, fol. 567.

[137] Das SD-Hauptamt meinte hier die Ökumenische Bewegung, die eine weltweite Zusammenarbeit und Einigung der christlichen Konfessionen zum Ziel hat.

[138] SDHA II 1133, Gahrmann, Kurzbericht über die evangelische Lage, BArch, R 58/ 5642, fol. 30-32, hier fol. 32.

Protestantismus von Genf, Basel oder Oxford seine letzten Weisungen."[139] Daher erfolgten bereits viele Monate bevor im Jahre 1937 die zweite Weltkirchenkonferenz in Oxford stattfand, aus innen- wie außenpolitischen Gründen umfangreiche Überwachungsmaßnahmen von Seiten Heydrichs.

> „Auf Anordnung von C [Deckname für Heydrich] wurde vom SD-Hauptamt in Verbindung mit dem Geh. Staatspolizeiamt, der Rosenberg-Dienststelle und dem Büro v. Ribbentrop die Ökumenische Bewegung eingehend beobachtet. Die Schriften und Äusserungen führender Männer über die bevorstehende Weltkirchenkonferenz in Oxford bestätigen immer wieder die Tatsache, dass die Konferenz in O. über den nationalsozialistischen Staat eine Verurteilung auszusprechen beabsichtigt."[140]

Sodann wurden vom SD-Hauptamt über die Themen *Ökumene und Marxismus*, *Ökumene und Pazifismus*, *Ökumene und Versailles*, *Ökumene und Drittes Reich* verschiedene Artikel zur gezielten Gegenpropaganda vorbereitet, um „in der gesamten deutschen Presse schlagartig über diese Verbindungen und Einstellungen des Weltprotestantismus [zu berichten]."[141] Ziel jener Propaganda war, der deutschen Bevölkerung zu suggerieren, dass der Weltprotestantismus – da er auf marxistischen und pazifistischen Grundeinstellungen beruhe – als der eigentliche Urheber der „Schmach von Versailles" anzusehen sei.[142] Unter dem Vorwand der Staatsfeindlichkeit glaubte Heydrich damit die Entsendung einer deutschen Delegation zur Weltkirchenkonferenz verhindern zu können.

Mit dem gleichen Ziel wurde dann auch Reichskirchenminister Kerrl kirchenpolitisch aktiv, insofern, als er „Ende April das Geh. Staatspolizeiamt [anwies], sämtlichen Teilnehmern an dieser Konferenz sofort die Pässe zu entziehen."[143] Mitte Mai 1937 beschlagnahmte daher das Gestapoamt (Gestapa) im Rahmen der oben „erwähnte[n] Anordnung des Reichskirchenministers" die Pässe der „evangelischen Theologen Niemöller, Alberts, Immer, Hesse und Dibelius [...]. In der gesamten ausländischen Presse [wurde] diese Passentziehung im Zusammenhang mit der Konferenz in Oxford gesehen."[144] Hingegen gab das Gestapoamt (Gestapa) aus taktischen Gründen „den Teilnehmern, denen bisher die Pässe entzogen worden sind, [...] als Begründung staatspolitische Unzuverlässigkeit an [...] unter gleichzeitiger Veröffentlichung in der Presse."[145] Auch in diesem Fall wurde Biberstein aufgrund seiner Funktion als Leiter des Referates *Gestapo-Angelegen-*

---

[139] Ebd.

[140] SDHA II 1133, 28. 5. 1937, „B e r i c h t a n C betreffend Ökumenische Bewegung", BArch, R 58/ 5729, T. 2, fol. 892-895, hier fol. 892. [Sperrdruck und Unterstreichung im Original].

[141] Ebd., fol. 895.

[142] Ebd.

[143] SDHA II 1133, 28. 5. 1937, „B e r i c h t a n C betreffend Ökumenische Bewegung", BArch, R 58/ 5729, T. 2, fol. 892-895, hier fol. 892. [Sperrdruck und Unterstreichung im Original].

[144] Ebd., fol. 893.

[145] Ebd., fol. 894.

heiten der *Evangelischen Abteilung* des Reichsministeriums für die kirchlichen Angelegenheiten insofern tätig, als er als Verbindungsmann die Anordnung seines Vorgesetzten zur Einziehung der Pässe führender Mitglieder der Bekennenden Kirche dem Geheimen Staatspolizeiamt (Gestapa) zur Ausführung zu überbringen hatte.[146]

7 Bibersteins Einbindung in die „SS-Sippengemeinschaft" 1936

Bibersteins ehrenamtliche Tätigkeit im SD ist im Zusammenhang mit seiner Ernennung zum SS-Offizier unter *gleichzeitiger* Ernennung zum Führer im SD zu sehen. Daher sind zunächst die graduellen Unterschiede innerhalb des *Status* im SD-Netzwerk zu beleuchten.

Die lückenlose Überwachung sämtlicher Lebensbereiche durch den SD war nur möglich mittels eines ausgedehnten SD-Netzwerkes, das gleichermaßen im Inland wie im Ausland operierte. In dem *Prozess gegen die Hauptkriegsverbrecher vor dem Internationalen Militärgerichtshof Nürnberg* vom 14. November 1945 bis zum 1. Oktober 1946 bezifferte der als Zeuge geladene Otto Ohlendorf – der spätere Hauptangeklagte im Nürnberger Einsatzgruppenprozess – die Zahl der „hauptamtlichen Angehörigen" des Amtes III (Inlandsnachrichtendienst) des *Reichssicherheitshauptamtes* (RSHA) mit etwa 3.000. Hingegen schätzte er die Zahl der ehrenamtlichen Mitarbeiter auf etwa 30.000, insofern, als „der Inlandsnachrichtendienst wesentlich mit ehrenamtlichen Mitarbeitern [arbeitete], die die Erfahrungen ihres Berufes oder ihrer Umgebung dem Inlandsnachrichtendienst zur Verfügung stellten."[147] Da Ohlendorf expressis verbis von „30.000 ehrenamtlichen Mitarbeitern" sprach, bezog er sich offensichtlich auf jene Akteure, die – wie Biberstein – den Status eines *SD-Angehörigen* hatten. Im Vergleich dazu gab der Leiter der ver-

[146] Die vorliegende Studie hat sich auf drei Beispiele der SD-Überwachung beschränkt: (1) die Schließung der Apologetischen Centrale der DEK, (2) die Auflösung des CVJM, (3) die Überwachung der Weltkirchenkonferenz in Oxford im Jahre 1937. Hingegen ist die Überwachung evangelischer Geistlicher durch den SD nicht Gegenstand dieser Arbeit. Auch der Prozess gegen Niemöller wird hier nicht thematisiert. Vgl. jedoch dazu: SDHA II 1133, Aktennotiz vom 21.1.1938 „Prozess Niemöller", BArch, R 58/ 5453, fol. 20. SDHA II 113, Hartl, „Prozess Niemöller", Bericht vom 9.2.1938, BArch, R 58/ 5453, fol. 144-146. SDHA 121-12 an SDHA II 113 betrifft: Hetzschriften der KPD an Pastoren „Heraus mit Niemöller!", BArch, R 58/ 5499, fol. 44-46. SDHA II 1133, Theo Gahrmann, Eilmeldung an C. [Deckname Heydrich] vom 2.6.1937 btr. Pfarrer Niemöller, BArch, R 58/ 5729, T. 1, fol. 874-875. SD SS-Oberabschnitt Nord-West an SDHA II 113, Schreiben vom 19.11.1937, btr. Zusammenspiel zwischen Kommunismus und Bekenntniskirche, BArch, R 58/ 5499, fol. 47.

[147] Zeugenaussage Otto Ohlendorf am 3. 1. 1946, in: Internationaler Militärgerichtshof Nürnberg (Hrsg.): Der Prozeß gegen die Hauptkriegsverbrecher vor dem Internationalen Militärgerichtshof, 14. November 1945 bis 1. Oktober 1946, Nürnberg 1947, Bd. IV, S. 364.

gleichsweise sehr großen Abteilung SDHA II 113 (*Konfessionell-politische Strömungen*) Albert Hartl allein die Anzahl hochrangiger V-Männer, die aus den Kirchen beider Konfessionen und anderen religiösen Gruppierungen stammten, mit 200 an.[148]

7.1 Personenkreis des SD-Netzwerkes als „Sparte der SS"[149]

Seit September 1938 wurden im SD-Hauptamt die im gesamten SD-Netzwerk tätigen Personen je nach ihrer *Funktion* in fünf Kategorien eingeteilt: Zubringer, Agenten, Vertrauenspersonen, Mitarbeiter und Beobachter. Jene Gliederung basierte auf einer Dienstanweisung des Leiters der Zentralabteilung II/1 (*Weltanschauliche Gegner*) des SD-Hauptamtes, SS-Sturmbannführer Prof. Dr. Franz Six.[150] Carsten Schreiber hat sich in seiner wegweisenden Studie als erster eingehend mit jener Dienstanweisung der Zentralabteilung II/1 befasst, in der SS-Sturmbannführer Six differenziert nach *Status* und *Funktion* einer Person innerhalb des SD-Netzwerkes unterscheidet.[151] „Aufgrund des Doppelcharakters des Sicherheitsdienstes als Nachrichtendienst und Parteiformation ist es immer nötig, zwischen dem *Status* (SD-Angehöriger, ja oder nein?) und der *Funktion* (Zuträger, Agent, V-Mann, Mitarbeiter oder ohne Funktion?) jeder Person im Netz zu unterscheiden und beide Koordinaten getrennt herauszuarbeiten. Der *Status* umschreibt die Stellung des Einzelnen innerhalb des SD als elitärer Parteiformation, während die *Funktion* seine Stellung im Hinblick auf die konkrete nachrichtendienstliche Arbeit bestimmt."[152]

In seiner Dienstanweisung definierte SS-Sturmbannführer Six „Zubringer [als] Personen, welche im Einzelfall Nachrichten beibringen. Sie bringen diese an Vertrauenspersonen oder Beobachter. Sie werden weder auf Treue noch auf Verschwiegenheit verpflichtet, noch werden sie betreut."[153] Jene Personengruppe trennte Six zudem nach „eingewiesenen Zubringern" und „nicht eingewiesenen Zubringern", wobei die Letztgenannten sich in der Regel nicht einmal bewusst wären, dass sie für den SD Informationen lieferten, da sie von dem jeweiligen V-

[148] BArch, Dienststelle Koblenz, N 1356/9-12 (Nachlass Hartl), hier N 1356/11, S. 182-196. Ob Hartl in seinen Angaben lediglich auf die V[ertrauensmänner] Bezug nahm, oder ob er die Zubringer, Agenten, Mitarbeiter und Beobachter ebenfalls in seine Berechnungen einschloss, ist aus den Quellen nicht ersichtlich.

[149] Carsten Schreiber, Elite.

[150] SDHA II/1, Anweisung vom 16. September 1938, „Unterscheidung zwischen Zuträgern, Agenten, Vertrauenspersonen und Beobachtern", BArch, ZR 921, Akte 1, fol. 276-277.

[151] Carsten Schreiber, Elite.

[152] Ebd., S. 67. [Kursivdruck im Original].

[153] SDHA II/1, Anweisung vom 16. September 1938, „Unterscheidung zwischen Zuträgern, Agenten, Vertrauenspersonen und Beobachtern", BArch, ZR 921, Akte 1, fol. 276, ZB I/ 1338, fol. 1144

Mann oder Beobachter beiläufig, aber geschult ausgefragt würden. Zu den „eingewiesenen Zubringern" gehörten unter anderem der evangelische Kirchenführer der Landeskirche Hessen-Nassau, Dr. Kipper, und der Oberlandeskirchenrat der evangelischen Kirche Sachsen, Dr. Johann Liebsch. Als den hochrangigsten kirchlichen Zubringer des Leitabschnittes Dresden weist Carsten Schreiber den Reichsbischof der EKD Ludwig Müller aus.[154] Im Gegensatz zu den Zubringern arbeiteten die Agenten für den SD gegen Entgelt.[155]

Jedoch anders als die Zubringer und Agenten, die im SD keinerlei *Status* besaßen, wurden die V-Männer hinsichtlich ihres *Status* der Kategorie „im SD tätig" zugeordnet.[156] Sie waren demzufolge *nicht* SD-Angehörige. Gemäß der Dienstanweisung vom 16. September 1938 definiert Six die *Vertrauenspersonen* (V-Männer) wie folgt:

> „Vertrauenspersonen sind solche Personen, zu denen ein dauerhaftes Verhältnis besteht, *ohne dass diese Vertrauenspersonen jedoch dem SD angehören*. Vertrauenspersonen werden zur Verschwiegenheit schriftlich verpflichtet.
>
> Ihre Mitarbeit erfolgt ohne Gegenleistung. Während sie SS-mässig nicht geeignet zu sein brauchen, müssen sie charakterlich sauber und nationalsozialistisch einwandfrei sein. Vertrauenspersonen werden durch die Dienststelle, an welche sie unmittelbar angehängt sind, betreut." [Kursivdruck vom Verf.].[157]

Im Gegensatz zu den „im SD tätigen" V-Männern waren die Mitarbeiter und Beobachter hinsichtlich ihres *Status* SD-*Angehörige* und gehörten damit zu den Ranghöchsten innerhalb des reichsweiten SD-Netzwerkes. Mit ihrer Aufnahme in den SD als „Sparte der SS"[158] waren sie „Träger einer politischen Ziellinie."[159] Als SS-Offiziere bei *gleichzeitiger* SD-Angehörigkeit definierten sie sich demzufolge als *weltanschauliche und rassische Elite des Reiches* sowie als die „Verkörperung des Führerwillens."[160]

Das hier beschriebene Selbstverständnis der SS als „Verkörperung des Führerwillens" ist als eine der wichtigen Determinante hinsichtlich der *Entgrenzung* der Gewalt der im Nürnberger Einsatzgruppenprozess angeklagten NS-Gewalttäter einzuschätzen.

---

[154] CARSTEN SCHREIBER, Elite, S. 182f.

[155] SDHA, Befehl für den SD Nr. 5/39 (Verkehr mit Agenten) vom 14.2.1939, BArch, ZB I/ 1338, fol. 1144-1145.

[156] Ebd.

[157] SDHA II/1, Anweisung vom 16. September 1938, „Unterscheidung zwischen Zuträgern, Agenten, Vertrauenspersonen und Beobachtern", BArch, ZR 921, Akte 1, fol. 276-277.

[158] SDHA, Stabskanzlei I 11, „R e o r g a n i s a t i o n des Sicherheitsdienstes des Reichsführers SS im Hinblick auf eine organisatorische und personelle Angleichung mit der Sicherheitspolizei", 24.2.1939, [Sperrdruck im Original], BArch, R 58/ 826, fol. 92-102, hier fol. 100.

[159] Ebd.

[160] CARSTEN SCHREIBER, Elite, S. 73.

7.2 Bibersteins Aufnahme in die SS

Bibersteins SS-Offiziersakte beginnt mit Datum vom 23. Mai 1936 und endet am 2. Januar 1945. Sie umfasst die Zeitspanne seiner SD-Tätigkeit während seiner Beschäftigung als Referent im Reichsministerium für die kirchlichen Angelegenheiten vom 25. Mai 1936 bis zum bis 1. Juli 1941 sowie den Zeitraum nach seiner Versetzung in das Reichssicherheitshauptamt vom 1. Juli 1941 bis zum Juli 1943 sowie die Tätigkeit im Adriatischen Küstenland.

Aus seiner SS-Offiziersakte ist ersichtlich, dass Biberstein sich bereits seit geraumer Zeit um Aufnahme in die SS beworben hatte. Als dann im Mai 1936 nach einjähriger Probezeit als Referent im Reichsministerium für die kirchlichen Angelegenheiten seine Übernahme in den NS-Staatsdienst erfolgt war, und zwar als höherer Verwaltungsbeamter im öffentlich-rechtlichen Dienstverhältnis mit der Amtsbezeichnung *Oberregierungsrat*,[161] wandte er sich erneut an das SD-Hauptamt. Heydrich setzte sich sodann persönlich in einem Schreiben an Himmler für Bibersteins Aufnahme in die Allgemeine SS ein:

> „Der Referent des Reichsministeriums für Kirchenangelegenheiten, der ehem. Probst S z y m a n o w s k i bittet erneut um Aufnahme in den Sicherheitsdienst. Szymanowski legt heute die Meldung vor, dass er vom Führer zum Oberregierungsrat ernannt wurde und aus dem Kirchendienst ausgeschieden ist. –
>
> Der Reichsminister K e r r l hat gegen eine Übernahme des Szymanowski in die SS keine Bedenken. – Es wird um Entscheidung gebeten, ob die Übernahme in den Sicherheitsdienst jetzt erfolgen kann.“ [Sperrdruck im Original].[162]

Jenem Schreiben waren zwei Anlagen beigefügt:

(1) Eine von Biberstein unterzeichnete Meldung an den Reichsführer SS, Heinrich Himmler, dass Biberstein „vom Führer und Reichskanzler zum Oberregierungsrat im Reichsdienst ernannt worden und *damit* aus dem Kirchendienst ausgeschieden [sei].“ [Kursivdruck vom Verf.][163]
(2) Eine Unbedenklichkeitsbescheinigung des Dienstherrn, des Reichsministers für die kirchlichen Angelegenheiten Hanns Kerrl.[164]

Drei Monate später wurde das SD-Hauptamt von der Personalkanzlei des Reichsführers -SS vorab schriftlich informiert, dass Himmler der Aufnahme Bibersteins

---

[161] Parteistatistische Erhebung 1939, 3.7.1939, BArch, R 9361/I/228, Biberstein, Ernst, 15.02.1899.

[162] Der Reichsführer-SS, Der Chef des Sicherheitshauptamtes I 211 [Heydrich] an den Reichsführer-SS, Personalkanzlei, Berlin, Schreiben vom 23. Mai 1936, BArch (ehem. BDC), SSO, Biberstein, Ernst, 15.02.1899. In das obere Feld jenes Vermittlungsschreiben Heydrichs setzte Himmler den handschriftlichen Vermerk „Ja“ und zeichnete mit dem Kürzel seines Namens, HH.

[163] Biberstein an Himmler, Meldung vom 25. Mai 1936, BArch (ehem. BDC), SSO, Biberstein, Ernst, 15.02.1899.

[164] Bescheinigung des Reichsministers Kerrl vom 25. Mai 1936, BArch (ehem. BDC), SSO, Biberstein, Ernst, 15.02.1899.

Bild 19: Nürnberg.- Reichsparteitag der NSDAP, „Reichsparteitag der Ehre“.
„Lichtdom“ mit Flak-Scheinwerfern über Zeppelinfeld und Zeppelinhaupttribüne. 8.9.1936.
(Quelle: Bundesarchiv, Bild 183-1982-1130-502).

in die Allgemeine SS zum 13. September 1936, dem Reichsparteitag, zugestimmt habe.[165] Jener Reichsparteitag im Jahre 1936 fand vom 8. – 14. September statt und nannte sich mit Bezug zu den erfolgreichen Olympischen Spielen und der Rheinlandbesetzung *Reichsparteitag der Ehre.* (Bild 19). Am 10. September hielt Goebbels dort seine berüchtigte Rede „Der Bolschewismus in Theorie und Praxis“.[166] Mit der Ernennung zum SS-Offizier innerhalb der Allgemeinen SS war die *gleichzeitige* Aufnahme in den SD verbunden, die in Bibersteins Fall mit dem Status eines ehrenamtlichen *SS-Führers im SD-Hauptamt* verbunden war. Diese Regelung kommt in Bibersteins Offizierspatent, d. h. der Ernennungsurkunde, deutlich zum Ausdruck.

---

[165] Der Reichsführer-SS, Personalkanzlei an das SD-Hauptamt, Schreiben vom 18. August 1936, BArch (ehem. BDC), SSO, Biberstein, Ernst, 15.02.1899. Die Reichsparteitage wurden jährlich im Spätsommer äußerst publikumswirksam auf dem riesigen Reichsparteitags-Gelände in Nürnberg inszeniert und standen unter einem jährlich wechselnden Motto. ARMIN BERGMANN: Reichsparteitage, in: WOLFGANG BENZ u. a., Enzyklopädie, S. 750.

[166] Jene Rede, die Biberstein gehört haben dürfte, wird in Kapitel IV.3.4 näher beleuchtet.

S z y m a n o w s k i , E r n s t

(SS – Nr. 272 692)

Ich nehme Sie mit Wirkung vom 13. September 1936 als SS-Mann in die Schutzstaffel auf und befördere Sie zum Dienstgrad eines SS-Untersturmführers unter *gleichzeitiger* Ernennung zum SS-Führer im Sicherheitshauptamt. [Kursivdruck vom Verf.].

[Heinrich Himmler][167]

Das SS-Selektionsverfahren

Die Aufnahme in die Allgemeine SS war an starre bürokratische Formalitäten und ein besonderes Selektionsverfahren gebunden.[168] So hatten die Bewerber ihrem Aufnahmeantrag zunächst die nachfolgenden Dokumente beizulegen:

(1) SD-Fragebogen (in dreifacher Ausfertigung)
(2) Lebenslauf (1x handschriftlich, 2x maschinenschriftlich)
(3) Beglaubigte Abschriften von Schulabgangs-, Berufs- und Hochschulzeugnissen
(4) SS-Stammrollenauszug
(5) Beglaubigte Abschriften von Dienstleistungszeugnissen (von Militärpapieren, von Zeugnissen der NS-Formationen)
(6) Polizeiliches Führungszeugnis
(7) SS-ärztlicher Untersuchungsbogen
(8) Rassenmusterungsschein
(9) SS-Aufnahme- und Verpflichtungsschein (AV-Schein)
(10) 7 Lichtbilder (6x frontal, 1x Profil)
(11) Parteizugehörigkeitsnachweis
(12) Meldung der bereits abgelegten Sportzeichen (SA-, Reichs-, Reitersportabzeichen etc.)
(13) Eingebende Beurteilung der unmittelbar vorgesetzten SD-Dienststelle
(14) Ausgefüllte SD-Karteikarten (7 x gelb, 1 x hellgelb, 1 x rot).

Ab 1941 war zusätzlich erforderlich:

(15) Standesamtliche Kirchenaustrittsbescheinigung oder Darlegung, warum noch nicht erfolgt
(16) Beglaubigte Geburtsurkunden aller Kinder.[169]

---

167 Offizierspatent Biberstein vom 18. September 1936, BArch (ehem. BDC) SSO, Biberstein, Ernst, 15.02.1899. Die Unterschrift Himmlers findet sich nur in dem Original des Offizierspatents, nicht jedoch in der Abschrift.

168 Soweit nicht anders angemerkt, beruhen die nachfolgenden Ausführungen auf Forschungsergebnissen von Carsten Schreiben und Bastian Hein: CARSTEN SCHREIBER, Elite. BASTIAN HEIN: Elite für Volk und Führer? Die Allgemeine SS und ihre Mitglieder 1925-1945 (Quellen und Darstellungen zur Zeitgeschichte, 92), München 2012, zugleich: Regensburg, Univ., Habil.-Schr.

169 SD-UA Chemnitz-Zwickau an SD-Ast Zwickau, Schreiben vom 10.04.1937, BArch, ZB II 1091, A. 9. abgedruckt in: CARSTEN SCHREIBER, Elite, S. 95. Ebenso: Der Chef des SS-Amtes Wittje, vom 29.08.1934, btr. Aufnahmebedingungen für die politischen Bereitschaften, BArch, Sammlung Schumacher/ 433.

Gemäß ihrem Selbstverständnis der SS als „Auslese besonders ausgesuchter Menschen“ aufgrund der „Blutsgemeinschaft“ der „nordischen Rasse“[170] unterlagen die Selektionskriterien für die Aufnahme in die SS rein *rassebiologischen* Gesichtspunkten, wie aus dem Verfahren zur „rassischen Musterung“[171] der SS-Bewerber hervorgeht, das bereits ab 1932/33 durchgeführt wurde. Das Selektionsverfahren bestand aus drei „Eignungstests“:

(1) einer ärztlichen körperlichen Untersuchung, die die rassische Zugehörigkeit und den Körperbau des SS-Bewerbers bewertete
(2) einer Sportprüfung, bestehend aus Ausdauer-, Gewandtheits- und Geschwindigkeitsübungen
(3) einem Intelligenztest.[172]

In jenen „Eignungstests“ wurde die rassische Beurteilung des Bewerbers nach einer Fünf-Punkte-Skala bewertet, die den Rassekriterien des Sozialanthropologen und Eugenikers Hans Friedrich Karl Günther entsprach, wobei jedoch nur die Erfüllung der Kategorien 5 (rein nordisch) und 4 (überwiegend nordisch oder fälisch) zur Aufnahme in die SS berechtigte:

(5) *rein nordisch*
(4) *überwiegend nordisch oder fälisch*
(3) ausgeglichener Mischling oder überwiegend dinarisches bzw. westisches Blut
(2) unausgeglichener Mischling oder überwiegend ostisches bzw. ostbaltisches Blut.
(1) Vermutung außereuropäischen Rasseeinschlages[173]

Der Körperbau des Bewerbers wurde gar nach einer Neun-Punkte-Skala begutachtet, wobei auch hier lediglich die Kategorien 9 (Idealkörper), 8 (vorzüglich) und 7 (sehr gut) „SS-fähig“ waren.

(9) *Idealkörper*
(8) *vorzüglich*
(7) *sehr gut*
(6) gut
(5) genügend
(4) kaum genügend
(3) mangelhaft
(2) ungenügend
(1) Missgestalt.[174]

---

[170] Protokoll über die Führerbesprechung der SS, 13–14. 06.9131, BArch, NS 19, Bd. 1934, fol. 94, 109-113. BASTIAN HEIN, Elite, S. 95.

[171] Zum Musterungsverfahren vgl. die Richtlinien, in: „Ergänzungsbestimmungen der Waffen-SS“, o. D., BArch – Militärarchiv Freiburg, RS 5/v. 220. Zitiert nach: BERND WEGNER, Soldaten, S. 136.

[172] „Verlauf einer Musterung der männlichen Jugend“, o. D., BArch, Sammlung Schumacher/ 433.

[173] Unterlagen für einen Vortrag von Bruno Schultz über Rassenkunde und rassische Richtlinien bei der SS-Musterung für Schulungsvorträge von SS-Ärzten und Rassereferendaren, o. D., BArch, NS 31 (SS- Hauptamt)/ 279, fol. 2-7.

[174] Ebd. Man beachte die äußerst diskriminierende Bezeichnung „Missgestalt“.

Als Drittes wurde die „soldatische Haltung" und Gesamtwirkung des SS-Bewerbers nach sechs Auswahlkriterien beurteilt, wobei auch hier lediglich die Kategorien A I (sehr gut) und A II (gut) relevant für die Aufnahme in die SS waren.

A I *sehr gut*
A II *gut*
A III genügend
B I kleine Bedenken
B II größere Bedenken
C unmöglich.[175]

Da das Kernstück des von Himmler konzipierten Ordensgedankens der SS die Erschaffung eines zukünftigen, nordisch bestimmten und rassisch reinen Menschentyps war,[176] spielte neben den oben aufgezeigten Selektionskriterien ebenso die weltanschauliche und politische Grundausrichtung des SS-Antragstellers eine ganz entscheidende Rolle. Das bedeutete, dass der SS-Bewerber „die Gewähr dafür [zu bieten hatte], daß er jederzeit *rückhaltlos* für den nationalsozialistischen Staat eintreten [werde]." [Kursivdruck vom Verf.][177] Alle oben genannten Auswahlkriterien für SS-Bewerber fanden ihren Niederschlag in den Beurteilungen der so bezeichneten *Personal-Bericht-Bögen*, die im Vorfeld jeder Beförderung eines SS-Offiziers von dem Leiter der jeweiligen SD-Dienststelle anzufertigen waren.

Personalberichtsbögen – NS-Bewertungsbögen

In Bibersteins SS-Offiziersakte gibt es drei solcher Bögen. Die beiden ersten sind auf den 1. März und 7. Dezember 1937 datiert, der dritte weist kein Datum auf. Er dürfte vermutlich im Dezember 1938 erstellt sein, insofern, als der dazugehörige Beförderungsvorschlag das Datum vom 16. Dezember 1938 trägt. Die erste Beurteilung wurde von dem Leiter des Amtes II 113 (*Politische Kirchen*) im SD-Hauptamt, Albert Hartl, erstellt, die zweite erfolgte von dem Leiter der dortigen Zentralabteilung I, Prof. Dr. Franz Six. Die dritte Bewertung dürfte ebenfalls auf Six zurückgehen, insofern, als der dazugehörige Beförderungsvorschlag von ihm erstellt ist. Entsprechend den Personalberichtsbögen gliederte sich die dienstliche Beurteilung des SS-Offiziers in die vier Kategorien:

I Allgemeine äußere Beurteilung
II Charaktereigenschaften

---

[175] Unterlagen für einen Vortrag von Bruno Schultz über Rassenkunde und rassische Richtlinien bei der SS-Musterung für Schulungsvorträge von SS-Ärzten und Rassereferendaren, o. D., BArch, NS 31 (SS- Hauptamt) / 279, fol. 2-7.

[176] HEINRICH HIMMLER: Die SS als antibolschewistische Kampforganisation, München 1937. (BArch NSD 41/ 7).

[177] Merkblatt zur Anordnung des SS-Hauptamtes vom 27.06.1936, BArch, R 187/Sammlung Schumacher /v. 432, Bd. 1.

III Ausbildungsgang
IV Grad und Fertigkeit der Ausbildung.[178]

An oberster Stelle der Kategorie *Allgemeine äußere Beurteilung* wurde das *rassische Gesamtbild* erstellt, das bei Biberstein als „vorwiegend nordisch" definiert wurde, gefolgt von der Einschätzung der *persönlichen Haltung* und des *Auftretens und Benehmens in und außer Dienst*, das „soldatisch" zu sein hatte und bei Biberstein als „einwandfrei" bezeichnet wurde. Zudem gehörten neben einem „korrekten äußeren Auftreten" *geordnete geldliche* und *geordnete Familienverhältnisse*. Auch hierin erfüllte Biberstein die „SS-mäßigen" Ansprüche.[179]

Ebenso entsprach Biberstein hinsichtlich der geforderten *Charaktereigenschaften* voll und ganz dem Selbstverständnis eines „Elite-Offiziers". Jene charakterlichen Erfordernisse wurden mit positiven Begriffen wie „sauberer, ehrlicher Charakter", „offener, gerader Charakter", „gerade und ehrlich" belegt und sind auf der Folie der spezifischen SS-Ehrenkodizes zu sehen. Es waren eben jene „SS-mäßigen Charaktereigenschaften", die das Richterkollegium des US Military Tribunal II in Nürnberg während der Urteilsbegründung vom 8. Februar 1948 aufzählte und die es nicht mit den Massenmorden der 24 im Einsatzgruppenprozess Angeklagten in Einklang zu bringen vermochte, sodass der Vorsitzende Richter Michael A. Musmanno von einem „Paradoxon" sprach.[180] Des Weiteren wurde in den Personalbögen der SS-Offiziersakte Bibersteins *geistige Frische* als „überdurchschnittlich" eingeschätzt und sein *Auffassungsvermögen* als „gut" bewertet.

Hinsichtlich seiner *Willenskraft und persönlichen Härte* wurde er „als Träger des Goldenen Parteiabzeichens [als] im langjährigen Kampf erprobt" ausgewiesen, und es wurden ihm eine „gesunde natürliche Lebensauffassung [und ein] klares Urteilsvermögen" attestiert. Bibersteins „besondere Kenntnisse auf dem Gebiet des Prot[estantismus] als ehemaliger Probst" wurden von seinen Gutachtern als *besondere Vorzüge und Fähigkeiten* eingestuft.[181] In die Kategorie IV *Grad und Fertigkeit in der Ausbildung* stand unter Punkt (4) die *Weltanschauung* des SS-Offiziers zur Begutachtung an, wobei Biberstein „besonders in Fragen des Prot[estantismus] u. d. nat. soz. Weltanschauung" *eigenes Wissen* einbringen konnte. Seine *Fähigkeit des Vortragens* hatte er als „Parteiredner [und durch eine im Jahre] 1935 [erfolgte] Teilnahme an einem Kursus der Reichsschule Bernau" unter Beweis gestellt. Gemeint war die *Führerschule* Bernau bei Berlin, in der die Angehörigen des SD, der SS und der Gestapo in zahlreichen weltanschaulichen Schulungskursen hin-

[178] Personal-Bericht [vermutlich vom 16.12.1938], BArch (ehem. BDC), SSO, Biberstein, Ernst, 15.02.1899.

[179] Ebd.

[180] KAZIMIERZ LESZCZYŃSKI (Hrsg.), Fall 9, S. 139f.

[181] Personal-Bericht [vermutlich vom 16.12.1938], BArch (ehem. BDC), SSO, Biberstein, Ernst, 15.02.1899.

sichtlich einer „festen nationalsozialistischen Ausrichtung“ intensiv ausgebildet wurden.

Bild 20: Biberstein als Offizier der Allgemeinen SS. Der linke Kragenspiegel kennzeichnet den Dienstgrad eines SS-Untersturmführers.
Das Passfoto (1936) entstammt Bibersteins SS-Offiziersakte, die infolge der Bombenangriffe auf Berlin sehr stark beschädigt wurde.
(Quelle: BArch (ehem. BDC), VBS1 64 0000 3176, Parteikorrespondenz, Biberstein, Ernst, 15.02.1899).

Als „ehemal[iger] Kreisschulungsleiter“ war seine *Einstellung zur nat.-soz. Weltanschauung* „klar ausgerichtet“. *Fähigkeiten und Kenntnisse im Innendienst, Disziplinarwesen und Verwaltung* hatte er „1934/35 [als] Beisitzer im Kreisgericht der NSDAP“ erworben.[182] Als Gesamtbeurteilung, die dann am 30. Januar 1939 die Beförderung in den Dienstgrad eines SS-Sturmbannführers zur Folge hatte, führte der Leiter der Zentralabteilung I, Prof. Dr. Franz Six, aus:

> „Oberreg. Rat Szymanowski ist ein würdiger SS-Führer, der für seine klare weltanschauliche Haltung zahlreiche Opfer gebracht hat, und im Rahmen des Sicherheitsdienstes wertvolle Arbeit leistet.“[183]

Da Himmler die Ansicht vertrat, „dass es unsinnig wäre, den Versuch zu unternehmen, Männer rassischer Auslese zu sammeln und [dabei] nicht an die Sippe zu denken“, wollte er „nicht den Fehler der Soldaten- und Männerbünde der Vergangenheit machen, die Jahrhunderte wohl bestehen mögen und dann, weil der Blutstrom der Zucht und die Tradition der Sippe fehlt, ins Nichts versinken.“[184] Insofern wurde nicht nur der SS-Offizier selbst, sondern ebenso seine Familie in die

---

[182] Personalbericht [vermutlich vom 16.12.1938], BArch (ehem. BDC), SSO, Biberstein, Ernst, 15.02.1899.

[183] Ebd.

[184] HEINRICH HIMMLER: Die Schutzstaffel als antibolschewistische Kampforganisation, München 1936, S. 25.

„SS-Sippengemeinschaft“ eingebunden, mit dem rassenbiologischen Ziel, einen „Neuadel aus Blut und Boden“[185] zu errichten.

Weil jedoch „die SS ein nach besonderen Gesichtspunkten ausgewählter Verband deutscher nordisch-bestimmter Männer“ sei, hatte Himmler „entsprechend der nationalsozialistischen Weltanschauung und in der Erkenntnis, daß die Zukunft unseres Volkes in der Auslese und Erhaltung des rassisch und erbgesundheitlich guten Blutes beruht“ am 31. Dezember 1931 „für alle unverheirateten Angehörigen der SS“ die so bezeichnete „SS-Heiratsgenehmigung“ eingeführt mit dem „erstrebten Ziel“ einer „erbgesundheitlich wertvolle[n] Sippe deutscher nordisch-bestimmter Art.“[186] Daneben verpflichtete er die SS-Familien zum Erreichen einer Kindermindestzahl. Himmler „erwarte[te], dass auch hier die SS und insbesondere das SS-Führerkorps beispielgebend [vorangingen]. Als Kindermindestzahl einer guten und gesunden Ehe [seien] vier Kinder erforderlich.“[187]

Großer Arier-Nachweis und Mindestkinderzahl

Zudem hatten ab dem 7. April 1933 alle Beamten und Bediensteten des öffentlichen Dienstes einen Abstammungsnachweis – umgangssprachlich *Arier-Nachweis* – in Form einer urkundlich beglaubigten Ahnentafel zu erbringen. Rechtsgrundlage war Paragraph 3 des *Gesetzes zur Wiederherstellung des Berufsbeamtentums* in Verbindung mit Absatz 2 der *Ersten Verordnung zur Durchführung des Gesetzes zur Wiederherstellung des Berufsbeamtentums* vom 11. April 1933.[188] Für alle NSDAP-Mitglieder war der bis in das Jahr 1880 zurückreichende *große Arier-Nachweis* Verpflichtung. Für SS-Offiziere hingegen hatte jener *große Arier-Nachweis* sogar bis in das Jahr 1750 zurückzureichen, für dessen Ehefrau hingegen nur bis in das Jahr 1800. Ab dem 15. September 1933 hatten dann alle Deutschen den urkundlichen Nachweis ihrer „deutschen oder artverwandten Abstammung“

---

[185] Dieser Begriff geht zurück auf den Leiter des SS-Rasse- und Siedlungshauptamtes (RuSHA), Walther Darré. Im Jahre 1930 erschien seine während der NS-Zeit vielgelesenen Schrift *Neuadel aus Blut und Boden,* die 1943 bereits in der 67.-72.tausendsten Ausgabe erschien.

[186] Reichsführer SS, SS Befehl – A – Nr. 65 vom 31.12.1931, in: INTERNATIONALER MILITÄRGERICHTSHOF NÜRNBERG (Hrsg.): Der Nürnberger Prozess gegen die Hauptkriegsverbrecher vom 14. November bis 1. Oktober 1946: *Urkunden und anderes Beweismaterial.* Veröffentlicht in Nürnberg 1948, München 1989, Bd. III: Amtlicher Text – Deutsche Ausgabe, Nr. 2239-PS bis Nr. 2582-PS [Überblick über Geschichte, Aufgaben und Organisation der SS nach dem Stand von 1939 (Beweisstück US-438)], S. 134.

[187] Himmler an alle SS-Führer, Schreiben vom 13.12.1934, BArch, NS 19, Bd. 3902, fol. 32-33. Himmler an alle SS-Führer, Schreiben vom 13.9.1936, BArch., NS 19, Bd. 3973, fol. 2-3. Denkschrift der SS-Personalkanzlei zur Bevölkerungspolitik im SS-Führerkorps nach dem Stand vom 1.12.1938, BArch, NS 34, Bd. 30.

[188] *Gesetz zur Wiederherstellung des Berufsbeamtentums. Vom 7. April 1933*, in: Reichsgesetzblatt I 1933), Nr. 34, S. 175. *Erste Verordnung zur Durchführung des Gesetzes zur Wiederherstellung des Berufsbeamtentums. Vom 11. April* 1933, in: Reichsgesetzblatt I (1933), Nr. 37, S. 195.

beizubringen, den das NS-Regime begründete mit dem „Durchdrungen“ sein von „der Erkenntnis, daß die Reinheit des deutschen Blutes die Voraussetzung für den Fortbestand des Deutschen Volkes“ sei und mit dem „Beseelt“ sein „von dem unbeugsamen Willen, die Deutsche Nation für alle Zukunft zu sichern“.[189]

Biberstein konnte für sich und seine Ehefrau Anna, geborene Dahmlos, jenen großen Ahnennachweis durch die Mitgliedschaft in dem *Lebensborn e. V.* erbringen,[190] zu dessen Mitgliedsbeitrag Himmler alle hauptamtlich tätigen SS-Angehörigen zwangsweise verpflichtet hatte. Hinsichtlich der Kindermindestzahl entsprach Biberstein nicht ganz den Forderungen Himmlers, insofern, als er lediglich drei Kinder vorzuweisen hatte, die noch während seiner Tätigkeit als evangelischer Geistlicher in Schleswig-Holstein geboren worden waren, nämlich zwei Jungen, geboren am 13. Oktober 1925 und am 5. Mai 1928, sowie eine Tochter, geboren am 15. April 1930. Die beiden Jungen besuchten die regulären öffentlichen Schulen, nicht jedoch eine der Nationalpolitischen Erziehungsanstalten (NAPOLA).[191] Auch diese Auskünfte waren Bestandteil der NS-Personalbögen. Durch den Status ihres Ehemannes als SS-Offizier war auch Bibersteins Ehefrau in die von Himmler so bezeichnete *SS-Sippengemeinschaft*, die Gemeinschaft aller SS-Angehörigen, eingebunden. Jener Einbindung suchte sie zudem durch eine aktive parteipolitische Tätigkeit in der NS-Frauenschaft (NSF), Mitgliedsnummer 34.310, und in der NS-Volkswohlfahrt (NSV), Mitgliedsnummer 3.504 067[192] zu entsprechen.

SS-Auszeichnungen für besondere Verdienste

Die Auszeichnung für die Angehörigen der SS-Sippengemeinschaft, die sich in ihrem Selbstverständnis als „nationalsozialistischer, soldatischer Orden nordisch bestimmter Männer und als eine geschworene Gemeinschaft ihrer Sippen“[193] sah, wurde nach außen hin zeichenhaft bekundet durch die Verleihung vielfältiger Orden und Ehrenzeichen für besondere Verdienste, die auch in Bibersteins SS-Offiziersakte dokumentiert sind. So war Biberstein Träger des *Goldenen Parteiabzei-*

---

[189] *Gesetz zum Schutze des deutschen Blutes und der deutschen Ehre. Vom 15. September 1935*, in: Reichsgesetzblatt I (1935), Nr. 100, S. 1146.

[190] Führerkarteibogen, vierseitig, o. D., BArch (ehem. BDC) SSO, Biberstein, Ernst, 15.02.1899, S. 1. Der Lebensborn e. V. war von Himmler im Jahre 1935 zwecks „Aufnordung der germanischen Rasse“ gegründet worden. Seine rassenbiologische und bevölkerungspolitische Zielsetzung bestand lt. Satzung vom 10.02.1938 unter anderem darin, „den Kinderreichtum in der SS zu unterstützen, jede Mutter guten Blutes zu schützen und zu betreuen und für hilfsbedürftige Mütter und Kinder guten Blutes zu sorgen.“ GEORG LILIENTHAL: Der „Lebensborn e. V“, Frankfurt/M., erweiterte Neuausgabe 2003, S. 47 (Statuten des Lebensborns e. V., Präambel).

[191] Führerkarteibogen, vierseitig, o. D., BArch (ehem. BDC) SSO, Biberstein, Ernst, 15.02.1899.

[192] Ebd. Fragebogen zur Ergänzung bzw. Berichtigung der Führerkartei und der Dienstaltersliste vom 17.8.1937, BArch (ehem. BDC) SSO, Biberstein, Ernst, 15.02.1899.

[193] HEINRICH HIMMLER: Die Schutzstaffel als antibolschewistische Kampforganisation, München ^{3}1937 (BArch NSD 41/ 7).

chens der NSDAP, des *SS-Totenkopfringes* und des *Ehrendegens Reichsführers-SS* und hatte daneben von Himmler als Auszeichnung den *Julleuchter* erhalten.[194] Zudem war ihm die *Ungarische Kriegserinnerungsmedaille* und das *Ehrenkreuz des Weltkrieges* – auch *Ehrenkreuz für Fronkämpfer* genannt – verliehen worden.[195] Im Mai 1941 hatte Biberstein der NSDAP, Gauleitung Berlin, den Verlust seines „großen Ehrenzeichens Nummer 40.718“ gemeldet, das ihm offensichtlich bei den Umzugsvorbereitungen nach Oppeln abhandengekommen war. Mit Datum vom 29. Mai bat daher die Gauleitung Berlin die Parteizentrale in München um gebührenpflichtige Ausfertigung und Übersendung eines Ersatzehrenzeichens.[196]

Zu den *Ehrenzeichen* der nationalsozialistischen Bewegung zählte nach dem *Deutschen Orden*[197] und dem *Blutorden*[198] als dritthöchste Auszeichnung das *Goldene Parteiabzeichen der NSDAP*,[199] mit dem Hitler alle Parteimitglieder mit der Mitgliedsnummer unter 100.000 auszeichnete, d. h. die *Alten Kämpfern* der NSDAP, die in den 1920er-Jahren aus weltanschaulichem Idealismus der Partei beigetreten waren und nicht wie die so bezeichneten *Märzgefallenen* lediglich aus Opportunismus. Desgleichen verlieh Hitler allen Teilnehmern des Ersten Weltkrieges das *Ehrenkreuz für Frontkämpfer*, das von Hindenburg am 13. Juli 1934 anlässlich des 20. Jahrestages des Beginns des Ersten Weltkrieges gestiftet worden war. Mit der Ungarischen Kriegserinnerungsmedaille hingegen ehrte der Reichsverweser von Ungarn – das war ab dem 1. März 1920 Admiral Miklós Horthy – die Frontkämpfer für ihre im Ersten Weltkrieg geleisteten Dienste.[200]

Himmler dagegen zeichnete bewährte SS-Offiziere mit dem silbernen *SS-Totenkopfring* aus, und zwar nach einem festen Regelwerk. In dem dazugehörigen Begleitschreiben benennt er den SS-typischen Ehrenkodex, der in dem Totenkopfring ein Symbol sieht

---

[194] Führerkarteibogen, vierseitig, o. D., BArch (ehem. BDC) SSO, Biberstein, Ernst, 15.02.1899, S. 1.

[195] Fragebogen zur Ergänzung bzw. Berichtigung der Führerkartei und der Dienstaltersliste vom 17.8.1937, BArch (ehem. BDC) SSO, Biberstein, Ernst, 15.02.1899.

[196] NSDAP, Gauleitung Berlin an Reichsleitung der NSDAP in München. Schreiben vom 29.5.1941, BArch (ehem. BDC), Parteikorrespondenz (PK), Biberstein, Ernst, 15.02.1899.

[197] JÖRG NIMMERGUT/ KLAUS H. FEDER/ HEIKO VON DER HEYDE: *Deutsche Orden und Ehrenzeichen*. 6. Auflage. 2006, S. 70 f. ALEXA LOOHS: Orden und Ehrenzeichen, in: WOLFGANG BENZ u. a. (Hrsg.), Enzyklopädie S. 686.

[198] HANS BUCHHEIM: Der Blutorden der NSDAP, 29. Mai 1955, in: Gutachten des Instituts für Zeitgeschichte, Institut für Zeitgeschichte München 1958, S. 322-323.

[199] CHRISTIAN ZENTNER/ FRIEDEMANN BEDÜRFTIG: Das Große Lexikon des Dritten Reiches (1985), S. 221.

[200] Der Text der Urkunde – ausgestellt von der Kanzlei der Kriegserinnerungsmedaille – lautet: „Herr [x] hat für seine im Weltkriege 1914-1918 an der Front als [Dienstgrad] im Verband [Truppenteil], geleisteten Dienste von Sr. Durchlaucht dem Reichsverweser von Ungarn die Kriegserinnerungsmedaille mit Schwertern und Helm erhalten und ist demnach zum Tragen derselben am rot-weiß-grünen Bande der Kriegsmedaille berechtigt“, in: www.europeana1915-1918.eu/en/contributions/1171#prettyPhoto; 29.12. 2013.

„unserer *Treue zum Führer*, unseres unwandelbaren *Gehorsams gegen unsere Vorgesetzten* und unserer unerschütterlichen Zusammengehörigkeit und Kameradschaft.

Der Totenkopf ist die Mahnung, jederzeit bereit zu sein, *das Leben unseres Ichs einzusetzen für das Leben der Gesamtheit.* Die Runen dem Totenkopf gegenüber sind Heilszeichen unserer Vergangenheit, mit der wir durch die Weltanschauung des Nationalsozialismus erneut verbunden sind [...]. Bekränzt ist der Ring von Eichenlaub, den Blättern des alten deutschen Baumes." [Kursivdruck vom Verf.].[201]

Desgleichen verlieh Himmler als Ehrenwaffe den *Ehrendegen Reichsführer SS*, jedoch ausschließlich an die höheren SS-Angehörigen ab dem Range eines Untersturmführers.[202] Somit hatte Biberstein den *Ehrendegen Reichsführer-SS* bereits am 13. September 1936 erhalten, dem Datum seiner Aufnahme in die Allgemeine SS unter gleichzeitiger Ernennung zum ehrenamtlich tätigen *Untersturmführer im SD-Hauptamt.* Ebenso war der *Julleuchter* eine Auszeichnung Himmlers, den er aus Anlass des *Julfestes*[203] den von ihm ausgewählten SS-Angehörigen schenkte.[204] Auch Biberstein hatte den Julleuchter von Himmler als Geschenk erhalten.[205]

Die Vereidigungsfeier für die SS-Angehörigen – nicht zu verwechseln mit der Aufnahme in die SS während der Nürnberger Parteitage – wurde ab dem Jahre 1936 jährlich am 9. November im Gedenken an den Hitler-Ludendorff-Putsch im Jahre 1923 äußerst publikumswirksam in einem Staatsakt vor der Münchner Feldherrnhalle am südlichen Ende des Odeons-Platzes inszeniert. Die kollektiv gesprochene Eidesformel lautete:

„Ich schwöre Dir, Adolf Hitler, als *Führer und Kanzler* des Deutschen Reiches, *Treue* und Tapferkeit, ich gelobe Dir und den von Dir bestimmten Vorgesetzten *Gehorsam bis in den Tod*! So wahr mir Gott helfe!" [Kursivdruck vom Verf.].[206]

Aus der Formulierung des Treuegelöbnisses wird ersichtlich, dass jener Eid anders als in der Weimarer Republik nicht auf die Verfassung des Reiches geleistet wurde, sondern auf eine *Person.* Damit war der SS-Offizier – der ohnehin einer eigenen SS-Gerichtsbarkeit unterstand – weder dem Verfassungsrecht noch etwaigen allgemein gültigen ethischen Normen verpflichtet, sondern allein der Person Adolf Hitlers, d. h. dem *Führer* in dessen gleichzeitiger Funktion als NSDAP-Parteiführer sowie als Staatsoberhaupt, Regierungschef und Oberbefehlshaber der Wehrmacht.[207] Jene Transformation des traditionellen Treuebegriffes und die Pro-

[201] Zitat Heinrich Himmlers, abgedruckt in: PETER LONGERICH, Himmler, S. 298.

[202] HEINZ HÖHNE: Der Orden unter dem Totenkopf. Die Geschichte der SS, Gütersloh 1967, S. 141.

[203] Das Julfest war der von Himmler propagierte Ersatz für das christliche Weihnachtsfest.

[204] HEINZ HÖHNE, Orden, S. 147.

[205] Führerkarteibogen, vierseitig, o. D., BArch (ehem. BDC) SSO, Biberstein, Ernst, 15.02.1899, S. 1.

[206] Heinrich Himmler, Geheimer Befehl, o. D., BArch, NS 31/ 378, fol. 1.

[207] Zur staatsrechtlichen Bedeutung des Eides auf Hitler knapp aber umfassend: HANS BUCHHEIM: Die staatsrechtliche Bedeutung des Eides auf Hitler als Führer der nationalsozialistischen Bewegung nach 1933, in: Gutachten des Instituts für Zeitgeschichte, Bd. I, München 1958, S. 328-330.

jektion auf die *Person* des Führers hin hatte gravierende Auswirkungen in der Weise, dass sie den normativen Referenzrahmen veränderte und daher von Hitler zur Legitimation von Kriegsverbrechen und Völkermord genutzt werden konnte und auch benutzt wurde.

Das Selbstbildnis der Allgemeinen SS, wie es von Himmler entworfen worden war, sowie die Bedeutung des SS-Eides für jeden SS-Offizier hinsichtlich der *Entgrenzung* der durch SD und SS geformten Handlungspraxis der späteren NS-Verbrecher – und damit auch für Biberstein – wird daher in Kapitel III nochmals thematisiert im Zusammenhang mit dem Einsatz Bibersteins als Führer des Exekutionskommandos 6 der Einsatzgruppe C im Russlandfeldzug 1941-1945.

8 Referent im Reichskirchenministerium und SS-Offizier im SDHA 1936-1941

Nach Bibersteins Aufnahme in die Allgemeine SS unter *gleichzeitiger* Ernennung zum Führer im SD-Hauptamt (SDHA) – zunächst im Range eines Untersturmführers – war ihm die Funktion eines ehrenamtlichen Mitarbeiters im SD-Hauptamt zuerteilt worden.[208] Da Heydrich den SD als „Träger einer politischen Ziellinie“[209] definiert hatte, wurden demzufolge auch die ehrenamtlich tätigen Mitarbeiter mit einem eigenen Sachgebiet betraut, das sie „SS-mäßig“ zu bearbeiten hatten, im Fall Biberstein war das die Bespitzelung des Reichsministers für die kirchlichen Angelegenheiten Hanns Kerrl im Hinblick auf dessen religionspolitischen Zielsetzungen.

8.1 Biberstein, Dudzus, Roth – Spitzeltätigkeit für den SD

Als Leiter zahlreicher Referate im Reichsministerium für die kirchlichen Angelegenheiten und Sachverständiger in theologischen Fragen aufgrund seines ehemaligen Berufes als evangelischer Geistlicher wurde Biberstein demzufolge vom Leiter der Zentralabteilung II 1 des SD-Hauptamtes, Prof. Dr. Franz Six, „als Verbindungsmann zum Reichskirchenministerium zugeteilt.“[210] Seine Verbindungsnummer, die in der oberen rechten Ecke aller Personalberichte handschriftlich verzeichnet ist, lautete 7.432. Bibersteins „SS-mäßiger“ Aufgabenbereich bestand

[208] Personalbericht vom 1.3.1937, S. 2, BArch (ehem. BDC), SSO, Biberstein, Ernst, 15.02.1899. Beförderungsvorschlag vom 28.2.1937, ebd.

[209] SDHA, Stabskanzlei I 11, „R e o r g a n i s a t i o n des Sicherheitsdienstes des Reichsführers SS im Hinblick auf eine organisatorische und personelle Angleichung mit der Sicherheitspolizei“, [Sperrdruck im Original], 24.2.1939, BArch, R 58/ 826, fol. 92-102, hier fol. 100.

[210] Personalbericht vom 7.12.1937, BArch (ehem. BDC), SSO, Biberstein, Ernst, 15.02.1899.

nun darin, das unter Leitung des Albert Hartl stehende Amt II 113 (*Politische Kirchen*) des SD-Hauptamtes über sämtliche kirchenpolitisch relevanten Vorgänge im Reichsministerium für die kirchlichen Angelegenheiten zu informieren.[211]

Da die *Evangelische Abteilung* des Reichsministeriums für die kirchlichen Angelegenheiten über einen ausgedehnten Referatsbereich verfügte, wurde zeitgleich als weiterer Referatsleiter der ehemalige Landesjugendpfarrer Willi Dudzus als ehrenamtlicher Mitarbeiter im SD-Hauptamt beschäftigt.[212] Ebenso stellte das SD-Hauptamt den Leiter der wesentlich kleineren *Katholischen Abteilung* des Reichsministeriums für die kirchlichen Angelegenheiten, den ehemaligen Priester Joseph Roth, als ehrenamtlichen Mitarbeiter ein.[213]

Wie Biberstein, so hatten auch Dudzus und Roth dem Amt II 113 (*Politische Kirchen*) des SD-Hauptamtes über alle kirchenpolitisch relevanten Maßnahmen ihres Vorgesetzten, des Ministers Kerrl, zu berichten. Aus dem Tätigkeitsbericht des SD-Hauptamtes vom 1. November 1936 bis zum 15. Februar 1937 ist zu entnehmen, dass Biberstein in der Abteilung II 113 mit dem „Beobachtungsgebiet Politische Kirchen (allgemein)" betraut wurde, während Dudzus das „Beobachtungsgebiet Evangelische Kirchen" zugewiesen bekam und Roth das „Beobachtungsgebiet Politischer Katholizismus".[214] Die drei Referenten des Reichsministeriums für die kirchlichen Angelegenheiten waren von dem SD-Hauptamt insofern mit Arbeitsbereichen zur „SS-mäßigen" Bearbeitung betraut worden, als Reichskirchenminister Kerrl – wie mehrfach erwähnt – wegen seines kirchenpolitischen Kurses, der in völligem Gegensatz zu jenem der NSDAP-Parteispitze stand, zunehmend in die strenge Observation des SD geraten war.

Es sei an dieser Stelle ausdrücklich darauf verwiesen, dass Oberregierungsrat Biberstein, Regierungsrat Dudzus und Ministerialdirigent Roth *keine* V-Männer waren, wie gelegentlich in der Literatur dargestellt wird,[215] sondern SS-Offiziere, die mit ihrer Aufnahme in die Allgemeine SS *gleichzeitig* zum Führer im SD-Hauptamt (SDHA) ernannt wurden.[216] Damit waren sie hinsichtlich ihres Status SD-*Angehörige* und hinsichtlich ihrer Funktion *ehrenamtliche Mitarbeiter* im SD[217] und nicht wie die V-Männer lediglich „im SD Tätige". Zudem hatte Mi-

---

211 SD-Tätigkeitsbericht der Zentralabteilung II 1, darin auf S. 34: Politische Kirchen, Männernetzwerk des SD, BArch, R 58/ 7082, nicht foliert.

212 Ebd.

213 Ebd.

214 SDHA, Tätigkeitsbericht 1.2.1936 [dann korrigiert 1.11.1936] bis 15.2.1937, BArch., R 58/ 6074, fol. 69-79, hier fol. 71-72.

215 So in: HEIKE KREUTZER, Reichskirchenministerium oder in: WOLFGANG DIERKER, Glaubenskrieger.

216 Ernennungsurkunde (SS-Offizierspatent), BArch (ehem. BDC), SSO, Biberstein, Ernst, 15.2.1899. Ernennungsurkunde (SS-Offizierspatent), BArch., SSO, Dudzus, Willi, 3.11.1908. Ernennungsurkunde (SS-Offizierspatent), BArch, SSO, Roth, Joseph, 2.8.1897.

217 Personalbericht vom 1.3.1937, BArch, SSO, Biberstein, Ernst, 15.2.1937.

nister Kerrl der Aufnahme Bibersteins in die SS unter gleichzeitiger Ernennung zum Führer im SD ausdrücklich *schriftlich* zugestimmt.[218] Um die religionspolitischen Differenzen zwischen Reichskirchenminister Kerrl und der Parteispitze um Martin Bormann,[219] Rudolf Heß,[220] Alfred Rosenberg[221] sowie Heinrich Himmler und Reinhard Heydrich anhand des Schriftverkehrs zwischen den jeweiligen Ämtern sowie Bibersteins, Dudzus und Roths ehrenamtlichen Arbeitsbereichen im SD anhand der von ihnen angefertigten Bespitzelungs-Berichte für das SD-Hauptamt nachzeichnen zu können, ist zunächst kurz auf den religionspolitischen Kurs Hitlers in den Jahren 1933 bis zur Errichtung des Reichsministeriums für die kirchlichen Angelegenheiten im Jahre 1935 einzugehen.

8.2 Rückschau – religionpolitischer Kurs 1933/35

Nach der Machtübernahme hatte Hitler mit der Gleichschaltung des gesamten politischen und gesellschaftlichen Lebens begonnen. Aus politisch-taktischen Gründen bestand die nationalsozialistische Zielsetzung im Hinblick auf die Deutsche Evangelische Kirche [DEK][222] zunächst in der organisatorischen Zusammenfassung aller 28 Landeskirchen zu einer am Führerprinzip orientierten Reichskirche, wobei zu bemerken ist, dass das im Parteiprogramm des NSDAP propagierte *positive Christentum* auf der Basis eines völkisch-rassistischen Weltbildes verstanden wurde. In dem Duktus der *Deutschen Christen* (DC) hatte die Gleichschaltung hingegen das nachfolgend genannte Ziel:

> „[die Kirche] muß ganz in das Dritte Reich eingehen, sie muß sich gleichschalten, *sie muß in den Rhythmus der nationalen Revolution hineingeordnet werden*, sie muß *von der Idee des Nationalsozialismus mitgestaltet* werden, sonst ist sie ein Fremdkörper im einheitlichen deutschen nationalsozialistischen Volk." [Kursivdruck vom Verf.].[223]

Hitler jedoch hatte in dieser ersten Phase seines religionspolitischen Kurses die Kirchen lediglich als „taktische Größe"[224] gewertet und die *Deutschen Christen*

---

[218] Unbedenklichkeitserklärung des Reichsministers Kerrl, 23.5.1936, BArch, SSO Biberstein, Ernst, 15.2.1899.

[219] Bormann war Leiter der NSDAP-Parteizentrale.

[220] Heß war Stellvertreter des Führers und Leiter der Parteikanzlei.

[221] Rosenberg wurde im Januar 1934 von Hitler zum *Beauftragten des Führers für die Überwachung der gesamten geistigen und weltanschaulichen Schulung und Erziehung der NSDAP* ernannt. Dieses Amt hatte er bis 1941 inne.

[222] Hitlers religionspolitischer Kurs gegenüber der katholischen Kirche ist insofern nicht Gegenstand dieser Studie, als er Bibersteins Arbeitsgebiete im Reichsministerium für die kirchlichen Angelegenheiten nicht tangiert.

[223] Zitiert nach: Joachim Beckmann: Artgemäßes Christentum oder schriftgemäßer Christusglaube? (Freie Evangelische Presbyterianer 1933-1934; 3), Essen 1933, S. 11.

[224] Hans Buchheim, Glaubenskrise, S. 79.

(DC) zunächst nur als Steigbügelhalter zur „Stabilisierung politischer Verhältnisse“[225] benutzt. Dabei ist zu vermerken, dass Hitler zu Beginn der NS-Diktatur eine Doppelstrategie fuhr und daher seine religionspolitischen Vorstellungen mit denen der Parteispitze nicht immer völlig kongruent waren. Das beinhaltete demzufolge, dass er anfangs dem Reichskirchenminister Kerrl einen entsprechenden Freiraum gewährte.

Hingegen hatten sich die Rigoristen Himmler und Heydrich sowie insbesondere jene der Parteispitze um Bormann, Heß und Rosenberg bereits im August 1933 auf einen religionspolitischen Kurs festgelegt, der in Richtung einer *Entpolitisierung* der Kirchen und einer *Entkonfessionalisierung* des gesamten gesellschaftlichen Lebens hinauslief, d. h. letztendlich auf eine Trennung von Kirche und Staat. Dieser Prozess war derzeit mit einem Artikel eingeleitet worden, der von dem Chefideologen der NSDAP Alfred Rosenberg am 16. August 1933 im *Völkischen Beobachter* veröffentlicht worden war.[226] Ebenso hatte Rudolf Heß als Stellvertreter des Führers am 13. Oktober des gleichen Jahres durch einen Erlass die „religiöse Gleichstellung aller Deutschen“[227] feststellen lassen.

Nach dem Scheitern der Gleichschaltungsversuche seitens des Reichsbischofs Müller im Oktober 1934 erfolgten als Reaktion von unterschiedlichen Seiten Forderungen nach dessen Rücktritt. So informierte Hermann von Detten, derzeit Leiter der *Abteilung für kulturellen Frieden* (Kultfried) bei der Reichsleitung der NSDAP,[228] den Staatssekretär und Chef der Reichskanzlei, Hans Heinrich Lammers, „daß auch von hier, von deutschchristlicher Seite, der Rücktritt des Reichsbischofs bedingungslos gefordert [werde].“[229] Desgleichen teilte der Reichsfinanzminister Lutz Graf Schwerin von Krosigk in einem Schreiben vom 4. April des gleichen

---

[225] Ebd., S. 80.

[226] Völkischer Beobachter (Ausgabe 228) vom 18. August 1933. Zitiert nach: JOACHIM GAUGER, Chronik, Bd. 1, S. 98. Vgl. Kapitel I.

[227] Der Heß-Erlass wurde im Stuttgarter Neuen Tagblatt (Ausgabe 484/ 1933) abgedruckt. Zit. nach: JOACHIM GAUGER, Chronik, Bd. I, S. 106. Vgl. Kapitel I.

[228] Hermann von Detten war am 27. Februar 1934 von dem Stellvertreter des Führers und Chef der NSDAP, Rudolf Heß, zum Leiter der neu gegründeten *Abteilung für kulturellen Frieden* (Kultfried) bei der Reichsleitung der NSDAP ernannt worden. Jene Abteilung wurde durch eine Verfügung Hitlers vom 14.11.1935 aus Anlass der Errichtung des Reichsministeriums für die kirchlichen Angelegenheiten wieder aufgelöst und von Detten dort zum 1. September 1935 als Stellvertreter des Reichskirchenministers eingestellt. Am 24.3.1936 wurde er dann zum Ministerialdirigenten ernannt. Zu von Detten: BArch, R 5101/ 22440, fol. 64 (V+R) -65 und R 5101/ 23482, fol. 107. Anordnung des Stellvertreters des Führers zur Bildung einer *Abteilung für kulturellen Frieden* bei der Reichsleitung der NSDAP, 27. Februar 1934, BArch, NS 6/ 216. Auflösung der *Abteilung für kulturellen Frieden* durch die Verfügung Hitlers vom 14.11.1935, in: Verordnungsblatt der Reichsleitung der NSDAP, Folge 110, Dezember 1935.

[229] Nationalsozialistische Deutsche Arbeiterpartei, Reichsleitung, Abteilung für den kulturellen Frieden an Herrn Staatssekretär Lammers, Reichskanzlei, Schreiben vom 8.2.1935 btr. Denkschrift des Landeswohlfahrtspfarrers Ziegler, Karlsruhe, BArch, R 43 II/ 163, fol. 204.

Jahres dem Innenminister Frick mit, dass eine „Befriedung in der Kirche [...] nur möglich [sei], wenn zwei Voraussetzungen erfüllt werden, einmal, daß die Identifizierung von Staat und Partei mit der Deutschen Glaubensbewegung [DC], auch in den lokalen Instanzen, verhindert [werde], zweitens, der Reichsbischof [zurücktrete]. Reichsbischof Müller [sei zwischenzeitlich] zu einer schweren Belastung für Staat und Partei [geworden]".[230] In einer vertraulichen Denkschrift über Politik und Religion vom 3. April 1935, adressiert an Dr. Rudolf Buttmann, der von 1933 bis 1935 Ministerialdirektor im Reichsministerium des Innern und dort zuständig für Kirchenangelegenheiten war[231], resümierte Hermann von Detten:

> „Der Kirchenstreit zerstört die Volksgemeinschaft und die Partei und hat die schädigendsten Wirkungen in der Beurteilung Deutschlands in der ganzen Welt verursacht. Eine in jeder Beziehung unzulängliche Gemeinschaft [DC] glaubte in naiver Selbstüberhebung vom Politischen her, eine Kirche aufbauen zu können [...].
>
> Reichsbischof Müller hat es in der Zeit seiner ,Amtsführung' nicht einmal verstanden, seinen Mitarbeitern in der Kirchenregierung seinen Willen aufzudrücken und doch hält er sich dem Anschein nach immer noch für fähig, eine Kirche zu bauen.
>
> Er wird dies nie und nimmer können, und je eher er die Folgerungen zieht aus den Verheerungen, die er angerichtet hat, umso eher wird der Friede im Volke und in der Partei eintreten. Sein freiwilliger Fortgang bzw. seine Entfernung mögen vielleicht noch eine kurze Zeit hinausgeschoben werden können, ein Verbleiben ist unmöglich."[232]

Desgleichen hatte Hitler – wie bereits dargelegt – den Flügelstreit innerhalb der Deutschen Evangelischen Kirche (DEK) zwischen den *Deutschen Christen* (DC) und der *Bekennenden Kirche* (BK) als eine starke Beeinträchtigung seines Ansehens im In- und Ausland wahrgenommen, insbesondere wegen entsprechender ausländischer Presseberichte. Daher versuchte Innenminister Wilhelm Frick in einer Rede vom 7. Dezember 1934 in Wiesbaden, den Anhängern der *Bekennenden Kirche* (BK) in der Öffentlichkeit staatsfeindliche Interessen zu unterstellen:

> „Der Staat denkt nicht daran, sich in kirchliche Dinge zu mischen. Aber es besteht leider der sehr begründete Anlaß zu der Feststellung, daß sich unter dem Deckmantel christlicher Belange hier alle möglichen staatsfeindlichen und landesverräterischen Elemente sammeln, um auf angeblich rein kirchlichem Gebiet ihre Politik zu treiben und auf diesem Wege dem Dritten Reich Schwierigkeiten zu machen."[233]

---

[230] Schreiben des Reichsfinanzministers an den Reichsinnenminister zur Lage in der Evangelischen Kirche vom 4.4.1935, Bayrisches Hauptstaatsarchiv, Stockdorf bei München, Nachlass Dr. Rudolf Buttmann, abgedruckt in: GEORG KRETSCHMAR (Hrsg.): Dokumente zur Kirchenpolitik des Dritten Reiches, Bd. II 1934/35, bearb. von Carsten Nicolaisen, München 1975, S. 291-292.

[231] Buttmann, Rudolf (1885-1947), BArch, Zentrale Datenbank: Nachlässe, Bestands- und Biographiedetails.

[232] Hermann von Detten: Religion und Politik (Geschichte und Lage des evangelischen Kirchenstreites von 1933/35), Bayrisches Staatsarchiv, Stockdorf bei München, Nachlass Dr. Rudolf Buttmann, abgedruckt in: GEORG KRETSCHMAR (Hrsg.), Dokumente, Bd. II, S. 287-290, hier S. 290.

[233] Zitiert nach: WILHELM NIEMÖLLER: Kampf und Zeugnis der bekennenden Kirche, Bielefeld 1948, S. 203.

Bereits am 1. November des gleichen Jahres hatte Frick in einem Erlass ausdrücklich angeordnet, dass „im evangelischen Kirchenstreit [...] jegliche Einmischung staatlicher Stellen – von den allgemeinen polizeilichen Erfordernissen abgesehen – unter allen Umständen zu unterbleiben [habe].“[234] Vier Wochen später gab er bekannt, dass das Volk „das Pastorengezänk satt“ habe, dass er bei anhaltendem Kirchenstreit „den [protestantischen] Kirchen die Finanzen sperren“[235] werde.

In jener kirchenpolitischen Lage schien ein Konzept des Staatssekretär Dr. iur. Wilhelm Stuckart[236] die Lösung des evangelischen Kirchenstreites zu bringen. Mit Datum vom 21. Januar 1935 übersandte Stuckart dem Staatssekretär und Chef der Reichskanzlei, Hans Heinrich Lammers, die Denkschrift *Staat und evangelische Kirche*, die auf den 20. Januar 1935 datiert war, dazu den Entwurf zweier Reichsgesetze, zum einen das *Reichsgesetz betreffend die Ausübung der Staatshoheitsrechte und der Verwaltung in geistlichen Angelegenheiten*,[237] zum anderen das *Reichsgesetz zur Regelung des Rechtsverhältnisses zwischen dem Reich und der Deutschen Evangelischen* Kirche.[238] Stuckart schlug vor, nach entsprechender Überarbeitung beider Entwürfe das erste Gesetz bereits „am 30. Januar 1935 zu verkünden und das zweite Gesetz spätestens im Laufe des Monats März nach der Rückgliederung der Saar.“[239] Zudem bat er Lammers, „die Ausarbeitung und die beiden Ge-

---

[234] Der Reichs- und Preußische Minister des Innern, Schreiben vom 1. 11.1934 an die Landesregierungen für Preußen (a) den Herrn Regierungspräsidenten – Geh[eimes] Staatspolizeiamt –, (b) den Herrn Minister für Wissenschaft, Kunst und Volksbildung. Nachrichtlich an den Herrn Staatssekretär in der Präsidialkanzlei, den Herrn Staatssekretär in der Reichskanzlei, den Herrn Reichsminister für Volksaufklärung und Propaganda, die Herren Reichsstatthalter, die Reichsleitung der NSDAP, Abt. für den kulturellen Frieden in Berlin, den Herrn Reichsbischof in Berlin-Charlottenburg, [Unterstreichungen im Original], BArch, R 43 II/ 163, fol. 63.

[235] Innenminister Frick, Stellungnahme zum evangelischen Kirchenstreit, o. D., o. Quellenangabe. Zitiert nach: LEONORE WENSCHKEWITZ: Zur Geschichte des Reichskirchenministeriums und seines Ministers, in: Kirche und Nationalsozialismus: Zur Geschichte des Kirchenkampfes. Mit Beiträgen von Helmut Baier u. a. (Tutzinger Texte; Sonderband. I), München 1964, S. 185-206, hier S. 187.

[236] Stuckart war am 30. Juni 1933 zum Staatssekretär im Reichsministerium für Wissenschaft, Erziehung und Volksbildung ernannt worden. Wegen Differenzen mit seinem Vorgesetzten, dem Reichsminister Bernhard Rust, war er zum 14. November 1934 in den einstweiligen Ruhestand versetzt worden.

[237] Staatssekretär Dr. iur. Wilhelm Stuckart: *Reichsgesetz betreffend die Ausübung der Staatshoheitsrechte und der Verwaltung in geistlichen Angelegenheiten*, BArch, R 43 II/ 163, fol. 190-203, hier fol. 195-196.

[238] *Reichsgesetz zur Regelung des Rechtsverhältnisses zwischen dem Reich und der Deutschen Evangelischen Kirche*, BArch, R 43 II/ 163. Auf der Folie 201 ist vermerkt: „Der Führer hat Kenntnis“.

[239] Dr. Wilhelm Stuckart, Staatssekretär, i. e. R. Staatsrat, an Herrn Staatssekretär und Chef der Reichskanzlei Dr. Lammers, Schreiben vom 21. Januar 1935, BArch, R 43 II/ 163, fol. 161-162 (V+R) und fol. 163, hier fol. 163.

setzentwürfe dem Führer vorzulegen [...] und beim Führer einen Empfang zu erwirken",[240] der ihm dann am 1. Februar 1935 gewährt wurde.[241]

Da „kirchliche Parteien und Gruppen" sich bisher „als unfähig erwiesen" hätten, „Ordnung in die Kirche zu bringen",[242] führte Stuckart folgenden Kerngedanken aus:

> „Das Verhältnis von Staat und Kirche kann nur geordnet werden, wenn man sich über das Ziel klar ist, das erstrebt werden soll. Sinn und Ziel des nationalsozialistischen Umbruches ist der *völkisch-nationalsozialistische Volksstaat. Alle irdischen Einrichtungen haben diesem Ziel zu dienen*, zumindest nicht hinderlich zu sein." [Kursivdruck vom Verf.].[243]

Angesichts der „gegenwärtigen Gesamtlage" bot Stuckart zwei Lösungsmöglichkeiten zur „Entpolitisierung" der evangelischen Kirche an, zum einen „die abwartende Neutralität des Staates mit verschärfter Aufsicht über die Kirche", zum anderen „die restloste Trennung des Staates von der evangelische Kirche", wobei die Trennung von Staat und Kirche neben jährlichen Ersparnissen von 50 Mio. Reichsmark folgende staatskirchenrechtliche Bedeutung hätte:

> „1. Die Einstellung der staatlichen Zuschüsse an die Kirche;
> 2. die Versagung des kirchlichen Besteuerungsrechtes;
> 3. die Kirche hört auf, Körperschaft des öffentlichen Rechtes zu sein, sie sinkt auf die Stufe eines Vereins herab, der auf die Mitgliedsbeiträge angewiesen ist;
> 4. die Aufhebung des Religionsunterrichts an den Volks- und höheren Schulen;
> 5. der Wegfall der theologischen Fakultäten an den Universitäten."[244]

Stuckart gab jedoch zu bedenken, dass zum „jetzigen Zeitpunkt eine Trennung von Kirche und Staat" insofern taktisch unklug wäre, als dafür „die Voraussetzung" fehle, „die darin bestehen müßte, daß [...] die Kirche innerlich geistig überwunden und eine neue, die breite Massen ergreifende Religiosität vorhanden wäre.[245] [...] Eine völlige Loslösung des Staates von der evangelischen Kirche würde [...] die Bevölkerung mit der Parole verhetzen, Staat und Bewegung wollten mit Religion und Christentum überhaupt nichts mehr zu tun haben, sie seien antireligiös."[246] Daher plädierte Stuckart für eine „Trennung der Einflußbereiche von

---

[240] BArch, R 43 II/ 163, fol. 161-162.

[241] Auf dem Schreiben Stuckarts an den Staatssekretär und Chef der Reichskanzlei Dr. Lammers findet sich der handschriftliche, in Sütterlinschrift verfasste Vermerk Lammers: „Stuckart wurde heute vom Führer empfangen" versehen mit dem Kürzel Lammers sowie dem Stempel der Reichskanzlei vom 1. Febr. 1935, BArch, 43 II/ 163, fol. 161.

[242] Stuckart: Denkschrift „Staat und evangelische Kirche", 20.1.1935, BArch, R 43 II/ 163, fol. 163-184, hier fol. 165.

[243] BArch, R 43 II/ 163, fol. 165-173.

[244] Ebd.

[245] Damit griff Stuckart die Thesen des Lagarde auf.

[246] Stuckart: Denkschrift „Staat und evangelische Kirche", 20. 1. 1935, BArch., R 43 II/ 163, fol. 165-184.

Staat und Kirche und der Verschärfung der staatlichen Oberaufsicht über die Kirche, insbesondere [über] die kirchliche Verwaltung" dahingehend, dass zunächst „für alle Lebensgebiete eine scharfe Abgrenzung des staatlich-weltlichen Bereiches von dem kirchlich-religiösen Bereich durchzuführen" sei, d. h. die Kirche sei „streng auf ihren geistlich-religiösen Bezirk zu beschränken (Wortverkündung und Seelsorge). Übergriffe in den staatlich-weltlichen Bereich [seien] von vorneherein zu unterbinden."[247]

Um ein „Aneinandervorbeiarbeiten oder gar ein Entgegenarbeiten von der staatlichen Seite" von vorneherein ausschalten zu können, schlug Stuckart in der Denkschrift eine „allein zuständige Stelle für die Kirchenfragen (evangelisch wie katholisch)" vor, die er im Reichsministerium des Innern angesiedelt wissen wollte.[248] Daher wurde dort mit Datum vom 17. Juni 1935 ein so bezeichnetes *Ermächtigungsgesetz* vorbereitet, d. h. ein *Gesetzentwurf des Reichsinnenministers zur Entwirrung der Rechtslage in der Deutschen Evangelischen Kirche.*[249]

Jedoch bereits in der Sitzung seines Ministeriums vom 26. Juni 1935 zog der Reichsminister des Innern Dr. Wilhelm Frick „nach Rücksprache mit dem Führer und Reichskanzler"[250] ohne nähere Begründung jenes Gesetz zurück. Stattdessen übertrug Hitler drei Wochen später, am 16. Juli 1935, die in Stuckarts Denkschrift propagierte „Reichszuständigkeit für alle Kirchenangelegenheiten und Schaffung einer allein zuständigen Stelle im Reichsinnenministerium"[251] dem damaligen Minister ohne Geschäftsbereich Hanns Kerrl. Sodann stattete er am 24. September des gleichen Jahres durch das *Gesetz zur Sicherung der Deutschen Evangelischen Kirche* den Reichsminister für die kirchlichen Angelegenheiten mit umfassenden Vollmachten aus, die der Befriedung des sich zunehmend verschärfenden Flügelstreites in der Deutschen Evangelische Kirche (DRK) dienen sollten. Im Hinblick auf die nachfolgenden religionspolitischen Auseinandersetzungen zwischen Minister Kerrl und der Parteispitze wird jenes Gesetz, das zunächst den Ist-Zustand und sodann den Soll-Zustand beschreibt und entsprechend taktisch in verschleiernder Formulierung letztendlich auf eine Trennung von Kirche und Staat zielt, nachfolgend zitiert:

---

[247] Ebd.

[248] Ebd.

[249] Reichsinnenminister Wilhelm Frick an den Staatssekretär der Reichskanzlei, Hans Heinrich Lammers, Schreiben vom 17. Juni 1935. Anlage des *Gesetzentwurfes des Reichsministers des Innern zur Entwirrung der Rechtslage in der deutschen Evangelischen Kirche* vom 17.6.1935, (vervielfältigte Abschrift an die Reichsminister auf Kopfbogen des Reichsinnenministers mit Faksimile Fricks; hier: für die Handakten Buttmanns), Bayrisches Staatsarchiv, Stockdorf bei München, Nachlass Dr. Rudolf Buttmann, abgedruckt in: GEORG KRETSCHMAR (Hrsg.), Dokumente, Bd. II, S. 318-321.

[250] Niederschrift über die Sitzung des Reichsinnenministeriums, BArch, R 43 II/ 163 a, fol. 113.

[251] Stuckart: Denkschrift „Staat und evangelische Kirche", 20.1.1935, ebd., R 43 II/ 163, fol. 163-184.

„Nach dem Willen des evangelischen Kirchenvolkes ist der Zusammenschluß der Landeskirchen zu einer Evangelischen Kirche vollzogen und in einer Verfassung verbrieft.

Mit tiefster Besorgnis hat die Reichsregierung jedoch beobachten müssen, wie später durch den Kampf kirchlicher Gruppen untereinander und gegeneinander allgemach ein Zustand hereingebrochen ist, der die Einigkeit des Kirchenvolkes zerreißt, die Glaubens- und Gewissensfreiheit des Einzelnen beeinträchtigt, die Volksgemeinschaft schädigt und *den Bestand der evangelischen Kirche selbst schwersten Gefahren aussetzt.*

Von dem Willen durchdrungen, einer in sich geordneten Kirche möglichst bald die Regelung ihrer Angelegenheiten selbst überlassen zu können, hat die *Reichsregierung* ihrer Pflicht als *Treuhänder* gemäß und in der Erkenntnis, daß diese Aufgabe keiner der kämpfenden Gruppen überlassen werden kann,

zur Sicherung des Bestandes der Deutschen Evangelischen Kirche

und zur Herbeiführung einer Ordnung, die der Kirche ermöglicht, in voller Freiheit und Ruhe ihre Glaubens- und Bekenntnisfragen selbst zu regeln, das nachfolgende Gesetz beschlossen, das hiermit verkündet wird:

Einziger Paragraph

Der Reichsminister für die kirchlichen Angelegenheiten wird zur Wiederherstellung geordneter Zustände in der Deutschen Evangelischen Kirche und in den evangelischen Landeskirchen ermächtigt, *Verordnungen mit rechtsverbindlicher Kraft zu erlassen.* Die Verordnungen werden im Reichsgesetzblatt verkündet.“ [Sperrdruck im Original, Kursivdruck vom Verfasser].[252]

8.3 Massive Differenzen zwischen Kirchenmininister und Parteispitze

In der Folgezeitrat trat jedoch das ein, war Stuckart mit seiner Denkschrift hatte vermeiden wollen: Reichskirchenminister Kerrl und die Parteispitze arbeiteten nicht nur „aneinander vorbei“, sie arbeiteten aufgrund ihrer unterschiedlichen religionspolitischen Zielsetzungen gegeneinander. Denn während Minister Kerrl von der ideologischen Kompatibilität der nationalsozialistischen Weltanschauung mit jener der *Deutschen Christen* (DC) überzeugt war und demzufolge eine staatskirchliche Lösung unter der Dominanz der *Deutschen Christen* (DC) favorisierte, wobei er sich bereits als *summus episcopus* definierte[253] – was naturgemäß auf heftigsten Widerstand der *Bekennenden Kirche* (BK) stieß –, reihten die weltanschaulichen Distanzierungskräfte um Bormann, Heß, Rosenberg und Himmler hingegen

[252] *Gesetz zur Sicherung der Deutschen Evangelischen Kirche.* Vom 24. September 1935, in: Reichsgesetzblatt I, Jahrgang 1935, Nr. 104, S. 1178.

[253] Meldung über die Sitzung im Reichsministerium vom 1.Juli 1937, in der sich Minister Kerrl als *summus episcopus* bezeichnet hatte, BArch, R 58/ 5729, T. 1, fol. 933-934. Die Meldung stammt mit hoher Wahrscheinlichkeit von Biberstein.

die *Deutschen Christen* (DC) in die Kategorie der Staatsfeinde ein und strebten daher vehement eine „völlige Entkonfessionalisierung des gesamten öffentlichen Lebens“[254] mittels einer Trennung von Kirche und Staat an. Demzufolge informierten die weltanschaulichen Rigoristen im Reichsministerium für die kirchlichen Angelegenheiten, Biberstein, Dudzus und Roth, regelmäßig und ausführlich das SD-Hauptamt über sämtliche Vorgänge im Reichskirchenministerium sowie insbesondere über die kirchenpolitische Linie des Ministers Kerrl.

Während Biberstein dem SD überwiegend schriftliche Berichte übergab, die in der Regel eine Din A4-Seite oder etwas mehr umfassten, aber auch einen Umfang bis zu sechseinhalb eng beschriebenen Seiten haben konnten,[255] übermittelten Dudzus und Roth dem SD-Hauptamt ihre Informationen offensichtlich in mündlicher Form,[256] insofern, als sich in den entsprechenden Berichten des SD-Amtes II 113 beispielsweise die folgenden Formulierungen finden:

> „Wie Dudzus/ D. dem SD berichtete.
> Am 9.8.37 hat Ministerialrat Roth vom Reichskirchenministerium dem Obersturmführer Hartl mitgeteilt.[257]
> Wie Ministerialrat Roth mitgeteilt hat.“[258]

Biberstein wurde aber auch von Dudzus und Roth als Übermittler von Informationen benutzt, wie aus einigen Berichten Bibersteins an das SD-Hauptamt zu entnehmen ist. Dort heißt es etwa:

> „Herr Dudzus, RJF, teilt mir [Biberstein] mit.[259]
> Nach Erzählungen von Herrn Dudzus, RJF.“[260]

Daneben überbrachten auch V-Männer der jeweiligen SD-Oberabschnitte im Reich[261] dem SD-Hauptamt Berichte über Vorträge und Reden des Ministers Kerrl, die jener in verschiedenen Städten des Reiches gehalten hatte, sodass der SD be-

---

254 Reichsinnenminister Wilhelm Frick, Rede auf dem Gautag Westfalen-Nord in Münster, 7.7.1935, in: Junge Kirche (JK) 3 (1935), S. 658f.

255 Bericht Biberstein vom 28.9.1936 an das SDHA II 1131 über die Referenten-Sitzung im Reichsministerium für die kirchlichen Angelegenheiten vom 23. 9.1936 (Abschrift), BArch, R 58/ 5568, fol. 140-146.

256 In den Aktenbeständen des Bundesarchivs konnten keine schriftlichen Berichte Dudzus oder Roths eruiert werden.

257 SDHA II 113, Hartl, btr. *Auftrag des Führers an das Reichskirchenministerium zur Vorbereitung der Trennung von Kirche und Staat,* BArch, R 58/ 6019, T. 1, nicht foliert.

258 SDHA II 1133, Gahrmann, Bericht, o. D., btr. Besprechung mit Reichsminister Kerrl am 2.2.38, BArch, R 58/ 5973, fol. 612-613.

259 Bericht Biberstein an das SDHA vom 22.5.1937, *btr. Landessuperintendent Propp,* BArch, R 58/ 5955, A. 1, nicht foliert.

260 Bericht Biberstein an das SDHA vom 22.5.1937, *btr. Kirchenwahl*, BArch, R 58/ 5955, A. 1, nicht foliert.

261 Der SD hatte das gesamte Reich jeweils in elf Zuständigkeitsbereiche aufgeteilt, die so bezeichneten SD-Oberabschnitte, die ihrerseits in SD-Unterabschnitte unterteilt waren.

reits kurz nach dem Amtsantritt des Reichskirchenministers bestens über dessen kirchenpolitischen Planungen unterrichtet war.

Biberstein – Informant des SD

Den ersten Bericht über relevante Vorgänge im Reichsministerium für die kirchlichen Angelegenheiten fertigte Biberstein im Rahmen der ihm zugewiesenen Funktion als *SS-Offizier im SD-Hauptamt* bereits zehn Tage nach seiner Aufnahme in die Allgemeine SS an. Jener Bericht enthielt das Protokoll über eine zweistündige Referenten-Sitzung vom 23. September 1936, zu der Minister Kerrl überraschend eingeladen hatte. Einziger Besprechungspunkt jener Sitzung war der so bezeichnete *Pyrmonter Gesetzentwurf*, d. h. der *Gesetzentwurf zur Regelung des Verhältnisses des Reiches zu den Kirchen*, den Minister Kerrl bereits während seines Kuraufenthaltes in Bad Pyrmont ausgearbeitet hatte. Teilnehmer der Konferenz waren – neben allen Referenten der Evangelischen Abteilung – die Leiter der Evangelischen und Katholischen Abteilung, Dr. Stahn und Roth sowie Ministerialrat von Detten, der zu jenem Zeitpunkt Stellvertreter des Ministers Kerrl war.[262] Der *Pyrmonter Gesetzentwurf* hatte die nachfolgende Vorgeschichte:

Aufgrund einer Herzerkrankung hatte Minister Kerrl seinen Dienst im Sommer 1936 nur sporadisch wahrnehmen können. Während er sich von Mitte August bis Mitte September zu einer Kur in Bad Pyrmont aufhielt,[263] hatte Hitler offensichtlich jene Situation genutzt und dem Reichsministerium für die kirchlichen Angelegenheiten „die Weisung gegeben, [...] eine Denkschrift über die Trennung von Kirche und Staat auszuarbeiten."[264] Kerrl hingegen war bestrebt, jene Weisung Hitlers durch ein Gegengesetz zu untergraben,[265] indem er beabsichtigte,

> „am 26.9.1936 dem Führer den Entwurf eines Reichsgesetzes zur Regelung des Verhältnisses des Reiches zu den Kirchen vorzulegen.
>
> Der ‚Erste Vorentwurf' dieses Gesetzes [war] am 14.9.1936 von dem Ministerialdirigenten von D e t t e n den Referenten des Reichsministeriums für die kirchlichen Angelegenheiten zur Stellungnahme mitgeteilt worden. Nachdem die Referenten sich schriftlich geäußert [hatten, begaben] sich am 23.9.1936 der Ministerialdirigent von Detten mit den Referenten Stahn und Roth zur endgültigen Besprechung zu dem Minister." [Sperrdruck im Original].[266]

[262] Bericht Biberstein vom 28.9.1936 an das SDHAII 1131 über die Referenten-Sitzung im Reichsministerium für die kirchlichen Angelegenheiten vom 23.9.1936 (Abschrift), BArch, R 58/ 5568, fol. 140-146.

[263] Bericht von Dettens vom 21.8.1936, BArch, R 5101/ 22457, fol. 219 sowie BArch, R 5101/ 23482, A. 1, fol. 108.

[264] Bericht Biberstein an das SDHA über die Referenten-Sitzung im Reichsministerium für die kirchlichen Angelegenheiten vom 23.9.1936 (Abschrift), BArch, R 58/ 5568, fol. 140-146, hier fol. 144.

[265] Ebd.

[266] Stellungnahme Dr. Best vom 22.9.1936, BArch., R 58/ 6038, T. 2, fol. 314-318, hier fol. 314. Best

Attacken des Kirchenministers gegen seine Referenten

Entgegen den Erwartungen des Ministers hatten die Referenten der *Evangelischen Abteilung* jedoch an dem Gesetzentwurf heftige Kritik in schriftlicher Form geübt, die sie dann in der Referenten-Sitzung vom 23.9.1936 wiederholten und die der Minister mit scharfen Worten abzuwehren suchte. Das Favorisieren eines Trennungsgesetzes seitens einiger Referenten mit der Begründung, dass „Christentum und Nationalsozialismus unversöhnliche Gegner seien", wies der Minister zurück mit den Worten, jene Behauptung „grenze an Hochverrat."[267] In seiner Verärgerung ging Minister Kerrl so weit, dass er alle anwesenden Referenten der *Evangelischen Abteilung*, die eine Trennung von Kirche und Staat befürworteten, aufforderte, „ihr Amt zur Verfügung zu stellen, oder er werde sie hinauswerfen, wenn sie bei ihrer Stellungnahme blieben."[268] Zu jenen Referenten gehörte unter anderem auch Biberstein, der von Minister Kerrl wegen seiner Stellungnahme besonders heftig angegriffen wurde,[269] ebenso der Leiter der Katholischen Abteilung, Joseph Roth, der wenig später, am 11. November 1936, eine Denkschrift zur Aufhebung des Reichskonkordats abgefasst hatte, da aus seiner Sicht das Konkordat „aufgrund der Erfahrungen des Staates in den letzten Jahren unhaltbar" geworden sei, und da „erst nach Lösung dieser Frage eine gleichmäßige Behandlung der evangelischen und katholischen Kirche in Deutschland möglich" sei. Mit der Aufhebung des Reichskonkordats ließe sich dann auch „ein Einschreiten gegen die widerchristliche Hetzpropaganda in Deutschland begründen und durchführen."[270]

Nicht nur Hitler persönlich hatte das Reichsministerium für die kirchlichen Angelegenheiten zu einem *Gesetzentwurf zur Trennung von Kirche und Staat* verpflichtet, auch „vom Innenministerium [war] der Auftrag zur Ausarbeitung von Denkschriften, btr. Trennung von Kirche und Staat, gegeben [worden]."[271] Das aber wollte Minister Kerrl sich „ganz entschieden verbitten."[272] Dazu sei vermerkt, dass bereits vor dem Reichsparteitag vom 8.-14. September 1936 Staatssekretär Stuckart „auf Anordnung des Reichs[innen]ministers Dr. Frick 4 Entwürfe eines Gesetzes über die Religionsgesellschaften angefertigt [hatte], die gradweise abgestufte

war ab Januar 1935 stellvertretender Leiter des Gestapo-Hauptamtes (Gestapa) und Chef der dortigen Hauptabteilung I (Recht, Personal, Verwaltung), in: ERNST KLEE, Personenlexikon, S. 45.

[267] Bericht Biberstein an das SDHA über die Referenten-Sitzung im Reichsministerium für die kirchlichen Angelegenheiten vom 28.9.1936, BArch, R 58/ 5568, fol. 140-146, hier fol. 140-142.

[268] Ebd., fol. 142.

[269] Ebd., fol. 140 und 145.

[270] Ministerialrat Joseph Roth: *Denkschrift über das Reichskonkordat. Vom 20. Juli 1933*, abgefasst am 11. November 1936, BArch, R 5101/ 21677, fol. 460-465, hier fol. 462 und 465.

[271] Bericht Biberstein an das SDHA über die Referenten-Sitzung im Reichsministerium für die kirchlichen Angelegenheiten vom 28.9.1936, BArch, R 58/ 5568, fol. 140-146, hier fol. 145.

[272] Ebd.

Lösungen [boten].“[273] Ebenso war seitens des Gestapo-Hauptamtes (Gestapa) heftige Kritik an dem *Pyrmonter Gesetzentwurf* des Ministers Kerrl erfolgt. Dessen stellvertretender Leiter, Dr. Best, konstatierte:

> „Der Gesetzentwurf muß von dem hier vertretenen Standpunkt aus entschieden abgelehnt werden. Er stellt offensichtlich einen Versuch dar, die Absichten des Führers auf völlige Trennung von Kirche und Staat auf einem Umweg zu sabotieren.“ [Unterstreichung im Original].[274]

Sodann übersandte Dr. Best Heydrich in dessen gleichzeitiger Funktion als Chef der Sicherheitspolizei einer Abschrift seiner Kritik an dem *Pyrmonter Gesetzentwurf* mit dem Vorschlag, Hitler mittels Himmler über den Gesetzentwurf des Reichsministers für die kirchlichen Angelegenheiten umfassend zu informieren, noch „bevor der Reichsminister Kerrl am 26.9. dem Führer seine Vorschläge vorträgt.“[275] Zu einem Vortrag des von Minister Kerrl verfassten Gesetzentwurfes bei Hitler ist es jedoch nie gekommen. Zu den Gründen kann lediglich spekuliert werden, sie sind aus dem vorliegenden Quellenmaterial nicht eruierbar.

Rücktritt des Reichskirchenausschusses

Dann aber trat das ein, was sich bereits gegen Jahresende 1936 abgezeichnet hatte: Der Reichskirchenausschuss der *Deutschen Evangelischen Kirche* (DEK) erklärte am Nachmittag des 12. Februar 1937 seinen Rücktritt.[276] Einen Tag später hielt Minister Kerrl in der Versammlung der Vorsitzenden des Landeskirchenausschusses und der preußischen Provinzialkirchenausschüsse eine Rede, die durch das dort formulierte Bedrohungspotential die ohnehin schwierige Lage der *Deutschen Evangelischen Kirche* (DEK) noch zu verschärfen schien. Wie zu erwarten, lag jene Rede des Ministers auszugsweise alsbald reichsweit in allen S-Bahnen aus und wurde zudem wegen ihrer Brisanz von den Führern verschiedener SD-Oberabschnitte sogleich dem SD-Hauptamt zugesandt.

> „Der Reichskirchenausschuss ist zurückgetreten. Er hat sich nicht an seine Richtlinien gehalten. Ihm war ausdrücklich der Auftrag erteilt worden, keine Reformation zu machen, sondern Bekennende Kirche und Deutsche Christen an einen Tisch zu bringen. Ihm

[273] Stellungnahme Dr. Best vom 22.9.1936, BArch, R 58/ 6038, T. 2, fol. 314-318, hier 315.

[274] Ebd., fol. 314.

[275] Ebd., fol. 318.

[276] SDHA II 113, Zeitung-Sammlung Nr. 82-83 vom 14.2.1937, *Rücktritt des Reichskirchenausschusses*, FAZ vom 13.2.1937, BArch, R 58/ 5755, T. 2, fol. 358. Aus der Sicht des SDHA habe Staatssekretär Muhs, „selbst Anhänger der radikalen Deutschen Christen [...] den Reichskirchenausschuss zum Rücktritt gezwungen.“ Denkschrift des SD, o. D. [Ende Januar 1938], *Die kirchenpolitische Linie des Reichskirchenministeriums in der Behandlung der Deutch-Evangelischen Kirche*, BArch, R 58/ 5973, fol. 628. Die gescheiterte Kirchenausschusspolitik des Ministers Kerrl und die tatsächlichen Gründe für den Rücktritt des Reichskirchenausschusses sind nicht Gegenstand dieser Studie.

war ausdrücklich erklärt worden, *daß der Primat des Staates auch in der Kirche anerkannt werden muß* [...]. *Die DEK ist in Gefahr*. Das ist keine Frage [...]. Eine neue Leitung [des Reichskirchenausschusses] wird nicht eingesetzt werden [...]. Wahlen gibt es in absehbarer Zeit nicht.

Der Minister muß sich [...] die Möglichkeit von Eingriffen in die Wirtschaftsführung der Kirche vorbehalten. Das ist notwendig, weil es sich gezeigt hat, daß mit den Geldern der Kirche Revolten gegen den Staat finanziert werden. Der Minister [be]hält sich den Erlaß eines Gesetzes vor, durch das die staatlichen Organe [...] ermächtigt werden, *einem Pfarrer die Rechte eines Amtsträgers einer Körperschaft des öffentlichen Rechts abzuerkennen*. Dabei wird die Entscheidung des Ministers endgültig sein.

Die Kirche muß von Subjekten gereinigt werden, die gegen den Staat arbeiten. Juden wird es als Pastoren nicht mehr geben [...]. Nach einer zweistündigen Rede erklärte der Minister, daß eine Debatte zwecklos sei, da die *diesbezüglichen Verordnungen sich bereits im Druck befänden*." [Kursivdruck vom Verf.].[277]

Bibersteins Aufgaben bei der Durchführung der Kirchenwahlen

Dass Minister Kerrl „diesbezügliche Verordnungen" ohne Absprache bereits zur Drucklegung freigegeben hatte, musste Hitler erwartungsgemäß verärgern, und so griff er in seiner Funktion als Führer und Reichskanzler in die gescheiterte Kirchenpolitik seines Reichskirchenministers mittels eines Erlasses ein, der am 15. Februar 1937 im Reichsgesetzblatt veröffentlicht wurde:

> „Nachdem es dem Reichskirchenausschuß nicht gelungen ist, eine Einigung der kirchlichen Gruppen der Deutschen Evangelischen Kirche herbeizuführen, soll nunmehr die Kirche in voller Freiheit nach eigener Bestimmung des Kirchenvolkes sich selbst die neue Verfassung und damit eine neue Ordnung geben. Ich ermächtige daher den Reichsminister für die kirchlichen Angelegenheiten, zu diesem Zweck die Wahl einer Generalsynode vorzubereiten und die dazu erforderlichen Maßnahmen zu treffen."[278]

Jenem Erlass war eine Besprechung vorangegangen, zu der Hitler am 14. Februar 1937 ganz kurzfristig Minister Kerrl und dessen Stellvertreter, den Staatssekretär

---

[277] Sicherheitsdienst des Reichsführers SS, SD-Oberabschnitt Süd-Ost II 113 an SDHA II 113, Schreiben vom 27.2.1937, als Anlage: Abschrift der *Rede des Reichskirchenministers K e r r l vor den Vorsitzenden der Kirchenausschüsse am 13. Februar 1937*, BArch, R 58/ 5755, T. 2, fol. 442-444, hier fol. 443-444. Mitteilung des *Schwarzen Korps* an das SDHA vom 27.2.1937, als Anlage: *Rede des Reichsministers für* die *kirchlichen Angelegenheiten vom 13.2.1937*, BArch, R 58/ 5755, fol. 437 (V+) – 438. Sicherheitsdienst des RFSS, Oberabschnitt Süd-West II 113 an das Sicherheitshauptamt RFSS, Zentralabteilung II/1, Schreiben vom 19.2.1937, btr. Neue Lage in der Evangelischen Kirche, als Anlage II die *Rede des Reichkirchenministers für die kirchlichen Angelegenheiten*. Abschrift von Abschrift, BArch, R 58/ 5755, fol. 432 und 440-441, hier fol. 440-441. Anlage I enthält eine ausführliche Einschätzung des Führers des SD-Oberabschnittes Süd-West, des Obersturmbannführers W., 17.2.1937, BArch, R 58/ 5755, fol. 433-435. Der Verfasserin ist der volle Name des Obersturmbannführers bekannt. Jedoch wurde aus datenschutzrechtlichen Gründen lediglich der Anfangsbuchstabe genannt.

[278] *Erlaß des Führers und Reichskanzlers über die Einberufung einer verfassunggebenden Generalsynode der Deutschen Evangelischen Kirche*. Vom 15. September 1937, in: Reichsgesetzblatt I, Nr. 20 vom 15. Februar 1937, S. 203.

Muhs,[279] sowie Frick, Heß, Himmler, Heydrich, Goebbles und Stuckart telefonisch geladen hatte,[280] und in der er seinem Reichskirchenminister erhebliche Vorhaltungen machte, in der Weise, dass er, Hitler, in der augenblicklichen Situation „keinen Kirchenkampf gebrauchen" könne, da er „in einigen Jahren den großen Weltkampf [erwarte]". Zudem könnten „Kerrls Verordnungen, die auf einen summus episcopus hinauslaufen [...] nur mit Gewalt durchgesetzt werden. Das aber komm[e] nicht infrage."[281] Goebbels machte daraufhin den Vorschlag, durch Neuwahl eine verfassungsgebende Synode der *Deutschen Evangelischen Kirche* (DEK) einzuberufen, da es [aus taktischen Gründen] für eine Trennung von Kirche und Staat noch zu früh sei. Von jenem Vorschlag sei Hitler begeistert gewesen, so dass noch am gleichen Tage der Erlass formuliert werden konnte.[282] Mit Bezug zu der Rede des Reichskirchenministers vom 13. Februar 1937 vor den Kirchenausschüssen notierte Rosenberg in seinem Tagebuch: „Jetzt hat der Führer das Gegenteil von Kerrls Plänen verfügt. Eine evangelische Generalsynode soll ihre Verfassung machen."[283]

Da Minister Kerrl sich „auf 8-10 Tage zur Erholung im Harz"[284] befand, wurde Biberstein in seiner Funktion als Referent für Gestapo-Angelegenheiten am 5. März 1937 von dem Stellvertreter des Ministers Staatssekretär Dr. Hermann Muhs mit Blick auf die bevorstehenden Kirchenwahlen beauftragt, „kirchenpolitische Richtlinien für die zukünftigen Maßnahmen der Geh. Staatspolizei auszuarbeiten."[285] Daneben ließ Muhs am 16. März 1937 nachfolgende Mitteilung an alle Referatsleiter ergehen:

> „Mit sofortiger Wirkung übernimmt Oberregierungsrat Szymanowski [Biberstein] die Bearbeitung der Angelegenheiten, die sich aus der Vorbereitung und Durchführung der Kirchenwahl ergeben, insbesondere die Überwachung der Wahlpropaganda (Wahlversammlungen, Wahlflugblätter usw.)." [Unterstreichungen im Original].[286]

Vorsorglich ordnete Heydrich zudem an, „daß S[zymanowski] von K[errl] weitere schriftliche Direktiven erhält."[287] Sodann fand gemäß einer zusätzlichen Anord-

---

[279] Muhs hatte im November 1936 die Position des Ministerialdirigenten eingenommen.

[280] GERHARD BESIER: Die Kirchen und das Dritte Reich. Spaltungen und Abwehrkämpfe 1934-1937, München, 2001, S. 640.

[281] Tagebuchaufzeichnung Goebbels vom 16.2.1937, in: Die Tagebücher von Joseph Goebbels. Sämtliche Fragmente, hrsg. von ELKE FRÖHLICH, München u. a. 1987ff. Teil I: Aufzeichnungen 1924-1941, S. 45f.

[282] Ebd., S. 46.

[283] ROBERT M. W. KEMPNER (Hrsg.): Der Kampf gegen die Kirche. Aus unveröffentlichten Tagebüchern von Alfred Rosenberg, in: Der Monat, Heft 10 (1949), S. 26-38, hier S. 31.

[284] SDHA II 1133, Gahrmann an Hartl, „Meldung [vom 5.3.1937] an C [Heydrich] über Vorgange im Reichskirchenministerium, BArch, R 58/ 5755, T. 2, fol. 259.

[285] Ebd.

[286] Der Reichs- und Preußische Minister für die kirchlichen Angelegenheiten, H.B. I B I, Hausmitteilung vom 16.3.1937, BArch, R 58/ 6039, T. 1, Akte 4, fol. 724.

[287] Aktenhinweis des SDHA II 113 vom 17.3.1937, BArch, R 58/ 5755, T. 2, fol. 262.

nung des Dr. Muhs am 22. März 1937 eine Besprechung statt zwischen Biberstein und dem damaligen Leiter der Abteilung II B (Kirchen, Freimaurer Juden, Emigranten) des Geheimen Staatspolizeiamtes (Gestapa) Regierungsrat Dr. Karl Haselbacher,[288] in der Biberstein die Ansicht des Reichskirchenministeriums, d. h. des Ministers Kerrl und insbesondere die des Stellvertreters Muhs, hinsichtlich der Handhabung der *Versammlungsordnung des Preußischen Ministerpräsidenten vom 7. Dezember* 1934 darlegte, wobei das Reichskirchenministerium mit Blick auf den kommenden Wahlkampf indirekt bereits auf eine Bevorzugung der *Deutschen Christen* (DC) abzielte, indem es argumentierte:

> „[Die Verordnung] darf nicht zu eng ausgelegt werden; sie ist großzügig zu handhaben nach dem Grundsatz: Diejenigen, die zum nationalsozialistischen Staat und seiner Weltanschauung stehen [die DC], bekommen größere Freiheit in ihrer Betätigung; diejenigen, die dem nationalsozialistischen Staat feindlich gegenüberstehen, müssen eingeschränkt werden [die BK]. Angriffe auf den Staat müssen auf jeden Fall unterdrückt werden."[289]

Das Geheime Staatspolizeiamt (Gestapa) hingegen beharrte strikt auf der von Hitler vertretenen kirchenpolitischen „Neutralität" und sah sich demzufolge „nicht in der Lage, von sich aus eine Lockerung in der Handhabung der Versammlungsordnung zu Gunsten der staats- und parteibejahenden Kirchenkreise in der Praxis der Stapostellen anzuordnen."[290] Dennoch versuchte Staatssekretär Muhs, die Pläne seines Ministers durchzusetzen, indem er plante, „wegen der Versammlungen kirchlich-konfessioneller Art mit dem Reichsführer persönlich zu sprechen."[291]

Untergrabung des Hitler-Wahlerlasses durch den Kirchenminister

Da Minister Kerrl das Gestapa nicht für seine Pläne gewinnen konnte, schlug er einen anderen Weg ein, um den Führer-Erlass vom 15. Februar 1937 doch noch zu unterlaufen, indem er für den 15. April 1937 eine Tagung deutsch-christlicher Führer einberief mit der Zielsetzung, die Glaubensbewegung *Deutsche Christen*

---

[288] Haselbacher war 1934 zunächst als Regierungsassessor im Gestapa, Referat II F 2 (Juden, Emigranten, Freimaurer), tätig. 1935 wurde er zum Regierungsrat befördert und leitete dort von 1936 bis Mitte März 1938 das Amt II B (Kirchen, Freimaurer, Juden, Emigranten). Gleichzeitig war er bei Himmler als dem Chef der Deutschen Polizei als Referent für Juden-, Emigranten- und Kirchensachen tätig. Demzufolge lautete seine Amtsbezeichnung *Dienststellenleiter im Gestapa und Referent beim Chef der Deutschen Polizei für Juden-, Emigranten- und Kirchensachen.* Geschäftsverteilungsplan des Gestapa vom 25.10.1934 und vom 1.10.1935, BArch, R 58/ 840, fol. 7-23 und 24-50. Geschäftsverteilungsplan des Hauptamtes Sicherheitspolizei vom 31.7.1936 und vom 1.1.1938, BArch, R 58/ 840, fol. 77-107 und 121-151. Geschäftsverteilungsplan des Geheimen Staatspolizeiamtes vom 1.1.1938 und vom 1.7.1939, BArch, R 58/ 840, fol. 152-182 und 189-204.

[289] Biberstein an das SDHA, Aktennotiz vom 23.3.1937, BArch, R 58/ 5755, T. 2, fol. 258 (V+R), hier fol. 258 (V).

[290] BArch, R 58/ 5755, T. 2, fol. 258 (R).

[291] Biberstein an SDHA, Bericht vom 23.3.1937, „Bearbeitung der Kirchenwahl im Kirchenministerium, btr. kirchlich-konfessionelle Wahlveranstaltungen", BArch, R 58/ 5755, T. 2, fol. 257.

(DC), die aufgrund der Sportpalastrede vom 13. November 1933 in verschiedene streitende Splittergruppen zerfallen war, zu einigen.

> Sodann „wolle [Kerrl] dem Führer melden, dass sich sämtliche deutsch-christlichen Gruppen geeinigt hätten und ihn, *den Führer bitten*, nun das Stichwort zu geben und *die DC zu unterstützen*. Dann würde ihnen (den DC) bei der Wahl zwar nicht der Propagandaapparat der Partei, aber doch einige besonders bewährte Propagandisten und *Geld* zur Verfügung gestellt werden." [Kursivdruck vom Verf.].[292]

Friedrich Freiherr von Krane, der Verfasser jenes Berichtes, „gewann [...] den Eindruck, daß Kerrl gleichsam unter Kuratel gestellt worden sei und nichts ohne Genehmigung anderer Stellen veranlassen dürfe. Kerrl habe sich anscheinend die ‚bewährten Nationalsozialisten' nur deshalb wiedergeholt, um an Prestige beim Führer zu gewinnen. [Denn] ihre grössten Gegner sahen Muhs und Kerrl in ‚Himmler, Goebbels und Genossen, unter deren Aufsicht sie gestellt worden seien' (wörtliche Äußerung)."[293]

Theo Gahrmann, Referent der Evangelischen Abteilung des Amtes II 113 (*Politische Kirchen*) des SD-Hauptamtes, leitete jenen Bericht über die Pläne des Ministers Kerrl, der den Hitler-Erlass vom 15. Februar 1937 unterlaufen sollte, nicht nur umgehend an Heydrich weiter, sondern – versehen mit dem handschriftlichen Vermerk „vertraulich" – ebenfalls an den Leiter der Partei-Kanzlei der NSDASP Martin Bormann.

Sodann übergab der SS-Offizier und Führer im SD Willi Dudzus am 19. April 1937 dem Amt II 113 einen weiteren Bericht eines Teilnehmers jener Tagung im Kaiserhof, der wiederum Heydrich und Himmler übermittelt wurde.[294] In dem Bericht wurde ausgeführt, dass während der Tagung zudem eine Erklärung verfasst worden sei, die eine „Übertragung der äusseren Ordnung und Leitung an den Staat (Finanz, Recht, Organisation, Aufbau und Verwaltung)" vorsah sowie eine „unbedingte Gefolgschaft zum Führer und zum Beauftragten des Führers (also Reichsmin. Kerrl)"[295] einforderte.

---

[292] Friedrich Freiherr von Crane [Krane] an SDHA II 1133, Meldung vom 16.4.1937, *Bericht über eine Tagung deutsch-christlicher Führer mit Reichsminister K e r r l und Reg.-Präsident* [Staatssekretär] *M u h s im Kaiserhof am 15. April 1937 von 16 – 22.20 Uhr*, BArch, R 58/ 5955, A. 1, nicht foliert. Der Kaiserhof Berlin war ein Luxushotel am Wilhelm- und Zietenplatz 3-5, gegenüber der Alten Reichskanzlei. Vgl. den Grundriss in: Atlas zur Zeitschrift für Bauwesen, Jg. XXVII, Berlin 1877, Tafeln 18-26. Friedrich Freiherr von Krane war „Landeskirchenmitglied und gleichzeitig Verbindungsmann zur NSDAP", in: GERHARD BESIER, Kirchen, S. 357.

[293] Friedrich Freiherr von Crane [Krane] an SDHA II 1133, Meldung vom 16.4.1937, *Bericht über eine Tagung deutsch-christlicher Führer mit Reichsminister K e r r l und Reg.-Präsident* [Staatssekretär] *M u h s im Kaiserhof am 15. April 1937 von 16 bis 22.20 Uhr*, [Sperrdruck im Original], BArch, R 58/ 5955, A. 1, nicht foliert.

[294] SDHA II 1133, *M e l d u n g a n C* [Heydrich] *über die Tagung der deutsch-christl. Führer am 15.4.1937*, [Sperrdruck und Unterstreichung im Original], BArch, R 58/ 5955, A. 1, nicht foliert.

[295] Ebd.

Zudem hatte Minister Kerrl per Handschlag „alle Teilnehmer namentlich und einzeln auf unbedingtes Stillschweigen allen Stellen und Personen gegenüber" verpflichtet. Am Schluss der Tagung habe Minister Kerrl erklärt, dass die *Wahlordnung zur verfassungsgebenden Generalsynode der Deutschen Evangelischen Kirche* zwar fertiggestellt sei, die Wahl selbst hingegen noch monatelang Zeit habe. Die Wahl selbst solle vom Staat durchgeführt werden.[296] Eine Durchführung der Wahl seitens des Staates entsprach jedoch keinesfalls dem Wahlerlass Hitlers. Zudem hätte eine derartige Vorgehensweise gegen Artikel 137, Satz 3 der Weimarer Reichsverfassung verstoßen. Erwartungsgemäß erhielt das SD-Hauptamt im Mai 1937 ein mehrseitiges Gutachten über jene Vorgänge im Kaiserhof, das am 6. Mai 1937 von dem Juristen Ernst Ludwig Wemmer verfasst war, einem Mitarbeiter des Stabes Heß.[297] Wemmer wies auf die politischen und kirchenpolitischen Gefahren hin, die mit der *zwangsweisen* Installation einer Staatskirche verbunden wären.

> „Die Schaffung einer ev. Staatskirche würde den Staat auch in erhebliche Schwierigkeiten gegenüber der kath. Kirche bringen [. . .].
>
> Eine weitere Schwierigkeit für die Zukunft würde ferner auch darin liegen, dass der weltanschauliche Kampf der Partei gegen die Kirchen und christlichen Lehren in dem Augenblick nicht mehr mit der Entschiedenheit und Freiheit wie bisher geführt werden kann, wo der Staat die Verwaltung einer dieser kirchlichen Organisation in eigene Verantwortung übernommen hat."[298]

Wie einem handschriftlichen Vermerk Wemmers zu entnehmen ist, sollte jenes Gutachten offensichtlich im Hinblick auf den Wahlordnungsentwurf des Ministers Kerrl als Verhandlungsgrundlage für eine Schlussbesprechung dienen, die für Montag, den 10. Mai 1937, angesetzt war.[299] Inhalt und Ergebnis jener geplanten Schlussbesprechung waren weder Biberstein noch dem Gestapa bekannt.[300] Bereits im April hatte Minister Kerrl in dieser Angelegenheit zu einer geheimen Referenten-Besprechung am 13. April 1937 geladen. Neben den Abteilungsleitern Stahn und Roth sowie den Referenten Barner, Ruppel, Biberstein und Büchner waren zudem auch Heß, Frick und Goebbels anwesend.[301]

---

[296] Ebd. sowie *W a h l o r d n u n g zur verfassungsgebenden Generalsynode der Deutschen Evangelischen Kirche. Vom (. . .) 1937*, BArch, R 58/ 5955, A. 1, nicht foliert.

[297] Oberregierungsrat Ernst Ludwig Wemmer gehörte ab 1935 dem Stab Heß an. PETER LONGERICH: Hitlers Stellvertreter. Führung der Partei und Kontrolle des Staatsapparates durch den Stab Heß und die Parteikanzlei Bormann, München u. a. 1992, S. 130.

[298] *Mitteilung über die augenblicklichen Massnahmen zur Klärung der Verhältnisse in der evangelischen Kirche vom 6.5.1937*, Abschrift zur Vorlage beim Stabsleiter [Heß], BArch, R 58/ 5955, A. 1, nicht foliert.

[299] Ebd.

[300] SDHA II 1133, handschriftlicher Vermerk Gahrmanns vom 22.5.1937, BArch, R 58/ 5955, A. 1, nicht foliert.

[301] Der Reichs- und Preußische Minister für die kirchlichen Angelegenheiten, Schreiben vom 7.4.1937, an den Stellvertreter des Führers, Herrn Reichsminister Heß, München, Braunes Haus, den Herrn

Insbesondere bei der *Bekennenden Kirche* hatten die Pläne des Ministers Kerrl hinsichtlich der bevorstehenden Kirchenwahl – die seitens der *Vorläufigen Kirchenleitung* (VKL) zum 27. Juni 1937 erwartetet wurde – Befremden und Unruhe ausgelöst, wie aus einem Rundschreiben hervorging, das „durch Postkontrolle erfasst worden [war]."[302] Hingegen hielten das SD-Hauptamt II 1133 als auch „SS-Obersturmführer Szymanowski die Festsetzung der Kirchenwahlen zum 27.6.37 [schon allein aus organisatorischen Gründen] für ausgeschlossen."[303]

Indessen versuchte Minister Kerrl Ende Juni 1937 auf dem Verordnungsweg, die von Hitler angeordnete Wahl einer Generalsynode zu boykottieren, indem er die Benutzung von Kirchen zu Wahlzwecken ebenso untersagte wie öffentliche Veranstaltungen zur Vorbereitung der Kirchenwahl oder die Herstellung und Verbreitung von Flugblättern (§ 1). Jene Durchführungsverordnung schloss mit den Worten: „Wer den Verboten des § 1 zuwider handelt, wird mit Gefängnis und Geldstrafe oder einer dieser Strafen bestraft."[304] Zwischenzeitlich war Minister Kerrl jedoch überraschend auf einen neuen Kurs umgeschwenkt, insofern, als er nunmehr die parteiinterne kirchenpolitische Linie einer Trennung von Kirche und Staat vertrat. Jene Richtungsänderung hatte der Minister notgedrungen vollziehen müssen, nachdem „der Führer dem Reichskirchenministerium den Auftrag gegeben [hatte], die Trennung von Kirche und Staat vorzubereiten", wie Joseph Roth – der, wie Biberstein und Dudzus, als SS-Offizier gleichzeitig im SD-Hauptamt ein eigenes Arbeitsgebiet zur „SS-mäßigen" Bearbeitung erhalten hatte – dem Leiter der Abteilung *Politische Kirchen* Albert Hartl am 9. August 1937 berichtete.[305] Auch

---

Reichs- und Preußischen Minister des Innern, Berlin, W 40, den Herrn Reichsminister für Volksaufklärung und Propaganda, W 8. Herrn Ministerialrat Dr. Stahn Herrn Ministerialrat Barner Herrn Ministerialrat Roth Herrn Oberregierungsrat Dr. Ruppel Herrn Oberregierungsrat Szymanowski Herrn Gerichtsassessor Büchner mit der Bitte um Teilnahme an der Sitzung, *Einladung zu einer Referentenbesprechung am 13, April d. Js., vormittags 11 Uhr (Sitzungssaal Leipziger Str. 3)*, [Unterstreichung im Original], BArch, R 58/ 5955, A. 1, nicht foliert.

302 RFSS Sicherheitsdienst, Nachrichtenübermittlung, SD-Oberabschnitt Nord, SS-Hauptsturmführer und Stabsführer V. S. an SD-Hauptamt, Abtlg. II 1133, Berlin, Telegramm, aufgegeben in Stettin, aufgenommen am 25.6.1937, 18.30 Uhr, DRINGEND SOFORT VORLEGEN. Btr. Kirchenwahl – Rundschreiben der VKL v. 24.6.37, [Großbuchstaben im Original], R 58/ 5955, A. 1, nicht foliert. Der Verfasserin ist der Name des SS-Hauptsturmführers bekannt, jedoch wurde aus datenschutzrechtlichen Gründen lediglich der Anfangsbuchstabe genannt.

303 SDHA II 1133, Gahrmann an Gestapa, *Meldung* o. D., *btr. Evangel. Kirchenwahl*, BArch, R 58/ 5955, A. 1, nicht foliert. Dr. Haselbacher reichte die an ihn weitergeleitete Meldung btr. evangelische Kirchenwahl am 10.7.1037 nach Kenntnisnahme zurück, BArch, R 58/ 5955, A. 1, nicht foliert.

304 *Sechzehnte Verordnung zur Durchführung des Gesetzes zur Sicherung der Deutschen Evangelischen Kirche. Vom 25. Juni* 193, in: Reichsgesetzblatt I, Jg. 1937, S. 698-699.

305 Meldung des Ministerialrates Roth vom Kirchenministerium an Obersturmführer Hartl, SDHA II 113, btr. *Auftrag des Führers an das Reichskirchenministerium zur Vorbereitung der Trennung von Kirche und Staat*, BArch, R 58/ 6019, T. 1, nicht foliert.

Biberstein informierte am 31. August 1937 das SD-Hauptamt in einem ausführlichen maschinenschriftlichen Bericht über jenen Führerauftrag und teilte mit, dass nunmehr „unaufhörlich unter dem Drängen des Ministers geheime Besprechungen stattfinden.“[306] Zudem ließe der Minister von einem namentlich genannten Team Ausarbeitungen unterschiedlicher Art zu einem Trennungsgesetz erstellen, wobei Staatssekretär Muhs und Ministerialrat Stahn diesbezüglich jedoch eigene Vorstellungen entwickelten.[307]

8.4 SDHA – Gesetzentwürfe zur Trennung von Kirche und Staat

Um dem Minister Kerrl zuvorzukommen, hatte der Leiter der Zentralabteilung II 1 (Gegnerforschung) des SD-Hauptamtes SDHA), SS-Sturmbannführer Prof. Dr. Franz Six, die dortige *Wissenschaftliche Arbeitsgruppe über politische Kirchen* mit der Ausarbeitung eines eigenen Gesetzentwurfes zur Durchführung der Trennung von Kirche und Staat beauftragt, der Heydrich vorgelegt werden sollte.[308] Dem Gesetzentwurf lag einer der beiden Entwürfe zugrunde, die Stuckart am 21. Januar 1935 dem Chef der Reichskanzlei, Hans Heinrich Lammers, zugesandt hatte, und zwar jener, der die „radikale Lösung“ vorsah, d. h. die Trennung von Kirche und Staat, in der Weise, dass die „Glaubensvereine als eingetragene Vereine bestehen können“.[309] Demzufolge unterbreitete Six Heydrich den Vorschlag, jedoch aus taktischen Gründen und

> „mit Rücksicht auf die gegenwärtige Lage [...] nicht von einem Gesetz zur Trennung von Kirche und Staat, sondern von einem *Gesetz zur Sicherung der Glaubens- und Gewissensfreiheit* zu sprechen [...].
>
> Damit das Gesetz in der deutschen Volksöffentlichkeit und in der Weltöffentlichkeit möglichst positiv aufgenommen wird und aber zugleich die notwendige taktische Bewegungsfreiheit gewährleistet ist, erscheint es zweckmäßig, das Gesetz möglichst knapp und allgemein zu formulieren.“ [Kursivdruck vom Verf.].[310]

Die *wissenschaftliche Arbeitsgruppe über politische Kirchen* hatte zu jedem Punkt der Durchführungsverordnung jenes Gesetzentwurfes eine kurze gutachterliche Stellungnahme beigefügt.

---

[306] Biberstein, Bericht an das SDHA vom 31.8.1937 *btr. Trennung von Kirche und Staat im Kirchenministerium*, BArch, R 58/ 5973, fol. 592.

[307] Ebd.

[308] SDHA II 1, B e r i c h t btr. Entwurf eines Gesetzes zur Durchführung der Trennung von Staat und Kirche, m. d. B. um Vorlage C [Heydrich], unterzeichnet am 28.8. und 31.8.1937 von Schellenberg (I 1), Six (II 1) und Hartl (I 113), [Sperrdruck und Unterstreichung im Original], BArch, R 58/ 6038, T. 2, fol. 323-324 und *Entwurf eines Gesetzes zur Sicherung der Glaubens- und Gewissensfreiheit in Deutschland*, BArch, R 58/ 6038, T. 2, fol. 325-328.

[309] Ebd., fol. 325.

[310] Ebd., fol. 323.

Zudem übermittelte Theo Gahrman als Leiter des SD-Hauptamtes, Amt II 1133 (*Politische Kirchen*), dem Leiter der Zentralabteilung II 1 (*Gegnerforschung*), dem SS-Hauptsturmführer Erich Ehrlinger, vier weitere *Gesetzentwürfe über die Religionsgesellschaften*, die Stuckart bereits am 4. September 1935 ausgearbeitet hatte, des Weiteren noch eine Stellungnahme des SS-Oberführers Dr. iur. Best zu einem Entwurf des Kirchenministeriums sowie einen eigenen SD-Entwurf eines *Gesetzes zur Glaubens- und Gewissensfreiheit.*[311] Damit war Minister Kerrl hinsichtlich seiner Pläne zunächst blockiert. Am 3. September 1937 überbrachte Biberstein dem SD-Hauptamt II 1133 wiederum einen ausführlichen Bericht über eine Sitzung der Referenten mit Minister Kerrl und Staatssekretär Muhs vom Vortag, in der über zwei Entwürfe zum *Reichsgesetz über die Religionsgemeinschaften*[312] verhandelt worden war. Jene von Biberstein überbrachten Original-Entwürfe, die je eine gemäßigte und eine radikale Lösung enthielten, wurden sogleich im SD-Hauptamt fotokopiert und an die Zentralabteilung II 1 weitergereicht.[313] Obwohl Minister Kerrl noch am gleichen Tag, d. h. am 2. September 1937, „seinen Gesetzentwurf dem Führer vorgelegt" habe, sei der Entwurf jedoch vom Führer abgelehnt worden,[314] teilte Gahrmann der Zentralabteilung am 15. September mit.

8.5 Schaukelpolitik des Kirchenministers

Zwar versuchte Minister Kerrl in den nächsten Monaten mit Beharrlichkeit, sich den kirchenpolitischen Zielsetzungen der Distanzierungskräfte in Gesprächen und in schriftlicher Form anzunähern, um sich die Zustimmung zu seinen Gesetzentwürfen zu sichern.[315] In seinen öffentlichen Reden hingegen begann er zusehends wieder auf seinen alten Kurs einzuschwenken, d. h. dem Ziel zur Errichtung einer deutsch-christlichen Staatskirche. Jene Schaukelpolitik des Ministers Kerrl stieß sowohl im SD-Hauptamt als auch in der Parteispitze auf heftige Kritik. So resü-

---

[311] SDHA II 1133 (Gahrmann) an SDHA II 1 (Six), btr. *Gesetzentwürfe über die Religionsgemeinschaften* mit zwei Anlagen, BArch, R 58/ 6038, T. 2, fol. 350-361.

[312] Bericht Biberstein vom 3.9.1937, BArch, R 58/ 6038, T. 2, nicht foliert.

[313] Ebd., fol. 333-335, 336-337, 339-340.

[314] Ebd., fol. 350.

[315] Vermerk des SDHA vom 5.11.1937 über eine Besprechung bei Reichsminister K e r r l am 5.11.37 mit Gruppenführer Heydrich, Oberführer Dr. Best und Obersturmführer Hartl, BArch, R 58/ 5973, fol. 593-598. Der Reichs- und Preußische Minister für die kirchlichen Angelegenheiten an den Stellvertreter des Führers, z. Hdn. von Herrn Reichsleiter Bormann, Schreiben vom 4.1.1938, BArch, R 58/ 5973, fol. 599 und 600-603. Als Anlage: Entwurf eines *Gesetzes zur Sicherung der religiösen Freiheit.*, BArch, R 58/ 5973, fol. 604-605. SDHA II 1 (Zentralabteilung), Stellungnahme des Abteilungsleiters Prof. Dr. Franz Six vom 17.1.1938 zum Entwurf des *Gesetzes zur Sicherung der religiösen Freiheit* des Ministers Kerrl, BArch, R 58/ 5973, fol. 606-611. SDHA II 1133 Bericht über eine Besprechung mit Reichsminister Kerrl am 2.2.38, BArch, R 58/ 5973, fol. 612-613.

mierte etwa der stellvertretende Leiter der Zentralabteilung des SD-Hauptamtes, Erich Ehrlinger:

> „Die durch die mehrfachen, sich widersprechenden Äußerungen des Reichskirchenministers über die vom Staat einzuschlagende kirchenpolitische Linie eingetretene Verwirrung, die sich auch in einer uneinheitlichen Politik des Reichskirchenministeriums selbst äußert, wurde noch verstärkt durch das vom Reichskirchenminister Kerrl am 11.12.37 dem Hauptschriftleiter der ‚Niedersächsischen Tageszeitung' gewährte Interview [...].
>
> Während also in der zwischen SS-Gruppenführer Heydrich und dem Reichskirchenminister am 5.11.37 durchgeführten Besprechung über die notwendige Trennung von Kirche und Staat und über die hierbei einzuschlagende Taktik, sowie darüber, daß eine Besserstellung einer kirchlichen Gruppe nicht erfolgen solle, Übereinstimmung herrschte, und das Ergebnis der Besprechung seiner weitgehenden Bedeutung wegen den interessierten Kreisen nicht vorzeitig zur Kenntnis kommen durfte,
>
> verkündete der Reichskirchenminister in seiner Fuldaer Rede [vom 23. November 1937] die kommende Trennung von Kirche und Staat und rückte in seiner Hagener Rede [vom 30. November 1937] offensichtlich davon ab,
>
> um in dem, der ‚Niedersächsischen Tageszeitung' gegebenen Interview, praktisch die Trennung von Kirche und Staat abzulehnen und schließlich zu versuchen, durch eine, vor dem Julfest zu veröffentlichende 8. Durchführungsverordnung praktisch eine Reichskirche der deutschen Christen zu schaffen
>
> und damit eine Trennung von Kirche und Staat im eigentlichen Sinne endgültig unmöglich zu machen." [Unterstreichungen sowie stilistische Fehler und solche in der Zeichensetzung im Original].[316]

Laut einer Mitteilung Bibersteins dem SDHA II 1133 gegenüber habe Minister Kerrl später versucht, sich von Teilen seiner Rede in Hagen – die ihm als Stenogramm vorlag – zu distanzieren, indem er äußerte: „Das habe ich nicht gesagt, das wäre ja Unsinn."[317] Über die Rede des Ministers Kerrl in Hagen, die inhaltlich mit seinem Vortrag in der Lessing-Hochschule in Berlin am 14. Januar 1938[318] übereinstimmt und die Öffentlichkeit wie Parteikreise beunruhigt hatte, ließ das SD-Hauptamt demzufolge wiederum entsprechende Gutachten anfertigen. So wurde etwa der ehemalige katholische Priester Dr. theol. Friedrich Murawski, wissen-

---

[316] SDHA II 11, Vermerk Erich Ehrlingers vom 8.1.1938 zur Vorlage bei C [Heydrich] (1) mit dem Vorschlag, Reichsleiter Bormann mündlich zu unterrichten, (2) Gestapa II B zur Kenntnisnahme, BArch, R 58/ 5973, fol. 384-388, hier fol. 388.

[317] SDHA II 1133, Gahrmann, Aktennotiz vom 11.1.1938, BArch, R 58/ 5973, fol. 393.

[318] SDHA II 113, Hartl, Bericht btr. Vortrag des Reichskirchenministers in der Lessing-Hochschule am 14.1.38, BArch, R 58/ 5973, fol. 404. In ihrer Ausgabe vom 16. Januar 1938 titelte die FAZ: „Religion und Weltanschauung sind identisch". Ein Vortrag von Reichsminister Kerrl, BArch, R 58/ 5973, fol. 405.

schaftlicher Mitarbeiter des SD-Hauptamtes, mit dieser Aufgabe beauftragt,[319] desgleichen der Leiter des Amtes II 113, der ehemalige Priester Albert Hartl.[320]

Obwohl seine Reden sowohl in der Öffentlichkeit als auch in Parteikreisen Verwirrung und Unmut hervorgerufen hatten, plante Minister Kerrl gleichwohl, die Hagener Rede „in sämtliche führenden Weltsprachen übersetzen zu lassen und im Ausland zu verbreiten", wusste Biberstein dem SD-Hauptamt zu berichten.[321] Minister Kerrl wolle die Rede im Eher-Verlag [dem Zentralverlag der NSDAP] veröffentlichen, so Biberstein weiter.[322]

Angesichts der Schaukelpolitik des Reichskirchenministers resümierte der Leiter des Amtes II 113 (*Politische Kirchen*) im SD-Hauptamt, Albert Hartl, in einer sechsseitigen Denkschrift, welche die Amtsjahre des Ministers Kerrl von der Errichtung des Reichsministeriums für die kirchlichen Angelegenheiten am 16. Juli 1935 bis Ende Januar 1938 umfassten:

> „Wenn Reichsminister Kerrl auch einige Male (nach dem verlorenen Dibelius-Prozess, nach Besprechung mit dem Führer und nach Unterredung mit Gruppenführer Heydrich am 5.11.37) erklärte, eine neutrale und unparteiische Kirchenpolitik für die Zukunft zu verfolgen, so zeigten doch die darauffolgenden Massnahmen jedesmal, dass er von seiner grundsätzlich deutsch-christlich-staatskirchlichen Einstellung nicht abgewichen ist. Es war also nicht Taktik, wenn er die Deutschen Christen unterstützte, sondern *Überzeugung.*" [Kursivdruck vom Verf.].[323]

Biberstein-Bericht: Parteinahme des Kirchenministers für die Deutschen Christen

Minister Kerrl nahm nicht nur entgegen Hitlers Anweisungen einseitig Partei für die *Deutschen Christen* (DC), er unterstützte sie auch finanziell. So ließ er ihnen auf einer Tagung in Eisenach durch Staatssekretär Muhs zur Finanzierung des geplanten Kirchen-Wahlkampfes aus einem Sonderfond 20.000,00 Reichsmark zukommen, wie Biberstein dem SD-Hauptamt am 23. Oktober 1937 berichtete.[324] Laut einer weiteren Information Bibersteins vom 16. Februar 1938 hatte Minis-

[319] SDHA, SS-Untersturmführer Dr. Murawski: *Bemerkungen zur Rede des Reichsministers Kerrl in Hagen am 30. November 1937*, BArch, R 58/ 5973, fol. 396-398. Dr. theol. Friedrich Murawski war von 1941 bis 1943 der Leiter des Referates VII B 2 (*Politische Kirchen*) im Reichssicherheitshauptamt (RSHA), in: INTERNATIONALER MILITÄRGERICHTSHOF NÜRNBERG (Hrsg.): Der Prozeß gegen die Hauptkriegsverbrecher vor dem Internationalen Militärgerichtshof, 14. November 1945 bis 1. Oktober 1946, Nürnberg 1947, IMG-Dok. 185-L, Bd. XXXVIII, S. 1f.

[320] SDHA II 113, Hartl, Politisches Gutachten zur Hagener Rede des Reichsministers Kerrl, [Unterstreichung im Original], BArch, R 58/ 5887, T. 2, fol. 399-401.

[321] SDHA II 113, Hartl, Bericht, o. D., BArch, R 58/ 5887, T. 2, fol. 394-395, hier fol. 394.

[322] SDHA II 113, Hartl, Meldung vom 26.1.1938, BArch, R 58/ 5887, T. 2, fol. 402.

[323] SDHA, II 113, Hartl, o. D. [nach dem 21.1.1938], *Die kirchenpolitische Linie des Reichskirchenministers in der Behandlung der Deutsch-Evangelischen Kirche*, BArch, R 58/ 5973, fol. 626-631, hier fol. 630-631.

[324] SDHA II 1133, Gahrmann, Meldung btr. Reichskirchenministerium und Deutsche Christen, BArch, R 58/ 5729, T. 1, fol. 950-960, hier fol. 959 sowie R 58/ 5764, fol. 55-56.

ter Kerrl aus einem anderen Fond nochmals 30.000,00 Reichsmark auf ein Konto der DC überwiesen.[325] Hinsichtlich der Kontobewegungen des Sonderfonds teilte Biberstein dem SD-Hauptamt auf dessen Anfrage mit, er habe jedoch nur durch Zufall über die Kontobewegungen des Sonderfonds Näheres in Erfahrung bringen können.[326] Auch an diesen Maßnahmen wird der Zickzackkurs des Reichsministers für die kirchlichen Angelegenheiten deutlich.

Wie bereits dargelegt, suchte Minister Kerrl einerseits, den Distanzierungskräften um Bormann, Heß, Himmler und Heydrich hinsichtlich deren religionspolitischen Kurses weitgehend entgegenzukommen, andererseits jedoch bezeichnete er jenen Personenkreis nicht nur innerhalb seines Ministeriums, sondern auch in der Öffentlichkeit als seine „Feinde", so etwa unmittelbar nach einer Besprechung mit dem Stellvertreter des Führers Rudolf Heß und weiteren Parteimitgliedern am 2. Februar 1938, an der unter anderem auch Himmler teilgenommen hatte.[327] Wie Biberstein dem SD-Hauptamt berichtete,

> sei Kerrl in jener Besprechung von den Parteimitgliedern „ein Fragebogen vorgelegt worden, der für ihn unannehmbar sei. Er wolle sofort zum Führer gehen und ihn fragen, ob er diese Forderungen der Partei deckt. Wenn ja, werde er sofort seinen Rücktritt erklären."[328]

Der ständig wechselnde religionspolitische Kurs des Reichsministers für die kirchlichen Angelegenheiten und das taktisch unkluge Vorgehen in seinen öffentlichen Reden, die für beständige Unruhe sorgten, bewirkten auf Dauer nicht nur einen Autoritätsverlust in Kirchenkreisen,[329] der Minister wurde auch zunehmend seitens der Parteispitze und der NS-Führungselite in die Isolation gedrängt, sodass letztendlich auch Hitler seinen Reichskirchenminister kaltstellte. Gegen Ende seiner Regierungszeit hatte Minister Kerrl Mühe, von Hitler überhaupt einen Termin für eine Audienz zum Vortrag geplanter Durchführungsverordnungen oder Gesetzentwürfe zu erhalten.[330]

---

[325] SDHA II 1133, Gahrmann an Ehrlinger (II 11), Aktennotiz vom 16.2.1938, BArch, R 58/ 5764, fol. 62-63, hier fol. 62.

[326] SDHA, II 1133, Aktennotiz vom 4.7.1938, BArch, R 58/ 5764, fol. 64.

[327] SDHA II 113, Gahrmann, Bericht an Stbf. zur Kenntnis und Vorlage C [Heydrich], BArch, R 58/ 5973, fol. 612-613.

[328] SDHA, Meldung vom 3.2.1938, unterzeichnet von Ehrlinger (II 11) und Hartl (II 113), BArch, R 58/ 5973, fol. 625. Über den Inhalt des Fragebogens lässt sich in den Archivalien nichts eruieren.

[329] SDHA II 1133, Gahrmann, Meldung vom 14.7.1937 an Stbf. zur Kenntnis und Entscheidung über Vorlage bei C [Heydrich], btr. *Neuer Kurs im Reichskirchenministerium* [lt. einer Meldung Bibersteins], BArch, R 58/ 5729, T.1, fol. 961-962, hier 961. SDHA II 113 an den Stab des Stellvertreters des Führers z. Hd. Herrn Reichsleiter Bormann, o. D. [Oktober 1937], BArch, R 58/ 5729, T.1, fol. 806-809, hier fol. 806.

[330] Persönliches Schreiben des Ministers Kerrl an den Chef der Reichskanzlei, Hans Heinrich Lammers, vom 26.1.1939 mit der Bitte, bei Hitler einen Termin zum Vortrag zu erwirken, BArch, R 43 II/ 150. Schreiben des Reichskirchenministers an Hitler vom 26.1.1941, ebd.

8.6 Biberstein-Bericht: Boykottierung des Kirchenministers durch Mitarbeiter

Ebenso erfuhr Minister Kerrl eine Boykottierung seines kirchenpolitischen Kurses seitens seines eigenen Ministeriums, insofern, als der engere Mitarbeiterstab des Ministers durch eine beachtliche Heterogenität gekennzeichnet war, die in der weltanschaulichen Grundeinstellung der einzelnen Mitarbeiter begründet lag und die demzufolge aufgrund der unterschiedlichen kirchenpolitischen Zielvorstellungen für reichlich Konfliktpotential sorgte. So herrschte im Sommer 1937 sogar zwischen Minister Kerrl und Staatssekretär Muhs „offensichtlich eine Meinungsverschiedenheit über den zukünftigen Kurs [Staatskirche oder Trennung von Kirche und Staat]",[331] obwohl der „Eintritt des Regierungspräsidenten Muhs als Staatssekretär in das Reichskirchenministerium [im November 1936] eine Schwenkung in der kirchenpolitischen Linie des Reichskirchenministers"[332] bewirkt hatte. Muhs wiederum, „Anhänger der radikalen Deutschen Christen",[333] versuchte gegen den Willen seines Ministers hochrangige Mitarbeiter des Reichskirchenministeriums zu entfernen, so etwa den Ministerialrat Dr. Erich Ruppel oder den Leiter der Evangelischen Abteilung, Ministerialrat Dr. Julius Stahn,[334] wegen deren offensichtlicher Nähe zur Bekenntnisfront (BK). Diesbezüglich berichtete Biberstein in seinem Bericht vom 22. Mai 1937 an das SD-Hauptamt:

> „Vor etwa 4 Wochen fand beim Minister eine Besprechung statt mit Dr. Muhs, Ministerialrat Roth und Assistent Dr. Albrecht [...]. Zur Aussprache kam die Frage, ob Dr. Stahn und Dr. Ruppel bei ihrer betont konfessionellen Einstellung noch weiterhin im Kirchenministerium mitarbeiten können [...].
>
> Dr. Muhs und mit ihm die genannten Referenten [vertraten] den Standpunkt, daß Stahn und Ruppel unbedingt entfernt werden müßten, wenn das Kirchenministerium Vertrauen im Lande erringen wolle. *Der Minister hat jedoch kurzerhand energisch abgelehnt.*" [Kursivdruck vom Verf.].[335]

---

[331] SDHA II 1133, Gahrmann, Bericht an Stbf. zur Kenntnis und Entscheidung über Vorlage bei C [Heydrich], btr. *Sitzung im Reichskirchenministerium am 1.7.37*, BArch, R 58/ 5729, T. I, fol. 933-934, hier fol. 933.

[332] SDHA II 113, Hartl, o. D., [nach dem 21.1.1938], *Die kirchenpolitische Linie des Reichskirchenministeriums in der Behandlung der Deutsch-Evangelischen Kirche,* BArch, R 58/ 5973, fol. 626-631, hier fol. 626.

[333] Ebd.

[334] Stahn gehörte zu dem Mitarbeiterteam, das Minister Kerrl unmittelbar nach der Gründung des Reichsministeriums für die kirchlichen Angelegenheiten am 16. Juli 1935 aus dem Reichsministerium für Wissenschaft, Erziehung und Volksbildung übernommen hatte. Verzeichnis der Handakten für die Büroeinteilung 1934 des Reichsministeriums für Wissenschaft, Erziehung und Volksbildung (dort 1 b 13: Geistliche Abteilung) sowie Geschäftsverteilungsplan (GVP) des Reichsministeriums für Wissenschaft, Erziehung und Volksbildung vom 10.5.1935, BArch, R 4901/12408, nicht foliert.

[335] SS-Obersturmführer Biberstein an das SD-Hauptamt, Bericht vom 22.5.1937, BArch, R 58/ 5955, A. I, nicht foliert.

Ein Jahr zuvor – d. h. unmittelbar nach seinem Eintritt in das Reichsministerium für die kirchlichen Angelegenheiten im November 1936 – war es Muhs hingegen gelungen, den Ministerialdirigenten Hermann von Detten[336] aufgrund von Meinungsverschiedenheiten hinsichtlich der Behandlung der kirchenpolitischen Frage aus dem Amt zu drängen. Das geschah in der Weise, dass von Detten im Alter von nur 57 Jahren mit Wirkung vom 1. April 1937 in den vorläufigen Ruhestand versetzt wurde.[337] Jenen Vorgang hatte Minister Kerrl dem Preußischen Ministerpräsidenten Hermann Göring gegenüber in einem Schreiben vom 19. Januar 1937 wie folgt begründet:

> „Im August 1936 traten ernstliche Meinungsverschiedenheiten auf kirchenpolitischem Gebiet zwischen mir und dem Ministerialdirigenten ein. Sie verstärkten sich in der Folgezeit immer mehr, so daß von der notwendigen fortdauernden Übereinstimmung in kirchenpolitischen Ansichten nicht mehr gesprochen werden kann."[338]

Offensichtlich hielt Minister Kerrl diese sehr direkte Formulierung eines Versetzungsantrages nicht für opportun, so dass er sie durch einen handschriftlichen Zusatz austauschte:

> „Auch ich halte aus verschiedenen Gründen die weitere Verwendung des Min. Dir. von Detten in meinem Ministerium für untunlich und beantrage daher die Versetzung des Beamten in den einstweiligen Ruhestand und zwar mit Wirkung vom 1. April 1937."[339]

Geplantes Disziplinarverfahren gegen Biberstein und Dudzus

Hingegen gelang es weder Muhs noch dem Minister Kerrl, Biberstein wegen dessen parteikonformen kirchenpolitischen Ansichten hinsichtlich einer Trennung von Kirche und Staat aus dem Amt zu entfernen. Zwar ließ der Minister nach der oben erwähnten zweistündigen Referentensitzung vom 23. September 1936 – in der es zwischen ihm und einem Großteil seiner Referenten wegen des *Pyrmonter Gesetzentwurfes* zu scharfen Auseinandersetzungen gekommen war und in der

---

[336] Von Detten hatte seit dem 1. September 1935 die Geschäfte eines Ministerialdirigenten wahrgenommen und war seit jenem Zeitpunkt gleichzeitig der Vertreter des Reichskirchenministers Kerrl. Der Reichs- und Preußische Minister für die kirchlichen Angelegenheiten an Herrn Ministerialdirigenten Herm[ann] von D e t t e n, Schreiben vom 24.3.1936, [Sperrdruck im Original], BArch, R 5101/ 22440, fol. 64 (V+R) und fol. 65. Es hatte Minister Kerrl einige Mühen gekostet, beim Reichsminister des Innern, Dr. iur. Wilhelm Frick, zu erwirken, dass dort eine Ministerialdirigentenstelle an das neu gegründete Kirchenministerium abgetreten wird. Ressortbesprechung mit Innenminister Frick vom 9.10.1935, BArch, R 43 II/ 139b, fol. 39-45, hier fol. 45. Der Reichsminister des Innern an den Reichskirchenminister, Schreiben vom 11.10.1935, ebd., fol. 55-56.

[337] Der Reichs- und Preußische Minister für die kirchlichen Angelegenheiten an den Herrn Preußischen Ministerpräsidenten, Schreiben vom 14. Januar 1937, Abberufungsurkunde als Anlage, BArch, R 5101/ 22440, fol. 47-48 (V+R).

[338] BArch, R 5101/ 22440, fol. 47-48 (V+R), hier fol. 47 (R).

[339] Ebd.

er die Befürworter einer Trennung von Kirche und Staat verbal scharf attackiert hatte – eine Geschäftsprüfung in den von Biberstein und Dudzus geleiteten Referaten durchführen, um unter dem Vorwand unzureichender Aktenführung beide Referenten aus den Diensten des Ministeriums entlassen zu können. Mit Schreiben vom 26. November 1936 erteilte er daher dem Leiter der *Evangelischen Abteilung* folgende Anweisung:

> „Ich bitte, die vom Herrn Ministerialdirigenten von Detten begonnene Geschäftsprüfung in den Referaten des Oberregierungsrats S z y m a n o w s k i und des Landesjugendpastors D u d z u s zu Ende zu führen und mir über das Ergebnis ein Gutachten abzugeben. Insbesondere bitte ich zu prüfen, ob Gründe vorliegen, die ein disziplinares Einschreiten rechtfertigen." [Sperrdruck im Original].[340]

Offensichtlich konnten keine ausreichenden Gründe gefunden werden, die ein Disziplinarverfahren gerechtfertigt hätten, so dass die angefertigten Gutachten dann am 15. Januar 1938 zu den Personalakten genommen werden konnten.[341] Zudem lagen bei Biberstein und Dudzus – im Gegensatz zu dem Ministerialdirigenten von Detten – andere beamtenrechtliche Voraussetzungen vor. Zwar waren beide *Beamte auf Lebenszeit*, jedoch hatten sie im Gegensatz zu von Detten nicht den Status eines *politischen Beamten* und konnten demzufolge auch nicht mit der Begründung unterschiedlicher kirchenpolitischer Ansichten gegenüber ihrem Dienstherrn in den vorzeitigen Ruhestand versetzt werden.

> „Die Ministerialdirigenten gehören zu den politischen Beamten, die sich die jederzeitige formlose Versetzung in den einstweiligen Ruhestand gefallen lassen müssen. Bei diesen Beamten besteht die Notwendigkeit einer fortdauernden Übereinstimmung in grundlegenden Ansichten zwischen ihnen und der Staatsregierung."[342]

Ebenso wenig ließen sich weder bei Biberstein noch bei Dudzus Verstöße gegen die Amtsverschwiegenheit exakt nachweisen, die eine Disziplinarstrafe – etwa einen Verweis – gerechtfertigt hätten. So beschränkte sich Minister Kerrl auf Androhungen, in der Weise, dass Biberstein „nichts weiter zu tun habe, als seine Befehle [die Befehle des Ministers] auszuführen. Er erklärte, [Biberstein] aus der Partei ausschließen zu lassen, und, wenn [Biberstein] nicht selbst aus dem Ministerium ausscheide, [ihn] aus dem Ministerium hinauszuwerfen."[343] Da jene Androhungen jedoch aus beamtenrechtlichen Gründen nicht umsetzbar waren, versuchte Minister Kerrl auf andere Weise, Biberstein loszuwerden, beispielsweise, indem

---

[340] Der Reichs- und Preußische Minister für die kirchlichen Angelegenheiten an Herrn Ministerialrat Dr. Stahn, Schreiben vom 26. November 1936, BArch, R 5101/ 23482, A. 2, fol. 134 (V+R), hier fol. 134 (V).

[341] Handschriftlicher Zusatz des Ministers Kerrl, BArch, R 5101/ 23482, Akte 2, fol. 134 Ⓡ.

[342] Staatssekretär Hermann Muhs an Helmut Urlacher, Schreiben vom 12.12.1936, btr. Prüfung der beamtenrechtlichen Voraussetzung der Versetzung eines Beamten in den einstweiligen Ruhestand, BArch, R 5101/ 22440, fol. 55 (V+R), hier fol. 55 (V).

[343] Zeugeneinvernahme Biberstein, StAN, Rep. 501, KV-Prozesse, Fall 9, A 32-33, S. 2780.

er ihn nicht mehr „zu den Geheimsitzungen des Kirchenministeriums“[344] zuzog. Des Weiteren teilte Biberstein am 21. Januar 1937 dem SD-Hauptamt mit, dass Staatssekretär Muhs

> „sich bereits an den Vizepräsidenten des Landeskirchenamtes Schleswig, Dr. K i n d e r, Kiel, mit der Anfrage gewandt [habe], ob er (Szymanowski) nicht wieder in den Kirchendienst übernommen werden könne.“ [Sperrdruck im Original].[345]

Eine Wiederverwendung im schleswig-holsteinischen Kirchendienst wäre insofern kaum denkbar gewesen, als Biberstein sein Kirchenamt endgültig niedergelegt hatte, und zwar unmittelbar nach seiner Verbeamtung auf Lebenszeit im August 1936 und seiner Aufnahme in die Allgemeine SS am 13. September des gleichen Jahres. Daher „glaubte [Biberstein], im Falle seiner evtl. Pensionierung [Versetzung in den vorzeitigen Ruhestand] von der SS übernommen zu werden.“[346] Während Dudzus die Konsequenzen aus den kirchenpolitisch motivierten Differenzen mit seinem Vorgesetzten zog und „zum 1. März 1937 seine Stelle im Kirchenministerium [aufgab] und in die Reichsjugendführung [übertrat]“,[347] verblieb Biberstein hingegen weiterhin dort.

8.7 Verlust wichtiger Referate

Da Minister Kerrl die oben erwähnten Strafandrohungen nicht verwirklichen konnte, beschränkte er sich darauf, Biberstein eine beachtliche Vielzahl der kirchenpolitisch wichtigen Referate zu entziehen. War gemäß dem zweiten Geschäftsverteilungsplan vom 13. November 1935 Biberstein als Referatsleiter und Korreferent innerhalb der *Evangelischen Abteilung* (G I) noch für elf Sachgebiete zuständig gewesen,[348] so wurde sein Kompetenzbereich mit Wirkung vom 19. Oktober 1936 drastisch eingeengt, in der Weise, dass Minister Kerrl ihm neun der elf Positionen als Referatsleiter und Korreferent entzog. Als Referatsleiter hatte Biberstein nunmehr lediglich das Referat 44 a (Gestapo-Angelegenheiten) inne, und als Korreferent wurde er in das Referat 44 b (Strafrechtlicher Schutz) versetzt. Desgleichen entzog ihm Minister Kerrl innerhalb der *Katholischen Abteilung* (G II) sämtliche Referate, d. h. die Referate Gestapo-Angelegenheiten (39a) und Strafrechtlicher Schutz (39b). Stattdessen war Biberstein im Referat 39b lediglich als Korreferent tätig, wie aus dem Nachtrag vom 19. Oktober 1936 zum zweiten Geschäftsver-

[344] SDHA II 1133, Bericht an C [Heydrich] vom 21.1.1937 über Vorgänge im Reichskirchenministerium, [Unterstreichung im Original], BArch, R 58/ 5729, T. 1, fol. 860.

[345] Ebd.

[346] Ebd.

[347] Ebd.

[348] Geschäftsverteilungsplan vom 13. November 1935, BArch, R 5101/ 23493, fol. 177-192.

teilungsplan zu ersehen ist.[349] Auffällig ist, dass ein Entwurf zu jenem Nachtrag bereits im September 1936 erstellt wurde,[350] d. h. unmittelbar nach der bereits erwähnten zweistündigen Referenten-Besprechung am 23. September, in der es zwischen Minister Kerrl und seinem engeren Mitarbeiterstab zu heftigen Auseinandersetzung hinsichtlich des *Pyrmonter Gesetzentwurfes* gekommen war.

Der dritte Geschäftsverteilungsplan vom 5. Mai 1937 zeigt, dass Biberstein nunmehr auch die Leitung des Referates Gestapo-Angelegenheiten (44a) in der *Evangelischen Abteilung* abgeben musste, nachdem ihm das entsprechende Referat in der Katholischen Abteilung bereits ein halbes Jahr zuvor entzogen worden war. Die Angelegenheiten des ehemaligen Sachgebietes Gestapo-Angelegenheiten der *Evangelischen Abteilung* wurden jetzt innerhalb des Referates VIII (Kirche und Öffentlichkeit) bearbeitet, das nun unter der Leitung des Dr. Richard Albrecht stand, und zwar dort unter den Punkten (1) Strafsachen gegen Geistliche und andere kirchliche Amtsträger, (2) Polizeiliche Maßnahmen gegen Geistliche und sonstige kirchliche Amtsträger (Schutzhaft, Ausweisung, Redeverbot etc.), (4) Strafrechtlicher Schutz (Gotteslästerung, Gottesdienststörung, Strafrechtsreform).[351] In der *Katholischen Abteilung* stand das entsprechende Referat Kirche und Öffentlichkeit mit den Unterabteilungen 1, 2 und 4 nunmehr unter der Leitung des Hans Büchner.[352]

Im Gegensatz zu Bibersteins Tätigkeit als Leiter zahlreicher wichtiger Referate sowie als Korreferent in den Jahren 1935/36 beschränkte sich seine Arbeit von jenem Zeitpunkt an auf die Leitung des völlig unbedeutenden Referates IX (kirchliches und religiöses Leben) mit Bereichen wie Vereine, Anstalten, Stiftungen oder kirchliche Wohlfahrtspflege.[353] Damit hatte Minister Kerrl den für ihn günstigen Tatbestand geschaffen, dass Biberstein ab Mai 1937 als Referatsleiter eines *kirchenpolitisch* nicht relevanten Sachgebietes bei der Beratung und Abstimmung „der von anderen Ministerien zur Begutachtung eingehenden Gesetzesvorlagen"[354] faktisch kein Voten-Recht mehr besaß. Um zu unterbinden, dass der SD über die Planungen des Kirchenministeriums informiert würde, hatte Minister Kerrl zudem

---

[349] Nachtrag vom 19. Oktober 1936 zum Geschäftsverteilungsplan vom 13. November 1935, BArch, R 5101/ 23493, fol. 211.

[350] Ebd., fol. 214.

[351] Geschäftsverteilungsplan vom 5. Mai 1937, BArch, R 5101/ 23493, fol. 1-46, hier fol. 29 (V+R) und 30 (V).

[352] Ebd., fol. 45 (V+R) und 46 (V).

[353] Ebd., fol. 31 (V+R) und fol. 32.

[354] Der Reichs- und Preußische Minister für die kirchlichen Angelegenheiten, Hausverfügung vom 3. Februar 1937 btr. die geschäftliche Behandlung der von anderen Ministerien zur Begutachtung eingehenden Gesetzesvorlagen, BArch, R 5101/ 23493, fol. 224 (V+R) und 225 (V).

bereits ab dem 21. Januar 1937 Biberstein „zu den Geheimsitzungen des Kirchenministeriums nicht mehr zugezogen",[355] teilte jener dem SD-Hauptamt mit.

Offensichtlich hatte sich Biberstein hinsichtlich der Abschiebung auf ein kirchenpolitisch nicht relevantes Referat an den Chef der Reichskanzlei Staatssekretär Dr. Lammers gewandt, wie aus dem nachfolgenden Vermerk des Direktors des Ministerialbüros im Reichsministerium für die kirchlichen Angelegenheiten, Helmut Urlacher, geschlossen werden kann:

> „Der Herr Staatssekretär hat die korreferierende Beteiligung des Oberregierungsrates Szymanowski in Personalsachen (Ref. VI 1 sowie VIII 1 und 2) und Pfarrbesoldungs-, Unterstützungs- und Zuwendungssachen (Ref. III 1, 2, 3 u. 4) der evangelischen Abteilung, soweit sich bei diesen Sachen die Einholung von Auskünften von der Gestapo empfiehlt, *angeregt*, ohne eine besondere schriftliche Ergänzung des Geschäftsverteilungsplans herauszugeben.
>
> Die zuständigen Referenten (Min. Rat Dr. Stahn, Lg. R. Dr. von Hanstein, Reg. Rat Dr. Richter und Assessor Dr. Albrecht) sind von mir mündlich verständigt worden. Sie werden in besonders gelagerten Fällen den Oberregierungsrat *korreferierend beteiligen.*" [Kursivdruck vom Verf.].[356]

Da jedoch in allen Geschäftsverteilungsplänen ab dem 5. Mai 1937 die Korreferenten nicht mehr namentlich aufgeführt wurden, taucht Bibersteins Name in diesem Zusammenhang auch auf. Ebenso wie Biberstein wurden auch Willi Dudzus mit Wirkung vom 19. Oktober 1936 fünf der bisherigen Ämter entzogen, sodass ihm lediglich die Leitung eines einzigen kirchenpolitisch nicht relevanten Referates verblieb sowie die Tätigkeit als Korreferent in zwei weiteren Referaten.[357] Wie sich aus den vorliegenden Geschäftsverteilungsplänen ableiten lässt, geriet hingegen der Leiter der *Katholischen Abteilung* Joseph Roth offensichtlich zu keinem Zeitpunkt in Verdacht, obgleich das SD-Hauptamt ihm als SS-Offizier und *Führer im SD* den gleichen genau umrissenen Bereich innerhalb des Reichministeriums für die kirchlichen Angelegenheiten zur „SS-mäßigen Bearbeitung" zugewiesen hatte wie Biberstein und Dudzus.[358] Zudem war im Reichsministerium für die kirchlichen Angelegenheiten durchaus bekannt, dass Joseph Roth und der Leiter der Abteilung II 113 (*Politische Kirchen*) im SD-Hauptamt Albert Hartl schon allein aufgrund ihrer ehemaligen Berufe als katholische Priester miteinan-

---

355 SDHA II 1133, Bericht des Referatsleiters Gahrmann an C [Heydrich] über Vorgänge im Reichskirchenministerium, [Unterstreichung im Original], BArch, R 58/ 5729, Teil I, fol. 860.

356 Der Reichs- und Preußische Minister für die kirchlichen Angelegenheiten, Vermerk des Ministerialbürodirektors Urlacher vom Februar 1938, BArch, R 5101/ 23493, fol. 290.

357 Der Reichs- und Preußische Minister für die kirchlichen Angelegenheiten, Vermerk des Ministerialbürodirektors Urlacher vom Februar 1938, BArch, R 5101/ 23493, fol. 211 und fol. 214.

358 Das SD-Hauptamt hatte Roth das Beobachtungsgebiet *Politischer Katholizismus* zugewiesen. SD-HA, Tätigkeitsbericht der Zentralabteilung II 1 für die Zeit vom 1.1.-30.6.1938, BArch, R 58/ 7082, nicht foliert und BArch, R 58/ 6074, fol. 69-79, hier 71-71.

der befreundet waren.[359] Es kann davon ausgegangen werden, dass Minister Kerrl insofern keinen Verdacht gegen Roth hegte, als die Befriedung des evangelischen Kirchenstreites nicht in dessen Ressort fiel. Im Gegenteil, Roth erlangte mit Wirkung vom 5. Mai 1937 sogar eine Beförderung zum Generalreferenten der *Katholischen Abteilung*.[360] Gleichwohl arbeitete Roth für den SD bis zu seinem frühen Tod am 5. Juli 1941.[361]

8.8 Druckmittel des Kirchenministers – Hausverfügungen

Im weiteren Verlauf seiner Amtszeit beschränkte sich Minister Kerrl auf Hausverfügungen, um durch Druck eine einheitliche kirchenpolitische Linie innerhalb seines Mitarbeiterstabes zu erreichen. Die erste Hausverfügung trägt den Dienststempel vom 18. Dezember 1936 und ist an die Abteilungsleiter Stahn und Roth sowie an alle Referenten gerichtet. Die dortigen Formulierungen lassen zum einen auf die weltanschaulichen und kirchenpolitischen Gegensätze innerhalb des Ministeriums schließen, zum anderen zeigen sie die Hilflosigkeit und Isolierung des Ministers, wenn er eigens per Hausverfügung auf die Amtsverschwiegenheit verweisen muss, zu der Beamte ohnehin durch ihren Beamteneid verpflichtet sind.

> „Ich habe leider Veranlassung, nachdrücklichst darauf hinzuweisen, daß die Politik meines Ministeriums von mir allein bestimmt und auch nach außen hin vertreten wird. Ich erwarte, daß die von mir gegebenen Anordnungen und Richtlinien auf das Genaueste beachtet werden [...]. Eine *eigene Politik meiner Mitarbeiter oder auch nur Eigenmächtigkeiten*, die nicht voll und ganz in den von mir gewiesenen Weg passen, sind damit unvereinbar.
>
> Ich verbiete deshalb hiermit allen Angehörigen meines Ministeriums, ohne meine ausdrückliche Genehmigung Erklärungen irgendwelcher Art über Kirchenpolitik oder über die politischen Pläne und Absichten meines Ministeriums oder auch nur eine Stellungnahme zur Lage abzugeben [...].
>
> Über alle Vorgänge im Ministerium ist – gerade mit Rücksicht auf die politischen Auswirkungen – strengste Verschwiegenheit zu wahren. An die allgemeine Pflicht zur Amtsverschwiegenheit erinnere ich noch besonders.
>
> Es ist mir auch unerwünscht, wenn von Angehörigen meines Ministeriums *zu Außenstehenden vertrauliche Beziehungen* unterhalten werden, die *der Arbeit des Ministeriums nachteilig sein können*.“ [Unterstreichung im Original, Kursivdruck vom Verf.].[362]

---

[359] Ernst Klee, Personenlexikon, S. 510.

[360] Geschäftsverteilungsplan vom 5. Mai 1937, BArch, R 5101/ 23493, fol. 1-46, hier fol. 37.

[361] Ernst Klee, Personenlexikon, S. 510. Roth verunglückte tödlich bei einem Badeunfall in Tirol, ebd.

[362] Reichsminister Kerrl, Reichs- und Preußischer Minister für die kirchlichen Angelegenheiten und Leiter der Reichsstelle für Raumordnung, Hausverfügung 4642/ I A 2 vom 18. 12.1936, BArch, R 5101/ 23482, A. 2, fol. 128 (V+R) und R 5101/ 24, fol. 7 als Abschrift.

Gerade der letzte Vermerk richtete sich offensichtlich gegen Biberstein und Dudzus wegen deren ehrenamtlicher Mitarbeit im SD, aber auch gegen Roth wegen dessen Freundschaft zu Albert Hartl. Bereits knapp drei Wochen zuvor hatte Minister Kerrl in einer vertraulichen Mitteilung an die Abteilungsleiter und Referenten seines Ministeriums auf die Bedeutung der Amtsverschwiegenheit verwiesen und zudem mitgeteilt, „daß die politische Willensbildung einheitlich sein [müsse] und daß [er] gegen jede Kritik und Passivität [seiner] Mitarbeiter mit den strengsten Mitteln eingreifen werden."[363] Auch jene Äußerung betraf vorrangig Biberstein. Ministerialdirektor Helmut Urlacher hatte jenen Vermerk in Vertretung des Ministers am 1. Dezember 1936 unterzeichnet und mit dem handschriftlichen Zusatz „Verrat" versehen, der sich diagonal über das Schriftstück im Din-A-4-Format hinzieht. „Verräter" waren ganz offensichtlich jene Mitarbeiter, welche die kirchenpolitische Linie des Ministers zu boykottieren versuchten, indem sie Außenstehende oder den SD über die Pläne ihres Ministers informierten und somit ihre Amtsverschwiegenheit verletzten, wie etwa Biberstein, Dudzus und Roth. Zwei Monate später forderte Minister Kerrl in einer weiteren Hausverfügung vom 19. Februar 1937 wiederum mit Nachdruck die Amtsverschwiegenheit seines Mitarbeiterstabes ein und kündigte erneut „strengste Maßnahmen" bei Pflichtverletzung an.[364] Zuvor hatte er am 8. Januar eine Hausverfügung erlassen, die „von Hand zu Hand" weitergereicht werden sollte und von jedem einzelnen Mitarbeiter abzuzeichnen war.[365]

Zudem waren durch beabsichtigte oder nachlässige Handhabung von Verschluss-Sachen[366] offensichtlich verschiedene Interna des Reichministeriums für die kirchlichen Angelegenheiten nach außen gelangt, sodass Minister Kerrl sämtliche Beamte seines Ministeriums und ebenso die mit Verschluss-Sachen befassten Angestellten der Reichsstelle für Raumordnung zu einer Sitzung in den Sitzungssaal einberief, in der er sie eingehend über die Bearbeitung von Verschluss-Sachen belehrte.[367] Da Minister Kerrl gleichzeitig die Leitung der *Reichsstelle für Raum-*

---

[363] Reichsminister Kerrl, Reichs- und Preußischer Minister für die kirchlichen Angelegenheiten und Leiter der Reichsstelle für Raumordnung an die Herren Abteilungsleiter und Referenten des Kirchenministeriums, der RfR. [Reichsstelle für Raumordnung] und der „Gezuvor" [Gesellschaft zur Vorbereitung der Reichsautobahnen], Hausverfügung 4642/ II A2 vom 1. Dezember 1936, BArch, R 5101/ 23482, A. 2, fol. 127 (V+R).

[364] Reichsminister Kerrl, Der Reichs- und Preußische Minister für die kirchlichen Angelegenheiten und Leiter Reichsstelle für Raumordnung, Präsident der „Gezuvor" [Gesellschaft zur Vorbereitung der Reichsautobahnen], Hausverfügung 607/ I A2 vom 19.2.1937, [Unterstreichung im Original], BArch, R 5101/ 23482, A. 2, fol. 138.

[365] Ebd. fol. 137.

[366] Zu den Verschluss-Sachen gehörten amtliche Schriftstücke, deren Geheimhaltungsstufe durch Vermerke wie *Vertraulich, Vertrauliche Mitteilung, nur für den Dienstgebrauch* oder *Geheim* gekennzeichnet waren.

[367] Reichsminister Kerrl, Reichs- und preußischer Minister für die kirchlichen Angelegenheiten, Leiter

ordnung als auch jene der *Gesellschaft zur Vorbereitung der Reichsautobahnen* (Gezuvor) innehatte, ergingen sämtliche Hausverfügungen zur Amtsverschwiegenheit ebenfalls an diese beiden Institutionen. Selbst mehr als zweieinhalb Jahre später hatte der Minister trotz des von ihm ausgeübten Druckes seinen Mitarbeiterstab nicht auf einen einheitlichen Kurs einschwören können, wie eine weitere Hausverfügung in gleicher Sache vom 22. Juli 1939 erkennen lässt:

> „Ich weise alle meine Mitarbeiter wiederholt auf die genaue Beachtung meiner Hausverfügung vom 18. Dezember 1936 – H.B. 4642/ I A 2 – hin, die nochmals im Abdruck beigefügt ist. Unter Bezugnahme auf meine den Herren Abteilungsleitern und Referenten bekannte und heute nochmals entwickelte *kirchenpolitische Linie* erwarte ich, daß diese Linie von allen meinen Mitarbeitern *strengstens eingehalten* wird." [Kursivdruck vom Verf.][368]

Offensichtlich hatten Referenten wie Biberstein, deren weltanschauliche Grundhaltung nicht jener des Ministers Kerrl entsprach, versucht, dessen kirchenpolitischen Pläne in *der* Weise zu boykottieren oder zumindest deren Durchführung dadurch erheblich zu verzögern, dass sie sich weigerten, Verfügungen oder Gesetzentwürfe des Ministers mitzuzeichnen, sodass der Minister sich auch hier gezwungen sah, die Mitzeichnungspflicht der Referenten mittels einer Hausverfügung einzufordern:

> „Obgleich es jedem Sachbearbeiter meiner Geschäftsbereiche bekannt und selbstverständlich sein müßte, daß Verfügungen, Entwürfe usw. von allen Beteiligten mitgezeichnet werden müssen, kommt es trotz unterschiedlicher Belehrungen immer wieder vor, daß Referenten sich weigern, mitzuzeichnen, wenn sie anderer Ansicht sind.
>
> Ich mache deshalb noch einmal darauf aufmerksam, daß alle beteiligten Referenten ausnahmslos verpflichtet sind, mitzuzeichnen, wenn sie beteiligt sind oder wenn ihre Beteiligung auf dem Entwurf vermerkt ist.
>
> Wenn ein Beteiligter eine abweichende Ansicht hat, ist dies in jedem Falle aktenkundig zu machen, und zwar nicht durch selbständige Abänderung des Entwurfes, sondern durch einen *besonderen Vermerk*, auf den bei dem Namenszeichen so deutlich hinzuweisen ist, daß der abschließend Zeichnende [in der Regel der Minister selbst] ihn nicht übersehen kann." [Unterstreichung im Original, Kursivdruck vom Verf.].[369]

Des Weiteren versuchte der Minister, Eigenmächtigkeiten seiner Referenten auch dadurch zuvorzukommen, indem er sich die Schlusszeichnung aller von ihm „mit

---

der Reichsstelle für Raumordnung und Präsident der Reichsplanungsgesellschaft, Hausverfügung 2189/37 vom 18. Juni 1937, BArch, R 5101/ 23482, A. 2, fol. 152.

[368] Der Reichsminister für die kirchlichen Angelegenheiten an den Herrn Staatssekretär, die Herren Abteilungsleiter und Referenten des Ministeriums für die kirchlichen Angelegenheiten, Hausverfügung 2939/39 vom 22. Juli 1939, BArch, R 5101/ 25, fol. 1.

[369] Der Reichs- und Preußische Minister für die kirchlichen Angelegenheiten, der Leiter der Reichsstelle für Raumordnung und der Präsident der Reichsplanungsgesellschaft e.V., Hausverfügung 2100/38 vom 17. Mai 1938, BArch, R 5101/ 23484, fol. 249. Das Schriftstück war auf einem gesonderten Blatt von allen 73 Referenten und Abteilungsleitern abzuzeichnen, ebd., fol 136.

einem grünen Kreuz (+) versehenen Angelegenheiten“[370] vorbehielt. Das beinhaltete gleichzeitig, dass der entsprechende Referent dem Minister in jener Angelegenheit Vortrag zu halten hatte.[371]

Letztendlich jedoch konnte Minister Kerrl nicht verhindern, dass er de facto unter Kuratel der Distanzierungskräfte um Bormann, Heß und Rosenberg gestellt wurde, insofern, als Biberstein, Dudzus und Roth trotz aller Hausverfügungen nach wie vor das SD-Hauptamt mit aktuellem Informationsmaterial aus dem Reichsministerium für die kirchlichen Angelegenheiten belieferten, das dann unter anderem in die Tätigkeitsberichte des SD einfloss, die wiederum in regelmäßigem Turnus der Neuen Reichskanzlei, d. h. dem Stellvertreter des Führers, sowie der NSDAP-Parteispitze zugingen. Für Biberstein selbst schlug sich jene ehrenamtliche Arbeit als *Führer im SD* nicht nur überaus positiv in den Personalberichten der jeweiligen Amtsleiter des SD-Hauptamtes nieder, sondern war zugleich mit weiteren Beförderungen in der Rangordnung der SS-Offiziere verbunden.[372]

8.9 Engmaschige SD-Überwachung des Kirchenministers

Obgleich Minister Kerrl gegen Biberstein und Dudzus begründeten Verdacht hegte, so vermochte er dennoch nicht, ihnen Verstöße gegen Amtsverschwiegenheit nachzuweisen. Dessen ungeachtet war ihm klar, dass er vom SD engmaschig überwacht wurde. So äußerte er unter anderem im Februar 1938 während einer Besprechung mit Staatssekretär Paul Körner, dem Vertreter Görings,[373] „dass seine [...] Telefongespräche neuerdings überwacht würden“, berichtete Biberstein dem SD-Hauptamt.[374] Im Gegensatz zu Dudzus, der aus eigenem Antrieb zum 1. März 1937 aus dem Reichsministerium für die kirchlichen Angelegenheiten ausschied,[375] verblieb Biberstein dort bis zu seiner offiziellen zwangsweisen Versetzung in das Ministerium des Innern und der von dort erfolgten Zuweisung zum Reichssicher-

---

[370] Reichs- und Preußischer Minister für die kirchlichen Angelegenheiten, Leiter der Reichsstelle für Raumordnung und Präsident der Reichsplanungsgesellschaft e.V., Hausverfügung 4376/37 vom 26. November 1937, BArch, R 5101/ 23484, fol. 143.

[371] Ebd.

[372] BArch (ehem. BDC), SSO, Biberstein, Ernst, 15.02.1899.

[373] Paul Körner (1893-1957) war von 1936-1945 als Vertreter Görings Beauftragter für den Vierjahresplan. Er wurde im Wilhelmstraßenprozess, dem Nürnberger Nachfolgeprozess Nr. 11, im April 1949 zu 15 Jahren Haft verurteilt, dann aber am 15. Dezember 1951 vorzeitig aus der Haftanstalt Landsberg entlassen.

[374] SDHA II 1133, Bericht des Referatsleiters Gahrmann vom 5.2.1938 btr. das Reichskirchenministerium aufgrund von Mitteilungen Bibersteins, BArch, R 58/ 5434, fol. 169.

[375] Körner, Paul, in: Akten der Reichskanzlei, Biographien, www.bundesarchiv.de/aktenreichskanzlei/1919-1933/0000/adr/adrhl/kap1_4/para2_219.html; 24.08.2014 und Ernst Klee, Personenlexikon, S. 326. SDHA II 1133, Bericht des Referatsleiters Gahrmann an C [Heydrich] über Vorgänge im Reichskirchenministerium. [Unterstreichung im Original], BArch, R 58 / 5729, T. 1, fol. 860.

heitshauptamt (RSHA) zum 1. Juli 1941, die auf ausdrückliche Initiative Heydrichs erfolgt war.[376] Zu jener Versetzung hatte neben Bibersteins „gefestigter nationalsozialistischer Ausrichtung" maßgeblich die intensive ehrenamtliche Arbeit als *Führer im SD* beigetragen, d. h. die Information des SD mit relevanten Nachrichten aus dem Reichskirchenministerium.[377]

Nicht nur die oben aufgezeichneten Geschäftsverteilungspläne des SD lassen in beeindruckender, ja erschreckender Weise die lückenlose Überwachung des gesamten gesellschaftlichen Lebens in dem so bezeichneten „nationalsozialistischen völkischen Führerstaat" deutlich werden, das dargelegte Quellenmaterial veranschaulicht ebenso, dass aufgrund des verfassungsrechtlichen Prinzips der *Einheit von Partei und Staat* der Sicherheitsdienst des Reichsführers SS (SD) als einer Formation der *Partei* sogar imstande war, ein Reichsministerium, d. h. eine *staatliche* Institution, unter Kuratel zu stellen und damit faktisch außer Kraft zu setzen.

---

[376] Der Chef der Sicherheitspolizei und des SD an den SS-Sturmbannführer Oberregierungsrat Biberstein, Schreiben (Abschrift) vom 21. 7.1941, BArch, R 58/ 16, fol. 9. Der Chef der Sicherheitspolizei und des SD an den SS-Sturmbannführer Regierungsrar Dr. Deumling – Staatspolizeileitstelle – in Oppeln, Schreiben vom 2.7.1941, BArch, R 58/ 16, fol. 18.

[377] BArch (ehem. BDC), SSO, Biberstein, Ernst, 15.02.1899.

KAPITEL 3
BIBERSTEINS TÄTIGKEIT IM REICHSSICHERHEITSHAUPTAMT 1941-45

Noch während Biberstein hauptamtlich im Range eines Oberregierungsrates als Referent im Reichsministerium für die kirchlichen Angelegenheiten beschäftigt war und – wie oben eingehend dargelegt – zeitgleich ehrenamtlich seit dem 13. September 1936 als *SS-Offizier im SD-Hauptamt* fungierte, hatte mit Hitlers Machtübernahme die verfassungsrechtliche Umstrukturierung des demokratischen Weimarer Staates hin zu einem sich selbst so bezeichnenden „nationalsozialistischen völkischen Führerstaat" eingesetzt, der mit einer *außernormativen* Führergewalt ausgestattet wurde,[1] aus der sich gravierende normenstaatliche Veränderungen ergeben sollten, auf die sich nicht nur Biberstein hinsichtlich der Begründung und Legitimierung seiner Tötungsbereitschaft in dem vom 15. September 1947 bis zum 10. April 1948 in Nürnberg stattfindenden Prozess vor dem US Military Tribunal II berief, sondern gleichermaßen seine 23 bzw. 21 Mitangeklagten, d. h. die Leiter der Einsatzgruppen sowie die Führer der nachgeordneten Einsatz- und Sonderkommandos in ihrer Funktion als „Exekutionselite".

Wie noch darzulegen sein wird, begannen jene normenstaatlichen Umstrukturierungen unter anderem mit der Zentralisierung der Exekutivgewalt unmittelbar nach der Veröffentlichung des vom Reichstag verabschiedeten *Gesetzes zur Behebung der Not von Volk und Reich* (Ermächtigungsgesetzes),[2] das am 24. März 1933 in Kraft trat und durch das Hitler mit außerordentlichen, d. h. normenaufhebenden Vollmachten ausgestattete wurde. Verheerende Wirkung sollte insbesondere Artikel 2 jenes Gesetzes im rassenideologisch und wirtschaftspolitisch ausgerichteten Vernichtungskrieg gegen die Sowjetunion haben, wie in Kapitel IV im Zusammenhang mit der Dechiffrierung der Tötungsbereitschaft der im Nürnberger Einsatzgruppenprozess angeklagten und verurteilten SS-Offiziere darzulegen sein wird.

---

[1] Zur rechtlich ungebundenen Führerexekutive der NS-Verfassungsrechtler Ernst Rudolf Huber: ERNST RUDOLF HUBER: Verfassungsrecht des Großdeutschen Reiches (Grundzüge der Rechts- und Wirtschaftswissenschaft; Reihe A), 2. stark erweiterte Auflage der „Verfassung", Hamburg 1939, S. 213, 230. Aus normenstaatlicher Sicht exemplarisch: HANS BUCHHEIM: Die SS – das Herrschaftsinstrument, in: DERS. u. a.: Anatomie des SS-Staates, München [8]2005, S. 15-212, hier S. 33. BURKHARD KOCH: Rechtsbegriff und Widerstandsrecht. Notwehr gegen rechtswidrige Ausübung von Staatsgewalt im Rechtsstaat und unter dem Nationalsozialismus (Schriften zum öffentlichen Recht; 478), Berlin 1985; zugleich: Bielefeld, Univ., Diss., 1983, S. 80-164, hier S. 152.

[2] *Gesetz zur Behebung der Not von Volk und Reich.* Vom 24. März 1933, in: RGBl. I (1933), Nr. 25 vom 24.3.1933, S. 141.

141

Reichsgesetzblatt

Teil I

1933	Ausgegeben zu Berlin, den 24. März 1933	Nr. 25

Inhalt: Gesetz zur Behebung der Not von Volk und Reich. Vom 24. März 1933 .... S. 141

Gesetz zur Behebung der Not von Volk und Reich. Vom 24. März 1933.

Der Reichstag hat das folgende Gesetz beschlossen, das mit Zustimmung des Reichsrats hiermit verkündet wird, nachdem festgestellt ist, daß die Erfordernisse verfassungändernder Gesetzgebung erfüllt sind:

Artikel 1

Reichsgesetze können außer in dem in der Reichsverfassung vorgesehenen Verfahren auch durch die Reichsregierung beschlossen werden. Dies gilt auch für die in den Artikeln 85 Abs. 2 und 87 der Reichsverfassung bezeichneten Gesetze.

Artikel 2

Die von der Reichsregierung beschlossenen Reichsgesetze können von der Reichsverfassung abweichen, soweit sie nicht die Einrichtung des Reichstags und des Reichsrats als solche zum Gegenstand haben. Die Rechte des Reichspräsidenten bleiben unberührt.

Artikel 3

Die von der Reichsregierung beschlossenen Reichsgesetze werden vom Reichskanzler ausgefertigt und im Reichsgesetzblatt verkündet. Sie treten, soweit sie nichts anderes bestimmen, mit dem auf die Verkündung folgenden Tage in Kraft. Die Artikel 68 bis 77 der Reichsverfassung finden auf die von der Reichsregierung beschlossenen Gesetze keine Anwendung.

Artikel 4

Verträge des Reichs mit fremden Staaten, die sich auf Gegenstände der Reichsgesetzgebung beziehen, bedürfen nicht der Zustimmung der an der Gesetzgebung beteiligten Körperschaften. Die Reichsregierung erläßt die zur Durchführung dieser Verträge erforderlichen Vorschriften.

Artikel 5

Dieses Gesetz tritt mit dem Tage seiner Verkündung in Kraft. Es tritt mit dem 1. April 1937 außer Kraft; es tritt ferner außer Kraft, wenn die gegenwärtige Reichsregierung durch eine andere abgelöst wird.

Berlin, den 24. März 1933.

Der Reichspräsident
von Hindenburg

Der Reichskanzler
Adolf Hitler

Der Reichsminister des Innern
Frick

Der Reichsminister des Auswärtigen
Freiherr von Neurath

Der Reichsminister der Finanzen
Graf Schwerin von Krosigk

Das Reichsgesetzblatt erscheint in zwei gesonderten Teilen — Teil I und Teil II —.
Fortlaufender Bezug nur durch die **Postanstalten.** Bezugspreis vierteljährlich für Teil I = 1,10 RM, für Teil II = 1,50 RM.
Einzelbezug jeder (auch jeder älteren) Nummer nur vom **Reichsverlagsamt,** Berlin NW 40, Scharnhorststr. 4 (Postscheckkonto: Berlin 96 200). Preis für den achtseitigen Bogen 15 Rpf, aus abgelaufenen Jahrgängen 10 Rpf ausschließlich der Postdrucksachengebühr. Bei größeren Bestellungen 10 bis 40 v. H. Preisermäßigung.
Herausgegeben vom Reichsministerium des Innern. — Gedruckt in der Reichsdruckerei, Berlin.

(Vierzehnter Tag nach Ablauf des Ausgabetags: 7. April 1933)

Reichsgesetzbl. 1933 I 41

Bild 21: *Gesetz zur Behebung der Not von Volk und Reich.* Vom 24.März 1933. (Ermächtigungsgesetz). (Quelle: Deutsches Reichsgesetzblatt. Österreichische Nationalbibliothek, Alex – Historische Rechts- und Gesetzestexte Online).

So war beispielsweise bereits fünf Jahre *vor* Bibersteins Versetzung in das am 27. September 1939 gegründete Reichssicherheitshauptamt (RSHA) als der Schaltzentrale des NS-Vernichtungsapparates durch Paragraph 7 des dritten, folgenschweren Gestapo-Gesetzes die Gestapo der juristischen Kontrolle enthoben worden, in der Weise, dass

> „Verfügungen und Angelegenheiten der Geheimen Staatspolizei nicht der Nachprüfung durch die Verwaltungsgerichte [unterlagen]."[3]

Allein aufgrund jenes Paragraphen sollte Biberstein mit einer beispiellosen Exekutivgewalt ausgestattet werden, wie sie Polizeibeamten in einem demokratisch verfassten Rechtsstaat grundsätzlich nicht gestattet ist. Jene außernormative Exekutivgewalt sollte Biberstein zudem im Hinblick auf die späteren Verbrechen in seiner Funktion als Chef der Staatspolizeistelle Oppeln/Oberschlesien (Juli 1941-Juli 1942), insbesondere aber als Führer des Exekutionskommandos 6 (EK 6) der Einsatzgruppe C (September 1942-Mai 1943) im wirtschaftspolitisch und rassenideologisch ausgerichteten Vernichtungsfeldzug gegen die Sowjetunion eine pseudolegale Rechtssicherheit gewähren, insofern, als „nach § 1 des Preußischen Gesetzes über die Geheime Staatspolizei vom 10. Februar 1936 [...] *jede Äußerung des Führerwillens Recht schafft.*" [Kursivdruck vom Verf.].[4] Dieser Aspekt ist von außerordentlicher Relevanz, schuf er doch die pseudojuristische Legitimierung der ab 1940 verfassten völkerrechtswidrigen Weisungen Hitlers für das „Unternehmen Barbarossa".

Aufgrund jenes neu geschaffenen und anders gearteten (Un)Rechtsverständnisses – das von dem damaligen Chef des Amtes I im Reichssicherheitshauptamt (RSHA), dem Verwaltungsjuristen und SS-Brigadeführer Dr. iur. Werner Best, als „neue Rechtsauffassung" bezeichnet wurde – unterlagen die vom Reichssicherheitshauptamt (RSHA) herausgegebenen Weisungen und Befehle gerade *nicht* der Verwaltungsgerichtsbarkeit – so auch die während des Russlandfeldzuges erlassenen völkerrechtswidrigen Dienstanordnungen Himmlers oder die verbrecherischen Einsatzbefehle Heydrichs, die auch an Biberstein ergehen sollten. Daher erscheint es sinnvoll, die sukzessive Entbindung der Exekutivgewalt von allen rechtsstaatlichen Normen im „nationalsozialistischen völkischen Führerstaat" genauer zu beleuchten, so etwa die Außerkraftsetzung der rechtsstaatlichen Prinzipien durch die drei Gestapo-Gesetze vom 24. April und 30. November 1933 sowie

---

[3] *Gesetz über die Geheime Staatspolizei. Vom 10. Februar 1936*, in: Preußische Gesetze, S. 21.

[4] *Der Aufbau der Sicherheitspolizei und des SD einschließlich des Reichssicherheitshauptamtes unter besonderer Berücksichtigung der Stellung und der Aufgaben der Inspekteure der Sicherheitspolizei und des SD.* Vortrag des Verwaltungsjuristen und SS-Brigadeführer Dr. iur. Werner Best, Chef des Amtes I im Reichssicherheitshauptamt (RSHA), gehalten am 29. Januar 1940 in Berlin anlässlich der Arbeitstagung der Höheren SS- und Polizeiführer (HSSPF) sowie der Inspekteure der Sicherheitspolizei, BArch, R 58/ 243, fol. 244-248 (V+R), hier fol. 246 (V).

vom 10. Februar 1936, insbesondere aber die Ernennung Himmlers zum *Chef der Deutschen Polizei im Reichsministerium des Innern* mit Wirkung vom 17. Juni 1936,[5] die im Russlandfeldzug im Hinblick auf die Funktion und Befugnisse der Einsatzgruppen äußerst gravierende Auswirkungen haben sollte. Himmler signierte nunmehr unter dem Titel *Der Reichsführer-SS und Chef der Deutschen Polizei im Reichsministerium des Innern*.[6]

Die verfassungsrechtliche Umstrukturierung des demokratischen Staates der Weimarer Republik in den sich selbst so bezeichnenden „nationalsozialistischen völkischen Führerstaat" bildete die entscheidende Basis, auf der die Entgrenzung der Gewalt überhaupt erst ermöglicht wurde und die dann sukzessive zur Vernichtung des europäischen Judentums führen sollte.

Im Hinblick auf die Ausrottung der *osteuropäischen* Juden während des Russlandfeldzuges durch die 3.000 Mann starken Einsatzgruppen unter Beteiligung der 19.000 starken Polizeiverbände – beide Großformationen unterstanden Himmler – sowie der Wehrmacht, aber auch unter Inanspruchnahme einheimischer nationalistischer Kollaborateure, die u. a. als *Hilfspolizeibeamte* eingesetzt wurden, ist insbesondere auf Hitlers durch das Oberkommando der Wehrmacht (OKW) herausgegebenen *Erlaß über die Ausübung der Kriegsgerichtsbarkeit im Gebiet „Barbarossa" und über besondere Maßnahmen der Truppe vom 13.5.19451* (Kriegsgerichtsbarkeitserlass) zu verweisen,[7] der den NS-Gewalttätern nicht nur eine vermeintliche Rechtssicherheit und Straffreiheit suggerieren sollte, sondern ihnen das Töten von vorgeblich, d. h. imaginierten, „feindlichen Zivilpersonen" geradezu als moralische Verpflichtung auferlegte, und zwar unter Verweis auf den „Zusammenbruch des Deutschen Reiches im Jahre 1918" und „die spätere Leidenszeit des deutschen Volkes", die entscheidend auf „bolschewistischen Einfluss" zurückzuführen seien. „Kein Deutscher" – so Hitler eindringlich – „möge dies vergessen."[8]

---

[5] Zu diesem Aspekt vgl. die Abhandlungen des Verwaltungsjuristen Werner Best, des Leiters der Zentralabteilung I des Gestapo-Amtes und späterer Leiter des Amtes I des Reichssicherheitshauptamtes (RSHA): WERNER BEST: Die politische Polizei des Dritten Reiches, in: HANS FRANK (Hrsg.): Deutsches Verwaltungsrecht, München 1937, S. 417-430. DERS.: Neubegründung des Polizeirechts, in: Jahrbuch der Akademie für Deutsches Recht, 4 (1973, S. 132-138.

[6] Ebenso weist der Briefkopf in den jeweiligen Schriftstücken Himmlers seine Doppelfunktion innerhalb des Parteiapparates und der staatlichen Behörde aus. Exemplarisch: BArch, R 58/ 261, fol. 70 V+R).

[7] *Erlaß über die Ausübung der Kriegsgerichtsbarkeit im Gebiet „Barbarossa" und über besondere Maßnahmen der Truppe vom 13.5.19451, mit Ergänzungen des ObdH vom 24.5.1941*, in: INTERNATIONALER MILITÄRGERICHTSHOF NÜRNBERG (Hrsg.): Der Prozeß gegen die Hauptkriegsverbrecher vor dem Internationalen Militärgerichtshof, 14. November 1945 bis 1. Oktober 1946, Nürnberg 1947, Bd. 34, S. 251.

[8] Ebd.

1 Die Aufhebung der rechtsstaatlichen Normen

Bereits knapp zwei Monate nach Hitlers Machtübernahme war durch das oben erwähnte *Gesetz zur Behebung der Not von Volk und Reich* vom 24.März 1933 (Ermächtigungsgesetz)[9] das Ende der Weimarer Demokratie heraufbeschworen worden. Das zunächst auf vier Jahre angelegte Gesetz (Bild 21) wurde sodann in den Jahren 1937, 1939 und 1943 erneuert und bildete als Gründungsurkunde der NS-Diktatur demzufolge bis zum 8. Mai 1945 die *Rechtsgrundlage* jeglicher NS-Gesetzgebung. Das normenauflösende Prinzip jener Gesetzgebung wurde als „neue Rechtsauffassung" betitelt. Dieser Aspekt ist im Hinblick auf die während des Nürnberger Einsatzgruppenprozesses geäußerten Einwände Bibersteins und dessen Mitangeklagten von eminenter Bedeutung.

In den Folgejahren erfolgte sodann schrittweise und unmerklich die verfassungsrechtliche Umstrukturierung des Staates hin zu einem sich selbst so bezeichnenden „nationalsozialistischen völkischen Führerstaat", der auf drei Prinzipien beruhte: dem *Führerprinzip* – auf dessen außernormative Gewalt die im Nürnberger Einsatzgruppenprozess angeklagten NS-Gewalttäter fortgesetzt rekurrierten–, dem Prinzip der *Volksgemeinschaft* und dem Prinzip der *Einheit von Partei und Staat.*[10] Das letztgenannte Prinzip wurde durch das *Gesetz zur Sicherung der Einheit von Partei und Staat* vom 1. Dezember 1933 formuliert. Dort heißt es hinsichtlich des Prinzips der Einheit von Staat und Partei unmissverständlich:

> „Nach dem Sieg der nationalsozialistischen Revolution ist die Nationalsozialistische Deutsche Arbeiterpartei die *Trägerin des deutschen Staatsgedankens* und mit dem Staat unlöslich verbunden." [Kursivdruck vom Verf.].[11]

Die Verschiebung der Koordinaten im bisher geltenden christlich-abendländischen Wertesystem als Konsequenz der Suspendierung aller rechtsstaatlichen Normen im „nationalsozialistischen völkischen Führerstaat" wird ersichtlich aus einem Vortrag des mehrfach erwähnten Verwaltungsjuristen und SS-Brigadeführers Dr. Werner Best, den jener als damaliger Chef des Amtes I im Reichssicherheitshauptamt (RSHA) am 29. Januar 1940 in Berlin anlässlich der Arbeitstagung der Höheren SS- und Polizeiführer (HSSPF) sowie der Inspekteure der Sicherheitspolizei gehalten hatte:

> „Im völkischen Führerstaat wird alle staatliche Tätigkeit aufgefaßt *nicht* [...] *als Vollzug verfassungsmäßiger Gesetze*, sondern als die Ausübung notwendiger Funktionen des

[9] *Gesetz zur Behebung der Not von Volk und Reich.* Vom 24. März 1933, in: RGBl., Teil I (1933), Nr. 25, S. 141.

[10] Die gravierenden Auswirkungen jener verfassungsrechtlichen Prinzipien werden in Kapitel IV näher zu beleuchten sein.

[11] *Gesetz zur Sicherung der Einheit von Partei und Staat,* Vom 1. Dezember 1933, in: Reichsgesetzblatt (RGBl.) I, Nr. 135, S. 1016.

Volksorganismus', der als *überpersönliche* und *überzeitliche Gesamtwesenheit* von einheitlicher und eigentümlicher [arteigener] Bluts- und Seelenprägung begriffen wird und in einem ‚Führer' ein völkisches Gesamtbewußtsein und einen völkischen Gesamtwillen entwickelt.

Eine der wichtigsten und notwendigsten Funktionen eines Organismus' ist der Selbstschutz gegen Gefahren, die seine Existenz bedrohen.

Diese in der Zeit *individualistischer Auflösung des deutschen Volkes* vernachlässigte Funktion ist deshalb nach dem Erwachen des völkischen Selbstbewußseins der Deutschen in der nationalsozialistischen Revolution unverzüglich bewußt aufgenommen und zu möglichster Vollständigkeit entwickelt worden." [Unterstreichung im Original, Kursivdruck vom Verf.].[12]

Im Einsatzgruppenprozesses vor dem US Military Tribunal II in Nürnberg rekurrierten die dort angeklagten SS-Offiziere unter anderem auf jenes von Dr. Best so bezeichnete „neue Rechtsverständnis", nach der alle staatliche Tätigkeit im „nationalsozialistischen völkischen Führerstaat" eben *nicht* als Vollzug verfassungsmäßiger Gesetze aufgefasst wurde, sondern als die „Ausübung notwendiger Funktionen des *Volksorganismus*", wobei die Belange und persönlichen Befindlichkeiten des Individuums grundsätzlich zurückzutreten hätten. Dieser Aspekt sollte für die späteren NS-Gewalttäter im wirtschaftspolitisch und rassenideologisch ausgerichteten Vernichtungsfeldzug gegen die Sowjetunion – so auch für Biberstein – eine eminent wichtige Rolle spielen in Bezug auf deren Handlungsoptionen und Entscheidungsfindungen im Hinblick auf die Ermordung sowjetischer Zivilisten, insbesondere der Juden und weiterer devaluierter und dehumanisierter Personengruppen.

Während in einer Demokratie „Rechtsstaatlichkeit bedeutet, daß die Ausübung staatlicher Macht [ausschließlich] auf der Grundlage der Verfassung und von formell und materiell verfassungsmäßig erlassenen Gesetzen mit dem Ziel der Gewährleistung von Menschenwürde, Freiheit, Gerechtigkeit und Rechtssicherheit zulässig ist",[13] genossen hingegen im „nationalsozialistischen völkischen Führerstaat" die Belange des so bezeichneten „Volksorganismus" absolutes Vorrecht, wobei – wie Dr. Best unterstrich – jener Volksorganismus keineswegs als die Summe der einzelnen *Individuen* verstanden, sondern als eine „überpersönliche und überzeitliche Gesamtwesenheit" von einheitlicher und eigentümlicher [d. h. arteigener]

---

[12] *Der Aufbau der Sicherheitspolizei und des SD einschließlich des Reichssicherheitshauptamtes unter besonderer Berücksichtigung der Stellung und der Aufgaben der Inspekteure der Sicherheitspolizei und des SD.* Vortrag des Verwaltungsjuristen und SS-Brigadeführer Dr. iur. Werner Best, Chef des Amtes I im Reichssicherheitshauptamt (RSHA), gehalten am 29. Januar 1940 in Berlin anlässlich der Arbeitstagung der Höheren SS- und Polizeiführer (HSSPF) sowie der Inspekteure der Sicherheitspolizei, BArch., R 58/ 243, fol. 244-248 (V+R), hier fol. 244 (R).

[13] KLAUS STERN: Das Staatsrecht der Bundesrepublik Deutschland, Bd. I: Grundbegriffe und Grundlagen des Staatsrechts, Strukturprinzipien der Verfassung, 2., völlig neubearb. Aufl., München 1984, § 20 III.

Bluts- und Seelenprägung begriffen wurde, die in einem *Führer* ein völkisches *Gesamt*bewußtsein und einen völkischen *Gesamt*willen entwickelte. Ein Diener jenes anonymen Volkorganismus zu sein, hatte für die im Nürnberger Einsatzgruppenprozess angeklagte SS-Führungselite im Hinblick auf deren Entgrenzung der Gewalt eine wesentliche Handlungsgrundlage dargestellt.

Bereits drei Jahre zuvor hatte Himmler den oben zitierten Ausführungen des Dr. Best vorweggegriffen. In einem Aufsatz aus dem Jahre 1937 über „Aufgaben und Aufbau der Polizei im dritten Reich“ hatte er ausgeführt:

> „Das Volk wird begriffen nicht als zufällige Summe von Einzelnen, nicht einmal als die Gesamtheit der gegenwärtig lebenden Menschen gleichen Blutes, sondern als *überpersönliche* und *überzeitliche* Gesamtwesenheit, die begrifflich alle Generationen dieses Blutes – von den frühesten Ahnen bis zu den fernsten Enkeln – umfasst.
>
> Dieser Volkskörper wird als organische Einheit gesehen, die von einem Gestaltungs- und Entwicklungsgesetz eigener Art beherrscht wird [...]. Die Aufgaben der Führung und der von ihr geschaffenen Einrichtungen zielen *ausschließlich* auf die Erhaltung und Entfaltung aller Kräfte des Volkes.“ [Kursivdruck vom Verf.].[14]

Wenn schon innerhalb der so bezeichneten *Volksgemeinschaft* die individuellen Belange gegenüber jenen eines vermeintlichen *Volksorganismus* zurückzutreten hatten, um wieviel mehr konnten mit der Aufhebung der Rechtsstaatlichkeit die Menschenwürde und Freiheit der aus der Volksgemeinschaft Exkludierten missachtet werden. Aus den Gerichtsakten des Nürnberger Einsatzgruppenprozesses geht hervor, dass jene von Dr. Best so bezeichnete „neue Rechtsauffassung“ im Wertekanon der im Einsatzgruppenprozess angeklagten Massenmörder derart tief verankert war, sodass sie auch nach 1945 ihr verbrecherisches Handeln als durchaus rechtmäßig empfanden und demzufolge den Rechtsspruch durch das US Military Tribunal II als pure Willkür und „Siegerjustiz“ empfanden.

1.1 Die Herauslösung des Exekutivapparates aus dem staatlichen Normengefüge

Die so bezeichnete „Ausübung notwendiger Funktionen des Volksorganismus“ unter Suspendierung der verfassungsmäßigen Gesetze geschah zunächst mittels Gleichschaltung der Polizeibehörden durch deren Zentralisierung, in nationalsozialistischer Diktion als *Verreichlichung* bezeichnet. Nach der Machtübernahme am 30. Januar 1933 ernannte Hitler noch am gleichen Tag Hermann Göring zum *Reichskommissar für das Preußische Innenministerium.* Göring wiederum erweiterte die Kompetenzen des damaligen Leiters der Politischen Polizei Preußens,

[14] Heinrich Himmler: Aufgaben und Aufbau der Polizei des Dritten Reiches, in: Hans Pfundtner (Hrsg.): Dr. Wilhelm Frick und sein Ministerium, München 1937, S. 125-130, hier S. 127.

Rudolf Diels, indem er ihm die Abteilung I A, die *Politische Polizei Preußens*, übertrug. Damit wurde Göring zum Dienstherrn der Preußischen Polizei.

Während gemäß dem Preußischen Polizeiverwaltungsgesetz vom 1. Juni 1931, Abschnitt IV, § 14 (1) und Abschnitt VIII, § 41 (1), die Bindung der Polizei noch in rechtsstaatlichen Normen verankert war, in der Weise, dass

> „die Polizeibehörden [...] *im Rahmen der geltenden Gesetze* die nach pflichtgemäßem Ermessen notwendigen Maßnahmen zu treffen [haben], um von der Allgemeinheit oder dem Einzelnen Gefahren abzuwehren, durch die die öffentliche Sicherheit oder Ordnung bedroht wird,
>
> [und] polizeiliche Verfügungen, sofern sie nicht aufgrund einer Polizeiverordnung oder eines besonderen Gesetzes erlassen werden, nur gültig [sind], soweit sie zur Beseitigung einer Störung der öffentlichen Sicherheit oder Ordnung oder zur Abwehr einer im einzelnen Falle bevorstehenden Gefahr für die öffentliche Sicherheit oder Ordnung erforderlich sind,“[15]

so wurde durch die *Preußische Ministerialverordnung* vom 3. März 1933,[16] die im Ministerialblatt der inneren Verwaltung des Reichs- und Preußischen Innenministeriums erschien, die Bindung der Polizei an die bis zu jenem Zeitpunkt geltenden Gesetze aufgehoben. Sodann erfolgte innerhalb der Jahre 1933 bis 1936 auf dem *Gesetzgebungsweg* schrittweise die organisatorische und rechtliche Herauslösung der Politischen Polizei Preußens aus den traditionellen Polizei- und Verwaltungsbehörden sowie deren Unterstellung unter die SS als einem *Parteiapparat*, und zwar durch das erste preußische Gestapo-Gesetz vom 26. April 1933, das zweite preußische Gestapo-Gesetz vom 30. November 1933 und das dritte preußische Gestapo-Gesetz vom 10. Februar 1936.

Durch das *erste preußische Gestapo-Gesetz* vom 26. April 1933[17] wurde auf Görings Initiative hin die Politische Preußische Geheime Polizei in der Weise aus dem Verwaltungsapparat ausgegliedert, sodass nun „zur Wahrnehmung von Aufgaben der Politischen Polizei [Preußens] neben den oder an Stelle der ordentlichen Polizeibehörden [...] das Geheime Staatspolizeiamt mit dem Sitz in Berlin [Prinz-Albrecht-Str. 8] errichtet“[18] wurde, das damit den Status einer Landesbehörde erhielt. Mit dem *zweiten preußischen Gestapo-Gesetz* vom 30. November 1933[19] erfolgte sodann die direkte Unterstellung der Geheimen Staatspolizei (Gestapo) als nunmehr einem „selbständige[n] Zweig der Verwaltung“ unter den Mi-

---

15 *Preußisches Polizeiverwaltungsgesetz, Vom 1.6.1931*, in: www.archiv.jura.uni-saarland.de/Gesetze/spolg/vorlaeuf/pvg.htm; 19.04.2014.

16 Ministerialverordnung vom 3. März 1933, in: Ministerialblatt der inneren Verwaltung (MBliV), S, 233.

17 *Gesetz über die Errichtung eines Geheimen Staatspolizeiamtes. Vom 26. April 1933*, in: Preußische Gesetzsammlung (PGS), S. 122.

18 Ebd.

19 *Gesetz über die Geheime Staatspolizei, Vom 30. November 1933,* in: Preußische Gesetzsammlung (PGS), S. 413.

nisterpräsidenten Göring, der mit der „laufende[n] Wahrnehmung der Geschäfte" einen Inspekteur der Geheimen Staatspolizei beauftragte, der „über die Stapostellen nach Weisung des Ministerpräsidenten die Aufsicht führte."[20] In der entsprechenden Durchführungsverordnung vom 14. März 1934 wurde die Herauslösung der „preußischen Gestapo mit all ihren Teilen aus dem Zusammenhang mit der inneren Verwaltung"[21] wie folgt beschrieben:

> „Mit Beginn des Rechnungsjahres 1934 werden die *Staatspolizeistellen* aus ihrem bisherigen organischen Zusammenhang mit der Bezirksregierung oder einer staatlichen Polizeiverwaltung losgelöst und zu *selbständigen Behörden der Geheimen Staatspolizei* bestellt." [Kursivdruck vom Verf.].[22]

Das Amt des *Inspekteurs der Geheimen Staatspolizei* (Gestapo) hatte zunächst der zum Ministerialrat beförderte Rudolf Diels inne, bis Göring ein Jahr später, am 20. April 1934, Heinrich Himmler zum Inspekteur der Geheimen Staatspolizei Preußens ernannte. Zeitgleich übernahm Heydrich als Adlatus Himmlers die Leitung des Geheimen Staatspolizeiamtes (Gestapa) in Berlin, wobei er jedoch weiterhin das Amt des Chefs des Sicherheitsdienstes des Reichsführers SS (SD) innehatte. Nur sieben Monate später wurde Himmler sodann von Göring durch Erlass vom 20. November 1934 mit den Geschäften der *gesamten* Preußischen Staatspolizei betraut. Damit unterstand die Preußische Staatspolizei zwar de iure Göring, de facto jedoch hatte Himmler in seiner Funktion als Reichsführer SS die Befehlsgewalt inne, wie in dem Erlass des Preußischen Ministerpräsidenten vom 20. November 1934 dokumentiert ist:

> „Aus organisatorischen Gründen habe ich mich veranlasst gesehen, den Inspekteur der Geheimen Staatspolizei, Herrn Reichsführer SS H i m m l e r, mit meiner Vertretung auch in den Angelegenheiten der Geheimen Staatspolizei zu betrauen, deren Bearbeitung bisher unter Einschaltung des Preussischen Staatsministerium erfolgte.
>
> Der Inspekteur der Geheimen Staatspolizei wird die Geschäfte der gesamten Preussischen Geheimen Staatspolizei nunmehr *unter alleiniger Verantwortung* mir gegenüber führen." [Sperrdruck im Original; Kursivdruck vom Verf.].[23]

Am 10. Februar 1936 beschloss das Preußische Staatsministerium das folgenschwere *dritte preußische Gestapo-Gesetz*,[24] das die Herauslösung des Exekutivapparates aus dem staatlichen Normengefüge nur allzu deutlich werden lässt, nicht nur in dessen Paragraphen 1, 3 und 4, sondern insbesondere in Paragraph 7, durch den der Geheimen Staatspolizei Preußens jedwede Willkür einräumt wurde.

---

[20] Hans Buchheim, Herrschaftsinstrument, S. 37.

[21] Ebd., S. 37.

[22] Runderlaß vom 14. März 1934, in: Ministerialblatt der inneren Verwaltung (MBliV), S. 471.

[23] Der Leiter des Geheimen Staatspolizeiamts, Heydrich, an alle Dienststellen im Hause, Abdruck des Erlasses des Preußischen Ministerpräsidenten vom 20.11.1934 – St.M. P. 1317, BArch, R 58/ 239, fol. 61-63, hier fol. 61.

[24] *Gesetz über die Geheime Staatspolizei. Vom 10. Februar 1936*, in: Preußische Gesetze, S. 21.

„§ 1 [1] Die Geheime Staatpolizei hat die Aufgabe, alle *staatsgefährdenden Bestrebungen im gesamten Staatsgebiet zu erforschen und zu bekämpfen*, das Ergebnis der Erhebungen zu sammeln und auszuwerten, die Staatsregierung zu unterrichten und die übrigen Behörden über für sie wichtige Feststellungen auf dem laufenden zu halten und mit Anregungen zu versehen.

Welche Geschäfte im einzelnen auf die Geheime Staatspolizei übergehen, bestimmt der Chef der Geheimen Staatspolizei im Einvernehmen mit dem Minister des Innern.

§ 3 [1] Oberste Landesbehörde der Geheimen Staatspolizei ist das *Geheime Staatspolizeiamt*. Es hat zugleich die *Befugnis einer Landespolizeibehörde*.

§ 4 Die Aufgaben der Geheimen Staatspolizei werden *in der Mittelinstanz von Staatspolizeistellen* für die einzelnen Landespolizeibezirke wahrgenommen [...].

Im übrigen werden die Aufgaben der Geheimen Staatspolizei von den *Kreis- und Ortspolizeibehörden als Hilfsorganen* der Staatspolizeistellen durchgeführt.

§ 7 Verfügungen und Angelegenheiten der Geheimen Staatspolizei unterliegen *nicht der Nachprüfung durch die Verwaltungsgerichte*." [Kursivdruck vom Verf.].[25]

Aufgrund des dritten Gestapo-Gesetzes hatte die Geheime Staatspolizei nach nationalsozialistischer Rechtsauffassung demzufolge die nachfolgend genannten Funktionen erhalten:

„die Geheime Staatspolizei hat bereits die Funktionen eines Ministeriums erhalten [...]. Im Kriegsfalle [ist] die Politische Polizei praktisch *ein Organ der Wehrmacht*. Aufgabe [ist] also dann die polizeiliche Bekämpfung aller Staatsfeinde von innen und außen." [Kursivdruck vom Verf.].[26]

Durch das dritte Gestapo-Gesetz hatte eine deutliche Verschiebung der Gewaltenteilung stattgefunden, dergestalt, dass die Politische Polizei zu ihrer durch die Weimarer Verfassung zugestandenen Exekutivgewalt nunmehr zusätzlich auf außernormativem Wege mit Jurisdiktionsbefugnissen ausgestattet wurde. Dass die Politische Polizei, d. h. die Gestapo, im Kriegsfall zum Organ der Wehrmacht wurde, sollte sich spätestens ab 1941 erweisen. So wurden aufgrund jener nichtnormativen Rechtsauffassung beispielsweise nach Beginn des Weltanschauungs- und Vernichtungsfeldzuges gegen die Sowjetunion die Aussonderung und Exekution sowjetischer Kriegsgefangener durch Heydrichs Einsatzbefehle Nr. 8, 9 und 14 begründet bzw. scheinlegalisiert, die Biberstein während seiner Zeit als Chef der Staatspolizeistelle Oppeln/Oberschlesien auszuführen hatte und dann auch „pflichtgemäß" umsetzte. Desgleichen beruhten die von Biberstein in seiner Funktion als Führer des Exekutionskommandos durchgeführten „polizeilichen Verfahren" auf dem rechtswidrigen dritten Gestapo-Gesetz. In diesem Zusammenhang ist anzumerken, dass das dritte Gestapo-Gesetz unmittelbar nach Inkrafttreten sowie die dazugehö-

[25] Ebd. Zur Ausführung des dritten Gestapo-Gesetzes erließen Frick und Göring eine umfangreiche Durchführungsverordnung, ebd.

[26] Organisation der Geheimen Staatspolizei, o. D., BArch, R 58/ 243, fol. 13-15, hier fol. 15.

rige Durchführungsverordnung einschließlich eines Verzeichnisses der 35 Staatspolizei(leit)stellen in Preußen als Abdruck an alle Staatspolizeistellen im Reich erging,[27] demzufolge auch an die Staatspolizeistelle Oppeln, der späteren Dienststelle Bibersteins.

1.2 Die Unterstellung der Polizeibehörden unter einen Parteiapparat

Nur vier Monate später erfolgte dann am 17. Juni 1936 durch Hitler auf dem Erlasswege die Ernennung Himmlers zum Chef der Deutschen Polizei im Reichsministerium des Innern.[28] Jener folgenreiche Schritt beinhaltete nicht nur die organisatorische und rechtliche Herauslösung der gesamten Polizei im *Reich* aus dem bisherigen Verwaltungsbereich der Innenministerien der Länder, sondern insbesondere die Unterstellung einer Reichsbehörde unter einen *Parteiapparat*, d. h. unter die SS. Die Begründung jener Zentralisierung lautete:

> „Zur einheitlichen Zusammenfassung der polizeilichen Aufgaben im Reich wird ein Chef der Deutschen Polizei im Reichsministerium des Innern eingesetzt, dem zugleich die Leitung und Bearbeitung aller Polizeiangelegenheiten im Geschäftsbereich des Reichs- und Preußischen Ministeriums übertragen wird.“[29]

Von jenem Zeitpunkt an führte Himmler die Dienstbezeichnung: *Der Reichsführer SS und Chef der Deutschen Polizei im Reichsministerium des Innern.* Damit war er zwar de iure, d. h. verwaltungsrechtlich, Göring als dem Ministerpräsidenten Preußens untergeordnet, de facto jedoch war er unmittelbar dem „Führer“ unterstellt, insofern, als Hitler sich in seiner Rolle als *Führergewalt* verfassungsrechtlich gesehen sowohl als *Träger der Staatsidee* als auch als *Verkörperung des Volkswillens* gerierte.[30] Dieser Aspekt wird in Kapitel IV.3.4 näher zu beleuchten sein, da er von besonderer Relevanz im Hinblick auf die Antriebskräfte der im Nürnberger Einsatzgruppenprozess angeklagten NS-Verbrecher ist.

---

[27] *Gesetz über die Geheime Staatspolizei.* Vom 10. Februar 1936 und *Verordnung zur Ausführung des Gesetzes über die Geheime Staatspolizei.* Vom 10. Februar 1936 sowie ein Verzeichnis der Staatspolizeistellen, BArch, R 58/ 243, fol. 108-112.

[28] Damit wurde Himmler zum Dienstvorgesetzten Bibersteins, sowohl während dessen Amtszeit als Chef der Stapostelle Oppeln/Oberschlesien als auch während dessen Tätigkeit als Führer des Einsatzkommandos 6 (EK 6) der Einsatzgruppe C während des Russlandfeldzuges.

[29] *Erlaß über die Einsetzung eines Chefs der Deutschen Polizei im Reichsministerium des Innern. Vom 17. Juni 1936*, Reichsgesetzblatt I Jg. 1936, Nr. 55, S. 487.

[30] Zur verfassungsrechtlichen Einordnung der SS in den Führerstaat: Hans Buchheim: Die SS in der Verfassung des Dritten Reiches, in: Vierteljahreshefte für Zeitgeschichte (VfZ), Jahrgang 3 (1955), Heft 2, S. 127-157, hier S. 135.

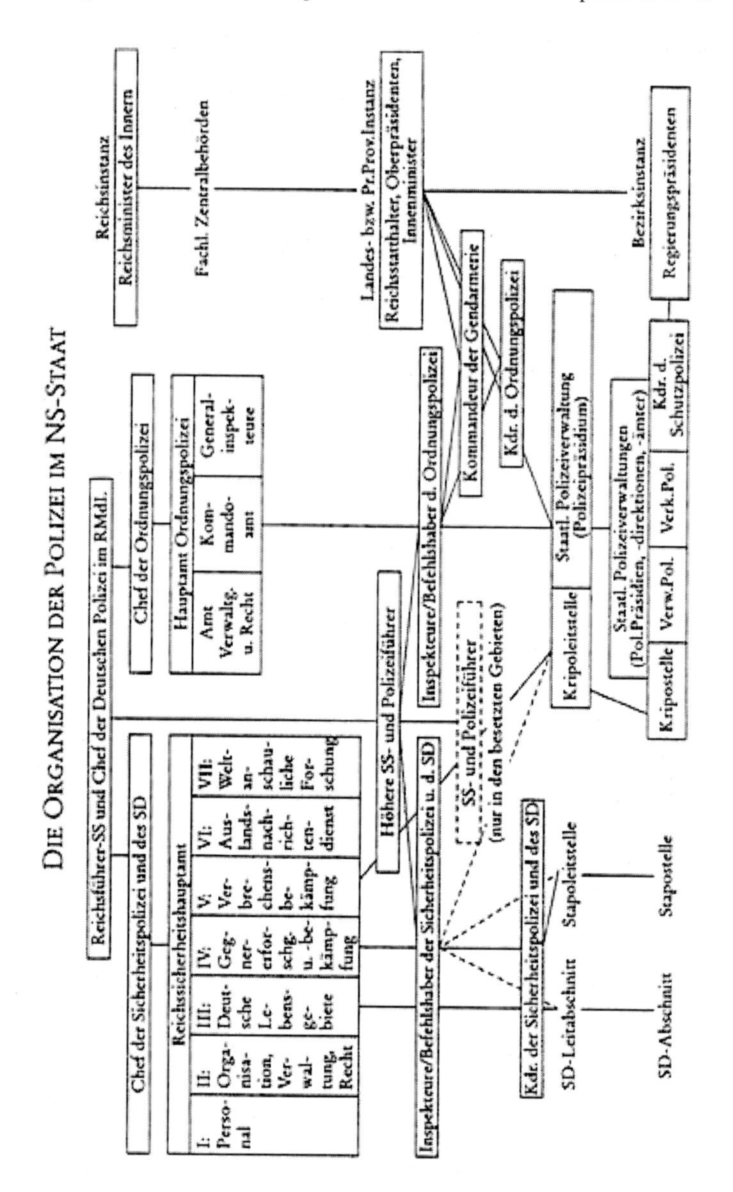

Bild 22: Organigramm der Polizei im NS-Staat (1939). Die Parallelität von Staat und Partei im Polizeibereich ist seit dem Beginn des NS-Regimes angelegt.
(Quelle: Deutsche Hochschule der Polizei, www.dhpol.de/de/hochschule/Ausstellung/Austellungsseiten/drittes_reich.php; 16.07.2018).

Mit Wirkung vom 26 Juli 1936 fasste Himmler im Rahmen des zu erfolgenden Zentralisierungsvorganges die Kriminalpolizei und Politische Polizei zu der so bezeichneten *Sicherheitspolizei* (Sipo) zusammen und setzte Heydrich als deren Chef ein.[31] Damit gab er Heydrich die Leitung eines außerordentlich machtvollen Exekutivinstrumentes in die Hand. Hingegen übertrug er dem General der Polizei, Kurt Daluege, lediglich die Amtsgeschäfte der Ordnungspolizei mit deren Untergliederungen Schutzpolizei, Gendarmerie und Gemeindepolizei.[32] (Bild 22).

Die Unterstellung der vor Hitlers Machtübernahme *landesbediensteten* Beamten der Kriminalpolizei unter die Dienstaufsicht Heydrichs sollte sich spätestens mit Beginn des Russlandfeldzuges als verheerend auswirken. Exemplarisch sei in diesem Zusammenhang auf den im Nürnberger Einsatzgruppenprozess angeklagten Erwin Schulz verwiesen, der ab 1923 bei der Kriminalpolizei Bremen tätig gewesen war und der nach Hitlers Machtübernahme 1933 als Leiter der *1. Führerschule der Sipo und des SD* in Berlin-Charlottenburg fungierte. Damit war er einem *Partei*apparat unterstellt – insbesondere nach der Zusammenfassung von Kriminalpolizei und Politischer Polizei zu der so bezeichneten *Sicherheitspolizei* (Sipo). Das hatte zur Folge, dass Schulz vor Beginn des Russlandfeldzuges von Heydrich bzw. von Streckenbach, dem Personalchef des Amtes I (Personal) im Reichsicherheitshauptamt (RSHA), nicht nur kriegsbeordert werden konnte, um die Leitung des Einsatzkommando 5 (EK 5) der Einsatzgruppe C zu übernehmen, sondern dass er ebenso die Weisung erhielt, aus den jungen Polizeianwärtern des gehobenen Dienstes des laufenden Ausbildungsjahrganges der *1. Führerschule der Sipo und des SD* das Erschießungspersonal für das Einsatzkommando 5 (EK 5) zusammenzustellen. Damit wurden die kaum 20 Jahre alten kriegsbeorderten Beamtenanwärter automatisch und gegen ihren Willen in die NS-Vernichtungsmaschinerie eingebunden.

1.3 Das Reichssicherheitshauptamt – Zentralisierungsorgan der Exekutivgewalt

Den Abschluss jener Zentralisierung der Exekutivgewalt und damit deren Entbindung von allen bisher gültigen staatsrechtlichen Normen bildete die Errichtung des Reichssicherheitshauptamtes (RSHA), das bereits im Jahre 1938 in Planung und Vorbereitung war, jedoch aus taktischen Gründen formaljuristisch erst am 27. September 1939, also nach dem am 1. September 1939 erfolgten Überfall

[31] Der Reichsführer SS und Chef der Deutschen Polizei im Reichs- und Preußischen Ministerium des Innern an (a) den General der Polizei D a l u e g e, (b) den SS-Gruppenführer H e y d r i c h, Schreiben vom 26. Juni 1936, BArch, R 58/ 239, fol. 148 [Unterstreichung und Sperrdruck im Original].

[32] Ebd. sowie Reichsministerialblatt der inneren Verwaltung (RMBliV), Sp. 940-942.

auf Polen entstand durch „die Zusammenfassung der zentralen Ämter der Sicherheitspolizei und des SD".[33] Jene zentralen Ämter der Sicherheitspolizei als einer staatlichen Behörde waren bisher das *Hauptamt Sicherheitspolizei,* das *Geheime Staatspolizeiamt* und das *Reichskriminalpolizeiamt* gewesen.[34]

Bereits zwei Monate zuvor, am 5. Juli 1939, hatte Heydrich in einem Rundschreiben „nach Genehmigung durch den Reichsführer SS" die Errichtung eines „Reichssicherheitshauptamtes" angeordnet.[35] Dort heißt es in den Absätzen I und II:

> „Das Hauptamt Sicherheitspolizei wird zur Erzielung der einheitlichen Verschmelzung von Sicherheitspolizei [Sipo] und Sicherheitsdienst [SD] umgewandelt in das unter meiner Leitung stehende ‚Reichssicherheitshauptamt'. Es stellt die Ministerialbehörde für die in Zukunft zusammengefasste Sicherheitspolizei und den Sicherheitsdienst dar.
>
> Das Reichssicherheitshauptamt gliedert sich in folgende 7 Ämter:
>
> Amt I Verwaltung und Recht
> Amt II Nachwuchs und Erziehung
> Amt III weltanschauliche Gegner
> Amt IV SD-Inland [späteres Gestapo-Amt]
> Amt V SD-Ausland
> Amt VI Geheime Staatspolizei
> Amt VII Reichskriminalpolizei."[36]

In Analogie zu dem ehemaligen SD-Hauptamt hatte Heydrich für die sieben Ämter des Reichsicherheitshauptamtes (RSHA) die organisatorische Gliederung in *Amt, Abteilung* und *Referat* vorgesehen.[37] (Bild 23). Auch in der Folgezeit änderte sich gemäß dem Geschäftsverteilungsplan vom 1. Februar 1940 sowie jenem vom 1. März 1941 hinsichtlich der ursprünglichen Gliederung der Ämter in Bezug auf deren inhaltlichen Aspekt nichts Wesentliches.[38]

Mit der Zusammenfassung der Ämter Hauptamt Sicherheitspolizei, Sicherheitshauptamt des RFSS (SD), Geheimes Staatspolizeiamt und Reichskriminalamt zum Reichssicherheitshauptamt (RSHA) wurde zwar „die Stellung dieser Ämter

---

[33] Der Reichsführer SS und Chef der Deutschen Polizei, Schreiben vom 27.9.1939 btr. *Die Zusammenfassung der zentralen Ämter der Sicherheitspolizei und des SD*, BArch, R 58/ 240, fol. 1 (V+R) -2, hier fol. 1 (V).

[34] Ebd.

[35] Heydrich, Rundschreiben CSSD vom 5.7.19379 und Anordnung CSSD vom 5.7.1939 btr. *Neuorganisation der Sicherheitspolizei und des Sicherheitsdienstes*, BArch, R 58/ 826, fol. 203-206.

[36] Ebd.

[37] Ebd.

[38] Geschäftsverteilungsplan des Reichssicherheitshauptamtes vom 1.2.1940, BArch, R 58/ 840, fol. 209-224. Geschäftsverteilungsplan des Reichssicherheitshauptamtes vom 1.3.1941, BArch, R 58/ 840 fol. 244-294.

in der Partei und in der staatlichen Verwaltung nicht geändert",[39] jedoch hatten die Ämter aus strategischen Gründen bestimmte Formalien hinsichtlich der Verwendung des Briefkopfes zu beachten:

> „Im Geschäftsverkehr der Ämter des Reichsicherheitshauptamtes untereinander und mit den Staatspolizei(leit)stellen, den Kriminal(leit)stellen und den SD-(leit)Abschnitten sowie im Geschäftsverkehr innerhalb des Reichsministeriums des Innern wird ausschließlich die Bezeichnung und der Briefkopf Reichssicherheitshauptamt verwendet. Die Amtschefs zeichnen i. V.
>
> Im Geschäftsverkehr mit allen aussenstehenden Dienststellen und Personen verwenden
>
> (a) alle Ämter die Bezeichnung und den Briefkopf
> Der Chef der Sicherheitspolizei und des SD,
> wenn nicht nach besonderen Vorschriften die Bezeichnung
> Der Reichsführer SS und Chef der deutschen Polizei oder der Reichminister des Innern
> zu verwenden ist; die Amtschefs zeichnen i. V. bzw. i. A.
> (b) die Ämter IV und V die Bezeichnung und den Briefkopf
> Geheimes Staatspolizeiamt bzw. Reichskriminalpolizeiamt [...];
> die Amtschefs zeichnen i. V." [Unterstreichung im Original].[40]

In der Verwendung unterschiedlicher Briefköpfe und Zeichnungen der Amtschefs zeigt sich die gezielte Verschleierung der Zentralisierung der *außernormativen* Exekutivgewalt, die in der Errichtung des Reichssicherheitshauptamtes (RSHA) ihren Abschluss fand. Unter Zugrundelegung der Geschäftsverteilungspläne diagnostiziert Michael Wildt das Reichssicherheitshauptamt (RSHA) hinsichtlich dessen Funktion zu Recht als „keine Polizeibehörde im preußisch-administrativen Sinn [...], sondern [...] als eine spezifisch nationalsozialistische Institution neuen Typs [...], die unmittelbar mit der nationalsozialistischen Vorstellung der ‚Volksgemeinschaft' und ihrer staatlichen Organisation verbunden war.

Das Reichssicherheitshauptamt bildete demnach den konzeptionellen wie exekutiven Kern einer *weltanschaulich* orientierten Polizei, die ihre Aufgaben *politisch* verstand, ausgerichtet auf die rassische ‚Reinhaltung' des ‚Volkskörpers' sowie die Abwehr oder Vernichtung der völkisch definierten Gegner, losgelöst von *normenstaatlichen Beschränkungen*." [Kursivdruck vom Verf.].[41] Biberstein ebenso wie die weiteren 23 im Nürnberger Einsatzgruppenprozess angeklagten NS-Gewalttäter hatten ihren späteren Aufgabenbereich in den Einsatzgruppen in ex-

---

[39] Der Reichsführer SS und Chef der Deutschen Polizei, S-V 1 Nr. 719/39 – 151, Schreiben vom 27.9.1939 btr. Zusammenfassung der zentralen Ämter der Sicherheitspolizei und des SD (zum RSHA), BArch, R 58/ 246, fol. 14 (V+R), hier, fol. 14 (V).

[40] Der Chef der Sicherheitspolizei und des SD, S V 1 Nr. 720/39 – 151, Schreiben vom 27.9.1939 an das Hauptamt Sicherheitspolizei pp., die Staatspolizeileitstellen und Staatspolizeistellen pp., ebd., R 58/246, fol. 13-14 (V+R).

[41] MICHAEL WILDT, Generation, S. 13.

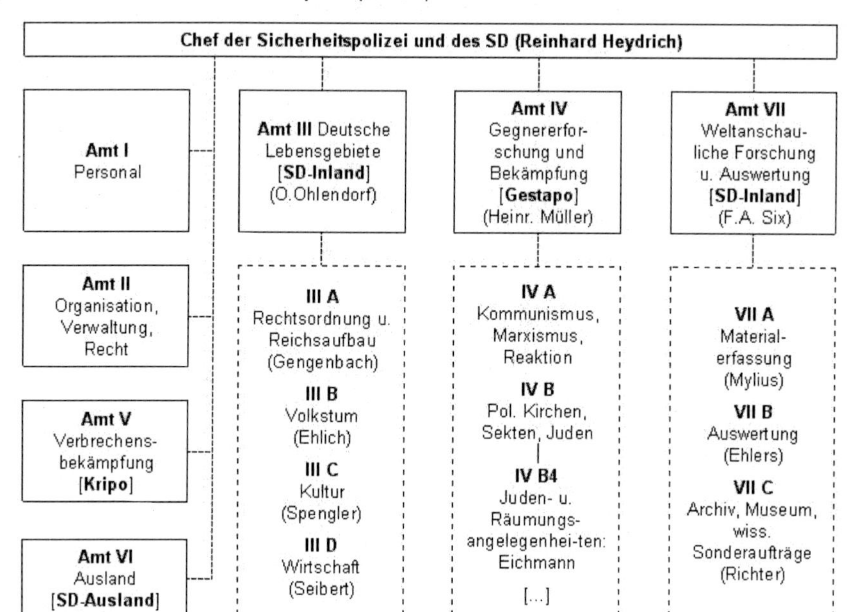

Bild 23: The evolution, structure, and membership of the RSHA.
Der SD im Reichssicherheitshauptamt 1941/42. (Das Amt VII Reichskriminalpolizei ist in diesem Organigramm nicht aufgeführt).
(Quelle: www. HolocaustResearchProject.org; 17.07.2018).

akt jenem von Michael Wildt beschriebenen Selbstverständnis als wichtige Funktionsträger des Reichssicherheitshauptamtes (RSHA) verstanden. Dr. Günther Lummert, Pflichtverteidiger im Strafverfahren vor dem US Military Tribunal II in Nürnberg für den SS-Standartenführer und Ministerialrat Dr. Walter Blume und ehemaligen Führer des Sonderkommandos 7a, fasste jenen Sachverhalt im Hinblick auf die Aufhebung der rechtsstaatlichen Normen im „nationalsozialistischen völkischen Führerstaat“ wie folgt als scheinbares Entlastungsmoment für seinen Mandanten zusammen und umriss damit das Kernthema jenes Militärgerichtsverfahrens:

> „Die große Rechtsfrage dieses Prozesses [vor dem US Military Tribunal II in Nürnberg] liegt darin: Kann das, was normalerweise Mord und Massenmord darstellt, ohne weiteres an dem *einzelnen* Ausführer geahndet werden, wenn ein *Staat* den Mord befiehlt?“ [Kursivdruck vom Verf.].[42]

[42] Eröffnungsrede des Pflichtverteidigers Dr. Günther Lummert für den Angeklagten Dr. Walter Blu-

Unmittelbar nach seiner Versetzung in das Reichssicherheitshauptamt (RSHA) zum 1. Juli 1941 erfolgte die aktive Einbindung Bibersteins in die NS-Vernichtungsmaschinerie, zunächst als Leiter der Staatspolizeistelle Oppeln/Oberschlesien (1941/42), sodann als Führer des Exekutionskommandos 6 (EK 6) der Einsatzgruppe C (1942/43). Aufgrund der oben aufgezeigten gravierenden Veränderung der normenstaatlichen Strukturen – die ihren Abschluss in der Errichtung des Reichssicherheitshauptamtes als einer „Institution des Krieges" (Wildt) fanden – wurde Biberstein – wie oben dargelegt – nicht nur mit außerordentlichen exekutiven Amtsvollmachten ausgestattet, sondern aufgrund des dritten Gestapo-Gesetzes mit Jurisdiktionsbefugnissen, die allesamt in den verfassungsrechtlichen Prinzipien des „nationalsozialistischen völkischen Führerstaates" und der damit verbundenen *außernormativen* Führergewalt begründet lagen, die ihm damit eine vermeintliche Rechtssicherheit suggerieren sollten. Die nachfolgenden Ausführungen zu Bibersteins dienstlicher Tätigkeit zunächst als Gestapochef in Oppeln/Oberschlesien (Kapitel III) und danach als Führer des Einsatzkommandos 6 (EK 6) der Einsatzgruppe C in der Ost-Ukraine und der russischen Oblast Rostow (Kapitel III) beruhen zum überwiegenden Teil auf dessen Vernehmungen durch die Zivilermittler der US-amerikanischen Staatsanwaltschaft vor Prozessbeginn sowie auf der Zeugeneinvernahme während des Beweisaufnahmeverfahrens vor dem US Military Tribunal II in Nürnberg. Im Hinblick auf die Einordnung der einzelnen Aussagen Bibersteins ist das Nachfolgende vorauszuschicken:

Der Prozess*ablauf* des Nürnberger Einsatzgruppenprozesses entsprach der anglo-amerikanischen Verfahrensordnung, nach der die Beweisaufnahme, d. h. Angeklagten-Verhöre, sich in zwei Teile gliederten. Der erste Teil, das so bezeichnete „direkte Verhör" (*direct examination*) diente ausschließlich der *Verteidigung* des Beschuldigten und wurde demzufolge von dem Strafverteidiger des Angeklagten in zuvor erfolgter enger Absprache mit dem Mandanten geführt. Der zweite Teil hingegen, das so bezeichnete „Kreuzverhör" (*cross examination*), war eine Befragung seitens der US-amerikanischen Staatsanwaltschaft mit der Zielsetzung, die zuvor im direkten Verhör getätigten Sachaussagen des Beschuldigten durch eine gezielte Fragestellung auf deren Wahrheitsgehalt hin zu prüfen, um so die individuelle Schuld des Angeklagten zu ermitteln.

Das US Military Tribunal II hatte für Biberstein vier Vernehmungstage angesetzt, und zwar am Donnerstag/Freitag, dem 20./21. November 1947 für das *direkte Verhör* und am Montag/Dienstag, dem 24./25. November für das *Kreuzverhör*, das von dem Vorsitzenden Richter Michael A. Musmanno als „grausam" bezeichnet wurde. Da der Nürnberger Einsatzgruppenprozess nicht als Einzelverfahren, son-

---

me vor dem US Military Tribunal II in Nürnberg am 6. Oktober 1947, StAN, KV-Prozesse, Fall 9, A 4-5, S. 348. Diese Frage wird in Kapitel IV zu beantworten sein.

dern als Gruppenverfahren konzipiert und organisiert worden war, wurde sowohl das *direkte Verhör* als auch das *Kreuzverhör* des Beschuldigten jeweils im Beisein der übrigen angeklagten NS-Gewalttäter durchgeführt.

Aus methodischen Erwägungen sind die nachfolgenden Ausführungen zu Bibersteins dienstlicher Tätigkeit und dessen Verbrechen als Gestapochef in Oppeln/Oberschlesien und als Führer des Einsatzkommandos 6 der Einsatzgruppe C dem *ersten* Vernehmungsteil, d. h. dem *direkten Verhör* durch den Strafverteidiger Dr. Bergold, entnommen und geben demzufolge die Ereignisse aus der ganz spezifischen Binnensicht eines in die NS-Vernichtungsmaschinerie eingebundenen SS-Offiziers wieder. Erst in Kapitel IV, der den Nürnberger Einsatzgruppenprozess zum Inhalt hat, werden die Verbrechen dann aus der Perspektive der Strafverfolgungsbehörde dargelegt.

2 Bibersteins Versetzung in das Reichssicherheitshauptamt 1941

Am 10. März 1940 hatte Biberstein einen Einberufungsbefehl zur Wehrmacht erhalten.[43] Nachdem er zunächst im Dienstgrad eines Schützen im Landesschützen-Bataillon im Westfeldzug gekämpft hatte, erhielt er noch im Juli des gleichen Jahres eine Beförderung zum Gefreiten und am 16. Oktober jene zum überplanmäßigen Unteroffizier. Nach dem Waffenstillstand mit Frankreich am 22. Juni 1940 wurde er zunächst aus dem Truppendienst herausgezogen mit der Zielsetzung seiner Verwendung in der Militärverwaltung und dort – in Entsprechung zu seinem zivilen Beamtenstatus – in der Rangstufe eines Oberkriegsverwaltungsrates.[44] Da Biberstein offensichtlich durch die Fronterlebnisse im Ersten Weltkrieg traumatisiert war[45] und befürchtete, anderen Ortes an die Front beordert zu werden, richtete er ein Gesuch an die Feldkommandantur und bat um Übernahme in den Militärverwaltungsdienst für die gesamte Dauer des Krieges.[46]

[43] Personal Data Sheet, Ernst Biberstein, Office of the U. S. Chief of Counsel/ Subsequent Proceedings Division, p. 1-3, Anlagen zu Interrogation Nr. 1499-A, Zeugeneinvernahme Ernst Emil Heinrich Biberstein durch Mr. Wartenberg am 29. Juni 1947, 10.00-11.15 Uhr auf Veranlassung von Mr. Walton und Glancy, Staatsarchiv Nürnberg (StAN), Rep. 502, KV-Anklage, Interrogations, B-75, S. 1-16, hier S. 3. Neben *Benjamin B. Ferencz* als Chefankläger gehörten vier weitere US-amerikanische Staatsanwälte der Ermittlungsbehörde *Office of Chief of Counsel for War Crimes* (OCCWC) an: *John E. Glancy* aus New York, *James Heath* aus Virginia, der aus Tschechien stammende *Arnost Horlik-Hochwald* sowie *Peter W. Walton* aus Georgia. Rolf Wartenberg war U. S. Civilian Interrogator des *Office of Chief of Counsel for War Crimes* (OCCWC), *Subsequent Proceedings Division*.

[44] StAN, Rep. 502, KV-Anklage, Interrogations, B-75 sowie Zeugeneinvernahme Biberstein, StAN, Rep. 501, KV-Prozesse, Fall 9, A 32-33, S. 2793-2794 und A 36-38, S. 3014.

[45] Zeugeneinvernahme Biberstein, StAN, Rep. 501, KV-Prozesse, Fall 9, A 32-33, S. 2738.

[46] Ebd. sowie Lebenslauf Biberstein (1958), LASH Schleswig, Abt. 352 Kiel, Nr. 949, S. 4f.

Dann jedoch erreichte ihn durch den Bataillonskommandeur völlig unerwartet die Mitteilung, dass er von dem Reichsbevollmächtigten für die innere Verwaltung im Reichsministerium des Innern – nicht jedoch seitens seiner bisherigen Dienststelle, dem Reichsministerium für die kirchlichen Angelegenheiten –, mit Wirkung vom 22. Oktober 1940 unabkömmlich (u.k.) gestellt und dem Chef der Sicherheitspolizei und des SD Heydrich zwecks weiterer *Kriegs*aufgaben für die Dauer das Krieges *zur Verfügung* gestellt worden sei.[47] Die Uk-Stellung „zwecks weiterer Kriegsaufgaben" war aufgrund des Wehrgesetzes vom 21. Mai 1935, § 5, Absatz 2 möglich.[48]

Jene Wehrmachtsbeorderung für die Dauer des *gesamten* Krieges unter Heydrichs Einflusssphäre und Machtbefugnis – bzw. nach dessen Tod am 4. Juni 1942[49] zunächst unter den Herrschaftsbereich Himmlers und ab dem 30. Januar 1943 unter jenen Kaltenbrunners – sollte für Biberstein verheerende Folgen haben, in der Weise, dass er in seiner Funktion als Chef der Gestapostelle Oppeln/Oberschlesien, insbesondere jedoch als Führer des Einsatzkommandos 6 (EK 6) der Einsatzgruppe C, als Funktions- und Entscheidungsträger in die NS-Vernichtungsmaschinerie eingebunden wurde. Weisungsgemäß ordnete die Wehrmacht Bibersteins Uk-Stellung an, d. h. dessen Überstellung unter die Machtbefugnis Heydrichs. Jene Maßnahme entsprach durchaus nicht Bibersteins Vorstellungen, insofern, als jener kurz zuvor mit Verwaltungsaufgaben des Heeres in Rouen (Frankreich) betraut worden war und dieser Aufgabenbereich voll und ganz seinen Wünschen entsprochen habe, gab er vor dem US Military Tribunal II zu Protokoll.[50] Nur wenig später nahm Biberstein dann auch den entsprechenden schriftlichen Befehl der Wehrmacht entgegen.[51]

Es erschien Biberstein nicht nur aus verteidigungstaktischen Gründen, sondern ebenso aufgrund der in Kapitel III.1 beschriebenen normenaufhebenden NS-Rechtssetzung außerordentlich wichtig, gegenüber dem Richterkollegium des US Military Tribunal II in Nürnberg wiederholt und eindringlich zu betonen, dass er keineswegs auf eigenen Wunsch, ja sogar ohne sein Wissen von seiner bisherigen Dienstbehörde, dem Reichsministerium für die kirchlichen Angelegenheiten, in

---

47 Personal Data Sheet, Ernst Biberstein, Office of the U. S. Chief of Counsel/ Subsequent Proceedings Division, p. 1-3, Anlagen zu Interrogation Nr. 1499-A, Zeugeneinvernahme Ernst Emil Heinrich Biberstein durch Mr. Wartenberg am 29. Juni 1947, 10.00-11.15 Uhr auf Veranlassung von Mr. Walton und Glancy, Staatsarchiv Nürnberg (StAN), Rep. 502, KV-Anklage, Interrogations, B-75, S. 1-16, hier S. 3.

48 Wehrgesetz vom 21.5.1935, RGBl. I (1935), S. 609.

49 Heydrich war in seiner Funktion als *Stellvertretender Reichsprotektor von Böhmen und Mähren* am 4. Juni 1942 an den Folgen des Attentates vom 27. Mai 1942 verstorben, welches durch den tschechischen Nachrichtendienst und die tschechische Exilregierung in London geplant und von Jozef Gabčik und Jan Kubiš ausgeführt worden war.

50 Zeugeneinvernahme Biberstein, StAN, Rep. 501, KV-Prozesse, Fall 9, A 32-33, S. 2794.

51 Ebd.

das Reichsministerium des Innern versetzt und dort dem Reichssicherheitshauptamt (RSHA) zugewiesen worden sei, sondern ausschließlich aufgrund des schriftlichen Wehrmachtseinberufungsbescheides.[52] In jenen Äußerungen dokumentiert sich Bibersteins offensichtlicher Versuch, durch den wiederholten Hinweis auf seine *zwangsweise* Versetzung in das Reichssicherheitshauptamt (RSHA) als einer „Institution des Krieges" (Wildt) und die damit aus seiner Perspektive verbundene *unabwendbare* Einbindung in die nationalsozialistische Vernichtungsmaschinerie seine begangenen NS-Verbrechen zu rationalisieren, in der Weise, dass er vor dem US-amerikanischen Richterkollegium das Selbstbildnis eines stets pflichtbewussten und korrekten SS-Offiziers aufrecht zu erhalten bemüht war.

Nach Bibersteins anfänglicher Vermutung sei die Uk-Stellung auf Fürsprache des damaligen Leiters des Amtes II B 3 (*Politische Kirchen*) im Reichssicherheitshauptamt (RSHA), des SS-Sturmbannführers Albert Hartl, erfolgt,[53] für den Biberstein während seiner Tätigkeit als Referent im Reichministerium für die kirchlichen Angelegenheiten als *Führer im SD* in ehrenamtlicher Funktion gearbeitet hatte, erklärte er vor dem US Military Tribunal II in Nürnberg. In der Tat war zu der fraglichen Zeit im gesamten Amt II des Reichssicherheitshauptamtes (RSHA) eine kriegsbedingte Personalverknappung eingetreten, die intern als „katastrophal" eingestuft wurde.[54]

Wie hingegen aus einem späteren reichsamtlichen Schreiben hervorgeht, war die Uk-Stellung und Versetzung Bibersteins in das Reichsministerium des Innern und die dortige Zuweisung zum Reichssicherheitshauptamt (RSHA) jedoch auf die ausschließliche Initiative Heydrichs hin erfolgt,[55] der Biberstein durchaus nicht zu einer innendienstlichen Verwendung vorgesehen hatte, sondern – aufgrund kriegsvorbereitender Erwägungen – für einen geplanten „Einsatz im Osten", insofern, als verschiedene Besprechungen Hitlers mit den Oberbefehlshabern der Wehrmacht hinsichtlich des Vernichtungsfeldzuges gegen die Sowjetunion bereits seit dem 21. Juli 1940 erfolgt waren,[56] d. h. bereits ein Vierteljahr *vor* Bibersteins Uk-Stellung.

Die Erklärung, weshalb Biberstein keineswegs zur Verwendung im Innendienst, sondern für einen „Einsatz im Osten", d. h. für einen Einsatz im welt-

---

52 Ebd.

53 Lebenslauf Biberstein (1958), LASH Schleswig, Abt. 352 Kiel, Nr. 949, S. 4f.

54 SS-Hauptsturmführer Walter Braune an SS-Standartenführer Prof. Dr. Six, Schreiben vom 18.10.1940, BArch, R 58/ 7131, fol. 3 (V+) -4.

55 Der Chef der Sicherheitspolizei und des SD an den SS-Sturmbannführer Oberregierungsrat Biberstein – Reichssicherheitshauptamt – in Berlin, Schreiben vom 21. 07.1941, BArch, R 58/ 16, fol. 9.

56 GENERALOBERST HALDER: Kriegstagebuch. Tägliche Aufzeichnungen des Chefs des Generalstabes des Heeres, 1939-1940, Bd. 2, bearb. von Hans-Adolf Jacobsen in Verbindung mit Alfred Philippi, Stuttgart 1962, S. 42f.

anschaulich begründeten Vernichtungskampf gegen die Sowjetunion, vorgesehen war, lässt sich aus nachfolgendem Tatbestand deduzieren: Heydrich war bestens informiert über den hohen Nutzen, den Bibersteins ehrenamtliche Arbeit für den SD dargestellt hatte. Aufgrund jener Tätigkeit, die auf einer „idealistischen" nationalsozialistischen Grundhaltung beruht hatte, konnte Biberstein innerhalb des SD eine beachtliche Laufbahn als *ehrenamtliches* Mitglied der Allgemeinen SS durchlaufen, in der Weise, dass er innerhalb von nur zwei Jahren und drei Monaten vom Rang eines SS-Untersturmführer zunächst am 20. April 1937 zum SS-Obersturmführer aufgestiegen war, sodann am 30. Januar 1938 zum SS-Hauptsturmführer und danach am 30. Januar 1939 zum SS-Sturmbannführer,[57] entsprechend den militärischen Rängen Leutnant, Oberleutnant, Hauptmann, Major. Gegenüber den *hauptamtlichen* Mitarbeitern im SD-Hauptamt war das ein beachtenswerter Karrieresprung. Jeder Beförderung war zudem ein Personalbericht mit einer sehr positiven dienstlichen Beurteilung vorausgegangen.[58]

2.1 Ausbildung im Reichssicherheitshauptamt

Zur Vorbereitung auf seine spätere Funktion im Vernichtungsapparat des wirtschaftspolitisch und rassenideologisch begründeten Weltanschauungskrieges gegen die Sowjetunion – über die Biberstein zum Zeitpunkt der hauptamtlichen Übernahme in das Reichsicherheitshauptamt (RSHA) jedoch wegen der strikten Geheimhaltung der angelaufenen Kriegsvorbereitungen keine Kenntnis besitzen konnte – hatte er in der Folgezeit „zur allgemeinen Instruktion einen informatorischen Rundlauf durch die Ämter I und II (Verwaltung), das Amt III (SD-Inland) sowie die Ämter IV (Gestapo) und V (Kriminalpolizei) des Reichssicherheitshauptamtes (RSHA)" zu absolvieren,[59] da das Reichssicherheitshauptamt (RSHA) die „Ausbildung in allen Zweigen, sowohl der Gestapo als auch der Kriminalpolizei und des SD"[60] vorsah. Zwar habe er während jener Ausbildungszeit „durch Vorträge der einzelnen Abteilungen" einen Gesamtüberblick erhalten, dennoch sei er keineswegs in die Interna des Reichssicherheitshauptamtes (RSHA) eingeweiht worden, erklärte Biberstein vor Prozessbeginn gegenüber der US-amerikanischen Zivilermittlungsbehörde ebenso wie vor dem Richterkollegium während der Gerichtsverhandlung.[61]

---

[57] Der Reichsführer-SS, SS-Personalamt, Dienstlaufbahn des Ernst Biberstein, BArch (ehem. BDC) SSO, Biberstein, Ernst, 15.02.1899.

[58] Ebd.

[59] Zeugeneinvernahme Biberstein, StAN, Rep. 501, KV-Prozesse, Fall 9, A 32-33, S. 2793-2796.

[60] International Military Tribunal (Hrsg.): Der Prozeß gegen die Hauptkriegsverbrecher vor dem Internationalen Gerichtshof Nürnberg. Nürnberg, 14. November 1945 bis 1. Oktober 1946, Bd. I, Nürnberg 1947, S. 297.

[61] Personal Data Sheet, Ernst Biberstein, Office of the U. S. Chief of Counsel/ Subsequent Procee-

Jene Informationsverweigerung war durchaus gewollt, da das Reichssicherheitshauptamt (RSHA) als einer „Institution des Krieges" (Michael Wildt) strengen Geheimhaltungsvorschriften unterworfen war. Das bedeutete, dass aus militärstrategischen Gründen für die „Operation Barbarossa" von Anfang an geplant war, nicht nur die rangniederen Wehrmachtsangehörigen, sondern ebenso das gesamte in den Vernichtungsapparat eingebaute 3.000 Mann starke Personal der Einsatzgruppen, einschließlich deren Führungselite – das einem jährlich zu erfolgenden Ringaustausch unterliegen sollte – sowie zudem das 19.000 Mann starke Personal der Polizeibataillone Himmlers gemäß strikter Anordnung Hitlers erst vor Ort von ihren jeweiligen Dienstvorgesetzten oder deren Mitarbeitern in Kenntnis zu setzen. Das sollte auch Biberstein erfahren, als er im Juli 1942 zu einem „Osteinsatz" abkommandiert wurde.

Bereits eineinhalb Jahre zuvor hatte Hitler am 11. Januar 1940 einen diesbezüglichen Geheimhaltungsbefehl erlassen, der dann von Himmler mit Beginn des Vernichtungsfeldzuges entsprechend an die Einsatzgruppen weitergeben wurde.

> „1. Niemand: Keine Dienststelle, kein Offizier dürfen von einer geheimzuhaltenden Sache erfahren, wenn sie nicht aus dienstlichen Gründen unbedingt davon Kenntnis erhalten müssen.
> 2. Keine Dienststelle und kein Offizier dürfen von einer geheimzuhaltenden Sache m e h r erfahren, als für die Durchführung i h r e r Aufgabe unbedingt notwendig ist.
> 3. Keine Dienststelle und kein Offizier dürfen von einer geheimzuhaltenden Sache, bzw. dem für sie notwendigen Teil f r ü h e r erfahren, als dies für die Durchführung i h - r e r Aufgabe unbedingt erforderlich ist.
> 4. Das gedankenlose Weitergeben von Befehlen, deren Geheimhaltung von entscheidender Bedeutung ist, laut irgendwelcher allgemeinen Verteilerschlüssel ist verboten." [Sperrdruck im Original].[62]

Wenig später, am 23. April des gleichen Jahres erging ein weiterer Befehl ähnlichen Inhaltes seitens des Oberkommandos des Heeres (OKH) mit der strikten Anordnung, dass wichtige Geheimbefehle „unmittelbar nach Kenntnisnahme zu vernichten" seien.[63] Das bedeutete, dass Befehle von Kommandoführer zu Kom-

---

dings Division, p. 1-3, Anlagen zu Interrogation Nr. 1499-A, Zeugeneinvernahme Ernst Emil Heinrich Biberstein durch Mr. Wartenberg am 29. Juni 1947, 10.00-11.15 Uhr auf Veranlassung von Mr. Walton und Glancy, Staatsarchiv Nürnberg (StAN), Rep. 502, KV-Anklage, Interrogations, B-75, S. 1-16, hier S. 3. Zeugeneinvernahme Biberstein, StAN, Rep. 501, KV-Prozesse, Fall 9, A 32-33, S. 2795.

[62] Der Führer und Oberste Befehlshaber der Wehrmacht, Berlin, den 11. Januar 1940, BArch, NS 6/ 331, fol. 32.

[63] Oberkommando des Heeres, AZ 36/40 – Kriegswiss. Abt. Gen St d H, Berlin, *Bestimmungen über die Führung von Kriegstagebüchern und Tätigkeitsberichten vom 23. April 1940*, abgedruckt in: Unsere Ehre heisst Treue. Kriegstagebuch des Kommandostabes Reichsführer-SS, Tätigkeitsberichte der 1. und 2. SS-Inf.-Brigade, der 1. SS-Kav.-Brigade und von Sonderkommandos der SS (Europäische Perspektiven, Zeitgeschichte in Dokumenten), Wien, Frankfurt, Zürich 1965, S. 4-6, hier S. 6.

mandoführer bei Übergabe der Dienstgeschäfte – wie im Falle von Bibersteins Vorgänger, dem SS-Sturmbannführer Robert Mohr, an Biberstein – lediglich mündlich weiterzugeben waren.

2.2 Hospitation im „Judenreferat"

Eine diesbezügliche Ausnahme hinsichtlich der strikten Geheimhaltungsvorschriften während Bibersteins obligatorisch erfolgtem „informatorischem Rundgang" durch alle Abteilungen des Reichssicherheitshauptamtes (RSHA) hatte die Hospitation in dem so bezeichneten *Judenreferat* gebildet, dem für Mitarbeiter anderer Referate nicht zugänglichen Amt IV B 4, das zu jenem Zeitpunkt von dem SS-Sturmbannführer Adolf Eichmann geleitet wurde.[64] Zwar war das *Judenreferat* gemäß Geschäftsverteilungsplan des Reichssicherheitshauptamtes vom 1. März 1941 lediglich ein Teil des Amtes IV B (*Weltanschauliche Gegner*), das unter Leitung des mehrfach erwähnten SS-Sturmbannführers Albert Hartl stand,[65] jedoch hatte es aus Gründen der Geheimhaltung seinen Sitz nicht in dem Gebäudekomplex des Reichssicherheitshauptamtes (RSHA) in der Wilhelmstraße 103-106 im dortigen Regierungsviertel in Berlin-Kreuzberg/Berlin-Mitte – etwa im Prinz-Albrecht-Palais in der Wilhelmstraße 102 –, sondern weit entfernt in der Kurfürstenstraße 115/116 im Stadtteil Tiergarten. (Bild 24). Wenngleich ihm während seines „informatorischen Rundganges" nichts Wesentliches haften geblieben war, sei er doch hinsichtlich der Pläne zur „Regelung des Judenproblems" beeindruckt gewesen, erklärte Biberstein freimütig vor dem US Military Tribunal II in Nürnberg. Denn im Eichmann-Referat habe er „erstmalig eine konkrete Vorstellung von einer praktischen Lösung des Judenproblems" bekommen, insofern, als „nichts weniger geplant [gewesen sei], als den Juden Europas eine neue Heimat zu geben und zwar auf der Insel Madagaskar."[66]

Jene ausführlichen Informationen hinsichtlich des Madagaskar-Planes hatte Biberstein nach eigenen Aussagen von Eichmann im Dezember 1940 oder Januar 1941 erhalten,[67] d. h. gut ein Jahr vor der Wannsee-Konferenz. Jedoch sollte der Plan, die europäischen Juden nach Madagaskar in ein dort zu errichtendes Reservoir zu deportieren, erst nach Beendigung des Krieges erfolgen,[68] wie aus Goebbels Tagebucheintrag vom 26. Juli 1940 hervorgeht:

---

[64] Zeugeneinvernahme Biberstein, StAN, Rep. 501, KV-Prozesse, Fall 9, A 32-33, S. 2795.

[65] Geschäftsverteilungsplan des Reichssicherheitshauptamtes (RSHA) vom 1.3.1941, BArch, R 58/840, fol. 244-294.

[66] Zeugeneinvernahme Biberstein, StAN, Rep. 501, KV-Prozesse, Fall 9, A 32-33, S. 2795.

[67] Zeugeneinvernahme Biberstein, StAN, Rep. 501, KV-Prozesse, Fall 9, A 34-35, S. 3008.

[68] In der Holocaust-Forschung hatte im vergangenen Jahrhundert – mit dem Höhepunkt in den siebziger Jahren – zwischen Intentionalisten und Strukturalisten hinsichtlich des Madagaskar-Plans eine

Bild 24: Gedenktafel „Judenreferat IV B 4“ (Eichmann-Referat). Auf dem Grundstück der Tiergartenstraße 115/ 116 befindet sich heute das Hotel Sylter Hof.
(Quelle: https://www.gedenktafeln-in-berlin.de).

„Großen Plan der Evakuierung der Juden aus Berlin [vom Führer] genehmigt. Im übrigen sollen sämtliche Juden Europas *nach dem Kriege* nach Madagaskar deportiert werden. Das wird deutsches Schutzgebiet unter einem deutschen Polizeigouverneur.“ [Kursivdruck vom Verf.].[69]

Deutungskontroverse bestanden. Während die Strukturalisten den Entwurf des Madagaskar-Plans, ungefähr 400.000 Juden in ein noch zu installierendes Ghetto auf der Insel Madagaskar „umzusiedeln“, als ein ernstzunehmendes Ziel der Nationalsozialisten betrachteten, hielten hingegen die Intentionalisten den Madagaskarplan für ein gezieltes nationalsozialistisches Täuschungsmanöver gegenüber der nationalen wie internationalen Öffentlichkeit, um die so bezeichnete „Endlösung der Judenfrage“, d. h. die Ausrottung des europäischen Judentums, geheim zu halten. *Das Madagaskar-Projekt*, BArch, R 58/ 979, fol. 47. Hinsichtlich der Realisierbarkeit des Madagaskar-Projektes ausführlich: HANS JANSEN: Der Madagaskar-Plan. Die beabsichtigte Deportation der europäischen Juden nach Madagaskar. Aus dem Niederländischen übersetzt von Markus Jung, München 1997, hier insbesondere S. 13-31. Grundsätzliches zur Kontroverse in der damaligen Zeitgeschichtsforschung zwischen Intentionalisten und Strukturalisten hinsichtlich der Deutung des „Dritten Reiches“: HANS-ULRICH WEHLER: Intentionalisten, Strukturalisten und das Theoriedefizit der Zeitgeschichte, in: NORBERT FREI (Hrsg.): Martin Broszat, der „Staat Hitlers“ und die Historisierung des Nationalsozialismus (Vorträge und Kolloquien/ Jena Center Geschichte des 20. Jahrhunderts; 1), Göttingen 2007, S. 71-75.

[69] Die Tagebücher von Joseph Goebbels. Aufzeichnungen 1923-1941, hrsg.von ELKE FRÖHLICH im Auftrag des Instituts für Zeitgeschichte, Teil I, Bd. 8: April-November 1940, München 1998.Tagebucheintrag vom 26. Juli 1940.

Nachdem der SD im Jahre 1934 seinen Dienstsitz von München nach Berlin und dort in das Prinz-Albrecht-Gebäude in der Wilhelmstraße verlegt hatte, sind unzählige Informations- und Denkschriften zunächst von dem Referat II/112 (Juden) des Amtes II (Inland) des SD-Hauptamtes ausgearbeitet worden und ab März 1941 nach Gründung des Reichssicherheitshauptamtes im September 1939 von dessen Amt IV B (Weltanschauliche Gegner), das unter Leitung des mehrfach erwähnten SS-Sturmbannführers Albert Hartl stand. In jenen Schriften wurden seitens der entsprechenden Referatsleiter nicht nur die bekannten antisemitischen Feindbilder vermittelt, sondern auch konkrete Lösungen ausgearbeitet, wie die imaginierte „Gefahr des Judentums" dauerhaft bekämpft werden könne. Jene Ausarbeitungen sind als Vorgänger der später erfolgten konkreten Deportations- und Vernichtungspläne zu betrachten, sodass nachfolgend exemplarisch eine kurze Schriftauswahl genannt sei.[70]

Diffuse Pläne zur Umsiedlung der europäischen Juden in ein außerhalb Europas liegendes Territorium waren im SD-Hauptamt bereits im Jahre 1938 erörtert worden. Dabei hatte auch die französische Kolonie Madagaskar im Fokus der Diskussionen gestanden. Jedoch erst im Frühjahr 1940 und nach dem zu erwartenden Sieg Deutschlands über Frankreich konnten sich diesbezügliche Pläne konkretisieren. Am 25. Mai 1940 überreichte Himmler Hitler eine Denkschrift, in der es hinsichtlich der Juden heißt:

> „Den Begriff Jude hoffe ich durch die Möglichkeit einer großen Auswanderung sämtlicher Juden nach Afrika oder sonst in eine Kolonie völlig auslöschen zu können."[71]

Die Umsiedlung der europäischen Juden „nach Afrika oder sonst in eine Kolonie" bezeichnete Himmler noch im Mai 1940 als „die mildeste und beste" im Gegensatz zu der „bolschewistischen Methode der physischen Ausrottung eines Volkes aus innerer Überzeugung", die er zu jenem Zeitpunkt noch als „ungermanisch und unmöglich"[72] erachtete. Am 15. August des gleichen Jahres übersandte SS-Ober-

---

[70] (1) *Das Judentum*, o. D., vermutlich 1935, BArch, R 58/ 779, fol. 43-47. (2) *Bericht über den Stand der Arbeiten der Abtlg. II/112 in der Bekämpfung des Judentums* vom 28.8.1936, BArch, R 58/ 991, fol. 37-45. (3 Informationsdienst Rassenbiologisches Amt der NSDAP – Reichsleitung – *Die jüdischen Organisationen in Deutschland* (Nicht zur Veröffentlichung), BArch R 58/ 956, fol. 45-48 (V+R). (4) *Auszug aus der Jahresübersicht der Zentralabteilung II 1 vom 1. November 1938*, BArch, R 58/ 956, fol. 90-92 (V+R). (5) *Die Organisationen der Judenheit, ihre Verbindungen und politische Bedeutung*. Vortrag des Sicherheitsdienstes des RFSS – SD-Hauptamt im September 1938, BArch, R 58/ 956/ fol. 99-112. (6) SS-Obersturmführer Dieter Schwarz: Broschüre „Das Judentum als Internationale" (Begleitschreiben des Leiters des Amtes II (Weltanschauliche Gegnerforschung SS-Brigadeführer Prof. Dr. Franz Six) sowie Inhaltsverzeichnis), BArch, R 58/ 956, fol. 55-59.

[71] Heinrich Himmler: „Einige Gedanken über die Behandlung der Fremdvölkischen im Osten", o. D., o. O, StAN, Rep. 502, KV-Anklage, Dokumente, Fotokopien, NO-1881.

[72] Ebd.

sturmführer Theodor Dannecker, ein enger Mitarbeiter Eichmanns in dessen „Judenreferat", ein urschriftliches Exemplar der Ausarbeitung „Madagaskar-Projekt" mit der Bitte um Rückgabe an den Legationsrat Franz Rademacher, den Leiter des „Judenreferates" im Auswärtigen Amt.[73] Zunächst war vorgesehen, vier Millionen Juden auf die Insel Madagaskar umzusiedeln; Eichmann sprach im Dezember 1940 gar von sechs Millionen. Wenn Biberstein vor dem US Military Tribunal II in Nürnberg ausführte, dass „nichts weniger geplant [gewesen sei], als den Juden Europas eine neue Heimat zu geben und zwar auf der Insel Madagaskar",[74] so bezog er sich auf Punkt G jenes „Madagaskar-Projektes", in dem die Insel expressis verbis, jedoch in euphemistischer Diktion, als „Judenwohnstätte" bezeichnet wurde. (Bereits Lagarde hatte Madagaskar als Deportationsort für die Juden Europas ins Auge gefasst. Vgl. Kapitelüberschrift I.5.1). Das „Madagaskar-Projekt" konnte letztendlich nicht realisiert werden, weil Görings Luftkrieg gegen Großbritannien nicht zu gewinnen war und Hitler demzufolge den Vernichtungsfeldzug gegen die Sowjetunion vorverlegen musste, wie er das in seiner „Weisung Nr. 21" vom 18. Dezember 1940 begründete.[75]

3 Chef der Staatspolizeistelle Oppeln/Oberschlesien 1941/42

Noch während des „informatorischen Rundganges" durch alle Ämter des Reichssicherheitshauptamtes (RSHA) wurde Biberstein von Heydrich für den 5. Mai 1941 zu einem Gespräch einbestellt, in welchem ihm „zu seinem Entsetzen" eröffnet wurde, dass er für einen „Einsatz polizeilicher Art im Ausland" vorgesehen sei.[76] Unter Berücksichtigung, dass er Teilnehmer des Ersten Weltkrieges gewesen und zudem gerade erst von einem Fronteinsatz im Westen zurückgekehrt sei, bat Biberstein um eine Beschäftigung in der inneren Verwaltung, insbesondere weil ihm nach eigener Einschätzung „die grundsätzliche juristische Fähigkeit [...] für den höheren Dienst, für den Polizeidienst, fehle", gab er vor dem US Military Tribunal II in Nürnberg zu Protokoll.[77]

[73] Theo Dannecker, SS-Obersturmführer, an den Legationsrat Rademacher, Anschreiben zum „Madagaskar-Projekt" vom 15.8.1940, StAN, Rep. 502, KV-Anklage, Dokumente, Fotokopien, NG-2586.

[74] Zeugeneinvernahme Biberstein, StAN, Rep. 501, KV-Prozesse, Fall 9, A 32-33, S. 2795.

[75] Geheime Kommandosache. Der Führer und Oberste Befehlshaber der Wehrmacht, OKW/WFSt/Abt. I (I) Nr. 33408/40 gK Chefs., Chef Sache. Nur durch Offizier, F. H. Q, den 18.12.40, Weisung Nr. 21. Fall Barbarossa, BArch-MA, RW 4/v. 522.

[76] Zeugeneinvernahme Biberstein, StAN, Rep. 501, KV-Prozesse, Fall 9, A 32-33, S. 2798.

[77] Personal Data Sheet, Ernst Biberstein, Office of the U. S. Chief of Counsel/ Subsequent Proceedings Division, p. 1-3, Anlagen zu Interrogation Nr. 1499-A, Zeugeneinvernahme Ernst Emil Heinrich Biberstein durch Mr. Wartenberg am 29. Juni 1947, 10.00-11.15 Uhr auf Veranlassung von Mr.

Jenem Wunsch entsprach Heydrich nur bedingt und mit der Auflage, dass Biberstein bis zum Freiwerden einer geeigneten höheren Beamtenstelle, beispielsweise einer Polizeipräsidentenstelle – im Gespräch war jene in Berlin – probeweise ein Jahr lang in eigenverantwortlicher Funktion die Leitung der Staatspolizeistelle Oppeln/Oberschlesien, dem heutigen polnischen Opole, übernehmen solle. Wenn er, Biberstein, jedoch Gefallen an dieser Tätigkeit zeige und die Amtsgeschäfte zudem korrekt ausführe, werde er endgültig, d. h. in *hauptamtlicher* Funktion, in den Sicherheitsdienst des Reichsführers-SS (SD) übernommen werden unter gleichzeitiger Beförderung zum Regierungsdirektor, erklärte Biberstein vor dem US Military Tribunal II in Nürnberg.[78] Eine derartige Zusage hätte bei Biberstein insofern Skepsis auslösen müssen, als eine Beförderung zum Regierungsdirektor keineswegs in Heydrichs Zuständigkeitsbereich fiel, sondern ausschließlich in jenen des Reichsministers des Innern, Dr. iur. Wilhelm Frick.

Auf den Einwand des Vorsitzenden Richters Michael A. Musmanno, dass sich Biberstein – unter nachdrücklichem Verweis auf die ihm mangelnde juristische Ausbildung hinsichtlich polizeidienstlicher Aufgaben – seiner Versetzung nach Oppeln durchaus hätte entziehen können, entgegnete Biberstein, dass ihm angesichts seiner bestehenden Kriegsbeorderung, bzw. der Uk-Stellung keine andere Wahl geblieben sei, als jenen von Heydrich vorgeschlagenen Kompromiss anzunehmen:[79]

> „Vielleicht hätte ich mich weigern können, aber [...] mir schien, dass ich viel erreicht hatte und dass es gefährlich sei, dieses aufs Spiel zu setzen. Ich hatte seine [Heydrichs] Zusicherung, nicht zum Einsatz [im Osten] zu kommen. Ich hatte seine Zusicherung, nach einem Jahr [aus dem SD] ausscheiden zu dürfen, ich hatte die Zusicherung einer geeigneten Verwendung bei der inneren Verwaltung [...]. Das erschien mir mehr, als ich je erwartet hatte.“[80]

In dem Kreuzverhör am 25. November 1947 verwies Biberstein nochmals darauf, dass er keineswegs freiwillig die Stapostelle Oppeln/Oberschlesien übernommen habe und begründete seinen Entschluss in Abänderung zu der obigen Aussage wie folgt:

> „[Zwar hätte] ich mich wohl weigern können, aber was dann erfolgt wäre, hätte ich mir auch denken können, denn schließlich stand ich ja unter den Kriegsgesetzen und war

Walton und Glancy, StAN, Rep. 502, KV-Anklage, Interrogations, B-75, S. 1-16, hier S. 3.

78 Zeugeneinvernahme Biberstein, StAN, Rep. 501, KV-Prozesse, Fall 9, A 32-33, S. 2799. Vgl. auch: INGRID ADAMS, Profiteur, S. 18, Anm. 98.

79 Zeugeneinvernahme Biberstein, StAN, Rep. 501, KV-Prozesse, Fall 9, A 36-38, S. 3014.

80 Ebd., A 32-33, S. 2799.

durch Kriegsbeorderung für weitere Kriegsaufgaben dem Chef der Sicherheitspolizei und des SD zur Verfügung gestellt."[81]

Der mehrfach erwähnte Albert Hartl, ehemaliger Leiter der Abteilung IV B (*Weltanschauliche Gegner*) im Reichsicherheitshauptamt (RSHA), wurde im Nürnberger Einsatzgruppenprozess als Zeuge im Fall Biberstein vernommen und bestätigte dessen Aussage hinsichtlich der Kriegsbeorderung.[82] Im Kreuzverhör, d. h. in der Zeugeneinvernahme am 24. November 1947, verwies Biberstein wahrheitsgemäß nochmals eindrücklich darauf, dass er keineswegs freiwillig die Übernahme der Stapostelle Oppeln/Oberschlesien übernommen, sondern dass er unter Kriegsgesetz gestanden habe. Er sei am 22. Oktober 1940 von der Wehrmacht abgestellt worden mit der Maßgabe, die weiteren Befehle für die Dauer des *gesamten* Krieges von dem Chef der Sicherheitspolizei und des SD Reinhard Heydrich zu erhalten. Wie er bereits zuvor im direkten Verhör ausgeführt hatte, habe er sich nach dem Waffenstillstand mit Frankreich als Soldat zum Militärverwaltungsverwaltungsdienst in Rouen gemeldet. Zudem versicherte Biberstein gegenüber dem US Military Tribunal II in Nürnberg mehrfach, dass er „persönlich hätte nur wünschen können, dass diese Uk-Stellung nicht gekommen wäre."[83]

Da nicht nur Biberstein, sondern ein Großteil der im Nürnberger Einsatzgruppenprozess Angeklagten mittels einer Uk-Stellung zum „sicherheitspolizeilichen Osteinsatz" einberufen wurde, stellt sich die hier Frage, wie es zu jener Häufung von Uk-Stellungen gekommen ist. Dazu gab der ehemalige Leiter der Einsatzgruppe D, der SS-Gruppenführer und Generalleutnant der Polizei Otto Ohlendorf, am 14. Oktober 1947 vor dem US Military Tribunal II in Nürnberg die nachfolgende Erklärung ab: Himmler habe aufgrund erheblichen Personalmangels rigoros das SS-Führungspersonal für die 3.000 Personen umfassenden Mannschaften der Einsatzgruppen ebenso wie für seine 19.000 Mann starken Kampftruppen im Russlandfeldzug schlichtweg von der Wehrmacht abgezogen.[84] Gleiches bestätigte der ehemalige Führer des Einsatzkommandos 1a der Einsatzgruppe A, der SS-Standartenführer Dr. Martin Sandberger.[85] Wie im Nürnberger Einsatzgruppenprozess deutlich wurde, verfuhr Heydrich in Entsprechung zu Himmler, zumal er die Uk-Stellung als Druckmittel angewandt habe, um das Einverständnis der Betroffenen zu ihrem „Osteinsatz" zu erwirken. Das sei in der Weise geschehen, dass Heydrich andernfalls eine Strafversetzung an die Front anzudrohen pflegte, führte ein Großteil der im Nürnberger Einsatzgruppenprozess Angeklagten aus.

---

81 Ebd., A 36-38, S. 3014.

82 Zeugeneinvernahme Albert Hartl, StAN, Rep. 501, KV-Prozesse, Fall 9, A 34-35, S. 2921-2922.

83 Zeugeneinvernahme Biberstein, StAN, Rep. 501, KV-Prozesse, Fall 9, A 34-35, S. 3009.

84 Zeugeneinvernahme Ohlendorf, StAN, Rep. 501, KV-Prozesse, Fall 9, A 6-8, S. 682.

85 Zeugeneinvernahme Dr. Sandberger, StAN, Rep. 501, KV-Prozesse, Fall 9, A 24-26, S. 2201.

Exemplarisch sei hier der Fall des SS-Brigadeführers und Generalmajors der Polizei Heinz Jost genannt, der als ehemaliger Leiter der Einsatzgruppe A ebenfalls Angeklagter im Einsatzgruppenprozess war und dessen Einberufung zu einem „sicherheitspolizeilichen Einsatz im Osten" eine diesbezügliche Parallele zum Fall Biberstein bildet, vorausgesetzt, dass seine Sachaussagen vor dem US Militärgerichtshof den tatsächlichen damaligen Fakten entsprachen.[86] Jost hatte nach der Machtübergabe an Hitler zunächst als Polizeipräsident von Worms, danach von Gießen fungiert, bis er im Sommer 1934 von dem mit ihm befreundeten Juristen Dr. Werner Best für den SD angeworben wurde, der ihm den britischen Secret Service fälschlicherweise als Vorbild für die Tätigkeit des SD dargestellt habe.[87] Wie aus dem Geschäftsverteilungsplan vom 20. April 1941 hervorgeht, war Jost nach der Gründung des Reichssicherheitshauptamtes (RSHA) bis März 1942 als Chef des Amtes VI (Ausland – SD-Ausland) tätig gewesen.

„Um unter allen Umständen aus dem persönlichen und sachlichen Einflussbereich Heydrichs heraus[zu]kommen",[88] war er auf eigenen Wunsch bereits im März 1942 aus dem Reichssicherheitshauptamt (RSHA) ausgeschieden. Infolgedessen stand eine Übernahme im Hinblick auf eine offene Planstelle im *Reichsministerium für die besetzten Ostgebiete*[89] unmittelbar bevor, für die er sich zuvor beworben hatte. Wie im Falle Biberstein, so soll Heydrich auch hier versucht haben, Jost dennoch durch leere Versprechen in seinen Machtbereich zurückzuholen, indem er ihm „einmal eine Befehlshaberstelle irgendwo anbot, indem er mir ein andermal anbot, eine Stelle eines SS- und Polizeiführers zu übernehmen."[90] Beide Male habe er abgelehnt, da es nur durch ein Ausscheiden aus dem SD oder durch den Übergang zu einem anderen Reichsministerium für ihn möglich gewesen wäre, wieder sein eigener Herr zu werden, erklärte er im Kreuzverhör am 21. Oktober 1947 vor dem US Military Tribunal II in Nürnberg.[91] Dessen ungeachtet beorderte Heydrich Jost am 24./25. März 1942 zu einem „Osteinsatz", und zwar als Leiter der Einsatzgruppe A und Befehlshaber der Sipo und des SD Ostland, d. h. als Nachfolger für den einen Tag zuvor im Partisanenkampf verstorbenen SS-Brigade-

---

[86] Der Jurist Heinz Jost, geboren am 9. Juli 1904, der sich an den Universitäten Gießen und München in Jura und Volkswirtschaft spezialisiert hatte, war zunächst beim Landgericht in Darmstadt beschäftigt. Am 1. Februar 1928 trat er der NSDAP bei, d. h. er gehörte wie Biberstein zu den „Alten Kämpfern", die sich nicht aus Opportunismus, sondern bereits zu einem frühen Zeitpunkt aus „idealistischen Gründen" für den Parteibeitritt entschieden hatten. KAZIMIERZ LESZCZYŃSKI (Hrsg.), Fall 9, S. 165. Zeugeneinvernahme Jost, StAN, Rep. 501, KV-Prozesse, Fall 9, A 12-14, S. 1147, 1150.

[87] Ebd., S. 1153.

[88] Ebd., S. 1159.

[89] Mit der Leitung des *Reichsministeriums für die besetzten Ostgebiete* war Alfred Rosenberg am 16. Juni 1941 von Hitler offiziell betraut worden.

[90] Zeugeneinvernahme Jost, StAN, Rep. 501, KV-Prozesse, Fall 9, A 12-14, S. 1159.

[91] Ebd.

führer und Generalmajor der Polizei Dr. iur. Walter Stahlecker, den Befehlshaber der Sicherheitspolizei und des SD im Reichskommissariat Ostland (RKO).[92]

Wie Biberstein war auch Jost infolge seiner Uk-Stellung durch eine Wehrmachtsbeorderung für die Dauer des gesamten Krieges Heydrich zu dessen alleinigen Verfügung unterstellt, und ebenso wie Biberstein war er als Reichsbeamter den beamtenrechtlichen Versetzungsmodalitäten unterworfen, d. h. er erhielt bis zum Freiwerden einer geeigneten Planstelle im *Reichsministerium für die besetzten Ostgebiete* seine Besoldungsbezüge von der abgebenden Behörde, d. h. vom Reichssicherheitshauptamt (RSHA) bzw. vom Reichsministerium des Innern.[93] Wenngleich es schwierig erschien, sich als Reichsbeamter dem Zugriff einer Reichsbehörde grundsätzlich und auf Dauer zu entziehen – hier der Inanspruchnahme seitens des Reichssicherheitshauptamtes (RSHA) –, so war es dennoch nicht aussichtslos. Jedoch konnte das den endgültigen Verzicht auf den Beamtenstatus beinhalten und die Suche nach einer Beschäftigung in der freien Wirtschaft. Für den ausgebildeten Juristen Jost wäre der Weg in die Selbständigkeit nicht weiter problematisch gewesen, für Biberstein dagegen hätte sich ein solcher Schritt aufgrund dessen ausschließlich theologischer Ausbildung als schwierig erwiesen.

Möglicherweise infolge der Traumatisierung während des Ersten Weltkrieges und somit aus durchaus berechtigter Furcht vor einem weiteren Fronteinsatz oder aber schlicht aus Karrieregründen hatte Biberstein Heydrichs vermeintliches Angebot angenommen und sich damit ganz bewusst in ein Abhängigkeitsverhältnis hineinbegeben, wenngleich dreierlei Gründe dagegen sprechen, dass Heydrich Biberstein ernsthaft für eine Tätigkeit in der inneren Verwaltung vorgesehen haben könnte. Zum einen hatte Biberstein eine umfassende neunmonatige Ausbildung in einem der SS unterstellten Behördenapparat genossen, der sich keineswegs als Verwaltungsamt verstand, sondern explizit als eine „Institution des Krieges" (Michael Wildt). Zum anderen waren die Vorbereitungen für den als Vernichtungskrieg geplanten „Kreuzzug gegen den *gottlosen* Bolschewismus" längst angelaufen. Wie zudem aus dem Kriegstagebuch des Generaloberst Halder hervorgeht, hatte Hitler am 21. Juli 1940 – also bereits drei Monaten *vor* Bibersteins Uk-Stellung – mit den drei Oberbefehlshabern der Wehrmacht (OKW) entsprechende Gespräche über kriegswichtige Organisationspläne geführt,[94] die er in der *Weisung 21 (Fall Barbarossa)* vom 18. Dezember 1940 zusammengefasst hatte und die mit den Worten begannen:

---

[92] Ebd., S. 1160.

[93] Ebd.

[94] GENERALOBERST HALDER: Kriegstagebuch, Bd. 1-3. Bearb. von Hans-Adolf Jacobsen in Verbindung mit Alfred Philippi, Stuttgart 1962, hier Bd. 2, S. 32f, 42f, 49f.

> „Die deutsche Wehrmacht muss darauf vorbereitet sein, auch vor Beendigung des Krieges gegen England Sowjetrussland in einem schnellen Feldzug niederzuwerfen. (Fall Barbarossa).“ [Unterstreichung im Original].[95]

Zu jener *Weisung Nr. 21* wurden nach weiteren ausführlichen Besprechungen zwischen Hitler und dem Oberkommando der Wehrmacht (OKW) am 13. März 1941 – also knapp zwei Monaten *vor* dem oben genannten Gespräch zwischen Heydrich und Biberstein – die „Richtlinien auf Sondergebieten zur Weisung Nr. 21 (Fall Barbarossa)“ erlassen, welche die pseudojuristischen Voraussetzungen schufen für die Aufstellung der Einsatzgruppen während des Russlandfeldzuges. Dazu wird in dessen Absatz I. 2 b ausgeführt:

> „Im Operationsgebiet des Heeres erhält der Reichsführer SS zur Vorbereitung der politischen Verwaltung Sonderaufgaben im Auftrag des Führers, die sich aus dem endgültig auszutragenden Kampf zweier entgegengesetzter Systeme ergeben. Im Rahmen dieser Aufgaben handelt der Reichsführer SS selbständig und in eigener Verantwortung.“[96]

Im Hinblick auf die Zielsetzung des geplanten Russlandfeldzuges als Weltanschauungs- und Vernichtungskrieg sowie auf die weit fortgeschrittenen Vorbereitungen seitens des Heeres und des Reichssicherheitshauptamtes (RSHA) war Heydrich insbesondere daran gelegen, als Führungspersonal möglichst keine Verwaltungsjuristen in das spätere Operationsgebiet der Einsatzgruppen zu entsenden, sondern „weltanschaulich gefestigte“ SS-Offiziere. Insofern entsprach Biberstein aufgrund der Personalberichte in seiner SS-Offiziersakte den diesbezüglichen Auswahlkriterien voll und ganz. Zudem konnte Heydrich angesichts des bevorstehenden wirtschaftspolitisch und rassenideologisch ausgerichteten Vernichtungskrieges gegen die Sowjetunion auf Bibersteins Befindlichkeiten, d. h. auf dessen traumatisierenden Erfahrungen während des Ersten Weltkrieges als einfacher Soldat im Schützengraben, keinerlei Rücksicht nehmen. Somit erschien in Heydrichs Erwägungen die Absolvierung eines „Probejahres“ in Oppeln/Oberschlesien durchaus geeignet zur Vorbereitung für einen kommenden „Einsatz polizeilicher Art im Ausland“.[97]

Am 21. Juli 1941 – einen Monat *nach* Beginn des „Unternehmens Barbarossa“ – erhielt Biberstein dann auch das entsprechende Versetzungsschreiben, d. h. aufgrund der erfolgten Uk-Stellung die zweite kriegsbedingte Beorderung:

---

95 WALTHER HUBATSCH (Hrsg.): Hitlers Weisungen für die Kriegsführung 1939-1945. Dokumente des Oberkommandos der Wehrmacht, Frankfurt/M. 1962, S. 84-86.

96 OKW, WFSt/Abt. L (IV/Qu), *Richtlinien auf Sondergebieten zur Weisung Nr. 21* (*Fall Barbarossa*), geheime Kommandosache, Chefsache vom 13.3.1941, abgedruckt in: INTERNATIONALER MILITÄRGERICHTSHOF NÜRNBERG (Hrsg.): Der Prozeß gegen die Hauptkriegsverbrecher vor dem Internationalen Militärgerichtshof, 14. November 1945 bis 1. Oktober 1946, Nürnberg 1947, 42 Bde., Nürnberg 1947, hier Bd. 26, S. 53-58.

97 Zeugeneinvernahme Biberstein, StAN, Rep. 501, KV-Prozesse, Fall 9, A 32-33, S. 2796.

„Im Einvernehmen mit dem Herrn Reichsminister für die kirchlichen Angelegenheiten übernehme ich Sie hiermit vom 1. 7. 1941 ab in gleicher Diensteigenschaft *in den Dienst der Geheimen Staatspolizei* und übertrage Ihnen gleichzeitig die Leitung der Staatspolizeistelle Oppeln.

Der Herr Oberpräsident in Kattowitz und der Herr Regierungspräsident in Oppeln sind verständigt. Ich ersuche Sie, sich vor Ihrem Dienstantritt in Oppeln bei mir und den Amtschefs des Reichssicherheitshauptamtes in Berlin zur Entgegennahme *weiterer Weisungen* zu melden.

Die Übernahme der Dienstgeschäfte von dem bisherigen Leiter der Staatspolizeistelle Oppeln, SS-Sturmbannführer Regierungsrat Dr. Deumling, über dessen anderweitige Verwendung besonderer Erlass ergeht, ist mir anzuzeigen." [Kursivdruck vom Verf.].[98]

SS-Sturmbannführer Regierungsrat Dr. iur. Joachim Deumling, der ab Februar 1940 die Leitung der Staatspolizeistelle Oppeln innehatte, wurde im Ringtausch ebenfalls mit Wirkung vom 1. Juli 1941 in das Reichsicherheitshauptamt (RSHA) versetzt und dort dem Amt IV (Gestapo: *Gegner-Erforschung und Gegner-Bekämpfung*) zugewiesen,[99] d. h. dem Amt, in dem auch Biberstein durchaus eine innendienstliche Funktion hätte ausüben können.

Im Hinblick auf Heydrichs „Angebot" der Übernahme der Gestapostelle hatte Biberstein am 9. Juni 1941 sodann für sich und seine Familie den ursprünglichen Familiennamen Szymanowski in „Biberstein" umwandeln lassen.[100] Die Namensänderung ist im Zusammenhang mit einem Schreiben Heydrichs vom 18. März 1940 zu sehen, in dem jener forderte:

„Da es mit der *Ehre* eines deutschen Mannes nicht länger vereinbar ist, einen polnischen oder tschechischen oder polnisch oder tschechisch klingenden Familiennamen zu führen, ist es erwünscht, daß die Angehörigen der Sicherheitspolizei und des SD solche Namen in deutsche ändern lassen.

Ich ersuche, auf die in Frage kommenden Angehörigen der Sicherheitspolizei und des SD in geeigneter Weise persönlich *einzuwirken*, daß sie von sich aus die Änderung ihrer Familiennamen veranlassen." [Kursivdruck vom Verf.].[101]

---

[98] Der Chef der Sicherheitspolizei und des SD an SS-Sturmbannführer Oberregierungsrat B i b e r s t e i n – Reichssicherheitshauptamt – in Berlin, Schreiben vom 21.7.1941, BArch, R 58/16, fol. 9.

[99] Ebd., fol. 18.

[100] Änderung des Familiennamens in „Biberstein" durch Verfügung des Polizeipräsidenten in Berlin am 9. Juni 1941, Geschäfts-Nr. II8000.S270, BArch (ehem. BDC)) SSO, Biberstein, Ernst, 15.02.1899.

[101] Der Chef der Sicherheitspolizei und des SD, Schreiben vom 18.3.1939 an die Befehlshaber der Sicherheitspolizei und des SD in Prag und Krakau, die Kommandeure der Sicherheitspolizei und des SD in Krakau, Warschau, Radom und Lublin, Die Inspekteure der Sicherheitspolizei und des SD, die Grenzinspekteure I, II und III, die Leiter der *Staatspolizei(leit)stellen*, die Leiter der Kriminalpolizei-(leit)stellen und Kriminalabteilungen, die Führer der SD-[leit)-Abschnitte, den Kommandeur der Führerschule der Sicherheitspolizei in Berlin-Charlottenburg, den Kommandeur der Grenzpolizeischule in Pretzsch, den Leiter der Einwanderer-Zentrale in Lodsch, das Referat I-HB, das Amt V. Nachrichtlich dem Referat I C (a) 2 [RSHA] dem Referat I C (b) 3 [RSHA], Betrifft

Da Heydrich jenes Schreiben auch an die Leiter der Staatspolizei(leit)stellen gesandt hatte, erschien es für Biberstein undenkbar, sein künftiges Amt als Chef der Geheimen Staatspolizeistelle Oppeln/Oberschlesien unter dem Familiennamen „Szymanowski" anzutreten. Insofern entsprach Biberstein durchaus den Erwartungen Heydrich, als er die Namensänderung noch *vor* der Übernahme seiner Amtsgeschäfte in Oppeln vornehmen ließ. Knapp zwei Monate später trat er Ende Juli 1941 seinen Dienst in Oppeln/Oberschlesien an unter der Dienstanschrift Moltkestraße 43 sowie der Privatadresse Hindenburgstraße 24.[102]

3.2 Zur Funktion der Staatspolizeistellen

Mit Bezug zu Bibersteins Dienststelle in Oppeln/Oberschlesien ergibt sich für seine Amtszeit im Jahre 1941/42 folgendes Bild: Die Staatspolizei(leit)stellen fungierten als *einzige* Behörden der Geheimen Staatpolizei.[103] Deren Exekutivgewalt war omnipräsent, insofern, als das Reich flächendeckend mit Stapoleitstellen und Stapostellen ausgestattet war. So gab beispielsweise das Dienststellenverzeichnis vom Juli 1939 bereit 64 Staatspolizei(leit)stellen einschließlich der Außendienststellen, Grenzkommissariate und Grenzpolizeiposten an.[104]

Während die Leitstellen an den Sitzen der preußischen Oberpräsidenten bzw. der Länderregierungen installiert waren, befanden sich hingegen die nachgeordneten Stapostellen entweder an den Sitzen der Regierungspräsidenten oder an jenen der gleichgeordneten Verwaltungsinstanzen Preußens und der übrigen Länder.[105] Aufgrund ihrer Funktion als „Politische Polizei" unterstanden die Staatspo-

---

„Änderung polnischer Familiennamen, [Kursivdruck vom Verf., Unterstreichungen im Original], BArch, R 58/ 261, fol. 70.

[102] SS-Obersturmführer Petersen, SD-Dienststelle bei der Staatspolizeidienststelle Oppeln, Meldung vom 21.8.1941 über den Dienstantritt des SS-Sturmbannführers Biberstein, Ernst, BArch (ehem. BDC) SSO, Biberstein, Ernst, 15.02.1899. Des Weiteren ist Bibersteins Versetzung nach Oppeln in der NSDAP-Reichskartei Nr. 13864 A dokumentiert unter dem handschriftlichen Vermerk: „B. versetzt zur Staatspolizeistelle Oppeln, zahl. Kasse: Reichssicherheitshauptamt (s. Schriftw. v. 18.8.41, Akte: Kartei/2), BArch, VBS 286/64 0000 3176 (R).

[103] *Der Aufbau der Sicherheitspolizei und des SD einschließlich des Reichssicherheitshauptamtes unter besonderer Berücksichtigung der Stellung und der Aufgaben der Inspekteure der Sicherheitspolizei und des SD.* Vortrag des Verwaltungsjuristen und SS-Brigadeführer Dr. iur. Werner Best, Chef des Amtes I im Reichssicherheitshauptamt (RSHA), gehalten am 29. Januar 1940 in Berlin anlässlich der Arbeitstagung der Höheren SS- und Polizeiführer (HSSPF) sowie der Inspekteure der Sicherheitspolizei, BArch, R 58/ 243, fol. 244-248 (V+R), hier fol. 246 (R).

[104] Geheime Staatspolizei/Geheimes Staatspolizeiamt, Mitteilung vom 8.9.1939, btr. *Verzeichnis der Staatspolizeileitstellen und Staatspolizeistellen mit ihren Außendienststellen, Grenzkommissariaten und Grenzpolizeiposten, Stand Juli 1939*, BArch, R 58/ 241, fol. 178. Chef der Sicherheitspolizei und des SD, *Dienststellenverzeichnis 1943*, BArch, R 58/ 415.

[105] Inventar archivalischer Quellen des NS-Staates. Die Überlieferungen von Behörden und Einrichtungen des Reichs, der Länder und der NSDAP, Teil I: Reichszentralbehörden, regionale Behörden

lizei(leit)stellen dem Amt IV (Gestapo) des Reichssicherheitshauptamtes (RSHA), hatten mit diesem unmittelbaren Dienstverkehr und erhielten von dort alle sachlichen Weisungen. Demzufolge bestand für deren Leiter die Dienstverpflichtung zu regelmäßiger Berichterstattung in allen staatspolizeilichen Angelegenheiten.[106] Das bedeutete, dass beispielsweise für Exekutivmaßnahmen gravierender Art – wie etwa die Einweisung in ein Konzentrationslager, die eindeutig in den Jurisdiktionsbereich fielen – zuvor die *schriftliche* Genehmigung des Reichssicherheitshauptamtes (RSHA) einzuholen war.

Während die Leiter der Staatspolizeileitstellen zugleich die politischen Referenten der Oberpräsidenten waren, fungierten hingegen die Leiter der Staatspolizeistellen als politische Referenten der Regierungspräsidenten an deren Sitz.[107] So wurde beispielsweise das Amt des Oberpräsidenten für Oberschlesien ab 1941 von dem Gauleiter und SA-Gruppenführer Fritz Bracht bekleidet. Hingegen war in den Jahren 1941 bis 1944 der SS-Brigadeführer Albrecht Schmelt – mit dem auch Biberstein auf einigen Sachgebieten zusammenzuarbeiten hatte – Regierungspräsident des Verwaltungsbezirks Oppeln/Oberschlesien. Schmelt, den Himmler am 15. Oktober 1940 zum „Sonderbeauftragten des Reichsführers-SS für fremdvölkischen Arbeitseinsatz in Oberschlesien" ernannt hatte, war zuständig für 177 Zwangsarbeitslager mit zeitweilig bis zu 50.000 Zwangsarbeitern.[108] Zu Bibersteins Dienstobliegenheiten gehörte aufgrund der Tätigkeit als politischer Referent des Regierungspräsidenten Schmelt, diesen „sehr eingehend über die Aufgaben der inneren Verwaltung zu unterrichten". Zudem hatte er bei dessen „Stellvertreter auch Akten zu bearbeiten".[109] Des Weiteren fiel in Bibersteins Zuständigkeitsbereich die Gewährung von Kinderbeihilfen für Familien aufgrund eines neuen Gesetzes, nach dem nicht nur Angestellte und Beamte bezugsberechtigt waren. Auf ablehnende Beihilfebescheide seitens des zuständigen Landrates erfolgten unzählige Beschwerden der Bezugsberechtigten, deren Akten dann zum Regierungsprä-

---

und wissenschaftliche Hochschulen für die zehn westdeutschen Länder sowie Berlin. Im Auftrag des Instituts für Zeitgeschichte bearb. von Heinz Boberach (Texte und Materialien zur Zeitgeschichte; 3), München 1991, S. 139.

106 *Der Aufbau der Sicherheitspolizei und des SD einschließlich des Reichssicherheitshauptamtes* des Reichs, der Länder und der NSDAP, Teil I: Reichszentralbehörden, *unter besonderer Berücksichtigung der Stellung und der Aufgaben der Inspekteure der Sicherheitspolizei und des SD*. Vortrag des Verwaltungsjuristen und SS-Brigadeführer Dr. iur. Werner Best, Chef des Amtes I im Reichssicherheitshauptamt (RSHA), gehalten am 29. Januar 1940 in Berlin anlässlich der Arbeitstagung der Höheren SS- und Polizeiführer (HSSPF) sowie der Inspekteure der Sicherheitspolizei, BArch, R 58/ 243, fol. 244-248 (V+R), hier fol. 246 (R).

107 Ebd.

108 SYBILLE STEINBACHER: „Musterstadt" Auschwitz. Germanisierungspolitik und Judenmord in Oberschlesien (Darstellungen und Quellen zur Geschichte von Auschwitz /hrsg. vom Institut für Zeitgeschichte; 2), München 2000; zugleich: Bochum, Univ., Diss., 1998, S. 138-152, hier S. 149.

109 Zeugeneinvernahme Biberstein, StAN, Rep. 501, KV-Prozesse, Fall 9, A 36-38, S. 3015.

sidenten weitergeleitet und danach von Biberstein in Zusammenarbeit mit dem Vizepräsidenten der Regierung in Oppeln bearbeitet wurden.[110]

Nach dem Überfall auf Polen am 1. September 1939 und der Angliederung der westlichen Teile Polens an das Reich[111] mussten die Staatspolizei(leit)stellen Schlesiens in den beiden Provinzen Ober- und Niederschlesien neu geordnet werden, in der Weise, dass die bisherige Stapo-Stelle Kattowitz nunmehr zur Stapo-*Leit*stelle für Oberschlesien erhoben und ihr die Stapo-Stelle Oppeln angegliedert wurde.[112]

Für den Bereich Niederschlesien hingegen behielt die Stapoleitstelle Breslau mit der angegliederten Stapostelle Liegnitz weiterhin die Zuständigkeit.[113] In diesem Zusammenhang ist wesentlich, dass sämtliche Staatspolizei(leit)stellen dem Gestapo-Hauptamt Berlin, d. h. dem Amt IV (Gestapo) des Reichssicherheitshauptamtes (RSHA) unmittelbar unterstellt waren.

Als Leiter der Staatspolizei(leit)stellen wurde jeweils ein Beamter des höheren Dienstes eingesetzt, d. h. ein Regierungsrat bzw. ein Oberregierungsrat im Range eines SS-Sturmbannführers oder SS-Obersturmbannführers,[114] so auch im Fall Biberstein. Nach dessen Einschätzung gehörte die Stapostelle Oppeln zu den „kleineren und ruhigsten Staatspolizeistellen".[115] Mittels jener Darstellung unternahm Biberstein offensichtlich den verteidigungstaktischen Versuch, dem US-amerikanischen Militärgericht II in Nürnberg eine Minimalisierung seines politischen, d. h. staatspolizeilichen Aufgaben- und Verantwortungsbereiches zu suggerieren. Jedoch war die Stapostelle Oppeln mit einem Mitarbeiterstab von immerhin 176 Personen (Stand: August 1941) im Gegensatz zu Bibersteins Angaben den größeren staatspolizeilichen Dienststellen zuzuordnen, wie ein Vergleich mit der *Leit*stelle

---

110 Ebd.

111 Preußisches Gesetz vom 20.12.1939, GS 1941, S. 1.

112 Zur Gliederung der Staatspolizei(leit)Stellen für den Raum Schlesien: Der Inspekteur der Geheimen Staatspolizei, in Vertretung Heydrich, D i e n s t a n w e i s u n g für die Ausübung der Oberleitung der Staatspolizeistelle Breslau gegenüber den Staatspolizeistellen Liegnitz und Oppeln vom 31.7.1934, BArch, R 58/ 241, fol. 14-17. Aus „Befehlsblatt" Nr. 15 vom 26.4.1941: *Organisation der Geh. Staatspol. in den Prov. Oberschlesien und Niederschlesien.* Runderlass des Reichsführers SS und der Deutschen Polizei im Reichsministerium des Innern vom 4.4.1941 – S II A 1 Nr. 245/41-168 –, BArch R 58/ 241, fol. 302.

113 Aus „Befehlsblatt" Nr. 15 vom 26.4.1941: *Organisation der Geh. Staatspol. in den Prov. Oberschlesien und Niederschlesien.* Runderlass des Reichsführers SS und der Deutschen Polizei im Reichsministerium des Innern vom 4.4.1941 – S II A 1 Nr. 245/41-168 –, BArch R 58/ 241, fol. 302.

114 Taschenbuch für Verwaltungsbeamte, Berlin 1942, S. 102-112, dort: Verzeichnis der Dienststellen der Sicherheitspolizei und des SD.

115 Zeugeneinvernahme Biberstein, StAN, Rep. 501, KV-Prozesse, Fall 9, A 32-33, S. 2801.

Breslau ergibt, die lediglich eine Personalstärke von 200 (Stand: August 1941) aufweisen konnte.[116]

Funktion und Arbeitsweise der Staatspolizei(leit)stellen gestaltete sich reichsweit nach dem Vorbild der Zentralinstanz, d. h. des Geheimes Staatspolizeiamtes Berlin, bevor es 1939 als Amt IV (Gestapo) in das Reichssicherheitshauptamt (RSHA) eingegliedert wurde. Dessen Aufbau wies die nachfolgende Gliederung auf:

Abt. I Organisation und Verwaltung
Abt. II Gesamte politisch-polizeiliche Tätigkeit mit Ausnahme der Spionage-Abwehr
Abt. III Spionage-Abwehr.[117]

Auf exakt jenes Aufbauschema bezog sich Biberstein, als er vor dem US Military Tribunal II in Nürnberg auf Nachfrage die Struktur und Funktion der Staatspolizeistelle Oppeln/Oberschlesien erläuterte:

„Eine Staatspolizeistelle gliedert sich in zwei Abteilungen.[118]

Die eine umfasst[e] die Personalien und Verwaltung und wurde von einem Polizeirat geleitet, die andere umfasste die eigentlichen Polizeiaufgaben und stand unter der Führung eines Kriminalrates.

Die eigentlichen Polizeiaufgaben waren wieder [nach Sachgebieten geordnet] in Referate unterteilt, die von Kriminalkommissaren geführt wurden, unter deren Leitung Kriminalbeamte arbeiteten. Die Aufgabe der Polizeiabteilung war, die Untersuchung gegen solche Personen zu führen, die wegen eines politischen Vergehens angezeigt waren.“[119]

Da die Stapostellen in Struktur und Organisation dem Reichssicherheitshauptamt (RSHA) nachgebildet waren, gab es in der Stapostelle Oppeln neben der „Polizeiabteilung“, d. h. der Exekutiv-Abteilung auch eine „Abteilung für jüdische Angelegenheiten“, führte Biberstein im Nürnberger Einsatzgruppenprozess aus.[120] Auch hier folgte er in seiner Darstellung dem Organisationsplan des Geheimen Staatspolizeiamtes Berlin, das seinen Aufgabenbereich wie folgt umriss:

„Die Aufgabe der Geheimen Staatspolizei ist:

(1) Die Ermittlung von politischen Straftaten.
(2) Polizeilicher Schutz des Staates,
Erforschung und Bekämpfung aller staatsfeindlichen Bestrebungen,
Ermittlung von politischen Ansichten im Volke, von wirtschaftlichen Störungen,
Beobachtung des gesamten politischen Lebens.“[121]

---

[116] Dienststellenverzeichnis der Sicherheitspolizei und des SD vom April 1943, BArch, R 58/ 415, nicht foliert.

[117] Organisation der Geheimen Staatspolizei, BArch, R 58/ 243, fol. 13-15, hier fol. 15.

[118] Andere Staatspolizei(leit)stellen wiesen eine Dreiteilung auf: Amt I (Organisation und Verwaltung), Amt II (Gesamte politisch-polizeiliche Tätigkeit mit Ausnahme der Spionageabwehr sowie der Gegner-Erforschung und -Bekämpfung), Amt III (Ausland, Abwehr).

[119] Zeugeneinvernahme Biberstein, StAN, Rep. 501, KV-Prozesse, Fall 9, A 32-33, S. 2800.

[120] Ebd., A 36-38, S. 3019.

[121] Organisation der Geheimen Staatspolizei, BArch, R 58/ 243, fol. 13-15, hier fol. 15.

3.3 Aufgabenbereiche und Zuständigkeiten als Gestapo-Chef

Was den „polizeilichen Schutz des Staates“ anbetraf, hatte die Gestapo gemäß dem dritten Gestapo-Gesetz vom 10. Februar 1936 „das Recht, Maßnahmen jeglicher Art zum Schutze der Allgemeinheit und des Staates zu ergreifen“,[122] wobei jedoch die „Verfügungen und Angelegenheiten der Geheimen Staatspolizei nicht der Nachprüfung durch die Verwaltungsgerichte [unterlagen].“[123] Infolge der in Kapitel III.1 beschriebenen Aufhebung aller rechtsstaatlichen Normen war Biberstein als dem Leiter einer Staatspolizeistelle somit ein großes Potential an Machtbefugnissen zuteil geworden, das er nunmehr in Eigenverantwortung und unter Einhaltung der regelmäßigen Berichterstattungspflicht an das Reichssicherheitshauptamt (RSHA) einzusetzen berechtigt war, wie Heydrich in Punkt 4 seiner Dienstanweisung für die Staatspolizei(leit)stellen vom 15. Mai 1940 erläuterte:

> „Im übrigen sind die Staatspolizeistellen *für die Erfüllung der staatspolizeilichen Aufgaben* in ihrem Bezirk selbständig *voll verantwortlich*, haben dem Reichssicherheitshauptamt unmittelbar zu berichten und erhalten von ihm unmittelbare Weisungen.“ [Kursivdruck vom Verf.].[124]

Hatte sich Bibersteins Aufgabengebiet seit seiner Aufnahme in die Allgemeine SS am 13. September 1936 unter gleichzeitiger Ernennung zum *Führer im SD* in ehrenamtlicher Funktion lediglich auf die Überwachung einer einzigen Person beschränkt, d. h. auf die seines Vorgesetzten, des Reichsministers für die kirchlichen Angelegenheiten Hanns Kerrl, so gehörte nunmehr gemäß nationalsozialistischer Doktrin die Überwachung und Bekämpfung aller so bezeichneten „Staatsfeinde“ oder „Volksschädlinge“, d. h. aller aus der *Volksgemeinschaft* Exkludierten zu seinem täglichen Aufgabenbereich.

Demzufolge gehörte neben der Überwachung der „Politischen Kirchen“ zu Bibersteins Aufgabengebiet, die antijüdische Gesetzgebung nach dem Vorbild des Amtes IV (Gestapo) im Reichssicherheitshauptamt (RSHA) durchzusetzen. Dabei war ihm – wie er vor dem US Military Tribunal II in Nürnberg darlegte – „die Möglichkeit [gegeben], vorbeugend und korrigierend in das öffentliche Leben einzugreifen.“[125] Offensichtlich bezog sich Biberstein hier auf einen sieben Seiten umfassenden Erlass, den der Reichs- und Preußische Minister des Innern Dr. iur. Wilhelm Frick am 14. Dezember 1937 als nicht öffentliches Dokument unter anderem auch den Staatspolizeistellen zugehen ließ und in dem er die Adressaten verpflichtete, „die [Volks-]Gemeinschaft vor jedem Schädling durch die hierzu erforderli-

---

[122] Ebd.

[123] *Gesetz über die Geheime Staatspolizei. Vom 10. Februar 1936*, in: Preußische Gesetze, S. 21.

[124] Der Chef der Sicherheitspolizei und des SD, *Dienstanweisungen für die Staatspolizeileitstellen* vom 15.5. 1940, BArch, R 58/ 243, fol. 290-291, hier fol. 291.

[125] Zeugeneinvernahme Biberstein, StAN, Rep. 501, KV-Prozesse, Fall 9, A 32-33, S. 2800.

chen Massnahmen zu schützen".[126] In Ergänzung zu jenem Erlass hatte Himmler in seiner Funktion als Reichsführer-SS und Chef der Deutschen Polizei am 4. April 1938 zudem detaillierte Richtlinien erlassen, die einen 19-seitigen Maßnahmenkatalog enthielten.[127] Welcher Art jene in euphemistischer NS-Diktion bezeichneten „vorbeugenden und korrigierenden Eingriffe in das öffentliche Leben" seitens der Stapo(leit)stellen waren, wird nachfolgend an einigen Beispielen aus Bibersteins Dienstalltag beschrieben.

In diesem Zusammenhang ist jedoch zu berücksichtigen, dass entsprechendes *amtliches* Schriftgut bezüglich der *einzelnen* verbrecherischen Handlungen Bibersteins nicht aufzufinden ist. Das beruht auf verschiedenen Ursachen. Zum einen lässt sich die desolate Quellenlage hinsichtlich der Stapostelle Oppeln/Oberschlesien daraus erklären, dass der Verwaltungsbezirk Oppeln aufgrund seiner geografischen Lage bereits zu einem sehr frühen Zeitpunkt von der Roten Armee überrollt worden war, sodass davon auszugehen ist, dass der damalige Leiter des Staatspolizeiamtes das gesamte brisante NS-Aktenmaterial zuvor entweder auf Weisung des Reichssicherheitshauptamtes (RSHA) ausgelagert oder aber vorsorglich gänzlich vernichtet haben könnte. Immerhin standen die Truppen der Roten Armee im Rahmen der „Operation Bagration" mit Stoßrichtung Berlin (Bild 25: Operation „Bagration") bereits am 19. August 1944 knapp 190 km entfernt von Oppeln. Im Oktober 1944 wurde die Stadt Oppeln zwar zur Festung ausgebaut, jedoch ging die Rote Armee am 16. Januar 1945 zu einer Großoffensive auf die Stadt über.

Zudem ist quellengesichert überliefert, dass die NS-Dienststellen auf Anweisung des Reichssicherheitshauptamtes (RSHA) gegen Kriegsende tonnenweise Akten schreddern ließen, um zu verhindern, dass diese den Alliierten in die Hände fielen. Im Hinblick auf die militärische Situation in Berlin ist zudem zu vermerken, dass infolge der Bombardierung des ehemaligen NS-Regierungsviertels in der Wilhelmstraße sowie in der Prinz-Albrecht-Straße 8, in der sich die Gestapo-Zentrale

---

[126] Abschrift. Der Reichs- und Preußische Minister des Innern, Pol. S-Kr. 3 Nr. 1682/37 – 2098 – Erlass vom 14.12.1937 An die Landesregierungen (außer Preußen) und den Reichskommissar für das Saarland, für Preußen: den Ministerpräsidenten, die Ober- und Regierungspräsidenten und den Polizeipräsidenten in Berlin. alle staatlichen Kriminalpolizeien (Reichskriminalpolizeiamt, Kriminalpolizeileitstellen, Kriminalpolizeistellen und Kriminalabteilungen. Nachrichtlich: An das Geheime Staatspolizeiamt und die Staatspolizei(leit)stellen. *Vorbeugende Verbrechensbekämpfung durch die Polizei*, BArch, R 58/ 473, fol. 46-49. Das Schreiben enthält den ausdrücklichen Vermerk „Nicht veröffentlicht".

[127] Reichskriminalpolizeiamt, Tgb. Nr. RKPA. 6001 250/38. Schreiben vom 4.4.1938 An die Landesregierungen (außer Preußen) und den Reichskommissar für das Saarland. für Preußen: An den Ministerpräsidenten und die Ober- und Regierungspräsidenten, den Polizeipräsidenten in Berlin. An alle staatlichen Kriminalpolizeien (Kriminalpolizeileitstellen, Kriminalpolizeistellen und Kriminalpolizeiabteilungen) Nachrichtlich: An das Geheime Staatspolizeiamt, die Inspekteure der Sicherheitspolizei, den Führer der SS-Totenkopfverbände und Inspekteur der Konzentrationslager, die Führerschule der Sicherheitspolizei, die Staatspolizei(leit)stellen. Richtlinien zum Erlass des RuPrMdI. v. 14.12.37 *Vorbeugenden Verbrechensbekämpfung durch die Polizei.* Pol. S-Kr. 3 Nr. 1682/37 – 2098 – BArch, R 58/ 473, fol. 63-72.

sowie Heydrichs Dienstsitz befanden, zwar nicht alle, jedoch ebenfalls zahlreiche Aktenbestände verbrannt sind. Ein Großteil ist auch rechtzeitig ausgelagert und beispielsweise in geheimen Stollen von Salzbergwerken versteckt worden, so der gesamte Aktenbestand des Reichsministeriums für die kirchlichen Angelegenheiten. Zwar gibt es im Bundesarchiv (BArch) in Berlin-Lichterfelde den Bestand *R 70-Polen/Polizeidienststellen in Polen*, in den als Teilbestand 145 Akteneinheiten der *Sammlung „NS-Archiv" des ehemaligen Ministeriums für Staatssicherheit der DDR* integriert wurden, aus denen sich jedoch lediglich ein einziger Hinweis auf Bibersteins Verbrechen als Gestapochef ermitteln ließ.

Von den zunächst insgesamt 158 Akteneinheiten der *Sammlung „NS-Archiv" des ehemaligen Ministeriums für Staatssicherheit der DDR* unterlagen 15 Akteneinheiten leider der Kassation. Möglicherweise befanden sich darunter stark beschädigte Aktenstücke, aus denen eventuelle Hinweise auf Bibersteins verbrecherische Handlungen hätten entnommen werden können.

Jedoch konnten in dem Archiv für schlesische Kirchengeschichte[128] ganz vereinzelt Hinweise zu Bibersteins verbrecherischen Handlungen während dessen Dienstzeit in Oppeln ermittelt werden. Demzufolge lassen sich Aussagen zu Bibersteins Aufgabenbereich und Zuständigkeiten als Gestapo-Chef sowie den daraus sich ergebenden *tatsächlich* erfolgten verbrecherischen Handlungen vornehmlich aus Ego-Dokumenten entnehmen, in diesem Fall aus Bibersteins Aussagen während der staatsanwaltschaftlichen Ermittlungen in dem britischen Internierungslager in Eselheide und in der Nürnberger Haftanstalt sowie aus seinen Einlassungen im Nürnberger Einsatzgruppenprozess, die jedoch entsprechend quellenkritisch zu werten sind, insofern, als Biberstein sich in einer Verteidigungsposition befand.

Im Nachfolgenden soll anhand der oben genannten spärlichen amtlichen Belege sowie aus Bibersteins Ego-Dokumenten dessen Dienstalltag rekonstruiert werden. Mögliche Tatmotivationen bleiben dabei unberücksichtigt, desgleichen Aspekte der US-amerikanischen Anklagebehörde und der Verteidigung, da alle drei Gegenstand des Kapitels IV sind.

---

[128] KURT ENGELBERT (Hrsg. im Auftrage des Instituts für ostdeutsche Kultur- und Kirchengeschichte): Archiv für schlesische Kirchengeschichte, Bd. XXIII, Hildesheim 1965.

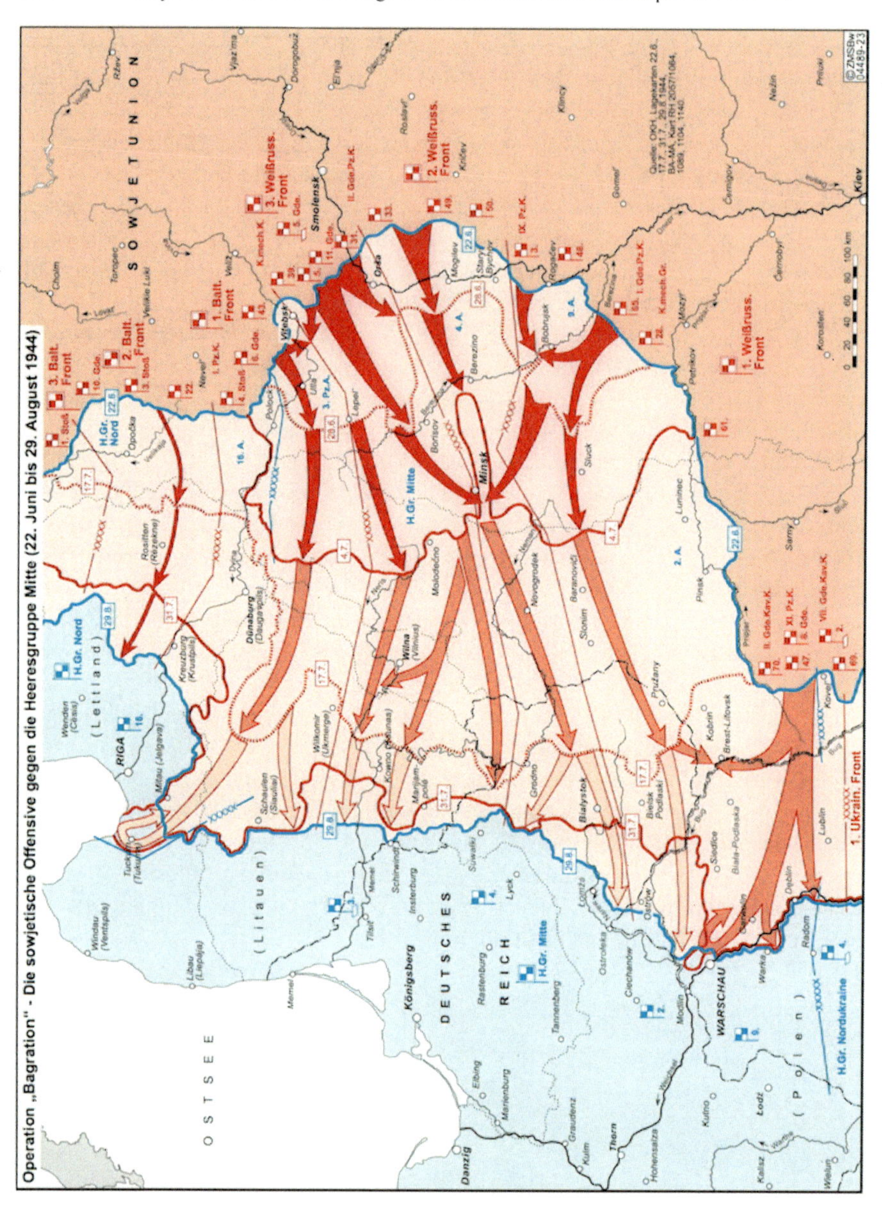

Bild 25: Operation „Bagration"mit Stoßrichtung Berlin. Die sowjetische Offensive gegen die Heeresgruppe Mitte, 1944. Zentrum für Militärgeschichte und Sozialwissenschaften der Bundeswehr. (Quelle: Bundeszentrale für politische Bildung. Zweiter Weltkrieg: Kriegswende).

Beantragung von „Schutzhaft" für Geistliche

Wie Biberstein vor dem US-amerikanischen Militärtribunal II in Nürnberg ausführlich darlegte, zählte zu der von ihm erwähnten „vorbeugenden Korrektur" seit Januar 1938 – somit bereits zweieinhalb Jahre *vor* Bibersteins Dienstantritt als Chef der Stapostelle Oppeln – auch die Anwendung der so bezeichneten *Schutzhaft*,[129] die er für Geistliche zwar nicht eigenmächtig anzuordnen befugt war, sondern die er beim Reichssicherheitshauptamt (RSHA) nach besonderen Vorschriften gemäß eines Schreibens Heydrichs vom 16. Mai 1940 zu beantragen hatte und die dann in dem nächstgelegenen Konzentrationslager zu vollziehen war.[130] Das Heydrich-Schreiben hatte folgenden Wortlaut:

> „Nach Inkrafttreten des grundlegenden Schutzhafterlasses des Reichsministers des Innern vom 29.1.1938 wurden bisher sämtliche Schutzhaftbefehle ausnahmslos vom Geheimen Staatspolizeiamt [Berlin] in vierfacher Ausfertigung angefertigt und den beantragenden Dienststellen in dreifacher Ausfertigung in *beglaubigter Form übersandt.*
>
> Durch die gebietsmäßige Vergrößerung des Reiches und die damit verbundene Zunahme der einzelnen Schutzhaftfälle kann dieses Verfahren zur Vermeidung von Verzögerungen nicht mehr beibehalten werden. Im formellen Verfahren tritt daher ab sofort folgende Regelung in Kraft:
>
> Die Anträge auf Anordnung von Schutzhaft sind nach wie vor [...] schriftlich unter Beifügung der erforderlichen Unterlagen, wie Personalbogen mit Lichtbild, Vernehmungsniederschrift und zwei blaue[n] Karteikarten (für Ausländer gelbe), beim Reichssicherheitshauptamt, Referat IV C 2 [Schutzhaftangelegenheiten], einzureichen und dabei gleichzeitig *zur Frage der Überführung der Schutzhäftlinge in ein Konzentrationslager Stellung zu nehmen.*" [Kursivdruck vom Verf.].[131]

Wesentlich ist der letzte Satz des Schreibens, denn gemäß jener Verordnung oblag Biberstein nicht nur die Antragstellung auf Anordnung der so bezeichneten

---

[129] *Gesetz über die Geheime Staatspolizei. Vom 10. Februar 1936*, in: Preußische Gesetze, S. 21. Pseudojuristische Grundlage der Schutzhaft war die Reichstagsbrandverordnung, d. h. die *Verordnung zum Schutz und Volk und Staat vom 28.2.1933*, durch die die Artikel 114, 115, 117, 118, 123, 124 und 153 der Weimarer Reichsverfassung bis auf Weiteres aufgehoben wurden. *Verordnung zum Schutz und Volk und Staat vom 28.2.1933*, in: Reichsgesetzblatt (RGBl.) I (1933), Nr. 17 vom 28.2.1933, S. 83. Vermeintliche Rechtsgrundlage für die Inhaftierung Geistlicher war insbesondere die dortige Aufhebung des Art. 118 der Weimarer Reichsverfassung (Meinungsfreiheit), wobei in Fragen der *Schutzhaft* mit nachträglicher Einweisung in ein Konzentrationslager aufgrund des Dritten Gestapo-Gesetzes vom 10.2.1933 der Rechtsweg von vorneherein ausgeschlossen war. Grundlage war dessen § 7: „Verfügungen und Angelegenheiten der Geheimen Staatspolizei unterliegen nicht der Nachprüfung durch die Verwaltungsgerichte

[130] Zeugeneinvernahme Biberstein, StAN, Rep. 501, KV-Prozesse, Fall 9, A 32-33, S. 2800.

[131] Der Chef der Sicherheitspolizei und des SD an (a) das Reichsicherheitshauptamt (Verteiler C), (b) alle Staatspolizeileit- und -stellen, (c) die Kommandeure der Sicherheitspolizei und des SD. Nachrichtlich an (d) die Höheren SS- und Polizeiführer, (e) die Befehlshaber der Sicherheitspolizei und des SD, (f) die Inspekteure der Sicherheitspolizei und des SD, (g) den Inspekteur der Konzentrationslager (mit 15 Überdrucken für die Lager, Schreiben vom 16.5.1940 btr. *Schutzhaft*, BArch, R 58/ 1027, fol. 131-132, hier fol. 131. [Unterstreichung vom Verf.].

Schutzhaft, sondern ebenso die diesbezügliche Stellungnahme hinsichtlich einer Einweisung des „Beschuldigten" in das nächstgelegene Konzentrationslager – im Verwaltungsbezirk Oppeln/Oberschlesien demzufolge in das KZ Auschwitz – wobei das Reichssicherheitshauptamt (RSHA) in der Regel dem jeweiligen Vorschlag des Dienststellenleiters der Stapostelle entsprach.

In den beiden eidesstattlichen Erklärungen vom 29. Juni und vom 2. Juli 1947[132] sowie während der beiden Zeugeneinvernahmen seitens der US-staatsanwaltschaftlichen Ermittlungen am 29. Juni und 18. August 1947[133] und ebenso während des sieben Monate andauernden Verfahrens vor dem US Military Tribunal II in Nürnberg – in dem er am 20./21. und 24./25. November 1947 jeweils in den mehrstündigen Vor- und Nachmittagssitzungen verhört wurde – leugnete Biberstein jedoch hartnäckig, jemals irgendwelche Personen in ein Konzentrationslager eingewiesen bzw. diese dem Reichssicherheitshauptamt (RSHA) zur Einweisung vorgeschlagen zu haben. So argumentierte er in der bekannt verschleiernden Form:

> „Die Einweisung erfolgte, wenn eine erfolgte, durch das Reichssicherheitshauptamt. Zu meiner Zeit kam nach meiner besten Erinnerung in dem Gebiet der Staatspolizeistelle Oppeln keine Einweisung vor. Ich erinnere aber – allerdings in Erinnerung habe ich nur einen Fall – dass jemand aus dem Konzentrationslager entlassen wurde."[134]

Andererseits räumte er im gleichen Atemzug einschränkend ein, dass – sofern doch jemand dem Reichssicherheitshauptamt (RSHA) zur Einweisung in ein Konzentrationslager vorgeschlagen worden sein sollte – der Behördengang folgendermaßen abgelaufen sei:

> „Der ganze Vorgang wurde von dem Abteilungsleiter bearbeitet, kam dann über den Kriminalrat als Leiter der eigentlichen Polizeiabteilungen – der die [d. h. den Vorschlag zur Einweisung in ein KZ] genau überprüfte – zu mir."[135]

Während des Gerichtsverfahrens vor dem US Military Tribunal II in Nürnberg war Biberstein stets bestrebt, sich von dem verbrecherischen Geschehen in der Weise zu distanzieren, dass er den eigenen Verantwortungsbereich jeweils seinen Un-

---

[132] Ernst Biberstein, Eidesstattliche Erklärung vom 29. Juni 1947, StAN, Rep. 501, KV-Prozesse, Fall 9, B 1. Ernst Biberstein, Eidesstattliche Erklärung vom 2. Juli 1947, StAN, Rep. 502, KV-Anklage, Dokumente, Fotokopien, NO-4314, S. 1-3.

[133] Personal Data Sheet, Ernst Biberstein, Office of the U. S. Chief of Counsel/ Subsequent Proceedings Division, p. 1-3, Anlagen zu Interrogation Nr. 1499-A, Zeugeneinvernahme des Ernst Emil Heinrich Biberstein durch Mr. Wartenberg am 29. Juni 1947, 10.00-11.15 Uhr auf Veranlassung von Mr. Walton und Glancy, StAN, Rep. 502, KV-Anklage, Interrogations, B-75, S. 1-16. Office of Chief of Counsel für War Crimes, Evidence Division. Attorney's Request for Interrogation, Interrogation Nr. 1552. Zeugeneinvernahme des Ernst Emil Heinrich Biberstein durch Mr. De Vries am 18. August 1947, 14.00-15.00 Uhr, StAN, Rep. 502, KV-Anklage, Interrogations, B-75, S. 1-3.

[134] Zeugeneinvernahme Biberstein, StAN, Rep. 501, KV-Prozesse, Fall 9, A 32-33, S. 2802-2805, Zitat S. 2805.

[135] Ebd.

tergebenen zuschob,[136] im vorliegenden Fall seinem Abteilungsleiter sowie dem zuständigen Kriminalrat. Gleichwohl identifizierte er sich jedoch mit dem herrschenden nationalsozialistischen Normen- und Wertesystem, indem er beispielsweise Geistliche, die ihre Meinungsfreiheit hinsichtlich des Hitler-Regimes in Anspruch nahmen, mit dem Begriff *Staatsfeinde* belegte. Darüber hinaus verstand er den rechtswidrigen „vorbeugenden und korrigierenden Eingriff in das öffentliche Leben" durchaus als einen „rechtmäßigen" Akt, wie er dem US Military Tribunal II gegenüber erläuterte.[137]

Mit dem Hinweis auf die neu installierte „nationalsozialistische Rechtsordnung" und dem zusätzlichen Verweis „diese Bestimmungen sind auch nicht vor mir getroffen worden" versuchte Biberstein zudem, die eigene Handlungsweise nachträglich vor sich selbst zu legitimieren.[138] Hinsichtlich der neu installierten „nationalistischen Rechtsordnung" rekurrierte er damit auf den bereits erwähnten Vortrag des Verwaltungsjuristen und SS-Brigadeführers Dr. iur. Werner Best, den jener als Chef des Amtes I im Reichssicherheitshauptamt (RSHA) am 29. Januar 1940 in Berlin anlässlich der Arbeitstagung der Höheren SS- und Polizeiführer (HSSPF) sowie der Inspekteure der Sicherheitspolizei gehalten hatte und in welchem alle staatliche Tätigkeit – somit auch die Tätigkeit der Stapo(leit)stellen – gerade *nicht* als Vollzug verfassungsmäßiger Gesetze verstanden wurde.

> „sondern als die Ausübung notwendiger Funktionen des Volksorganismus', der als *überpersönliche* und *überzeitliche Gesamtwesenheit* von einheitlicher und eigentümlicher [arteigener] Bluts- und Seelenprägung begriffen wird und in einem „Führer" ein *völkisches Gesamtbewußtsein* und einen *völkischen Gesamtwillen* entwickelt. Eine der wichtigsten und notwendigsten Funktionen eines Organismus' ist der Selbstschutz gegen Gefahren, die seine Existenz bedrohen." [Unterstreichung im Original, Kursivdruck vom Verfasser].[139]

Unter Verweis auf die Maßnahmen zum „Selbstschutz" gegen vermeintliche Gefahren durch so bezeichnete „Staatsfeinde", die angeblich die „Existenz des Staates" bedrohten, intendierte Biberstein vor sich selbst als auch vor dem US Military Tribunal II, das Idealbild eines korrekten und integren, jederzeit moralisch und gemäß der „damals gültigen Gesetzgebung" handelnden SS-Offiziers aufrecht zu halten, wobei die Rechtswidrigkeit jener NS-Gesetzgebung aus dem Bewusstsein

---

[136] Jene Verteidigungsstrategie wurde von weiteren Angeklagten des Nürnberger Einsatzgruppenprozesses benutzt. Dieser Aspekt wird in Kapitel IV genauer zu beleuchten sein.

[137] Zeugeneinvernahme Biberstein, StAN, Rep. 501, KV-Prozesse, Fall 9, A 32-33, S. 2800.

[138] Ebd., S. 2802-2805, Zitat S. 2805.

[139] *Der Aufbau der Sicherheitspolizei und des SD einschließlich des Reichssicherheitshauptamtes unter besonderer Berücksichtigung der Stellung und der Aufgaben der Inspekteure der Sicherheitspolizei und des SD.* Vortrag des Verwaltungsjuristen und SS-Brigadeführer Dr. iur. Werner Best, Chef des Amtes I im Reichssicherheitshauptamt (RSHA), gehalten am 29. Januar 1940 in Berlin anlässlich der Arbeitstagung der Höheren SS- und Polizeiführer (HSSPF) sowie der Inspekteure der Sicherheitspolizei, BArch., R 58/ 243, fol. 244-248 (V+R), hier fol. 244 (R).

der 24 vor dem US Military Tribunal II angeklagten NS-Gewalttäter offensichtlich stets ausgeblendet schien. Es war ein Charakteristikum des Nürnberger Einsatzgruppenprozesses, dass der überwiegende Teil jener Angeklagten nach dem oben aufgezeigten Muster die von ihnen begangenen Verbrechen zu rechtfertigen, ja zu legitimieren suchte.[140] Dennoch ist im Hinblick auf Biberstein anzumerken, dass durch die obligatorisch zu erfolgenden Monatsberichte der Staatspolizeistelle Oppeln/Oberschlesien an das Reichssicherheitshauptamt (RSHA) – die Biberstein zudem weisungsgemäß eigenhändig zu unterzeichnen hatte –[141] eindeutig belegt ist, dass die Einweisung von zwei Geistlichen in das KZ Auschwitz seitens des Reichssicherheitshauptamtes (RSHA) auf Bibersteins Vorschlag hin durchgeführt worden war.[142] Allerdings befanden sich jene Monatsberichte zum Zeitpunkt des US-amerikanischen Militärgerichtsverfahrens in Nürnberg im Gewahrsam der sowjetischen Besatzungsbehörden und waren demzufolge weder der US-amerikanischen Anklagebehörde noch dem Richterkollegium bekannt. Ob die beiden Geistlichen in Auschwitz umgekommen oder sie – wie Biberstein im Nürnberger Einsatzgruppenprozess erläuterte – „lediglich zur Zwangsarbeit" herangezogen worden seien, lässt sich auch durch reichsamtliche Schriftstücke nicht klären.

Jedoch vermerkt das *Archiv für schlesische Kirchengeschichte* für den Regierungsbezirk Oppeln/Oberschlesien unter dem Rubrum „Eingesperrte oder ausgewiesene Geistliche" für die Jahre 1941/42 mehrere Exekutivmaßnahmen seitens der Stapostelle Oppeln, die zu jenem Zeitpunkt unter Bibersteins Verantwortung stand. So wurde gegen den katholischen Geistlichen Alois Gross „Schutzhaft" erlassen, und es erfolgte dessen Einweisung in ein nächstgelegenes KZ, hier in das KZ Auschwitz. Die fadenscheinige Begründung lautete:

> „Gross Alois, Kuratialpfarrer in Auendorf, Groß-Strehlitz, [. . .] wurde am 4.12.1941 von der Gestapo Oppeln verhaftet, weil er am Sonntag vorher im Kindergottesdienst nach Verlesung des Hirtenbriefes Bemerkungen gemacht hatte, die beanstandet wurden [. . .].
>
> In dem von der Berliner Zentrale [d. h. dem Reichssicherheitshauptamt] unterm 9.2.1942 gegen ihn erlassenen Schutzhaftbefehl wird ihm zum Vorwurf gemacht, er unternehme es, durch öffentliche Erörterungen die Geschlossenheit der inneren Front zu untergraben."[143]

---

[140] Dieses Faktum wird in Kapitel IV im Vergleich mit exemplarisch ausgewählten angeklagten NS-Gewalttätern des Nürnberger Einsatzgruppenprozesses genauer analysiert werden.

[141] Zeugeneinvernahme Biberstein, StAN, Rep. 501, KV-Prozesse, Fall 9, A 32-33, S. 2806.

[142] Sicherheitsdienst des Reichsführers SS, SD-Hauptamt. Monatsberichte über Kirchen und Maßnahmen. Hier: Ernst Biberstein: Monatsberichte der Gestapostelle Oppeln vom 2.8.1941, 5.2.1942, 3.3.1942, 2.4.1942, BArch, ZA I.1549.

[143] Schlesische Priester im Dritten Reich. Nach Aufzeichnungen des Kapitularvikars Bischof Dr. F. Piontek, in: ARCHIV FÜR SCHLESISCHE KIRCHENGESCHICHTE, Bd. XXIII, im Auftrage des Instituts für ostdeutsche Kultur- und Kirchengeschichte herausgegeben von Dr. Kurt Engelbert, Hildesheim 1965, S. 221-242, hier S. 232.

Jener in euphemistischer Diktion bezeichnete *Schutzhaft*befehl konnte jedoch erst aufgrund einer Meldung und Antragstellung seitens des Leiters der Gestapostelle erteilt werden, d. h. im Falle des katholischen Geistlichen Gross auf Bibersteins Vorschlag. Desgleichen wurde Walter Jaeschke, katholischer Pfarrer in Gumpertsdorf (Combrachtschütz), Kreis Oppeln, am 23. Januar 1942 verhaftet und unter der Anschuldigung, Lebensmittel gehamstert zu haben, in das Polizeigefängnis Oppeln gebracht.[144]

Auch die Ausweisung zweier katholischer Geistlicher aus Bibersteins Amtsgebiet und aus weiteren Regierungsbezirken ist quellendokumentarisch belegt. Der Priester Georg Wyrwol wurde beschuldigt, „staatspolitisch unangenehm in Erscheinung getreten" zu sein, der Pfarrer Karl Strawinoga wurde ausgewiesen, weil er den Choral „Christ ist erstanden" versehentlich nicht in deutscher Sprache, sondern in der bisher üblichen polnischen Fassung angestimmt hatte. Jene Ausweisung kam einem Berufsverbot gleich, insofern, als „Delikte" dieser Art von der Gestapo grundsätzlich als Absicht einer gezielten Polonisierung gewertet wurden.

> „Wyrwol Georg, Kaplan in Rutenau, Kreis Oppeln, wurde von der Gestapo Oppeln am 13.7.1941 aus den Regierungsbezirken Oppeln, Kattowitz, Troppau, Frankfurt an der Oder, sowie aus dem Warthegau, Danzig, Westpreußen und Ostpreußen ausgewiesen, weil er staatspolitisch unangenehm in Erscheinung getreten [ist]."[145]

> „Strawinoga Karl, Pfarrer im Haselgrund (Deutsch-Zernitz), Kreis Trost-Gleiwitz, Ehrenpriester, erhielt im Juli 1942 von der Gestapo [Oppeln] Aufenthaltsverbot für Oberschlesien, Warthegau und Danzig, Westpreußen. Er hatte bei der Auferstehungsprozession nicht ‚Christ ist erstanden' angestimmt, sondern aus Versehen das früher übliche ‚Chrystus zmartwychstan jest'."[146]

Im Zusammenhang mit der Meldung von Geistlichen an das Reichssicherheitshauptamt (RSHA) wegen Geringfügigkeiten oder gar wegen des *Verdachts* von „Vergehen", jedoch mit der Konsequenz, dass in der Regel auf Vorschlag des Stapostellenleiters deren Einweisung in das jeweilige Konzentrationslager erfolgte, sollten die nachfolgenden Ereignisse nicht unerwähnt bleiben.

Bereits während des Überfalls auf Polen wurden vom 1. September bis zum 20. November 1939 Einsatzgruppen eingesetzt, deren politischer Auftrag darin bestand, sowohl die polnische Intelligenz als auch die Juden zu eliminieren. Die Zahl der Opfer jener „Bekämpfung feindlicher Elemente" betrug 15.000.[147] So wurden von dem Einsatzkommando 2 der Einsatzgruppe II,[148] das unter Leitung

---

[144] Ebd.

[145] Ebd., S. 230.

[146] Ebd., S. 234.

[147] ISRAEL GUTMAN (Hrsg.): Enzyklopädie des Holocaust. Die Verfolgung und Ermordung der europäischen Juden, Bd. I (A-G), München 1998, S. 393-395.

[148] Leiter der Einsatzgruppe II war SS-Standartenführer Dr. Emanuel Schäfer. Er hatte zunächst von Mai 1934 bis September 1939 die Leitung der Stapostelle Oppeln/Oberschlesien innegehabt

des SS-Obersturmbannführer Otto Sens stand,[149] unter dem Vorwurf, „Staatsfeinde“ zu sein, namhafte Geistliche der evangelischen Kirche in Polen in „Schutzhaft“ genommen, so am 3. Oktober 1939 der Bischof von Warschau, D. Julius Bursche, dem Heydrich unter anderem die „Polonisierung“ der Evangelisch-Augsburgischen Kirchengemeinden in Großpolen, Oberschlesien und Galizien zur Last legte.[150] Wenige Tage zuvor, am 28. September 1939, war der Pfarrer der Evangelisch-Augsburgischen Gemeinde in Radom, Edmund Fritschke, unter dem Vorwurf, „entschiedener Anhänger des berüchtigtem Renegaten Dr. Bursche in Warschau [zu sein und] als verantwortlicher Führer einer Gemeinde von 4500 Seelen [versucht zu haben], diese systematisch dem Polentum zuzuführen“,[151] vom gleichen Einsatzkommando, als „Staatsfeind“ in „Schutzhaft“ genommen worden.[152]

Die Durchführung der so bezeichneten „Schutzhaft“ geschah in der Regel im nächstgelegenen Konzentrationslager. Jedoch wurde Bursche im Januar 1940 in das KZ Sachsenhausen eingewiesen, wo er zwei Jahre später unter ungeklärten Umständen verstarb. Fritschke wurde im Dezember 1939 zunächst nach Sachenhausen deportiert, sodann nach Dachau. Dort wurde er 1945 von der amerikanischen Armee befreit.

Verschärfte Vernehmungsmethoden gegenüber „Staatsfeinden“

Bibersteins Amtsbefugnis beinhaltete des Weiteren die Anordnung und Durchführung der „verschärften Vernehmung“, d. h. der Folter, die vom Amt IV (Gestapo) im Reichssicherheitshauptamt (RSHA) für genau definierte Personengruppen, unter anderem auch für „politische Geistliche“ sanktioniert worden war, wobei „Kommunisten und Marxisten, polnische oder sowjetrussische Arbeitsverweigerer oder Bummelanten“ aufgrund ihrer Weltanschauung zu den „Staatsfeinden“ par excellence gezählt wurden. Dazu heißt es in der entsprechenden Durchführungsverordnung, die auch an alle Stapo(leit)stellen – somit auch an Biberstein – ergangen war:

> „Verschärfte Vernehmung darf nur angewendet werden, wenn aufgrund des Vorermittlungsergebnisses festgestellt ist, dass der Häftling über wichtige staats- oder reichsfeindliche Sachverhalte, Verbindungen oder Planungen *Auskunft* geben kann, seine Kenntnisse aber nicht preisgeben will und im Ermittlungswege nicht feststellbar sind [...].

---

und war der Vorgänger des bereits erwähnten Regierungsrates SS-Sturmbannführers Dr. Joachim Deumling, der wiederum von Biberstein abgelöst wurde.

[149] Das Einsatzkommando 2 der Einsatzgruppe II sammelte sich in *Oppeln* und operierte in Radomsko, das in der Wojewodschaft Łódź liegt sowie in Kónskie. www.deathcamps.orgoccupationeinsatzkommandos.htm; 3.8.2015.

[150] RSHA, Amt II 1133, Aktennotiz vom 6.10.1939 btr. D. Julius Bursche, Bischof der evangelischen Kirche in Polen, BArch, R 58/ 5767, T. I, fol. 34 (V+R).

[151] Ebd., fol. 55.

[152] Ebd.

Die verschärfte Vernehmung darf unter diesen Voraussetzungen nur angewendet werden gegen *Kommunisten, Marxisten, Bibelforscher*, Saboteure, Terroristen, Angehörige der Widerstandsbewegungen, Fallschirmagenten, Asoziale, *polnische oder sowjetrussische Arbeitsverweigerer oder Bummelanten* [...].

Die Verschärfung kann je nach Sachlage u. a. bestehen in:

einfachste[r] Verpflegung (Wasser und Brot),
hartes Lager,
Dunkelzelle, Schlafentzug,
Ermüdungsübungen,
aber auch in der Verabreichung von Stockhieben (bei mehr als 20 Stockhieben muss ein Arzt beigezogen werden)." [Kursivdruck vom Verf.].[153]

Der Erlass sah ferner vor, dass Art und Umfang der Foltermaßnahmen in *schriftlicher* Form von dem Dienststellenleiter der jeweiligen Stapo(leit)stelle *persönlich* zu genehmigen waren, bei dessen Abwesenheit auch von dessen Vertreter.[154] Eine diesbezügliche Erklärung, die zugleich als Empfangsbestätigung diente, war vom Leiter der Stapo(leit)stelle weisungsgermäß umgehend an das Reichssicherheitshauptamt, Amt IV (Gestapo), z. Hd. SS-Gruppenführer Heinrich Müller, zurückzusenden.[155] Zudem hatte Heydrich hinsichtlich der Anwendung von Foltermaßnahmen bereits ein Dreivierteljahr zuvor eine Richtlinie als „Geheime Reichssache" ebenfalls an alle Stapo(leit)stellen erlassen, aus deren Wortlaut eindeutig zu entnehmen ist, dass die Entscheidung über die Anwendung der „verschärften Vernehmungsmittel" vom *Leiter* der Stapo-(leit)stelle in persönlicher Verantwortung selbst zu treffen sei. Gleichzeitig verpflichtete er die Dienststellenleiter zur Belehrung der nachgeordneten Beamtenschaft in regelmäßigem Turnus.[156]

„(1) Es besteht Veranlassung, meinen Erlass vom 1.7.37 [...] in Erinnerung zu bringen. Die auf Seite 6 [...] befohlene wiederkehrende Belehrung der Beamten [durch den Leiter der Stapostelle] ist mindestens vierteljährlich durchzuführen.

(2) Der Erlass vom 1.7.1937 gilt auch hinsichtlich der Polen und Sowjetrussen.
Dies jedoch mit der Maßgabe, dass (a) die Entscheidung über die Anwendung des verschärften Vernehmungsmittels nach den im vorgenannten Erlaß gegebenen Richtlinien

[153] Chef der Sicherheitspolizei und des SD, B. Nr. IV – 226/42 geh. Rs., Erlass vom 12.6.1942 als Geheime Reichssache an alle Befehlshaber d. Sicherheitspolizei u. d. SD, an die Leiter der Gruppe IVA – IVD des RSHA, an alle Kommandeure der Sicherheitspolizei und des SD, an alle Leiter der Stapo(leit)stellen, nachrichtlich an die Inspekteure d. Sicherheitspolizei und des SD, btr. *Verschärfte Vernehmung* [Unterstreichung vom Verf.], BArch, R 58/ 243, fol. 337-340, hier fol. 337-338.

[154] Ebd. fol. 338-339.

[155] Ebd., fol. 340.

[156] Der Chef der Sicherheitspolizei und des SD (B. Nr. IV – 301/37 geh. Rs.) an die Leiter der Staatspolizei(leit)stellen und Kommandeure der Sicherheitspolizei und des SD, nachrichtlich an die Inspekteure der Sicherheitspolizei und des SD, die Befehlshaber der Sicherheitspolizei und des SD, Erlass vom 6.10.1941 btr. Anwendung verschärfter Vernehmungsmittel [Unterstreichung im Original], BArch, R 58/ 243, fol. 337-340, hier fol. 326-328.

> vom *Leiter der Stapo(leit)stelle* [...] in *persönlicher Verantwortung* selbst getroffen wird.“ [Kursivdruck vom Verf.].[157]

Die oben – lediglich exemplarisch – genannten Belege lassen vermuten, dass Biberstein gegenüber dem US Military Tribunal II in Nürnberg die von ihm vorgeschobenen Einwände „Nichtwissen“ oder „Unkenntnis in juristischen Dingen“ als Verteidigungsstrategie benutzte. Zumindest ist davon auszugehen, dass er durchaus Kenntnis über die Anwendung von Folterungen hatte, die aufgrund der beiden Heydrich-Erlasse vom 1. Juli 1937 und vom 6. Oktober 1940 grundsätzlich nicht aktenkundig gemacht werden durften und dass zudem der diesbezügliche Schriftverkehr Verschlusssache war. Dementsprechend heißt es in dem Erlass, den Heydrich bereits 1937 herausgegeben hatte:

> „Ein Einzelfall gibt mir Veranlassung, darauf hinzuweisen, daß die Anwendung verschärfter Vernehmungsmethoden auf keinen Fall aktenkundig gemacht werden darf [...].
>
> Der gesamte Schriftwechsel, der sich durch die Einholung der Genehmigung verschärfter Vernehmungsmethoden beim Geheimen Staatspolizeiamt ergibt, ist vom *Leiter der Staatspolizeistelle* [...] *persönlich* unter Verschluss aufzubewahren.“ [Kursivdruck vom Verf.].[158]

Da sämtliche an die Stapo(leit)stellen adressierten Erlasse sowie die Richtlinien Heydrichs und Himmlers als „Geheime Reichssache“ deklariert und demzufolge ausschließlich vom *Leiter* der Stapo(leit)stelle und nur gegen Quittung in Empfang genommen werden durften, erscheint es plausibel, dass Biberstein mit deren Inhalt und den diesbezüglichen Ausführungsbestimmungen durchaus bestens vertraut gewesen sein dürfte. Jedoch ist das aufgrund der oben beschriebenen Quellenlage nicht eindeutig dokumentarisch zu belegen. Zwar kann im Fall Biberstein schon aufgrund der überaus positiven dienstlichen Beurteilungen in dessen SS-Personalakte, die regelmäßig vom SD-Hauptamt während Bibersteins Tätigkeit im Reichsministerium für die kirchlichen Angelegenheiten erfolgt sind, von einer Ordnungsmäßigkeit der Amtsführung auch während seiner Dienstzeit in Oppeln ausgegangen werden, zumal er sich als Gestapo-Chef zu bewähren hatte, um von Seiten Heydrichs als Anwärter einer frei zu werdenden Polizeipräsidentenstelle überhaupt in Erwägung gezogen zu werden. Insofern ist zu vermuten, dass Biberstein als „beflissener und korrekter NS-Beamter“ gemäß dem nationalsozialistischen Ethos die Erlasse des Reichssicherheitshauptamtes (RSHA) gewissenhaft

---

[157] Ebd., fol. 326-327.

[158] Der Chef der Sicherheitspolizei und des SD (B. Nr. IV – 301/37 geh. Rs.) an die Leiter der Staatspolizei(leit)stellen und Kommandeure der Sicherheitspolizei und des SD, nachrichtlich an die Inspekteure der Sicherheitspolizei und des SD, die Befehlshaber der Sicherheitspolizei und des SD, Erlass vom 6.10.1941 btr. Anwendung verschärfter Vernehmungsmittel [Unterstreichung im Original], BArch, R 58/ 243, fol. 154a.

ausgeführt sowie alle wichtigen staatspolizeilichen Vorkommnisse seiner Dienststelle akribisch dokumentiert und dem Reichssicherheitshauptamt (RSHA) übermittelt hat.

Wie oben erwähnt, hatte Biberstein im Rahmen seiner Dienstobliegenheiten die Verpflichtung, die Beamten der entsprechenden Referate seiner Dienststelle regelmäßig in die jeweiligen Ausführungsbestimmungen der aus dem Reichssicherheitshauptamt (RSHA) kommenden Weisungen einzuführen und sie darüber hinaus in „mindestens vierteljährlichen Intervallen wiederkehrend zu belehren", wie aus dem Erlass vom 6. Oktober 1941 hervorgeht.[159] Das galt insbesondere hinsichtlich der Durchführung von Foltermaßnahmen.[160] Jedoch fehlen entsprechende amtliche Quellen, die eindeutig belegen, ob Biberstein die Heydrich-Erlasse tatsächlich pflichtgemäß gelesen und ob er der Dienstobliegenheit hinsichtlich der regelmäßigen Belehrung seiner Untergebenen de facto nachgekommen ist. Diesbezügliche Aussagen hätten nur von den Untergebenen seiner Dienststelle getätigt werden können, etwa im Rahmen eines gegen Biberstein eingeleiteten Disziplinarverfahrens seitens des Reichssicherheitshauptamtes (RSHA) während dessen Amtszeit in Oppeln. Eine derartige Maßnahme ist jedoch in Bibersteins SS-Personalakte nicht enthalten.

Da gemäß dem Heydrich-Erlass die „verschärften Vernehmungen", d. h. Foltermethoden, nicht aktenkundig gemacht werden durften, lässt sich auch nicht gerichtsverwertbar nachweisen, ob solche während Bibersteins Dienstzeit von den Beamten seiner Exekutivabteilung tatsächlich angewandt worden sind, es sei denn, es gäbe diesbezügliche Zeugenaussagen gefolterter Personen. Da jedoch gegen Biberstein aufgrund des juristischen Grundsatzes „ne bis idem" auch seitens bundesdeutscher Staatsanwaltschaften nicht weiter ermittelt wurde – desgleichen nicht gegen die ihm unterstellten Beamten –, erübrigt sich die Frage hinsichtlich der Suche nach gefolterten Zeugen in dem hauseigenen Gestapo-Gefängnis in Oppeln. So ist beispielsweise als „Geheime Reichssache" lediglich die Festnahme von 74 Oppositionellen übermittelt, nicht jedoch, was danach im Rahmen der von Biberstein genannten „Präventivmaßnahmen" erfolgte.

> „Stapo Oppeln berichtet über die Festnahme von 74 ehemaligen polnischen Kommunisten in den Kreisen Warthenau und Blachstädt aus *präventivpolizeilichen* Gründen." [Kursivdruck vom Verf.].[161]

---

[159] BArch, R 58/ 243, fol. 326-328.

[160] Ebd.

[161] Der Chef der Sicherheitspolizei und des SD IV A 1 – B. Nr. 1 B/41 g. Rs., Ereignismeldung UdSSR Nr. 11 vom 3. Juli 1941, BArch, R 58/ 214, fol. 1.

Deportationen der über 65-jährigen Juden in das Ghetto Theresienstadt

Zur Durchsetzung der antijüdischen Gesetzgebung seitens der Stapo(leit)stellen gehörte des Weiteren die Deportation aller über 65-jährigen Juden in das Ghetto Theresienstadt. Die Errichtung jenes mit dem euphemistischen Tarnbegriff bezeichneten „Altersghettos" hatte Heydrich während der Wannsee-Konferenz am 20. Januar 1942 mit der nachfolgenden Begründung bekannt gegeben:

> „Inzwischen hat der Reichsführer SS und Chef der deutschen Polizei [Heinrich Himmler] im Hinblick auf die Gefahren einer Auswanderung im Kriege und im Hinblick auf die Möglichkeiten des Ostens die Auswanderung von Juden verboten.
>
> Anstelle der Auswanderung ist nunmehr als weitere Möglichkeit *nach entsprechender vorheriger Genehmigung durch den Führer* die Evakuierung[162] der Juden nach dem Osten getreten. [...].
>
> Im Zuge dieser Endlösung der europäischen Judenfrage kommen rund *11 Millionen Juden* in Betracht [...].
>
> Im Zuge der praktischen Endlösung wird Europa von Westen nach Osten durchkämmt [...]. Die evakuierten Juden werden zunächst Zug um Zug in sogenannte Durchgangsghettos verbracht, um von dort aus weiter nach dem Osten transportiert zu werden [...].[163]
>
> Es ist beabsichtigt, Juden im Alter von über 65 Jahren nicht zu evakuieren [exekutieren], sondern sie einem Altersghetto – vorgesehen ist Theresienstadt – zu überstellen [...].
>
> Neben diesen Altersklassen [...] finden in den jüdischen Altersghettos weiterhin die schwerkriegsbeschädigten Juden und Juden mit Kriegsauszeichnung (EK I) [Eisernes Kreuz I] Aufnahme." [Kursivdruck vom Verf.].[164]

Wie Heydrich des Weiteren auf der Wannsee-Konferenz vom 20. Januar 1942 verlauten ließ, verfolgte er mit der Errichtung eines in euphemistischer Diktion bezeichneten „Altersghettos" in Theresienstadt zudem propagandistische Zwecke, insofern, als „mit einem Schlag die Interventionen [seitens des Auslands und des Roten Kreuzes] ausgeschaltet"[165] würden. Zum anderen konnte er insbesondere gegenüber dem Ausland die Umsiedlungslegende unter der Tarnbezeichnung „Wohnsitzverlegung nach Theresienstadt" aufrechterhalten.

Hinsichtlich der Frage, ob Biberstein an der Deportation der Juden aus seinem Verwaltungsbezirk, d. h. aus ganz Oberschlesien, in das Ghetto Theresien-

---

[162] Die Begriffe *Evakuierung*, *Endlösung*, *Behandlung*, *Sonderbehandlung*, wurden seitens des NS-Apparates als euphemistische Tarnbezeichnungen für die physische Vernichtung der europäischen Juden verwendet.

[163] Allein in den im Generalgouvernement gelegenen Vernichtungslagern Bełżec, Sobibór, Lublin-Majdanek (Distrikt Lublin) sowie in Treblinka (Distrikt Warschau) wurden ab Juli 1942 im Rahmen der unter der Tarnbezeichnung „Aktion Reinhard" angelaufenen Tötungsaktion mehr als 2 Millionen polnischer Juden und etwa 50.000 polnische Sinti und Roma ermordet.

[164] Protokoll der Wannsee-Konferenz vom 20.1.1942, NG-2586-G, S. 5 und 8.

[165] Ebd. S. 8.

stadt beteiligt gewesen sei, gibt es zwei Aussagen, die einen Einblick in dessen politisch-ideologische Einstellung zulassen. Zunächst äußerte er sich am 29. Juni 1947 im Rahmen der US-staatsanwaltlichen Ermittlungen in vermeintlicher „Unwissenheit" und bezeichnete das Altersghetto euphemistisch als „Altersheim":

> „Der jüdische Ältestenrat [in Oppeln] hatte Verbindung mit dem Sachbearbeiterrat [der Stapostelle Oppeln]. Da fuhr ein Zug vom Westen des Reiches nach Theresienstadt, und da sollte *eine ganze Reihe* mit, es war ein Altersheim für Juden. Da waren noch welche da [in Oberschlesien], aber war aus diesen geworden ist, das weiß ich nicht." [Kursivdruck vom Verf.].[166]

Die zweite Aussage tätigte er vier Monate später während der Gerichtsverhandlung vor dem US Military Tribunal II in Nürnberg im Rahmen des von der US-amerikanischen Anklagebehörde durchgeführten Kreuzverhörs am 24./25. November 1947. Dort gab er im Zeugenstand zunächst lediglich zu, dass er von Judentransporten nach Theresienstadt „gehört" habe. Erst nach weiterem Insistieren des Vorsitzenden Richters Michael A. Musmanno räumte er ein, dass er selbst gemäß einer Weisung des Reichssicherheitshauptamtes (RSHA) auch einen Transport aus Oppeln nach Theresienstadt veranlasst habe. Auf die Frage, ob ihm bekannt gewesen sei, aus welchen Gründen die Juden nach Theresienstadt deportiert würden, antwortete er in euphemistischer Diktion:

> „In Theresienstadt war, wie ich damals erfahren habe, ein sogenanntes „Muster-Ghetto", eine Stadt, die vollständig den Juden gegeben wurde, in der sie vollständig allein unter sich waren und eine ganze städtische Einrichtung besaßen, ohne dass andere Menschen dort waren [...]. Im Gefängnis waren sie nicht. Die haben in Häusern gewohnt, wie andere Menschen auch."[167]

Es erstaunt, dass Bibersteins Aussage inhaltlich auffällig jener ähnelt, die Himmler am 20. April 1945 auf Gut Hartzwalde, dem Sommerhaus seines Leibarztes Felix Kersten gegenüber Norbert Masur, dem Unterhändler der schwedischen Abteilung des Jüdischen Weltkongresses geäußert hatte. Masur hatte bei Himmler ein geheimes Treffen erwirkt, in dem er die Freilassung der Häftlinge des KZ Ravensbrück zu erreichen hoffte. In dem zweieinhalbstündigen Gespräch beklagte Himmler unter anderem, dass die Befreiung der Konzentrationslager Buchenwald am 11. April 1945 und vier Tage später Bergen-Belsen seitens der Alliierten eine „Schlammpropaganda" hervorgerufen habe und verwies in jenem Zusammenhang auf das Ghetto Theresienstadt, ohne dabei zu erwähnen, dass dessen Insassen sukzessive „nach Osten", d. h. in die Vernichtungslager Auschwitz, Treblinka, Majdanek

---

[166] Office of the U. S. Chief of Counsel, Subsequent Proceedings Division: Interrogation Nr. 1499-A, Office of the U. S. Chief of Counsel, Subsequent Proceedings Division: Zeugeneinvernahme Biberstein durch Mr. Wartenberg am 29. Juni 1947, 10.00-11.15 Uhr, auf Veranlassung von Mr. Walton und Glancy, StAN, KV-Anklage Interrogations, B 75, S. 1-16, hier S. 16.

[167] Zeugeneinvernahme Biberstein, StAN, Rep. 501, KV-Prozesse, Fall 9, A 34-35, S. 3006-3007.

und Sobibór deportiert worden waren. Von den 141.000 Internierten – darunter 70.000 alte Menschen und 15.000 Kinder – starben allein 33.000 an Krankheiten und Unterernährung und 80.000 wurden in die oben erwähnten Vernichtungslager deportiert. Himmler jedoch argumentierte in selbstrechtfertigender Manier:

> „Theresienstadt ist kein Lager im eigentlichen Sinne des Wortes, sondern eine nur von Juden bewohnte Stadt, die von ihnen verwaltet wird und in der sie alle Arbeit zu verrichten haben. Diese Art von Lager ist von mir und meinem Freund Heydrich geschaffen worden, und so hatten wir alle Lager gewünscht.“[168]

Aus den nachfolgenden Aussagen vor dem US Military Tribunal II lässt sich nicht deduzieren, ob Biberstein von dem eigentlichen Zweck des Ghettos Theresienstadt irgendeine Kenntnis besaß oder ob die inhaltliche Kongruenz mit der oben zitierten Aussage Himmlers auf reiner Zufälligkeit beruht, d. h. ob Biberstein vor Gericht lediglich die offizielle NS-Propaganda über das „Muster-Ghetto“ wiedergab. So beantwortete er die Frage des Vorsitzenden Richters des US Military Tribunal II in Nürnberg Michael A. Musmanno, wie er während seiner *Amtszeit* als Chef der Stapostelle Oppeln über die Deportationen der Juden nach Theresienstadt gedacht habe, ob er der Meinung gewesen sei, dass die Juden nach Theresienstadt lediglich umgesiedelt würden und wenn es ihnen dort nicht gefiele, dass sie jederzeit mit der Bahn zurück in ihren angestammte Heimatort fahren könnten und ob sie wegen irgendwelcher ihnen zur Last gelegten Verbrechen nach Theresienstadt deportiert worden seien, wie folgt:

> „Das nahm ich nicht an, das letztere. Aber ich hatte ja im Kopf, den Plan, den man mit den Juden hatte, und ich konnte es durchaus begreifen, wenn man sie sammelte, um sie dann geschlossen nach Madagaskar zu transportieren.“[169]

Noch deutlicher kamen die seit Jahrhunderten tradierten antisemitischen Feindbilder als Rechtfertigung für die von Biberstein veranlasste Einweisung der über 65-jährigen Juden aus seinem Amtsbezirk nach Theresienstadt zum Vorschein in dessen Antwort auf die Frage des Vorsitzenden Richters, ob die Juden aufgrund begangener Verbrechen in das Ghetto Theresienstadt deportiert worden seien:

> „Nein, nein, darum dreht es sich überhaupt nicht. Es handelt sich hier um die Lösung dieser Frage, die im deutschen Volk seit Jahren und Jahrzehnten eine Rolle gespielt hat [...]. Das Unglück des jüdischen Volkes ist, dass es keine Heimat hat auf dieser Erde.“[170]

---

[168] NORBERT MASUR: Ein Jude spricht mit Himmler. Aus dem Schwedischen übersetzt von Hauke Siemen, in: NIKLAS GÜNTHER/ SÖNKE ZANKEL (Hrsg.): Abrahams Enkel. Juden, Christen, Muslime und die Schoa, Stuttgart 2006, S. 133-144. (Originaltitel: En Jude Talar Med Himmler, Stockholm 1945).

[169] Zeugeneinvernahme Biberstein, StAN, Rep. 501, KV-Prozesse, Fall 9, A 34-35, S. 3007.

[170] Ebd.

Der ehemalige Theologe Biberstein bediente sich hier in seiner rassistischen Äußerung der alten christlichen Legende von Ahasverus, dem ewigen Juden, die auf Matthäus 16, 28 zurückgeht und die von den Nationalsozialisten in vielfältiger Weise in der antisemitischen Propaganda verwendet wurde, so in der Wanderausstellung „Der ewige Jude" und in dem gleichnamigen Film.[171] (Bild 26).

Bild 26: Plakat von Horst Schlüter zur Wanderausstellung „Der ewige Jude", die u. a. 1937 in München in dem Bibliotheksbau des Deutschen Museums gezeigt wurde.
Das Plakat zeigt eine „Missgestalt", die in der rechten Hand Geldstücke hält als Sinnbild der Geldgier und in der linken Hand eine Geißel. Darüber ist eine Weltkarte mit dem Symbol des Bolschewismus abgebildet.
(Das jüdisch-bolschewistische Finanzkapital geißelt die Menschheit).
(Quelle: Deutsches Museum München).

Ob bzw. inwieweit Biberstein über die am 20. Januar 1942 in der Wannseekonferenz getroffenen Beschlüsse zur *physischen* Vernichtung der Juden informiert war, lässt sich weder aus den Vernehmungsprotokollen des Nürnberger Einsatzgruppenprozesses noch aus reichsamtlichen Quellen erschließen. Zwar war Biberstein während seines „informatorischen Rundlaufes" *1940/41* durch sämtliche Ämter des Reichssicherheitshauptamtes (RSHA) im Eichmann-Referat ausführ-

[171] Am 7. November 1936 wurde unter dem Titel „Der ewige Jude" in München eine Ausstellung eröffnet, die dann als Wanderausstellung in verschiedenen Großstädten gezeigt wurde, so vom 12. November 1938 bis zum 13. Januar 1939 in Berlin. Das antisemitische Ausstellungsplakat verweist auf das tradierte und imaginierte Feindbild vom die Weltbevölkerung geißelnden kapitalistischen Weltjudentum und vom jüdischen Bolschewismus. Zu jener Propagandaausstellung sei verwiesen auf Wolfgang Benz. WOLFGANG BENZ (Hrsg.): Handbuch des Antisemitismus. Judenfeindschaft in Geschichte und Gegenwart (Im Auftrag des Zentrums für Antisemitismus der Technischen Universität Berlin), Bd. I-VIII, hier Bd. IV: Ereignisse, Dekrete, Kontroversen, München 2011, S. 115-117.

lich über die so bezeichnete „Lösung der Judenfrage" informiert worden, jedoch waren zu jenem Zeitpunkt lediglich die damals geplanten *Deportationen* virulent. Als hingegen die am 20. Januar *1942* grundlegenden und folgenreichen Beschlüsse der Wannseekonferenz gefasst wurde, befand sich Biberstein nicht mehr in Berlin, da er bereits im Juli *1941* seinen Dienst in Oppeln aufgenommen hatte.

Auch wenn Biberstein während seiner Dienstzeit als Leiter der Stapostelle Oppeln über die in euphemisierender Diktion erstellten Berichte eines in Theresienstadt errichteten „Musterghettos"[172] durchaus bestens informiert war – wie seine oben zitierten Äußerungen vor dem US Military Tribunal II in Nürnberg vermuten lassen –, ist daraus nicht unbedingt die Schlussfolgerung zu ziehen, dass er während seiner Dienstzeit in Oppeln über den tatsächlichen Zweck jenes „Alters-Ghettos" unterrichtet gewesen sein muss. Immerhin war die Reichsregierung um die Tarnung des wahren Zweckes jenes vermeintlichen „Muster-Ghettos" mehr als bemüht. Das zeigte sich unter anderem während eines Besuches des Internationalen Roten Kreuzes am 23. Juni 1943, bei dem „den Besuchern [vorgegaukelt wurde], daß Theresienstadt ein priviligiertes Altersheim und nicht ein Transitlager ‚für den Osten' sei."[173]

Ex post lässt sich die genaue Anzahl *aller* aus Bibersteins Amtsbezirk, d. h. der aus Oberschlesien nach Theresienstadt deportierten Juden nur bedingt ermitteln, zum einen, weil die Routen und Abfahrtszeiten der einzelnen Sammeltransporte jeweils zwischen Eichmann, d. h. dem Reichssicherheitshauptamt (RSHA) Referat IV B 4, und der Reichsbahn vereinbart wurden, zum anderen, weil die zu Deportierenden oftmals über mehrere Monate hinweg in verschiedenen Durchgangslagern stationiert waren, bevor der eigentliche Sammeltransport in das Ghetto Theresienstadt erstellt wurde.

Jedoch liegt während Bibersteins Zeit als Leiter der Stapostelle Oppeln/Oberschlesien eine Deportationsliste mit 1.100 Namen vor über den *Transport IX/1*, der am 26. Juli 1942 von Breslau aus in das Ghetto Theresienstadt erfolgte, und in der nicht nur Juden deutscher Staatsangehörigkeit aus siebzehn niederschlesischen Orten erfasst sind, sondern ebenfalls Juden deutscher Staatsangehörigkeit aus dem Verwaltungsbezirk Oppeln/Oberschlesien, und zwar aus den Städten Beuthen und Kronstadt. (Tabelle 2).[174] Den statistischen Angaben zufolge gehörten von den

---

[172] Das Ghetto Theresienstadt war bereits im Oktober 1941 in Planung genommen worden.

[173] Gerald Reitlinger: Die Endlösung. Hitlers Versuch der Ausrottung der Juden Europas 1939-1945. Ins Deutsche übertragen von J. W. Brügel, Berlin [5]1979, S. 185-194, Zitat S. 191.

[174] Die Transportliste ist sowohl im Bundesarchiv Berlin erfasst als auch in dem Internationalen Institut für Holocaust-Forschung der Gedenkstätte Yad Vashem in Jerusalem: Bundesarchiv: Gedenkbuch. Opfer der Verfolgung der Juden unter der nationalsozialistischen Gewaltherrschaft in Deutschland 1933-1945. *Chronologie der Deportationen aus dem Deutschen Reich*, in: www.bundesarchiv.de/gedenkbuch/chronicles.html; 11.08.2014. Das Internationale Institut für Holocaust-Forschung: Datenbank zu den Deportationen im Rahmen der Shoah (Holocaust).

deportierten 1.100 Juden deutscher Staatsangehörigkeit jenes Transportes allein 1.064 Personen der Altersgruppe der 61- bis 85-Jährigen an und siebzehn Personen sogar der Altersgruppe der 86-Jährigen.[175]

Tabelle 2: Deportations-Transport IX/1 von Breslau nach Theresienstadt, 26. Juli 1942

Altersgruppe	**46-60 Jahre**	**61-85 Jahre**	**86 Jahre**
Männer	1	320	7
Frauen	18	744	10
Insgesamt	***19***	***1.064***	***17***

Die Tabelle wurde erstellt anhand der statistischen Angaben zu dem Deportations-Tranport von Breslau in das Ghetto Theresienstadt am 26. Juli 1942.
(Quelle: DAS INTERNATIONALE INSTITUT FÜR HOLOCAUST-FORSCHUNG: Datenbank zu den Deportationen im Rahmen der Shoah).

Mit sehr hoher Wahrscheinlichkeit ist davon auszugehen, dass in jenem *Transport IX/1* aus Breslau auch jene alten und gebrechlichen Juden erfasst waren, die Biberstein sowohl in dem Verhör vom 29. Juni 1947 gegenüber dem Verhörspezialisten der US-amerikanischen Ermittlungsbehörde Rolf Wartenberg erwähnt hatte als auch in der Zeugenaussage vom 24. November 1947 vor dem US Military Tribunal II in Nürnberg,[176] insofern, als die neun Transporte, die *direkt* vom Bahnhof Oppeln in das Theresienstädter Ghetto abfuhren, erst *nach* Bibersteins Abkommandierung zur Einsatzgruppe C erfolgt sind.[177] Demzufolge mussten die Juden, die Biberstein gegenüber Wartenberg erwähnt und deren Anzahl er mit „einer ganze Reihe" beziffert hatte, vom Bahnhof *Breslau* aus nach Theresienstadt deportiert worden sein, da anderweitige Deportationslisten nicht vorliegen. Zudem beförderte der zweite Deportationszug aus dem Bahnhof Breslau vom 31. August 1942, der

Transport IX/1 von Breslau, Breslau, Niederschlesien, Deutsches Reich nach Theresienstadt, Ghetto, Tschechoslowakei am 26/7/1942, in: http://db.yadvashem.org.deportation/tranportDetails.html; 14.07.2018.

[175] Statistische Angaben zu diesem Transport – Alter der Deportierten – Nationalität der Deportierten, ebd.

[176] Personal Data Sheet, Ernst Biberstein, Office of the U. S. Chief of Counsel/ Subsequent Proceedings Division, p. 1-3, Anlagen zu Interrogation Nr. 1499-A, Zeugeneinvernahme des Ernst Emil Heinrich Biberstein durch Mr. Wartenberg am 29. Juni 1947, 10.00-11.15 Uhr auf Veranlassung von Mr. Walton und Glancy, Staatsarchiv Nürnberg (StAN), Rep. 502, KV-Anklage, Interrogations, B-75, S. 1-16, hier S. 16. Zeugeneinvernahme Biberstein, StAN, Rep. 501, KV-Prozesse, Fall 9, A 34-35, S. 3006-3007.

[177] DAS INTERNATIONALE INSTITUT FÜR HOLOCAUST-FORSCHUNG: Datenbank zu den Deportationen im Rahmen der Shoah (Holocaust). Transporte von Oppeln, Oppeln/Oberschlesien, Deutsches Reich nach Theresienstadt, Ghetto, Tschechoslowakei am 13/11/1942, 21/11/1942, 4/12/1942/, 11/12/1942, 21/4/1943, 30/6/1943, 3/8/1943, 8/11/1943, 19/1/1944, in: http://db.yad vashem.org.deportation/tranportResults. html; 09.08.2014.

Transport IX/2, Zug Da, nur Juden aus niederschlesischen Städten nach Theresienstadt, jedoch nicht aus Bibersteins Amtsbezirk, d. h. nicht aus oberschlesischen Städten.[178]

Da gemäß Heydrichs Planung „im Zuge der praktischen Endlösung [...] Europa von Westen nach Osten durchkämmt" werden sollte,[179] erfolgte die Deportation der schlesischen Juden dementsprechend mit zeitlicher Verzögerung, jedoch zu einem Zeitpunkt, als Biberstein noch die Leitung der Stapostelle Oppeln/ Oberschlesien innehatte. Entsprechend der oben erwähnten Transportlisten war der *Transport IX/1* aus Breslau der erste von zwölf Transporten in das „Altersghetto" Theresienstadt, wobei die römische Ziffer den jeweiligen Abfahrtsbahnhof kennzeichnete. Die 1.100 Juden des *Transportes IX* waren zuvor von den jeweils zuständigen Staatspolizeistellen – demzufolge auch von der Stapostelle Oppeln, d. h. auf Bibersteins Veranlassung aufgrund einer entsprechenden Weisung des Reichssicherheitshauptamtes (RSHA) – in die Durchgangslager Riebig (poln. Rybna), Tormersdorf (poln. Zoar) und Grüssau (poln. Krzeszów) eingewiesen worden.[180]

> „Bevor sich die deportierten Juden versammeln mussten, schickte der Leiter des Judenreferates [Adolf Eichmann, Amt IV B 4 im Reichssicherheitshauptamt] Benachrichtigungen an die Staatspolizeistellen in der Provinz, in denen er die Meldung von bestimmten Juden in Sammellagern in Breslau [d. h. des Verwaltungsbezirks Breslau] verlangte.
>
> Breslauer Juden [d. h. jene des Verwaltungsbezirks Breslau], die für diesen Transport bestimmt waren, wurden festgenommen, in ihren Häusern von Schutzpolizisten und NSDAP Aktivisten registriert und anschließend mit Lastwagen zu den Sammellagern gebracht. Waren sie nicht aufzufinden, so wurde eine Fahndung eingeleitet.
>
> Die Deportierten wurden kurz vor dem Transport in zwei Sammellagern [in der Stadt Breslau] konzentriert [...]. Dort blieben sie für einige Tage unter Bewachung der Schutzpolizei und wurden von Offizieren des Judenreferates [der Staatspolizeileitstelle Breslau], Vertretern des Oberfinanzpräsidenten, Gerichtsassistenten und Bezirksoffizieren befragt. *Sie wurden gezwungen, eine Deklaration zu unterschreiben, in der sie ihr gesamtes Vermögen dem Staat überschrieben.*" [Kursivdruck vom Verf.].[181]

Die über 65 Jahre alten Juden mussten ab Juli 1942 auf Veranlassung der ortsansässigen Gestapo – im Falle Biberstein demzufolge in dem jüdischen Referat der Stapostelle Oppeln – jeweils einen so bezeichnete *Heimeinkaufsvertrag H* abschließen, der ihnen suggerieren sollte, dass sie sich durch die Übertragung ihres

---

178 DAS INTERNATIONALE INSTITUT FÜR HOLOCAUST-FORSCHUNG: Datenbank zu den Deportationen im Rahmen der Shoah (Holocaust). *Transport IX/2*, Zug *Da von Breslau, Breslau, Niederschlesien, Deutsches Reich nach Theresienstadt, Ghetto, Tschechoslowakei am 26/7/1942*, in: http://db.yadvashem.org.deportation/tranportDetails.html; 09.08.2014.

179 Protokoll der Wannsee-Konferenz vom 20.1.1942, NG-2586-G, S. 5.

180 DAS INTERNATIONALE INSTITUT FÜR HOLOCAUST-FORSCHUNG: Datenbank zu den Deportationen im Rahmen der Shoah (Holocaust). *Transport IX/1 von Breslau, Breslau, Niederschlesien, Deutsches Reich nach Theresienstadt, Ghetto, Tschechoslowakei am 26/7/1942*, in: http: //db.yadvashem.org.deportation/transportDetails.html; 09.08.2014.

181 Ebd.

gesamten Vermögens an den NS-Staat einen Altersruhesitz mit Fürsorge und Pflege im Ghetto Theresienstadt erkauft hätten.[182] In einem Aktenvermerk aus dem Reichsfinanzministerium vom 14. Dezember 1942 wurde die Finanzierung des „Altersghettos" Theresienstadt wie folgt begründet:

> „Der Reichsmarschall hat den Reichsführer SS- und Chef der deutschen Polizei vor längerer Zeit beauftragt, die Maßnahmen vorzubereiten, die der Endlösung der europäischen Judenfrage dienen.[183]
>
> Der Reichsführer-SS hat mit der Durchführung der Aufgaben den Chef der Sicherheitspolizei und des SD betraut. Dieser hat zunächst durch besondere Maßnahmen die legale Auswanderung der Juden nach Übersee gefördert. Als bei Ausbruch des Kriegs die Auswanderung nach Übersee nicht mehr möglich war, hat er die allmähliche Freimachung des Reichsgebiets von Juden durch deren Abschiebung nach dem Osten in die Wege geleitet.
>
> In der letzten Zeit sind außerdem innerhalb des Reichsgebiets Altersheime (Altersghettos) zur Aufnahme der Juden, z. B. in Theresienstadt errichtet worden. *Die Errichtung weiterer Altersheime in den Ostgebieten steht bevor* [...]. Theresienstadt ist von der tschechischen Bevölkerung völlig geräumt und zur Aufnahme von etwa 80.000 Juden hergerichtet worden." [Kursivdruck vom Verf.].[184]

Die „Errichtung weiterer *Altersheime* in den Ostgebieten" wurde jedoch – wie die euphemistische Bezeichnung suggerieren sollte – keineswegs aus humanitären Gründen geplant, sondern diente der gezielten Selektion so bezeichneter „unnützer Esser", d. h. der nicht mehr arbeitsfähigen Juden. Tatsächlich wurde ein Großteil der über 65-jährigen Juden des Ghettos Theresienstadt nur wenige Monate nach ihrer dortigen Ankunft in die umliegenden Vernichtungslager deportiert, wie durch die entsprechenden Transportlisten belegt ist. So fuhren bereits im September und Oktober 1942 zehn Deportationszüge aus dem Ghetto Theresienstadt in das Vernichtungslager Treblinka, und zwar am 19., 21., 23., 26. und 29. September 1942 sowie am 5., 8., 15., 19. und 22. Oktober des gleichen Jahres.[185]

---

[182] Heimeinkaufsverträge, in: www.ghetto-theresienstadt/info/pages/h/heimeinkauf.htm; 09.08.2014.

[183] Hier wird Bezug genommen auf den berüchtigten Göring-Auftrag vom Juli 1941 an Heydrich hinsichtlich der baldigen Erstellung eines „Gesamtentwurfs über die organisatorischen, sachlichen und materiellen Vorausmaßnahmen zur Durchführung der angestrebten Endlösung der Judenfrage." Der Reichsmarschall des Großdeutschen Reiches, Beauftragter für den Vierjahresplan, Vorsitzender des Ministerrats für die Reichsverteidigung, Göring, an den Chef der Sicherheitspolizei und des SD, SS-Gruppenführer Heydrich: Auftrag vom [31.] Juli 1941 zur Erstellung eines „Gesamtentwurfs über die organisatorischen, sachlichen und materiellen Vorausmaßnahmen zur Durchführung der angestrebten Endlösung der Judenfrage", Document 710-PS, Office of the Chief of Counsel for War Crimes, StAN, Rep. 501, KV-Prozesse, Fall 9, B 11.

[184] Aktenvermerk des Finanzministeriums vom 14.12.1942. Btr: „Finanzierung des Altersghettos Theresienstadt", BArch, R 2/ 2222, fol. 226-229.

[185] DAS INTERNATIONALE INSTITUT FÜR HOLOCAUST-FORSCHUNG: Datenbank zu den Deportationen im Rahmen der Shoah (Holocaust). Transporte von Theresienstadt, Ghetto, nach Treblinka, Vernichtungslager, in: http://db.yadvashem.org.deportation/tranportResults.html; 09.08.2014.

Tabelle 3: Deportations-Transport Bo Zug Da 83 von Theresienstadt in das Vernichtungslager Treblinka am 19.9.1942

Altersgruppe	**19-45 Jahre**	**46-60 Jahre**	**61-85 Jahre**	**86 Jahre**
Männer			615	7
Frauen	1	30	1.318	8
Insgesamt	***1***	***30***	***1.933***	***15***

Die Tabelle wurde erstellt anhand der statistischen Angaben zu dem Deportations-Tranport aus dem Ghetto Theresienstadt in das Vernichtungslager Treblinka am 19.9.1942.
(Quelle: DAS INTERNATIONALE INSTITUT FÜR HOLOCAUST-FORSCHUNG: Datenbank zu den Deportationen im Rahmen der Shoah [Holocaust]).

Wie aus den statistischen Angaben allein zum ersten der Deportationszüge, dem *Transport Bo Zug Da 83*, hervorgeht, brachte jener Transport fast ausnahmslos alte Menschen in das Vernichtungslager Treblinka, insofern, als von den insgesamt 1.979 Deportierten lediglich 31 Personen unter 61 Jahre alt waren, hingegen 1.933 der Altersgruppe der 61- bis 85-Jährigen angehörte und 15 Deportierte sogar über 85 Jahre alt waren.[186] (Tabelle 3). Die am 21. September 1942 Deportierten wiesen eine ähnliche Altersstruktur auf: von den insgesamt 1.987 Deportierten gehörten 1.932 der Altersgruppe der 61- bis 85-Jährigen an, 18 Personen waren 86 Jahre alt.[187] (Tabelle 4).

Tabelle 4: Deportationszug Bp von Theresienstadt in das Vernichtungslager Treblinka am 21.9.1942

Altersgruppe	**46-60 Jahre**	**61-65 Jahre**	**86 Jahre**
Männer		589	8
Frauen	37	1.343	10
Insgesamt	***37***	***1.932***	***18***

Die Tabelle wurde erstellt anhand der statistischen Angaben zu dem Deportations-Tranport aus dem Ghetto Theresienstadt in das Vernichtungslager Treblinka am 21.9.1942.
(Quelle: DAS INTERNATIONALE INSTITUT FÜR HOLOCAUST-FORSCHUNG: Datenbank zu den Deportationen im Rahmen der Shoah [Holocaust]).

Zwar hatte Biberstein die Weiterleitung der alten jüdischen Menschen aus dem Ghetto Theresienstadt zur Vergasung in das Vernichtungslager Treblinka nicht zu verantworten, wohl aber die Überführung jener über 65 Jahre Juden in das Ghetto Theresienstadt, die er am 29. Juni 1947 in seiner Vernehmung durch den US-Zivi-

[186] DAS INTERNATIONALE INSTITUT FÜR HOLOCAUST-FORSCHUNG: Datenbank zu den Deportationen im Rahmen der Shoah (Holocaust). *Transport BO Zug DA 83* von Theresienstadt nach Treblinka, in: http://db.yadvashem.org.deportation/tranportDetails.html; 09.08.2014.

[187] *Transport Bp von Theresienstadt, Ghetto, nach Tschechoslowakei, Treblinka, Extermination Camp, Poland am 21/9/1942*, ebd.

lermittler Wartenberg sowie am 24. November 1947 vor dem US Military Tribunal II in Nürnberg erwähnt hatte.[188]

Deportationen von Juden in das Vernichtungslager Auschwitz

Wie jede andere Stapostelle im Reich hatte auch die Stapostelle Oppeln eine besondere *Abteilung für jüdische Angelegenheiten*, die unter Bibersteins Dienstaufsicht stand.[189] Obwohl zu den Dienstobliegenheiten des Chef einer Stapostelle gehörte, die antijüdische Gesetzgebung auch in Oberschlesien durchzuführen, leugnete Biberstein sowohl während der staatsanwaltschaftlichen Ermittlungen vor Prozessbeginn als auch zunächst vor dem US Military Tribunal II in Nürnberg hartnäckig, während seiner einjährigen Amtszeit als Chef der Stapostelle Oppeln/Oberschlesien jemals irgendwelche Personen in ein KZ eingewiesen zu haben. Erst in dem seitens der Anklagebehörde durchgeführten Kreuzverhör am 24. November 1947 gab er zu, „Kriegsgefangene, die Bolschewisten gewesen sind, nach Auschwitz geschickt“ zu haben.[190]

Jedoch ist in zwei unterschiedlichen Quellenformaten belegt, dass Biberstein nicht nur für die Einweisung sowjetischer Kriegsgefangener, sondern auch für die Deportation jüdischer Zivilisten in das KZ Auschwitz verantwortlich gewesen war, wie quellendokumentarisch nachgewiesen werden kann. So existieren Deportationslisten sowohl im Archiv der Gedenkstätte *Yad Vashem* als auch im Bundesarchiv, aus denen hervorgeht, dass während Bibersteins Amtszeit als Chef der Stapostelle Oppeln/Oberschlesien sechs Deportationstransporte mit insgesamt 572 jüdischen Bewohnern aller Altersgruppen aus Bibersteins Verwaltungsbezirk Oppeln, d. h. aus ganz Oberschlesien, direkt in das Vernichtungslager Auschwitz-Birkenau gefahren sind, und zwar am 16., 20. und 28. Mai 1942 sowie am 8., 23. und 29. Juni des gleichen Jahres.[191] Eine andere Quelle belegt weitere Einweisungen jüdischer Bürger aus Bibersteins Verwaltungsbezirk in Vernichtungslager während dessen Dienstzeit.

---

[188] Personal Data Sheet, Ernst Biberstein, Office of the U. S. Chief of Counsel/ Subsequent Proceedings Division, p. 1-3, Anlagen zu Interrogation Nr. 1499-A, Zeugeneinvernahme des Ernst Emil Heinrich Biberstein durch Mr. Wartenberg am 29. Juni 1947, 10.00-11.15 Uhr auf Veranlassung von Mr. Walton und Glancy, StAN, Rep. 502, KV-Anklage, Interrogations, B 75, S. 1-16, hier S. 16. Zeugeneinvernahme Biberstein, StAN, Rep. 501, KV-Prozesse, Fall 9, A 34-35, S. 3006-3007.

[189] Ebd., A 36-38, S. 3019.

[190] Ebd., A. 34-35, S. 3006.

[191] Online Guide of the Deportations of Jews Project – GERMANY, in: http://www.yadvashem.org/yv/en/about/institute/deportations_catalog_details.asp.country=GERMANY; 16.08.2014. Das Gedenkbuch des Bundesarchivs gibt zudem die Opferzahlen der sechs Transporte an: Gedenkbuch des Bundesarchivs für die Opfer der nationalsozialistischen Judenverfolgung in Deutschland (1933-1945). Deportationschronologie, Chronologie der Deportationen aus dem Deutschen Reich, einschließlich Österreich, dem Protektorat Böhmen und Mähren und den sudetendeutschen Gebieten, in: www.bundesarchiv.de/gedenkbuch/chronicles.html?page=1; 17.08.2014.

So sind für das Jahr 1942 allein aus der *Stadt* Oppeln 226 Deportationen dokumentiert, und zwar eine jüdische Person im Juni 1942, 200 Juden im Juli 1942 und 25 Juden im August.[192] Der renommierte Rechtshistoriker, Soziologe und Wirtschaftswissenschaftler Prof. Dr. Karol Jonca[193] hat im Rahmen seiner wissenschaftlichen Studien zu NS-Gewaltverbrechen an polnischen Juden auch zu den Deportationen und der Vernichtung der schlesischen Juden geforscht und diesbezügliche Belege im *Jüdischen Historischen Institut in Warschau*, dem *Żydowski Instytut Historyczy Warszawa* (ZIH), gefunden, dort unter anderem auch zur Deportation jüdischer Bürger aus dem gesamten Regierungsbezirk Oppeln/Oberschlesien, die während Bibersteins Tätigkeit als Leiter der Stapostelle Oppeln in das Vernichtungslager Auschwitz-Birkenau deportiert worden sind.

Jonca belegt quellengestützt, dass die Deportationen der oberschlesischen Juden aus Bibersteins Verwaltungsbezirk in mehreren Zeitabschnitten verlaufen sind. In den ersten beiden Etappen wurden jüdische Bürger aus Gleiwitz, dem heutigen Gliwice, am 11., 20. und 28. Mai 1942 „abgeschoben" sowie am 8., 15., 20., 23. und 29 Juni 1942. Aus den umliegenden Ortschaften am Rande des oberschlesischen Industriegebietes seien die Deportationen dann am 8. Juni 1942 erfolgt. Die dritte Phase der Deportation hingegen erfolgte am 13. Juli 1942 aus Ratibor, dem heutigen Racibórz, sowie am 14. Juli 1942 aus Leobschütz, dem heutigen Glubczyce.[194] Jene am 13. Juli 1942 erfolgten Deportationen jüdischer Bürger aus Ratibor sowie tags darauf aus Leobschütz wurden im Rahmen eines größeren Deportationstransportes durchgeführt, der am 12. Juli 1942 in Luxemburg mit dem Endziel Auschwitz-Birkenau eingesetzt worden war mit Zwischenstopps in Chemnitz und

---

[192] Deportation von Juden aus den Zuständigkeitsbereichen der Staatspolizei(leit)stellen. Statistik und Deportation der jüdischen Bevölkerung aus dem Deutschen Reich, BArch, R 58/ 8050/ 26, R 58/ 8150/ 69. desgleichen auch T. FREIER: Jüdische Bevölkerung und Judendeportationen in den Statistiken der Reichsvereinigung der Juden in Deutschland, Tabelle 4, Oktober 2012, www.statistik-des-holocaust.de/Statistik%20der%Reichsvereinigung.pdf; 02.10.2015.

[193] Karol Jonca (1930-2008) war Lehrstuhlinhaber an der Fakultät für Verwaltung und Recht der Universität Wrocław, dem ehemaligen Breslau. Er war Gründungsmitglied der im Jahre 1989 gegründeten „Stiftung Kreisau für Europäische Verständigung". Das niederschlesische Kreisau heißt heute Krzyżowa. Des Weiteren war er Mitbegründer der Universität Viadrina in Frankfurt/Oder und dort zeitweilig Dozent. Für seine Forschungen zur Geschichte Polens und der NS-Verbrechen an den polnischen Juden verlieh ihm der Präsident Polens im Jahre 1995 das „Offizierskreuz des Ordens der Wiedergeburt der polnischen Nation". Beschluss des Präsidenten der Republik Polen vom 4. 5. 1995, in: httpp://www.monotorpolski.gov/pl/mp/1995/s/33/382/M19950330382O1.pdf; 03.10.2015. Am 28. Mai.2002 ernannte ihn die Stadt Opole (das ehemalige Oppeln) zu seinem Ehrenbürger. Ehrenbürger der Provinz Opole, in: httpp://umwo.opole.pl/serwis/index.php?id=6209; 03.10.2015.

[194] KAROL JONCA: Die Deportation und Vernichtung der schlesischen Juden, in: HELGE GRABITZ/ KLAUS BÄSTLEIN/ JOHANNES TUCHEL (Hrsg.): Die Normalität des Verbrechens. Bilanz und Perspektiven der Forschung zu den nationalsozialistischen Gewaltverbrechen (Reihe: Deutsche Vergangenheit; 112), Berlin 1994, S. 157.

Ratibor am 13. Juli sowie in Breslau, *Oppeln*, Leobschütz, Gleiwitz und Kattowitz jeweils am 14. Juli.[195]

Nach Angaben des Alfred Oppenheimer, der in seiner ehemaligen Funktion als Generalsekretär der Luxemburger Juden im Prozess gegen Adolf Eichmann am 7. Dezember 1960 als Zeuge aussagte, wurde jene Deportation gegenüber den jüdischen Menschen in bewusst verschleiernder NS-Diktion als eine „Umsiedlungsmaßnahme" deklariert.[196] Vor dem Abtransport hielt Alfred Oppenheimer die nachfolgende Ansprache, die die Vorgaben des Einsatzkommandos der Sipo wiedergibt:

> „Das Einsatzkommando der Sipo hat angekündigt, dass Ihr auf einer Liste von Personen steht, die für die Evakuierung vorgesehen sind, und wir möchten Euch das folgende empfehlen.
>
> Bringt Verpflegung für vier Tage mit. Wir werden Essenpakete vorbereiten, um Euch bei den ersten Tagen der Aussiedlung zu helfen [...].
> Markiert Eure Rucksäcke und Koffer mit Euren Namen, damit sie nicht vertauscht werden [...]. Neben Kleidung sollte jeder ein Kopfkissen, zwei Wolldecken oder ein Federbett und eine Wolldecke mitbringen [...].
>
> Der Transport wird Chemnitz am 13. Juli um Mitternacht verlassen [...]. Vor dem Transport müsst Ihr Euch bei der Polizei und dem Ernährungsamt melden, die Vorladung bestätigen und Euch registrieren lassen. Jede Person bringt 50 Reichsmark mit [...]."[197]

In Analogie dazu dürften auch die Juden aus Chemnitz, Ratibor, Breslau, *Oppeln*, Leobschütz, Gleiwitz und Kattowitz ähnliche formulierte Hinweise zur vermeintlichen „Evakuierung" erhalten haben. Die Deportation der Juden aus Oppeln in das Vernichtungslager Auschwitz-Birkenau, die in einem der vielen Waggons des Transportzuges aus Luxemburg befördert wurden, ist durch eine Zeugenaussage belegt. Die in Oppeln, dem heutigen polnischen Opole, lebende Jüdin Irma Appel, war während der Jahre 1942/43 Augenzeugin der Verschleppung der Juden aus Oppeln in die Vernichtungslager.[198] Am 18. Mai 1947 wurde sie in Katowice (Kattowitz) von einem polnischen Untersuchungsrichter in jener Angelegenheit als

---

[195] DAS INTERNATIONALE INSTITUT FÜR HOLOCAUST-FORSCHUNG: Datenbank zu den Deportationen im Rahmen der Shoah (Holocaust). Transport von Luxembourg über Chemnitz, Breslau, Oppeln, Gleiwitz, Kattowitz nach Auschwitz-Birkenau, in: http://db.yadvashem.org.deportation/tranportDetails.html; 02.10.2015.

[196] Ebd.

[197] Ebd.

[198] KAROL JONCA: Die Deportation und Vernichtung der schlesischen Juden, in: HELGE GRABITZ/ KLAUS BÄSTLEIN/ JOHANNES TUCHEL (Hrsg.): Die Normalität des Verbrechens. Bilanz und Perspektiven der Forschung zu den nationalsozialistischen Gewaltverbrechen (Reihe: Deutsche Vergangenheit; 112), Berlin 1994, S. 165f. Das Protokoll der Zeugenaussage der Irma Appel befindet sich in dem *Jüdischen Historischen Institut in Warschau*, dem *Żydowski Instytut Historyczy Warszawa* (ZIH), unter der Signatur 3468. *Protokol zeznania swiadka Irmy Appel, ur. Cohn, ur. 15.8.1881.* (Protokoll der Zeugenaussage der Irma Appel, geb. Cohn, geb. am 15.8.1881).

Zeugin gehört und gab an, dass der größte Teil der Juden aus Oppeln in der zweiten Julihälfte des Jahres 1942 deportiert worden sei. Ihre Tochter habe damals auf dem gegenüber liegenden Bahnsteig gestanden und die Deportation der Oppelner Juden beobachtet.[199] Da die Übergabe der Amtsgeschäfte des Chefs der Gestapostelle Oppeln an den Nachfolger Joachim Deumling erst Mitte August 1942 erfolgte, fiel die Verantwortung für die Deportation der von der Zeugin Irma Appel genannten Juden aus Oppeln in Bibersteins Verantwortungsbereich. Die Zeugin Appel berichtete:

> „Alle kamen ins Gemeindehaus, und man führte sie auf den Bahnhof, auf den zweiten Bahnsteig [...]. Meine Tochter war damals [...] auf dem ersten Bahnsteig und sah, daß der Zug aus Breslau auf dem zweiten Bahnsteig ankam. Das war ein außerordentlich langer Zug. An jedem Waggon waren Schilder mit der Bezeichnung des Ortes. Brieg, Breslau und andere. Die Waggons waren nur mit Juden gefüllt.
>
> Meine Tochter sah, wie sie [die Gestapo Oppeln] Juden aus Oppeln in die Waggons führten. Man deportierte sie nach dem Osten. Damals sagte man, daß sie nach Lublin kämen. In Oppeln verblieb eine geringe Anzahl der jüdischen Bevölkerung. Der erste Transport [am 14. 7. 1942] war der größte. Im ersten Transport gab es wenige alte Leute. Der zweite Transport ging im Jahre 1943 ab.“[200]

Offensichtlich war aus Geheimhaltungsgründen der Zielort „Auschwitz-Birkenau“ an den Waggons des von der Tochter der Irma Appel beobachtet Deportationstransportes nicht vermerkt, sodass die in den Waggons deportierten Juden der Annahme waren, dass sie in das Ghetto Lublin umgesiedelt würden. Jenes Ghetto hatte jedoch lediglich von März 1941 bis April 1942 bestanden. Ein Teil der dort lebenden Juden wurden im Rahmen der „Aktion Reinhardt“ in das in dem Stadtteil Lublin-Majdanek gelegenen KZ und Vernichtungslager Majdanek verbracht, dessen amtliche Bezeichnung ab 1943 *KZ Lublin* lautete und das am 23. Juli 1944 von der Roten Armee befreit wurde. Ein anderer Teil der jüdischen Bewohner des Ghettos Lublin wurde in die nahe Lublin gelegenen Vernichtungslager Treblinka, Bełżec und Sobibór transportiert und dort ebenfalls ermordet.

Mit der „Aktion Reinhardt“, d. h. der Ermordung aller in dem Generalgouvernement lebenden polnischen und südukrainischen sowie der dorthin deportierten reichsdeutschen Juden war der damalige SS- und Polizeiführer für den Distrikt Lublin Odilo Globocnik eigens von Himmler beauftragt worden. Jener Vernichtungsaktion fielen über zwei Millionen Juden und etwa 50.000 so bezeichnete „Zigeuner“ zum Opfer. Von den deportierten jüdischen Bewohnern des Verwaltungsgebietes Oppeln/Oberschlesien seien im Jahre 1945 lediglich zwei Personen zurückgekehrt, und zwar Frau Glücksmann aus dem Ghetto Theresienstadt und Frau Sachs aus dem Vernichtungslager Auschwitz, gab Irma Appel in ihrer Zeu-

---

[199] Ebd.

[200] Ebd.

geneinvernahme am 18. Mai 1947 durch den polnischen Untersuchungsrichter in Kattowitz an.[201]

Im Hinblick auf Biberstein ist anzumerken, dass die Weisungen zur Deportation der Juden als „Geheime Reichssache" aus dem Amt IV B 4 des Reichssicherheitshauptamtes (RSHA), dem so bezeichneten *Eichmann-Referat*, kamen. Wenn auch die Zuständigkeit für die *Durchführung* der jeweiligen Deportation bei der „Abteilung für jüdische Angelegenheiten" der Stapostelle Oppeln lag, so konnte deren Referatsleiter jedoch nicht eigenmächtig tätig werden, sondern er war zunächst von Biberstein hinsichtlich der aus dem Reichssicherheitshauptamt (RSHA) erteilten Weisungen zu informieren und sodann von Biberstein mit der *Durchführung* der entsprechenden Weisung zu *beauftragen*.

Da jedoch dem US Military Tribunal II in Nürnberg weder die oben genannten Deportationslisten noch gar die Aussagen überlebender Juden vorlagen – auch nicht jene der Irma Appel –, leugnete Biberstein hartnäckig, an der Deportation jüdischer Zivilisten aus seinem Amtsbezirk in die umliegenden Vernichtungslager beteiligt gewesen zu sein. Aus verteidigungsstrategischen Gründen gestand er grundsätzlich und schrittweise nur das ein, was ihm durch die Vorlage entsprechender amtlicher Beweisstücke, etwa durch Heydrichs Einsatzbefehle oder durch die *Meldungen aus den besetzten Ostgebieten* (MbO) nachgewiesen werden konnte.

Ausführung der Einsatzbefehle Heydrichs Nr. 8, 9 und 14

Mit Beginn des wirtschaftspolitisch und rassenideologisch ausgerichteten Vernichtungsfeldzuges gegen die Sowjetunion am 22. Juni 1941 erfuhr Bibersteins Zuständigkeitsbereich als Chef der Staatspolizeistelle Oppeln/Oberschlesien eine weitere beträchtliche Ausweitung in der Weise, dass er gemäß den von Heydrich erlassenen Einsatzbefehlen – hier insbesondere die Befehle Nr. 8, 9 und 14[202] die Aus-

---

[201] Ebd.

[202] Der Chef der Sicherheitspolizei und des SD, 21 B/41 g Rg. IV A 1 c, Geheime Reichssache, E i n s a t z b e f e h l Nr. 8 vom 17. Juli 1941. Betrifft: *Richtlinien für die in die Stalags und Dulags abzustellenden Kommandos der Sicherheitspolizei und des* SD, Ablagen: zwei geheftete Anlagen, 1 lose Anlage, BArch, R 58/ 240, fol. 126-135. Anlage 1: *Richtlinien für die Aussonderung von Zivilpersonen und verdächtigen Kriegsgefangenen des Ostfeldzuges in den Kriegsgefangenenlagern im besetzten Gebiet, im Operationsgebiet, im GG* [Generalgouvernement] *und in den Lagern im Reichsgebiet*. Anlage 2: Geheime Reichssache. Amt IV. *Richtlinien für die in die Stalags abzustellenden Kommandos des Chefs der Sicherheitspolizei u. d. SD* vom 17. Juli 1841. Anlage 3: Geheime Reichssache. Amt IV. *Verzeichnis der Kriegsgefangenenlager im Bereich des Wehrkreises I und des Generalgouvernements*. Der Chef der Sipo u. d. SD, IV A 1 c – B. Nr. 21 B/41 g Rs, Geheime Reichssache, E i n s a t z b e f e h l Nr. 9 vom 21. Juli 1941. Betrifft: *Richtlinien für die in die Mannschaftsstammlager abzustellenden Kommandos der Sicherheitspolizei und des* SD, Anlagen: 1 Verzeichnis der Lager, Einsatzbefehl Nr. 8 mit Anlagen 1,2 und 3, BArch, R 58/ 240., fol. 135-138. Der Chef der Sipo u. d. SD, B. Nr. 21 B/41 g Rs – IV A 1 c – Geheime Reichssache, E i n s a t z b e f e h l Nr. 14 vom 29. Oktober 1941. Betrifft: *Richtlinien für die in die Stalags und*

sonderung sowjetischer Kriegsgefangener nach den dort vorgegebenen Kriterien in dem Kriegsgefangenenlager Lamsdorf durchzuführen hatte, der in dem Verwaltungsbezirk Oppeln/Oberschlesien lag. Da der als Blitzkrieg geplante Angriff auf die Sowjetunion als „Kampf zweier Weltanschauungen gegeneinander" konzipiert war, in dem unter anderem die „Vernichtung der bolschewistischen Kommissare und der kommunistischen Intelligenz"[203] als den eigentlichen Trägern der *jüdisch-bolschewistischen Weltverschwörung* für unabdingbar erachtet wurde, ergab sich für das Oberkommando der Wehrmacht (OKW) die Notwendigkeit einer rechtzeitigen Planung und Errichtung so bezeichneter *Russenlager*. Obwohl das Kriegsgefangenenwesen der Deutschen Wehrmacht unterstand, hatte Himmler bereits am 1. März 1941 die Errichtung eines Kriegsgefangenenlagers auf dem Gelände des KZ Auschwitz angeordnet, das für 10.000 Kriegsgefangene ausgelegt sein sollte.[204] Zudem hatte der Chef des Allgemeinen Wehrmachtsamtes im Oberkommando der Wehrmacht (OKW/ AWA), General Hermann Reinecke, Ende März 1941 die ihm unterstellten Offiziere über den geplanten Vernichtungsfeldzug gegen die Sowjetunion informiert.[205]

Da aufgrund der ideologischen Konzeption jenes Feldzuges mit einem sehr hohen Aufkommen sowjetischer Kriegsgefangener zu rechnen war, gab Reinecke in diesem Zusammenhang den Befehl, in neun von den insgesamt 20 Wehrkreisen des Reiches auf dem Gelände von Truppenübungsplätzen Kriegsgefangenenlagern zu errichten. Jener Befehl galt zunächst für die Wehrkreise *Königsberg* (I), *Stettin* (II), *Dresden* (IV) *Münster* (VI), *Breslau* (VIII), *Hamburg* (X), *Hannover* (XI), *Salzburg* (XVIII) und *Danzig* (XX).[206] Die Wehrkreise waren mit Gesetz vom 15. September 1939 neu eingeteilt worden.[207] (Bild 27).

Dulags abzustellenden Kommandos der Sipo und des SD. Vorgang: Erlasse vom 17.7., 12.9. 1941 – B Nr. 21 B/41 g Rs. Erlass vom 26.9.1941 – B. Nr. 539 B741 g. Erlass vom 10.10.1941, B. Nr. 815 B/41 g – IV A 1c. Anlagen: Anlage 1 und 2, BArch, R 70 Sowjetunion/32, ebenso als Dokument NO-3422, in: StAN, Rep. 501, KV-Prozesse, Fall 9.

[203] HALDER, Kriegstagebuch, Bd. II, Eintrag vom 30.03.1941, S. 336f.

[204] DANUTA CZECH: Kalendarium der Ereignisse im KZ Auschwitz-Birkenau, Reinbek 1989, S. 79.

[205] Konferenz der Kommandeure der Kriegsgefangenen, März 1941, Institut für Zeitgeschichte (IfZ), Nürnbg. Dok. USSR 151.

[206] Ebd.

[207] *Verordnung über die Wehrbezirkseinteilung für das Deutsche Reich. Vom 15. September 1939*, in: Reichsgesetzblatt (RGBl.) I, (1939), Nr. 180 vom 18.9.1939, S. 1777-1800.

[208] „Der Meetingpoint Music Messiaen e.V. hat es sich zur Aufgabe gemacht, die Geschichte des ehemaligen Kriegsgefangenenlagers Stalag VIII A auf beiden Seiten der Neiße wieder ins öffentliche Bewusstsein zu heben. Der Verein bezieht sich dabei auf den französischen Komponisten Olivier Messiaen (1908-1992), der im Stalag VIII A inhaftiert war." (Angaben des Vereins).

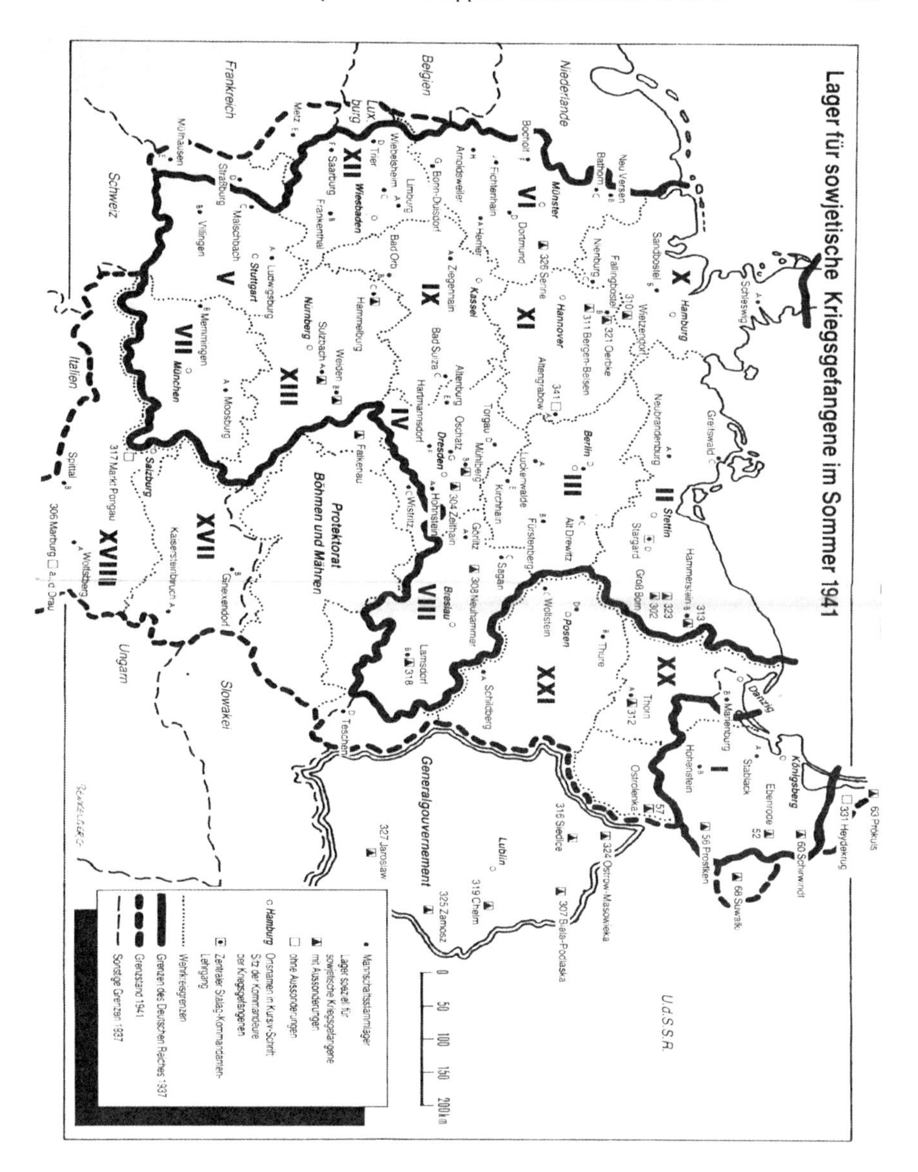

Bild 27: Wehrkreise und Kriegsgefangenenlager. Stammlager VIII A war das erste Stalag im Wehrkreis VIII Breslau. Es wurde bereits 1939 errichtet. Es folgte die Errichtung weiterer Lager in Lamsdorf (Wehrkreis VIII): Stalag, Stalag 344, VIII B und das so bezeichnete Russenlager Stalag VIII F/318. (Quelle: Meetingpoint Music Messiaen e. V.).[208]

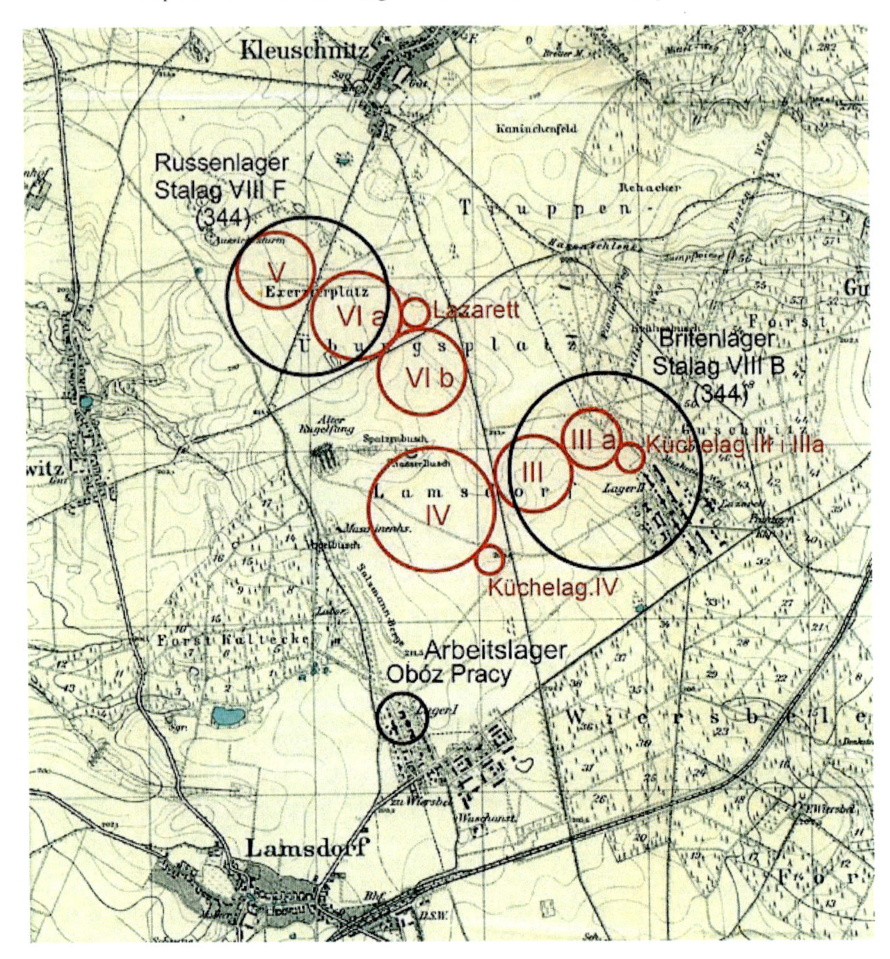

Bild 28: Topographische Karte und Plan des Kriegsgefangenen-Lagerkomplexes Lamsdorf (poln. Łambinowice). Wie Biberstein vor dem US Military Tribunal II aussagte, hatte er in Ausführung der Heydrich-Befehle Nr. 8/9 ein von ihm zusammengestelltes Einsatzkommando entsandt, das nach „feindlichen Triebkräften", d. h. nach sowjetischen Kriegsgefangenen zu suchen hatte. Die dort Selektierten wurden nach Auschwitz verbracht.
(Quelle: www. fotopolska.eu).

Für den Wehrkreis VIII (Breslau) betraf der Befehl des Generals Reinecke die beiden Militär- und Ausbildungsgelände *Neuhammer* (Niederschlesien) und den im Verwaltungsbezirk Oppeln/Oberschlesien gelegenen Truppenübungsplatz *Lamsdorf*. Auf beiden riesigen Militärgebieten wurden weitab von den übrigen Lagerkomplexen so bezeichnete *Russenlager* errichtet, in Neuhammer ein Kriegsgefangenenlager für sowjetische Offiziere (Oflag 58), in Lamsdorf hingegen ein Kriegsgefangenen-Mannschafts-Stammlager für die Unteroffiziere und Soldaten der Roten Armee (Stalag 318),[209] das später in VIII F Lamsdorf umbenannt wurde.[210] (Bild 28).

Bild 29: Von der deutschen Lagerverwaltung wurden auf diesem Gelände 40.000 Soldaten der Roten Armee in Massengräbern verscharrt. 1964 bekam der Friedhof die jetzige Gestaltung. Im Hintergrund das *Denkmal für das Martyrium der Kriegsgefangenen*, das an alle in den Jahren des Zweiten Weltkriegs in den Lagern in Lamsdorf verstorbenen Gefangenen mahnt. Zudem erinnern an die im Kriegsgefangenenlager Lamsdorf zu Tode gekommenen Häftlinge die beiden Museen in Łambinowice (Lamsdorf) und Opole (Oppeln).
(Quelle: Nationale Gedenkstätte Lamsdorf/ Centralne Muzeum Jeńców Wojennych).

Das nur unweit von Oppeln und damit in Bibersteins Verwaltungsgebiet gelegen ehemalige Manöver- und Ausbildungsgelände Lamsdorf war während des Zweiten Weltkrieges eines der größten Kriegsgefangenenlager Europas und fungierte als Quelle der Arbeitskraft für Industrie, Bergbau und Landwirtschaft Schlesiens.[211] Unter den dortigen 300.000 Kriegsgefangenen bildeten die sowjetischen Frontkämpfer die größte Gruppe, von denen ungefähr 40.000 das Kriegsende nicht

[209] Befehl des OKW/Abt. Kgf. Vom 16.6.1941, BArch, ZNS, Ordner S 22, Bl. 34-35.
[210] Geschichte des „Russenlagers" Stalag VIII, in: www.lamsdorf.com/history.html#; 15.01.2018.
[211] Ebd.

überlebten.[212] Da die an Entkräftung aufgrund der Ausbeutung ihrer Arbeitskraft oder an Kälte und Hunger verstorbenen Soldaten der Roten Armee für das NS-Regime das imaginierte Feindbild des so bezeichneten *jüdisch-bolschewistischen Todfeindes* erfüllten, wurden sie demzufolge respektlos und anonym in Grubengräbern verscharrt. (Bild 29). Hingegen bestattete die Lagerverwaltung die Verstorbenen der restlichen antihitlerischen Armeen der Koalition würdevoll auf dem alten Kriegsgefangenenfriedhof in mit Namensschildern versehenen Einzelgräbern.[213]

Hinsichtlich der Einsatzbefehle Heydrichs gab Biberstein in der ersten eidesstattlichen Erklärung vom 29. Juni 1947 an, jene Befehle nicht zu kennen, sondern lediglich davon „gehört" zu haben. Erst als der vernehmende Beamte der US-amerikanischen Ermittlungsbehörde, Rolf Wartenberg, die Befehle auf dem Tisch ausbreitete, musste Biberstein unter der Beweislast eingestehen, die Einsatzbefehle Nr. 8 und 9 doch zu kennen und demzufolge an der Einweisung sowjetischer Kriegsgefangener aus dem „Russenlager Lamsdorf" in das Vernichtungslager Auschwitz maßgeblich beteiligt gewesen zu sein. Dennoch spiegelte er wiederum als Schutzbehauptung „Nichtwissen" vor, indem er verharmlosend anfügte, dass er nicht wisse, was mit den sowjetischen Kriegsgefangenen im KZ Auschwitz geschehen sei, die von seinem Einsatzkommando ausgesondert worden waren.[214] Jenes Einsatzkommando hatte er jedoch aus dem Personalstamm seiner Dienststelle eigens nach den Vorgaben Heydrichs zusammengestellt.[215] Zudem war Biberstein zusammen mit dem Leiter des Einsatzkommandos, dem Kriminalkommissar SS-Obersturmbannführer B.,[216] in das so bezeichnete „Russenlager Lamsdorf" gefahren, um mit dem dortigen Lagerkommandanten diesbezüglichen Kontakt aufzunehmen und dabei die für die Vernehmung der sowjetischen Kriegsgefangenen zur Verfügung gestellten Räumlichkeiten in Augenschein zu nehmen.[217]

---

[212] Zur Gesamtzahl sowjetischer Kriegsgefangener und den Todesopfern: Kriegsgef. Org. (Id), *Nachweis des Verbleibs der sowjet. Kr. Gef. nach dem Stand vom 1.5.1944*, Nürnberger Dokumente NOKW-2125 (Streitkräfte).

[213] Nationale Gedenkstätte Lamsdorf/ Centralne Muzeum Jeńców Wojennych).

[214] Office of the U. S. Chief of Counsel, Subsequent Proceedings Division: Interrogation Nr. 1499-A, Zeugeneinvernahme des Ernst Biberstein durch Mr. Wartenberg am 29. Juni 1947, 10.00-11.15 Uhr, auf Veranlassung von Mr. Walton und Glancy, StAN, KV-Anklage, Interrogations, B 75, S. 1-16, hier S. 15f.

[215] Office of the U. S. Chief of Counsel, Subsequent Proceedings Division Interrogation 1552. Vernehmung des Ernst Emil Heinrich Biberstein am 18.August 1947 durch Mr. De Vries in Anwesenheit von Herrn Egger von 14.00-15.00 Uhr, StAN, KV-Anklage Interrogations, B-75, S. 1-3.

[216] Aus datenschutzrechtlichen Gründen wird nur der Anfangsbuchstabe des Namens genannt. Jedoch ist der volle Name des Kriminalkommissars der Verfasserin bekannt.

[217] 45 Js 9/ 69, Staatsanwaltschaft Dortmund, Verfahren Neuhammer Bd. VIII, Bl. 181, Zeugenaussage Biberstein.

Desgleichen täuschte Biberstein in der zweiten eidesstattlichen Aussage vom 2. Juli 1947 vor dem US Zivilermittler Rolf Wartenberg „Unwissenheit" vor.[218] Erst in der unter Eid geleisteten Vernehmung vom 18. August 1947 berichtete er endlich ausführlich über Inhalt und Zweck der Einsatzbefehle Nr. 8 und 9, ebenso über die dazugehörenden Richtlinien, die an alle Staatspolizei(leit)stellen ergangen seien.[219]

Wie aus dem jeweiligen Briefkopf ersichtlich ist, wurden sämtliche Einsatzbefehle Heydrichs als „Geheime Reichssache" im Reichssicherheitshauptamtes (RSHA) angefertigt, und zwar im Amt IV, Referat 1 C, (Gegner-Erforschung und Gegner-Bekämpfung – Geheimes Staatspolizeiamt) des Reichssicherheitshauptamtes (RSHA), mit dessen Leitung SS-Sturmbannführer Josef Vogt betraut war.[220] Alle Heydrich-Befehle wurden jeweils in mehrfacher Ausfertigung erstellt, so etwa der *Einsatzbefehl Nr. 9* in 150 Ausfertigungen, die *Richtlinien für die in die Stalags und Dulags abzustellenden Kommandos des Chefs der Sicherheitspolizei und des SD* in 200 Ausfertigungen und der *Einsatzbefehl Nr. 8* gar in einer Stückzahl von 350.[221] Da die Staatspolizei(leit)stellen die Einsatzbefehle der Größe ihrer Behörde entsprechend in angemessener Stückzahl erhielten und die US-amerikanischen Ermittlungsbeamten des *Office of Chief of Counsel for War Crimes* (OCCWC) diesen Sachverhalt jeweils aus dem Briefkopf der einzelnen Einsatzbefehle entnehmen konnten, war es für Biberstein letztendlich zwecklos, die Kenntnis der Einsatzbefehle Nr. 8, 9 und 14 sowie deren Ausführungsbestimmungen zu leugnen.

Bereits am 16. Juni 1941, also eine Woche *vor* Beginn des wirtschaftspolitisch und rassenideologisch ausgerichteten Weltanschauungs- und Vernichtungskrieges gegen die Sowjetunion, hatte das Oberkommando der Wehrmacht (OKW) eine Weisung zur Behandlung der sowjetischen Kriegsgefangenen herausgegeben, in welcher in kriegspropagandistischer Legitimationsrhetorik „der Bolschewismus [zum] Todfeind des nationalsozialistischen Deutschland" deklariert wurde.[222] Jene

---

218 Ernst Biberstein, Eidesstattliche Erklärung vom 2. Juli 1947, StAN, Rep. 502, KV-Anklage, Dokumente, Fotokopien, NO-4314, S. 1-3.

219 Office of the U. S. Chief of Counsel, Subsequent Proceedings Division Interrogation 1552. Vernehmung des Ernst Emil Heinrich Biberstein am 18. August.1947 durch Mr. De Vries in Anwesenheit von Herrn Egger von 14.00-15.00 Uhr, StAN, KV-Anklage Interrogations, B-75, S. 1-3.

220 Geschäftsverteilungsplan des Geheimes Staatspolizeiamtes im Reichssicherheitshauptamt (RSHA) vom Juli 1939, BArch, R 58/ 840, fol. 189-204.

221 Die Stückzahl der ausgefertigten Einsatzbefehle ist jeweils unterhalb des Datums angegeben.

222 Abschrift. Oberkommando der Wehrmacht, Abt. Kriegsgefangene, Nr. 25/41 g. Kdos Chefs., btr. *Kriegsgefangenenwesen im Fall Barbarossa*, Weisung Nr. 25 vom 16.6.1941, StAN, Rep. 502, KV-Anklage, Dokumente, Fotokopien, PS-888. Auf jene bereits viele Wochen vor Beginn des Vernichtungsfeldzuges gegen die Sowjetunion entworfenen Rechtfertigungsmuster, die dann den Soldaten und den Einsatzgruppen – insbesondere zur Beschwichtigung der Bedenkenträger unter ihnen – mit Beginn ihres Einsatzes in Form völkerrechtswidriger Führer- und Wehrmachtsbefehle erteilt wurden, wird in Kapitel 4.2.8 im Zusammenhang mit den Verteidigungsstrategien der im Einsatzgruppenprozess angeklagten NS-Gewalttäter zurückzukommen sein.

rechtfertigende Formulierung griff Heydrich in der Anlage I des Einsatzbefehls Nr. 14 vom 29. Oktober 1941 auf und sprach einer als „politisch untragbar“ definierten Personengruppe jegliches Lebensrecht ab, indem er als ideologische Begründung für die Aussonderung sowjetischer Kriegs- und Zivilgefangener angab:

> „Der Bolschewismus ist der Todfeind des nationalsozialistischen Deutschland. Dieser Gegner ist nicht nur soldatisch, sondern auch politisch im Sinne des Völker zerstörenden Bolschewismus geschult. Er führt den Kampf mit jedem ihm zu Gebote stehenden Mittel: Sabotage, Zersetzungspropaganda, Brandstiftung, Mord usw.
>
> Dadurch hat der bolschewistische Soldat jeden Anspruch auf Behandlung als ehrenhafter Soldat und nach dem Genfer Abkommen verloren.“[223]

In jener völkerrechtswidrigen Formulierung, in der die Haager Landkriegsordnung von 1907 und das Genfer Abkommen von 1929 massiv missachtet wurden, zeigt sich unter anderem, dass Heydrich durch seine Einsatzbefehle das Morden nicht nur sanktionierte, sondern den Ausführenden seiner Rahmenrichtlinien – insbesondere den potentiellen Bedenkenträgern unter ihnen – mittels Transportierung der irrationalen nationalistischen Feindbilder die Exekution so bezeichneter „politisch untragbarer Elemente“ geradezu als eine aus der Kriegsnotwendigkeit sich ergebende „moralische Verpflichtung“ auferlegte.

Selektion sowjetischer Kriegsgefangener im Lager Lamsdorf

Während der Einsatzbefehl Nr. 8 vom 17. Juli 1941 zunächst nur an die vier Einsatzgruppen A, B, C und D des weltanschaulich geführten Vernichtungsfeldzuges gegen Russland gerichtet war, erging der Einsatzbefehl Nr. 9, den Heydrich vier Tage später erlassen hatte, zudem an alle Staatspolizei(leit)stellen im *Reich*.[224] Er beinhaltete die Selektion sowjetischer Kriegsgefangener in den Mannschaftsstammlagern (Stalags), war auf den 21. Juli 1941 ausgestellt und musste demzufolge Biberstein wenige Tage später zugegangen sein.[225] Sein Eingang war von dem jeweiligen Leiter der Staatspolizei(leit)stelle schriftlich unter Angabe von Datum

---

[223] Der Chef der Sipo u. d. SD, B. Nr. 21 B/41 g Rs – IV A 1 c – Geheime Reichssache, Einsatzbefehl Nr. 14 vom 29. Oktober 1941. Betrifft: *Richtlinien für die in die Stalags und Dulags abzustellenden Kommandos der Sipo und des* SD. Vorgang: Erlasse vom 17.7., 12.9. 1941 – B Nr. 21 B/41 g Rs. Erlass vom 26.9.1941 – B. Nr 539 B741 g. Erlass vom 10.10.1941, B. Nr. 815 B/41 g – IV A 1c. Anlagen: Anlage I und II, hier: Anlage I. *Geheime Reichssache. Richtlinien für die Aussonderung verdächtiger sowjetischer Kriegs- und Zivilgefangener des Ostfeldzuges in den Kriegsgefangenen- und Durchgangslagern im rückwärtigen* Heeresgebiet, BArch, R 70 Sowjetunion/ 32, ebenso als Document NO-3422, StAN, Rep. 501, KV-Prozesse, Fall 9.

[224] Der Chef der Sipo u. d. SD, IV A 1 c – B. Nr. 21 B/41 g Rs, Geheime Reichssache, Einsatzbefehl Nr. 9 vom 21. Juli 1941. Betrifft: *Richtlinien für die in die Mannschaftsstammlager abzustellenden Kommandos der Sicherheitspolizei und des* SD, Anlagen: 1 Verzeichnis der Lager, Einsatzbefehl Nr. 8 mit Anlagen I, II und III [Sperrdruck und Unterstreichung im Original], BArch R 58/ 240, fol. 136-147.

[225] So hatte beispielsweise die Staatspolizeistelle Aachen die *Richtlinien für die in die Stalags und*

und Uhrzeit gegenüber dem Reichssicherheitshauptamt (RSHA) zu bestätigen,[226] also auch von Biberstein.

Dem Einsatzbefehl Nr. 9 waren zwei Anlagen beigefügt, zum einen der Einsatzbefehl Nr. 8 vom 17. Juli 1941 mit den Anlagen I, II und III[227], zum anderen ein „Verzeichnis mit 18 Lagern im Reichsgebiet, in denen bereits sowjetrussische Kriegsgefangene untergebracht waren, oder die demnächst belegt werden sollten".[228] Jenes Verzeichnis führte für den Wehrkreis VIII (Breslau) neben dem Truppenübungsplatz *Neuhammer* (Niederschlesien) auch den Truppenübungsplatz *Lamsdorf* (Oberschlesien) auf mit der zuständigen Staatspolizeistelle Oppeln.[229] Zunächst wurden die Chefs der Staatspolizei(leit)stellen darüber in Kenntnis gesetzt, dass die in der Anlage genannten Richtlinien „in Zusammenarbeit zwischen dem Reichssicherheitshauptamt (RSHA) und dem Oberkommando der Wehrmacht (OKW) erstellt" worden seien. Durch jene Formulierung sollte die Rechtswidrigkeit jener Richtlinien verschleiert werden. Demzufolge heißt es zu Beginn des Einsatzbefehles Nr. 8:

> „In der Anlage übersende ich Richtlinien über die *Säuberung* der Gefangenenlager, in denen Sowjetrussen untergebracht sind. Diese Richtlinien sind im Einvernehmen mit dem OKW – Abteilung Kriegsgefangene – (s. Anlage 1) ausgearbeitet worden. Die Kommandeure der Kriegsgefangenen- und Durchgangslager (Stalags und Dulags) sind seitens des OKW verständigt worden." [Kursivdruck vom Verf.].[230]

Dulags abzustellenden Kommandos der Chefs der Sicherheitspolizei und des SD vom 27.8. 1941 – denen die Einsatzbefehle Nr. 8 und 9 nebst Anlagen beigefügt waren – am 5. September erhalten, wie der Eingangsstempel eindeutig belegt, BArch, R 58/ 240, fol. 149-150, hier fol. 150.

[226] Chef der Sipo und des SD *Einschreiben* (Befördert am 4.7.41 NÜ-Nr. 105 093) an alle Einsatzgruppenchefs (A, B, C), Einsatzbefehl Nr. 6 vom 4.7.1941, BArch, R 70 Sowjetunion/ 32. Der dortige Vermerk „Empfangsbestätigung mit Datum anher" ist auf alle weiteren Einsatzbefehle zu beziehen.

[227] Der Chef der Sicherheitspolizei und des SD, 21 B/41 g Rg. IV A 1 c, Geheime Reichssache, E i n s a t z b e f e h l Nr. 8 vom 17. Juli 1941. Betrifft: *Richtlinien für die in die Stalags und Dulags abzustellenden Kommandos der Sicherheitspolizei und des* SD, Ablagen: zwei geheftete Anlagen, eine lose Anlage, BArch, R 58/ 240, fol. 126-135. Anlage I: *Richtlinien für die Aussonderung von Zivilpersonen und verdächtigen Kriegsgefangenen des Ostfeldzuges in den Kriegsgefangenenlagern im besetzten Gebiet, im Operationsgebiet, im GG* [Generalgouvernement] *und in den Lagern im Reichsgebiet*, ebd. Anlage II: Geheime Reichssache. Amt IV. *Richtlinien für die in die Stalags abzustellenden Kommandos des Chefs der Sicherheitspolizei u. d. SD* vom 17. Juli 1841, ebd. Anlage III: Geheime Reichssache. Amt IV. *Verzeichnis der Kriegsgefangenenlager im Bereich des Wehrkreises I und des Generalgouvernements*, ebd.

[228] Geheime Reichssache. Amt IV, Berlin, den 21. August 1941. V e r z e i c h n i s der Lager im Reichgebiet, in denen bereits sowjetrussische Kriegsgefangene untergebracht sind, oder die demnächst belegt werden [Sperrdruck und Unterstreichung im Original], BArch R 58/ 240, fol. 147-148.

[229] Ebd., fol. 147.

[230] Der Chef der Sipo u. d. SD, IV A 1 c – B. Nr. 21 B/41 g Rs, Geheime Reichssache, E i n s a t z b e f e h l Nr. 9 vom 21. Juli 1941. Betrifft: *Richtlinien für die in die Mannschaftsstammlager abzustellenden Kommandos der Sicherheitspolizei und des* SD, Anlagen: 1 Verzeichnis der Lager, Einsatzbefehl Nr. 8 mit Anlagen 1, 2 und 3 [Sperrdruck und Unterstreichung im Original], BArch R 58/ 240, fol. 136-147. Anlage I: *Richtlinien für die Aussonderung von Zivilpersonen und*

Sodann gab Heydrich in der Anlage I des Einsatzbefehls Nr. 8 in NS-ideologischer Diktion als Ziel der geforderten Massenexekutionen an sowjetischen Kriegsgefangenen bekannt, dass der Ostfeldzug „besondere [völkerrechtswidrige] Maßnahmen“ erfordere, wobei er in geradezu zynischer Ausdrucksweise von den Ausführenden eine spezielle „Verantwortungsfreudigkeit“ einforderte:

> „Die Wehrmacht muß sich umgehend von allen denjenigen Elementen unter den Kr. Gef. befreien, die als bolschewistische Triebkräfte anzusehen sind. Die besondere Lage des Ostfeldzuges verlangt daher b e s o n d e r e M a ß n a h m e n, die frei von bürokratischen und verwaltungsmäßigen Einflüssen *verantwortungsfreudig* durchgeführt werden müssen.
>
> Während den bisherigen Vorschriften und Befehlen des Kriegsgefangenenwesens ausschl[ießlich] m i l i t ä r i s c h e Überlegungen zugrunde lagen, muß nunmehr der p o l i t i s c h e Zweck erreicht werden, das deutsche Volk vor bolschewistischen Hetzern zu schützen und das besetzte Gebiet alsbald fest in die Hand zu nehmen.“ [Sperrdruck im Original, Kursivdruck vom Verf.].[231]

Der Weg zur Erreichung jenes Zieles, das fadenscheinig-propagandistisch mit dem vermeintlichen Schutz nicht nur des deutschen Volkes, sondern ganz Europas vor der „jüdisch-bolschewistischen Weltverschwörung“ begründet wurde, sollte in mehreren Schritten erfolgen. Zunächst beauftragte Heydrich das Oberkommando der Wehrmacht (OKW), die Insassen der so bezeichneten *Russenlager* in fünf Kategogien einzuteilen, die danach seitens der Lagerverwaltung innerhalb der einzelnen Kriegsgefangenlager voneinander zu trennen seien:

> „1. Zivilpersonen;
> 2. Soldaten (auch solche, die zweifellos Zivilkleider angelegt haben);
> 3. politisch untragbare Elemente aus 1. und 2.;
> 4. Personen aus 1. und 2., die besonders vertrauenswürdig erscheinen und daher [als Zwangsarbeiter] für den Einsatz zum Wiederaufbau der besetzten Gebiete verwendungsfähig sind;
> 5. Volkstumgruppen innerhalb der Zivilpersonen und Soldaten.“[232]

---

verdächtigen Kriegsgefangenen des Ostfeldzuges in den Kriegsgefangenenlagern im besetzten Gebiet, im Operationsgebiet, im GG [Generalgouvernement] *und in den Lagern im Reichsgebiet*, ebd. Anlage II: Geheime Reichssache. Amt IV. *Richtlinien für die in die Stalags abzustellenden Kommandos des Chefs der Sicherheitspolizei u. d. SD* vom 17. Juli 1841, ebd. Anlage III: Geheime Reichssache. Amt IV. *Verzeichnis der Kriegsgefangenenlager im Bereich des Wehrkreises I und des Generalgouvernements*, ebd.

[231] Der Chef der Sicherheitspolizei und des SD, 21 B/41 g Rg. IV A 1 c, Geheime Reichssache, E i n s a t z b e f e h l Nr. 8 vom 17. Juli 1941. Betrifft: *Richtlinien für die in die Stalags und Dulags abzustellenden Kommandos der Sicherheitspolizei und des* SD, Ablagen: zwei geheftete Anlagen, 1 lose Anlage, BArch, R 58/ 240, fol. 126-135. Anlage I: *Richtlinien für die Aussonderung von Zivilpersonen und verdächtigen Kriegsgefangenen des Ostfeldzuges in den Kriegsgefangenenlagern im besetzten Gebiet, im Operationsgebiet, im GG* [Generalgouvernement] *und in den Lagern im Reichsgebiet*, ebd.

[232] Ebd.

Hingegen lag die Zuständigkeit für die *Selektion* der so bezeichneten „politisch untragbaren Elemente" sowie der für die Zwangsarbeit infrage kommenden sowjetischen Zivilpersonen und Soldaten bei den vom Reichsführer-SS (RFSS) zur Verfügung gestellten „Einsatzkommandos der Sicherheitspolizei und des Sicherheitsdienstes", die demzufolge Heydrich unmittelbar unterstellt waren und die gemäß der von ihm erstellten Richtlinien zu agieren hatten.[233] In der Anlage II zum Einsatzbefehl Nr. 8 wurde den Lagerkommandanten durch die Mitteilung, dass die „Abstellung der Kommandos [...] nach der Vereinbarung zwischen dem Chef der Sipo u. d. SD und dem OKW vom 16.7.41"[234] erfolgt sei, eine vermeintliche Rechtssicherheit gegeben, ebenso durch die nachfolgende Instruktion:

> „Die Kommandos arbeiten aufgrund besonderer Ermächtigung [zum Massenmord] und gemäß der ihnen erteilten allgemeine Richtlinien im Rahmen der Lagerordnung selbständig. Es ist selbstverständlich, daß die Kommandos mit dem Lagerkommandanten und dem ihm zugeteilten Abwehroffizier engste Fühlung halten.
>
> Aufgabe der Kommandos ist die politische Überprüfung aller Lagerinsassen und die Aussonderung und weitere Behandlung [Exekution]. [...] Über die als „Verdächtige" (s. II.A. 3) Ausgesonderten entscheidet das Einsatzkommando der Sipo u. des SD."[235]

Die oben genannten Vereinbarungen zwischen dem Oberkommando der Wehrmacht (OKW) und dem Reichssicherheitshauptamt (RSHA) einerseits sowie die Einsatzbefehle Heydrichs andererseits bildeten die pseudolegale Rechtsgrundlage für die Aussonderung und Massenexekutionen sowjetischer Kriegsgefangener, an denen auch Biberstein beteiligt war, insofern, als er gemäß dem Einsatzbefehl Nr. 9 vom 21. Juli 1941 mit folgender Befehlsausübung betraut wurde:

> „Nach Mitteilung des OKW sind bereits sieben Kriegsgefangenenlager im Reichsgebiet (s. anl. Verzeichnis) mit sowjetischen Kriegsgefangenen belegt worden bzw. wird dies in Kürze geschehen. Ich ersuche, sofort ein Kommando von einem SS-Führer (Kriminalkommissar) und drei bis vier Beamten für das im dortigen Bereich befindliche Kriegsgefangenenlager zur Überprüfung der Kriegsgefangenen abzustellen. Es ist selbstverständlich, dass die für diese Aufgabe ausgewählten Beamten mit der Materie bestens vertraut sein müssen."[236]

---

[233] Ebd.

[234] Der Chef der Sicherheitspolizei und des SD, 21 B/41 g Rg. IV A 1 c, Geheime Reichssache, E i n s a t z b e f e h l Nr. 8 vom 17. Juli 1941. Betrifft: *Richtlinien für die in die Stalags und Dulags abzustellenden Kommandos der Sicherheitspolizei und des* SD, (Ablagen: zwei geheftete Anlagen, 1 lose Anlage], BArch R 58/ 240, fol. 126-135. Anlage II: Geheime Reichssache. Amt IV. *Richtlinien für die in die Stalags abzustellenden Kommandos des Chefs der Sicherheitspolizei u. d. SD* vom 17. Juli 1841, ebd.

[235] Ebd.

[236] Der Chef der Sipo u. d. SD, IV A 1 c – B. Nr. 21 B/41 g Rs, Geheime Reichssache, E i n s a t z b e f e h l Nr. 9 vom 21. Juli 1941. Betrifft: *Richtlinien für die in die Mannschaftsstammlager abzustellenden Kommandos der Sicherheitspolizei und des* SD, Anlagen: 1 Verzeichnis der Lager, Einsatzbefehl Nr. 8 mit den Anlagen I, II und III, BArch, R 58/ 240, fol. 136-138.

Bei der Überprüfung der sowjetischen Kriegsgefangenen waren gemäß dem imaginierten nationalsozialistischen Feindbild vom „Todfeind Bolschewismus“ bzw. unter Synonymisierung von „Bolschewismus“ und „Weltjudentum“ zum „bolschewistischen Weltjudentum“, dessen Bestrebung es sei, die europäische Kultur und germanische Rasse auf Dauer auszulöschen, insbesondere folgende Personengruppen ausfindig zu machen:

- „alle bedeutenden Funktionäre des Staates und der Partei, insbesondere Berufsrevolutionäre,
- die Funktionäre der Komintern,
- alle maßgebenden Parteifunktionäre der KPdSU und ihrer Nebenorganisationen in den Zentralkomitees,
- alle Gebietskomitees,
- alle Volkskommissare und ihre Stellvertreter,
- alle ehemaligen Politkommissare in der Roten Armee,
- die leitenden Persönlichkeiten der Zentral- und Mittelinstanzen bei den staatlichen Behörden,
- die führenden Persönlichkeiten des Wirtschaftslebens,
- die sowjetrussischen Intelligenzler,
- *alle Juden*,
- alle Personen, die als Aufwiegler oder fanatische Kommunisten festgestellt werden.“ [Kursivdruck vom Verf.].[237]

Da die Juden nach nationalsozialistischem Verständnis per se als „die Träger der bolschewistischen Weltanschauung“ galten, wurden sie in den Befehlen Heydrichs von vorneherein in den Vernichtungsprozess einbezogen, und zwar sowohl durch die von den Stapo(leit)stellen im Reich bereitgestellten Einsatzkommandos als auch durch die vier Einsatzgruppen und deren dreizehn Unterkommandos im Russlandfeldzug. Zudem waren seitens der Einsatzgruppen und deren Kommandos zwei weitere Personenkreise zu ermittelten, die jedoch von den Exekutionsmaßnahmen auszunehmen seien, und zwar „Personen, die in der Verwaltung und Bewirtschaftung der eroberten russischen Gebiete Verwendung finden“ oder aber militärische Informationen liefern könnten. Jenem Personenkreis wurden „insbesondere alle höheren Staats- und Parteifunktionäre“ zugerechnet, „die auf Grund ihrer Stellung und ihrer Kenntnisse in der Lage [seien], Auskunft über Maßnahmen und Arbeitsmethoden des sowjetischen Staates, der Kommunistischen Partei oder der Komintern zu geben.“[238]

---

[237] Der Chef der Sicherheitspolizei und des SD, 21 B/41 g Rg. IV A 1 c, Geheime Reichssache, E i n s a t z b e f e h l Nr. 8 vom 17. Juli 1941. Betrifft: *Richtlinien für die in die Stalags und Dulags abzustellenden Kommandos der Sicherheitspolizei und des* SD, Ablagen: zwei geheftete Anlagen, eine lose Anlage, BArch, R 58/ 240, fol. 126-135. Anlage II: Geheime Reichssache. Amt IV. *Richtlinien für die in die Stalags abzustellenden Kommandos des Chefs der Sicherheitspolizei u. d. SD* vom 17. Juli 1941 [Sperrdruck im Original], ebd.

[238] Ebd.

Sodann machte Heydrich den Leitern der Einsatzgruppen und deren Kommandos eine wöchentliche Berichterstattungspflicht zur Auflage, die durch Fernschreiben oder Schnellbrief an ihn persönlich[239] nach den folgenden formalen Vorgaben zu erfolgen hatte:

(1) „Kurze Schilderung der Tätigkeit der vergangenen Woche,
(2) Zahl der endgültig als *verdächtig* anzusehenden Personen (Zahlenangabe genügt),
(3) Namentliche Benennung der als Funktionäre der Komintern, maßgebende Funktionäre der Partei, Volkskommissare, Pol-Kommissare, leitende Persönlichkeit festgestellten Personen mit kurzer Beschreibung ihrer Stellung,
(4) Zahl der als unverdächtig zu bezeichnenden Personen,
 (a) Kriegsgefangene,
 (b) Zivilpersonen." [Kursivdruck vom Verf.].[240]

Aufgrund jener Tätigkeitsberichte wurden sodann seitens des Reichssicherheitshauptamtes (RSHA) „die zu treffenden weiteren Maßnahmen [d. h. die amtliche Genehmigung zur Durchführung der Exekutionen] umgehendst mitgeteilt."[241] Hinsichtlich der durchzuführenden Hinrichtungen erließ Heydrich zudem die strikte Weisung:

„Vor Durchführung der Exekutionen haben sich die Führer der Einsatzkommandos wegen des Vollzuges mit den *Leitern* der in Frage kommenden *Staatspolizei(leit)stellen* bzw. mit den Kommandeuren der für ihr Lager zuständigen Gebietes in Verbindung zu setzen."[242] Die Exekutionen dürfen nicht im Lager selbst noch in unmittelbarer Nähe erfolgen; sie sind nicht öffentlich und müssen möglichst unauffällig durchgeführt werden." [Kursivdruck vom Verf.].[243]

---

[239] Heydrich hatte „zu diesem Zweck eine [ihm] unmittelbar unterstehende zentrale Nachrichtenübermittlungsstelle eingerichtet, welcher u. a. auch die Verteilung der Berichte an die sachlich beteiligten Ämter des RSHA obliegt. Die zusammenfassende Berichterstattung an den RFSS und Chef der Deutsche Polizei behalte [er sich] persönlich vor." RSHA; Amt IV, Berlin, den 29.9.1941, Fernschreiben: Befördert am 29.6.41, NÜ-Nr. 101294) an den Einsatzgruppenchef der SPSD, SS-Brif. N e b e, an den Einsatzgruppenchef der SPSD SS-Staf. O h l e n d o r f, an den Einsatzgruppenchef der SPSD SS-Brif. Dr. R a s c h, an den Einsatzgruppenchef der SPSD SS-Brif. S t a h l e c k e r [Sperrdruck im Original], BArch, R 70/Sowjetunion/32.

[240] Der Chef der Sicherheitspolizei und des SD, 21 B/41 g Rs. IV A 1 c, Geheime Reichssache, E i n s a t z b e f e h l Nr. 8 vom 17. Juli 1941. Betrifft: *Richtlinien für die in die Stalags und Dulags abzustellenden Kommandos der Sicherheitspolizei und des* SD, Ablagen: zwei geheftete Anlagen, eine lose Anlage, BArch, R 58/ 240, fol. 126-135. Anlage II: Geheime Reichssache. Amt IV. *Richtlinien für die in die Stalags abzustellenden Kommandos des Chefs der Sicherheitspolizei u. d. SD* vom 17. Juli 1941, ebd.

[241] Ebd.

[242] Der Chef der Sicherheitspolizei und des SD, 21 B/41 g Rs. IV A 1 c, Geheime Reichssache, E i n s a t z b e f e h l Nr. 8 vom 17. Juli 1941. Betrifft: *Richtlinien für die in die Stalags und Dulags abzustellenden Kommandos der Sicherheitspolizei und des* SD, Ablagen: zwei geheftete Anlagen, eine lose Anlage, BArch, R 58/ 240, fol. 126-135, hier fol. 127.

[243] Ebd.

Gemäß den Auflagen des Einsatzbefehls Nr. 8 hatte sich der Führer jenes von Biberstein eigens zusammengestellten Einsatzkommandos vor der Durchführung jeder Exekution mit seinem Dienstvorgesetzten, also mit Biberstein, „in Verbindung" zu setzen. Heydrichs Formulierung, dass die Exekutionen „nicht öffentlich" und „möglichst unauffällig" durchzuführen seien, implizierte bereits die Gesetzeswidrigkeit jenes Einsatzbefehles. Allein aufgrund jener Formulierung dürfte Biberstein mehr als klar gewesen sein, dass die Selektionen und anschließenden Exekutionen „verdächtig" erscheinender sowjetischer Kriegsgefangener einen eklatanten Rechtsverstoß darstellten.

Daneben hatte Heydrich den Einsatzkommandos die Auflage erteilt, die erfolgten Exekutionen listenmäßig nach vorgegebenen Formblättern zu erfassen. Neben Angaben zur Person des Exekutierten war auch der Grund der so bezeichneten *Sonderbehandlung* aufzuführen. Die Listen waren gemäß den folgenden schematischen Vorgaben zu erstellen.

- „Laufende Nummer
- Familien- und Vorname,
- Geburtszeit- und Ort,
- militärischer Dienstgrad,
- Beruf,
- letzter Wohnort,
- Grund der Sonderbehandlung,
- Tag und Ort der Sonderbehandlung."[244]

Der Einsatzbefehl Nr. 9, der an alle Stapo(leit)stellen im *Reich* ergangen war, enthielt die nunmehr präzisierte Auflage, die Exekutionen „unauffällig im nächstgelegenen Konzentrationslager [durchzuführen]."[245] Für das Kriegsgefangenenlager *Neuhammer* (Niederschlesien) lag die Zuständigkeit bei dem etwa 60 km südwestlich von Breslau an der Bahnstrecke Jauer – Schweidnitz gelegenen Vernichtungslager KZ Groß-Rosen. Hingegen wurden die aus dem Kriegsgefangenenlager Stalag 318 (VIII F) *Lamsdorf* (Oberschlesien) selektierten sowjetischen Kriegsgefangenen in dem nahe gelegenen KZ und VL Auschwitz-Birkenau exekutiert.[246] Die

[244] Der Chef der Sicherheitspolizei und des SD, 21 B/41 g Rg. IV A 1 c, Geheime Reichssache, Einsatzbefehl Nr. 8 vom 17. Juli 1941. Betrifft: *Richtlinien für die in die Stalags und Dulags abzustellenden Kommandos der Sicherheitspolizei und des* SD, Ablagen: zwei geheftete Anlagen, 1 lose Anlage, BArch, R 58/ 240, fol. 126-135. Anlage II: Geheime Reichssache. Amt IV. *Richtlinien für die in die Stalags abzustellenden Kommandos des Chefs der Sicherheitspolizei u. d. SD* vom 17. Juli 1941, ebd.

[245] Der Chef der Sipo u. d. SD, IV A 1 c – B. Nr. 21 B/41 g Rs, Geheime Reichssache, Einsatzbefehl Nr. 9 vom 21. Juli 1941. Betrifft: *Richtlinien für die in die Mannschaftsstammlager abzustellenden Kommandos der Sicherheitspolizei und des* SD, Anlagen: 1 Verzeichnis der Lager, Einsatzbefehl Nr. 8 mit Anlagen 1, 2 und 3, BArch R 58/ 240, fol. 136-138, hier fol. 136.

[246] Office of Chief of Counsel für War Crimes, Evidence Division. Attorney's Request for Interrogation, Interrogation Nr. 1552. Zeugeneinvernahme des Ernst Emil Heinrich Biberstein durch Mr. De

Organisation des Transportes der zu Exekutierenden oblag dem Leiter des jeweiligen Einsatzkommandos. Im Fall der Stapostelle Oppeln und dem dazugehörigen gesamten Verwaltungsbezirk Oberschlesien war das der bereits erwähnte Kriminalkommissar der Stapostelle Oppeln, SS-Obersturmbannführer B.[247] In der Regel wurden die selektierten Gefangenen in Güterwagen der Deutschen Reichsbahn in das jeweils nächstgelegene Vernichtungslager befördert, jene aus Bibersteins Zuständigkeitsbereich, dem Stalag 318 (VIII F) Lamsdorf, daneben auch in Lastkraftwagen.[248]

Wie Bibersteins Untergebener, der Beamte L. der Stapostelle Oppeln, im Jahre 1969 in der Zeugeneinvernahme vor der Staatsanwaltschaft Dortmund erläuterte, habe die Reichsbahndirektion Oppeln/Oberschlesien wöchentlich einen Transportzug zum Stalag 318 (VIII F) Lamsdorf bereitgestellt.[249] Auch in einer anderen Quelle ist belegt, dass Biberstein entgegen seinen wiederholten Beteuerungen im Jahre 1947/48 vor dem US Military Tribunal II in Nürnberg sehr wohl in größerem Ausmaß Personen in das Vernichtungslager Auschwitz einliefern ließ. So ist etwa für den 7. Oktober 1941 dokumentiert, dass „aus dem Lager Lamsdorf [. . .] große Transporte russischer Kriegsgefangener nach Auschwitz [kommen]; sie werden gesondert interniert.“[250] Dass jene internierten russischen Kriegsgefangenen der „großen“ Transporte in der Folgezeit vergast wurden, lässt sich insofern deduzieren, als dieselbe Quelle angibt, dass bereits vier Wochen zuvor, am 3. September 1941, der erste Massenmord durch das Giftgas Zyklon B erfolgt sei.

> „Rund 600 russische Kriegsgefangene und 298 kranke Häftlinge aus dem HKB [Häftlingskrankenblock] werden in die Bunkerzellen von Block 11 gesperrt, Zyklon B wird eingeworfen. *Tags darauf stellt Rapportführer Palitzsch fest, daß einige noch leben; Zyklon B wird nachgeschüttet.* Am nächsten Tag müssen Häftlinge der Strafkompanie und Häftlingspfleger die Leichen ins Krematorium schaffen.“ [Kursivdruck vom Verf.].[251]

Vries am 18. August 1947, 14.00-15.00 Uhr, StAN, Rep. 502, KV-Anklage, Interrogations, B-75, S. 1-3, hier S. 2. Die Entfernung vom Kriegsgefangenenlager Lamsdorf zum KZ Auschwitz beträgt etwa 140 km und jene von Oppeln nach Auschwitz etwa 145 km.

[247] Office of Chief of Counsel für War Crimes, Evidence Division. Attorney's Request for Interrogation, Interrogation Nr. 1552. Zeugeneinvernahme des Ernst Emil Heinrich Biberstein durch Mr. De Vries am 18. August 1947, 14.00-15.00 Uhr, StAN, Rep. 502, KV-Anklage, Interrogations, B-75, S. 1-3, hier. S. 2. Der Verfasserin ist der Name des Kriminalkommissars bekannt. Jedoch wird aus datenschutzrechtlichen Gründen lediglich dessen Anfangsbuchstabe genannt.

[248] Zeugenaussage Biberstein, 45 Js 9 /69, Staatsanwaltschaft Dortmund, Verfahren Neuhammer, Bd. VIII, Bl. 183.

[249] Aussage des Beamten L. der Stapo-Stelle Oppeln, 45 Js 9/ 69, Staatsanwaltschaft Dortmund, Verfahren Neuhammer, Ordner Protokolldurchschriften. (Aus datenschutzrechtlichen Gründen wird lediglich der Anfangsbuchstabe des Namens genannt).

[250] H. G. ADLER/ HERMANN LANGBEIN/ ELLA LINGENS-REINER (Hrsg.): Auschwitz. Zeugnisse und Berichte, zweite, überarb. Aufl., Köln, Frankfurt/M. 1979, S. 268.

[251] Ebd.

Hinsichtlich der Ausführung der Exekutionen waren von Heydrich – nach dessen Tod von Himmler – so bezeichnete *Durchführungsbestimmungen für Exekutionen*[252] ergangen, aus denen die Beteiligung der Stapo(leit)stellen an Hinrichtungen zweifelsfrei hervorgeht. So heißt es mit Bezug zu der Befehlsdurchgabe für Exekutionen, die im KZ oder außerhalb des Lagers durchzuführen waren:

> „Die Anordnung der Exekution erfolgt mittels Schnellbriefes oder FS [Fernschreiben] an die zuständige Staatspolizei[leit]stelle [...]. Die Anordnung wird gezeichnet vom Chef des Amtes IV des RSHA [Heinrich Müller].
>
> Falls die Exekution im KL [Konzentrationslager] durchgeführt wird, setzt sich die Staatspolizei[leit]stelle unverzüglich mit dem Lagerkommandanten in Verbindung und teilt den Zeitpunkt der Überstellung des Häftlings mit. Gleichzeitig leitet sie diesem eine beglaubigte Abschrift der Exekutionsanordnung zu."[253]
>
> „Exekutionen ausserhalb des Lagers:
> Der Exekution haben beizuwohnen: Der *Leiter der Staatspolizei(leit)stelle* oder ein von ihm beauftragter SS-Führer seiner Dienststelle [...]."[254]
>
> „Der *verantwortliche Dienststellenleiter* [der Stapo(leit)stelle] hat nach pflichtgemäßem Ermessen zu entscheiden, ob die Leiche des nächstgelegenen Krematoriums zur Verbrennung zu überweisen oder der nächsten Universitätsklinik (Anatomie) zur Verfügung zu stellen ist." [Kursivdruck vom Verf.].[255]

Entgegen den wiederholten Beteuerungen vor dem US Military Tribunal II in Nürnberg, keineswegs während seiner Dienstzeit als Chef der Stapostelle Oppeln/ Oberschlesien dem Reichssicherheitshauptamt (RSHA) Personen zur Einweisung in ein KZ noch deren Exekution vorgeschlagen und ebenso nicht an Hinrichtungen teilgenommen zu haben, war Biberstein hingegen nach Gründung der Bundesrepublik Deutschland im Rahmen bundesdeutscher Ermittlungsverfahren gegen andere NS-Gewaltverbrecher insofern durchaus auskunftsfreudig, als der *Vertrag zur Regelung aus Krieg und Besatzung entstandener Fragen* (Überleitungsvertrag), Art. II und III (3 b), ihm nach dem Grundsatz „ne bis idem" hinsichtlich möglicher erneuter Gerichtsverfahren Rechtsschutz gewährte.[256] So sagte Biberstein etwa in der Zeugeneinvernahme im *Verfahren Neuhammer* im Jahre 1969 vor der Staatsanwaltschaft Dortmund aus, dass er zusammen mit dem oben erwähnten Leiter des von ihm zusammengestellten Einsatzkommandos, dem Kriminalkommissar SS-

[252] Der Chef der Sicherheitspolizei und des SD, IV D 2 c – 450/42g – 81, *Durchführungsbestimmungen für Exekutionen*, btr. Erlass vom 17.10.1940 – B. Nr. IV 4308/40 – geheim –, BArch, R 58/ 241, fol. 361. Der Reichsführer-SS und Chef der Deutschen Polizei, S IV D 2 – 450/42g – 81 –, *Durchführungsbestimmungen für Exekutionen*, BArch, R 58/ 240, fol. 355-360.

[253] Ebd., fol. 355.

[254] Ebd., fol. 357

[255] Ebd., fol. 359.

[256] *Vertrag zur Regelung aus Krieg und Besatzung entstandener Fragen* (Überleitungsvertrag), Bundesgesetzblatt (BGBl.) 11 1955, S. 405.

Obersturmbannführer B., bei der Erschießung von zwölf sowjetischen Kriegsgefangen aus dem Stalag 318 *Lamsdorf* zugegen gewesen sei.[257]

Hier stellt sich die Frage nach der Tat-Motivation bzw. nach den Handlungsgrundlagen und Antriebskräften. Warum beteiligte sich Biberstein während seiner Dienstzeit als Chef der Stapostelle Oppeln/Oberschlesien an den eingangs genannten Verbrechen, d. h. warum führte er die entsprechenden rechtswidrigen Befehle des Reichssicherheitshauptamtes (RSHA) offensichtlich bedenkenlos aus, da er doch ohne Weiteres die Möglichkeit hatte, anlässlich persönlicher Vorsprachen im Reichsicherheitshauptamt (RSHA) *rechtzeitig* einen Antrag auf ein endgültiges Ausscheiden aus den Diensten des SD einzureichen?

Auf den berechtigten Einwand des Vorsitzenden Richters des US Military Tribunal II in Nürnberg Michael A. Musmanno, dass sich Biberstein – unter nachdrücklichem Verweis auf die ihm mangelnde juristische Ausbildung hinsichtlich polizeidienstlicher Aufgaben – seiner Versetzung nach Oppeln durchaus hätte entziehen können, entgegnete er im Rückblick auf sein mit Heydrich am 5. Mai 1941 geführtes Gespräch:

> „Vielleicht hätte ich mich weigern können, aber [. . .] mir schien, dass ich [bei Heydrich] viel erreicht hatte und dass es gefährlich sei, dieses aufs Spiel zu setzen.
>
> Ich hatte seine [Heydrichs] Zusicherung, nicht zum Einsatz [im Osten] zu kommen. Ich hatte seine Zusicherung, nach einem Jahr [als Leiter der Stapostelle Oppeln] ausscheiden zu dürfen, ich hatte die Zusicherung einer geeigneten Verwendung bei der inneren Verwaltung [. . .]. Das erschien mir mehr, als ich je erwartet hatte."[258]

Wie ist jene Aussage Bibersteins vor dem US Military Tribunal II in Nürnberg hinsichtlich der Tat-Motivation zu verstehen? Lag der Beweggrund für die Beteiligungen an den NS-Verbrechen in Bibersteins traumatisierenden Fronterfahrungen des Ersten Weltkrieges begründet und dem daraus resultierenden Eskapismus – in diesem Falle der berechtigten Sorge bezüglich eines „Fronteinsatzes im Osten" – oder lag er etwa im Karrierestreben, d. h. in der Hoffnung „einer geeigneten Verwendung in der inneren Verwaltung"? Immerhin hatte Heydrich Biberstein eine Polizeipräsidentenstelle in Aussicht gestellt bzw. ihm zugesichert, bei der Suche nach einer solchen behilflich sein zu wollen. Zwar spielten diese Gründe durchaus eine wichtige Rolle hinsichtlich der *Entscheidungsfindung*, auf Heydrichs Vorschlag eines „Probejahres" als Chef der Staatspolizeistelle Oppeln/Oberschlesien einzugehen. Dennoch begründen sie die tatsächliche Tat-Motivation hinsichtlich der *Ausführung* der von Heydrich erlassenen völkerrechtswidrigen Befehle ebenso wenig wie die Annahme, dass Biberstein ein „williger Vollstrecker" (Daniel

---

[257] Zeugenaussage Biberstein, 45 Js 9/69, Staatsanwaltschaft Dortmund, Verfahren Neuhammer, Bd. VIII, Bl.183.

[258] Zeugeneinvernahme Biberstein, StAN, Rep. 501, KV-Prozesse, Fall 9, A 32-33, S. 2799.

Goldhagen) Heydrichs gewesen sein könnte oder möglicherweise eine „schwache“ Autorität.

Gegen Letzteres sprechen die biografischen Daten insofern, als Biberstein während seiner Zeit als evangelischer Geistlicher der Schleswig-Holsteinischen Landeskirche durchaus nicht heftige Auseinandersetzungen mit Vorgesetzten und ihm unterstellten Amtskollegen scheute, wenn es um die Durchsetzung der nationalsozialistischen Weltanschauung ging. Desgleichen opponierte er im Reichsministerium für die kirchlichen Angelegenheiten in seiner Funktion als Leiter mehrerer Referate der Evangelischen Abteilung in den Dienstbesprechungen der Abteilungsleiter und Referenten offen gegenüber seinem Vorgesetzten, dem Minister Kerrl, im Hinblick auf dessen kirchenpolitischen Pläne der Installation einer Reichskirche unter Leitung der *Deutschen Christen* (DC) – und das sogar auf die Gefahr hin, möglicherweise aus dem Staatsdienst entlassen zu werden, was für einen verheirateten Familienvater mit drei kleinen Kindern durchaus ein erhebliches finanzielles Risiko dargestellt hätte. Die Aufhebung rechtsstaatlicher Normen als Erklärung für Bibersteins Täterhandeln in Oppeln/Oberschlesien und als Führer des Einsatzkommandos 6 (EK 6) der Einsatzgruppe C wird in Kapitel IV „Angeklagter vor dem US Military Tribunal II in Nürnberg 1947/48“ und dort im dem Unterkapitel 2.8 „Das Gerichtsverfahren“ näher zu beleuchtet sein.

4 Der politische Auftrag der Einsatzgruppen im Russlandfeldzug

Für die im zeitlichen Rahmen des Russlandfeldzuges zu ermordenden Juden und weiterer zuvor devaluierter und dehumanisierter Personengruppen hatte Himmler im Vorfeld ein eigenes großes Truppenkontingent aufgestellt, zu dem neben den „etwa 19.000 Mann Kommandostab-Truppen“ und den 12.000 Mann starken SS-Polizeiverbänden,[259] auch die *Einsatzgruppen der Sicherheitspolizei und des SD* gehörten, die im Vergleich dazu lediglich eine Personalstärke von 3.000 Mann aufwiesen. Jene *Einsatzgruppen der Sicherheitspolizei und des SD* waren paramilitärische, mobile Verbände.

Bereits vor Beginn des Zweiten Weltkrieges hatten *Einsatzgruppen der Sicherheitspolizei und des SD* in verschiedenen Formationen operiert. So marschierte im März 1938 das aus Angehörigen der Sicherheits- und Ordnungspolizei zusammen-

[259] PETER LONGERICH, Himmler, S. 539. Im Gegensatz zu den Heydrich bzw. dem RSHA unterstehenden Einsatzgruppen wurden die als *Kampf*truppen ausgebildeten SS-Kommandostabtruppen und SS-Polizeiverbände *unmittelbar* von Himmler bzw. den drei Höheren SS- und Polizeiführern (HSSPF Russland-Nord, HSSPF Russland-Mitte, HSPF Russland-Süd) als dessen Stellvertretern befehligt, die auch die obligatorischen Berichte an Himmler zu erstellen hatten.

gesetzte *Sonderkommando Österreich* unter Leitung des damals erst 29-jährigen SS-Standartenführers Prof. Dr. Franz Six, eines späteren Mitangeklagten Bibersteins,[260] anlässlich des so bezeichneten *Anschlusses Österreichs an das Deutsche Reich* in österreichisches Territorium ein. Eine weitere Verwendung von Einsatzgruppen erfolgte vom 1. bis zum 10. Oktober 1938 im Rahmen der Eingliederung der zur damaligen Tschechoslowakei gehörenden Sudetengebiete in das Deutsche Reich als Auswirkung des Münchner Abkommens vom 30. September 1938. Die *Einsatzgruppe Dresden* mit fünf Unterkommandos (Détachements) stand unter Leitung des damals 34-jährigen Oberregierungsrates und SS-Oberführers Heinz Jost, ebenfalls eines späteren Mitangeklagten Bibersteins.[261] Die *Einsatzgruppe Wien* mit elf Unterkommandos (Détachements) wurde von dem 38-jährigen SS-Standartenführer und Regierungsdirektor Dr. iur. Walter Stahlecker geleitet. Wie aus dem Referatsentwurf des Sicherheitshauptamtes, Abteilung III/225 (SD-Ausland/ Außenpolitische Abwehr), vom 29. Juni 1938 hervorgeht, war der Einsatz jener beiden Einsatzgruppen bereits ein Vierteljahr zuvor geplant worden.

> „Für den Fall von Verwicklungen zwischen dem Deutschen Reich und der CSR muß ein notwendig werdender Einsatz des SD vorbereitet werden [...].
>
> Der SD folgt, wenn möglich, unmittelbar hinter der einmarschierenden Truppe und übernimmt analog seinen Aufgaben im Reich die Sicherung des politischen Lebens und

---

260 Six durchlief eine steile Karriere. Im Jahre 1937 erhielt er – 28-jährig – eine Professur für Zeitungswissenschaft an der Albertus-Universität Königsberg. Drei Jahre später wählte ihn die Auslandswissenschaftliche Fakultät der Friedrichs-Wilhelms-Universität Berlin zum Dekan. Zeitgleich verfolgte Six seine Karriere im SD-Hauptamt und wurde dort als 28-Jähriger der Chef des Amtes II (SD-Inland/Gegner-Erforschung). Auch nach Gründung des Reichssicherheitshauptamtes (RSHA) verblieb er bis 1940 in jener Position, danach war er Chef des Amtes VII (Weltanschauliche Forschung und Auswertung/SD-Ausland). Im September 1942 übernahm er die Leitung der Kulturpolitischen Abteilung im Auswärtigen Amt. Die Lebensdaten sind der nachfolgend genannten Biographie entnommen: LUTZ HACHMEISTER, Gegnerforscher. Im Russlandfeldzug wurde Six zum Führer des *Vorkommandos Moskau* beordert, d. h. des Sonderkommandos 7 c (SK 7c) der von Reichskriminaldirektor und SS-Gruppenführer Arthur Nebe geleiteten Einsatzgruppe B. Im Nürnberger Einsatzgruppenprozess wurde er wegen seiner dort begangenen Verbrechen angeklagt und zu 20 Jahren Haft verurteilt. Das Urteil wurde am 31. Januar 1951 von McCloy auf 10 Jahre herabgesetzt. Dazu: KAZIMIERZ LESZCZYŃSKI (Hrsg.), Fall 9, S. 251.

261 Der Jurist Jost war lt. Geschäftsverteilungsplan des SD-Hauptamtes 1936/37 Chef des Amtes III (SD-Ausland/Abwehr) und blieb auch nach der Gründung des Reichssicherheitshauptamtes (RSHA) weiterhin als Chef des Amtes VI (Ausland/SD-Ausland) im Range eines SS-Brigadeführer und Generalmajor der Polizei in dieser Position, wie aus dem Geschäftsverteilungsplan vom März 1941 hervorgeht. Am 29. März 1942 wurde er von Heydrich im Rahmen einer Wehrmachtsbeorderung abkommandiert und zum Nachfolger des berüchtigten und im Partisanenkampf verstorbenen Dr. Walter Stahlecker ernannt. In dieser Funktion leitete er bis zum 10.9.1942 die im Baltikum operierende Einsatzgruppe A. Im Nürnberger Einsatzgruppenprozess wurde er zu einer lebenslänglichen Haftstrafe verurteilt, die dann am 31.1.1951 von dem US High Commissioner McCloy auf 10 Jahre herabgesetzt wurde.

> gleichzeitig damit so weit als möglich die Sicherung aller für die Volkswirtschaft und damit zwangsläufig für die Kriegswirtschaft notwendigen Betriebe."[262]

Desgleichen stellte das Reichssicherheitshauptamt (RSHA) im Rahmen der so bezeichneten „Zerschlagung der Rest-Tschechei" ab dem 15. März 1939 Einsatzgruppen bereit, und zwar die *Einsatzgruppe I Prag* und die *Einsatzgruppe II Brünn*, die ihrerseits in mehrere Unterkommandos unterteilt waren. Sowohl für den „Anschluss Österreichs an das Deutsche Reich" als auch für die Besetzung des Sudetenlandes und die „Zerschlagung der Rest-Tschechei" hatten jene Einsatzgruppen keine Mordaufträge erhalten, wie in den *Richtlinien für die Tätigkeit der Einsatzkommandos der Geheimen Staatspolizei in den sudetendeutschen Gebieten*[263] und den *Richtlinien für den Einsatz von Sipo und SD im Ausland*[264] belegt ist. In der Rückschau beschrieb Heydrich in einem an den damaligen Chef der Ordnungspolizei Kurt Daluege gerichteten und als „Geheime Reichssache" deklarierten Aktenvermerk die Aufgaben der Sonderkommandos allerdings ganz im Gegensatz zu den amtlicherseits ausgegebenen Richtlinien wie folgt:

> „Bei allen bisherigen Einsätzen: Ostmark, Sudetenland, Böhmen und Mähren und Polen, waren gemäß Sonderbefehl des Führers besondere polizeiliche Einsatzgruppen (Sicherheitspolizei und Ordnungspolizei) mit den vorrückenden, in Polen mit den kämpfenden Truppen, vorgegangen und hatten aufgrund der vorbereiteten Arbeit systematisch durch Verhaftung, Beschlagnahmen und Sicherstellung wichtigsten politischen Materials heftige Schläge gegen die reichsfeindlichen Elemente in der Welt aus dem Lager von Emigranten, Freimaurer, Judentum und politisch-kirchlichem Gegnertum sowie der 2. und 3. Internationale geführt [. . .].

262 „Geheime Reichssache, Berlin, den 29. Juni 1938. Btr.: Einsatz des SD im Falle CSR", StAN, Rep. 502, KV-Anklage, Dokumente, Fotokopien, Dokument USSR-509. In dem Prozess gegen die Hauptkriegsverbrecher vor dem Internationalen Militärtribunal in Nürnberg wurde in der Vormittagssitzung des 2. August 1946 jener Referatsentwurf im Hinblick auf den Zuständigkeitsbereich des Reichssicherheitshauptamtes (RSHA) für die Einsatzgruppen thematisiert. Dazu wurde der ehemalige Leiter des Gauamtes für Volkstumsfragen und Führer des SD-Leitabschnitts Posen und spätere Chef des Amtes III A im Reichssicherheitshauptamt (RSHA) SS-Obersturmbannführer Rolf-Heinz Höppner von dem stellvertretenden Ankläger für die Sowjetunion Oberjustizrat L. N. Smirnow befragt. In jenem Zusammenhang stellte Smirnow fest, dass die Bezeichnung „Einsatzgruppen" in dem amtlichen Dokument USSR-509 erstmalig benutzt worden war. Hauptverhandlung, 193. Tag, Vormittagssitzung am 2.8.1946, in: Der Prozeß gegen die Hauptkriegsverbrecher vor dem Internationalen Gerichtshof Nürnberg, Nürnberg 1947, Bd. 20, S. 234-260, hier S. 234.

263 Abschrift. *Richtlinien für die Tätigkeit der Einsatzkommandos der Geheimen Staatspolizei in den sudetendeutschen Gebieten*, o. Verf., o. J., BArch, R 58/ 241, fol. 140-141.

264 *Richtlinien für den auswärtigen Einsatz von Sicherheitspolizei und SD*, BArch, R 58/ 241, fol. 169-175. Zu der Verwendung von Einsatzgruppen beim Einmarsch des deutschen Militärs in Österreich, in das Sudetenland und in die Tschechoslowakei umfassend: HELMUT KRAUSNICK: Hitlers Einsatzgruppen. Die Truppe des Weltanschauungskrieges 1938-1942, durchges. Ausgabe, 11.-12. Tausend, Frankfurt/M. 1998, S. 13-25.

[Bei dem Einsatz in Polen waren] die Weisungen, nach denen der polizeiliche Einsatz handelte, außerordentlich radikal [...]. (*Liquidierungsbefehl* für zahlreiche polnische Führungskreise, der in die Tausende ging)." [Kursivdruck vom Verf.].[265]

Bei dem Überfall auf Polen wurden seitens des Reichssicherheitshauptamtes (RSHA) zunächst fünf, dann sechs Einsatzgruppen unter dem Codewort *Unternehmen Tannenberg* aufgestellt, die ihrerseits in 16 Einsatzkommandos unterteilt waren. Die Einsatzgruppe 6 stand unter Leitung des damaligen SS-Oberführers Erich Naumann, eines weiteren Mitangeklagten Biberstein.[266] Zudem wurde eine Einsatzgruppe z.b.V. unter Leitung des berüchtigten Udo von Woyrsch eingesetzt. Der Auftrag der Einsatzgruppen für den Überfall auf Polen war durch eine Vereinbarung des Reichssicherheitshauptamtes (RSHA) mit dem Oberkommando des Heeres vom 31. Juli 1939 genau festgelegt worden. Danach sollte die „Aufgabe der sicherheitspolizeilichen Einsatzkommandos [...] die Bekämpfung aller reichs- und deutschfeindlichen Elemente im Feindesland rückwärts der fechtenden Truppe" beinhalten.[267] Jedoch waren die dort vorgesehenen Maßnahmen lediglich auf „Beschlagnahme, Sicherstellung und Durchsuchung von Objekten" begrenzt. Hingegen waren „Misshandlungen oder Tötungen festgenommener Personen [...] strengstens untersagt", jener Personenkreis sei „zu der am besten erreichbaren Staatspolizeistelle" zu transportieren.[268] Dennoch kam es trotz jener ausdrücklichen Einschränkung der sicherheitspolizeilichen Befugnisse aufgrund der „extensiven Auslegung des Begriffes ‚Freischärler'"[269] bis zum Ende des Polenfeldzuges zu Massenmorden an etwa 10.000 bis 20.000 Polen.[270] Nach Einschätzung des renommierten Historikers und Shoa-Experten Peter Longerich wurde „der Krieg

---

[265] Der Chef der Sicherheitspolizei und des SD. C.d.S., B.-Nr.: 53355^{2}40. Vermerk vom 2.7.1940 (Geheime Reichssache), abgedruckt in: HELMUT KRAUSNICK: *Dokumentation.* Hitler und die Morde in Polen, in: Vierteljahreshefte für Zeitgeschichte 11 (1963), Heft 2, S. 196-209, hier S. 206f.

[266] Der SS-Brigadeführer und Generalmajor der Polizei Erich Naumann war vom 1. November 1941 bis zum Frühjahr 1943 Chef der Einsatzgruppe B. Naumann war Nachfolger des SS-Gruppenführers Arthur Nebe, der im Range eines Reichskriminaldirektors das Reichskriminalamt leitete. Am 2. März 1945 wurde Nebe wegen Kontakten zur Widerstandsgruppe des 20. Juli 1944 vom Volksgerichtshof zum Tode verurteilt. Im Nürnberger Einsatzgruppenprozess wurde der damals 43-jährige Naumann vom US Military Tribunal II in Nürnberg zum Tod durch den Strang verurteilt. Das Urteil wurde am 7. Juni 1951 vollstreckt. KAZIMIERZ LESZCZYŃSKI (Hrsg.), Fall 9. S. 251.

[267] *Richtlinien für den auswärtigen Einsatz von Sicherheitspolizei und SD*, BArch, R 58/ 241, fol. 169-175, hier fol. 169.

[268] Ebd., fol. 171.

[269] HELMUT KRAUSNICK, Einsatzgruppen, S. 35.

[270] Richard Rhodes beziffert die Anzahl der Massenmorde mit 714, bei denen 16.000 Polen exekutiert wurden. RICHARD RHODES: Die deutschen Mörder. Die SS-Gruppen und der deutsche Holocaust. Aus dem Englischen übersetzt und überarbeitet von Jürgen Peter Krause, Bergisch-Gladbach 2004, S. 17f. Der Staatsanwalt und ehemalige Leiter der *Zentralen Stelle der Landesjustizverwaltungen zur Aufklärung nationalsozialistischer Verbrechen in Ludwigsburg* Dr. iur. Adalbert Rückerl schätzt die Zahl der von der Wehrmacht und den Einsatzgruppen während des Polenfeldzuges ermordeten Polen auf 60.00 bis 80.000 Tausend. ADALBERT RÜCKERL: NS-Verbrechen vor Gericht. Versuch

gegen Polen [...] von der NS-Spitze ansatzweise bereits als rassistischer Vernichtungskrieg geführt. Auch dabei spielte Himmler von Anfang an eine zentrale Rolle.“[271]

Für den wirtschaftspolitisch und rassenideologisch begründeten Weltanschauungs- und Vernichtungsfeldzug gegen die Sowjetunion wurden die Einsatzgruppen vom Reichssicherheitshauptamt (RSHA) neu aufgestellt, nun aber in anderer personeller Zusammensetzung, jedoch lediglich auf der mittleren Führungsebene. (Bild 30). Dabei wurden die Einsatzgruppenchefs – mit Ausnahme von Ohlendorf – aus dem Personalstamm rekrutiert, der bereits bei den oben beschriebenen Einsatzaktionen einen erheblichen Erfahrungshorizont erworben hatte, etwa der berüchtigte Dr. iur. Walter Stahlecker oder aber Arthur Nebe, der im Rahmen der Aktion Reinhardt zusammen mit Albert Widmann, dem Leiter des Kriminaltechnischen Institutes der Sicherheitspolizei (KTI), maßgeblich an der Erprobung von Tötungen durch Giftgas beteiligt gewesen war. Gemäß den euphemistisch gefärbten Aussagen des SS-Standartenführers und Oberregierungsrat Dr. iur. Walter Blume, des ehemaligen Führers des Sonderkommandos 7a der Einsatzgruppe B und Mitangeklagten Bibersteins im Nürnberger Einsatzgruppenprozess, verstanden sich die Einsatzgruppen als „Polizeiverbände im besonderen Einsatz“.[272]

Die Einsatzgruppen erhielten ihre Befehle unmittelbar von Reinhard Heydrich in dessen Funktion als dem Leiter des Reichssicherheitshauptamtes (RSHA). Mittelbar jedoch unterstanden die Einsatzgruppen gleichzeitig den drei von Himmler eingesetzten Höheren SS- und Polizeiführern (HSSPF), die jeweils im rückwärtigen Heeresgebiet der Heeresgruppe Nord, der Heeresgruppe Mitte und der Heeresgruppe Süd zugeteilt waren und die Einsatzgruppen bei der Durchführung großangelegter Massaker mit Hilfe personalstarker Polizeibataillone arbeitsteilig unterstützten. Für den Russlandeinsatz war der Aufgabenbereich der Höheren SS- und Polizeiführer (HSSPF) durch Himmlers Befehl vom 21. Mai 1941 detailliert festgelegt.[273]

Das US Military Tribunal II in Nürnberg hatte im Sommer 1947 im Rahmen des Einsatzgruppenprozesses ein 20-seitiges Gutachten über SS, SD, Gestapo, Reichssicherheitshauptamt (RSHA) sowie über die Einsatzgruppen der Sicherheitspolizei und des SD (*Special Task Forces*) erstellt. Jenes Gutachten basierte

---

einer Vergangenheitsbewältigung, Heidelberg 1982, S. 41.

271 PETER LONGERICH, Himmler, S. 442.

272 Zeugeneinvernahme Dr. Blume, StAN, Rep. 501, KV-Prozesse, Fall 9, A 21-23, S. 1901.

273 Der Reichsführer SS, Tgb. Nr. 114/41, geh. Kdos., Befehl vom 21.4.1941, Btr. Sonderauftrag des Führers, StAN, Rep. 502, KV-Anklage, Dokumente, Fotokopien, NOKW-2079. Zur Funktion der Höheren SS- und Polizeiführer: RUTH BETTINA BIRN: Die Höheren SS- und Polizeiführer. Himmlers Vertreter im Reich und in den besetzten Gebieten, Düsseldorf 1986; zugleich: Stuttgart, Univ., Diss., 1985, hier insbesondere S. 220-237. HANS BUCHHEIM: Die Höheren SS- und Polizeiführer, VfZ, Jahrgang 11 (1963), Heft 4, S. 362-391, hier insbesondere S. 389f.

zu einem wesentlichen Teil auf den insgesamt 4.500 maschinenschriftlichen Seiten der 195 *Ereignismeldungen UdSSR 1941/42* (EM) und der 55 *Meldungen aus den besetzten Ostgebieten* (MbO), die von den Einsatzgruppen und den ihnen unterstellten Einsatz- und Sonderkommandos zunächst als tägliche, im Verlauf der Kampfhandlungen sodann zwei- bis dreimal pro Woche und ab dem 24. April 1942 in den *Meldungen aus den besetzten Ostgebieten* nur noch als wöchentliche „Vollzugs- und Erfolgsmeldungen" an das Reichssicherheitshauptamt (RSHA) teils per Funk, teils per Kurier übermittelt, dort geordnet und gebündelt worden waren und die nunmehr im Einsatzgruppenprozess dem US Military Tribunal II in Nürnberg als Grundlage der Beweisführung dienten.

Die 195 umfassenden *Ereignismeldungen UdSSR 1941/42* (EM) erfassten den Zeitraum vom 23. Juni 1941 bis zum 24. April 1942 und berichteten auf 4.000 Seiten detailliert über die „sicherheitspolizeilichen Operationen" – d. h. den Massenmord an den Juden, aber auch an den so bezeichneten *Zigeunern* sowie den Insassen psychiatrischer Anstalten –, systematisch geordnet nach „reichsfeindlichen Elementen" wie Partisanen, Kommunisten und politischen Funktionären, Juden sowie so bezeichneten Geisteskranken. In der Regel wurden in den Exekutionsmeldungen auch Begründungen unterschiedlicher Art für die Massenexekutionen angegeben. Gemäß dem *Einsatzbefehl Nr. 20 des Chefs der Sicherheitspolizei und des SD* vom 4. Juli 1941 hatte die Statistik über die erfolgten Exekutionen folgendes Format aufzuweisen:

„Einsatzbefehl Nr. 20
Btr. Gesamtübersicht über Sonderbehandlung von Personen.

Die Einsatzgruppen und die Kommandeure der Sicherheitspolizei und des SD sowie die Befehlshaber der Sicherheitspolizei und des SD weisen ab 1.7.1942 nach [gemäß] folgender Aufteilung monatlich die Zahl der im Rahmen der sicherheitspolizeilichen Befriedungsaktionen sonderbehandelten Personen nach:

1. Partisanen
2. Kommunisten und Funktionäre
3. Juden
4. Geisteskranke
5. Sonstige reichsfeindliche[n] Elemente

Gesamtzahl:
Bisheriger Stand
Endgültige Gesamtzahl." [Sperrdruck im Original].[274]

[274] Der Chef der Sicherheitspolizei und des SD, IV D 5 – N. Nr. 2686 B/42 g. – Kommandostab –, Berlin den 4. Juli 1942, Geheim! Einsatzbefehl Nr. 20, BArch, R 58/ 3568, fol. 8-9.

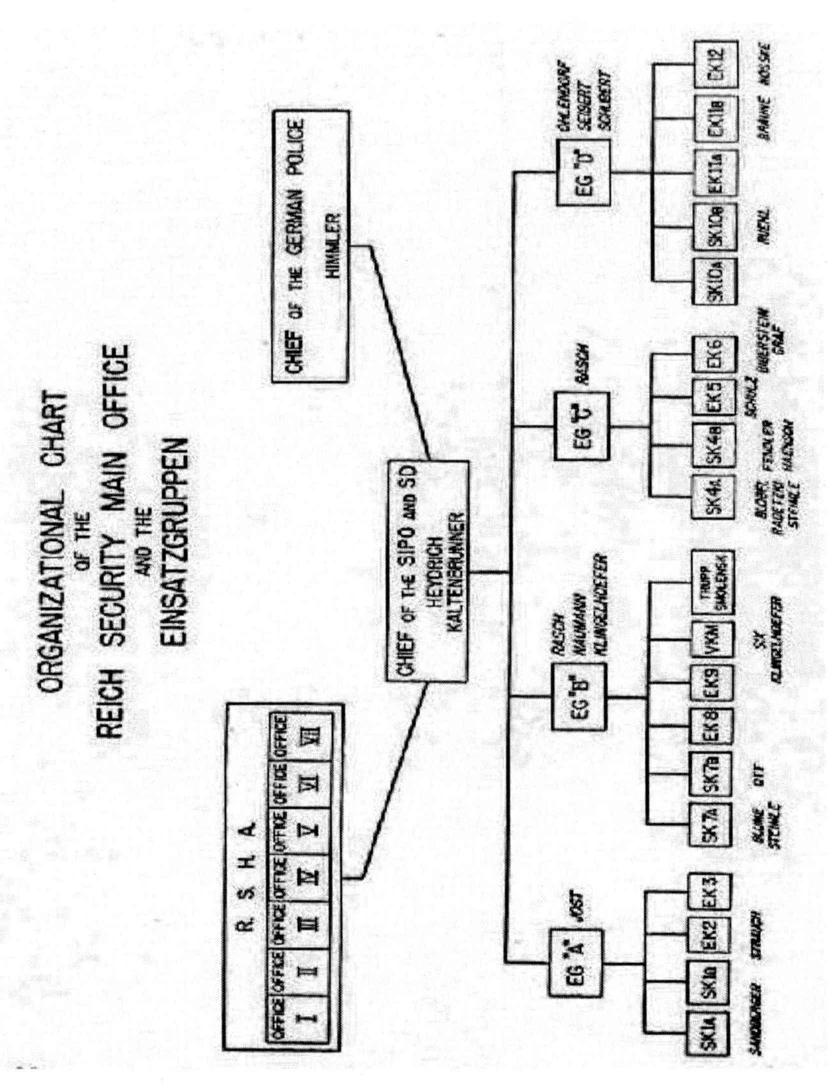

Bild 30: Organigramm des Reichssicherheitshauptamtes und der Einsatzgruppen 1941-1945. (Quelle: www. HolocaustResearchProject.org; 17.07.2018).
Die Zuordnung der Funktionsträger zu der jeweiligen Einsatzgruppe ist z. T. unvollständig bzw. fehlerhaft.
Leiter der Einsatzgruppe A: Dr. Stahlecker, Jost.
Leiter der Einsatzgruppe B: Nebe, Naumann, Böhme, Ehrlinger, Seetzen, Böhme.
Leiter der Einsatzgruppe C: Dr. Dr. Rasch, Dr. Thomas.
Leiter der Einsatzgruppe D: Ohlendorf, Bierkamp.

Aufgrund des statistischen Formates sowie insbesondere ihres Berichtszeitraumes hat die Anklagebehörde im Nürnberger Einsatzgruppenprozess die *Ereignismeldungen UdSSR 1941/ 42* (EM) für alle Angeklagten als ausschließliches Beweismittel verwendet. Eine diesbezügliche Ausnahme bildete Biberstein, insofern, als für den Zeitraum seines „Osteinsatzes" von der Anklagebehörde des US Military Tribunal II in Nürnberg lediglich die vom 1. Mai 1942 bis zum 21. Mai 1943 aufgezeichneten 55 *Meldungen aus den besetzten Ostgebieten* (MbO) herangezogen werden konnten. Jene 500 Blatt starken Berichte der Einsatzgruppen und deren Kommandos weisen als außenpolitische *Lageberichte* jedoch ein deutlich anderes Format auf, insofern, als sie jenen Zeitraum erfassten, in welchem die Reichskommissariate bereits errichtet worden waren und die Einsatzkommandos sukzessive in stationäre Dienststellen umgewandelt wurden.

Wie weiter unten im Kapitelabschnitt 5.4 dazulegen wird, hatten die *Meldungen aus den besetzten Ostgebieten* (MbO) demzufolge eine grundlegend andere Schwerpunktsetzung als die *Ereignismeldungen UdSSR 1941/42*, d. h. die Aufgabe der berichterstattenden Einsatzkommandeure bestand zum einen darin, das Reichssicherheitshauptamt (RSHA) im Hinblick auf die wirtschaftliche Ausplünderung der besetzten Ostgebiete detailliert über die dortige ökonomische Lage sowie insbesondere über die Stimmung der Bevölkerung in den bereits eroberten sowjetischen Gebieten zu informieren – damit hatten jene *Meldungen aus den besetzten Ostgebieten* (MbO) eine ähnliche Funktion wie die als innenpolitische Lageberichte konzipierten *Meldungen aus dem Reich*. Zum anderen war der Fokus nunmehr auf die wachsende Gefahrensituation durch die diversen Partisanenbewegungen ebenso wie auf die nationalistischen Bestrebungen gelegt – in der Ukraine auf jene der *Organisation Ukrainischer Nationalisten* (OUN) –, wobei Himmler ab einem bestimmten Zeitpunkt für den Kampf gegen sämtliche Widerstandskämpfer, einschließlich jene der OUN, ausschließlich den despektierlichen Begriff „Bandenbekämpfung"[275] verwendet wissen wollte, der auch von Biberstein übernommen wurde.

Im Gegensatz zu den *Ereignismeldungen UdSSR 1941/42* (EM) wurden in den *Meldungen aus den besetzten Ostgebieten* (MbO) – mit Ausnahme der taktischen Lageberichte, in denen Standort, Funkverbindung und Feldpost-Nr. der jeweiligen Einsatzgruppe und der einzelnen Kommandos angegeben waren – für alle Bereiche, somit auch für die Exekutivtätigkeit – in euphemistisch gefärbter NS-Diktion als „sicherheitspolizeiliche Befriedung" bezeichnet – weder die Einsatzgruppen und deren nachgeordneten Kommandos noch gar die Namen der jeweiligen Kommandoführer genannt, sondern lediglich die geografischen Großräume Baltikum, Weißrussland und Ukraine. Gelegentlich erschienen im Rahmen der wirtschafts-

[275] Der Reichsführers SS, Befehl vom 31.7.1942, BArch, NS 19/ 3616.

und sicherheitspolitischen Lageberichte auch Auskünfte über die jeweilige Situation in einzelnen Städten, so über jene in Bibersteins Operationsgebiet. Da Biberstein erst knapp fünf Monate *nach* dem 1. Mai 1942 das Einsatzkommando 6 (EK 6) übernahm, wurde sein Name in den *Meldungen aus den besetzten Ostgebieten* (MbO) lediglich in den Standortmeldungen der taktischen Lageberichte verzeichnet, nicht jedoch im Zusammenhang mit Exekutionen jüdischer oder anderer Zivilisten.

Während die Einsatzgruppen und ihre Kommandos im Siegestaumel der ersten Wochen, als das Ende des vermeintlichen „Blitzkrieges" greifbar nah schien, dem Reichssicherheitshauptamt (RSHA) noch ganz unverhohlen und voller Stolz ausführliche Berichte mit zum Teil detailreichen Statistiken über die von ihnen durchgeführten Massenmorde zusandten, die dann als *Ereignismeldungen UdSSR 1941/42* (EM) in entsprechend großer Stückzahl an die verschiedenen NS-Dienststellen übermittelt wurden, ergibt sich diesbezüglich für die ab dem 1. Mai 1942 verfassten *Meldungen aus den besetzten Ostgebieten* (MbO) ein völlig anderes Bild.

Aufgrund der Kampfhandlungen zeigte sich spätestens mit der am 5. Dezember 1941 beginnenden Gegenoffensive der Roten Armee auf Moskau, dass mit einem deutschen Sieg über die „jüdisch-bolschewistische Sowjetunion" in absehbarer Zeit nicht gerechnet werden konnte. Exemplarisch seien in diesem Zusammenhang die vier Kesselschlachten 1941, 1942 und 1943 um das im Norden der Ost-Ukraine liegende Charkow (ukrainisch: Charkiv) genannt sowie die beiden Schlachten um Rostow am Don im Herbst 1941 und im Sommer 1942, wobei die zweite Besetzung der Oblast Rostow durch das deutsche Militär vom 27. Juli 1942 bis zum 14. Februar 1943 andauerte, d. h. jenen Zeitraum umfasste, in dem Biberstein vom 18. September 1942 bis zum 7. Februar 1943 seinen „sicherheitspolizeilichen Auftrag" ausführte.

Im Hinblick auf wechselnde Frontverläufe und damit verschiedene Gebietsverluste bzw. Rückeroberungen durch die Rote Armee sah sich das Reichssicherheitshauptamt (RSHA) unter Zugrundelegung der nach wie vor sehr strikten Geheimhaltungsvorschriften offensichtlich veranlasst, einen Formatwechsel der von den Einsatzgruppen eingesandten Berichte vorzunehmen, in der Weise, dass diese zunächst eine sehr starke redaktionelle Überarbeitung erfuhren, wobei die entsprechenden Referate im Reichssicherheitshauptamt (RSHA) die völkerrechtswidrigen Maßnahmen der Einsatzgruppen – wie Massenmorde und Vergeltungsmaßnahmen gegen die Zivilbevölkerung – mit Tarnbegriffen umschrieben. Statt der bisher sorglos verwendeten Formulierungen wie Exekutionen oder Hinrichtungen wurden nunmehr Euphemismen wie „Befriedung, Sicherung, Unschädlichmachung" verwendet.

Der Historiker Dieter Pohl führt im Hinblick auf die Beteiligung der Wehrmacht an den Massenmorden als Begründung für die Beseitigung der Spuren der NS-Verbrechen an:

> „Lange vor Kriegsende war einigen Militärs bewusst geworden, dass eine Entdeckung dieser Verbrechen und der Beteiligung der Wehrmacht daran im Falle einer Niederlage schwere Konsequenzen haben würde.
>
> Schon bei der sowjetischen Gegenoffensive vom Dezember 1941 waren belastende Dokumente, unter anderem der Reichenau-Befehl, in die Hände der Roten Armee gefallen. Manche Offiziere versuchten frühzeitig die Spuren der Massaker in den Akten zu verschleiern oder diese zu vernichten."[276]

Dieter Pohls Argumentation lässt sich meines Erachtens auch zur Erklärung des Formatwechsels und der Umbenennung der *Ereignismeldungen UdSSR* (EM) in *Meldungen aus den besetzten Ostgebieten* (MbO) heranziehen, wenngleich das Reichssicherheitshauptamt (RSHA) jenen Wechsel in dem Runderlass vom 16. April 1942 unter anderem in verschleiernder Absicht und völlig unzutreffend mit einer zunehmenden *nachrichtendienstlichen* Tätigkeit begründete:

> „Der Aufbau der Zivilverwaltungen im Reichskommissariat und der Ukraine sowie die beiden Einsatzgruppen der Sicherheitspolizei und des SD über die sicherheitspolizeiliche Tätigkeit hinaus immer stärker werdende *nachrichtendienstliche* Arbeit macht es erforderlich, daß *die einzelnen Ämter des Reichssicherheitshauptamtes die sachliche Bearbeitung der von den Einsatzgruppen* und von anderen Dienststellen *eingehenden Berichte* in den zuständigen Gruppen und Referaten *selbst* vornehmen [...].
>
> 1. Jedes Amt setzt einen Referenten ein, der die Ostarbeit der einzelnen Referate seines Amtes zusammenfasst [...].
>
> 6. Die bisherigen ‚Ereignismeldungen UdSSR' werden umgeändert in ‚Meldungen aus den besetzten Ostgebieten'. Diese werden einmal wöchentlich [vom Reichssicherheitshauptamt] erstellt und bestehen aus zwei Hauptteilen: einem lebensgebietsmäßigen Teil, der vom Amt III [Deutsche Lebensgebiete – SD-Inland] *federführend erstellt* wird, und einem Teil über Gegner- und Exekutivfragen, der vom Amt IV [Gegner-Erforschung und-Bekämpfung/Geheimes Staatspolizeiamt] *federführend erstellt* wird.
>
> Soweit die anderen Ämter Berichtsmaterial [der Einsatzgruppen] beitragen können, werden den „Meldungen aus den besetzten Ostgebieten" entsprechende Anlagen beigefügt. Die Endredaktion der „Meldungen aus den besetzten Ostgebieten" erfolgt durch den Kommandostab in mündlicher Besprechung. Die Meldungen sind mir oder meinem Vertreter zur Genehmigung vorzulegen."[277]

---

[276] DIETER POHL: Die Herrschaft der Wehrmacht. Deutsche Militärbesatzung und einheimische Bevölkerung in der Sowjetunion 1941-1944, Frankfurt/M. 2011, S. 330.

[277] Reichssicherheitshauptamt, II A 1 Nr. 218/42 – 151 – Rußl., An alle Dienststellen des Reichssicherheitshauptamtes – Verteiler C –, Einsatzgruppen und –kommandos in den besetzten Ostgebieten, Schreiben vom 16.4.1942: Betrifft: Neuordnung der Bearbeitung der besetzten Ostgebiete im Reichssicherheitshauptamt, Vorgang: Erlaß II HB Nr. 11III/41 – g. Rs. vom 3.7.1941 [Unternehmen Barbarossa – hier: Kommandostab und Einsetzung eines Einsatznachrichtenführers beim Reichssicherheitshauptamt], BArch, ZR 920/ 62 [Unterstreichung im Original].

In diesem Zusammenhang ist zu berücksichtigen, dass der obersten NS-Führungsspitze bereits wenige Wochen nach Beginn des Russlandfeldzuges bekannt geworden war, dass sogar die per Funk verschlüsselt übermittelten, detailreichen und ungeschminkten Berichte der Einsatzgruppen und der Polizeibataillone an das Reichssicherheitshauptamt (RSHA) von den Briten dechiffriert worden waren, sodass Kurt Daluege, Chef der Ordnungspolizei und Stellvertreter Himmlers in dessen Funktion als „Chef der deutschen Polizei" im Reichsministerium des Innern, bereits am 13. September 1941 den drei Höheren SS- und Polizeiführern Russland Nord, Mitte und Süd die nachfolgende Weisung erteilt hatte:

> „Die Gefahr der Entschlüsselung von Funksprüchen ist gross. Es sind daher nur solche Angelegenheiten durch Funk durchzugeben, die als offen XXN, DDXX, vertraulich oder geheim behandelt werden, nicht aber solche Mitteilungen, die als geheime Reichssache besonderer Geheimhaltung bedürfen. Hierzu gehören auch die Zahlenangeben über Exekutionen [etwa in den Berichten der Einsatzgruppen]. Diese Vorgänge sind durch Kurier zu befördern."[278]

Dass selbst die Übermittlung der als „Geheime Reichssache" deklarierten amtlichen Schriftstücke durch Kurier nicht unproblematisch war, ist einem verschlüsselten Fernschreiben Heydrichs vom 15. August 1941 an alle Einsatzgruppen im „Osteinsatz" zu entnehmen, in welchem er Verfahrensvorschriften für den Fall erteilt hatte, dass die durch Kuriere übermittelten Geheimdokumente „in unbefugte Hände, vor allem aber in Feindeshand fallen" könnten.[279]

> „Falls Kuriere auf ihren Fahrten in eine bedrängte Lage kommen sollten, sind sie verpflichtet, die gesamte Post durch Verbrennen zu vernichten. Zu diesem Zwecke haben die Kurierfahrer stets die erforderlichen Hilfsmittel mit sich zu führen. Ich bitte, diese Anordnung alsbald sämtlichen Einsatzkommandoleitern bekanntzugeben."[280]

Mit Bezug zu den beiden oben genannten Weisungen ist zu vermerken, dass im Hinblick auf die Partisanenbewegung in der Ukraine belegt ist, dass sich die diesbezügliche Berichterstattung, insbesondere in den *Meldungen aus den besetzten Ostgebieten* (MbO), überwiegend auf die nationale Widerstandsbewegung (OUN) in der *westlichen* Ukraine bezog – etwa auf die Melnik- und Bandera-Bewegung. Im Gegensatz dazu erweist sich die Lageberichterstattung über die *östliche* Ukrai-

---

[278] OEJ de DQH BERLIN Nr. 31 1455 3 Tle 175 151 77 OEJ SQF SQM 6900 Höhere SS und Pol.führer Russland Nord. Mitte, Süd. Funkspruch vom 13.9.1941, National Archives, RG 457, Box 1386, German W W II Police + SS Traffic, abgedruckt in: PETER KLEIN (Hrsg.): Die Einsatzgruppen in der besetzten Sowjetunion 1941/42. Die Tätigkeits- und Lageberichte des Chefs der Sicherheitspolizei und des SD (Publikationen der Gedenk- und Bildungsstätte Haus der Wannsee-Konferenz; 6), Berlin 1997, S. 397.

[279] Abschrift! Der Chef der Sipo u. d. SD, G e h e i m ! FT. (verschlüsselt), (Bef. am 23.8.41, NÜ-Nr. 5959), Berlin, den 15.8.1941, an alle Einsatzgruppen der Sipo und des SD (A, B, C und D), BArch, R 70 Sowjetunion/ 32.

[280] Ebd.

ne, d. h. über das Operationsgebiet, in dem Biberstein von Mitte September 1942 bis Juni 1943 tätig war, als äußerst lückenhaft.

Die Gründe dafür liegen nicht nur in den oben dargelegten Zusammenhängen, sondern darüber hinaus ebenso in der raschen Rückwärtsbewegung der Heeresgruppe Mitte (vgl. Bild 25 Operation „Bagration") infolge der Schlacht von Stalingrad mit der Kapitulation der 6. Armee am 2. Februar 1943 und demzufolge mit der oftmals überstürzten Standortverlegung der Einsatzgruppe C sowie deren Einsatz- und Sonderkommandos weit in das westliche Hinterland. Auch infolge jener Standortverlegungen, die durchaus nicht immer „geordnet" verliefen – wie aus dem Schriftverkehr in Bibersteins SS-Offiziersakte eindeutig hervorgeht –, sind wichtige Akten zum Teil verloren gegangen, andererseits aber auch gezielt vernichtet worden, noch bevor sie in die Hände der Roten Armee fallen konnten.

Da die *Ereignismeldungen UdSSR 1941/42* lediglich die überwiegend an Juden verübten Massaker der ersten *zehn* Monate der exekutiven Operationen der Einsatzgruppen erfassen, ist daher im Hinblick auf die 24 Angeklagten des Einsatzgruppenprozesses genau zu unterscheiden zwischen derjenigen Führungselite, die innerhalb jenes Zeitraumes Massenmorde begangen hatte und für die die *Ereignismeldungen UdSSR 1941/42* zu Recht als Beweisgrundlage dienten – wie etwa für Paul Blobel (SK 4a) und Erwin Schulz (EK 5), beide Einsatzgruppe C, oder für Dr. Martin Sandberger (SK 1a) der Einsatzgruppe A sowie Dr. Walter Blume und Eugen Steimle (beide SK7a) der Einsatzgruppe A oder aber für Otto Ohlendorf (Chef der Einsatzgruppe D), Dr. Werner Braune (SK 11b) und Gustav Nosske (EK 12), beide Einsatzgruppe D – sowie der anderen Führungselite, die erst *nach* jenem Zeitraum zum „Osteinsatz" beordert wurde, zu der im Nürnberger Einsatzgruppenprozess ausschließlich Biberstein gehörte, dessen Beweisgrundlage demzufolge lediglich auf dessen unter Eid getätigten Vernehmungen seitens britischer Vernehmungsbeamter im Internierungslager Eselheide sowie der US-amerikanischen Staatsanwaltschaft und den daraus entstandenen eidesstattlichen Erklärungen *vor* Prozessbeginn basierte sowie den während des Gerichtsverfahrens im direkten Verhör und im Kreuzverhör ebenfalls unter Eid getätigten Aussagen. Dieser Tatbestand ist im Strafverfahren gegen Biberstein vor dem US Military Tribunal II in Nürnberg hinsichtlich Anklage, Verteidigung und Urteilsspruch von besonderer Relevanz und wird daher im Kapitel IV genauer zu erörtern sein.

Im Hinblick auf die operativen Verläufe ist zu vermerken, dass der „sicherungspolizeiliche" und „sicherungspolitische" Auftrag der Einsatzgruppen aufgrund der strukturellen Veränderungen der nationalsozialistischen Besatzungsherrschaft sich im Verlauf der militärischen Kampfhandlungen grundlegend gewandelt hatte, sodass diesbezüglich zwei Etappen festzustellen sind. Die erste Phase reichte vom Beginn des Einsatzes am 23. Juni 1941 bis zum Sommer 1942 und war dominiert von unvorstellbaren Massenmorden, vornehmlich an Juden, sodass schon allein aufgrund der *Ereignismeldungen UdSSR 1941/42* belegt ist, dass ein hoher Anteil der jüdischen Gemeinden in der von deutschen Truppen besetzten Sowjetunion bereits im Frühjahr/Sommer 1942 – von speziellen Ausnahmen abgesehen – nicht mehr existierte.[281] Zwar wurden Handwerker und Ärzte sowie für die Kriegswirtschaft unentbehrliche Juden zunächst von der Massenvernichtung ausgenommen. Jedoch spätestens mit der Rückwärtsbewegung der Wehrmacht und der Einsatzgruppen nach der verlorenen Schlacht von Stalingrad wurden auch sie ermordet. Zudem wurden arbeitsfähige Juden noch zu Beginn des Ausrottungsprozesses unter der NS-Bezeichnung „Arbeitsjuden" als Zwangsarbeiter ins Reich geschickt.

Die zweite Phase vollzog sich vom Sommer 1942 bis zur Rückwärtsbewegung der Einsatzgruppen aufgrund der militärisch desolaten Lage, insbesondere seit der aussichtslosen Schlacht um Stalingrad und der Kapitulation der 6. Armee am 3. Februar 1943. Wie unter anderem die *Meldungen aus den besetzten Ostgebieten* (MbO) darlegen, war in jener zweiten Phase die Einsatzgruppe C und somit auch das Einsatzkommando 6 (EK 6) in besonderem Maße in die Bekämpfung vermeintlicher, aber auch tatsächlicher Partisanen und Widerstandsmaßnahmen der OUN verstrickt. Bibersteins „sicherungspolizeilicher" Auftrag als Führer des Einsatzkommandos 6 (EK 6) der Einsatzgruppe C, die weit im Osten der östlichen Ukraine und in den während der Sommeroffensive 1942 neu eroberten südrus-

[281] Hans-Heinrich Wilhelm weist quellendokumentarisch nach, dass allein aufgrund der *Ereignismeldungen UdSSR 1941/42* (EM) bis zu deren Formatwechsel am 24.4.1942 „mindestens 535.000 [Judenmorde] dokumentarisch belegbar" seien. Dazu kämen „noch die beträchtlichen Zahlen der Opfer von Vernichtungsaktionen anderer militärischer und ziviler Stellen, vor allem der Höheren SS- und Polizeiführer [...]. Unter Berücksichtigung [...] einer allem Anschein nach nicht unerheblichen Dunkelziffer muß man wohl davon ausgehen, daß nicht weniger als 700-750.000 Juden bereits im ersten Dreivierteljahr [also bis März 1942] der nationalsozialistischen Besatzungsherrschaft auf sowjetischem Boden den gegen sie gerichteten Verfolgungsmaßnahmen zum Opfer gefallen sind." HELMUT KRAUSNICK/ HANS-HEINRICH WILHELM: Die Truppe des Weltanschauungskrieges. Die Einsatzgruppen der Sicherheitspolizei und des SD 1938-1942 (Quellen und Darstellungen zur Zeitgeschichte; 22), Stuttgart 1981, S. 618-622, hier S. 619f. Zu nahezu identischen Forschungsergebnissen kommt der Historiker Gert Robel – der 1991 Professor an der Universität Innsbruck und wissenschaftlicher Mitarbeiter am Osteuropa-Institut München war – in seiner von Wolfgang Benz herausgegebenen Statistik: WOLFGANG BENZ (Hrsg.): Dimension des Völkermords. Die Zahl der jüdischen Opfer des Nationalsozialismus (Quellen und Darstellungen zur Zeitgeschichte; 33), München 1991. Darin: GERT ROBEL: Sowjetunion, S. 499-560, hier S. 535. Zudem gibt Robel auf S. 560 die Gesamtzahl der jüdischen Opfer in der UdSSR in den Grenzen von 1941 mit 2,1 Millionen an. Gutman hingegen schätzt in der von ihm herausgegebenen *Enzyklopädie des Holocaust* die jüdischen Nazi-Opfer „bis Ende 1942 [auf] mindestens 1,5 Millionen, vielleicht sogar an die zwei Millionen." ISRAEL GUTMAN (Hrsg.): Enzyklopädie des Holocaust. Die Verfolgung und Ermordung der europäischen Juden, Bd. I-IV, München 1998, hier Bd. III, S. 1657. DIETER POHL: Schauplatz Ukraine. Der Massenmord an den Juden im Militärverwaltungsgebiet und im Reichskommissariat Ukraine, in: CHRISTIAN HARTMANN/ JOHANNES HÜRTER/ PETER LIEB/ DIETER POHL: Der deutsche Krieg im Osten 1941-1944. Facetten einer Grenzüberschreitung (Quellen und Darstellungen zur Zeitgeschichte; 76), München 2009, S. 155-196.

sischen Gebieten operierte – hier der Oblast Rostow, jedoch mit Ausnahme der Stadt Taganrog, die bereits am 17. Oktober 1941 von der deutschen Heeresgruppe Süd erobert worden war[282] –, vollzog sich in exakt jener zweiten Phase, d. h. vom 18. September 1942 bis zum 7. Februar 1943.[283] Nach der verlorenen Schlacht von Stalingrad war der sicherungspolizeiliche Auftrag des Einsatzkommandos 6 (EK 6) praktisch erloschen.

Kennzeichnend für das Jahr 1941/42 ist außerdem, dass die bewusst sehr allgemein formulierten und damit weitfassend interpretierbaren schriftlichen *Rahmenbefehle* Heydrichs an die Einsatzgruppen schon sehr früh eine Eigendynamik zu entwickeln begannen, die zudem durch massiven Effizienzdruck von Seiten Himmlers, Heydrichs und der drei Höheren SS- und Polizeiführer, aber auch seitens des Militärs noch erhöht wurde. Darüber hinaus ließen die Rahmenbefehle Heydrichs durchaus einen erheblichen Interpretations- und situativen Ermessensspielraum seitens des Führungspersonals der Einsatzgruppen und der ihnen nachgeordneten Kommandoführer zu, der wiederum mit Bezug zu den operativen Kriegsabläufen zu sehen ist, sodass eine Spirale der Entgrenzung in Gang gesetzt wurde, an deren Ende jede Einsatzgruppe, bzw. die einzelnen Kommandos, spätestens im Spätsommer 1942 dem Reichssicherheitshauptamt (RSHA) die „Erfolgsmeldung" übermittelten, dass die derzeitigen von der Wehrmacht eroberten Ostgebiete bis auf die für die Kriegswirtschaft benötigten in NS-Diktion so bezeichneten „Arbeitsjuden" nahezu „judenfrei" seien,[284] sodass die einzelnen Kommandos der

[282] Am 26.10.1941 erschossen Angehörige des SS-Sonderkommandos 10a unter Seetzen in der „Petruschina-Schlucht" (Schlucht des Todes) mindestens 1.800 Juden aus Taganrog. Sie ermordeten familienweise jüdische Männer, Frauen und Kinder. Taganrog wurde am 31.8.1943 von der Roten Armee rückerobert. Seit 1997 befindet sich in jener Schlucht ein Denkmal für die ermordeten Juden der Stadt Taganrog. https://www.memorialmuseums.org/denkmaeler/view/812/Denkmal-%C2%BBSchlucht-des-Todes%C2%AB-f%C3%BCr-die-Juden-der-Stadt-Taganrogindex{Taganrog}#; 5.8.2019.

[283] Bereits am 14. Februar 1943 wurde Rostow von der Roten Armee rückerobert.

[284] Die Bezeichnung „judenfrei" findet sich zuhauf in den Ereignismeldungen UdSSR 1941/42 und spiegelt den damaligen NS-typischen Jargon der Täter wider. Daher seien exemplarisch nachfolgende *Ereignismeldungen UdSSR* (EM) für die Einsatzgruppen A, C, D zitiert: Einsatzgruppe A: „Die Landgemeinden [in *Estland*] sind schon jetzt judenfrei." (EM 111 vom 12.10.1941, BArch R 58/218). „*Estland* ist bereits judenfrei." (EM 155 vom 14.1.1942, BArch R 58/220). „*Lettland* ist judenfrei. [Arbeits-]Juden nur noch in Riga und Dünaburg." (EM 155 vom 14.1.1942, ebd.). „In *Litauen* gibt es keine Juden mehr." (Jäger-Bericht vom 1.12.*1941* über die Exekution von 34.500 Juden, Osobi-Archiv [OS], 500-1-25). Einsatzgruppe C: „80.000 Juden bis zum 3. 11.1941 erschossen." (EM 128 vom 3.11.1941, BArch R 58/218). „Die Zahl der durch das Sonderkommando 4a [Blobel] durchgeführten Exekutionen hat sich inzwischen auf 55.432 erhöht." (EM 132 vom 12.11.1941, BArch R 58/219). Einsatzgruppe D. „13.915 Juden und Kommunisten erschossen." (EM 89 vom 20.9.1941, BArch 58/217). SK 10a: „Die Städte *Mariupol* und *Taganrog* sind judenfrei." (EM 136 vom 21.11.1941, BArch, R 58/219). „Die *Krim* ist judenfrei." Meldung des Willy Seibert, Stellvertreters Ohlendorfs, vom 16.4.1942. Seiberts Meldung wurde von dem Vorsitzenden Richter des US Military Tribunal II in der Urteilsbegründung vom 9.4.1948 als einer von mehreren

Einsatzgruppen sukzessive in *stationäre* Einheiten umgewandelt werden konnten. Zudem waren mit der Errichtung des *Reichskommissariats Ostland* (RKO) am 25. Juli 1941 und des *Reichskommissariats Ukraine* (RKU) am 1. September des gleichen Jahres Zivilverwaltungen gebildet worden. Damit einhergehend veränderte sich ebenfalls sukzessive der „sicherungspolizeiliche" und „sicherungspolitische" Auftrag der Einsatzgruppen, und hier der Einsatzgruppe C und deren Kommandos, in der Weise, dass etwa das Einsatzkommando 5 (EK 5) ganz aufgelöst bzw. der Wehrmacht unterstellt wurde.

In verteidigungsstrategischer Absicht und exkulpatorischem Duktus gab Biberstein vor dem US Military Tribunal II zu Protokoll, er habe, als er am 15./16. Juli 1942 „völlig unerwartet" die dritte Wehrmachtseinberufung in Form eines auf den 14. Juli 1942 datierten „Schnellbriefes aus dem RSHA" erhielt, der ihn „nach Russland abkommandierte als Führer des Einsatzkommandos 6 der Einsatzgruppe C"[285] im Gegensatz zu der ersten Führungsgeneration der für den Russlandfeldzug neu formierten Einsatzgruppen – die in der Grenzpolizeischule Pretzsch/Elbe sowie in den dazugehörigen Bereitstellungsräumen im benachbarten Bad Düben und Bad Schmiedeberg von Heydrich persönlich und dem Chef des Amtes I (Personal) des Reichssicherheitshauptamtes (RSHA), Generalmajor und SS-Brigadeführer Bruno Streckenbach, über ihren Ost-Einsatz Informationen *grundsätzlicher*, d. h. weltanschaulicher Art erhalten hatten – „keine bestimmte Vorstellung von den [zu] erwartenden Aufgaben gehabt" und habe daher vermutet, dass es sich um eine der Staatspolizeistelle Oppeln/Oberschlesien vergleichbaren Arbeitsbereich handeln könnte.[286] Jene Vermutung traf keineswegs zu. Insofern ist zunächst einmal ein wesentlicher Sachverhalt zu klären, um den von Biberstein so bezeichneten Sicherungspolizeilichen Aufgabenbereich" als Führer des Einsatzkommandos 6 (EK 6) historisch einordnen zu können. Dabei ist zu klären, welche „sicherungspolitische" Lage Biberstein in seinem künftigen Operationsgebiet vorfand, als er dort am 18. September 1942 seinen Dienst antrat, d. h. wie hatte sich die politische Situation aufgrund der militärischen Kampfhandlungen gewandelt? Zum einen war das Einsatzkommando 6 bereits ab Mai 1942 nicht mehr im Vormarsch begriffen und hatte die Strukturen einer stationären Einheit angenommen. Zum anderen hatte bei Bibersteins Eintreffen an seinem neuen Dienstort Rostow am 18. September 1942 zwar die bereits ab dem 13. September 1942 angelaufene deutsche Offensive auf Stalingrad begonnen. Jedoch nur zwei Monate später, am 19. November 1942, begann die militärische Gegenoffensive der Roten Armee mit der Folge, dass die 6. Armee unter Generalfeldmarschall Friedrich Paulus am 3. Februar 1943 die Kapitulation bekannt geben musste. Demzufolge stellte sich in der Zeit vom Beginn

---

Beweisen (Register-Nr. 1118/42) angeführt, in: KAZIMIERZ LESZCZYŃSKI (Hrsg.), Fall 9, S. 178.

[285] Zeugeneinvernahme Biberstein, StAN, Rep. 501, KV-Prozesse, Fall 9, A 32-33, S. 2809.

[286] Ebd.

der deutschen Offensive auf Stalingrad bis zum Beginn der russischen Offensive, die mit der Kapitulation der 6. Armee in Stalingrad endete, der in NS-Diktion bezeichnete „sicherungspolizeiliche Auftrag“ für Biberstein anders dar als für die übrigen Angeklagten des Nürnberger Einsatzgruppenprozesses.

Zuvor ist einleitend anzumerken, dass bereits im Sommer 1940, d. h. noch während Bibersteins „informatorischem Rundgang durch die Ämter I bis V des Reichssicherheitshauptamtes“[287] und somit bereits ein Jahr *vor* Beginn des Russlandfeldzuges, in den entsprechenden Abteilungen des Reichssicherheitshauptamtes (RSHA) unter größter Geheimhaltung intensive Planungen hinsichtlich der Neuaufstellungen der Einsatzgruppen für den wirtschaftspolitisch und rassenideologisch ausgerichteten Vernichtungsfeldzug gegen die Sowjetunion begonnen hatten, der im Rahmen von Hitlers Vision einer nationalsozialistischen Vormacht- und Weltmachtstellung sowie eines „Großgermanischen Reiches“, d. h. eines Pan-Europa-Planes sowie der Eroberung eines neuen „Lebensraumes im Osten“ und der damit zusammenhängenden Siedlungs- und Germanisierungspolitik Himmlers gesehen werden muss.

4.1 Operations- und Aufgabenbereich der Einsatzgruppen

Nachdem Himmler gemäß den *Richtlinien auf Sondergebieten zur Weisung Nr. 21* (*Fall Barbarossa*) vom 13. März 1941 „im Auftrage des Führers“ in dem „endgültig auszutragenden Kampf zweier entgegengesetzter politischer Systeme“ in dem künftigen Operationsgebiet „zur Vorbereitung der politischen Verwaltung [mit] Sondervollmachten“ ausgestattet worden war,[288] wurden in der Folge zwischen dem Chef der Sicherheitspolizei und des SD Reinhard Heydrich und dem Generalquartiermeister der Wehrmacht Eduard Wagner die Einzelheiten über Einsatz und Kompetenzbereich von so bezeichneten „Sonderkommandos“ festgelegt,[289] die in wesentlichen Teilen in den Erlass des Oberkommandos des Heeres (OKH) vom 28. April 1941 eingingen. Kennzeichnend dabei war, dass die Einsatzgruppen gemäß jener Beauftragung nunmehr offiziell jene Vollmachten erhielten, die zuvor ausschließlich der Wehrmacht vorbehalten gewesen waren, insbesondere die Be-

---

[287] Ebd., S. 2795.

[288] Oberkommando der Wehrmacht, WFST/Abt. L (IV/QU), 44125/41 g. K. Chefs., Geheime Kommandosache Chefsache! 5 Ausfertigungen, 4. Ausfertigung, nur durch Offiziere. Bezug: WFSt. / Abt. L (I) Nr. 33407/40 g. K. Chefs. v. 18.12.1940, Richtlinien auf Sondergebieten zur Weisung Nr. 21 (Fall Barbarossa). F. H. Qu., Berlin 13. März 1941, in: Walther Hubatsch (Hrsg.): Hitlers Weisungen für die Kriegsführung 1939-1945. Dokumente des Oberkommandos der Wehrmacht, 2., durchgesehene und ergänzte Auflage, Koblenz 1983 [Erstausgabe 1962], S. 90. Ebenso: Nürnberger Dokument: PS-447 sowie IMT, Bd. XXVI, S. 53-58.

[289] Oberkommando des Heeres/Gen.StdH/Gen.Qu. an CdS vom 26.3.1941, *Regelung des Einsatzes der Sicherheitspolizei u. des SD im Verbande des Heeres*, IfZ, Nürnberger Dok. OKW-256.

rechtigung, Exekutivmaßnahmen gegen die Zivilbevölkerung durchzuführen. Gerade in jenem Punkt war es während des Polenfeldzuges seitens der Wehrmacht im Hinblick auf die von den dortigen Einsatzgruppen durchgeführten Massaker zu erheblichen Einwänden gekommen. Daher wurde im Russlandfeldzug der Einsatz der „Sonderkommandos" mit der „Durchführung besonderer sicherheitspolizeilicher Aufgaben außerhalb der Truppe" begründet.[290]

Das Operationsgebiet der Wehrmacht war im Russlandfeldzug in zwei große Bereiche aufgeteilt: Unmittelbar hinter dem Gefechtsgebiet begann das *rückwärtige Armeegebiet* mit den drei Großverbänden Heeresgruppe Nord, Mitte und Süd, die jeweils von einem Kommandeur des rückwärtigen Armeegebietes (*Korück*) befehligt wurden. Entsprechend daran schloss sich gen Westen das *rückwärtige Heeresgebiet* an, in denen drei Heeresgruppen operierten, die jeweils einem Befehlshaber des rückwärtigen Heeresgebiet (*Berück*) unterstanden. Das Reichssicherheitshauptamt stellte nun vier *Einsatzgruppen der Sicherheitspolizei und des SD* auf, die ihrerseits den Höheren SS- und Polizeiführern unterstanden.[291] Während die Einsatzgruppen A bis C größtenteils jeweils im *rückwärtigen Heeresgebiet* ihre Tätigkeit ausführten, d. h. jeweils den Heeresgruppen Nord, Mitte und Süd zugeordnet wurden, operierte die aus vier Sonderkommandos (SK) und nur einem Einsatzkommando bestehende und erst später eingesetzte Einsatzgruppe D unter Otto Ohlendorf im rückwärtigen Gebiet der 11. Armee, d. h. in unmittelbarer Frontnähe. Die Einsatzgruppen waren in so bezeichnete *Einsatz-* und *Sonderkommandos* unterteilt, die ihrerseits in mehrere Teil-/Außenkommandos gegliedert waren, sodass die ihnen von der jeweiligen Armee/Heeresgruppe zugewiesenen Operationsräume flächendeckend „sicherungspolizeilich überarbeitet", d. h. nach überwiegend rassenideologischen Gesichtspunkten „gesäubert", werden konnten, wobei neben Juden und Slawen auch so bezeichnete „Zigeuner, Geisteskranke und Asoziale" einbezogen wurden. Während die kleineren 35 bis 60 Mann starken Sonderkommandos (SK) im *rückwärtigen Armeegebiet* operierten, d. h. mit den Truppenverbänden oder unmittelbar hinter ihnen vordrangen – sich also in direkter Frontnähe befanden und dort die großen Massaker durchführten –, operierten die personalstarken Einsatzkommandos (EK) flächendeckend im *rückwärtigen Heeresgebiet.* Für die Angeklagten im Nürnberger Einsatzgruppenprozess war demzufolge nicht

---

[290] Oberkommando des Heeres/ Gen.StdH/Gen.Qu., Az. Abt. Kriegsverwaltung, Nr. II/2101/41 geh., Erlass vom 28.4.1941, Betr.: Regelung des Einsatzes der Sicherheitspolizei und des SD im Verbande des Heeres. BArch-MA, RH 22/ 155.

[291] *Merkblatt für die Führer der Einsatzgruppen und Einsatzkommandos der Sicherheitspolizei und des SD für den Einsatz „Barbarossa"* (o. D., jedoch vor dem 22.6.1941), RGVA, 500-1-25 und USHMMA, RG11.001M, abgedruckt in: ANDREJ ANGRICK/ KLAUS-MICHAEL MALLMANN/ JÜRGEN MATTHÄUS/ MARTIN CÜPPERS (Hrsg.): Deutsche Besatzungsherrschaft in der UdSSR 1941-1945. Dokumente der Einsatzgruppen in der Sowjetunion II (Veröffentlichungen der Forschungsstelle Ludwigsburg der Universität Stuttgart; 23), Darmstadt 2013, S. 30-33, hier S. 30.

nur der jeweilige Zeitpunkt der *Übernahme* ihrer Dienstobliegenheiten von besonderer Relevanz, sondern ebenso der Umstand, ob sie als Führer eines Einsatzkommandos (EK) im rückwärtigen *Heeresgebiet* oder eines Sonderkommandos im rückwärtigen *Armeegebiet* die Massenmorde begingen, wobei die Sonderkommandos (SK) naturgemäß die höheren Exekutionsziffern aufwiesen, insofern, als sie gemäß Erlass des OKH vom 28. April 1941 und dem *Merkblatt für die Führer der Einsatzgruppen und –kommandos der Sicherheitspolizei und des SD für den Einsatz „Barbarossa"*[292] anders definierte Funktionen als die Einsatzkommandos ausübten.

Die Truppenstärke aller vier Einsatzgruppen betrug insgesamt ungefähr 3.000 Mann, jene der einzelnen Einsatzgruppen hatte Bataillonsstärke, d. h. etwa 600 bis 900 Kräfte. Während die kleineren Sonderkommandos lediglich 35 bis 60 Mann aufwiesen, verzeichneten hingegen die personalstärkeren Einsatzkommandos jeweils Kompaniestärke, also 150 bis 250 Mann.[293] Biberstein kommandierte ein Einsatzkommando (EK 6 der Einsatzgruppe C) mit einer Personalstärke von 150 Mann, einschließlich des Verwaltungs- und Küchenpersonals, Dr. Blume (SK 7 a der Einsatzgruppe B) hingegen ein Sonderkommando mit einem Mannschaftspersonal von lediglich 35 Personen.[294]

Für die Einsatzgruppe A unter Leitung des SS-Brigadeführers und Generalmajors der Polizei *Dr. Walter Stahlecker* waren als Operationsgebiet die baltischen Staaten im Norden vorgesehen, d. h. Estland, Lettland und Litauen. Die Einsatzgruppe B unter SS-Gruppenführer und Generalmajor der Polizei *Arthur Nebe* hatte in Weißrussland mit Stoßrichtung Moskau die „politischen Sicherungsaufgaben" zu übernehmen und die Einsatzgruppe C unter SS-Brigadeführer und Generalmajor der Polizei *Dr. Dr. Otto Rasch* zunächst jene in der Ukraine. (Bild 31). Die Einsatzgruppe D unter SS-Gruppenführer und Generalleutnant der Polizei *Otto Ohlendorf* operierte anfangs in der Bukowina und in Bessarabien, danach in der südöstlichen Ukraine,[295] und im Sommer 1942 in der russischen Oblast Rostow (Bild 31), d. h. in den Bereichen, in denen später Bibersteins Vorgänger Robert Mohr eingesetzt war, der das Kommando dann im September 1942 Biberstein übergab.

---

[292] Ebd.

[293] US-Militärgerichtshof II. Fall 9. Die Vereinigten Staaten von Amerika gegen Ohlendorf und Genossen, Angeklagte, Nürnberg, 29. September 1947. Eröffnungserklärung für die Vereinigten Staaten von Amerika, StAN, Rep. 501, KV-Prozesse, Fall 9, B 24, S. 13f, nachfolgend abgekürzt: Military Tribunal II, Eröffnungserklärung, StAN, Rep. 501, KV-Prozesse, Fall 9, B 24, S. 10-12.

[294] US-Militärgerichtshof II. Fall 9. Die Vereinigten Staaten von Amerika gegen Ohlendorf und Genossen, Angeklagte, Nürnberg, 29. September 1947. Eröffnungserklärung für die Vereinigten Staaten von Amerika, StAN, Rep. 501, KV-Prozesse, Fall 9, B 24, S. 13f.

[295] Der Chef der Sicherheitspolizei und des SD, IV A 1 – B. Nr. 1 B/41 g. Rs., Ereignismeldung Nr. 136 vom 21.11.1941, BArch, R 58/219).

Im weiteren Verlauf des Russlandfeldzuges waren Teile der Einsatzgruppe D auf der Krim und im Kaukasus im „Osteinsatz".

Die nachgeordneten 17 Einsatz- und Sonderkommandos der Einsatzgruppen wiesen die nachfolgende Durchnummerierung auf:

> Die *Einsatzgruppe A* mit den Sonderkommandos SK 1a und SK 1b sowie den Einsatzkommandos EK 2 und EK 3 bildete mit 990 Mann die personalstärkste Formation.[296]
>
> Der *Einsatzgruppe C* mit einer Personalstärke von etwa 700 Mann unterstanden die Sonderkommandos SK 4a und SK 4b sowie die Einsatzkommandos EK 5 sowie EK 6.[297]
>
> Die 655 Mann starke *Einsatzgruppe B* verfügte über die Sonderkommandos SK 7a und SK 7b sowie die Einsatzkommandos EK 8 und EK 9.[298]
>
> Die *Einsatzgruppe D* mit den Sonderkommandos 10a, 10b, 11a, 11b und dem Einsatzkommando EK 12 wies lediglich eine Truppenstärke 600 Mann auf.[299]

Gegen Dezember 1941, d. h. nur knapp sechs Monate nach dem erfolgten Angriff auf die Sowjetunion, war nahezu das gesamte europäische Gebiet der UdSSR eingenommen, und die Ostfront erstreckte sich von Leningrad im Norden bis zur Halbinsel Krim im Süden. „Die Baltischen Staaten, Weißruthenien [heute Weißrussland] sowie der größte Teil der Ukraine waren in deutschen Händen. In diesem weiten Gebiet operierten die Einsatzgruppen hinter den Kampflinien. Sie waren von Norden nach Süden [...] über den ganzen Osten Europas eingesetzt."[300]

Da sowohl die Einsatzgruppenleiter als auch die Führer der nachgeordneten Kommandos Geheimnisträger der so bezeichneten „Operation Barbarossa" waren, wurden sie demzufolge vom Reichssicherheitshauptamt (RSHA) in regelmäßigen Zeitabständen ausgewechselt, in der Regel nac h einem Jahr.[301] So war Biberstein vom 18. September 1942 bis Anfang Juni 1943 dem Einsatzkommando 6 (EK 6) der Einsatzgruppe C zugewiesen, deren Operationsgebiet in der Ostukraine und in

---

[296] WOLFGANG SCHEFFLER: Die Einsatzgruppe A, in: Die Einsatzgruppen in der besetzten Sowjetunion 1941/42. Die Tätigkeits- und Lageberichte des Chefs der Sicherheitspolizei und des SD. Herausgegeben und eingeleitet von Peter Klein. Mit Beiträgen und Kommentaren von Andrej Angrick, Christian Gerlach, Dieter Pohl und Wolfgang Scheffler (Publikationen der Gedenk- und Bildungsstätte Haus der Wannsee-Konferenz; 6), Berlin 1997, S. 29—51.

[297] DIETER POHL: Die Einsatzgruppe C, in: Ebd., S. 71-87. Das Einsatzkommando 5 wurde später, d. h. während Bibersteins Tätigkeit, aufgelöst.

[298] CHRISTIAN GERLACH: Die Einsatzgruppe B, in: Ebd., S. 52-70.

[299] ANDREJ ANGRICK: Die Einsatzgruppe D, in: Ebd., S. 88-110.

[300] US-Militärgerichtshof II. Fall 9. Die Vereinigten Staaten von Amerika gegen Ohlendorf und Genossen, Angeklagte, Nürnberg, 29. September 1947. Eröffnungserklärung für die Vereinigten Staaten von Amerika, StAN, Rep. 501, KV-Prozesse, Fall 9, B 24, S. 13f.

[301] Der Chef der Sicherheitspolizei und des SD I A 1 Nr. 31/41 g. an alle Dienststellen der Sicherheitspolizei, alle Dienststellen der Kriminalpolizei, alle Dienststellen des SD, Runderlass vom 31.7.1941 btr. *Einsatz bisher noch nicht eingesetzt gewesener Angehöriger der Sicherheitspolizei und des SD*, BArch, R 58/ 259.

den während der Sommeroffensive 1942 eroberten südrussischen Gebieten, hier der Oblast Rostow, lag.[302]

Des Weiteren ist anzumerken, dass die Wehrmacht aufgrund von Übereinkünften mit dem Reichssicherheitshauptamt (RSHA) im Rahmen des Projektes zur Beschaffung neuen „Lebensraumes im Osten“ von Anfang an aktiv in die Vernichtungsmaschinerie eingebunden werden sollte, sodass es bereits im Februar 1941 zu Verhandlungen zwischen den entsprechenden Planungsstellen des Reichssicherheitshauptamtes (RSHA) und dem Chef des Oberkommandos der Wehrmacht (OKW), Generalfeldmarschall Wilhelm Keitel, gekommen war, in denen unter anderem weitreichende Vereinbarungen über Zuständigkeiten getroffen wurden, die bisher ausschließlich im Kompetenzbereich der Wehrmacht gelegen hatten, die jedoch nunmehr Himmler, bzw. dessen Adlatus Heydrich, und damit dem *Parteiapparat* übertragen wurden.

Das Zuständigkeitsgebiet wurde in euphemistischer NS-Diktion wie folgt definiert:

> „Die Aufgaben dieses Sicherheitspolizei-Kommandos der SS bestehen insbesondere in der Durchführung von Sicherstellungen, Beschlagnahmungen und Verhaftung politisch interessierender Personen sowie sonstigen *polizeilichen* Maßnahmen.“ [Kursivdruck vom Verf.].

Obgleich der Aufgabenbereich hier zunächst in Form einer Rahmenrichtlinie umrissen wurde, war von einem generellen „Judentötungsbefehl“ zu jenem Zeitpunkt keineswegs die Rede, sondern lediglich von der „Verhaftung politisch interessierender Personen sowie sonstigen polizeilichen Maßnahmen“. Nachdem Heydrich jedoch am 10. März 1941 Himmler über den weiteren Stand der Verhandlungen zwischen dem Reichsicherheitshauptamt (RSHA) und dem Oberkommando der Wehrmacht (OKW) unterrichtet hatte,[303] wurden am 13. März 1941 offiziell auch die Oberbefehlshaber der drei Truppenteile – *das Oberkommando des Heeres* (Ob.d.H), *das Oberkommando der Marine* (Ob.d.M.), *das Oberkommando der Luftwaffe* (Ob.d.L.) – sowie der *Wehrmachtsführungsstab* (W.F.ST.) und die *Abteilung Landesverteidigung* (Abt. L.) seitens des Oberkommandos der Wehrmacht in Form der von Hitler erlassenen „Richtlinien auf Sondergebieten zur Weisung 21a (Fall Barbarossa)“ nicht nur über die Erfordernisse hinsichtlich der Militär- und Zivilverwaltung in den zu erobernden Ostgebiete informiert, sondern ebenso über die Beauftragung Himmlers mit so bezeichneten „Sonderaufgaben“ im

---

[302] US-Militärgerichtshof II. Fall 9. Schriftsatz der Anklagebehörde gegen Ernst Biberstein, Nürnberg, 15. Januar 1948, StAN, Rep. 501, KV-Prozesse, Fall 9, D 4, S. 6.

[303] Der Dienstkalender Heinrich Himmlers 1941/42. Im Auftrage der Forschungsstelle für Zeitgeschichte in Hamburg bearbeitet, kommentiert und eingeleitet von Peter Witte, Michael Wildt, Martina Voigt, Dieter Pohl , Peter Klein, Christian Gerlach, Christoph Dieckmann und Andrej Angrick, Hamburg 1999, S. 129.

Operationsgebiet des Heeres, „die sich aus dem endgültig auszutragenden Kampf zweier entgegengesetzter politischer Systeme ergeben."[304] Wesentlich war dabei, dass der Kampf nicht rechtstheoretisch definiert, sondern ausschließlich ideologisch begründet wurde. Zudem implizierte der Terminus „Sonderaufgaben" bereits den Einsatz spezieller SS-Trupps.

Auch die sehr allgemein gehaltene Abfassung der „Richtlinien auf Sondergebieten zur Weisung 21a" enthielt keineswegs einen generellen „Judentötungsbefehl". Es war lediglich von einem „endgültig auszutragenden Kampf zweier politischer Systeme" die Rede. Allerdings beinhaltete jene Formulierung indirekt die Tötung von Juden insofern, als gemäß nationalsozialistischer Diktion das Judentum von Anbeginn an als „der ideologischer Träger des Bolschewismus" definiert wurde.

Jene Richtlinien statteten Himmler nicht nur mit weitreichenden Vollmachten aus, sie bildeten zugleich die pseudolegale Grundlage für die Neuformierung der Einsatzgruppen im Vernichtungsfeldzug gegen die Sowjetunion. So führten die Richtlinien aus:

> „Im Operationsgebiet des Heeres erhält der Reichsführer SS zur *Vorbereitung der politischen Verwaltung* Sonderaufgaben im Auftrage des Führers, die sich aus dem endgültig auszutragenden Kampf zweier entgegengesetzter politischer Systeme ergeben.
>
> Im Rahmen dieser Aufgaben handelt der Reichsführer SS *selbständig* und *in eigener Verantwortung*.
>
> Im übrigen wird die dem Ob.d.H. [Oberbefehlshaber des Heers] und den von ihm beauftragten Dienststellen übertragene vollziehende Gewalt hierdurch nicht berührt. Der Reichsführer SS sorgt dafür, daß bei Durchführung seiner Aufgaben die Operationen nicht gestört werden. Näheres regelt das OKH [Oberkommando des Heeres] mit dem Reichsführer SS unmittelbar." [Kursivdruck vom Verf.].[305]

Aus einem Aktenvermerk Heydrichs geht zudem hervor, dass Göring ihn anlässlich eines Gesprächs „bezüglich der Lösung der Judenfrage" beordert hatte, zur allgemeinen Instruktion der Einsatzgruppen eine kurze Informationsschrift vorzubereiten. Demzufolge notierte Heydrich am 26. März 1941,

---

[304] Oberkommando der Wehrmacht, WFST/Abt. L (IV/QU), 44125/41 g. K. Chefs., Geheime Kommandosache Chefsache! 5 Ausfertigungen, 4. Ausfertigung, nur durch Offiziere. Bezug: WFSt. /Abt. L (I) Nr. 33407/40 g. K. Chefs. v. 18.12.1940, Richtlinien auf Sondergebieten zur Weisung Nr. 21 (Fall Barbarossa). F. H. Qu., Berlin 13. März 1941, in: WALTHER HUBATSCH (Hrsg.): Hitlers Weisungen für die Kriegsführung 1939-1945. Dokumente des Oberkommandos der Wehrmacht, 2., durchgesehene und ergänzte Auflage, Koblenz 1983 [Erstausgabe 1962], S. 90. Ebenso: Nürnberger Dokument: PS-447 sowie IMT, Bd. XXVI, S. 53-58.

[305] Ebd.

Bild 31: Wege und Aktionsräume der Einsatzgruppen. Institut für Zeitgeschichte, München – Berlin 1999 / Hersteller: Kartographie Peckmann, Ramsau.
„Ab Ende 1941 wurden die Einsatzgruppen von stationären Dienststellen (Befehlshabern der Sicherheitspolizei und des SD) abgelöst, zeitweise bestanden mobile Einheiten und stationäre Apparate nebeneinander."
(Quelle: Institut für Zeitgeschichte, München. Dauerausstellung „Rassische Verfolgung" – Vernichtungskrieg).

> „daß bei einem Einsatz in Rußland wir [das Reichssicherheitshauptamt (RSHA)] eine ganz kurze, 3-4seitige Unterrichtung vorbereiten sollten, die die Truppe mitbekommen könne, über die Gefährlichkeit der GPU-Organisation,[306] der Polit-Kommissare, Juden usw., damit sie wisse, wen sie praktisch an die Wand zu stellen habe."[307]

Aus jener von Heydrich zu erstellenden Informationsschrift – die inhaltlich identisch ist mit dem oben erwähnten *Merkblatt für die Führer der Einsatzgruppen und Einsatzkommandos der Sicherheitspolizei und des SD für den Einsatz „Barbarossa"* und die in 75 Ausfertigungen den Einsatzgruppen und deren Kommandos als Richtlinie mitgegeben wurde – ist nicht ersichtlich, ob Göring *alle* Juden zur Liquidierung freigegeben wissen wollte bzw. welchen jüdischen Personenkreis er als „gefährlich" erachtete.

Die Originalmappe mit jener Informationsschrift ging an den Reichsführer-SS Himmler. Abschriften des Informationsblattes leitete Heydrich sodann verschiedenen Chefs des Reichssicherheitshauptamtes (RSHA) zu, so dem SS-Brigadeführer und Generalmajor der Polizei *Heinrich Müller*[308] mit dem Vermerk „auch zur Unterrichtung Adolf Eichmann", [Amt IV/ Gestapo], dem SS-Sturmbannführer und Regierungsrat *Walter Schellenberg*, [Amt IV E/Abwehr],[309] dem SS-Brigadeführer und Generalmajor der Polizei *Bruno Streckenbach*, [Amt I/ Personal],[310] dem SS-Brigadeführer und Generalmajor der Polizei *Heinz Jost*, [Amt VI/SD-Ausland], in Vertretung SS-Obersturmbannführer Dr. iur. Alfred Filbert sowie dem SS-Standartenführer *Otto Ohlendorf*, [Amt III/Deutsche Lebensgebiete – SD-Inland].[311]

Auch der nachfolgend zitierte Erlass des Oberkommandos des Heeres, der von dessen Oberbefehlshaber, dem Generalfeldmarschall von Brauchitsch, am 28.

---

[306] Die Gossudarstwennoje Polititscheskoje Uprawlenije (GPU) war seit 1922 die Bezeichnung für die sowjetische Sicherheitspolizei.

[307] Der Chef der Sicherheitspolizei und des SD, C.D.S.B B.- Nr. 3795/41, Aktenvermerk Heydrichs vom 26.3.1941, Sonderarchiv Moskau, 500-3-795, Bl. 140-145. Zitiert nach: PETER KLEIN (Hrsg.): Einsatzgruppen, S. 367f.

[308] Der Verbleib Müllers nach Kriegsende ist nicht eindeutig geklärt. Er gilt als verschollen.

[309] Schellenberg wurde vom US Military Tribunal IV in Nürnberg im Fall 11 (Wilhelmstraßen-Prozess) zu sechs Jahren Haft verurteilt.

[310] Streckenbach war während des Überfalls auf Polen Chef der dortigen Einsatzgruppe I. Am 18. Februar 1952 wurde er in Moskau von einem Militärgericht der UdSSR zu 25 Jahren Haft verurteilt, kehrte jedoch bereits am 10. Oktober 1955 im Rahmen der Freilassung der letzten deutschen Kriegsgefangenen aus sowjetischer Haft in die Bundesrepublik zurück.

[311] Jost war vom 29. März bis 10. September 1942 Leiter der Einsatzgruppe A und Nachfolger von SS-Brigadeführer und Generalmajor der Polizei Dr. Walter Stahlecker. Im Einsatzgruppen-Prozess wurde Jost zu lebenslänglicher Haft verurteilt. Das Strafmaß wurde am 31. Januar 1951 von dem US High Commissioner McCloy auf 10 Jahre Haft herabgesetzt. Filbert war im Russlandfeldzug Führer des Einsatzkommandos 9 (EK 9) der Einsatzgruppe B. Er wurde wegen der Erschießungen von mindestens 6.800 Menschen vom Landgericht Berlin am 22. Juni 1962 zu lebenslangem Zuchthaus verurteilt. Ohlendorf war von Juli 1941 bis Anfang Juli 1942 Leiter der Einsatzgruppe D. Im Einsatzgruppen-Prozess wurde er zum Tod durch den Strang verurteilt. Das Urteil wurde am 7. Juni 1951 vollstreckt.

April 1941 herausgegeben wurde und der den Einsatz der Sicherheitspolizei und des SD im Verband des Heeres regelte, enthielt keinen generellen „Judentötungsbefehl". Das Aufgabengebiet der Einsatzgruppen umfasste hiernach lediglich die *Sicherstellung* – nicht aber die Liquidierung – „besonders wichtiger Einzelpersonen (führende[r] Emigranten [d. h. Juden], Saboteure, Terroristen usw.)". Die *grundsätzlichen* Kompetenzen der Einsatzgruppen im Verband des Heeres wurden gemäß Erlass wie folgt geregelt:

> „Die Durchführung besonderer sicherheitspolitischer Aufgaben *außerhalb der Truppe* macht den Einsatz von Sonderkommandos der Sicherheitspolizei (SD) im Operationsgebiet erforderlich. Mit Zustimmung des Chefs der Sicherheitspolizei und des SD wird der Einsatz von Sicherheitspolizei und SD im Operationsgebiet wie folgt geregelt:
>
> (1) Aufgaben:
> (a) Im rückwärtigen *Armeegebiet*:
> Sicherstellung vor Beginn von Operationen festgelegter Objekte (Material, Archive, Karteien von reichs- und staatsfeindlichen Organisationen, Verbänden, Gruppen usw.) sowie besonders wichtiger Einzelpersonen (*führende* Emigranten [d. h. Juden], Saboteure, Terroristen usw.) [...].
> (b) Im rückwärtigen *Heeresgebiet:*
> Erforschung und Bekämpfung der staats- und reichsfeindlichen Bestrebungen, soweit sie nicht der feindlichen Wehrmacht eingegliedert sind, sowie allgemeine Unterrichtung der Befehlshaber der rückwärtigen Heeresgebiete über die politische Lage. [...].
> (2) Zusammenarbeit zwischen den Sonderkommandos und den militärischen Kommandobehörden im rückwärtigen Heeresgebiet (zu 1a):
>
> Die Sonderkommandos der Sicherheitspolizei und des SD führen ihre Aufgaben *in eigener Verantwortlichkeit* durch. Sie sind den Armeen hinsichtlich Marsch, Verpflegung und Unterbringung unterstellt. *Disziplinäre und gerichtliche Unterstellung unter den Chef der Sicherheitspolizei und des SD*[312] werden hierdurch nicht berührt. Sie erhalten ihre fachlichen Weisungen vom Chef der Sicherheitspolizei und des SD." [Unterstreichungen im Original; Kursivdruck vom Verf.].[313]

Obgleich der Erlass des Oberkommandos des Heeres – der die verkürzte Version des oben erwähnten *Merkblattes für die Führer der Einsatzgruppen und Einsatzkommandos der Sicherheitspolizei und des SD für den Einsatz „Barbarossa"* darstellte – dem Führungspersonal der Einsatzgruppen und deren Kommandos weitreichende Deutungsspielräume und Kompetenzen einräumte, war ein genereller „Judentötungsbefehl" auch in jener Planungsphase noch nicht zu erkennen. Des Weiteren hatte Heydrich für den 17. Juni 1941, d. h. nur wenige Tage *vor* Kriegsbeginn, die Leiter der vier Einsatzgruppen zu einem Sondierungsgespräch in das

[312] Auf den Aspekt der speziellen äußerst harten SS-Gerichtsbarkeit wird in Kapitel IV zurückzukommen sein.

[313] Oberkommando des Heeres Gen. St. d. H. /Gen. Qu., Az. Abt. Kriegsverwaltung, Nr. H/2101/41 geh., Erlass vom 28.4.1941 btr. Regelung des Einsatzes der Sicherheitspolizei und des SD im Verbande des Heeres, BArch-MA., RH 22/ 155.

Reichssicherheitshauptamt (RSHA) einbestellt – und zwar den SS-Brigadeführer und Generalmajor der Polizei *Dr. iur. Walter Stahlecker*, den SS-Brigadeführer und Generalmajor der Polizei *Arthur Nebe*,[314] den SS-Brigadeführer und Generalmajor der Polizei *Dr. Dr. Otto Rasch* sowie den Juristen und SS-Gruppenführer und Generalleutnant der Polizei *Otto Ohlendorf*.[315] Offensichtlich waren in jenem Gespräch auch Maßnahmen hinsichtlich der „Judenfrage" zur Sprache gekommen, insofern, als Heydrich seine dort getätigten mündlichen Ausführungen in dem Einsatzbefehl Nr. 1 vom 29. Juni 1941 zusammenfasste. Zwar ist auch in jenem ersten Einsatzbefehl noch keine Rede von einem *generellen* „Judentötungsbefehl", jedoch werden die Chefs der Einsatzkommandos angewiesen, in den vom Heer eroberten sowjetischen Gebieten den zu erwartenden antijüdischen Pogromen seitens der dort ansässigen nationalistisch und antijüdisch gesinnten Bevölkerungsgruppen keine Hindernisse in den Weg zu stellen:

> „Unter Bezug auf meine bereits am 17.VI. in Berlin gemachten mündlichen Ausführungen bringe ich in Erinnerung:
>
> (1). Den Selbstreinigungsbestrebungen antikommunistischer oder antijüdischer Kreise in den neu zu besetzenden Gebieten ist kein Hindernis zu bereiten. Sie sind im Gegenteil, allerdings spurenlos auszulösen, zu intensivieren, wenn erforderlich, und in die richtigen Bahnen zu lenken, ohne daß sich diese örtlichen ‚Selbstschutzkreise' später auf Anordnungen oder auf gegebene politische Zusicherungen berufen können [...].
>
> Die Bildung s t ä n d i g e r Selbstschutzverbände mit zentraler Führung ist zunächst zu vermeiden; an ihrer Stelle sind zweckmäßig örtliche Volkspogrome, wie oben dargelegt, auszulösen." [Sperrdruck im Original].[316]

Heydrich bezog sich bezüglich der „Selbstreinigungsbestrebungen antikommunistischer oder antijüdischer Kreise" auf Pogrome, die unmittelbar nach dem Einzug der deutschen Truppen in die Sowjetunion im Juni 1941 von den dortigen nationalistischen Widerstandsgruppen – insbesondere in den baltischen Gebieten sowie in der westlichen Ukraine und dort von den Mitgliedern der Widerstandsbewegung

---

[314] Nebe war derzeitiger Chef des Reichskriminalpolizeihauptamtes (Amt V) im Reichssicherheitshauptamt.

[315] Ohlendorf war derzeitiger Chef des Amtes III (Deutsche Lebensgebiete – SD-Inland) im Reichssicherheitshauptamt.

[316] Abschrift! Amtschef IV
An den Einsatzgruppenchef der SPSD
" " SS-Brif. N e b e, An den Einsatzgruppenchef der SPSD,
An den Einsatzgruppenchef der SPSD
" " SS-Staf. O h l e n d o r f,
An den Einsatzgruppenchef der SPSD
" " SS-Brif. Dr. Rasch,
An den Einsatzgruppenchef der SPSD
" " SS-Brif. S t a h l e c k e r,
Fernschreiben: (Befördert am 29.6.1941 NÜ-Nr. 101294), Sperrdruck im Original], BArch, R 70/Sowjetunion/32.

Organisation Ukrainischer Nationalisten (OUN)[317] – als Reaktion auf die NKWD-Massaker[318] in Gang gesetzt worden waren, wobei aufgrund der Synonymisierung von *Judentum* und *Bolschewismus* die Juden insbesondere seitens der OUN und deren Sympathisanten als „Handlanger Stalins“ definiert wurden, die nunmehr einer entsprechenden „Rache“ ausgesetzt werden sollten.

4.2 Heydrichs „Judentötungsbefehl“ vom 2. Juli 1941

Hinsichtlich der Befehlsgebung an die Einsatzgruppen ist quellendokumentarisch belegt, dass Heydrich am 2. Juli 1941, also zehn Tage *nach* Beginn des Russlandfeldzuges, erstmals einen „Judentötungsbefehl“ ausgegeben hatte, der sich allerdings lediglich auf bestimmte Funktionsträger in den besetzten Ostgebieten erstreckte, d. h. auf „Juden in Partei- und Staatsstellungen“. Im Hinblick darauf erläuterte er die Ziele des „sicherungspolizeilichen“ Einsatzes in seinen schriftlich formulierten *Weisungen an die Höheren SS- und Polizeiführer* vom 2. Juli 1941 in der Weise, dass zunächst die „sicherheitspolitische Befriedung“ anzustreben sei – gemeint war die Liquidierung genau definierter Personenkreise –, sodann als Endziel die wirtschaftliche Ausbeutung der besetzten Ostgebiete:

> „*Nahziel* des Gesamteinsatzes ist die politische, d. h. im wesentlichen die sicherheitspolizeiliche Befriedung der neu zu besetzenden Ostgebiete. *Endziel* ist die wirtschaftliche Befriedung.
>
> Wenn auch alle zu treffenden Maßnahmen schließlich auf das *Endziel* [d. h. die wirtschaftliche Ausbeutung], auf welchem das Schwergewicht zu liegen hat, abzustellen sind, so sind sie doch im Hinblick auf die jahrzehntelang anhaltende bolschewistische Gestaltung des Landes mit rücksichtsloser Schärfe auf umfassendstem Gebiet durchzuführen [...].
>
> Zu exekutieren sind alle Funktionäre der Komintern (wie überhaupt die kommunistischen Berufspolitiker schlechthin), die höheren, mittleren und radikalen unteren Funktionäre der Partei, der Zentralkomitees, der Gau- und Gebietskomitees, Volkskommissare, *Juden in Partei- und Staatsstellungen*, sonstigen radikalen Elemente (Saboteure, Propagandeure, Heckenschützen, Attentäter, Hetzer usw.), soweit sie im Einzelfall nicht oder nicht mehr benötigt werden, um Auskünfte in politischer oder wirtschaftlicher Hinsicht zu geben, die für die weiteren sicherheitspolizeilichen Maßnahmen oder für den wirtschaft-

[317] Die OUN, die sich bereits 1929 formiert hatte, strebte einen unabhängigen ukrainischen Staat an. Später verfiel sie in die gemäßigte OUN-M unter Andrij Melnyk und die radikale OUN-B unter Stepan Bandera. Andreas Kapperler: Kleine Geschichte der Ukraine, 4., überarbeitete und aktualisierte Auflage, München 2014, S. 187-229. Kerstin S. Jobst: Geschichte der Ukraine, Stuttgart 2010, S. 187-206.

[318] Unmittelbar vor dem Einzug der deutschen Truppen in die Sowjetunion am 22. Juni 1941 hatte der sowjetische Geheimdienst des Innenministeriums der UdSSR (NKWD) unter anderem in den Gefängnissen von Lemberg, Riga und Winnyzja großangelegte Massaker an den dortigen politischen Gefangenen veranstaltet. Jene Massaker wurden seitens des Hitler-Regimes propagandistisch ausgenutzt.

lichen Wiederaufbau der besetzten Gebiete besonders wichtig sind." [Kursivdruck vom Verf.].[319]

Sämtliche schriftlichen Weisungen und Befehle, die von Seiten Himmlers, Heydrichs oder des Oberkommandos der Wehrmacht (OKW) im Verlauf der militärischen Operationen ergangen waren, sind von den nachgeordneten Instanzen übernommen worden in der Weise, dass sie jeweils den situativen Bedingungen vor Ort angepasst und entsprechend erweitert wurden. Während Heydrich die Höheren SS- und Polizeiführer (HSSPF) mit Befehl vom 2. Juli 1941 lediglich angewiesen hatte, eine bestimmte *Funktionsgruppe* zu liquidieren, nämlich „Juden in Partei- und Staatsstellungen", erweiterte er zwei Wochen später in seinem an die Einsatzgruppen A bis D gerichteten Einsatzbefehl Nr. 8 vom 17. Juli 1941 den Kreis der zu Exekutierenden auf „alle Juden", die sich in den *Kriegsgefangenenlagern* befänden, d. h. auf die männlichen Juden im wehrfähigen Alter.[320] Von einem allgemeinen „Judentötungsbefehl" hingegen war keineswegs die Rede.

4.3 Selbstermächtigung der Einsatzgruppen zum Massenmord

Dennoch sind bereits *vor* dem 17. Juli 1941 Exekutionen jüdischer Zivilisten belegt – d. h. noch bevor durch Heydrich der Befehl zur Liquidierung „bolschewistisch-jüdischer" *Funktionsträger* ergangen war. So hatte bereits zwei Wochen zuvor am 3. Juli 1941 der SS-Standartenführer und Oberregierungsrates Dr. iur. Walter Blume, Chef des Sonderkommandos 7a (SK 7a) der Einsatzgruppe B unter dem berüchtigten Reichskriminaldirektor und Chef des Reichskriminalpolizeiamtes (Amt V des Reichssicherheitshauptamtes) Arthur Nebe[321] – der nicht Adressat

[319] Chef der Sicherheitspolizei und des SD, B. Nr. IV – 1100/41 geh. Rs., B. Nr. g. Rs. 7/41 EK 3 (20 Ausfertigungen), Geheime Reichssache 3gRs, Schreiben vom 2.7.1941 als Geheime Reichssache (a) an den Höheren SS- und Polizeiführer SS-Obergruppenführer Jeckeln (über B. d. S. Krakau zur sofortigen Weiterleitung (b) an den Höheren SS- und Polizeiführer SS-Gruppenführer v. d. Bach (über Kommandeur der SPSD in Warschau zur sofortigen Weiterleitung), (c) an den Höheren SS- und Polizeiführer SS-Gruppenführer Prützmann (über Stapostelle Tilsit zur sofortigen Weiterleitung), (d) an den Höheren SS- und Polizeiführer SS-Oberführer Korsemann (über SS-Staf. Ohlendorf), BArch, R 70/Sowjetunion/32 und R58/ 241.

[320] Der Chef der Sicherheitspolizei und des SD, 21 B/41 g Rg. IV A 1 c, Geheime Reichssache, Einsatzbefehl Nr. 8 vom 17. Juli 1941. Betrifft: *Richtlinien für die in die Stalags und Dulags abzustellenden Kommandos der Sicherheitspolizei und des* SD, Ablagen: zwei geheftete Anlagen, 1 lose Anlage, BArch, R 58/ 240, fol. 126-135. Anlage II: Geheime Reichssache. Amt IV. *Richtlinien für die in die Stalags abzustellenden Kommandos des Chefs der Sicherheitspolizei u. d. SD* vom 17. Juli 1941.

[321] Vor der Übernahme des Sonderkommandos 7a (SK 7a) war Blume Leiter Personalabteilung I A im Reichssicherheitshauptamt (RSHA) gewesen. Das US Military Tribunal II in Nürnberg verurteilte ihn im Einsatzgruppenprozess zum Tode. Das Urteil wurde jedoch am 31. Januar 1951 durch

des oben genannten Heydrich-Befehls an die Höheren SS- und Polizeiführer (HSS-PF) vom 2. Juli 1941 war und dem daher jener Befehl auch gar nicht zugegangen sein konnte – die nachfolgende Meldung an das Reichssicherheitshauptamt (RS-HA) übermittelt:

> „Einsatzgruppe C: Standort 3.7.Wolkowysk: [...] EK 7a: Standort Wilna.[322]
>
> EK 7a: Standort Wilna: Funktionäre des Komsomol und jüdische KP-Funktionäre liquidiert.“[323]

Dr. Blume hatte demzufolge – noch bevor überhaupt entsprechende *schriftliche* Weisungen von Seiten Himmlers oder Heydrichs ergangen waren – entweder auf den enormen Druck seitens seines Vorgesetzten Nebe oder aber unter Ausnutzung des lokalen Ermessensspielraumes die Exekutionen jüdischer *Funktionsträger* vorgenommen. Möglicherweise geschah das aufgrund des imaginierten und jahrelang in den SS-Leitheften und in zahllosen SS-Schulungsvorträgen transportierten Feindbildes vom „jüdischen Bolschewismus“ als dem „Todfeind der nationalsozialistischen Weltanschauung“, dem zudem die böswillige Zerstörung der europäische Kultur unterstellt wurde und dessen Endziel es sei, die Weltherrschaft an sich zu reißen. Vor dem US Military Tribunal II in Nürnberg rechtfertigte sich Blume mit der Behauptung, gegen seinen Willen und ausschließlich auf enormen Druck seines Vorgesetzten, des extrem antisemitisch eingestellten SS-Gruppen-

McCloy in 25 Jahre Haft umgewandelt. Die Aussagen des Dr. Blume vor dem US Military Tribunal II in Nürnberg geben wichtige Einblicke in das hierarchische Befehlsgeflecht, das ganz entscheidend durch „Druck von oben“ gekennzeichnet war, wie in Kapitel IV darzulegen sein wird.

[322] Bei dem von Blume geführten Kommando handelte es sich nicht um ein Einsatzkommando, sondern um ein lediglich 35 Mann starkes *Sonder*kommando, das unmittelbar mit den Truppen vorrückte.

[323] Der Chef der Sicherheitspolizei und des SD, IV A 1 – B. Nr. 1 B/41 g. Rs., Ereignismeldung UdSSR Nr. 11 vom 3.7.1941, BArch, R 58/ 214. Wolkowysk gehörte im Zweiten Weltkrieg zum Bezirk Bialystock (Weißrussland). Wilna, heute Vilnius, ist die Hauptstadt Litauens. Die Einsatzgruppe unter dem berüchtigten Chef des Reichskriminalhauptamtes (Amt V des Reichssicherheitshauptamtes), Reichskriminaldirektor sowie SS-Gruppenführer und Generalleutnant der Polizei Arthur Nebe, war zunächst mit dem Buchstaben C gekennzeichnet worden. Aus organisatorischen Gründen trat mit Wirkung vom 11. Juli 1941 eine Änderung in der Bezeichnung ein, in der Weise, dass die Einsatzgruppe Nebe (ehemals Einsatzgruppe C) nunmehr mit dem Buchstaben B gekennzeichnet wurde. Die Einsatzgruppe Dr. Dr. Rasch (ehemals Einsatzgruppe B) erhielt nunmehr die Bezeichnung Einsatzgruppe C. Hingegen blieb die ursprüngliche Nummerierung der Einsatz- und Sonderkommandos erhalten. Der Chef der Sicherheitspolizei und des SD, IV A 1 – B. Nr. 1 B/41 g. Rs., Ereignismeldung UdSSR Nr. 19 vom 11.7.1941, BArch, R 58/ 214. Die Einsatzgruppe C unterstand demzufolge vom 11. Juli 1941 bis zum September 1941 unter der Leitung des SS-Brigadeführers und Generalmajors der Polizei Dr. iur. Dr. rer. pol. Otto Emil Rasch. Rasch war einer der 24 Angeklagten im Einsatzgruppenprozess. Aufgrund seiner progredient fortschreitenden Parkinson-Erkrankung wurde das Verfahren am 5. Februar 1948 von dem übrigen Verfahren abgetrennt, KAZIMIERZ LESZCZYŃSKI (Hrsg.), Fall 9, S. 28, 242.

führers Arthur Nebe, gehandelt zu haben.[324] Jedoch konnte Nebe nicht vor das US Military Tribunal II als Zeuge geladen werden, da er wegen der mutmaßlichen Verbindung zu den Männern des 20. Juli 1944 bereits Anfang März 1945 im Gefängnis Berlin-Plötzensee hingerichtet worden war. Demzufolge stufte das US Militärgericht die obigen Aussagen des Dr. Blume als nicht gerichtsverwertbar ein, auch wenn dessen Einlassungen im Verlaufe des Gerichtsprozesses zunehmend glaubhafter erschienen.

Jene Politik der Selbstermächtigung seitens der Führungseliten der vier Einsatzgruppen und der von ihnen ausgeübte massive Druck auf die ihnen unterstellten Einsatz- und Sonderkommandoführer – insbesondere durch Nebe, ganz besonders jedoch durch den berüchtigten und von allen gefürchteten Höheren SS- und Polizeiführer Friedrich Jeckeln, dem im Verlaufe der Operation jeweils einzelne Einsatzgruppen und deren Kommandos unterstellt waren – löste in der Folge eine Eskalation der „quantitativen Entgrenzung“ (Klaus-Michael Mallmann)[325] aus, die in den großen Massenmorden von Kamjanez-Podilskyĭ (deutsch: Kamenez-Podolsk/ Westukraine) vom 27. bis 29. August 1941[326] und von Babyń Jar/Kiew am 28. und 29. September des gleichen Jahres die quantitativ höchste Stufe der Gewaltspirale finden sollte.

Des Gleichen übermittelte sowohl die Einsatzgruppe A, die vom Beginn des Russlandfeldzuges bis zum 23. März 1942 unter der Leitung des oben erwähnten berüchtigten SS-Brigadeführers und Generalmajors der Polizei Dr. Walter Stahlecker stand als auch die Staatspolizeistelle Tilsit – die das „Einsatzkommando Tilsit“[327] stellte – die nachfolgenden Meldungen an das Reichssicherheitshauptamt (RSHA) über durchgeführte „Großsäuberungsaktionen“ an jüdischen Zivilisten am 24., 25. und 27. Juni 1941 in den litauischen Städten Garsden, Krottingen und Polangen – noch bevor Heydrich entsprechende schriftliche Weisungen erlassen hatte:

> „Einsatzgruppe A: Standort Riga.
>
> Von Tilsit [von der Stapo-Stelle Tilsit auf Anweisung von Dr. Walter Stahlecker] aus wurden drei Großsäuberungsaktionen durchgeführt und zwar wurden in Garsden 201 Perso-

[324] Auf jenen durchaus glaubwürdigen Einwand „Druck durch Himmler, Heydrich oder anderweitige übergeordnete Dienststellen“ – der insbesondere von Heinz Jost, aber auch von Dr. Martin Sandberger bestätigt wurde – wird in Kapitel IV näher einzugehen sein.

[325] KLAUS-MICHAEL MALLMANN: Der quantitative Sprung. Das Massaker von Kamenez-Podolsk Ende August 1941, in: Jahrbuch für Antisemitismusforschung, Bd. X (2001), S. 239-264.

[326] Der Chef der Sicherheitspolizei und des SD, IV A 1 – B. Nr. 1 B/41 g. Rs., Ereignismeldung UdSSR Nr. 80 vom 11.9.1941, BArch, R 58/ 217. In der gleichen Ereignismeldung Nr. 80 hatte das Einsatzkommando EK 4a unter dem berüchtigten Paul Blobel dem Reichssicherheitshauptamt (RSHA) bis zum 24. August 1941 bereits eine Gesamtexekutionsziffer von 7.152 Personen gemeldet, ebd.

[327] Auf das Einsatzkommando Tilsit wird im Schlusskapitel im Zusammenhang mit dem Ulmer Einsatzgruppenprozess zurückzukommen sein.

nen, in Krottingen 214 Personen, in Polangen[328] 111 Personen erschossen. In Garsden unterstützte die jüdische Bevölkerung die russische Grenzwacht bei der Abwehr der deutschen Angriffe [...].

Bei allen drei Großeinsätzen wurden vorwiegend Juden liquidiert. Es befanden sich darunter jedoch auch bolschewistische Funktionäre und Heckenschützen, die zum Teil als solche von der Wehrmacht der Sicherheitspolizei übergeben waren."[329]

„Einsatzkommando Tilsit:

Die Durchführung der Aktion wurde am 24. Juni mit SS-Brigadeführer S t a h l e c k e r durchgesprochen, der grundsätzlich sein Einverständnis zu den Säuberungsaktionen in der Nähe der deutschen Grenze erklärte.

Am 25. Juni 1941 wurde in Memel mit dem Führer des E.K. 1a, SS-Sturmbannführer S a n d b e r g e r, Fühlung aufgenommen, mit dem vereinbart wurde, daß längs der ehemaligen sowjetischen Grenze in einem Raume von 25 km von der Grenze entfernt alle notwendig werdenden Aktionen [Exekutionen] in der bisherigen Form durchgeführt werden sollen." [Sperrdruck im Original].[330]

Während von der Einsatzgruppe A in den *Ereignismeldungen UdSSR 1941/41* die Ermordung der jüdischen Bevölkerung in Gardsen als „Strafaktion" bezeichnet wurde, fehlte hingegen für die 214 ermordeten Personen in Krottingen sowie jene 111 in Polangen, bei denen es sich nach Angaben des Einsatzkommandos A „vorwiegend um Juden" gehandelt hatte, jegliche selbstrechtfertigende „Begründung". Offensichtlich hatte der Chef der Einsatzgruppe A, der ausgeprägt antisemitisch eingestellte SS-Brigadeführer und Generalmajor der Polizei, Dr. Walter Stahlecker, in den 526 Juden von Gardsen, Krottingen und Polangen ein „Bedrohungspotential" gesehen. Entsprechend seiner subjektiv-ideologischen Gefahreneinschätzung hatte er bereits sechs Tage nach Beginn des Russlandfeldzuges durch das Einsatzkommando EK 1a, das unter der Führung des ebenfalls extrem ideologischen Hardliners Dr. Martin Sandberger[331] stand, in mehreren Städten Litauens und Lettlands so bezeichnete „sicherheitspolizeiliche Maßnahmen", d. h. Exekutionen, durchführen lassen:

---

[328] Garsden (litauisch: Gargždai) und Krottingen (litauisch: Kretinga) sind im Westen Litauens gelegen, Polangen (litauisch: Palanga) im Norden.

[329] Der Chef der Sicherheitspolizei und des SD, IV A 1 – B. Nr. 1 B/41 g. Rs., Ereignismeldung UdSSR Nr. 14 vom 6.7.1941, BArch, R 58/ 214.

[330] Geheime Staatspolizei, Staatspolizeistelle Tilsit, Einschreiben vom 1.7.1941 an das Reichssicherheitshauptamt – IV A 1 – z. Hd. SS-Brigadeführer Müller, btr. *Säuberungsaktionen jenseits der ehemaligen sowjet.-litauischen Grenze*, Sonderarchiv Moskau 500-1-758, Bl. 2-5. Zitiert nach: PETER KLEIN (Hrsg.), Ensatzgruppen, S. 372-375.

[331] Das EK 1 a wurde vom Beginn des Russlandfeldzuges bis September 1943 von SS-Sturmbannführer Dr. iur. Martin Sandberger geführt. Sandberger war erst 30 Jahre alt, als er die Führung des Einsatzkommandos 1a (EK 1a) der Einsatzgruppe A unter Stahlecker übernahm. Im Nürnberger Einsatzgruppenprozess verhängte das US Military Tribunal II über ihn die Todesstrafe, die jedoch am 31. Januar 1951 vom US High Commissioner John Jay McCloy in eine lebenslängliche Haftstrafe umgewandelt wurde. Zusammen mit Biberstein wurde er am 8. Mai 1958 „nach dem „Parole-Verfahren" aus dem Gefängnis Landsberg entlassen.

Einsatzkommando 3

Kauen, am 1. Dezember 1941

Geheime Reichssache!

5 Ausfertigungen!
4. Ausfertigung.

Gesamtaufstellung der im Bereich des EK. 3 bis zum 1.Dez.1941 durchgeführten Exekutionen.

Übernahme der sicherheitspolizeilichen Aufgaben in Litauen durch das Einsatzkommando 3 am 2.Juli 1941.
(Das Gebiet Wilna wurde am 9.Aug.41, das Gebiet Schaulen am 2.Okt.41 vom EK.3 übernommen. Wilna wurde bis zu diesem Zeitpunkt vom EK.9 und Schaulen vom EK.2 bearbeitet.)

Auf meine Anordnung und meinen Befehl durch die lit. Partisanen durchgeführten Exekutionen:

4.7.41	Kauen - Fort VII -	416 Juden, 47 Jüdinnen	463
6.7.41	Kauen - Fort VII -	Juden	2 514

Nach Aufstellung eines Rollkommandos unter Führung von SS-Ostuf. Hamann und 8 - lo bewährten Männern des EK.3 wurden nachfolgende Aktionen in Zusammenarbeit mit den lit. Partisanen durchgeführt:

7.7.41	Mariampole	Juden	32
8.7.41	"	14 " und 5 komm. Funktionäre	19
8.7.41	Cirkalinei	komm. Funktionäre	6
9.7.41	Wendziogala	32 Juden, 2 Jüdinnen, 1 Litauerin, 2 lit. Komm., 1 russ. Kommunist	38
9.7.41	Kauen - Fort VII -	21 Juden, 3 Jüdinnen	24
14.7.41	Mariampole	21 ", 1 russ. 9 lit. Komm.	31
17.7.41	Babtei	8 komm. Funktionäre (6 davon Juden)	8
18.7.41	Mariampole	39 Juden, 14 Jüdinnen	53
19.7.41	Kauen - Fort VII -	17 ", 2 ", 4 lit. Komm., 2 komm. Litauerinnen, 1 deutsch. K.	26
21.7.41	Panevezys	59 Juden, 11 Jüdinnen, 1 Litauerin, 1 Pole, 22 lit. Komm., 9 russ. Komm.	1o3
22.7.41	"	1 Jude	1
23.7.41	Kedainiai	83 Juden, 12 Jüdinnen, 14 russ. Komm. 15 lit. Komm., 1 russ. O-Politruk.	125
25.7.41	Mariampole	9o Juden, 13 Jüdinnen	1o3
28.7.41	Panevezys	234 ", 15 ", 19 russ. Komm., 2o lit. Kommunisten	288
		Übertrag:	3 834

Bild 32: Kopie des Berichts von SS-Standartenführer Karl Jäger. „Gesamtaufstellung der im Bereich des EK. 3 bis zum 1. Dez. 1941 durchgeführten Exekutionen" über die Ermordung von Litauern (Juden) durch das Einsatzkommando 3 in Litauen (Jäger-Bericht / Jaeger-Report) vom 1.12.1941, S. 1-9, hier S. 2.
(Quelle: Bundesarchiv, Bild 183-B0716 0005-002).

Blatt 6.

-Übertrag: 99 [illegible]

12.9.41	Wilna-Stadt	993 Juden, 167o Jüdinn. 771 J.-Kind.	3 3[illegible]
17.9.41	" "	337 " 687 " 247 " und 4 lit.Kommunisten	1 27[illegible]
2o.9.41	Nemencing	128 Juden, 176 Jüdinn. 99 "	40[illegible]
22.9.41	Novo-Wilejka	468 " , 495 " 196 "	1 15[illegible]
24.9.41	Riesa	512 " 744 " 511 "	1 76[illegible]
25.9.41	Jahiunai	215 " 229 " 131 "	57[illegible]
27.9.41	Eysisky	989 " 1636 " 821 "	3 446
3o.9.41	Trakai	366 " 483 " 597 "	1 446
4.1o.41	Wilna-Stadt	432 " 1115 " 436 "	1 983
6.1o.41	Semiliski	213 " 359 " 39o "	962
9.1o.41	Svenciany	1169 " 184o " 717 "	3 726
16.1o.41	Wilna-Stadt	382 " 507 " 257 "	1 146
21.1o.41	" "	718 " 1o63 " 586 "	2 367
25.1o.41	" "	- " 1766 " 812 "	2 578
27.1o.41	" "	946 " 184 " 73 "	1 2o3
3o.1o.41	" "	382 " 789 " 362 "	1 533
6.11.41	" "	34o " 749 " 252 "	1 341
19.11.41	" "	76 " 77 " 18 "	171
19.11.41	" "	6 Kriegsgefangene, 8 Polen	14
2o.11.41	" "	3 "	3
25.11.41	" "	9 Juden, 46 Jüdinnen, 8 J.-Kinder, 1 Pole wegen Waffenbesitz u. Besitz von anderem Kriegsgerät	64

Teilkommando des EK.3
in Minsk
<u>vom 28.9.-17.1o.41:</u>

Pleschnitza,
Bicholin,
Scak,
Bober,
Uzda

620 Juden, 1285 Jüdinnen, 11[illegible] J.-Kind. und 19 Kommunisten — 3 o5o

133 346

Vor Übernahme der sicherheitspol. Aufgaben durch den EK.3, Juden durch Pogrome und Exekutionen - ausschließlich von Partisanen - liquidiert. — 4 000

Sa. 137 346

Bundesarchiv, Bild 183-B0716-0005-007
Foto: o.Ang. | 16. Juli 1963

Bild 33: Kopie des Berichts von SS-Standartenführer Karl Jäger. „Gesamtaufstellung der im Bereich des EK. 3 bis zum 1. Dez. 1941 durchgeführten Exekutionen“ über die Ermordung von Litauern (Juden) durch das Einsatzkommando 3 in Litauen (Jäger-Bericht / Jaeger-Report) vom 1.12.1941, S. 1-9, hier S. 6.
(Quelle: Bundesarchiv, Bild 183-B0716 0005-007).

„Einsatzgruppe A: Leiter der Einsatzgruppe SS-Brif. Stahlecker [...].

EK 1a: Sicherheitspolizeiliche Maßnahmen durchgeführt in Prekoln, Skuodas, Robin, Asites und Durben.“[332]

Noch bevor der Befehl Heydrichs vom 2. Juli 1941 zur Erschießung jüdischer Funktionsträger sowie jener vom 17. Juli 1941 zur Exekution der Juden in den Kriegsgefangenenlagern ergangen war, übergab der SS-Standartenführer und Kommandeur der Sicherheitspolizei und des SD, der ehemalige Orgelbauerfabrikant Karl Jäger, Führer des Einsatzkommandos 3 (EK 3) der Einsatzgruppe A, seinem Dienstvorgesetzten, dem SS-Brigadeführer und Generalmajor der Polizei Dr. Walter Stahlecker, Chef der Einsatzgruppe A,[333] eine detaillierte, auf den 10. September 1941 datierte Statistik über „bis jetzt durchgeführte Exekutionen“.[334] (Bild 32/33).

So verzeichnete Jäger dort bereits wenige Tage nach Übernahme des Kommandos nicht nur die Ermordung jüdischer Männer, sondern ebenfalls eine hohe Zahl jüdischer Frauen. Für den 15./16. August gab er erstmals auch die Exekution jüdischer Kinder bekannt, insgesamt waren das 3.200 jüdische Frauen und Kinder der im Norden Litauens gelegenen Stadt Rokiškis (deutsch: Rokischken).[335] Die Gesamtzahl der durch sein Einsatzkommando 3 (EK 3) durchgeführten Exekutionen im Raum Litauen innerhalb von nur sieben Wochen, d. h. vom Beginn des Russlandfeldzuges bis zum 10. September 1941, bezifferte Jäger mit 76.353. Unter Angabe von Ort und Datum listete er in jener Statistik insgesamt 19.447 Frauen und 12.092 Kinder auf. Hinzu rechnete er – unter Orts- und Datumsangabe – weitere 3.200 Frauen und Kinder sowie 9.012 Juden, Jüdinnen und Judenkinder, 1.911 Juden, Jüdinnen und Judenkinder. An einem einzigen Tag, am 5. September 1941, ließ er 1.123 Juden, 1.849 Jüdinnen und 1.737 Judenkinder erschießen. Ebenso führte Jäger in seiner Bilanz die Erschießung von Geisteskranken, so bezeichne-

[332] Der Chef der Sicherheitspolizei und des SD, IV A 1 – B. Nr. 1 B/41 g. Rs., Ereignismeldung UdSSR Nr. 9 vom 1.7. 1941, BArch, R 58/ 214. Prekuln, Skuodas, Robin und Asites sind litauische Städte, Durben liegt im Süd-Westen Lettlands.

[333] Bekannt ist der „Stahlecker-Bericht“ an das Reichssicherheitshauptamt (RSHA) über die Ermordung der insgesamt 249.420 Juden der baltischen Staaten durch die Einsatzgruppe A vom Beginn des Russlandfeldzuges bis zum 31. Januar 1942. Knapp zwei Monate später, am 23. März 1942, kam Stahlecker bei einem Angriff estländischer Partisanen ums Leben.

[334] Der Befehlshaber der Sicherheitspolizei und des SD, Einsatzkommando 3. Geheim 13 g. Rs. Nur zur persönlichen Uebergabe an SS-Brigadeführer Dr. Stahlecker, *Gesamtaufstellung vom 10.9.1941 der im Bereich des EK 3 bis jetzt durchgeführten Exekutionen*, [Unterstreichung im Original], Rossiiskii Gosudarstvennyi Voennyi Arkhiv Moskau (RGVA) 5600-1-25. Das Original befindet sich im obengenannten Moskauer Archiv RGVA. Eine Kopie befindet sich im United States Holocaust Memorial Museum Archives (USHMMA) unter der Signatur RG11.001M. Eine weitere Kopie befindet sich im Bundesarchiv, Außenstelle Ludwigsburg, unter der Signatur R 70 Sowjetunion 15, fol. 77-79.

[335] BArch, R 70-Sowjetunion 15, fol. 77-79.

ten „Idioten“ auf sowie die Ermordung ganzer „Zigeuner“-Familien.[336] Bis zum 1. Dezember 1941 – also innerhalb eines Zeitraumes von nur sechs Monaten – gab er in dem berüchtigten *Jäger-Bericht* auf neun schreibmaschinengeschriebenen Seiten als Endziffer 137.346 Exekutionen an.[337] (Bild 31/32). Zu dem Jäger-Bericht nahm der angeklagte Dr. Walter Blume im Nürnberger Einsatzgruppen-Prozess Stellung. Er gab zu Protokoll, Jäger habe unter ungeheurem Druck seines Vorgesetzten Dr. Walter Stahlecker gestanden.

Desgleichen meldete die Einsatzgruppe C, die wenige Wochen später in Einsatzgruppe B umbenannt wurde und die damals unter Leitung des mehrfach erwähnte Arthur Nebe stand,[338] „sicherungspolizeiliche Maßnahmen“, noch bevor sie von Heydrich entsprechende schriftliche Weisungen erhalten hatte. Zunächst erfolgten lediglich Meldungen über „Festnahmeaktionen“, in deren Folge jedoch Berichte über durchgeführte Exekutionen von „Kommunisten und Juden“. Entsprechend hieß es in der Ereignismeldung Nr. 10 vom 2. Juli 1941:

> „Einsatzgruppe C [Arthur Nebe]: EK 7 a [Dr. Walter Blume]: Standort: Wilna [Litauen].[339]
>
> EK 7a hat Festnahmeaktion gegen Kommunisten und Juden eingeleitet. Etwa 8.000 Juden in Wilna. Führende Kommunisten zum größten Teil geflohen.“[340]
>
> „Einsatzgruppe C [Arthur Nebe]: Standort Minsk.
>
> Polizeiliche Arbeit:
> Auf Grund der *vom RSHA gegebenen Weisungen* wurden in allen genannten Städten Weißrusslands [so am 29. Juni 1941 in Wilna] die Liquidierungen an Funktionären des Staats- und Parteiapparates vorgenommen.
> Betreff der *Juden* wurde im gleichen Sinne *nach den Befehlen* gehandelt. Die Einzelzahl der Liquidierungen liegt noch nicht fest. Nahezu alle Funktionäre der kommunistischen Partei [...] waren bereits am 22.6. geflohen.“ [Kursivdruck vom Verf.].[341]

Zwar sprach Blume in seinem Ereignisbericht von den „vom Reichssicherheitshauptamt gegebenen Weisungen“, setzte hier jedoch eine Befehlslage voraus, die es zu jenem Zeitpunkt für ihn persönlich noch gar nicht gegeben haben konnte, insofern, als Heydrichs Einsatzbefehl Nr. 8, in dem jener die Liquidierung „aller [wehrfähigen männlichen] Juden“ befahl, erst am 17. Juli 1941 an die *Einsatzgruppen* ergehen sollte. Offensichtlich bezog Blume sich in dem von ihm benutzten

---

[336] Ebd.

[337] BArch, R 70-Sowjetunion 15, fol. 80-89, hier fol. 89.

[338] In den ersten drei Wochen, d. h. bis zur Ereignismeldung UdSSR Nr. 19 vom 11.7.1941, waren die jeweiligen Bezeichnungen für die Einsatzgruppen B und C vertauscht.

[339] Es muss heißen *Sonder*kommando 7a (SK 7a).

[340] Der Chef der Sicherheitspolizei und des SD, IV A 1 – B. Nr. 1 B/41 g. Rs., Ereignismeldung UdSSR Nr. 10 vom 2.7.1941, BArch, R 58/ 214.

[341] Der Chef der Sicherheitspolizei und des SD, IV A 1 – B. Nr. 1 B/41 g. Rs., Ereignismeldung UdSSR Nr. 17 vom 9.7.1941, ebd.

Sprachduktus auf Anweisungen seines Dienstvorgesetzten Nebe, die jenem möglicherweise in mündlicher Form bereits vor Beginn des Russlandfeldzuges von Heydrich eröffnet worden waren. Da laut Ereignismeldung Nr. 17 vom 9. Juli 1941 „nahezu alle Funktionäre der kommunistischen Partei [...] bereits am 22.6. geflohen" waren, hatte Nebe gemäß seiner politischen Funktion als Chef der Einsatzgruppe C (bzw. B) im Rahmen seines situativen Ermessensspielraumes die Ermordung jüdischer Funktionsträger befohlen und Blume mit der Durchführung der Exekutionen beauftragt. Zudem hatte Nebe eigenmächtig den Kreis der zu Exekutierenden erweitert auf die „jüdische Intelligenzschicht" und auf „wohlhabende Juden". In derselben Ereignismeldung vom 9. Juli 1941 informierte Blume das Reichssicherheitshauptamt (RSHA) über weitere antijüdische Maßnahmen sowie über Exekutionen unter Zuhilfenahme der litauischen Hilfspolizeikräfte in Wilna sowie über die von ihm geplante Ghettoisierung der Juden. Dazu führte er aus:

> „Polizeiliche Angelegenheiten:
>
> Die dem Einsatzkommando [Sonderkommando 7a (SK 7a) unter Leitung von Dr. Walter Blume] unterstellten litauischen Polizeisparten in Wilna sind beauftragt worden, laufend Namenslisten der Wilnaer Juden, zuerst die Intelligenzschicht, politische Aktivisten und wohlhabende Juden aufzustellen.
>
> Daraufhin sind laufend Durchsuchungs- und Festnahmeaktionen durchgeführt [worden] und am 4.7. wurden 54, am 5.7. 93 Juden liquidiert, das greifbare Judenvermögen wurde sichergestellt [...]. Die Errichtung eines Judenviertels wird vorbereitet."[342]

Die in der Ereignismeldung UdSSR Nr. 17 aufgeführten Exekutionen seien von seinem Dienstvorgesetzten Nebe, einem bekanntermaßen außergewöhnlich antisemitisch eingestellten Hardliner, ausdrücklich befohlen und zudem auch nicht von ihm, sondern ebenfalls auf Weisung Nebes von dem SS-Obersturmführer Richard Foltis ausgeführt worden, rechtfertigte sich Blume vor dem US Military Tribunal II in Nürnberg. Zudem habe er mit der Errichtung von Ghettos den Exekutionsbefehl seines Vorgesetzten Nebe hinauszögern wollen, begründet er des Weiteren sein Vorgehen. Dem entgegnete das US-amerikanische Militärgericht, dass auch Blume bekannt gewesen sein dürfte, dass auf die Registrierung und Ghettoisierung regelmäßig die Ermordung der Juden erfolgt sei.

Allein in jener Ereignismeldung Nr. 17 vom 9. Juli 1941 verdeutlicht sich nicht nur der unbeschreiblich große individuelle Ermessensspielraum der Funktionseliten aufgrund der bereits in jungen Jahren erfolgten langjährigen politischen Ideologisierung durch regelmäßig erfolgte NS-Weltanschauungsvorträge sowie durch Indoktrinierung mittels der SS-Leithefte, sondern es veranschaulicht ebenso das Handeln der Täter aufgrund des „Druckes von oben" – sofern den Einlassungen des Dr. Blume vor dem US Military Tribunal II in Nürnberg Glauben zu schenken ist.

---

[342] Ebd.

Zudem ist die Einbindung der Täter „in arbeitsteilig ausgerichtete Netzwerke von Täter-Kollektiven“[343] von entscheidender Bedeutung für das genozidale Täterhandeln. Damit ist nicht nur die nachweisliche Vernetzung der Einsatzgruppen mit der Wehrmacht gemeint – insbesondere mit deren Geheimer Feldpolizei (GFP) – oder aber mit den 19.000 Mann starken SS-Kommandostabstabtruppen und den 12.000 Mann starken Polizeibataillonen der Höheren SS- und Polizeiführer (HSSPF), sondern ebenso die Inanspruchnahme örtlicher nationaler Institutionen. So verpflichteten die Einsatzgruppen gemäß dem von Heydrich herausgegebenen *Merkblatt für die Führer der Einsatzgruppen und Einsatzkommandos der Sicherheitspolizei und des SD für den Einsatz „Barbarossa“* lettische, litauische und ukrainische Kollaborateure unter anderem wegen deren antisemitischer Einstellung als so bezeichnete „Hilfspolizisten im Angestelltenstatus“. Darauf berief sich auch Biberstein vor dem US Military Tribunal II. Jenes Merkblatt führte aus:

> „Im Bedarfsfalle können zuverlässige Personen als Hilfspolizeibeamte eingestellt werden. Die Bestellung hat durch den Führer der Einsatzgruppen oder Einsatzkommandos zu erfolgen, die auch für die Zuverlässigkeit und Tätigkeit der Hilfspolizeibeamten verantwortlich sind. Das Anstellungsverhältnis und die Vergütung richtet sich nach Abschnitt XVI der Vorschrift über den Wirtschaftsverwaltungsdienst beim auswärtigen Einsatz der Geheimen Staatspolizei in besonderen Fällen.“[344]

Des Weiteren belegt die Ereignismeldung Nr. 17 vom 9. Juli 1941, dass die Führungselite der Einsatzgruppen aufgrund ihrer operativen Erfahrung und ihrer Führungsqualitäten – so etwa im Fall des Dr. Stahlecker bei dessen Einsätzen beim „Anschluss Österreichs“ im Jahre 1938 und der „Zerschlagung der Rest-Tschechei“ im Folgejahr – je nach den situativen Bedingungen vor Ort Eigeninitiativen ganz unterschiedlicher Art entwickeln konnte, die den Erwartungen des Reichssicherheitshauptamtes (RSHA) jedoch voll und ganz entsprachen, ohne dass es einer entsprechenden Weisung bedurft hätte. Im vorliegenden Fall des SK 7a-Führers Blume betraf das unter anderem die Errichtung von Ghettos für diejenigen Juden, die zunächst als Arbeitskräfte beim Ernteeinsatz, Straßenbau oder in der Kriegswirtschaft vorgesehen waren und erst zu einem späteren Zeitpunkt – nachdem ihre Arbeitskraft vollständig ausgeschöpft worden war – liquidiert werden sollten. Zudem gewährten die Einsatzbefehle Heydrichs – die ganz bewußt als *Rahmenrichtlinien* konzipiert waren – dem Führungspersonal der Einsatzgruppen und deren nachgeordneten Kommandos ebenso wie den gleichfalls von Himmler

---

[343] FRANK BAJOHR, Täterforschung.

[344] *Merkblatt für die Führer der Einsatzgruppen und Einsatzkommandos der Sicherheitspolizei und des SD für den Einsatz „Barbarossa“* (o. D., jedoch vor dem 22.6.1941), RGVA, 500-1-25 und USHMMA, RG11.001M, abgedruckt in: ANDREJ ANGRICK/ KLAUS-MICHAEL MALLMANN/ JÜRGEN MATTHÄUS/ MARTIN CÜPPERS (Hrsg.): Deutsche Besatzungsherrschaft in der UdSSR 1941-1945. Dokumente der Einsatzgruppen in der Sowjetunion II (Veröffentlichungen der Forschungsstelle Ludwigsburg der Universität Stuttgart; 23), Darmstadt 2013, S. 30-33, hier S. 31.

eingesetzten SS-Brigaden und Polizeibataillonen, die den drei Höheren SS- und Polizeiführern (HSSPF) unterstellt waren, einen ganz erheblichen politischen Interpretationsrahmen ebenso wie einen situativen Ermessensspielraum, der binnen kurzer Zeit eine Welle von Massenmorden in Gang setzen sollte, sodass bereits innerhalb der ersten Monate des Russlandfeldzuges in der Euphorie eines vermeintliches „Blitzkrieges" nahezu alle größeren Städte der eroberten Ostgebiete „judenfrei" waren, wie die jeweiligen Kommandos in ihren Berichten dem Reichssicherheitshauptamt pflichtgemäß und mit großem Stolz mitteilten.

4.4 Massenmord in der Ukraine 1941 als Folge der Selbstermächtigung

Als entscheidender Impuls für jene Vernichtungsspirale unvorstellbaren Ausmaßes an den Juden der sowjetrussischen Republiken kann das oben erwähnte Massaker von Kamjanez-Podilskyĭ (deutsch: Kamenez-Podolsk) angesehen werden, bei dem am 27., 28. und 29. August 1941 auf Befehl des berüchtigten Höheren SS- und Polizeiführers (HSSPF) Friedrich Jeckeln in einem Bombentrichter 23.600 Juden von dessen „Sonderaktionsstab" erschossen wurden.[345] Hierbei handelte es sich zum einen um 14.000 aus Ungarn abgeschobene Juden, zum anderen um die gesamte jüdische Einwohnerschaft der in der südwestlichen Ukraine gelegenen Stadt Kamjanez-Podilskyĭ, d. h. um 9.600 Frauen, Kinder sowie alte und gebrechliche Menschen. (Bild 36: Vier Männer tragen eine kranke oder alte, nicht gehfähige Person). Durch seine Funktion als Höherer SS- und Polizeiführer (HSSPF) bestand ein *direktes* Unterstellungsverhältnis zu Himmler. Demzufolge hatte jegliche Berichterstattung – im Gegensatz zu den Meldungen der Einsatzkommandos – *nicht* an das RSHA zu erfolgen, sondern an Himmler persönlich, wie hier im Fall der ermordeten 23.600 Juden.[346]

Jenes Exekutionskommando „Sonderaktionsstab" des berüchtigten Höheren SS- und Polizeiführers (HSSPF) Friedrich Jeckeln setzte sich zum überwiegenden Teil aus Mitgliedern des Polizeibataillons 320 zusammen, das im Russlandfeldzug als Polizeibataillon zur besonderen Verfügung (z.B.V.) unmittelbar Jeckeln unterstand. Wie üblich, wurde den Juden eine *Umsiedlungsmaßnahme* vorgetäuscht.

[345] *Meldung über die Erschießung von 23.600 Juden* vom 27. bis 29. August 1941 im Raum Kamenez Podolsk [Ukraine] durch den Höheren SS- und Polizeiführer Russland-Süd [HSSPF *Russland-Süd*] Friedrich Jeckeln. Fernschreiben HSSPF an RFSS [Reichsführer-SS] vom 27., 28. und 29. August 1941, BArch NS 33/ 22. Jeckeln war in der Ukraine von Juli bis Oktober 1941 als HSSPF *Russland-Süd* mit Sitz in Kiew (Ukraine) tätig, danach im Baltikum als HSSPF *Russland-Nord* mit Sitz in Riga (Lettland).

[346] Fernschreiben des HSSPF Rußland-Süd an den RFSS vom 30.08.1941, BArch, NS 33/ 22.

In seiner Vernehmung vom 4. Januar 1961 gab der Angehörige des Polizeibataillons 320 Wilhelm W. unter anderem an:

> „Durchweg führten die Juden Gepäck mit, das in Decken eingeschlagen war [...]. Die Juden erkundigten sich bei mir nach dem Zielort ihrer Reise. Die Juden waren der Auffassung, daß sie umgesiedelt würden. Zu diesem Zeitpunkt war mir selbst noch nicht bekannt, daß die Juden erschossen werden sollten [...].
>
> Die Juden wurden von uns aus der Stadt herausgeführt [...]. Der Marsch ging durch unwegsames Gelände. Dort trafen wir auf eine Absperrkette [...]. Die Juden wurden von uns in die Absperrung, die aus Polizisten bestand, hineingeführt. In dieser Absperrung befanden sich bereits einige Tausend Juden [...].
>
> Dann hielt J[eckeln] vor uns eine kurze Ansprache. Ich glaube mich erinnern zu können, daß er bei seiner Ansprache besonders auf einen Juden hinwies, der einen grauen Anzug trug und einen besonders gepflegten Eindruck machte. In sehr dramatischer Weise nannte er diesen Juden mit dessen Namen und erklärte sinngemäß:
>
> ‚Seht Euch diesen Mann an. Das ist ein typischer Jude, den man ausrotten muß, damit wir Deutschen leben können'."[347]

Erschütternd ist der abstoßende Zynismus Jeckelns, mit dem er dem Exekutionskommando die vermeintliche Kriegsnotwendigkeit des Massakers zu suggerieren und damit zu legitimieren suchte. Der Historiker Klaus-Michael Mallmann bewertet jene „Großaktion" wie folgt:

> „Das Massaker von Kamenez-Podolsk bedeutete nicht nur einen quantitativen, sondern vor allem einen qualitativen Sprung in der Entwicklung des Massenmordes an den europäischen Juden.
>
> Es war ein Vorstoß in bisher unerreichte Größenordnungen, aber auch ein Wendepunkt hin zum Genozid, der Übergang von einer selektiven Vernichtungspolitik zur totalen Ausrottung. Denn bisher gehandhabte Differenzierungen nach Alter, Geschlecht und unterstellter politischer Orientierung wurden dort völlig negiert. Erstmals regierte die Maxime Tötung in toto."[348]

Die Einsatzgruppe C hingegen erwähnte jenes Massaker in der Ereignismeldung Nr. 80 vom 11. September 1941 in lapidarer Weise quasi als Fußnote wie folgt:

> „Von einem Einsatzkommando des Höheren SS- und Polizeiführers [Jeckeln] sind in Kamenez-Podolsk in 3 Tagen 23.600 Juden erschossen worden."[349]

Die in Kamjanez-Podilskyĭ erschossenen 14.000 aus Ungarn stammenden jüdischen Männer, Frauen und Kinder waren zuvor von den ungarischen Behörden als „lästige Ausländer" in die von der deutschen Wehrmacht besetzten Gebiete der

---

[347] BArch-L, 204 AR-Z13/60, Bd. 2, Bl. 10,13.

[348] KLAUS-MICHAEL MALLMANN/ VOLKER RIESS/ WOLFRAM PYTA (Hrsg.): Deutscher Osten 1939-1945. Der Weltanschauungskrieg in Photos und Texten (Veröffentlichungen der Forschungsstelle Ludwigsburg der Universität Stuttgart), Darmstadt 2003, S. 85.

[349] Der Chef der Sicherheitspolizei und des SD, IV A 1 – B. Nr. 1 B/41 g. Rs., Ereignismeldung UdSSR Nr. 80 vom 11.9.1941, BArch, R 58 /217.

Bild 34: German guards oversee the assembly of Jews in Kamenets-Podolsk prior to their transportation to a site outside of the city for execution. Photographer Gyula Spitz. Date: 1941 August 27.
(Quelle: United States Holocaust Memorial Museum, courtesy of Ivan Sved. Photograph Number: 28214).

Westukraine abgeschoben worden, wie die Einsatzgruppe zur besonderen Verfügung (z.b.V.) mit Standort Lemberg dem Reichssicherheitshauptamt (RSHA) am 28. August 1941 gemeldet hatte:

> „Angehörige des 10. ungarischen Polizeibataillons schoben über tausend ungarische Juden über den Dnjestr nach Galizien ab."[350]

Seitens der deutschen Feldkommandantur wurde das Massaker von Kamjanez-Podilskyĭ mit vermeintlich unausweichlichen Sachzwängen begründet und damit scheinlegitimiert, hier mit „Ernährungsschwierigkeiten und Seuchengefahr". Zudem wurde befürchtet, dass der jüdische Flüchtlingstreck aus Ungarn die kriegswichtigen Versorgungs- und Nachschubwege blockieren könnte.[351] Nur wenige Tage später meldete die *1. SS-Brigade des Höheren SS- und Polizeiführers* (*HSSPF*) *Friedrich Jeckeln* die Erschießung weiterer „1.009 Juden und Rotarmisten" innerhalb des Zeitraumes vom 2. bis. 7. September 1941.[352] Sein letztes Massaker führte

[350] Der Chef der Sicherheitspolizei und des SD, IV A 1 – B. Nr. 1 B/41 g. Rs., Ereignismeldung UdSSR Nr. 66 vom 28.8.1941, BArch, R 58/ 216.

[351] FK [Feldkommandantur] 183 an Sich. Div. 444 vom 31.7.1941, Rossiiskii Gosudarstvennyi Voennyi Arkhiv Moskau (RGVA) 1275-3-667.

[352] Bericht des Kommandostabes über Tätigkeit 1.9.-7.9 vom 10. 9. 1941, BArch, NS 33/ 22.

Bild 35: Jewish deportees under German guard march through the streets of Kamenets-Podolsk to an execution site outside of the city. Photographer Gyula Spitz Date: 1941 August 27.
(Quelle: United States Holocaust Memorial Museum, courtesy of Ivan Sved. Photograph Number: 28215).

Jeckeln in Dnipropetrowsk (deutsch: Dnjepropetrowsk) aus, der drittgrößten Stadt der Ukraine.[353] Dort ließ er am 13. Oktober 1941 durch das Polizeibataillon 314 „ungefähr 10.000 Juden" erschießen.[354]

Das Einsatzkommando 6 (EK 6) der Einsatzgruppe C unter Leitung von Bibersteins erstem Vorgänger Dr. iur. Erhard Kroeger – der bereits im November 1941 von Robert Mohr abgelöst wurde – erstattete dem Reichssicherheitshauptamt (RSHA) in der *Ereignismeldung UdSSR Nr. 135* vom 19. November unter dem Punkt „Vollzugstätigkeit" zunächst eigene „Erfolgsmeldungen" in den Landgebieten des Dnjepr-Bogens sowie in den dort gelegenen sechs großen Industriestädten und gab erst danach das Massaker von Dnjepropetrowsk wie folgt wieder:

> „Einsatzgruppe C: Standort Kiew:
>
> Das Einsatzkommando 6 ist seit dem 5.10.41 in dem Gebiet des Dnjepr-Bogens tätig. Erfasst wurden neben ausgedehnten Landgebieten die Städte Dnjepropetrowsk, Dnjeprodershinsk (15.000 Einw.), Werchnedneprowsk (30.000 Einw.), Nowo-Moskowsk (30.000 Einw.), Saproshje (350.000 Einw.) und Nikopol (60.000 Einw.), die alle ausgesprochene Industriestädte und dichtbesiedelt sind [...].
>
> Von den ursprünglich in Dnjepropetrowsk vorhandenen 100.000 Juden sind rund 70.000 vor dem Einmarsch unserer Truppen geflüchtet. Von den etwa 30.000 übrigen sind un-

353 Dnipropetrowsk liegt etwa 500 km südlich von Kiew und 460 km westlich von Rostow.

354 Im Einsatzgruppenprozess führten einige Angeklagte, insbesondere Dr. Blume und Dr. Sandberger, die von Jeckeln ausgeführten Massaker nicht nur auf dessen ausgeprägten Antisemitismus zurück, sondern gaben Beispiele dafür an, dass Jeckeln zumeist auf großen Druck von Seiten Himmlers gehandelt habe. Dieser Aspekt wird in Kapitel IV anhand weiterer Quellen zu überprüfen sein.

Bild 36: Jewish deportees march through the streets of Kamenets-Podolsk to an execution site outside of the city. Photographer Gyula Spitz Date: 1941 August 27.
(Quelle: United States Holocaust Memorial Museum, courtesy of Ivan Sved. Photograph Number: 28216).

gefähr 10.000 am 13.10.41 von einem Kommando des Höheren SS- und Polizeiführers [Jeckeln] erschossen worden."[355]

Im Nürnberger Einsatzgruppenprozess gab Bibersteins Mitangeklagter, der SS-Brigadeführer und Generalmajor der Polizei Heinz Jost, eine Erklärung für die unbeschreiblich brutalen Massenmorde des Höheren SS- und Polizeiführers (HSS-PF) Friedrich Jeckeln, die er sowohl aus dessen Charakterstruktur als auch durch „Druck von oben" zu erklären suchte. Die Einschätzungen Josts decken sich mit anderen Quellenformaten, deren Auswertung jedoch erst im Kapitel IV vorzunehmen ist.

Jeckeln wurde nach seinem Einsatz als *Höherer SS- und Polizeiführer Russland-Süd* in der Ukraine mit Sitz in Kiew mit Wirkung vom 5. November 1941 zum *Höheren SS- und Polizeiführer Russland-Nord und Ostland* ernannt und nach Riga (Lettland) versetzt im Austausch gegen den Höheren SS- und Polizeiführer (HSSPF) Hans-Adolf Prützmann, der vom Rang her SS-Obergruppenführer sowie

[355] Der Chef der Sicherheitspolizei und des SD, IV A 1 – B. Nr. 1 B/41 g. Rs., Ereignismeldung UdSSR Nr. 135 vom 19.11.1941, *Meldungen über die Erschießung von ungefähr 10.000 Juden am 13.10.1941 in Dnjepropetrowsk*, BArch, R 58/ 219. Bei dem erwähnten Kommando handelte es sich um das Polizeibataillon 314 unter Leitung des HSSPF Jeckeln.

Bild 37: Reichskommissariat Ukraine, 1941.
(Quelle: Danylo Husar Struk, Wolodymyr Kubijowytsch (Hrsg.): Encyclopedia of Ukraine, vol. 4 (1993), University of Toronto Press, Scholarly Publishing, Encyclopedia of Ukraine: Volumes I-V).

General der Waffen-SS und der Polizei war. Die Kommandogewalt in der *westlichen* Ukraine übernahm damit der SS-Brigadeführer und Generalmajor der Polizei Gerret Korsemann in seiner Funktion als Höhere SS- und Polizeiführer (HSSPF) zur besonderen Verfügung (z.b.V.).

Bereits einen Tag später ließ auch Korsemann den ersten großen Massenmord an jüdischen Zivilpersonen in dem zwischenzeitlich unter Zivilverwaltung stehenden *Reichskommissariat Ukraine* (RKU) (Bild 37). durchführen, und zwar an seinem neuen Dienstsitz in der westukrainischen Stadt Rowno (ukr. Rivne). Dort ließ er durch das Polizeibataillon 320 und unter Zuhilfenahme der 1. Kompanie des Polizeibataillons 33 sowie unter Beteiligung des Einsatzkommandos 5 (EK 5) der Einsatzgruppe C am 6./7. November 1941 insgesamt 15.000 Juden erschießen.[356] In der *Ereignismeldung UdSSR* Nr. 143 vom 8. Dezember 1941 wird keine nähere Scheinbegründung für jenes Massaker erwähnt, da es ohnehin geplant war. Dort heißt es lediglich:

> „Am 6. und 7. November 1941 wurde die *schon länger geplant* gewesene Judenaktion in Rowno durchgeführt, bei der rund 15.000 Juden erschossen werden konnten. Die Organisation lag auf Befehl des Höheren SS- und Polizeiführers [Korsemann] in Händen der Ordnungspolizei.
>
> Das Außenkommando Rowno des Einsatzkommandos 5 [unter Leitung von SS-Sturmbannführer August Meier] war an der Durchführung *maßgeblich* beteiligt." [Kursivdruck vom Verf.].[357]

4.5 Die grossen Massaker durch die Einsatzgruppe C im Herbst 1941

Insbesondere die Einsatzgruppe C unter ihrem damaligen Leiter SS-Brigadeführer und Generalmajor der Polizei Dr. iur. Dr. rer. pol. Emil Otto Rasch[358] tat sich gleich zu Beginn des Russlandfeldzuges mit an das Reichssicherheitshauptamt (RSHA) gerichteten Meldungen über „hohe Erfolgsquoten" hervor hinsichtlich der durchgeführten Massenmorde an der jüdischen Zivilbevölkerung der Ukraine. So meldete das berüchtigte Sonderkommando 4a (SK 4a) – mit damaligem Standort Luzk –, das unter Leitung des außerordentlich erfolgsorientierten SS-Sturmbannführers Paul Blobel stand, bereits am 6. Juli 1941 die Ermordung von „2.000 Erschießungen als Gegenmaßnahme für [die] Ermordung von Ukrainern"[359] und fünf Tage

---

[356] Der Chef der Sicherheitspolizei und des SD, IV A 1 – B. Nr. 1 B/41 g. Rs., Ereignismeldung UdSSR Nr. 143 vom 8.12.1941, BArch., R 58/ 219. Das EK 5 unterstand damals dem SS-Obersturmbannführer August Meier, der am 12. Mai 1960 in der Festung Hohenasperg, die als Strafanstalt und Zentralkrankenhaus für den baden-württembergischen Strafvollzug genutzt wurde, Suizid beging.

[357] Der Chef der Sicherheitspolizei und des SD, IV A 1 – B. Nr. 1 B/41 g. Rs., Ereignismeldung UdSSR Nr. 143 vom 8.12.1941, BArch., R 58/ 219.

[358] Dr. Dr. Rasch leitete das Einsatzkommando C während eines Zeitraumes von drei Monaten vom Beginn des Russlandfeldzuges bis September 1941. Zwar wurde Rasch im Nürnberger Einsatzgruppenprozess angeklagt, wegen seiner schweren und unheilbaren Erkrankung musste das Verfahren jedoch abgetrennt werden.

[359] Der Chef der Sicherheitspolizei und des SD, IV A 1 – B. Nr. 1 B/41 g. Rs., Ereignismeldung UdSSR Nr. 14 vom 6.7.1941, BArch, R 58/ 214.

später – nunmehr Standort Rowno (Rivne) mit Zielrichtung Šytomyr – die „Exekutionen von 240 bolschewistischen, vorwiegend jüdischen Funktionären, Agenten u.s.w."[360] Am 19. September 1941 gab die Ereignismeldung UdSSR Nr. 19 die Erschießung von 3.145 Juden der ukrainischen Stadt Šytomyr (deutsch: Shitomir/140 km westlich von Kiew) sowie der umliegenden Ortschaften durch das SK 4a an.[361]

Ebenfalls am gleichen Tag erfolgte in der westukrainischen Stadt Winnyzja (deutsch Winniza/ 270 km südwestlich von Kiew) das Massaker an 18.000 Juden durch verschiedene Polizeibataillone sowie diesmal unter Beteiligung des Einsatzkommandos 6 (EK 6) der Einsatzgruppe C, das unter Leitung des bereits erwähnten SS-Oberführers Dr. iur. Erhard Kroeger stand, einem der beiden Vorgänger Bibersteins.[362] Des Weiteren meldete das Einsatzkommando 5 (EK 5) der Einsatzgruppe C unter Leitung des bereits erwähnten SS-Sturmbannführers August Meier[363] dem Reichssicherheitshauptamt (RSHA) mit Datum vom 12. Oktober 1941 die Exekution von 8.800 Juden im Zeitraum vom 7. September bis zum 5. Oktober 1941.[364] In der gleichen Ereignismeldung UdSSR Nr. 111 vom 12. Oktober stellte das Sonderkommando 4a (SK 4a) der Einsatzgruppe C unter SS-Sturmbannführer Paul Blobel seine bisherige „Erfolgsbilanz" von über 51.000 Exekutionen vor:

> „Einsatzgruppe C, Standort Kiew, meldet:
>
> Sicherheitspolizeiliche Maßnahmen: Das Sonderkommando 4a hat nunmehr die Gesamtzahl von über 51.000 Exekutionen erreicht. Die bisher durchgeführten Exekutionen wurden von diesem SK, abgesehen von der am 28. und 29.9 in Kiew stattgefundenen Sonderaktion,[365] zu der 2 Kommandos des Polizeiregiments Süd abgestellt waren, ohne jede fremde Hilfe erledigt.

[360] Der Chef der Sicherheitspolizei und des SD, IV A 1 – B. Nr. 1 B/41 g. Rs., Ereignismeldung UdSSR Nr. 19 vom 11.7.1941, BArch, R 58/ 214. Luzk, Rowno und Šytomyr liegen im Nordwesten der Ukraine, westlich von Kiew.

[361] *Meldung über Erschießungen von 3 145 Juden* am 19. September 1941 in der Stadt Shitomir durch das Sonderkommando (SK) 4a der Einsatzgruppe C unter Führung von Paul Blobel. Der Chef der Sicherheitspolizei und des SD, IV A 1 – B. Nr. 1 B/41 g. Rs., Ereignismeldung Nr. 106 vom 7. Oktober 1941, BArch, R 58/ 217. Das US Military Tribunal II verurteilte Blobel zum Tod durch den Strang. Das Urteil wurde am 7. Juni 1951 vollstreckt.

[362] *Meldung über Erschießungen von 18.000 Juden* in Winniza am 19./20. September 1941 unter Beteiligung des Einsatzkommandos C 6 unter seinem damaligen Führer Robert Mohr. HSSPF Rußland-Süd an Kdo.-Stab RFSS [Kommandostab Reichsführer-SS] vom 19. September 1941, BArch, NS 33/ 293, fol. 58. Mohr war bis zu seiner Übernahme des Einsatzkommandos 6 (EK 6) Leiter der Abteilung I A 1 (allgemeine Personalangelegenheiten) im Amt I des Reichssicherheitshauptamtes (RSHA). Kroeger wurde am 31. Juli 1969 durch das Landgericht Tübingen wegen Massentötungen von Juden während des Vormarsches der deutschen Armee in der Westukraine zu drei Jahren und vier Monaten Haft verurteilt, AZ 690731, Verfahren Lfd. Nr. 714.

[363] Meier war vom 5. September 1941 bis Februar 1942 Führer des Einsatzkommandos 5 (EK 5).

[364] Der Chef der Sicherheitspolizei und des SD, IV A 1 – B. Nr. 1 B/41 g. Rs., Ereignismeldung UdSSR Nr. 110 vom 12.10.1941, BArch, R 58/ 218.

[365] Gemeint ist hier das Massaker an den 33.771 noch verbliebenen jüdischen Männern, Frauen und Kindern der Stadt Kiew am 28./29. September 1941in der Schlucht von Babyń Jar.

> Bei den Exekutierten handelte es sich in der Hauptsache um Juden und zum kleineren Teil um Funktionäre sowie Saboteure und Plünderer. Den von den Kommandos durchgeführten Exekutionen liegen folgende Motive zugrunde: Politische Funktionäre, Plünderer und Saboteure, aktive Kommunisten und politische Ideenträger [...], jüdischer Sadismus und Rachgier,[366] unerwünschte Elemente, *Asoziale*, Partisanen, Politruks, Pest- und Seuchengefahr [...] *verwahrloste Jugendliche*, Juden allgemein." [Kursivdruck vom Verf.].[367]

Blobel meldete dem Reichssicherheitshauptamt (RSHA) stolz, dass sein Kommando jene 51.000 Exekutionen innerhalb von nur knapp vier Monaten durchgeführt habe und das sogar „ohne jede fremde Hilfe." Zudem hatte er eigenmächtig den zu exekutierenden Personenkreis auf so bezeichnete „Asoziale" und „verwahrloste Jugendliche" ausgeweitet, wobei es sich bei den Jugendlichen zumeist um ältere Kinder handelte, deren Eltern erschossen worden waren und die sich nun selbst auf der Flucht befanden.

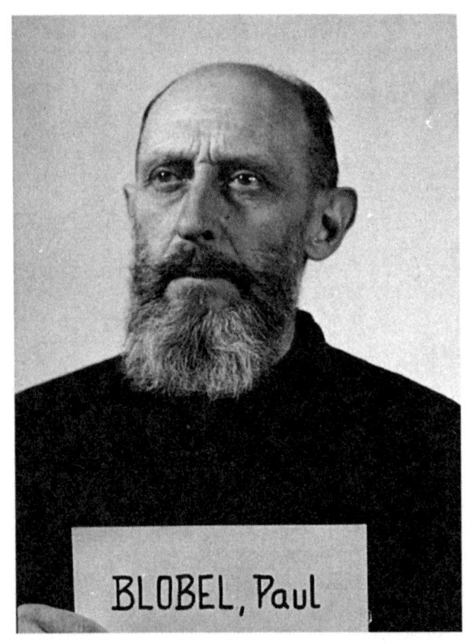

Bild 38: Mug shot of defendant Paul Blobel at the Einsatzgruppen Trial. Photograph Number 09921.
(Quelle: U.S. Holocaust Memorial Museum, courtesy of Benjamin Ferencz).

Auch unterschied er in jener Ereignismeldung nicht mehr zwischen bestimmten Personengruppen, für deren Exekution er offensichtlich keinerlei Begründung als erforderlich erachtete hatte und den vermeintlichen Sachzwängen, etwa „Pest-

---

[366] Das war die „Begründung" für das Massaker von Babyń Jar.

[367] Der Chef der Sicherheitspolizei und des SD, IV A 1 – B. Nr. 1 B/42 g. Rs., Ereignismeldung UdSSR Nr. 164 vom 4.2.1942, BArch, R 58/ 219.

und Seuchengefahr" sowie „Strafaktionen" gegenüber „jüdischem Sadismus und Rachgier".[368] Eine weitere „Erfolgsbilanz" präsentierte der in jenem Zeitraum 47-jährige Blobel dem Reichssicherheitshauptamt (RSHA) in der Ereignismeldung UdSSR Nr. 164 vom 4. Februar 1942, in der die Erschießung von 15.000 Juden der im Nordosten der Ukraine liegenden Stadt Charkow bekanntgegeben wurde.[369] Der Vorgang hatte sich wie folgt abgespielt: Nach Einnahme der Stadt am 23. Oktober 1941 durch die deutsche 6. Armee, war am 26. November 1941 das SK 4a unter Blobel in die Stadt eingerückt. Nach der am 14. Dezember 1941 erfolgten Registrierung durch den Stadtkommandanten, den Generalleutnant der Wehrmacht Alfred von Puttkammer, waren die Juden am 16. Dezember 1941 zunächst in einer Traktoren-Fabrik ghettoisiert und sodann zwischen dem 26. Dezember 1941 und Ende Januar 1942 durch das SK 4a sowie unter Beteiligung des Polizeibataillon 314 gruppenweise erschossen worden. Einige hundert Menschen wurden in den berüchtigten Gaswagen ermordet.[370]

Es würde den Rahmen einer Forschungsarbeit sprengen, sämtliche Mordaktionen aufzulisten, die durch Blobels SK 4a ausgeführt worden sind. Das US Military Tribunal II in Nürnberg führte in seiner Urteilsbegründung aus, dass gemäß Ereignismeldung UdSSR Nr. 132 vom 12. November 1941[371] das Sonderkommando 4a bereits 55.432 Personen exekutiert hatte. Bis zum 30. November 1941 konnte Blobel gemäß Ereignismeldung UdSSR Nr. 156 vom 16. Januar 1942[372] eine „Erfolgsquote" von 59.018 Exekutionen aufweisen.[373] Blobel hatte in dem recht kurzen Zeitraum seines „Osteinsatzes" vom 22. Juni 1941 bis Anfang Januar 1942 mehr als 60.000 Zivilisten ermordet, überwiegend Juden. Nur Ohlendorf als Leiter der Einsatzgruppe D (Juni 1941-Juni 1942) übertraf ihn mit der erschütternden Bilanz von 90.000 ermordeten überwiegend jüdischen Kindern, Frauen sowie alten und gebrechlichen Menschen.

Die unvorstellbaren Massaker an der jüdischen Bevölkerung der UdSSR begründete das Führungspersonal der Einsatzgruppen sowie der ihnen nachgeordneten Einsatz- und Sonderkommandos in den *Ereignismeldungen UdSSR 1941/42* und ebenso in den elf *Tätigkeits- und Lageberichten* an das Reichssicherheits-

---

[368] Die Ereignismeldung bezieht sich diesbezüglich auf das Massaker von Babyń Jar. Der Chef der Sicherheitspolizei und des SD, IV A 1 – B. Nr. 1 B/42 g. Rs., Ereignismeldung UdSSR Nr. 164 vom 4.2.1942, BArch, R 58/219.

[369] Ebd.

[370] ISRAEL GUTMAN, Enzyklopädie, Bd. I, S. 278f. sowie StAN, Rep. 502, KV-Anklage, Dokumente, Fotokopien, NO-3399.

[371] Der Chef der Sicherheitspolizei und des SD, IV A 1 – B. Nr. 1 B/41 g. Rs., Ereignismeldung UdSSR Nr. 132 vom 12.11.1941, BArch, R 58/ 219.

[372] Der Chef der Sicherheitspolizei und des SD, IV A 1 – B. Nr. 1 B/41 g. Rs., Ereignismeldung UdSSR Nr. 156 vom 16.1.1942, BArch, R 58/ 220.

[373] KAZIMIERZ LESZCZYŃSKI (Hrsg.), Fall 9, S. 166.

hauptamt (RSHA) zumeist gar nicht oder im Fall der großangelegten Vernichtungsaktionen mit vermeintlichen „Sachzwängen“. Dabei wurden in den entsprechenden Berichten immer wieder die gleichen Begründungsmuster verwandt, etwa „Strafaktionen“ oder „Vergeltungsmaßnahmen“ wegen vermeintlicher Arbeitsverweigerung,[374] wegen des Nichteinhaltens der Verdunklungsvorschriften oder wegen Zeichenabgabe an die Flugzeuge der Roten Armee,[375] wegen Spionage und Sabotage oder sogar bereits wegen des bloßen Verdachts der Spionage oder Sabotage,[376] wegen Unterstützung vermeintlicher Partisanen, wegen Gerüchtebildung oder kommunistischer Agitation, wobei es sich aus Sicht der Täter bei allen Exekutierten um „rassisch vollkommen minderwertige Elemente“ gehandelt habe.[377] Als weitere Vorwände für die Massenmorde wurden vermeintliche „Delikte“ genannt wie „Ausbreitung von Krankheiten und Seuchengefahr“ oder „Strafaktionen“ gegen Juden wegen des Verlassens des Ghettos und Rückkehr in die angestammten Wohnungen.[378]

Jüdische Kinder und alte jüdische Menschen sowie die Bewohner so bezeichneter *Irrenanstalten* wurden schlicht aus wirtschaftspolitischen Gründen ermordet, weil sie nach nationalsozialistischem Verständnis keinerlei volkswirtschaftlichen Ertrag erbrachten und zudem infolge der verschärften Ernährungssituation während des Krieges – insbesondere während des harten Winters 1941/42 – als so bezeichnete „unnütze Esser“ und im Fall der körperlich oder geistig Behinderten unter der Bezeichnung „leere Körperhülsen“ dehumanisiert wurden. Aus NS-Sicht waren sie somit „wertloses Humankapital“, das die Volksgemeinschaft belastete.

---

[374] Der Chef der Sicherheitspolizei und des SD, IV A 1 – B. Nr. 1 B/41 g. Rs., Ereignismeldung UdSSR Nr. 50 vom 12.8.1941, BArch, R 58/ 215. Der Chef der Sicherheitspolizei und des SD, IV A 1 – B. Nr. 1 B/41 g. Rs., Ereignismeldung UdSSR Nr. 67 vom 29.8.1941, BArch, R 58/ 216.

[375] Der Chef der Sicherheitspolizei und des SD, IV A 1 – B. Nr. 1 B/41 g. Rs., Ereignismeldung UdSSR Nr. 45 vom 7.8.1941, BArch, R 58/ 215.

[376] Ebd. sowie: Der Chef der Sicherheitspolizei und des SD, IV A 1 – B. Nr. 1 B/41 g. Rs., Ereignismeldung UdSSR Nr. 47 vom 9.8.1941, BArch, R 58/ 215. Der Chef der Sicherheitspolizei und des SD, IV A 1 – B. Nr. 1 B/41 g. Rs., Ereignismeldung UdSSR Nr. 67 vom 29.8.1941, BArch, R 58/ 216. Der Chef der Sicherheitspolizei und des SD, IV A 1 – B. Nr. 1 B/41 g. Rs., Ereignismeldung UdSSR Nr. 101 vom 2.10.1941, BArch, R 58/ 218.

[377] Der Chef der Sicherheitspolizei und des SD, IV A 1 – B. Nr. 1 B/41 g. Rs., Ereignismeldung UdSSR Nr. 67 vom 29.8.1941, BArch, R 58/ 216.

[378] Die elf *Tätigkeits- und Lageberichte des Chefs der Sicherheitspolizei und des SD in der UdSSR* wurden zwischen dem 31.7.1941 und dem 31.3.1942 im Referat IV A 1 des Reichssicherheitshauptamtes (RSHA) nach den täglich eingehenden Berichten der Einsatzgruppen sowie deren Einsatz- und Sonderkommandos in wöchentlichen Berichten zusammengestellt. Nach dem Krieg wurden sie im Politischen Archiv des Auswärtigen Amtes Berlin aufgefunden. PA AA, Inland II g, 431 Russland: SD-Einsatzgruppen, Berichte 1941-1942. Politischen Archiv des Auswärtigen Amtes Berlin (PA AA), PPAA Inland II g, 431 Russland: SD-Einsatzgruppen, Berichte 1941-1942.

4.6 ZUM MASSAKER VON BABYŃ JAR UND DER NS-LEGITIMATIONSRHETORIK

In diesem Zusammenhang sollte eine Ereignismeldung nicht unerwähnt bleiben, die das US Military Tribunal II in Nürnberg zutiefst schockiert hatte. Es betrifft jenes Massaker des mehrfach erwähnten überaus karriereaffinen Führers des Sonderkommandos 4a (SK 4a) der Einsatzgruppe C, Paul Blobel, des späteren Mitangeklagten Bibersteins, über die Ermordung von 33.771 Juden durch dessen lediglich 45 bis 50 Personen umfassendes SK 4a in der Schlucht von Babyń Jar innerhalb von nur 20 bis 22 Stunden am 29./30. September 1941.[379] Um die Dimension jenes im Vernichtungsfeldzug gegen die Sowjetunion durchgeführten größten Massakers in den historischen Kontext einordnen zu können, erscheint es wichtig, anzumerken, dass gerade die Ukraine mit den Städten Czernowitz[380] oder Lemberg[381] in der Westukraine sowie den in der Ostukraine gelegenen Städten Winnyzja,[382] Berdytschiw,[383] Šytomyr und insbesondere Kiew bis 1941 zu den größten Zentren jüdischen Lebens und jüdischer Kultur in Europa gehört hatte. Ebenso zählten – neben den baltischen Städten Riga[384] und Vilnius (dt. Wilna)[385] – die weißrussischen

---

[379] Paul Blobel, Eidesstattliche Erklärung vom 6. Juni 1947, StAN, Rep. 502, KV-Anklage, Dokumente, Fotokopien, NO-3824, S. 1-5, hier S. 5.

[380] Die in der Bukowina gelegene Stadt CZERNOWITZ war eines der größten Zentren jüdischer Kultur in der West-Ukraine. Aus ihr stammen die beiden jüdischen Dichter und Schriftsteller *Rose Ausländer* und *Paul Celan* sowie der bekannte Opernsänger *Joseph Schmidt* oder der Schriftsteller *Alfred Sperber* ebenso wie der bekannte *Salomon Wininger*, der Verfasser des bisher umfangreichsten siebenbändigen Nachschlagewerkes „Große Jüdische National-Biographie mit mehr als 8000 Lebensbeschreibungen namhafter jüdischer Männer und Frauen aller Zeiten und Länder. Ein Nachschlagewerk für das jüdische Volk und seine Freunde". Czernowitz wurde als „das Jerusalem am Pruth" bezeichnet.

[381] LEMBERG war bis zum Einmarsch der deutschen Truppen am 30. Juni 1941 kultureller Mittelpunkt des ostgalizischen Judentums. Nur wenige Wochen später, im August 1941, wurden im Ghetto Lemberg die Schriftstellerin *Debora Vogt* und ihr Mann erschossen. Aus Lemberg stammte ebenfalls der jüdische Sozialanthropologe, Psychologe und Musikwissenschaftler *Frederik Nadel* oder der jüdische *Siegfried Bernfeld*, Psychoanalytiker, Reformpädagoge und Mitbegründer der modernen Judenforschung, um nur einige wenige zu nennen.

[382] Aus WINNYZJA stammt der Maler *Natan Issajewitsch Altman*.

[383] BERDYTSCHIW als eines der großen jüdischen Zentren in Russland wurde „das wolhynische Jerusalem" genannt. Bis zum Einmarsch der deutschen Truppen am 7. Juli 1941 waren 50% der etwa 66.000 Einwohner der Stadt Juden. Zu ihnen gehörte auch der Schriftsteller *Wassili Grossman*, dessen Mutter eines der 18.600 jüdischen Opfer des von Blobels SK 4a am 15. September 1941 ausgeführten Massakers war. Weitere „Großaktionen" folgten. Damit war das jüdische Leben in Berdytschiw erloschen. Nur fünf Juden hatten sich retten können. Berditschew, in: ISRAEL GUTMAN (Hrsg.)/ EBERHARD JÄCKEL/ PETER LONGERICH/ JULIUS H. SCHOEPS (Bearb. d. dt. Ausgabe): Enzyklopädie des Holocaust. Die Verfolgung und Ermordung der europäischen Juden, München/ Zürich ^{2}1998, Bd. I-IV, hier Bd. I, S. 185f.

[384] In RIGA wurde der bekannte Filmregisseur *Sergei Eisenstein* geboren, ebenso der Naturwissenschaftler und Religionsphilosoph *Jeschajahu Leibowitz*, der Philosoph *Isaiah Berlin*, der Mathema-

Städten Minsk[386] und Witebsk[387] bis 1941 zu den bedeutendsten Mittelpunkten jüdischen Lebens und jüdischer Kultur in Europa. In jenen Gebieten des Baltikums, Weißrusslands und der Ukraine waren insgesamt etwa 2,7 Millionen jüdische Menschen beheimatet, davon allein 350.000 in der Stadt Kiew. Schon während des Einmarsches der deutschen Truppen in die westliche Ukraine am 22. Juni 1941 hatten von den 350.000 Kiewer Juden bereits 190.000 vorsorglich die Stadt verlassen, und noch bevor die Heeresgruppe Süd und mit ihr das berüchtigte Sonderkommando 4a (SK 4a) der Einsatzgruppe C unter dem überaus ehrgeizigen SS-Standartenführer Paul Blobel dann im September 1941 die Stadt erobern konnte, gelang weiteren 100.000 jüdischen Familien die Flucht, sodass nur noch etwa 60.000 zumeist alte und kranke Menschen sowie Familien mit Kleinkindern in Kiew verblieben. Von jenen 60.000 wurden zunächst 33.771 durch das Sonderkommando 4a (SK 4a) der Einsatzgruppe C unter Blobel am 29./30. September 1941 exekutiert, weitere 15.000 innerhalb des Jahres 1942. Damit waren das jüdische Leben und die jüdische Kultur auch in der Stadt Kiew ausgelöscht worden.

Jenes berüchtigte Sonderkommando 4a (SK 4a) der Einsatzgruppe C unter Blobel rekrutierte sich zum einen aus Angehörigen des SD und der Sicherheitspolizei, zum anderen aus der 3. Kompanie des Waffen-SS-Bataillons zur besonderen Verwendung (z.b.V.) sowie aus einem Zug des Polizeibataillons 9. Zur Durchführung des Massakers von Babyń Jar erhielt es zudem personelle Verstärkung durch die beiden Polizeibataillone 45 und 305 des Polizeiregimentes Süd sowie seitens ukrainischer Hilfspolizeibeamter, die – wie bereits erwähnt – von den Einsatzgruppen eingestellt und nach Angestelltentarif bezahlt wurden.

Die Planung zur Durchführung des Massenmordes geschah auf Initiative des berüchtigten und mehrfach erwähnten *Höheren SS- und Polizeiführers Russland-Süd* Friedrich Jeckeln während einer gemeinsamen Besprechung am 26. September 1941 zwischen ihm und dem Stadtkommandanten General Kurt Eberhard in dessen Büroräumen sowie dem damaligen Chef der Einsatzgruppe

---

tiker *Lipman Bers* sowie der weltbekannte Dirigent *Marriss Jansons*. Seine jüdische Mutter, eine Sängerin, hatte ihn 1943 während der NS-Besatzungszeit in einem Versteck zur Welt gebracht.

[385] Seit dem Mittelalter war VILNIUS ein Zufluchtsort für verfolgte Juden. Es entwickelte sich zu einem bedeutenden Zentrum jüdischer Kultur und wurde daher als „das Jerusalem des Nordens" bezeichnet. In Vilnius wurde die bekannte israelische Kinderbuchautorin *Yamima Avidar-Tchernovitz* geboren, desgleichen der in Auschwitz ermordete Musikwissenschaftler, Schriftsteller und Maler *Arno Nadel* oder der 1944 umgekommene jiddisch-sprachige Dichter *Hirsch Glik*, der sich 1942 am Aufstand der Juden im dortigen Ghetto beteiligt hatte sowie der in Smarhon geborene *Abraham Sutzkever*, einer der bedeutendsten jiddisch-sprachigen Dichter, der das Ghetto in Vilnius überlebt hat oder aber der weltbekannte Violinist *Jascha Heifetz*, einer der berühmtesten Violinisten des 20. Jahrhunderts, um nur einige wenige zu nennen.

[386] Aus MINSK stammte die Kunsthistorikerin *Rachel Wischnitzer* und der in SLUZK (Gouvernement Minsk) geborene Maler *Jehudo Epstein*.

[387] Nahe WITEBSK wurde der renommierte jüdische Maler *Marc Chagall* geboren.

C, Dr. Dr. Otto Emil Rasch, und dem oben erwähnten Paul Blobel. Die Beratung endete mit dem gemeinsamen Beschluss zur Ermordung der gesamten Kiewer Juden.[388] Nach Kriegsende gab SS-Obersturmführer August Häfner, einer der Teilkommandoführer des Sonderkommandos 4a und Teilnehmer der gemeinsamen Besprechung vom 26. September 1941, in einer Vernehmung am 6. Juli 1965 vor der Generalstaatsanwaltschaft Frankfurt/M. mit Bezug zu der Verwicklung der Wehrmacht, d. h. der 6. Armee unter dem zutiefst antisemitisch eingestellten Generalfeldmarschall Walter von Reichenau, in das Massaker von Babyń Jar zu Protokoll:

> „Wir [das SK 4a] mußten die Drecksarbeit machen. Ich denke ewig daran, daß der Generalmajor Eberhard in Kiew sagte: ‚Schießen müßt *ihr*!‘ [das SK 4a].“ [Kursivdruck vom Verf.].[389]

Zwei Tage nach jener Besprechung vom 26. September 1941 war den Juden der Stadt Kiew durch 2.000 Plakatanschläge in ukrainischer, russischer und deutscher Sprache unter Androhung der Todesstrafe befohlen worden, sich am Folgetag, dem 29. September, bis 8.00 Uhr an der Ecke Melnik/Dechtjarew-Straße zwecks einer „Umsiedlungsmaßnahme“ einzufinden. Mitzubringen seien persönliche Dokumente, Geld, Wertsachen, warme Bekleidung, Wäsche u.s.w. Jene Aufforderung wurde zusätzlich durch Lautsprecherwagen bekannt gegeben. Die 6. Armee unter dem oben erwähnten Generalfeldmarschall Walter von Reichenau war in jene Großaktion nicht nur durch den Beschluss vom 26. September involviert, sie ließ auch den Text der Maueranschläge von ihrer Propagandakompanie 637 verfassen und in der armeeeigenen Druckerei drucken.[390]

In einer Vernehmung vom 19. November 1965 erklärte der Zugwachtmeister einer der Polizeikompanien,[391] die zur Absperrung des Erschießungsgeländes der Schlucht Babyń Jar beordert worden war:

> „In Kiew waren Plakate erschienen, auf denen in russischer Sprache zu lesen stand, daß sich die Juden zur Umsiedlung an einem bestimmten Punkt der Stadt sammeln sollten.

---

388 Rasch und Blobel waren im Einsatzgruppenprozess Mitangeklagte Bibersteins.

389 Zeugenaussage August Häfner vom 6.7.1965, GStA Frankfurt/M., Aussagenband, abgedruckt in: ERNST KLEE/ WILLI DRESSEN (Hrsg.) unter Mitarbeit von Volker Rieß: „Gott mit uns“. Der deutsche Vernichtungskrieg im Osten 1939-1945, Frankfurt/M. 1989, S. 127. Häfner war zwar im Rahmen des Nürnberger Einsatzgruppenprozesses wegen maßgeblicher Beteiligung an dem Massaker von Babyń Jar in Untersuchungshaft genommen werden, wurde jedoch von dem Chefankläger Benjamin B. Ferencz nicht angeklagt, da in der Anklagebank des großen Schwurgerichtssaal 600 im Nürnberger Justizpalast lediglich 24 Personen Platz finden konnten. Demzufolge musste Ferencz seine Anklage auf die Hauptverantwortlichen beschränken. Erst am 29. November 1969 verurteilte das Landgericht Darmstadt den *Teil*kommandoführer Häfner zu neun Jahren Haft, „wobei die Zeugenhaft im Nürnberger Einsatzgruppenprozess auf die Haftdauer angerechnet wurde.“ Zitat in: ERNST KLEE, Personenlexikon S. 216.

390 Babi Jar, in: ISRAEL GUTMAN (Hrsg.), Bd. I, S. 144-146, hier S. 144.

391 Der Dienstgrad eines Zugwachtmeisters der Ordnungspolizei entspricht dem eines SS-Oberscharführers der Allgemeinen SS.

Wir alle mußten im Hof der Unterkunft, ich glaube, es war Ende September 1941, antreten. Es war alles da, was zum Kommando gehörte, selbst die Schreibstubenleute und die Leute aus dem Revier. Auch alle Offiziere waren da. Blobel hielt eine Ansprache, die zum Inhalt hatte, daß die an diesem Tag durchgeführten Befehle in jedem Fall von uns zu befolgen seien, andernfalls wir selbst mit den schärfsten Maßnahmen, insbesondere der *Erschießung wegen Feigheit* und mit *Sippenhaftung* zu rechnen hätten.

Wir wurden mit LKW's durch die Stadt Kiew gefahren zu einer großen Pappelallee. Auf unserer Fahrt sahen wir schon, daß sich lange Kolonnen Juden jeglichen Alters und jeglichen Geschlechts zu dieser Allee bewegten. Dieser Allee schloß sich ein Hochplateau an.

Auf diesem Plateau mußten sich die Juden ausziehen. Die Juden wurden bewacht von Wehrmachtseinheiten und von einem Hamburger Pol[izei] Bat[aillon], das – soweit ich mich erinnern kann – die Nr. 303 hatte. *Blobel hatte die Oberleitung über die gesamte Organisation und Durchführung der Exekution*. Die Juden mußten ihre Kleider ablegen, es türmten sich große Haufen auf. Anschließend mußten sie zum Grubenrand gehen und sich hinlegen. Sie wurden dann erschossen.

Beim Erschießen wurde abgewechselt. Die Erschießung erstreckte sich über die Länge der gesamten Schlucht. Die jeweiligen Schützen bekamen von anderen Einheitsangehörigen die fertig geladenen Magazine der M.P. [Maschinenpistolen] jeweils gereicht. Die Erschießung dauerte 2 Tage. Es wurden 1000e und Abertausende von Juden erschossen [...].

Soweit ich mich erinnern kann, waren damals alle bei der Einheit befindlichen Führer in diese große Tötungsaktion mit irgendwelchen Aufgaben eingeordnet [...]. Wir bekamen damals Schnaps in großen Mengen, damit wir besser die ganze abscheuliche Sache überstehen konnten. Nach Abschluß der Exekution hörte man, daß ein Teil der Führer ausgewechselt worden sei [...]. *Blobel soll sogar ausgezeichnet worden sein wegen dieses Massakers*." [Kursivdruck vom Verf.].[392]

Wie oben erwähnt, handelte es sich bei jenem Massenmord an den Juden der Stadt Kiew zumeist um Personengruppen, die aus unterschiedlichen Gründen noch nicht hatten fliehen können, d. h. um Frauen, Kinder sowie alte und gebrechliche Menschen, da die Männer im wehrfähigen Alter von der Roten Armee eingezogen worden waren. In der Einleitung zu dieser Studie ist bereits hervorgehoben worden, dass Babyń Jar seither zur Chiffre für den Genozid an den *ost*europäischen Juden durch die Einsatzgruppen und die Polizeibataillone der Höheren SS- und Polizeiführer sowie unter Beihilfe der deutschen Wehrmacht geworden ist. Zum Gedenken an das Massaker unvorstellbaren Ausmaßes hat Dimitri Schostakowitsch (1906-1975) für seine *Sinfonie Nr. 13, b-moll, für Bass-Solo, Männerchor und Orchester nach Texten von Jewgenij Alexandrowitsch Jewtuschenko* (1932-2017), den Untertitel „Babi Jar" gewählt.

Am 29./30. September 1941erschoss das Sonderkommando 4a unter Zuhilfenahme der Wehrmacht und Polizeibataillonen 33.771 Juden der Stadt Kiew. Eben-

[392] Zeugenaussage vom 19.11.1965, IfZ, Gd 01.54/49, Bl. 1204-1204, abgeduckt in: PETER LONGERICH (Hrsg.): Die Ermordung der europäischen Juden. Eine umfassende Dokumentation des Holocaust 1941-1945, München 1989, S. 123f.

Bild 39. View of the ravine at Babi Yar circa 1944.
(Quelle: Yad Vashem, Archiv- Signatur 3521/125).

so wurden hier zwischen 1941/1943 tausende „Zigeuner" und sowjetische Kriegsgefangene erschossen.

Nach der verlorenen Schlacht von Stalingrad sollten die Massenmorde vertuscht werden. Damit wurde Blobel beauftragt. Er kehrte mit dem Sonderkommando 1005A zurück, exhumierte die Leichen und verbrannte sie. Die Ränder der Schluchten wurden gesprengt. Auf diese Weise wurde auch das Massengrab von Babyń Jar eingeebnet. (Bild 39). Jener Massenmord an den Juden der Stadt Kiew erwähnte die Einsatzgruppe C in der *Ereignismeldung UdSSR Nr. 128* vom 3. November 1941 unter dem Punkt „Vollzugstätigkeit" mit lapidaren Worten, nachdem sie zuvor die Gesamtzahl der bis zum 3. November 1941 Exekutierten bekannt gegeben hatte. Nebenbei berichtete sie mit Stolz über das angewandte Täuschungsmanöver gegenüber den ahnungslosen Juden, welches sich wie folgt abgespielt hatte:

> „Was die eigentliche Exekutive anbelangt, so sind von den Kommandos der Einsatzgruppe bisher etwa 80.000 Personen liquidiert worden [. . .].
>
> Mehrere Vergeltungsmaßnahmen wurden im Rahmen von Großaktionen durchgeführt. Die größte dieser Aktionen fand unmittelbar nach der Einnahme Kiews statt: es wurden hierzu ausschließlich Juden mit ihrer gesamten Familie verwandt.

Die sich bei Durchführung einer solchen Großaktion ergebenden Schwierigkeiten – vor allem hinsichtlich der Erfassung – wurden in Kiew dadurch überwunden, dass durch Maueranschlag die jüdische Bevölkerung zur Umsiedlung aufgefordert worden war.

Obwohl man zunächst nur mit einer Beteiligung von etwa 5.000 bis 6.000 Juden gerechnet hatte, fanden sich über 30.000 Juden ein, die infolge einer überaus geschickten Organisation bis unmittelbar vor der Exekution noch an ihre Umsiedlung glaubten."[393]

Über das perfide Täuschungsmanöver und den Ablauf des Massakers an den verbliebenen Juden der Stadt Kiew berichtete ein Überlebender:

„Viele dachten, ihnen stünde eine Umsiedlung in die Provinzstädte bevor. Die Familien hatten Brot für die Reise gebacken, Rucksäcke genäht, Fuhrwerke und Karren gemietet [...].

Sich gegenseitig unterstützend bewegten sich alte Männer und Frauen vorwärts. Die Menschenmassen bewegten sich in ununterbrochenem Zug über die Lwowskaja-Straße, während auf den Bürgersteigen die deutschen Patrouillen standen [...]. Die Stadt verstummte.

Die Lwowskaja-Straße geht in die Melnik-Straße über, danach beginnt ödes Gelände mit kahlen Hügeln, steil abfallenden Schluchten – Babij Jar [...]. Unter freiem Himmel standen Schreibtische. Aus der Menschenmenge wurden je dreißig bis vierzig Personen herausgeholt und unter Bewachung zum ‚Registrieren' geführt. Ihnen wurden sofort die Dokumente und Wertsachen abgenommen.

Danach zwangen die Deutschen die Menschen, alle, ohne Ausnahme, sich völlig nackt zu entkleiden. Die Kleidungsstücke wurden eingesammelt und akkurat zusammengelegt. Den unbekleideten Menschen rissen sie die Ringe von den Fingern. Dann stellten die Henker die Todgeweihten in Gruppen am Rande eines tiefen Abgrundes auf und erschossen sie von hinten. Die Körper stürzten den Steilhang hinunter."[394]

In dem Bericht der Einsatzgruppe C vom 7. Oktober 1941 über das Massaker an den 33.717 Juden der Stadt Kiew rühmte sich das SK 4a: „Die Aktion ist reibungslos verlaufen. Irgendwelche Zwischenfälle haben sich nicht ergeben. Die gegen die Juden durchgeführte ‚Umsiedlungsmaßnahme' hat durchaus die Zustimmung der Bevölkerung gefunden [...]. Von der Wehrmacht wurden die durchgeführten Maßnahmen ebenfalls gutgeheißen."[395] Die Opfer hingegen erlebten die „Aktion" durchaus nicht als „reibungslos", wie eine der wenigen Überlebenden, die Schauspielerin und Puppenspielerin am Kiewer Theater, Dina Mironovna Proničeva, am 24. Januar 1946 vor dem Kriegsverbrechertribunal in Kiew zu Protokoll gegeben hat. Einige wenige Sätze ihrer Aussage seien hier wiedergegeben:

[393] Der Chef der Sicherheitspolizei und des SD, IV A 1 – B. Nr. 1 B/41 g. Rs., Ereignismeldung UdSSR Nr. 128 vom 3.11.1941, BArch, R 58/ 218.

[394] Wassili Grossman/ Ilja Ehrenburg (Hrsg.), Arno Lustiger Hrsg. der dt. Ausgabe: Schwarzbuch. Der Genozid an den sowjetischen Juden. Deutsch von Ruth und Heinz Deutschland, Reinbek bei Hamburg, 1995, S. 51f.

[395] Der Chef der Sicherheitspolizei und des SD, IV A 1 – B. Nr. 1 B/41 g. Rs., Ereignismeldung UdSSR Nr. 106 vom 7.10.1941, BArch, R 58/ 218.

„Als wir uns dem Sammelplatz näherten, erblickten wir die Umzingelung aus deutschen Soldaten und Offizieren. Mit diesen befanden sich auch Polizisten dort.

Auf dem Friedhofsgelände nahmen die Deutschen uns und den anderen Bürgern das Gepäck und die Wertsachen ab und geleiteten uns in Gruppen zu je 40-50 Menschen in einen sogenannten ‚Korridor‘ von etwa drei Metern Breite, der von Deutschen gebildet wurde, die zu beiden Seiten mit Stöcken, Gummiknüppeln und Hunden dicht beieinander standen [...].

Alle diejenigen, die den ‚Korridor‘ passierten, wurden von den Deutschen grausam verprügelt [...]. Beim Durchgang durch den ‚Korridor‘ wurden schon viele Leute getötet. Dann wurden die Verprügelten und Ausgezogenen gruppenweise an die Schlucht Babyj Jar gebracht, an die Stätte der Erschießung [...].

Ich sah selbst, wie die Deutschen den Müttern die Kinder fortnahmen und sie lebendig in die Schlucht warfen, ich sah geschlagene und erschlagene Frauen, Alte und Kranke [...]. Ich hörte endloses Schießen aus Maschinenpistolen und Maschinengewehren, ich war Augenzeugin des furchtbarsten Gewaltaktes an völlig unschuldigen Menschen.“[396]

Die von der Zeugin Proničeva geschilderten Grausamkeiten gegenüber den zu Exekutierenden, die noch *vor* deren Erschießung erfolgt waren, geschahen wohl kaum aus Furcht vor der von Blobel vermittelten Strafandrohung bei Verweigerung des erteilten Schießbefehls.

Bild 40: Dina Pronicheva, a Jewish survivor of the Babi Yar massacre, testifies about her experiences during a war crimes trial in Kiev, 1946 January 24. (Quelle: U. S. Holocaust Memorial Museum, Photograph Number: 86215).

Hier stellt sich die Frage, ob die Grausamkeiten dem Sadismus einzelner Polizisten zuzuordnen wären, oder aber ob sie die ideologische Überzeugung der gesamten Täterschaft widerspiegeln, deren Verhalten sich mit Blick auf die zuvor erfolgte Devaluierung und Dehumanisierung der Opfer infolge der beständigen politischen Indoktrinierungen ableiten ließe. Dieser Aspekt lässt sich nicht klären, da

[396] Zeugenaussage der Dina Mironovna Proničeva am 24. 1. 1946 im Kriegsverbrecherprozess in Kiew, IfZ, Gd 01.54/59, s. p. [Übersetzung aus dem Russischen], abgedruckt in: PETER LONGERICH, Ermordung, S. 125f.

die Tatbeteiligten nach Kriegsende nicht ermittelt werden konnten. Es sei jedoch in diesem Zusammenhang an den berüchtigten Befehl des Oberbefehlshabers der 6. Armee Generalfeldmarschall von Reichenau erinnert, der wie eine nachträgliche Rechtfertigung des Massakers von Babyń Jar wirkt, zumal die Einsatzgruppe C dem Reichssicherheitshauptamt (RSHA) in der Ereignismeldung UdSSR Nr. 106 vom 7. Oktober offiziell mitgeteilt hatte, dass „die durchgeführten Maßnahmen", d. h. die Ermordung der 33.717 Juden der Stadt Kiew, „von der Wehrmacht ebenfalls gutgeheißen" worden seien. Insofern begründete von Reichenau seinen Befehl nicht rechtstheoretisch, sondern rein ideologisch wie folgt:

> „[...] Der Soldat ist im Ostraum nicht nur ein Kämpfer nach den Regeln der Kriegskunst, sondern auch der *Träger einer unerbittlichen völkischen Idee* und der *Rächer* für alle Bestialitäten, die deutschem und artverwandtem Volkstum zugefügt wurden. Deshalb muß der Soldat für die Notwendigkeit der harten, aber *gerechten Sühne* am jüdischen *Untermenschentum* volles Verständnis haben [...].
>
> Nur so werden wir unserer *geschichtlichen Aufgabe* gerecht, das deutsche Volk von der asiatisch-jüdischen Gefahr ein für allemal zu befreien." [Unterstreichung im Original; Kursivdruck vom Verf.].[397]

Das Massaker an den 33.771 jüdischen *Zivilisten* der Stadt Kiew wurde gegenüber dem Reichssicherheitshauptamt (RSHA) als „Vergeltungsmaßnahme" deklariert. Wie aus der Ereignismeldung Nr. 106 hervorgeht, war es nach Einnahme der Stadt Kiew am 19. September 1941 durch das XXIX. Armeekorps[398] und die 6. Armee an den Folgetagen zu mehreren Explosionen und als deren Folge zu Großbränden gekommen, die allem Anschein nach durch Zeitzünder seitens des Innenministeriums der UdSSR (NKWD) nach dem Abmarsch der Roten Armee ausgelöst worden waren, die aber von den deutschen Besatzern den Juden angelastet wurden. Bei den Explosionen war auch deutsches Personal ums Leben gekommen. Gemäß der Berichterstattung der Einsatzgruppe C hatten sich die Ereignisse wie folgt abgespielt:

> „Gleich am ersten Tag der Besetzung Kiews wurden seitens der Bevölkerung in großem Maße Meldungen über Minen- und anderes Sprengmaterial in öffentlichen Gebäuden und Wohnhäusern gemacht. Am 20.9.41 gelangte durch Zeitzünder eine Mine in der Zitadelle,

[397] Armeeoberkommando 6, Abt. I a – AZ. 7, A. H. Q., 10. Oktober 1941. Btr.: Verhalten der Truppe im Ostraum. Dokument NOKW-663, abgedruckt in: JOHN MENDELSON (Hrsg.): The Holocaust. Selected Documents in Eighten Volumes, New York/London 1982, Bd. 10, S. 7-9.

[398] Das XXIV Armeekorps war in der Kesselschlacht um Kiew der 4. Panzerarmee der Heeresgruppe Mitte unter Generaloberst Heinz Guderian unterstellt. Da die Sonderkommandos im Gegensatz zu den Einsatzkommandos nicht im rückwärtigen Heeresgebiet operierten, sondern mit der jeweiligen Armeetruppe vorwärtsmarschierten, befand sich demzufolge das Sonderkommando 4a (SK 4a) unter Paul Blobel bereits bei der Besetzung Kiews in der Stadt und konnte zusammen mit der deutschen Wehrmacht und dem Höheren SS- und Polizeiführer Friedrich Jeckeln das Massaker an der jüdischen Bevölkerung Kiews vorbereiten und dann drei Tage später ausführen.

in der ein Artilleriestab untergebracht war, zur Explosion. Hierbei ist u. a. der General der Artillerie von Seydlitz gefallen.

Am 4.9.41 erfolgte eine Explosion in den Räumen der deutschen Feldkommandantur, aus dem sich insbesondere aus Wassermangel im Laufe des Tages ein Grossbrand entwickelte. Durch weitere Explosionen und nachfolgende Brände sind ein großer Teil der Innenstadt und einzelne grössere Gebäude in den Aussenbezirken zerstört worden.

Nach Aussagen aus Kreisen der Bevölkerung befinden sich in Kiew ein rotes Störungsbataillon sowie viele Angehörige des NKWD und der kommunistischen Partei, die den Auftrag haben, laufend Sabotageakte zu verüben."[399]

Obwohl die Einsatzgruppe C zunächst ein „Störungsbataillon der Roten Armee" sowie „Angehörige des NKWD und der kommunistischen Partei" als Verursacher der erfolgten Explosionen und Großbrände in der Stadt Kiew benannte, bezichtigte sie gleichwohl in derselben Ereignismeldung die Juden der Beteiligung an jenen „Sabotage-Akten", insofern, als unter Punkt „Exekutionen und sonstige Maßnahmen" ausgeführt wurde:

„Einmal aufgrund der *wirtschaftlichen Besserstellung der Juden* unter bolschewistischer Herrschaft und ihrer *Zuträger- und Agentendienste für das NKWD*, zum anderen wegen der in Kiew erfolgten Spannungen [Sprengungen] und der daraus entstandenen Großfeuer, war die Erregung der Bevölkerung gegen die Juden ausserordentlich groß. Hinzu kommt, dass sich Juden sich nachweislich an der Brandlegung beteiligt hatten. *Die Bevölkerung erwartete deshalb von den deutschen Behörden entsprechende Vergeltungsmaßnahmen.*

Aus diesem Grunde wurden in Vereinbarung mit dem Stadtkommandanten [Kurt Eberhard] sämtliche Juden Kiews aufgefordert, sich am Montag, dem 29.9. bis 8.00 Uhr an einem bestimmten Platz einzufinden. Diese Aufrufe wurden durch die Angehörigen der aufgestellten ukrainischen Miliz in der gesamten Stadt angeschlagen. *Gleichzeitig wurde bekanntgegeben, dass sämtliche Juden Kiews umgesiedelt würden.*

In Zusammenarbeit mit dem Gruppenstabe und 2 Kommandos des Polizeiregiments Süd hat das Sonderkommando 4a am 29. und 30.9. 33.771 Juden exekutiert. Geld, Wertsachen, *Wäsche und Kleidungsstücke*[400] wurden sichergestellt und zum Teil der NSV [National-sozialistischen Volkswohlfahrt] zur Ausrüstung der Volksdeutschen, zum Teil der kommissarischen Stadtverwaltung *zur Überlassung an die bedürftige Bevölkerung übergeben.*" [Kursivdruck vom Verf.].[401]

Jene Ereignismeldung enthält erhebliche Widersprüche. Zum einen legitimierte die Einsatzgruppe C die als „Umsiedlungsmaßnahme" getarnte Exekution der Kiewer

[399] Der Chef der Sicherheitspolizei und des SD, IV A 1 – B. Nr. 1 B/41 g. Rs., Ereignismeldung UdSSR Nr. 106 vom 7.10.1941, BArch, R 58/ 218.

[400] Der Historiker Gerald Reitlinger spricht von 139 Lastwagenladungen voller Kleidungsstücke, die den Kiewer Juden vor der Exekution abgenommen worden waren. GERALD REITLINGER: Die Endlösung. Hitlers Versuch der Ausrottung der Juden Europas 1939-1945. Ins Deutsche übertragen von J. W. Brügel, Berlin [5]1979, S. 263.

[401] Der Chef der Sicherheitspolizei und des SD, IV A 1 – B. Nr. 1 B/41 g. Rs., Ereignismeldung UdSSR Nr. 106 vom 7.10.1941, BArch, R 58/ 218.

jüdischen Familien, d. h. der Kinder, Frauen sowie Alten, Kranken und Gebrechlichen, unter anderem mit der Begründung, dass sie ja dem Willen der übrigen Bevölkerung nach „entsprechenden Vergeltungsmaßnahmen“ entsprochen hätte, und zwar aufgrund lang gehegter Neid- und Rachegefühle. Dass aber eine Umsiedlung von Juden eine angemessene „Vergeltung“ für die erfolgten Explosionen und Großbrände darstellen sollte, ist unglaubwürdig. Zudem dürfte sich „die bedürftige Bevölkerung“ Kiews gefragt haben, warum sie unmittelbar nach der „Umsiedlung“ der Juden mit deren Unterwäsche und Kleidungsstücken beschenkt wurde.

Die Exekution der Juden Kiews war längst vor Einnahme der Stadt insofern beschlossene Sache, als die Vernichtung des osteuropäischen Judentums Teil des nationalsozialistischen Vernichtungskonzeptes im Rahmen von Hitlers Pan-Europa-Vision und der *Gewinnung neuen Lebensraumes im Osten* sowie der damit zusammenhängenden Germanisierung- und Siedlungspolitik Himmlers war. Jene Absicht geht aus dem dritten Satz der *Ereignismeldung Nr. 97* vom 28. September 1941 hervor, insofern, als unmittelbar vor dem Massaker an den Kiewer Juden die Einsatzgruppe C dem Reichssicherheitshauptamt (RSHA) in jener *Ereignismeldung Nr. 97* unter der Rubrik „Meldungen der Einsatzgruppen und –kommandos“ die nachfolgernde „Erfolgsmeldung“ übermittelte:

> „Einsatzgruppe C: Standort Kiew:
>
> Vorkommando 4a [SK 4a unter Paul Blobel] seit 19. 9. unmittelbar mit kämpfender Truppe in Kiew.[402] Gruppenstab ist am 24. 9. nachgezogen [...]. Angeblich 150.000 Juden vorhanden.[403] Überprüfung dieser Angaben noch nicht möglich. Bei erster Aktion 1.600 Festnahmen. Maßnahmen eingeleitet zur Erfassung des gesamten Judentums. Exekution von mindestens 50.000 Juden *vorgesehen.* Wehrmacht begrüßt Maßnahmen und erbittet radikales Vorgehen.“ [Kursivdruck vom Verf.][404]

Der Massenmord an den Juden der Stadt Kiew war demzufolge vor vorneherein eine nationalsozialistische Zielvorgabe. Wie des Weiteren aus der *Ereignismeldung UdSSR Nr. 106* vom 7. Oktober 1941 hervorgeht, lösten die deutschen Besatzer mit der Liquidation der 33.771 Juden der Stadt Kiew die Probleme akuter Wohnungsnot, da durch die Großfeuer „ungefähr 25.000 Personen obdachlos geworden [waren und] die ersten Tage der Besetzung unter freiem Himmel verbringen mußten.“ Jedoch seien „durch die Liquidation von *zunächst* 35.000 Juden am 29. und

---

402 Die Kesselschlacht um Kiew hatte bereits am 19. August 1941 begonnen. Wie oben erwähnt, wurde die Stadt am 19. September 1941 von der 6. Armee und dem XXIV. Armeekorps eingenommen. Bereits zehn Tage später erfolgte das Massaker an den verbliebenen jüdischen Bewohnern der Stadt Kiew.

403 Nach der Einberufung der wehrfähigen Juden durch die Rote Armee lebten noch 160.000 Juden in der Stadt Kiew, davon hatten etwa 100.000 noch vor der Einnahme der Stadt durch die deutschen Truppen fliehen können. ISRAEL GUTMAN (Hrsg.), Enzyklopädie, Bd. I-IV, hier. Bd. I, S. 144.

404 Der Chef der Sicherheitspolizei und des SD, IV A 1 – B. Nr. 1 B/41 g. Rs., Ereignismeldung UdSSR Nr. 97 vom 28.9.1941, BArch, R 58/ 217.

30.9.41 entsprechende Wohnungen freigeworden, so daß die Unterbringung der Obdachlosen nunmehr gesichert ist und auch erfolgte.“ [Kursivdruck vom Verf.].[405]

Das bedeutet, dass die deutsche Besatzungsmacht sich in Selbstermächtigung legitimiert glaubte, eine entsprechend große Anzahl von Juden zu exekutieren, um dadurch für die 25.000 durch die Großbrände obdachlos gewordenen nichtjüdischen Zivilisten der Stadt Kiew Wohnraum beschaffen zu können. Zudem war der Massenmord an weiteren Juden der Stadt Kiews vorgesehen, d. h. an *den* Juden, die vor dem Einmarsch der deutschen Truppen geflohen waren und deren Rückkehr nun in absehbarer Zeit erwartet wurde. „Von der Wehrmacht wurden die durchgeführten Maßnahmen ebenfalls gutgeheißen“, meldete die Einsatzgruppe C in selbstrechtfertigender NS-Diktion dem Reichssicherheitshauptamt (RSHA).[406]

Zur NS-Legitimationsrhetorik hinsichtlich der Massaker gehörte ebenfalls, die Juden – unter Synonymisierung von *Judentum* und *Bolschewismus* bzw. aus der irrationalen Vorstellung, dass insbesondere die Juden in der Sowjetunion „die Träger des Bolschewismus“ seien – zwar nicht als „Partisanen/Banden“ einzustufen, sie jedoch als „Bandenhelfer“ und „Bandenverdächtige“ unter Generalverdacht zu stellen. Einerseits hatte Himmler in seinem Kommandobefehl Nr. 42 vom 18. November 1941 hinsichtlich der Rekrutierung der Partisanen unter dem Absatz „Allgemeines“ zu Recht konstatiert:

> „Die in der Bekämpfung der Partisanen gesammelten Erfahrungen ergeben nunmehr ein klares Bild über Aufbau und Aufgabe der Partisanengruppen. Es ist erwiesen, daß als Träger der Partisanenbewegungen nicht die Rote Armee, sondern die politischen und staatlichen Dienststellen des Volkskommissariats des Innern (NKWD) und des Volkskommissariats für Staatssicherheit (NKGB) in Betracht kommen. Die Partisanen rekrutieren sich aus zerschlagenen Regimentern, Kommunisten, insbes. Kommissaren und Funktionären sowie aus vorher in Partisanenschulen ausgebildeten Zivilisten, die als Fallschirmspringer hinter der deutschen Front abgesetzt werden.“[407]

Andererseits jedoch stellte er entgegen seiner Erkenntnis, wie er sie noch in dem oben zitierten Kommandobefehl formuliert hatte, die Juden in einem projektiven Zusammenhang als „Bandenhelfer und Bandenverdächtige“ unter Generalverdacht, wie aus der unten abgebildeten Statistik (Bild 41) hervorgeht.

---

[405] Der Chef der Sicherheitspolizei und des SD, IV A 1 – B. Nr. 1 B/41 g. Rs., Ereignismeldung UdSSR Nr. 106 vom 7.10.1941, BArch, R 58/ 218.

[406] Ebd.

[407] Der Reichsführer SS, Kdo-Stab RFSS I a/I c, Tgb.-Nr. I c/186/41 g. H. Qu., den 18.11.1941. Kommandobefehl Nr. 42, Betrifft: Bekämpfung von Partisanen, [Unterstreichung im Original], Bundesarchiv Ludwigsburg (BArch-L), Dok. Slg. UdSSR 402.

– NO 3342 –
(– NO 511 –)

Der Reichsführer-SS

Feld-Kommandostelle
den 29. Dezember 1942

Betr.: Meldungen an den Führer über Bandenbekämpfung.

Meldung Nr. 51

Russland-Süd, Ukraine, Bialystok.

Bandenbekämpfungserfolge vom 1.9. bis 1.12.1942

1.) Banditen:

a) festgestellte Tote nach Gefechten (x)

August:	September:	Oktober:	November:	insgesamt:
227	381	427	302	1337

b) Gefangene sofort exekutiert

August:	September:	Oktober:	November:	insgesamt:
125	282	87	243	737

c) Gefangene nach längerer eingehender Vernehmung exekutiert

August:	September:	Oktober:	November:	insgesamt:
2100	1400	1596	2731	7828

2.) Bandenhelfer und Bandenverdächtige:

a) festgenommen

August:	September:	Oktober:	November:	insgesamt:
1343	3078	8337	3795	16553

b) exekutiert

August:	September:	Oktober:	November:	insgesamt:
1198	3020	6333	3706	14257

c) Juden exekutiert

August:	September:	Oktober:	November:	insgesamt:
31246	165282	95735	70948	363211

3.) Überläufer a.G. deutscher Propaganda:

August:	September:	Oktober:	November:	insgesamt:
21	14	42	63	140

(x) Da der Russe seine Gefallenen verschleppt bzw. sofort verscharrt, sind die Verlustzahlen auch nach Gefangenenaussagen erheblich höher zu bewerten.

-2-

318

Bild 41: Der Reichsführer-SS, Feld-Kommandostelle, 29. Dezember 1942. [dem Führer] vorgelegt am 31.12.1942.
(Quelle: BArch, NS 19/291).

Nachdem Hitler in seiner *Weisung Nr. 46 vom 18. August 1942* Himmler in dessen Funktion als Reichsführer SS und Chef der Deutschen Polizei als die „zentrale Stelle für die Sammlung und Auswertung aller Erfahrungen auf dem Gebiet der Bandenbekämpfung" und als „allein verantwortlich für die Bandenbekämpfung in den *Reichskommissariaten* [RKO/RKU]"[408] erklärt hatte, war jener Hitler gegenüber zu einer regelmäßigen Bestandsaufnahme über alle im Rahmen der Partisanenbekämpfung erfolgten Exekutionen verpflichtet, die in den Reichskommissariaten von seinen unter Leitung der jeweiligen Höheren SS- und Polizeiführer (HSSPF) stehenden 19.000 SS-Kommandostabtruppen und 12.000 SS-Polizeiverbänden[409] durchgeführt worden waren.[410] So gab er in jener *Meldung Nr. 51* vom 29. Dezember 1942 – welche die Monate August bis November des Jahres 1942 umfasst – die Ermordung von insgesamt 363.211 Juden bekannt, die in der Statistik in der Rubrik „Bandenhelfer und Bandenverdächtige" aufgeführt waren. Auffällig ist hier das Zahlenverhältnis von „Banditen" zu „Bandenhelfern und Bandenverdächtigen". Zu den Letztgenannten zählte er die ermordeten 363.211 Juden.

Im Vergleich der Himmler-Statistik mit den detaillierten Gerlach-Statistiken (Morde, S. 899-904) beläuft sich im obigen Zeitraum die Zahl der *nicht*jüdischen Partisanenopfer in beiden Statistiken auf ca. 10.000. Hingegen besteht eine eklatante Differenz hinsichtlich der Zahl der exekutierten jüdischen Partisanen, die Gerlach (Morde, S. 901f) mit 10.176 angibt, Himmler hingegen mit 363.211. Bei den weiteren 353.038 exekutierten Juden der Himmler-Statistik handelte es sich – wie von Mallmann dargelegt – um die ermordeten Juden „der letzten Gettos in Wolhynien" (Aufgeräumt, S. 519), die keineswegs in Partisanenkämpfe verwickelt gewesen waren. In jener Himmler-Statistik zeigt sich einmal mehr die oben angesprochene NS-Legitimationsrhetorik.

---

408 Der Führer, OKW/WFSt/Op. Nr. 00 2821/42 g. K., F. H. Qu., den 18.8.1942. Geheime Kommandosache. Weisung Nr. 46. Richtlinien für die verstärkte Bekämpfung des Bandenunwesens im Osten [Sperrdruck im Original], OKW Weisungen OKW IV, Band 3, abgedruckt in: WALTHER HUBATSCH (Hrsg.): Hitlers Weisungen für die Kriegsführung 1939-1945. Dokumente des Oberkommandos der Wehrmacht, Utting 2000, S. 201-205, hier, S. 202f.

409 Zu den Verbrechen der SS-Kommandostabtruppen und der SS-Polizeiverbände vgl. die wegweisende Studie des Martin Cüppers: MARTIN CÜPPERS: Wegbereiter der Shoa. Die Waffen-SS, der Kommandostab Reichsführer-SS und die Judenvernichtung 1933-1945 (Veröffentlichungen der Forschungsstelle Ludwigsburg; 4), zugleich: Stuttgart, Univ., Diss., 2004, Frankfurt/M., [2]2011, hier S. 239-260, und mit Blick auf die Notwendigkeit zur Erteilung der Hitler-Weisung Nr. 46 insbesondere S. 246f.

410 Zu jenen den HSSPF unterstellten SS-*Kampf*truppenkontingenten gehörten jedoch *nicht* die Einsatzgruppen und deren Kommandos, da deren Operationsauftrag anders lautete und die demzufolge ihre Weisungen unmittelbar aus dem Reichssicherheitshauptamt (RSHA) erhielten und demzufolge auch nur jenem gegenüber zu einer regelmäßigen Berichterstattung verpflichtet waren.

Es ist zu betonen, dass die obige Statistik (Bild 41) lediglich die „Bandenbekämpfungserfolge“ der Himmler *direkt* unterstellten und unter Leitung des *HSSPF Russland-Süd* (Prützmann) stehenden SS-Kommandostabtruppen und SS-Polizeiverbände im Reichskommissariat Ukraine (RKU) und im Generalkommissariat Bialystok (GKB) erfasst, nicht jedoch die „Bandenbekämpfungserfolge“ der 1942 in der Sommeroffensive eroberten südrussischen Gebiete, denn dann hätte die Bezeichnung lauten müssen „Südrussland“/„südrussische Gebiete“. Die Bezeichnung „Russland-Süd“ kennzeichnet hier lediglich die abgekürzte Amtsbezeichnung „HSSPF Russland-Süd“.

Während des Russlandfeldzuges waren den drei Heeresabschnitten Nord, Mitte, Süd jeweils drei Höhere SS- und Polizeiführer (HSSPF) zugeordnet mit der Amtsbezeichnung: *HSSPF Russland-Nord* (für das Baltikum und Teilen Weißrusslands, Dienstsitz Riga), *HSSPF Russland-Mitte* (für das GK Bialystok und Weißrussland, Dienstsitz Mogilev), *HSSPF Russland-Süd* (für das Reichskommissariat Ukraine [RKU], Dienstsitz Kiew, Jungfernstieg 10).[411]

Himmler hatte in jener Statistik auf die Meldung des HSSPF Prützmann vom 26.12.1942 zurückgegriffen.[412] Mit Blick auf die Partisanenbekämpfung während des Russlandfeldzuges verweist der Holocaust-Experte Hans-Heinrich Wilhelm auf die durch Doppelzählung von Judenexekutionen und Partisanen-Ermordungen geschönten, d. h. gefälschten Statistiken, die Himmler angesichts seines völligen

---

[411] Belegt unter anderem in der Meldung aus den besetzten Ostgebieten (MbO) Nr. 26 vom 23.10.1942.

[412] Meldung über Bandenbekämpfungserfolge vom 26.12.1942, BArch, NS 19/2566. Archivalien aus dem Bereich *Kommandostabtruppen/SS-Polizeiverbände des Reichsführers-SS* werden im Bundesarchiv Berlin-Lichterfelde im Bestand NS 19 (= Persönlicher Stab Reichsführer SS) geführt. Die Kopien NO-3392/ NO-511 des Originals NS 19/291 gehören zu den Dokumenten der Serie NO (Nuremberg Organizations [NMT]/ NS-Organisationen SS, SD etc. Wäre dieses Dokument im Nürnberger Einsatzgruppenprozess verwendet worden, hätte die Quellenangabe lauten müssen: StAN, Fall 9, Rep. 502, KV-Anklage, Dokumente, Fotokopien, NO-3342. Zur Prützmann-Statistik vgl. auch: KLAUS-MICHAEL MALLMANN: „Aufgeräumt und abgebrannt“. Sicherheitspolizei und ‚Bandenkampf‘ in der Sowjetunion, in: GERHARD PAUL/ KLAUS-MICHAEL MALLMANN (Hrsg.): Die Gestapo im Zweiten Weltkrieg. ‚Heimatfront‘ und besetztes Europa, Darmstadt 2000, S. 503-520, hier S. 513, 519 und GERT ROBEL, Sowjetunion, S. 446-448, der sich dort auf jenes Dokument bezieht, das als Kopie im Archiv des IfZ unter der Signatur *Nürnberger Dokument NO-511* geführt wird. Es ist nochmals zu betonen, dass in die Himmler-Statistik (Bild 41) *nicht* die Meldungen der Einsatzkommandos eingeflossen sind, insofern, als deren „Erfolgsberichte“ ausschließlich und unmittelbar an ein zu diesem Zweck von Heydrich im Reichssicherheitshauptamt installiertes Büro zu erfolgen hatten. Des Weiteren ist darauf zu verweisen, dass die in der Himmler-Statistik verwendete Bezeichnung „Russland-Süd“ sich auch deshalb *nicht* auf die in der Sommeroffensive 1942 eroberten süd-russischen Gebiete bezieht, als die dortige Partisanenbekämpfung gemäß Hitler-Weisung Nr. 46 vom 18.8.1942 in dem *alleinigen* Verantwortungsbereich der Wehrmacht lag, in Bibersteins Operationsbereich also in jenem der Heeresgruppe-Süd bzw. der Heeresgruppe Don als einem Teil der ehemaligen Heeresgruppe-Süd …

Versagens in der Partisanenbekämpfung anfertigen und sodann Hitler zukommen ließ.[413]

In diesem Zusammenhang sind des Weiteren die Forschungsergebnisse von Relevanz, welche der bereits erwähnte Holocaust-Forscher Christian Gerlach in seiner wegweisenden Studie quellenbasiert auf 1.032 Seiten präsentiert.[414] Dort weist er quellengestützt in dem Kapitel *Strukturpolitik durch Terror: die ‚Partisanenbekämpfung‘* auf 196 Seiten die durch gezielte NS-Kriegspropaganda verbreitete und auch noch 1961 von Raul Hilberg vertretene These zurück, bei der deutschen Partisanenbekämpfung habe es „sich hauptsächlich um einen Vorwand zur Ermordung der ‚Waldjuden‘ gehandelt. Dies trifft jedoch nur für wenige Fälle zu [...]. Insgesamt dürften die ‚Waldjuden‘ etwa 5 bis 10 Prozent der Opfer der deutschen Partisanenbekämpfungsaktionen ausgemacht haben.“[415] Hingegen richteten sich die Großaktionen der Partisanenbekämpfung, beginnend der *Aktion Bamberg* (26.3.-6.4.1942) gegen die bäuerliche Landbevölkerung, deren Viehbestände geraubt, deren Dörfer niedergebrannt und die danach verschleppt oder ermordet wurden.[416] Jedoch nur „etwa 10 bis 15 Prozent der Opfer [jener 55 Großaktionen der Partisanenbekämpfung] waren Partisanen sowie Flüchtlinge,“ die nachweislich die tatsächlichen Partisanen gar nicht „aktiv unterstützt hatten.“[417] „Allein bei den [...] 55 Großaktionen töteten die Deutschen mindestens 150.000 Menschen, darunter 14.000 Juden (9 Prozent).“[418] Die Opfer der kleineren und mittleren Aktionen sind in der obigen Zahlenangabe nicht enthalten. Sie forderten „allein im weißrussischen Teil des rückwärtigen Heeresgebietes Mitte bis Anfang 1942 schon rund 40.000 Opfer.“[419] Bereits die Zahl der durch Minenexplosionen getöteten Dorfbewohner – einschließlich der Kinder – die allmorgendlich bis 6.00 Uhr als „Minensuchgerät“ die Zufahrtsstraßen der Wehrmacht zu den Sumpfgebieten „abzutrampeln“ hatten, betrug mehrere Zehntausend.[420]

Mit Blick auf den politischen Auftrag der Einsatzgruppen lässt sich aufgrund der *Ereignismeldungen UdSSR 1941/42* zusammenfassend feststellen, dass die ers-

---

[413] HELMUT KRAUSNICK/ HANS-HEINRICH WILHELM, Truppe, S. 505-532, hier insbesondere S. 514f. Mit Blick auf das Versagen Himmlers im Partisanenkampf vgl. auch: MARTIN CÜPPERS, Wegbereiter, dort S. 239-270, insbesondere S. 246f.

[414] CHRISTIAN GERLACH: Kalkulierte Morde. Die deutsche Wirtschafts- und Vernichtungspolitik in Weißrußland 1941 bis 1944, Hamburg 2000; zugleich: Berlin, Techn. Univ., Diss. 1998, hier S. 709-722, S. 723-733.

[415] Ebd., S. 913. „Waldjuden“ ist die Bezeichnung für diejenigen Juden, denen die Flucht aus den Ghettos gelungen war und die in den unzugänglichen Wald- und Sumpfgebieten untergetaucht waren.

[416] Ebd., S. 898.

[417] Ebd., S. 907, 909, 911, 943, 955.

[418] Ebd., S. 957.

[419] Ebd., S. 957, 965.

[420] Ebd., S. 969f.

te Austauschgeneration des Führungspersonals der Einsatzgruppen und der ihnen nachgeordneten Einsatz- und Sonderkommandos *vor* ihrem Abmarsch in die Sowjetunion keinen von Heydrich bzw. Streckenbach mündlich übermittelten „Judentötungsbefehl Hitlers“ erhalten hatte. Ihr waren anlässlich einer internen Besprechung im Prinz-Albrecht-Palais des Gebäudes des Reichssicherheitshauptamtes (RSHA) und sodann in den Bereitstellungsräumen Pretzsch, Düben und Bad Schmiedeberg neben einer militärischen Ausbildung zunächst lediglich Informationen ganz allgemeiner Art vermittelt worden, welche die bekannten Feindbilder von der Gefährlichkeit der imaginierten *jüdisch-bolschewistischen Weltverschwörung* betrafen, die auch von der Mehrheitsbevölkerung im Reich infolge der NS-Propaganda vertreten wurde.

Daneben gab es für die dort Rekrutierten Fahndungslisten, die allerdings keineswegs auf dem neuesten Stand waren, sowie verschiedene Vorträge, etwa über die vermeintliche Gefährlichkeit der kommunistischen Weltorganisation *Komintern* oder „ganz allgemein [über die] politischen, wirtschaftlichen und militärischen Verhältnisse Sowjetrusslands.“[421] Im weiteren Verlauf der militärischen Kampfhandlungen sind jedoch von Seiten Heydrichs entsprechende Einsatzbefehle ausgegeben worden, die gezielt als *Rahmenbefehle* konzipiert waren, sodass sie nicht nur eine große Interpretationsbreite zuließen im Hinblick darauf, wer zu der zu exekutierenden Feindgruppe zu rechnen sei, sondern ebenso einen erheblichen situativen Ermessensspielraum, der von den Funktionseliten ganz im Sinne des Reichssicherheitshauptamtes ausgelegt werden konnte, wenn auch – je nach individueller Persönlichkeitsstruktur – in graduellen Abstufungen. Zudem war jenes Führungspersonal eine von Heydrich – nach dessen Tod von dem Chef des Amtes I (Personal), dem SS-Brigadeführer und Generalmajor der Polizei Bruno Streckenbach – handverlesene Elite, die bereits mit ihrer Aufnahme in die SS eine intensive völkisch-rassistische Schulung erfahren hatte, sodass seitens des Reichssicherheitshauptamtes (RSHA) demzufolge erwartet werden konnte, dass die einzelnen Kommandoführer, die allesamt einen höheren SS-Rang besaßen, in Eigenverantwortung und entsprechend der „nationalsozialistischen Weltanschauung“ jeweils adäquate situative Entscheidungen zu treffen in der Lage waren, d. h. dass sie das Programm der Ausrottung des osteuropäischen Judentums sowie der ebenfalls devaluierten „Zigeuner“ und der slawischen Bevölkerung im Rahmen der von Hitler mit dem Einmarsch der deutschen Truppen am 22. Juni 1941 in Angriff genommenen Weltmacht- und Großraumutopien sowie der Germanisierungs- und Siedlungspolitik Himmlers auch ohne *detaillierte* schriftliche Weisungen „bürokratisch gewissenhaft“ ausführen würden.

---

[421] Zeugeneinvernahme Blume, StAN, Rep. 501, KV-Prozesse, Fall 9, A 21-23, S. 1818.

5 Führer des Einsatzkommandos 6 im Russlandfeldzug 1942/43

5.1 Bibersteins Wehrmachtsbeorderung zum „Osteinsatz“

Am 15./16. Juli 1942, d. h. ein Jahr nach seiner Versetzung zur Staatspolizeistelle Oppeln/ Oberschlesien, erhielt Biberstein die dritte Wehrmachtseinberufung in Form eines auf den 14. Juli 1942 datierten „Schnellbriefes aus dem RSHA“, der ihn „nach Russland abkommandierte als Führer eines Einsatzkommandos.“[422] Damit hatte sich endgültig die Hoffnung zerschlagen, nach seinem „Probejahr“ in Oppeln/Oberschlesien den Posten des Polizeipräsidenten von Berlin zu erhalten oder in eine frei zu werdende Landratsstelle eingesetzt zu werden, wie Heydrich ihm ein Jahr zuvor in dem Gespräch vom 5. Mai 1941 in gezielter Täuschungsabsicht in Aussicht gestellt hatte.[423] Vor dem US Military Tribunal II in Nürnberg betonte Bibersein, es habe ihn damals „aufs tiefste erschüttert, weil dieser Befehl dem Versprechen Heydrichs gänzlich zuwiderlief.“[424] Da jener Einsatzbefehl jedoch im Rahmen eines Wehrmachtseinberufungsbefehls ergangen und Biberstein aufgrund seiner Uk-Stellung während der Dauer des Krieges der *alleinigen* Verfügungsgewalt Heydrichs unterstellt war, hatte er ihn zu befolgen.

Während der vorgeschriebenen amtsärztlichen Untersuchungen wurde bei Biberstein ein Gallenblasenleiden festgestellt. Daher habe er die Hoffnung gehegt, mittels eines entsprechenden amtsärztlichen Attestes – das ihm eine „beschränkte Einsatzfähigkeit“ bescheinigte – die sofortige Aufhebung nicht nur seiner Beorderung nach Russland zu erwirken, sondern seine generelle Abkommandierung seitens der Wehrmacht zur Sicherheitspolizei.[425] Demzufolge habe er telegrafisch dem Reichssicherheitshauptamt (RSHA) von seiner Dienststelle Oppeln/Oberschlesien aus sogleich das Ergebnis jenes amtsärztlichen Attestes über die „beschränkte Einsatzfähigkeit“ übermittelt.[426] Jenes Unterfangen, sich dem „Osteinsatz“ zu entziehen, sei von vorneherein aussichtslos gewesen, gaben verschiedene Mitangeklagten Bibersteins vor dem US Military Tribunal II in Nürnberg jeweils zu Protokoll. Selbst der zuvor als wehrdienst*untauglich* eingestufte SS-Standartenführer Dr. Martin Sandberger wurde im Juni 1941 als 29-Jähriger von Heydrich

---

[422] Zeugeneinvernahme Biberstein, StAN, Rep. 501, KV-Prozesse, Fall 9, A 32-33, S. 2809.

[423] Ebd., S. 2788-2799.

[424] Ebd., S. 2809. Heydrich war in seiner Funktion als *Stellvertretender Reichsprotektor von Böhmen und Mähren* am 4. Juni 1942 an den Folgen des Attentates vom 27. Mai 1942 verstorben, der durch den tschechischen Nachrichtendienst und die tschechische Exilregierung in London geplant und von Jozef Gabčik und Jan Kubiš ausgeführt worden war. Demzufolge war es Biberstein nicht möglich, die von Heydrich mündlich getätigten Zusagen gegenüber den entsprechenden Dienststellen des RSHA glaubhaft nachzuweisen.

[425] Zeugeneinvernahme Biberstein, StAN, Rep. 501, KV-Prozesse, Fall 9, A 32-33, S. 2810-2811.

[426] Ebd., S. 2809.

als Führer des Sonderkommandos 1a (SK 1a) der von SS-Brigadeführer und Generalmajor der Polizei Walter Stahlecker geleiteten Einsatzgruppe A zum „Osteinsatz" abkommandiert. Es habe für ihn keine Möglichkeit bestanden, sich jenem „Osteinsatz" zu entziehen, da er unter Kriegsgesetz gestanden habe, versicherte Sandberger am 7. November 1947 glaubhaft vor dem US Military Tribunal II in Nürnberg.[427]

Zwar hatte Heydrich bei den Planungen hinsichtlich der personellen Zusammensetzung der Einsatzgruppen im Hinblick auf deren Leiter sowie der Führer der ihnen nachgeordneten Einsatz- und Sonderkommandos einen jährlich zu erfolgenden Austausch vorgesehen, den er in einer Regelung vom 31. Juli 1941 festschrieb.[428] In besonders gelagerten Fällen wurde das Führungspersonal jedoch vorzeitig ausgetauscht, so im Falle des bereits erwähnte Dr. Blume, der nach nur sieben Wochen per Funkspruch nach Berlin rückbeordert wurde,[429] da er – so vermutete jener – von seinem Vorgesetzten, dem SS-Gruppenführer und Leiter der Einsatzgruppe B Arthur Nebe, dem Reichssicherheitshauptamt (RSHA) wegen Verzögerung von Einsatzbefehlen gemeldet worden war, d. h. wegen „mangelnder Leistung". Nebe selbst habe unter ungeheurem Druck von Seiten Heydrichs gestanden, den jener an die ihm unterstellten Führer der Einsatz- und Sonderkommandos weitergegeben habe, erklärte Dr. Blume vor dem US Military Tribunal II in Nürnberg am 31. Oktober 1947.[430]

In Ausnahmefällen wurde die Führungselite auch auf eigenen Wunsch ausgetauscht, jedoch jedes Mal nach vorheriger *persönlicher* Vorsprache im Reichssicherheitshauptamt (RSHA) und bei entsprechender glaubhaft erscheinender Begründung, so im Fall des bereits erwähnten SS-Brigadeführers und Generalmajors der Polizei Erwin Schulz sowie des oben genannte SS-Brigadeführers Dr. Dr. Otto Rasch und des SS-Oberführers Dr. iur. Erhard Kroeger. Schulz war, nachdem ihm „am 10. August 1941 von dem Einsatzgruppenführer [Einsatzgruppen*leiter* Dr. Dr. Rasch] mitgeteilt [worden war], daß jüdische Frauen und Kinder genauso wie die Männer exekutiert werden sollten [. . .], in moralischer Auflehnung gegen den Befehl nach Berlin abgereist und dort am 27. August angekommen."[431] Rasch und Kroeger waren am 5. September 1941 mit der gleichen Begründung im Reichssicherheitshauptamt (RSHA) vorstellig geworden. Allen drei Bitten auf Rückversetzung war unter Berücksichtigung der von Heydrich festgesetzten Rahmenbedingungen entsprochen worden.[432] Rasch hatte sogar erreicht, sich durch den

[427] Zeugeneinvernahme Sandberger, StAN, Rep. 501, KV-Prozesse, Fall 9, A 24-26, S. 2201.

[428] Chef der Sipo und des SD, Schreiben vom 31.7.1941, btr. Einsatz bisher noch nicht eingesetzt gewesener Angehöriger der Sicherheitspolizei und des SD, BArch, R 58/ 850, nicht foliert.

[429] Zeugeneinvernahme Blume, StAN, Rep. 501, KV-Prozesse, Fall 9, A 21-23, S. 1848.

[430] Ebd., S. 1833.

[431] KAZIMIERZ LESZCZYŃSKI (Hrsg.), Fall 9, S. 156.

[432] Der Chef der Sicherheitspolizei und des SD, I A 1 – B. Nr. 31/41 g., Runderlass vom 31.7.1941 an

Austritt aus dem SD ganz dem Einfluss Heydrichs zu entziehen. Er nahm den Direktionsposten bei der halbstaatlichen Kontinentalen-Oel Aktiengesellschaft mit Sitz in Berlin an. Sein Gesuch um Entlassung aus den Diensten des SD hatte er mit einer beginnenden neurologischen Erkrankung begründet, die insofern glaubhaft war, als Rasch sich sechs Jahre später zu Beginn des Nürnberger Einsatzgruppenprozesses bereits im Endstadium einer progredient fortschreitenden Parkinson-Erkrankung befand.[433]

Eine Rückversetzung war in der Anfangsphase des als „Blitzkrieg" gegen die Sowjetunion geplanten Vernichtungskrieges insofern auf keinerlei Schwierigkeiten gestoßen, als das Führungspersonal der Einsatzgruppen und deren nachgeordneten Kommandos, das sich im politisch-ideologischen Sinne als „nicht zuverlässig" erwies, problemlos ausgetauscht werden konnte. Erst als schon bald ein Ende des Russlandfeldzuges nicht absehbar war und die SD-Dienststellen insbesondere im Führungsbereich unter erheblichem Personalmangel litten, erwiesen sich Rückbeorderungen als kaum durchführbar und konnten – wie im Fall Biberstein – nur in einem Ringtausch vorgenommen werden. Dieser Aspekt fand bei dem Richterkollegium wie bei der Anklagebehörde des US Military Tribunal II im Hinblick auf Biberstein kaum Berücksichtigung.

Bibersteins Vorvorgänger Dr. iur. Kroeger hatte zur ersten Generation der handverlesenen Führungselite gehört, die im Bereitstellungsraum Pretzsch ausgebildet worden war und die – neben den obligatorischen Schießübungen – von Heydrich und dem Personalchef des Reichssicherheitshauptamtes, dem SS-Brigadeführer und Generalmajor der Polizei Bruno Streckenbach, Instruktionen allgemeiner Art hinsichtlich des „Todfeindes des jüdischen Bolschewismus" erhalten hatten. Kroeger blieb lediglich etwas mehr als drei Monate im Einsatz, denn nachdem er im Reichssicherheitshauptamt (RSHA) um Ablösung von seiner Position als Führer des Einsatzkommandos EK 6 nachgesucht hatte, konnte er bereits Anfang Oktober 1941 das Kommando seinem Nachfolger, dem SS-Sturmbannführer Robert Mohr, übergeben. Die Bitte um Ablösung hatte hingegen keine negativen Auswirkungen hinsichtlich der weiteren Karriere, im Gegenteil, unmittelbar nach seiner Rückkehr aus Russland wurde Kroeger von Heydrich „wegen besonderer Verdienste im Einsatz" zum SS-Oberführer befördert.[434]

---

alle Dienststellen der Sicherheitspolizei, alle Dienststellen der Kriminalpolizei, alle Dienststellen des SD, nachrichtlich den Amtschefs II-VII, allen Referenten und Hilfsreferenten des Reichssicherheitshauptamtes, allen Sachbearbeitern des Amtes I des Reichssicherheitshauptamtes, btr. *Einsatz bisher noch nicht eingesetzt gewesener Angehöriger der Sicherheitspolizei und des SD,* BArch, R 58/ 259.

433 Dr. Dr. Otto Rasch, in: ERNST KLEE, Personenlexikon, S. 480. Rasch verstarb noch während der Haft am 1. November 1948, ebd.

434 Beförderungs-Verfügung Reinhard Heydrich vom 2.10.1941, BArch /ehem. BDC), SSO, Kroeger, Erhard, 24.3.1905. Zu Kroeger detailliert: MATTHIAS SCHRÖDER: Die deutschbaltische und natio-

Bibersteins unmittelbarer Vorgänger, der Jurist Robert Mohr, war zunächst im RSHA als Leiter des Amtes I A 1 (allgemeine Personalangelegenheiten) beschäftigt gewesen, bis er „zum vorübergehenden Osteinsatz" beordert und von Anfang Oktober 1941 bis Mitte September 1942 Führer des Einsatzkommandos 6 (EK 6) wurde.[435] Damit war er knapp ein Jahr im „vorübergehenden Osteinsatz" gewesen und demzufolge sogar länger als es Biberstein sein sollte. Auch Mohr hatte bereits nach etwa viermonatigem Einsatz im Januar/Februar 1942 persönlich im Reichssicherheitshauptamt (RSHA) bei dem Chef des Personalamtes I Bruno Streckenbach – seinem ehemaligen Vorgesetzten – vorgesprochen und um Ablösung gebeten. Seinem Wunsch wurde jedoch erst nach einem Dreivierteljahr entsprochen.[436] Die Gründe für die lange Wartezeit sind aus den vorliegenden Quellen nicht eruierbar. Mit hoher Wahrscheinlichkeit ist jedoch davon auszugehen, dass zu jenem Zeitpunkt keine geeignete Person mit entsprechenden Erfahrungs- und Führungsqualitäten verfügbar war, und Biberstein – der zur zweiten Austauschgeneration, d. h. zum dritten Rollkommando gehörte – erst im Juli 1942 zur Disposition stand. Immerhin heißt es in Heydrichs Runderlass vom 31. Juli 1941 ausdrücklich:

> „Der Austausch wird in jedem Falle von hier unter Wahrung der dienstlichen Belange sowohl der Einsatz- als auch der Heimatdienststelle vorgenommen."[437]

Die Antwort auf Bibersteins schriftlichen Antrag auf Rückversetzung und auf endgültiges Ausscheiden aus dem SD, der auf den 9. November 1942 datiert war, sollte hingegen aufgrund dienstlicher Belange des Reichssicherheitshauptamtes (RSHA) – in Entsprechung zu Heydrichs Runderlass vom 31. Juli 1941 – sowie kriegs-

---

nalsozialistische „Bewegung" in Lettland unter Erhard Kroeger, in: MICHAEL GARLEFF (Hrsg.): Deutschbalten, Weimarer Republik und Drittes Reich, Bd. II, Köln u. a. 2008, S. 121–149.

[435] Robert Mohr, in: ERNST KLEE, Personenlexikon, S. 414. Mohr war bis zu seiner Übernahme des Einsatzkommandos 6 (EK 6) als Leiter der Abteilung I A 1 (allgemeine Personalangelegenheiten) im Amt I des Reichssicherheitshauptamtes (RSHA) unmittelbar dem SS-Gruppenführer Bruno Streckenbach unterstellt. Am 13. Dezember 1967 verurteilte das Landgericht Wuppertal ihn „wegen Erschießung und Vergasung mittels ‚Gaswagen' von tausenden jüdischen Männern, Frauen und Kindern [und] Erschießung kommunistischer Funktionäre, anderer Zivilisten sowie von 800 Insassen der Irrenanstalt Igrin bei Dnjepropetrowsk" zu acht Jahren Haft verurteilt, Landgericht Wuppertal gegen Robert Mohr u. a., AZ. 651230, Verfahren Lfd. Nr. 606.

[436] KERSTIN FREUDIGER: Die juristische Aufarbeitung von NS-Verbrechen (Beiträge zur Rechtsgeschichte des 20. Jahrhunderts; 33), Tübingen 2002; zugleich: Hannover, Univ., Diss., 1999, S. 182-187, hier. S. 185.

[437] Der Chef der Sicherheitspolizei und des SD, I A 1 – B. Nr. 31/41 g., Runderlass vom 31.7.1941 an alle Dienststellen der Sicherheitspolizei, alle Dienststellen der Kriminalpolizei, alle Dienststellen des SD, nachrichtlich den Amtschefs II-VII, allen Referenten und Hilfsreferenten des Reichssicherheitshauptamtes, allen Sachbearbeitern des Amtes I des Reichssicherheitshauptamtes, btr. *Einsatz bisher noch nicht eingesetzt gewesener Angehöriger der Sicherheitspolizei und des SD,* BArch, R 58/ 259.

bedingter Verzögerung in der Postzustellung Biberstein erst nach achtmonatigem Einsatz im Mai 1943 zugestellt werden.[438]

Mit Bezug zu dem eingereichten amtsärztlichen Attest über „beschränkte Einsatzfähigkeit" hatte das Reichsicherheitshauptamt (RSHA) Biberstein Ende August 1942 telegrafisch zu einem Gespräch einbestellt.[439] In jener Aussprache mit dem Obersturmbannführer und Oberregierungsrat Dr. Trautmann – der im Amt I A 1 (Allgemeine Personalangelegenheiten der Sicherheitspolizei und des SD) Sachbearbeiter der SD-Einsätze war[440] – habe er sich bestrebt gezeigt, „die sofortige Aufhebung meiner Kommandierung, nicht nur nach Russland, *sondern zur Sicherheitspolizei überhaupt* zu erwirken" [Kursivdruck vom Verf.],[441] betonte Biberstein aus offensichtlich verteidigungsstrategischem Kalkül vor dem US Military Tribunal II.

Ein derartiges Gesuch sei gar nicht statthaft gewesen, wurde Biberstein im Nürnberger Einsatzgruppenprozess von dem Vorsitzenden Richter Michael A. Musmanno belehrt.[442] Da die Aufhebung einer Wehrmachtseinberufung nicht möglich war, erhielt Biberstein von Trautmann den Rat, „zunächst nach Russland zu fahren und von dort aus einen diesbezüglichen Antrag zu stellen, da dies einen besseren Eindruck mache." Jener Ratschlag stellte lediglich ein Beruhigungsmanöver dar, insofern, als eine Wehrmachtsbeorderung grundsätzlich nicht aufgehoben werden konnte, wie zwar Dr. Trautmann durchaus bewusst war, möglicherweise jedoch nicht Biberstein. Nach einer Woche, d. h. Anfang September 1942, traf

---

[438] Personal Data Sheet, Ernst Biberstein, Office of the U. S. Chief of Counsel/ Subsequent Proceedings Division, p. 1-3, Anlagen zu Interrogation Nr. 1499-A, Zeugeneinvernahme des Ernst Emil Heinrich Biberstein durch Mr. Wartenberg am 29. Juni 1947, 10.00-11.15 Uhr auf Veranlassung von Mr. Walton und Glancy, Staatsarchiv Nürnberg (StAN), Rep. 502, KV-Anklage, Interrogations, B-75, S. 1-16, hier S. 3. Zudem durfte Biberstein erst Ende Juni 1943 die UdSSR verlassen. Sein Nachfolger wurde SS-Sturmbannführer und Regierungsrat Friedrich Suhr, der bis Herbst 1942 Sachbearbeiter in Eichmanns Judenreferat gewesen war. Friedrich Suhr, in: ERNST KLEE, Personenlexikon, S. 616. Die Tatsache, dass Biberstein erst nach acht Monaten vom Reichssicherheitshauptamt (RSHA) die schriftliche Genehmigung erhielt, ins Reich zurückzukehren, wertete das US Military Tribunal II in Nürnberg irrtümlicherweise als eindeutiges Einverständnis Bibersteins mit dem „sicherungspolizeilichen Osteinsatz." Die Zweifel der US-amerikanischen Staatsanwaltschaft sowie des US Military Tribunal II in Nürnberg an Bibersteins Rückversetzungsgesuch wird Gegenstand des Kapitels IV sein.

[439] Zeugeneinvernahme Biberstein, StAN, Rep. 501, KV-Prozesse, Fall 9, A 32-33, S. 2812.

[440] Personal Data Sheet, Ernst Biberstein, Office of the U. S. Chief of Counsel/ Subsequent Proceedings Division, p. 1-3, Anlagen zu Interrogation Nr. 1499-A, Zeugeneinvernahme des Ernst Emil Heinrich Biberstein durch Mr. Wartenberg am 29. Juni 1947, 10.00-11.15 Uhr auf Veranlassung von Mr. Walton und Glancy, Staatsarchiv Nürnberg (StAN), Rep. 502, KV-Anklage, Interrogations, B-75, S. 1-16, hier S. 4.

[441] Zeugeneinvernahme Biberstein, StAN, Rep. 501, KV-Prozesse, Fall 9, A 32-33, S. 2810.

[442] Ebd., S. 2811 und Zeugeneinvernahme Biberstein, StAN, Rep. 501, KV-Prozesse, Fall 9, A 34-35, S. 2903.

dann auch ein Fernschreiben ein mit der lakonischen Nachricht, dass Bibersteins Ausreise in die Ukraine bzw. nach Südrussland nichts entgegenstünde.[443]

Aus dem Abordnungsbefehl vom 14. Juli 1942 an Biberstein ging hervor, dass die Übernahme der Dienstobliegenheiten des Einsatzkommandos 6 (EK 6) der Einsatzgruppe C – wie derzeit bei Bibersteins Versetzung zur Staatspolizeistelle in Oppeln/Oberschlesien – im Rahmen eines Ringtausches stattfinden sollte, d. h. Biberstein hatte von seinem Vorgänger Robert Mohr die Amtsgeschäfte in Südrussland zu übernehmen, während Mohr zur Staatspolizeistelle in Darmstadt versetzt wurde.[444] Bibersteins Wehrmachtsbeorderung zum „Einsatz im Osten" geschah aufgrund des bereits erwähnten Runderlasses vom 31. Juli 1941, der von Heydrich in euphemistischer Verbrämung wie folgt begründet wurde:

> „Um allen bisher in der Heimat verbliebenen Männern der Sicherheitspolizei und des SD das *niederdrückende Gefühl* zu nehmen, *an dem großen Geschehen unserer Zeit nicht aktiv teilzuhaben* und um die Befürchtung zu zerstreuen, nach Kriegsende als ‚Heimatkrieger' oder ‚Drückeberger' bespöttelt zu werden, bestimme ich folgendes:
>
> 1). Alle Angehörigen der Sicherheitspolizei und des SD, soweit sie nicht der Wehrmacht oder Waffen-SS zur Verfügung stehen, das 40. Lebensjahr noch nicht vollendet haben und körperlich einsatzfähig sind, sind grundsätzlich zum sicherheitspolitischen Einsatz vorzuschlagen.
>
> 2). Der Einsatz erfolgt grundsätzlich im Austausch gegen bereits eingesetzte Männer der gleichen Heimatstelle. Anderenfalls wird der Austausch durch das Reichssicherheitshauptamt vorgenommen. [Wie im Falle von Bibersteins Vorgänger Robert Mohr]. [...].
>
> 4). Der Austausch wird in jedem Falle von hier unter Wahrung der *dienstlichen* Belange sowohl der Einsatz- als auch der Heimatdienststelle vorgenommen." [Kursivdruck vom Verf.].[445]

Demzufolge konnten persönliche Wünsche nur dann berücksichtigt werden, wenn sie zu jenem Zeitpunkt zufällig im Einklang mit den „dienstlichen Belangen" standen. Insofern war es von vorneherein aussichtslos, dass Biberstein sich einer Wehrmachtsbeorderung zum „Einsatz im Osten" entgegenstellte, indem er sich gegenüber der Personalabteilung des Reichssicherheitshauptamtes (RSHA) auf Heydrichs Zusagen in dem Gespräch vom 5. Mai 1941 berief. Zudem war Heydrich zwischenzeitlich verstorben und konnte demzufolge Bibersteins Aussage nicht bestätigen.

---

443 Ebd.

444 Zeugeneinvernahme Biberstein, StAN, Rep. 501, KV-Prozesse, Fall 9, A 32-33, S. 2812.

445 Der Chef der Sicherheitspolizei und des SD, I A 1 – B. Nr. 31/41 g., Runderlass vom 31.7.1941 an alle Dienststellen der Sicherheitspolizei, alle Dienststellen der Kriminalpolizei, alle Dienststellen des SD, nachrichtlich den Amtschefs II-VII, allen Referenten und Hilfsreferenten des Reichssicherheitshauptamtes, allen Sachbearbeitern des Amtes I des Reichssicherheitshauptamtes, btr. *Einsatz bisher noch nicht eingesetzt gewesener Angehöriger der Sicherheitspolizei und des SD*, BArch, R 58/ 259.

5.2 Übernahme des Einsatzkommandos im September 1942

Das US Military Tribunal II in Nürnberg erörterte des Weiteren die Frage, warum Biberstein erst zwei Monate *nach* seiner schriftlichen Wehrmachtsbeorderung die Dienstgeschäfte in der Oblast Rostow übernommen hatte. Diesbezüglich entgegnete Biberstein:

> „Der Abordnungsbefehl sprach ausdrücklich von der *ordnungsgemäßen* Übergabe der Dienstgeschäfte an den Nachfolger. Dieser [Oberregierungsrat SS-Obersturmbannführer Josef Stüber] befand sich damals in Riga. Nach seiner Rückkehr nahm er vor Übernahme der Dienstgeschäfte in Oppeln erst 14 Tage Urlaub. So fand die Übergabe [der Dienstgeschäfte in Oppeln] etwa Mitte August statt.[446] Acht Tage später war meine Rücksprache [mit Trautmann] in Berlin und wieder eine Woche später erhielt ich das Fernschreiben, dass meiner Abreise nichts mehr entgegenstünde. So kam es, dass ich Anfang September nach Russland abfuhr." [Kursivdruck vom Verf.].[447]

Biberstein hatte sich zunächst nach Kiew/Ukraine begeben, dem Sitz des Leiters der Einsatzgruppe C sowie dessen Gruppenstabes, um dort den Dienstvorschriften entsprechend seinem Vorgesetzten, dem Leiter der Einsatzgruppe C, SS-Gruppenführer und Generalleutnant der Polizei Dr. Max Thomas, seinen Dienstantritt zu melden und zudem „von ihm den Standort des EK 6 zu erfahren",[448] den er derzeit anlässlich seines Gespräches mit Dr. Trautmann in Berlin nicht hatte ausfindig machen können. In Kiew hatte er zehn Tage zu warten, da sich Dr. Thomas, gerade „mit seinem Fahrzeug auf einer Rundreise über dem Bandengebiet", d. h. Partisanengebiet, befand.[449] Da Funktion und Aufgabenbereich der Einsatzkommandos ebenso wie das gesamte „Unternehmen Barbarossa" unter dem Rubrum *Geheime Reichssache* liefen, hatte Biberstein vor seiner Abreise in die UdSSR seitens des Reichssicherheitshauptamtes (RSHA) keine diesbezüglichen Auskünfte erhalten. Demzufolge habe er nur sehr ungenaue Vorstellungen hinsichtlich seines künftigen Aufgabengebietes gehabt. Zwar sei ihm bekannt gewesen, dass es im Ausland tätige Einsatzgruppen gäbe. Allerdings habe er den Begriff *Einsatz* dahingehend verstanden, dass „ein Soldat eben eine soldatische Verwendung bekam", so wie auch ein Beamter zu einem „Einsatz" abgestellt werden kann, gab er vor dem US Military Tribunal II in Nürnberg am 25. November 1947 zu Protokoll.[450] Entgegen

---

[446] Bibersteins Angaben vor dem US Military Tribunal II in Nürnberg werden durch Angaben des Archivs der Gedenkstätte Yad Vashem bestätigt. Demzufolge war Bibersteins Nachfolger Josef Stüber von Januar bis Juni 1942 Offizier der Einsatzgruppe A mit Standort des Gruppenstabes in Riga. Im August 1942 wurde er vom Reichssicherheitshauptamt (RSHA) als Bibersteins Nachfolger zum Leiter der Stapostelle Oppeln/ Oberschlesien ernannt. http://db.jadvashem.org/deportation/supervisorsDetails.html?language=de&itemld=534420;09.10.2015.

[447] Zeugeneinvernahme Biberstein, StAN, Rep. 501, KV-Prozesse, Fall 9, A 32-33, S. 2812.

[448] Ebd.

[449] Ebd. und Zeugeneinvernahme Biberstein, StAN, Rep. 501, KV-Prozesse, Fall 9 A 36-38, S. 3012.

[450] Ebd., S. 3046.

seinen Erwartungen habe er von seinem Vorgesetzten jedoch keinerlei Informationen oder gar Dienstanweisungen im Hinblick auf seinen sicherheitspolizeilichen Arbeitsauftrag erhalten, erklärte Biberstein in der Sitzung des US Military Tribunal II in Nürnberg vom 20. November 1947.[451] Wenig glaubwürdig versicherte er, von niemandem über Aufgaben und Zuständigkeiten innerhalb des Einsatzkommandos 6 (EK 6) informiert worden zu sein. Von seinem Vorgesetzten Dr. Thomas habe er lediglich die Weisung bekommen, nach Rostow zu fahren, das Kommando offiziell zu übernehmen, sich deren Arbeitsweise vorführen zu lassen und danach nach Kiew zurückzufahren, um seinem Dienstvorgesetzten über seine Eindrücke schriftlich Bericht zu erstatten. Demzufolge habe er sich weisungsgemäß „das Kommando in seiner Arbeit vorführen lassen durch den Leiter IV [Obersturmbannführer Heidelberger, den Leiter der Exekutivabteilung/Gestapo]."[452] Jene Aussagen enthalten einige Widersprüche.

Bereits in der Sitzung des US Military Tribunal II in Nürnberg vom 20. November 1947 hatte Biberstein zu Protokoll gegeben, bei seiner Ankunft im Kiew am 18. September 1942 zehn Tage auf seinen Dienstvorgesetzten gewartet zu haben, da jener sich gerade auf einem Erkundungsflug über „Bandengebieten" befunden habe.[453] Jedoch sei es innerhalb jener zehntätigen Wartezeit während eines Mittagessens zu einem Treffen mit seinem Vorgänger Robert Mohr gekommen, der ihn unter anderem darüber informiert habe, dass seine Untergebenen „ihre schriftlichen Vernehmungen und-so-weiter sorgfältig ausarbeiteten."[454] Es wäre ungewöhnlich, wenn sich Biberstein in diesem Zusammenhang nicht bei seinem Vorgänger erkundigt hätte, um welche Art von „Vernehmungen" es sich handele und welcher Personenkreis davon betroffen sei. Zudem hatte Mohr Biberstein dahingehend informiert, dass alles von ihm schon „in die richtige Ordnung gebracht" worden sei. Das habe ihn, Biberstein, „beruhigt".[455] Allein aus jenen Äußerungen lässt sich schlussfolgern, dass Biberstein von seinem Vorgänger wenn auch nicht ausführlich, so doch zumindest in den Grundzügen über den Arbeitsauftrag eines Kommandoführers informiert worden ist. Wie hätte er sonst „beruhigt" sein können. Des Weiteren wäre zu vermuten, dass Biberstein während seiner zehntägigen Wartezeit in Kiew auch von dem Gruppenstab des Einsatzkommandos C einige allgemeine Informationen erhalten haben könnte, zumindest im Hinblick auf die virulent gewordene Partisanentätigkeit in der Ost-Ukraine, zumal er einige Tage später anlässlich seiner Dienstantrittsmeldung von seinem Vorgesetzten ohnehin Auskünfte dahingehend erhielt, dass sich auch in Bibersteins künftigem Operati-

---

[451] Zeugeneinvernahme Biberstein, StAN, Rep. 501, KV-Prozesse, Fall 9, A 32-33, S. 2812.
[452] Ebd., A 36-38, S. 3023.
[453] Ebd., A 32-33, S. 2812 und A 36-38, S. 3012.
[454] Ebd., A 32-33, S. 2814.
[455] Ebd.

onsgebiet in der Oblast Rostow „die Bandentätigkeit zu einer ernsten Gefahr für die Wehrmacht zu entwickeln“ drohe.[456]

Zudem hätte die von Biberstein behauptete Vorgehensweise des Dr. Thomas, d. h. die Verweigerung der Informationspflicht, in keiner Weise den sonst üblichen Gepflogenheiten eines Dienstvorgesetzten entsprochen, wie ein Vergleich mit anderen im Nürnberger Einsatzgruppenprozess angeklagten Einsatzkommandoführern ergibt. So hatte beispielsweise der Chef der Einsatzgruppe B, SS-Brigadeführer und Generalleutnant der Polizei Erich Naumann, die Kommandoführer bei deren Ankunft umfassend über den gesamten Aufgabenbereich des jeweiligen Kommandos einschließlich des sicherungspolizeilichen Auftrages instruiert.[457] Vor dem US Military Tribunal II in Nürnberg erläuterte Naumann jene Vorgehensweise eingehend:

> „Wenn neue Kommandoführer kamen, dann meldeten sich diese bei mir und blieben normalerweise 2-3 Tage beim Stab der Einsatzgruppe B, um sich über alle Dinge, angefangen von der Verwaltung, geendet bei der polizeilichen Tätigkeit, zu informieren, gingen dann hinaus zu ihrem Kommando, führten das Kommando, etwa auf meinen Wunsch 3-4 Wochen, neben ihrem Vorgänger.
>
> Am Ende dieser Zeit nahm ich dann den Betreffenden in Dienst und entband den bisherigen Führer von seiner Pflicht und führte den neuen Führer vor angetretener Mannschaft ein [. . .].
>
> Damit der neue Einsatzkommandoführer oder Sonderkommandoführer *die Befehle, die gegeben waren, genau kennenlernte*, deswegen sollte er neben dem bisherigen Kommandoführer sich einarbeiten. Das war der Grund für diese 3-4wöchige Einarbeitungszeit.
>
> [Denn] Befehle werden ja nicht an eine Person, sondern an eine Einheit gegeben, und wenn diese Befehle bei der Einheit lagen, dann werden sie dort durchgeführt, und wenn der neue Führer kommt, hat er die alten Befehle weiter durchzuführen, damit keine Lücke entstand [entsteht] und damit die Arbeit in der lebendigen Weise weitergeführt wurde [wird], deswegen verfügte ich in allen Fällen, dass der Kommandoführer . . . der neue Kommandoführer sich neben dem alten 3-4 Wochen einarbeitet.“ [Kursivdruck vom Verf.].[458]

In ähnlicher Weise organisierte der Leiter der Einsatzgruppe D, SS-Gruppenführer und Generalleutnant der Polizei Otto Ohlendorf, die Einarbeitung seiner Untergebenen. So behielt er beispielsweise den Führer des Sonderkommandos 11b, den SS-Obersturmbannführer Dr. iur. Werner Braune, ganze zwei Monate zur Information und Einarbeitung in seinem Gruppenstab, bevor er ihm das Sonderkommando 11b (SK 11b) übergab. Während jener zwei Monate habe sich Braune unter ande-

---

[456] Ebd., S. 2812.

[457] Zeugeneinvernahme Naumann, StAN, Rep. 501, KV-Prozesse, Fall 9, A 9-11, S. 878-879. Erich Naumann war als Nachfolger des Arthur Nebe von November 1941 bis März 1943 Leiter der Einsatzgruppe B.

[458] Ebd.

rem „über die Aufgaben des Einsatzes durch Lesen der Akten" der Einsatzgruppe D informiert.[459]

Ganz anders hingegen habe Bibersteins Vorgesetzter, SS-Gruppenführer und Generalleutnant der Polizei Dr. Max Thomas, verfahren, gab Biberstein wenig glaubwürdig und in offensichtlich verteidigungsstrategischer Absicht vor dem US Military Tribunal II zu Protokoll. Seine Dienstantrittsmeldung sei keineswegs wie sonst üblich in offizieller Weise erfolgt, sondern bei einem längeren Spaziergang in einer sehr persönlichen und vertraulichen Atmosphäre, in der Dr. Thomas ihn nicht mit den notwendigen Sachinformationen versorgt, sondern ihm unnötigerweise sehr private Dinge mitgeteilt habe.[460]

So habe Dr. Thomas ihm erzählt, dass dessen Tochter mit Werner Stier verheiratet sei, jenem Kreisleiter des Kreises Bad Segeberg/ Schleswig-Holstein, der damals Bibersteins Berufung in das Lübecker Bischofsamt verhindert hatte. Des Weiteren habe er erfahren, dass sein Vorgesetzter eigentlich promovierter Neurologe sei. Jenen privaten Gesprächscharakter habe er, Biberstein, in der Weise genutzt, dass er Dr. Thomas über seine bisherige berufliche Laufbahn informiert habe, „vor allem [über die Ab]-Kommandierungs-Angelegenheit zur Sicherheitspolizei bis hin zum Russlandeinsatz."[461] Dabei habe er gleichzeitig seine ernsthafte Absicht kundgegeben hinsichtlich eines Antrages auf Rückbeorderung gemäß der Absprache mit Dr. Trautmann im August 1942 in Berlin, gab Biberstein im Nürnberger Einsatzgruppenprozess zu Protokoll.[462] Hier stellt sich die Frage, warum Biberstein gegenüber seinem Dienstvorgesetzten vehement gegen seinen Einsatz im Osten habe aufbegehren können, wenn er doch angeblich von niemandem hinsichtlich seines künftigen Arbeitsauftrages informiert worden sei. Ein Opponieren ergibt doch nur dann einen Sinn, wenn die betroffene Person Kenntnis von der ihr unangenehmen oder unzumutbaren Sache hat.

Des Weiteren erwähnte Biberstein gegenüber dem US Military Tribunal II in Nürnberg, dass damals ein Gerücht in Umlauf gewesen sei, demzufolge sein Dienstvorgesetzter geglaubt habe, zum Nachfolger Heydrichs designiert zu werden. Aus diesem Grunde habe Dr. Thomas versprochen, Bibersteins Angelegenheit „im Sinne Heydrichs [zu] regeln."[463] Hierbei kann es sich lediglich um ein Wunschdenken des Dr. Thomas gehandelt haben, denn nach Heydrichs Tod im

---

459 Zeugeneinvernahme Ohlendorf, StAN, Rep. 501, KV-Prozesse, Fall 9, A 6-8, S. 605.

460 Personal Data Sheet, Ernst Biberstein, Office of the U. S. Chief of Counsel/ Subsequent Proceedings Division, p. 1-3, Anlagen zu Interrogation Nr. 1499-A, Zeugeneinvernahme des Ernst Emil Heinrich Biberstein durch Mr. Wartenberg am 29. Juni 1947, 10.00-11.15 Uhr auf Veranlassung von Mr. Walton und Glancy, Staatsarchiv Nürnberg (StAN), Rep. 502, KV-Anklage, Interrogations, B-75, S. 1-16, hier S. 5.

461 Zeugeneinvernahme Biberstein, StAN, Rep. 501, KV-Prozesse, Fall 9, A 32-33, S. 2812f.

462 Ebd.

463 Ebd.

Mai 1942 wurde bekanntlich nach einer Interimszeit SS-Gruppenführer Ernst Kaltenbrunner dessen Nachfolger. Zwar habe Dr. Thomas durchaus Verständnis hinsichtlich Bibersteins Wunsch nach einer Rückbeorderung und einem generellen Ausscheiden aus den Diensten der Sicherheitspolizei gezeigt, ihm jedoch – wie zuvor Dr. Trautmann in Berlin – die strikte Order gegeben, zunächst zum Standort des Einsatzkommandos in das südrussische Rostow zu fahren und dort „das Kommando offiziell zu übernehmen."[464] Des Weiteren habe er die Weisung erhalten, Anfang Oktober 1942 zu einer bereits angesetzten Tagung nach Kiew zu kommen, um – nach Einsicht in die Aufgaben und Arbeitsweise des Kommandos sowie in die örtlichen Verhältnisse – Dr. Thomas seinen persönlichen Eindruck mitzuteilen und das Weitere mit ihm zu besprechen, gab Biberstein im Nürnberger Einsatzgruppenprozess zu Protokoll.[465]

Vorausgesetzt, jene Aussagen entsprechen der Wahrheit, hatte sich Biberstein offensichtlich der Illusion hingegeben, dass Dr. Thomas in seiner Funktion als Einsatzgruppenleiter durch ein entsprechendes positives Begleitschreiben zu dem Rückbeorderungsgesuch möglicherweise eine Einflussnahme dahingehend erwirken könnte, dass sich das Reichssicherheitshauptamt (RSHA) doch noch zu einer Aufhebung der offiziellen Wehrmachtseinberufung bereit erklären würde. Wie Biberstein unterstand jedoch auch Dr. Thomas hinsichtlich seiner Leitungsfunktion unmittelbar dem Reichssicherheitshauptamt (RSHA). Demzufolge war bezüglich Bibersteins Rückbeorderungsgesuch ausschließlich Heydrich weisungsberechtigt, zu dessen *ausschließlicher* Verfügung Biberstein im Oktober 1940 seitens der Wehrmacht unabkömmlich (uk) gestellt worden war. Nach Heydrichs Tod war jene Verfügungsgewalt zunächst auf Himmler, sodann auf Kaltenbrunner übergegangen. Aus den Verhörprotokollen des Beweisaufnahmeverfahrens zum Nürnberger Einsatzgruppenprozess ist eindeutig zu entnehmen, dass sich Biberstein selbst zum Zeitpunkt der Anklage im Jahr 1947/48 offensichtlich nicht im Klaren über den Zweck seiner Uk-Stellung war, insofern, als er nicht realisiert hatte, dass weder Heydrich noch sonst eine andere Person jemals die Absicht gehabt hatte, ihn vor einem „Osteinsatz" zu bewahren, um mitten im Krieg Bibersteins sehnlichsten Wunsch nach einer Position als Landrat zu erfüllen. Im Gegenteil, wie oben dargelegt, liefen zum Zeitpunkt des Gespräches zwischen Biberstein und Heydrich am 5. Mai 1940 im Reichssicherheitshauptamt (RSHA) bereits die Vorbereitungen für den wirtschaftspolitisch und rassenbiologisch ausgerichteten Vernichtungsfeldzug gegen die Sowjetunion, und mit Blick auf Biberstein war das Endziel, ihn nach der Vorbereitungszeit in Oppeln/Oberschlesien aktiv in die Vernichtungsmaschinerie der Judenpolitik einzubinden, das heißt, ihm zu gegebener Zeit – nachdem

[464] Ebd.
[465] Ebd.

die „Richtung“ durch die erste Generation der Führungselite der Einsatzgruppen bereits vorgegeben war – im Ringtausch die Führung eines Einsatzkommandos zu übertragen.

Biberstein war am 18. September 1942 in Rostow eingetroffen und übernahm dort wenige Tage später das Einsatzkommando 6 (EK 6). Eine vorschriftsmäßige ordentliche Übergabe und Einweisung in die Amtsgeschäfte durch seinen Vorgänger Robert Mohr konnte insofern nicht stattfinden, als jener Rostow bereits verlassen hatte und auf dem Weg ins Reich war, um dort einen wichtigen Termin wahrzunehmen.[466] Wie oben erwähnt, hatte Biberstein seinen Vorgänger jedoch anlässlich der Dienstantrittsmeldung bei Dr. Thomas in Kiew ganz kurz während eines Mittagessens sprechen können und die nachfolgenden Informationen erhalten, die er dem US Military Tribunal II in Nürnberg mit folgenden Worten wiedergab:

> „Er [Mohr] unterrichtete mich kurz über einige Personen im Kommando und verwies mich übrigen an den Leiter IV im Stabe [SS-Hauptsturmführer Heidelberger als Leiter der Gestapo-Abteilung]. Er, Mohr, könne wohl behaupten, dass das Kommando in seiner Zusammensetzung in jeder Weise sauber und gewissenhaft arbeite. Er habe Wert daraufgelegt, dass die Beamten, wie in der Heimat, ihre schriftlichen Vernehmungen und so weiter sorgfältig ausarbeiteten.
>
> Ausserdem sei das Kommando bereits *stationär*. Er sagte mir noch, dass es wichtig sei, immer darauf zu achten, dass die Männer des Kommandos das schriftliche Verfahren sauber durchführen würden. Im übrigen sei von ihm alles schon in die richtige Ordnung gebracht. Das beruhigte mich, da Mohr im Gegensatz zu mir Volljurist war und daher sachverständig für *Verfahrensvorschriften* und so weiter.“ [Kursivdruck vom Verf.].[467]

In jenen Ausführungen war bereits die gesamte Entlastungsrhetorik Bibersteins enthalten. Zum einen verwies er auf die Funktion der „Professionalität“, d. h. auf die formalisierten Abläufe der Vernichtungspolitik, die quasi verwaltungsautomatisch abliefen, indem er betonte, dass sein Vorgänger „Volljurist“ gewesen sei und demzufolge „schon alles in die richtige Ordnung gebracht“ habe. Tatsächlich hatte Mohr – wie auch die anderen Einsatz- und Sonderkommandos – lediglich weisungsgemäß die Strukturen und Funktionsweisen des Reichssicherheitshauptamtes (RSHA) in der Weise übernommen, dass er das Einsatzkommando unterteilt hatte in den Gruppenstab und in vier Teilkommandos oder Außenstellen, die verstreut im gesamten Operationsgebiet, das ihnen jeweils von der Armee zugewiesen wurde, exekutiv tätig waren.

Der Gruppenstab mit Amtssitz in Rostow war in fünf Ämter gegliedert, wobei das Amt IV die Exekutivabteilung bildete, die in Entsprechung zum Amt IV (Gestapo) des Reichssicherheitshauptamtes (RSHA) strukturiert war. Die Leitung jener Abteilung IV unterstand dem SS-Hauptsturmführer Heidelberger, der als Bi-

---

466 Ebd., S. 2814.

467 Ebd.

bersteins Stellvertreter fungierte und der auch die Aufsicht ausübte über die von den Außenstellen durchzuführenden Exekutionen.[468]

Des Weiteren verwies Biberstein mit Bezug zu den dortigen Beamten ausdrücklich auf „das Pflichtbewusstsein und die Zuverlässigkeit" hinsichtlich der „gewissenhaften und sauberen Dokumentation" sowohl der durchgeführten „Vernehmungen" als auch der verhängten Urteile. Aus binnenperspektivischer Sicht übernahm Biberstein demzufolge ein Exekutionskommando, das nicht nur äußerst effektiv und funktionsgerecht im Sinne der automatisierten Vernichtungsmaschinerie arbeitete, sondern nach seinem Verständnis darüber hinaus auch allen juristischen Ansprüchen insofern genügte, als die „Gerichtsverfahren" aus verwaltungsjuristischer Sicht „sauber und sorgfältig" durchgeführt wurden und damit nach Bibersteins Ansicht legal waren, da deren Ausführung ja von einem „Volljuristen" vorgegeben worden war.[469]

Biberstein unterlag jedoch insofern einem Irrtum, als die von ihm beschriebene Verfahrensordnung ebenso wie die Handlungsgrundlage für die verbrecherischen Exekutionen keineswegs durch seinen Vorgänger, den SS-Sturmbannführer Robert Mohr, festgelegt worden waren, sondern sich ausschließlich aus dem völkerrechtswidrigen Kriegsgerichtsbarkeits-Erlass[470] ergaben, der von Hitler am 13. Mai 1941 ergangen war, d. h. bereits *vor* Beginn des wirtschaftspolitisch und rassenideologisch konzipierten Vernichtungsfeldzug gegen die Sowjetunion.

5.3 Zur Andersartigkeit des „sicherungspolitischen Auftrages" im Herbst 1942

Einleitend ist zu erwähnen, dass das US Military Tribunal II in Nürnberg in der Anklageschrift, dem Kreuzverhör und der Urteilsbegründung zum Einsatzgruppenprozess wiederholt insistierte, dass Biberstein von seinem Vorgesetzten Dr. Max Thomas anlässlich der Dienstantrittsmeldung in Kiew den von Hitler *mündlich* überlieferten „Tötungsbefehl hinsichtlich der Juden" erhalten haben müsste. Desgleichen war das US Military Tribunal II der festen Überzeugung, dass Biberstein jener „Tötungsbefehl gegen die Juden" zudem von seinem Vorgänger Robert Mohr weitergegeben sein dürfte, und dass demzufolge die von seinen Teilkommandos ausgeführten 2.000 bis 3.000 Exekutionen während Bibersteins Dienstzeit überwiegend an Juden vollzogen sein müssten.[471] Diesbezüglich waren Anklagebehör-

---

[468] Ebd.

[469] Ebd.

[470] *Erlass über die Ausübung der Kriegsgerichtsbarkeit im Gebiet „Barbarossa" und über besondere Maßnahme der Truppe*, BArch-MA, RW 4/ v.577. Jener Kriegsgerichtsbarkeits-Erlass wird thematisiert im Unterkapitel III.5.5 und dort unter dem Rubrum „Aufhebung der Rechtszuständigkeit durch den Kriegsgerichtsbarkeits-Erlass".

[471] Zeugeneinvernahme Biberstein, StAN, Rep. 501, KV-Prozesse, Fall 9, A 32-33, S. 2814.

de und Gericht von der frei erfundenen Behauptung Ohlendorfs ausgegangen, dass dem Auftrag der Einsatzgruppen ein durch Heydrich bzw. durch Streckenbach in den Bereitstellungsräumen Pretzsch, Bad Schmiedeberg und Düben noch *vor* deren Abmarsch in die Sowjetunion ein *mündlich* übermittelter „genereller Judentötungsbefehl“ Hitlers zugrunde gelegen hätte.[472] Insofern zeigte sich das US-amerikanische Militärgericht wiederholt und zu Recht auf das Äußerste empört über Bibersteins Aussage, erst im Sitzungssaal des Nürnberger Gerichtsgebäudes im Oktober 1947 von einem solchen „Judentötungsbefehl Hitlers“ erfahren zu haben und über dessen Inhalt und Durchführung zutiefst schockiert gewesen zu sein.[473] Diesbezügliche ähnliche Äußerungen tätigten einige Mithäftlinge Bibersteins, deren Aussagen von dem US Military Tribunal II ebenfalls als reine Verteidigungsstrategien gewertet wurden.

In diesem Zusammenhang erscheinen zwei weitere Aspekte zur Erhellung des historischen Kontextes von Wichtigkeit, insofern, als Bibersteins so bezeichneter „sicherheitspolizeilicher Auftrag“ sich von dem seiner im Nürnberger Einsatzgruppenprozess Mitangeklagten in einigen Punkten unterschied.

(1) Welche „sicherungspolizeiliche“ Lage fand Biberstein in seinem künftigen Operationsgebiet vor – nicht zuletzt auch im Hinblick auf die bereits stattgefundenen unvorstellbaren Massaker an Juden, wie sie exemplarisch in Kapitel III.4.5/4.6 dargestellt wurden –, als er dort am 18. September 1942 seinen Dienst antrat. Wie hatte sich zudem die politische Situation aufgrund der militärischen Kampfhandlungen gewandelt, insbesondere nach der deutschen Sommeroffensive 1942? Wie bereits erwähnt, hatte der Angriff auf Stalingrad

---

[472] Der 1902 geborene ehemalige SS-Gruppenführer und Generalleutnant der Polizei Bruno Streckenbach wurde am 18. Februar 1952 von einem Moskauer Militärgericht zu 25 Jahren Haft verurteilt. Drei Jahre später konnte er mit den letzten deutschen Kriegsgefangenen in seine Geburtsstadt Hamburg zurückkehren, insofern, als Adenauer während seiner Moskaureise vom 8. bis 14. September 1955 die Freilassung der restlichen 10.000 Kriegsgefangenen „bei Wahrung der deutschlandpolitischen Rechtsposition der Bundesrepublik.“ www.konrad-adenauer.de/stichworte/aussenpolitik/moskaureise-1955/; 5.6.2016. In Hamburg wurde Streckenbach am 30. Juni 1973 von der Staatsanwaltschaft am Landgericht Hamburg wegen Mordes an einer Million Menschen unter dem Aktenzeichen 147 Js 31/67 angeklagt. Am 28. Oktober 1977 wurde das Verfahren jedoch wegen Verhandlungsunfähigkeit des 72-Jährigen eingestellt. Streckenbach verstarb drei Jahre später am 28. Oktober 1977. Im Zuge der staatsanwaltlichen Ermittlungen wurde von einer Vielzahl von Zeugen die Ohlendorf-Legende entlarvt, nach der den Einsatzgruppen in den Bereitstellungsräumen Pretzsch, Düben und Bad Schmiedeberg vor deren Abmarsch von Streckenbach in dessen Funktion als Personalchef des Reichssicherheitshauptamtes (RSHA) ein „genereller Judentötungsbefehl Hitlers“ mündlich übermittelt worden sei.

[473] Otto Ohlendorf erfand jene Legende von einem „generellen Judentötungsbefehl Hitlers“, als er erstmals als Zeuge im Nürnberger Prozess gegen die Hauptkriegsverbrecher im Jahre 1945/46 aussagte. Während des Einsatzgruppenprozesses gelang es Ohlendorf, seine Mitangeklagten unter großem Druck – Biberstein und Schulz ausgenommen – auf eine Verteidigungsstrategie einzuschwören, die aufgrund des imaginierten „Judentötungsbefehls Hitlers“ auf Befehlsnotstand abzielen konnte. Auf diesen Aspekt wird in Kapitel IV.4 zurückzukommen sein.

im Spätsommer 1942 begonnen und bereits zwei Monate nach Bibersteins Eintreffen in Rostow war die Rote Armee zur Gegenoffensive übergegangen. Allein das sollte eine gravierende Änderung des „sicherheitspolizeilichen Auftrages" für das Einsatzkommando 6 (EK 6) zur Folge haben.

(2) Welche *strukturellen* Wandlungen hatten sich bereits ein Jahr zuvor, d. h. im Herbst 1941, aufgrund der Konstituierung des Reichskommissariats Ukraine (RKU) ergeben, und welche Veränderungen für das Einsatzkommando 6 (EK 6) hinsichtlich der „sicherheitspolizeilichen Exekutivmaßnahmen" hatte das zur Folge – auch mit Bezug zu den Partisanenkämpfen, die in Bibersteins künftigem Operationsgebiet jedoch erst ab dem Sommer 1942 einsetzten, und ebenso hinsichtlich der nationalen Bestrebungen der bereits im Jahre 1929 gegründeten *Organisation Ukrainischer Nationalisten* (OUN)?

Da der Russlandfeldzug im Rahmen der Hitlerischen Vision einer Weltmachtstellung Deutschlands durch die Errichtung eines „Großdeutschen Germanischen Reiches" stand, das sich vom Atlantik bis zum Ural und von den Skandinavischen Ländern bis nach Nord-Afrika erstrecken sollte, und gemäß seiner Konzeption als *Vernichtungs*krieg die vollkommene Zerschlagung der bolschewistischen Sowjetrepubliken sowie danach deren radikale wirtschaftliche Ausbeutung zum Ziel hatte,[474] sollten gemäß des Hitler-Erlasses vom 17. Juli 1941 die eroberten sowjetrussischen Gebiete weder dem Großdeutschen Reich annektiert werden, noch innerhalb des zu schaffenden *Großdeutschen Germanischen Reiches* als formelle „Bündnisstaaten" unter deutscher Herrschaft existieren, sondern stattdessen in Reichskommissariate (RK) umgewandelt, d. h. einer *zivilen* Besatzungsbehörde unter Leitung eines deutschen Reichskommissars unterstellt werden, die ihrerseits dem Reichsministerium für die besetzten Ostgebiete (RMfdbO) unterstand. Dementsprechend hatte Göring in seiner Funktion als Reichsmarschall des Großdeutschen Reiches und Beauftragter für den Vierjahresplan noch am selben Tag seinerseits den nachfolgenden Erlass bekannt gegeben:

> „Aufgrund des Erlasses des Führers über die Verwaltung der neu besetzten Ostgebiete vom 17.7.1941 geht die Verwaltung dieser Gebiete von den militärischen Dienststellen auf die Dienststellen der Zivilverwaltung über, *sobald und soweit die militärischen Kampfhandlungen in den neu besetzten Ostgebieten beendet sind* und der Führer eine entsprechende Anordnung trifft." [Kursivdruck vom Verf.].[475]

---

[474] Göring hatte in einer am 8. November 1941 abgehaltenen *Besprechung über Wirtschaftspolitik und Wirtschaftsorganisation in den neubesetzten Ostgebieten*, die von Regierungsrat Dr. Bergmann protokolliert worden war, hinsichtlich der allgemeine Grundsätze ausgeführt, dass „auf lange Sicht gesehen [...] die n e u b e s e t z e n O s t g e b i e t e u n t e r k o l o n i a l e n G e s i c h t s p u n k t e n und mit kolonialen Methoden wirtschaftlich ausgenutzt" werden sollten. [Sperrdruck im Original]. Der Reichsmarschall d. Großdeutschen Reiches/Beauftr. F. d. Vierjahresplan/WiFSt Ost, V. P. 19203/6 Anlage, geh., BArch-MA, (Reichsministerium für die besetzten Ostgebiete (RMfdbO) 151, fol. 144-148, hier fol. 144.

[475] Der Reichsmarschall des Großdeutschen Reiches und Beauftragter für den Vierjahresplan, B. P.

Jene „entsprechende Führer-Anordnung", durch den das *Reichskommissariat Ukraine* (RKU) mit Verwaltungssitz zunächst in Rowno, später in Kiew, konstituiert wurde (Bild 37), war bereits zehn Wochen nach Beginn des wirtschaftspolitisch und rassenbiologisch konzipierten Vernichtungskrieges gegen die Sowjetunion ergangen, d. h. am 1. September 1941 um 12.00 Uhr. Am 20. Oktober 1941 wurde das Reichskommissariat Ukraine (RKU) überdies erheblich nach Osten hin erweitert. Sodann erging mit Führererlass vom 4. November desselben Jahres das nachfolgend genannte Gebiet ebenfalls in die Zivilverwaltung des Reichskommissars für die Ukraine über.

> „Durch Erlaß vom 4. November 1941 – OKW/WFSt/L IV Nr. 764/41 – hat der Führer befohlen, daß mit dem 15. November 1941 das folgende Gebiet vom rückwärtigen Heeresgebiet Süd aus dem Operationsgebiet des Heeres ausscheidet:
>
> Verlauf des Bug von Perwomaisk bis zur Einmündung in das Schwarze Meer – Küste des Schwarzen Meeres bis zur Mündung des Dnjepr/Verlauf des Dnjepr bis Tscherkassy (Orte einschließlich) – bisherige Grenze des Reichskommissariats Ukraine von Tscherkassy bis Perwomaisk. Das Gebiet geht in die Zivilverwaltung des Reichskommissars für die Ukraine über."[476]

Die Kompetenzen hinsichtlich der Zivilverwaltung lagen damit in Händen des Alfred Rosenberg, der bereits am 17. Juli 1941 von Hitler zum *Reichminister für die besetzten Ostgebiete* ernannt worden war, und der in den besetzten Ostgebieten als Hitlers Stellvertreter fungierte und demzufolge auch Weisungsbefugnis hinsichtlich der Zivilverwaltung hatte.[477] Zum *Reichskommissar Ukraine*, d. h. zum Chef der Zivilverwaltung in der Ukraine, wurde der Gauleiter der NSDAP in Ostpreußen, SS-Obergruppenführer Erich Koch, ernannt, der neben seinem Amtssitz in Rowno/ Ukraine jenen in Königsberg behielt.[478]

In Entsprechung zu dem Führererlass vom 4. November 1941 wurde nunmehr für das ordnungspolizeiliche Aufgabengebiet ein *Befehlshaber der Ordnungspolizei* (BdO) eingesetzt. Für den sicherheitspolizeilichen Sachbereich hingegen ein *Befehlshaber der Sicherheitspolizei und des SD* (BdS), das war in diesem Fall Bibersteins späterer Vorgesetzter, der SS-Gruppenführer und Generalleutnant der Polizei Dr. Max Thomas, der nunmehr in Personalunion sowohl *Chef der Einsatzgruppe C* als auch *Befehlshaber der Sicherheitspolizei und des SD (BdS) für das*

11604, *Erlass des Führers über die Verwaltung der neu besetzten Ostgebiete vom 17.7.1941*, BArch, R 6/ 23, fol. 2-4, hier fol. 2.

476 Der Reichsmarschall des Großdeutschen Reiches, Beauftragter für den Vierjahresplan, Wirtschaftsprüfungsstab Ost, V. P. 18 675/1/6, Schnellbrief vom 8. November 1941, BArch, R 6/ 23, fol. 87-88, hier fol. 87.

477 D e n k s c h r i f t über Aufgaben und Befugnisse des Reichsministers für die besetzten Ostgebiete bzw. der Reichskommissare und über die Befugnisse des Reichsführers-SS, Chef der deutschen Polizei sowie des Reichskommissars für die Festigung des deutschen Volkstums, Berlin, den 27.8.1941 [Sperrdruck und Unterstreichung im Original], BArch, R 6/ 23, fol. 2-4, fol. 35-49.

478 ERNST KLEE, Personenlexikon, S. 322f.

Reichskommissariat Ukraine war. Befehlshaber der Ordnungspolizei (BdO) und Befehlshaber der Sicherheitspolizei und des SD (BdS) wiederum unterstanden einem Höheren SS- und Polizeiführer (HSSPF), das war für das Reichskommissariat Ukraine (RKU) der SS-Obergruppenführer sowie General der Waffen-SS und der Polizei Hans-Adolf Prützmann. Er war der Nachfolger des berüchtigten Höheren SS- und Polizeiführer (HSSP) Friedrich Jeckeln.

Hier sei bereits vorweggegriffen, dass die Unterstellung der Einsatzgruppe C unter einen Höheren SS- und Polizeiführer (HSSPF) im Mai 1943 für Biberseins weiteren Dienstweg von besonderer Relevanz werden sollte, insofern, als Biberstein in offensichtlicher Unkenntnis der Militär- und Zivilverwaltungsstrukturen sowie des *Merkblattes für die Führer der Einsatzgruppen und Einsatzkommandos der Sicherheitspolizei und des SD für den Einsatz „Barbarossa“*[479] einen Befehl zum Partisaneneinsatz in der West-Ukraine seitens seines Vorgesetzten Dr. Thomas erst nach persönlicher Rücksprache und demzufolge mit erheblicher Verzögerung ausführte. Infolgedessen leitete Dr. Thomas ein Untersuchungsverfahren gegen Biberstein ein wegen des Verdachts der militärischen Befehlsverweigerung.

Mit der Konstituierung des Reichskommissariats Ukraine (RKU) (Bild 37) wurde sukzessive ein Teil der Einsatz- und Sonderkommandos der Einsatzgruppe C in stationäre, d. h. zivile Dienststellen umgewandelt, die dadurch eine Funktion erhielten, die jener der Sicherheitspolizei (Sipo) im Reich vergleichbar war, d. h. mit der Umwandlung in stationäre Dienststellen veränderte sich der „sicherungspolizeiliche Aufgabenbereich“ der Einsatz- und Sonderkommandos in der Weise, dass sie neben den Dienstobliegenheiten der Geheimen Staatspolizei nunmehr auch jene der Kriminalpolizei wahrzunehmen hatten.

Zunächst erlangte das Einsatzkommando 5 (EK 5) bereits ein Vierteljahr nach Beginn des Russlandfeldzuges im Oktober 1941 den stationären Status. Damit erhielt dessen Führer den Status eines *Kommandeurs der Sicherheitspolizei und des SD Kiew* (KdS Kiew). (Bild 43: weiße gepunktete Fläche). Im Mai 1942 erfolgte sodann die Umwandlung des Sonderkommandos 4b (SK 4b), dessen Führer August Meier[480] nun zum *Kommandeur der Sicherheitspolizei und des SD Stalino* (KdS Stalino) mutierte. (Bild 43: weiße gepunktete Fläche). Desgleichen war

---

[479] *Merkblatt für die Führer der Einsatzgruppen und Einsatzkommandos der Sicherheitspolizei und des SD für den Einsatz „Barbarossa“* (o. D., jedoch vor dem 22.6.1941), RGVA, 500-1-25 und USHMMA, RG11.001M, abgedruckt in: ANDREJ ANGRICK/ KLAUS-MICHAEL MALLMANN/ JÜRGEN MATTHÄUS/ MARTIN CÜPPERS (Hrsg.): Deutsche Besatzungsherrschaft in der UdSSR 1941-1945. Dokumente der Einsatzgruppen in der Sowjetunion II (Veröffentlichungen der Forschungsstelle Ludwigsburg der Universität Stuttgart; 23), Darmstadt 2013, S. 30-33, hier S. 30.

[480] SS-Obersturmbannführer August Meier war zunächst von September 1941 bis Januar 1942 als Führer des Einsatzkommandos 5 (EK 5) der Einsatzgruppe C eingesetzt, bis er von Juli bis November 1942 Chef des Sonderkommandos 4b (SK 4b) wurde. Sein Nachfolger wurde Waldemar Krause. ERNST KLEE, Personenlexikon, S. 399.

bei Bibersteins Ankunft am 18. September 1942 aufgrund der Lageentwicklung an der Südfront (Bild 43) auch das „EK 6 nicht mehr im Vormarsch begriffen, sondern bereits seit einiger Zeit stationär."[481] Biberstein erläuterte dem US Military Tribunal II in Nürnberg, die Mitarbeiter seines Kommandos hätten ihn dahingehend informiert, dass das EK 6 schon im Winter 1941/42 aufgrund der militärischen Kampfhandlungen – d. h. aufgrund des gescheiterten Blitzkrieges und in der Erkenntnis, dass der Russlandfeldzug in absehbarer Zeit nicht zu gewinnen sei – in Stalino, dem heutigen Donezik (russ. Dońezk),[482] gelegen und dort angefangen habe, die genaue Arbeitsweise einer zivilen Dienststelle einzunehmen. Das heißt, sobald das Gebiet in die Zivilverwaltung überging, wurden dort reguläre feste und ortsgebundene Dienstbehörden der Sicherheitspolizei tätig. Damit verloren die Einsatzkommandos ihre eigentliche Funktion hinsichtlich der „sicherheitspolizeilichen Befriedung" ihres jeweiligen Operationsraumes wie sie von Heydrich vor Beginn des Russlandfeldzuges zunächst mündlich an die Einsatzgruppen und deren Kommandos ausgegeben worden war und wie er sie danach am 2. Juli 1941 in seiner Einweisung der vier Höheren SS- und Polizeiführer im Osten schriftlich festgelegt hatte:

> „Nahziel des Gesamteinsatzes ist die politische, d. h. im wesentlichen die sicherheitspolizeiliche Befriedung der neu zu besetzenden Gebiete.
>
> *Endziel ist die wirtschaftliche Befriedung*. Wenn auch alle zu treffenden Maßnahmen schließlich auf das Endziel, auf welchem das Schwergewicht zu liegen hat, abzustellen sind, so sind sie doch im Hinblick auf die jahrzehntelang anhaltende bolschewistische Gestaltung des Landes *mit rücksichtsloser Schärfe* auf umfassendstem Gebiet durchzuführen [...].
>
> Die p o l i t i s c h e Befriedung ist die erste Voraussetzung für die w i r t s c h a f t l i c h e Befriedung." [Sperrdruck im Original, Kursivdruck vom Verf.].[483]

---

[481] Zeugeneinvernahme Biberstein, StAN, Rep. 501, KV-Prozesse, Fall 9, A 32-33, S. 2815f.

[482] Das damalige Stalino und heutige Donezik (russ. Dońezk) war und ist bis heute ein wichtiger Industriestandort im Dońezk-Becken (ukrainisch: Donbass). Als Zentrum der Schwerindustrie, insbesondere jedoch des Steinkohlebergbaus, war Stalino für die Nationalsozialisten im Hinblick auf die wirtschaftliche Ausplünderung der Ukraine von erheblicher geostrategischer Bedeutung. Gemäß den in den *Ereignismeldungen UdSSR* gemeldeten Standortverbindungen hatte dort zuvor das Sonderkommando 10a (SK 10a) des berüchtigten Heinz Seetzen seinen Standort gehabt und hatte das Gebiet um Stalino „sicherungspolizeilich überholt", d. h. „judenfrei" gemacht.

[483] Chef der Sicherheitspolizei und des SD, B. Nr. IV – 100/41 geh. Rs., Berlin, den 2. Juli 1941, G e h e i m e R e i c h s s a c h e 3 gRs. Als Geheime Reichssache (a) an den Höheren SS- und Polizeiführer SS-Obergruppenführer J e c k e l n (über B. d. S. K r a k a u zur sofortigen Weiterleitung) (b) an den Höheren SS- und Polizeiführer SS-Gruppenführer v. d. B a c h (über Kommandeur SPSD in W a r s c h a u zur sofortigen Weiterleitung) (c) an den Höheren SS- und Polizeiführer SS-Gruppenführer P r ü t z m a n n (über Stapostelle T i l s i t zur sofortigen Weiterleitung) (d) an den Höheren SS- und Polizeiführer SS-Oberführer K o r s e m a n n (über SS-Staf. O h l e n d o r f), [Sperrdruck im Original], BArch, R 70/ Sowjetunion/32 und R 58 / 241.

Im Hinblick auf die „sicherheitspolizeiliche Funktion" des Einsatzkommando 6 (EK 6) ist zu vermerken, dass es sich bereits in der von Heydrich genannten zweiten Phase der „Befriedung" befand, d. h. in der „wirtschaftlichen Befriedung". Allerdings hatte Heydrich bei der Abfassung der oben genannten Einweisung der vier Höheren SS- und Polizeiführer nicht vorhersehen können, dass Stalin unmittelbar nach Beginn des Russlandfeldzuges die sowjetische Bevölkerung zu einem vom NKWD organisierten und unterstützten Partisanenkampf aufrufen würde, der – von der Partisanenhochburg Weißrussland ausgehend – bei Bibersteins Eintreffen in der Oblast Rostow am 18. September 1942 dort in vollem Gange war. Daneben kämpften dann ab 1942 in Bibersteins Operationsgebiet auch ukrainisch-nationalistische Partisanengruppen, so die OUN. Mit Bezug zu den veränderten „sicherheitspolizeilichen und sicherheitspolitischen Aufgaben" in seinem Dienstbereich erläuterte Biberstein vor dem US Military Tribunal II in Nürnberg in verteidigungsstrateischem Kalkül. „Als das EK 6 im Mai 1942[484] den Befehl erhalten habe, in das südöstlich von Stalino [Dońezk] liegende Rostow am Don [russ. Rostóv-na-Donú] zu übersiedeln, sei dessen gesamter Operationsraum und Einflussbereich bereits in den Monaten zuvor von anderen Einsatzkommandos im Vormarsch ‚sicherheitspolizeilich bearbeitet' worden."[485]

Die diesbezüglichen Aussagen Bibersteins wurden von Ohlendorf am 14. Oktober 1947 vor dem US Military Tribunal II in Nürnberg im Kreuzverhör auf Anfrage des zweiten Verteidiger Bibersteins, Dr. Ficht, lediglich dahingehend bestätigt, dass das Sonderkommandos 10a (SK 10a) unter Führung des äußerst brutalen Heinz Seetzen während längerer Zeit, d. h. während der Wintermonate 1941/42, die Stadt Taganrog als Standort hatte, dass jedoch Teile des SK 10a vorübergehend auch in Rostow gewesen seien, d. h. während der *ersten* Besetzung der Stadt Rostow durch die deutschen Truppen zwischen dem 17. November und 2. Dezember 1941.[486] Ohlendorfs obige Einlassung bot inhaltlich insofern nichts Neues, als jener Tatbestand dem US-amerikanischen Richterkollegium bereits durch die *Ereignismeldungen UdSSR* bekannt war, etwa durch die *EM Nr. 135 vom 19.November 1941*, da Chefankläger Benjamin B. Ferencz bereits ein halbes Jahr vor Prozessbeginn das von seinem Team um die Jahreswende 1946/47 in dem ausgebombten Gestapogebäude aufgefundene Beweismaterial per Flugzeug von Berlin nach Nürnberg hatte bringen lassen, also die 195 *Ereignismeldungen UdSSR 1941/42*, die 55 *Meldungen aus den besetzten Ostgebieten 1942/43* und die elf *Tätigkeits- und Lageberichte des Chefs der Sicherheitspolizei und des SD.* Somit war es ein Leichtes, allein schon anhand der taktischen Lageberichte festzustellen, welches Kommando sich zu welchem Zeitpunkt an welchem Standort

[484] Rostow wurde nicht im Mai, sondern erst am 27. Juli 1942 von deutschen Truppen erobert.

[485] Zeugeneinvernahme Biberstein, StAN, Rep. 501, KV-Prozesse, Fall 9, A 34-33, S. 2815f.

[486] Zeugeneinvernahme Ohlendorf, StAN, Rep. 501, KV-Prozesse, Fall 9, A 6-8, S. 622.

aufgehalten und dort die so bezeichnete „sicherheitspolizeiliche Überholung", d. h. die Ermordung der Juden, durchgeführt hatte.

In diesem Zusammenhang ist zu erwähnen, dass Ohlendorf bereits 19 Monate vor Beginn des Einsatzgruppenprozesses am 3. Januar 1946, als *Zeuge* vor dem Internationalen Gerichtshof Nürnberg (IMT) auf die Frage des US-amerikanischen Staatsanwaltes Oberst John Arlan Amen hinsichtlich des genauen Operationsgebietes der Einsatzgruppe D – unter Angabe der jeweiligen Städte – ausgesagt hatte: „Die nördlichste Stadt war Czernowitz, von dort nach Süden über Mogilev-Podolsk-Jambol bis Odessa, dann östlich Nikolajew, Cherson, Melitopol, Taganrog, Rostow und die Krim." Auf die weitere Frage des Staatsanwaltes Amen, „wieviele Personen durch die Einsatzgruppe D liquidiert wurden, und zwar unter Ihrer Führung," gab Ohlendorf zur Antwort: „In dem Jahre von Juni 1941 bis Juni 1942 sind von den Einsatzkommandos [der Einsatzgruppe D] etwa 90.000 als liquidiert gemeldet worden."[487] Ohlendorf wurde am 30. Juni 1942 von dem SS-Brigadeführer und Generalmajor der Polizei Walther Bierkamp abgelöst, der die Massenexekutionen weiterführte.

An dieser Stelle erscheint es angebracht, mittels eines Vergleichs der Marschrouten des EK 6 und des SK 10a/EK 12 die obigen Aussagen sowohl Bibersteins als auch Ohlendorfs auf deren Wahrheitsgehalt zu überprüfen unter Bezug zu den entsprechenden *Ereignismeldungen UdSSR/ Meldungen aus den besetzten Ostgebieten* und gestützt durch zeitgenössische Forschungsergebnisse ausgewiesener Holocaustexperten.

Marschrouten des EK 6 und des SK 10a/ EK 12 – ein geografischer Vergleich

Welche strukturellen Veränderungen aufgrund der militärischen Lage Biberstein bei seinem Dienstantritt am 18. September 1942 vorfand, als er das Einsatzkommando 6 von seinem Vorgänger Robert Mohr übernahm, lässt sich anhand eines Vergleichs der Marschrouten des Einsatzkommandos 6 der Einsatzgruppe C mit jenen der beiden Kommandos der Einsatzgruppe D, dem Sonderkommando 10a unter Heinz Seetzen und dem Einsatzkommando 12 unter Gustav Nosske, anhand der *Ereignismeldungen UdSSR 1941/42* (EM) und der *Meldungen aus den besetzten Ostgebieten* (MbO) demonstrieren, insbesondere anhand der dortigen Standortmeldungen und Funkverbindungsdaten.

Wie unter anderem Bild 42 verdeutlicht, wurde die Einsatzgruppe C bereits zu einem frühen Zeitpunkt auf ihrer rechten Flanke von der Einsatzgruppe D über-

487 Der Prozess gegen die Hauptkriegsverbrecher vor dem Internationalen Gerichtshof Nürnberg, Nürnberg 1947, Bd. IV, S. 351f. Ohlendorf gibt hier lediglich die Marschroute der Einsatzgruppe D bekannt, er tätigt weder eine Aussage über den *Zeitraum* noch über die genaue *Anzahl* der ermordeten Rostower Juden. Die Beteiligung Bibersteins an den Judenmorden in der Oblast Rostow wird weiter unten thematisiert.

Bild 42: Die Wege der deutschen Einsatzgruppen in der Sowjetunion.
(Quelle: „Gedenkorte Europa" des Studienkreises Deutscher Widerstand 1933-1945).
Die Skizze zeigt den flächendeckenden Einsatz aller vier Einsatzgruppen zur Ermordung der Opfer und deren Vormarsch bis zum *Winterbeginn 1941*. Erst danach verließ das Einsatzkommando 6 gemäß *Ereignismeldung Nr. 139 vom 28.11.1941* den bisherigen Standort Dnepropetrowsk und schwenkte nach Süden mit Zielrichtung Taganrog/Rostow, d. h. in das Gebiet, in dem zuvor die Kommandos SK 10a und EK 12 der Einsatzgruppe D die dort lebende jüdische Bevölkerung ermordet hatten, wie in der *Ereignismeldung Nr. 126 vom 29.10.1941* eindeutig belegt ist.

holt. Denn während die *Ereignismeldung Nr. 126 vom 29. Oktober 1941* Kiew als Standort der Einsatzgruppe C (Dr. Max Thomas) meldete und für das Einsatzkommando 6 (Dr. Erhard Kröger) als Standort Kriwoj Rog mit Marschrichtung Dnepropetrowsk und Restkommando in Winniza angab, verzeichnete dieselbe Ereignismeldung für die Einsatzgruppe D (Otto Ohlendorf) das knapp 500 km südlich von Kiew gelegene Nikolajew als Standort."[488]

Dort waren die vier Sonderkommandos (SK 10a, SK 10b, SK 11a, SK 11b) und das Einsatzkommando (EK 12) der Einsatzgruppe D unter Ohlendorf, „beginnend mit dem 14. September 1941 [...] dazu übergegangen, ganze Gemeinden vollständig auszulöschen."[489]

Während also der Stab der Einsatzgruppe D noch in Nikolajew weilte, war gemäß der *Ereignismeldung UdSSR Nr. 126 vom 29. Oktober* 1941 hingegen dessen Sonderkommando 10a unter dem berüchtigten Heinz Seetzen mit dem ihm zugeteilten Armeeabschnitt des Armeeoberkommandos 11 (AOK 11) weit vormarschiert in das zur Oblast Rostow gehörende und an der Mündung des Don in das Asowsche Meer mündende Taganrog, das am 17. Oktober 1941 eingenommen wurde. Zielrichtung war das 77 km östlich gelegene Rostow.[490] (Bild 42).

War für das EK 6 gemäß der *Ereignismeldung UdSSR Nr. 135 vom 19. November 1941* nunmehr Dnepropetrowsk als Standort verzeichnet, hatte hingegen das SK 10a unter Seetzen zwar immer noch Taganrog als Standort des Stabes inne, war jedoch mit Nachkommandos (Teilkommandos) in den am Nordufer des Asowschen Meeres liegenden Städten Melitopol, Berdjansk und Mariupol im Einsatz. Dort erschoss es „im Oktober 1941 in Melitopol 2.000, in Berdjansk 1.000, in Mariupol 8.000 und in Taganrog weitere 1.500 Juden. Die Zahlen sind dabei als Mindestangaben zu verstehen, die tatsächliche Zahl jüdischer Opfer dürfte um einiges höher gelegen haben."[491]

In demselben Zeitraum war das EK 12 der Einsatzgruppe D unter dem SS-Obersturmbannführer Gustav Nosske in das etwa 110 km nördlich von Mariupol gelegene Stalino (Dońezk) vorgerückt und hatte im südrussischen Nowotscherkassk ein Teilkommando stationiert.[492] Jedoch bereits wenig später wurde in den

---

[488] Der Chef der Sicherheitspolizei und des SD, IV A 1 – B. Nr. 1 B/41 g. Rs., *Ereignismeldung UdSSR Nr. 126 vom 29.10.1941*, BArch, R 58/218.

[489] ANDREJ ANGRICK: Die Einsatzgruppe D, in: Die Einsatzgruppen in der besetzten Sowjetunion 1941/42. Die Tätigkeits- und Lageberichte des Chefs der Sicherheitspolizei und des SD. Herausgegeben und eingeleitet von Peter Klein. Mit Beiträgen und Kommentaren von Andrej Angrick, Christian Gerlach, Dieter Pohl und Wolfgang Scheffler (Publikationen der Gedenk- und Bildungsstätte Haus der Wannsee-Konferenz; 6), Berlin 1997, S. 88-110, hier S. 98.

[490] Der Chef der Sicherheitspolizei und des SD, IV A 1 – B. Nr. 1 B/41 g. Rs., *Ereignismeldung UdSSR Nr. 126 vom 29.10.1941*, BArch, R 58/218.

[491] ANDREJ ANGRICK, Einsatzgruppe D, S. 100. Angrick belegt die Opferzahlen mit Ermittlungsergebnissen deutscher Justizbehörden, hier der Staatsanwaltschaft München I (AZ:114 Js 117/64 und 22 Js 202/61).

[492] Standortmeldung des EK 12, in: Der Chef der Sicherheitspolizei und des SD, V A 1 – B. Nr. 1 B/41 g. Rs., *Ereignismeldung Nr. 135 vom 19.11.1941*, BArch, R 58/219. Der Chef der Sicherheitspoli-

Standortmeldungen der *Ereignismeldung UdSSR Nr. 139 vom 28.11.1941* Stalino als Standort des EK 6 unter Bibersteins Vorgänger Robert Mohr verzeichnet. Bereits die *Ereignismeldung UdSSR Nr. 136 vom 21.November 1941* hatte gleich in den ersten Sätzen ihres Tätigkeitsberichtes gemeldet: „Zwei Kommandos [der EG D] gehen über Taganrog, Rostow und Stalino in Richtung Nordkaukasus vor. 2 Kommandos sind für die Krim angesetzt. Im Bereich der in Richtung Nordkaukasus vorgehenden Kommandos ist die Judenfrage gelöst. Die Städte Mariupol und Taganrog sind judenfrei."[493]

„Am 21. November 1941 wurde Rostow nach schweren Kämpfen von den Deutschen besetzt. Eine Woche später, am 29. November, war es jedoch schon von der Sowjetarmee rückerobert."[494] Für den kurzen Zeitraum verzeichnete das SK 10a zwar Rostow als Standort. Jedoch weisen reichsamtliche Quellen nicht nach, ob bzw. wieviele Judenexekutionen das SK 10a während jener kurzen Verweildauer durchgeführt hat. In der *Ereignismeldung UdSSR Nr. 141 vom 3. Dezember 1941* sind für das SK 10a *keine* Exekutionen gemeldet, lediglich das EK 12 gibt dort die Erschießung von 39 Partisanen an.[495]

Hingegen belegen von der Internationalen Holocaust Gedenkstätte YAD VASHEM übernommene russische Quellen, dass von dem SK 10a „between November 21 and 30, 1941 more than 1,000 Rostov-on-Don Jews were shot to death by Germans [and] between November 21 and 30, 1941 about 30 Rostov-on-Don Jews were shot to death by Germans in the Nakhichevan area [Stadt in der Oblast Rostow, heute Stadtteil Rostows]."[496] Etwa knapp acht Wochen *vor* Bibersteins Ankunft

---

zei und des SD, IV A 1 – B. Nr. 1 B/41 g. Rs., *Ereignismeldungen UdSSR Nr. 135-139 jeweils vom 11.,19, 21., 26., 28.11., 1.12.1941*, jeweils BArch, R 58/219. Demzufolge war Nowotscherkassk vom 11.11.-1.12.1941 Standort eines Teilkommando des EK 12. Wieviele Judenexekutionen jenes Teilkommando während der 20-tägigen Besetzung der Stadt durchgeführt hat, ist insofern nicht exakt zu ermitteln, als in den *Ereignismeldungen UdSSR* die von Teilkommandos durchgeführten Exekutionen nicht gesondert aufgelistet werden. Jedoch meldete die Einsatzgruppe D bereits mit Datum vom 18. 10.1941, dass „die Judenfrage vor allem im Raum östlich des Dnepr in Angriff genommen" und „die von den Kommandos neu besetzten Räume judenfrei gemacht wurden". *EM Nr. 117 vom 18.10.1941*, BArch, R 58/218. Demzufolge wäre die gleiche Vorgehensweise vier Wochen später auch für Nowotscherkassk zu vermuten. Nowotscherkassk liegt 240 km südöstlich von Stalino. Die von dem SK 10a und EK 12 zum Teil bereits 1941 sowie in der Sommeroffensive 1942 „sicherheitspolizeilich überholten" Städte Taganrog, Mariupol, Melitopol und Berdjansk sowie Stalino und Nowotscherkassk wurden zu einem späteren Zeitpunkt das Operationsgebiet des EK 6 zunächst unter Bibersteins Vorgänger Robert Mohr, dann ab dem 18.9.1942 unter Biberstein.

493 Der Chef der Sicherheitspolizei und des SD, IV A 1 – B. Nr. 1 B/41 g. Rs., *Ereignismeldung UdSSR Nr. 136 vom 21.11.1941*, BArch R 58/219.

494 Rostow am Don, in: ISRAEL GUTMAN (Hrsg.), Enzyklopädie, Bd. III, S. 1242.

495 Der Chef der Sicherheitspolizei und des SD, IV A 1 – B. Nr. 1 B/41 g. Rs., *Ereignismeldung 139 vom 28.11.1941*, BArch, R 58/219 und *Ereignismeldung UdSSR Nr. 141 vom 3.12.1941*, BArch R 58/219.

496 Rostov-on-Don county, in: https://www.yadvashem.org/yv/en/about/institute/killing_sites_catalog_details_full.asp?region=Rostov-on-Don&title=Rostov-on-Don%20county; 5.8.2019.

in seinem künftigen Operationsgebiet war die südrussische Stadt Rostow während der Sommeroffensive am 27. Juli 1942 zum zweiten Mal durch die deutsche Wehrmacht erobert worden. „Kurz vor dem Zweiten Weltkrieg hatten in der Stadt [Rostow] mehr als 27.000 Juden bei einer Gesamtbevölkerung von 510.253 Einwohnern gelebt,“[497] das waren 5,3% der Gesamteinwohnerzahl der Stadt Rostow. „Bei der ersten Einnahme der Stadt [am 21.11.1941] sollten nach den Erhebungen des SK 10a während des Winters 1941 noch circa 50.000 Juden, darunter viele Gewerbetreibende, in Rostow gelebt haben.

Bei der zweiten Besetzung [am 27. Juli 1942] ergab die Registrierung, daß nur noch 2000 von ihnen in der Stadt wohnten; der Rest war angesichts der drohenden Gefahr von der Roten Armee ins Landesinnere evakuiert worden. Bei den Zurückgebliebenen handelte es sich hauptsächlich um Alte und Gebrechliche sowie viele Frauen mit Kindern, die allesamt nicht evakuiert werden konnten oder wollten.“[498] Die Differenz von 23.000 jüdischen Bewohnern Rostows innerhalb des Zeitraumes vor Kriegsbeginn 1939 und Erstbesetzung der Stadt Rostow am 21. November 1941 dürfte auf die Zuwanderung durch Flüchtlingsströme zurückzuführen sein.

„Nach der restlosen Erfassung der noch ansässigen Juden“ und der entsprechenden mehrtägigen logistischen Vorbereitungen teilte Heinz Seetzen „am Morgen des 11. August [1942] das SK 10a für die Durchführung der ‚Aktion‘ in kleine Gruppen auf; eine jede wußte, was sie zu tun hatte [...]. Die Zahl der durch das SK 10a in Rostow ermordeten Menschen ist unbekannt, dürfte aber wie den Zeugenaussagen zu entnehmen ist, über den 2000 geschätzten jüdischen Einwohnern gelegen haben; der Beteiligte Winokurow sprach von einigen tausend Juden.“[499] Die Juden der Stadt Rostow waren unter Vortäuschung einer „Umsiedlungsmaßnahme“ mit Lastwagen in die so bezeichnete „Schlangen-Schlucht“ (Smijowskaja Balka) gefahren und dort erschossen worden. Die *Meldung aus den besetzten Ostgebieten* (MbO) Nr. 16 vom 14. August 1942 enthält zwar eine detaillierte Beschreibung über das Prozedere zur Ermordung der Rostower Juden von deren Registrierung bis zur Planung der erforderlichen Logistik, die „in Angriff genommen“ seien, tätigt jedoch keine Angaben über die Anzahl der ermordeten Juden. Seitens des SK 10a wurde in jener Meldung die Ermordung der Rostower Juden mit „drohender Seuchengefahr“ scheinlegitimiert.[500]

---

[497] ILJA EHRENBURG/ WASSILI GROSSMANN (Hrsg.): The black book. The ruthless murder of Jews by German-Fascist invaders throughout the temporarily-occupied regions of the Soviet Union and in the death camps of Poland during the war of 1941-1945, New York, 1981, S. 258-261.

[498] ANDREJ ANGRICK: Besatzungspolitik und Massenmord. Die Einsatzgruppe D in der südlichen Sowjetunion 1941-1943; teilw. zugl.: Berlin, Techn. Univ., Diss., 1999 u. d. T.: Angrick, Andrej: Die Einsatzgruppe D. Struktur und Tätigkeit einer mobilen Einheit der Sicherheitspolizei und des SD in der deutsch besetzte Sowjetunion, Hamburg 2003, S. 562.

[499] Ebd., S. 562f, 565.

[500] Der Chef der Sicherheitspolizei und des SD – Kommandostab – Meldungen aus den besetzten Ostgebieten Nr. 16 vom 14.8.1942, BArch, R 58/608.

Nach jener „Judenaktion" in Rostow fand ein Personalrevivrement statt in der Weise, dass der als überaus grausam berüchtigte Seetzen[501] – nachdem er als Belohnung für seinen „Osteinsatz" von Himmler zum SS-Standartenführer und Oberst der Polizei ernannt worden war – durch den SS-Obersturmbannführer Dr. Kurt Christmann abgelöst wurde, der das SK 10a in Marsch setzte in das knapp 300 km südlich von Rostow gelegene Krasnodar mit Zielrichtung Kaukasus und den riesigen Erdöl- und Erdgasquellen um Grosny und Baku.

Vor dem Abmarsch übergab Dr. Christmann das Kommando über Rostow an das von Bibersteins Vorgänger SS-Sturmbannführer Robert Mohr geführte EK 6 der Einsatzgruppe C, „welches sich in der Stadt ebenfalls auf die Suche nach versteckten Juden und anderen zu Gegnern erklärten Personen machte."[502] Derartige Aktionen wurden „Nachlese" genannt. Am 30. Dezember 1965 wurde Mohr von dem Landgericht Wuppertal wegen der von ihm veranlassten und von den vier in Taganrog, Rostow, Šachty und Nowotscherkassk stationierten Teilkommandos ausgeführten „Erschiessung[en] und Vergasung[en] mittels ‚Gaswagen' von tausenden jüdischen Männern, Frauen und Kindern; Erschiessung[en] kommunistischer Funktionäre, anderer Zivilisten sowie von 800 Insassen der Irrenanstalt Igrin bei Dnjepropetrovsk" zu acht Jahren Haft verurteilt.[503]

---

[501] Zeugenaussage des Robert Barth vom 8.10.1943, StAN, KV-Anklage, Dokumente, Fotokopien, NO-3663. Jenes Dokument gehört zu den Dokumenten der Serie NO (Nuremberg Organizations [NMT]/NS-Organisationen SS, SD etc.), die bereits während des Krieges von den Alliierten als Beweismaterial gegen Kriegsverbrecher und NS-Täter gesammelt worden waren und nun als Kopien in verschiedenen Archiven aufbewahrt werden, so im Staatsarchiv Nürnberg (StAN), im Archiv des IfZ München und im Bundesarchiv. Zu einzelnen Serien der Nürnberger Dokumente vgl. die Angaben im Quellenverzeichnis. Der österreichische Polizeibeamte Robert Barth hatte zum Mannschaftspersonal des SK 10a gehört. Bereits 1943 beging er Fahnenflucht und lief in Italien zu den Briten über. Dort tätigte er am 8. Oktober 1943 gegenüber den Briten eine Zeugenaussage bezüglich der von Seetzen angeordneten Massenmorde an Juden. Diese Aussage konnte jedoch nicht gegen Seetzen verwendet werden, da jener sich nach seiner Festnahme durch die Briten am 28.9.1945 der Verantwortung durch Suizid entzog. LAWRENCE D. STOKES: Heinz Seetzen – Chef des Sonderkommandos 10a, in: KLAUS-MICHAEL MALLMANN/ GERHARD PAUL (Hrsg.): Karrieren der Gewalt. Nationalsozialistische Täterbiographien (Veröffentlichungen der Forschungsstelle Ludwigsburg der Universität Stuttgart; Bd. 2), Darmstadt 2003, S. 196-206, hier S. 199. Robert Barth ist weder in der Zeugenliste des Prozesses gegen die Hauptkriegsverbrecher vor dem IMT noch in der Zeugenliste der einzelnen Nürnberger Nachfolgeprozesse verzeichnet, somit auch nicht in jener des Einsatzgruppenprozesses. Demzufolge konnte sich auch Biberstein weder auf Seetzen noch auf Barth berufen. Mit hoher Wahrscheinlichkeit kannte er nicht einmal deren Namen, ganz sicher nicht den Namen Robert Barth.

[502] ANDREJ ANGRICK, Besatzungspolitik, S. 565.

[503] Urteil des Landgerichts Wuppertal vom 30.12.1965 gegen Robert Mohr, in: CHRISTIAAN F. RÜTER/ DICK W. DE MILDT (Hrsg.): Justiz und NS-Verbrechen. Sammlung (west-)deutscher Strafurteile wegen nationalsozialistischer Tötungsverbrechen, 1945–2012. 49 Bde., Amsterdam/ München 1968–2012, hier Bd. XXII (1981), S. 501-540.

Bild 43: Die Entwicklung der Lage an der Ostfront vom Herbst 1942 bis Frühjahr 1943, d. h. sie umfasst den Zeitraum, in dem Biberstein das EK 6 führte. Die Frontveränderungen bis zum 6.4.1943 zeigen deutlich, dass die *Oblast* Rostow mit den Städten Šachty und Nowotscherkassk sich Anfang 1943 – wie von Biberstein geschildert – mitten im Kampfgebiet der Südfront, 44. Armee, befand. Die Heeresgruppe Don war bereits von Ende November 1942 bis Mitte Februar 1943 Gefechtsgebiet (rosa Bereich/hellblaue Schrift).
Am 7.2.1943 wurde der Stab des EK 6 von Rostow in das 77 km westlich von Rostow gelegene Taganrog versetzt. Eine Woche später, am 14.2.1943, eroberte die Rote Armee die Stadt Rostow.
(Quelle: Zentrum für Militärgeschichte und Sozialwissenschaften der Bundeswehr, abgebildet in: http://www.bpb.de/geschichte/deutsche-geschichte/der-zweite-weltkrieg/204501/karten-und-graphiken; 17.07.2018).

In den zur Verfügung stehenden Quellen ergeben sich im Hinblick auf Zeitpunkt und Anzahl der ermordeten Juden der Stadt Rostow teils widersprüchliche Informationen. Zum einen wird bei Andrej Angrick, in der Enzyklopädie des Holocaust und bei Ilja Ehrenburg die Anzahl der am 11./12. August 1942 ermordeten Rostower Juden mit 2.000 beziffert.[504] Zum anderen verweist Ehrenburg in einer Fußnote – jedoch ohne Angabe eines Zeitpunktes oder Zeitraumes – darauf, dass „insgesamt […] in Rostow am Don 15.000 bis 16.000 Juden umgebracht [wurden]. Die Morde hat das SS-‚Sonderkommando' 10a unter Befehl des SS-Obersturmführers Kurt Christmann ausgeführt."[505] Die letztgenannten Angaben Ehrenburgs decken sich zum Teil mit jenen der *Stiftung Topographie des Terrors*, in der diesbezüglich ausgeführt wird, dass „nach Angaben der staatlichen [russischen] Kommission, die nach dem Krieg die Verbrechen der deutschen Besatzer untersuchte, […] zwischen dem 23. Juli 1942 und dem 13. Februar 1943 zwischen 15.000 und 18.000 Juden aus der Region [d. h. der gesamten Oblast Rostow] in der Schlucht erschossen [wurden]. Lokale Forscher schätzen jedoch, dass die Gesamtzahl näher bei 27.000 lag."[506]

Eine andere Lesart ergibt sich hingegen aus der Inschrift einer Gedenktafel, die 2004 an dem bereits 1975 errichteten Denkmal für die in der Smijowskaja Balka ermordeten Rostower Juden angebracht wurde. Das Denkmal selbst war auf Initiative der Rostower Vertreter der KPdSU (Kommunistischen Partei der Sowjetunion) und der Stadtverwaltung Rostows errichtet und am 9. Mai 1975, dem 30. Jahrestag des „Sieges im Großen Vaterländischen Krieg" feierlich eingeweiht worden.[507] (Bild 44). Die Inschrift der Gedenktafel aus dem Jahr 2004 lautet: „Am 11. und 12. August 1942 wurden hier von den Nazis mehr als 27.000 Juden vernichtet. Dies ist das größte russische Holocaust-Mahnmal." (Bild 45).

Sieben Jahre später, d. h. im August 2011, erregte ein Rechtsstreit zwischen der *Federation of Jewish Communities of Russia* (FCJR) und der Stadt Rostow internationale Aufmerksamkeit, nachdem die Stadtverwaltung die 2004 errichtete Gedenktafel entfernt und durch eine neue ersetzt hatte mit der Begründung, „dass

---

[504] ANDREJ ANGRICK, Besatzungspolitik, S. 565. Rostow am Don, in: ISRAEL GUTMAN (Hrsg.), Enzyklopädie, Bd. III, S. 1242f. ILJA EHRENBURG: Rostow am Don, in: WASSILI GROSSMAN/ ILJA EHRENBURG (Hrsg.): Das Schwarzbuch. Der Genozid an den sowjetischen Juden. Deutsch von Ruth und Heinz Deutschland, 1994 Reinbek bei Hamburg, S. 410-414.

[505] Ebd., S. 414.

[506] Holocaust Memorials. Monuments, Museums and Institutions in Commemoration of Nazi Victims. Asien → Russische Föderation → Denkmal »Smijovskaya-Schlucht« in Rostow am Don, in: https://www.gedenkstaetten-uebersicht.de/en/asia/cl/russische-foederation/inst/denkmal-smijowskaja-schlucht/; 28.7.2019.

[507] Ebd.

[508] Gedenkstättenportal zu Orten der Erinnerung in Europa. Stiftung Denkmal für die ermordeten Juden Europas. Rostow am Don. Denkmal „Smijowskaja Balka", in: https://www.memorialmuseums.org/denkmaeler/view/355/Denkmal-%C2%BBSmijowskaja-Balka%C2%AB;28.7.2019.

Bild 44: Rostow am Don, 2010. Ansicht des Denkmals in der Smijowskaja Balka, Jurij Dombrowskij. (Quelle: Gedenkstättenportal zu Orten der Erinnerung in Europa. Stiftung Denkmal für die ermordeten Juden Europas. Rostow am Don. Denkmal „Smijowskaja Balka", in: https://www.memorialmuseums.org/denkmaeler/view/355/Denkmal-%C2%BBSmijowskaja-Balka%C2%AB; 28.7.2019.)

Bild 45: Rostow am Don. Die 2004 errichtete, jedoch inzwischen entfernte Gedenktafel, (Jurij Dombrowski). (Quelle: Gedenkstättenportal zu Orten der Erinnerung in Europa. Stiftung Denkmal für die ermordeten Juden Europas. Rostow am Don. Denkmal „Smijowskaja Balka"). Die Inschrift aus dem Jahr 2004 lautete: „Am 11. und 12. August 1942 wurden hier von den Nazis mehr als 27.000 Juden vernichtet. Dies ist das größte russische Holocaust-Mahnmal."[508]

es nicht erwiesen sei, dass in der Schlucht vor allem Juden ermordet worden seien."[509] Demzufolge wurden in der neuen Gedenktafel die Juden als Nazi-Opfer

[509] Ebd.

nicht explizit erwähnt, sondern durch die Bezeichnung „friedliche Einwohner Rostows“ ersetzt. Die russische Inschrift lautete nunmehr:

> „Hier, in der Smijowskaja Balka wurden *im August 1942 mehr als 27.000 friedliche Einwohner Rostows-am-Don und sowjetische Kriegsgefangene* durch die Nazi-Okkupanten vernichtet. Unter den Ermordeten waren Angehörige verschiedener Nationalitäten. Die Smijowskaja Balka ist der größte Vernichtungsort von Juden durch die faschistischen Eindringlinge während der Zeit des Großen Vaterländischen Krieges auf dem Gebiet der Russischen Föderation.“[510] [Kursivdruck vom Verf.].

Der Rechtsstreit endete 2014 mit einem Kompromiss in der Weise, dass die ehemalige Gedenktafel, auf der die 27.000 Juden explizit erwähnt wurden, nunmehr in der Gedenk*halle* Smijowskaja Balka aufgestellt wurde, teilte der stellvertretender Kulturminister Rostows, Valery Gelas, dem Radiosender Echo Moskau (Эхо Москвы) mit. Zwar gab Gelas zu, dass mit der Entfernung der ursprünglichen Plakette „die Regeln für historische Denkmäler verletzt worden seien,“ betonte aber gleichzeitig, dass „der Wortlaut der neuen Plakette historischen Forschungen und Daten entspräche, die den Rostower Kulturbehörden vorgelegt worden seien.“[511]

Das Denkmal in Rostow hat nicht nur für die jüdische Bevölkerung der Oblast Rostow hohe symbolische Bedeutung insofern, als „das Massaker in der Smijowskaja Balka als der größte einzelne Massenmord an Juden auf russischem Gebiet gilt.“[512] Demzufolge wird es als das *russische Babyń Jar* bezeichnet. Der Radiosender Echo Moskau (Эхо Москвы) gab an, dass der Präsident des Russian Jewish Congress (RJC) Juri Kanner betont habe, „es sei wichtig, genau anzugeben, *wer* in Smijowskaja Balka erschossen wurde,“ und wies darauf hin, dass „das Abschlachten von Juden durch die Nazis als eigenständiges Verbrechen mit eigenständiger Strafverfolgung angesehen wird.“[513]

Angesichts der hier aufgezeigten unterschiedlichen Quellenangaben erweist es sich als überaus schwierig, die *genaue* Anzahl der durch die Teilkommandos des EK 6 ermordeten Juden während Bibersteins „Osteinsatz“ mit wissenschaftlicher Evidenz zu ermitteln. *Dass* Biberstein die rassenideologische Mordpraxis seines Vorgängers Mohr weiterführte, ist hingegen durch russische Quellen belegt, auf welche die Gedenkstätte Yad Vashem unter Orts- und genauer Zahlenangabe ver-

---

[510] Ebd.

[511] Russia row over Nazi massacre site in Rostov-on-Don, 24 January 2012, in: https//:www.bbc.com/news/world-europe-16697485: 28.7.2019.

[512] Gedenkstättenportal zu Orten der Erinnerung in Europa. Stiftung Denkmal für die ermordeten Juden Europas. Rostow am Don. Denkmal „Smijowskaja Balka“, in: https://www.memorialmuseums.org/denkmaeler/view/355/Denkmal-%C2%BBSmijowskaja-Balka%C2%AB; 28.7.2019.

[513] https://www.bbc.com/news/world-europe-16697485: 30.7.2019.

weist.[514] Darauf wird weiter unten in den jeweiligen methodischen Zusammenhängen einzugehen sein.

5.4 Bibersteins Verbrechen an der Zivilbevölkerung im Rahmen der „Bandenbekämpfung“

Zur Umwandlung des EK 6 in eine künftige stationäre Besatzungsstation

Die Überstellung des EK 6 mit Standort Rostow an der Mündung des Don in das Asowsche Meer im Mai 1942 war somit kein Vormarsch im üblichen Sinne, sondern der Ortswechsel eines im Grunde bereits stationär gewordenen Kommandos.[515] Damit hatte das EK 6 mit den vier ebenfalls stationären Außenstellen in Rostow,[516] Taganrog,[517] Nowotscherkassk[518] und Šachty[519] diejenigen Standorte inne, die als stationäre Dienststellen vorgesehen waren für die bald zu erfolgende Umwandlung des Einsatzkommandos 6 (EK 6) in die *Kommandeurstelle Rostow* (KdS Rostow) anlässlich der Übernahme jener Gebiete in die Zivilverwaltung.[520] Biberstein hätte somit – sofern die Vernichtung der 6. Armee in der Kesselschlacht von Stalingrad, dem heutigen Wolgograd , nicht eingetreten wäre – den Status eines *Kommandeurs der Sicherheitspolizei und des SD Rostow* (KdS Rostow) erhalten. Desgleichen wurde unmittelbar nach Bibersteins Ankunft an seinem neuen Dienstort am 18. September 1942 in Vorbereitung der anstehenden Zivilverwaltung der Posten eines *SS- und Polizeiführers Rostow* eingerichtet, der dann im Oktober 1942 von dem SS-Obergruppenführer und Generalleutnant der Polizei Paul Hennicke besetzt wurde.[521]

514 https://www.yadvashem.org/yv/en/about/institute/killing_sites_catalog_details_full.asp?region=Rostov-on-Don&title=Rostov-on-Don%20county; 28.7.2019.

515 Zeugeneinvernahme Biberstein, StAN, Rep. 501, KV-Prozesse, Fall 9, A 32-33, S. 2815f.

516 Rostow liegt knapp 50 km vor der Mündung des Don in das Asowsche Meer. Die Entfernung zu Taganrog beträgt etwa 60 km Luftlinie.

517 Die Hafenstadt Taganrog liegt an der Mündungsbucht des Don in die östliche Spitze des Asowschen Meeres. Sie war bereits am 17. Oktober 1941 von den deutschen Truppen besetzt worden und wurde in der Schlacht um Stalingrad zu einem wichtigen militärischen Stützpunkt.

518 Der Industriestandort Nowotscherkassk ist 30 km nordöstlich von Rostow gelegen.

519 Die Stadt Šachty liegt in dem östlichen Teil des als Dońezk-Becken bezeichneten großen Steinkohle- und Industriegebiet, das für die nationalsozialistischen Wirtschaftsinteressen von erheblicher Bedeutung war, d. h. für die Ausbeutung der eroberten Gebiete im Rahmen der Gewinnung neuen „Lebensraumes im Osten“.

520 Zeugeneinvernahme Biberstein, StAN, Rep. 501, KV-Prozesse, Fall 9, A 32-33, S. 2815.

521 Ebd., A 34-35, S. 2855. Im Nürnberger Einsatzgruppenprozess sollte Hennicke als Zeuge sowohl für Biberstein als auch für weitere Angeklagte aussagen, konnte jedoch wegen schwerer Erkrankung auch zu einem späteren Zeitpunkt nicht geladen und vernommen werden.

Bibersteins Aufgabenbereich als künftiger Kommandeur der Sicherheitspolizei und des SD (KdS) Rostow

Da in der Historiografie aufgrund der spärlichen Quellenlage der Besatzungsalltag in der *Ost*-Ukraine ebenso wie in der 1942 eroberten Oblast Rostow bisher kaum berücksichtigt werden konnte, erscheint es sinnvoll, in den nachfolgenden Unterkapiteln einige Aspekte aus Bibersteins Dienstalltag näher zu beleuchten, wie sie sich aus der Binnenperspektive eines SS-Offiziers darstellen. Aus rein methodischen Gründen werden Tatmotivationen dabei bewusst noch nicht analysiert, wohl aber einige der vor dem US Military Tribunal II in Nürnberg getätigten Einlassungen Bibersteins wie sie sich aus dessen spezifischer Sichtweise eines SS-Offizier ergeben. Jene Einlassungen tätigte Biberstein während des direct examination, d. h. während der ersten Phase des viertägigen Beweisaufnahmeverfahrens, die ausschließlich der *Verteidigung* des Angeklagten diente. Insofern dürften sie stark interessengeleitet sein.

Bibersteins Operationsraum umfasste einen geografischen Bereich von etwa 60.000 km^2, der somit von den Ausmaßen gesehen größer war als jener der Schweiz (41.290 km^2), der Niederlande (41.864 km^2) oder Dänemarks (43.093 km^2). Dazu gehörte nicht nur der 1942 in der Sommeroffensive eroberte südrussische Verwaltungsbezirk (Oblast) Rostow mit der Hauptstadt Rostow (russ. Rostóv-na-Donú), in dem Biberstein mit seinem Gruppenstab seinen Sitz hatte sowie den Standorten der vier Teilkommandos/Außenstellen in Rostow, Taganrog, Nowotscherkassk und Šachty, sondern ebenso das gesamte Dońezk-Becken (Donbass) nördlich des Asowschen Meeres zwischen der in der Oblast Dońezk liegenden Stadt Mariupol und Luhansk in der östlichen Ukraine, in dem seit Februar 2014 der militärische Konflikt zwischen den ukrainischen Truppen und den von Russland unterstützten prorussischen Milizen tobt.[522]

Für Hitler erwies sich insbesondere das Dońezk-Becken mit den unermesslich reichen und für die deutsche Kriegswirtschaft wichtigen Rohstoffvorkommen wie etwa Eisenerz- und Steinkohlevorräten von außerordentlich hohem wirtschaftspolitischem Interesse.[523] Daher hatte er bereits im Vorfeld des Krieges gegen die Sowjetunion – der nicht nur zur Vernichtung der staatlichen Strukturen, sondern gleichermaßen als Ausbeutungskrieg konzipiert war – umfangreiche Gutachten mit

---

[522] Zeugeneinvernahme Biberstein, StAN, Rep. 501, KV-Prozesse, Fall 9, A 34-35, S. 2840. Am 7.4.2014 separierte sich die Oblast Dońezk von der Ukraine, indem sie ihren Status als Volksrepublik Dońezk erklärte. Am 28.4.2014 folgte die Oblast Luhansk, die sich zur Volksrepublik Lugansk ausrief. Beide Volksrepubliken sind hinsichtlich ihres Status international nicht anerkannt.

[523] Das Industriegebiet Donbass-Dnipropetrowsk bildete während der Stalin-Herrschaft „das Rückgrat der sowjetischen Schwerindustrie." In den Jahren 1932/33 wurden dort 70 % der Steinkohle und 70 % des Eisenerzes der UdSSR gefördert. ANDREAS KAPPELER, Geschichte, S. 197.

Diagrammen, statistischen Erhebungen und Analysen erstellen lassen, etwa über die Agrarpolitik der UdSSR oder deren Bodenschätze.[524]

Bereits vier Tage nach Beginn des Russlandfeldzuges legte der Leiter der Auslandsabteilung des in Köln beheimateten Otto-Wolff-Konzerns,[525] Hans Reichard, in einem Aktenvermerk Pläne des Konzerns offen hinsichtlich der Aneignung der sowjetischen Eisen- und Stahlindustrie durch den Ausbau einer „weitverzweigte[n] wirtschaftliche[n] Organisation".[526] Im Hinblick auf die wirtschaftliche Ausplünderung der Ukraine vermerkte Reichard:

> „Das weitaus wichtigste Gebiet stellt die Ukraine mit einer Erzölförderung von 22 Millionen Tonnen Eisenerz, 1,8 Millionen Tonnen Manganerz, einer Stahlproduktion von 12 Millionen Tonnen und etwa 35 wichtigen Hochofen- und Walzwerken dar."[527]

Ein weiteres außerordentlich kriegswichtiges geostrategisches NS-Ziel war die Beherrschung des Flusses Don, weit bedeutungsvoller jedoch jene der Wolga durch die Einnahme der Stadt Stalingrad, des heutigen Wolgograd , insofern, als damit die vom Iran über das Kaspische Meer erfolgenden Waffenlieferungen der USA an die Sowjetunion hätten unterbunden werden können. Eine weitere Zielsetzung bestand in dem Vorstoß über Stalingrad auf den Kaukasus zum Zwecke der Eroberung der am Kaspischen Meer gelegenen Erdöl- und Erdgasfelder in der Region um Grosny und Baku. Damit hätten gleichzeitig sämtliche Versorgungsprobleme der deutschen Wehrmacht hinsichtlich des Benzinbedarfs gelöst werden können.

In Bibersteins dienstlichen Zuständigkeitsbereich fiel somit unter anderem, den SS-Obergruppenführer und Generalleutnant der Polizei Paul Hennicke in dessen Funktion als künftigem *SS- und Polizeiführer Rostow* im Hinblick auf die alsbald zu erfolgende Übernahme des gesamten Operationsgebietes des Einsatzkommandos 6 (EK 6) in die Zivilverwaltung und damit in den wirtschaftspolitischen Ausbeutungsmechanismus der deutschen Besatzungsherrschaft mit entsprechendem Informationsmaterial zu versorgen.[528] Demzufolge hatte Biberstein im Rahmen des nationalsozialistischen Endzieles einer radikalen Ausplünderung der besetzten Ostgebiete verschiedene Arten von Gutachten über die vorhandenen und für die NS-Kriegswirtschaft unerlässlichen Rohstoffressourcen sowie über die Wirt-

---

[524] Gutachten *Agrarpolitik UdSSR*, o. D., o. Verf., BArch, R 58/ 140 sowie Gutachten *Bodenschätze in der UdSSR*, o. D., o. Verf., BArch, R 58/ 23.

[525] Hauptsitz und Verwaltungsgebäude des ehemaligen Otto-Wolff-Konzerns, der sich nachweislich an der Akquirierung jüdischen Eigentums zur Finanzierung der NS-Kriegswirtschaft beteiligte, befanden sich bis 1990 in der Koblenzer Straße 11 in Köln, im Stadtteil Bayenthal.

[526] Hans Reichard, Aktenvermerk vom 25.6.1941 über Pläne zur Aneignung der sowjetischen Eisen- und Stahlindustrie, in: DIETRICH EICHHOLTZ (Hrsg.): Anatomie des Krieges. Neue Dokumente über die Rolle des deutschen Monopolkapitalismus bei der Vorbereitung und Durchführung des zweiten Weltkrieges, Berlin 1969, S. 338.

[527] Ebd.

[528] Hennicke hatte von Oktober 1942 bis Mai 1943 jene Position inne.

schaftlichkeit hinsichtlich der Produktionsplanung der Region und über das intakte Vorhandensein von Fabriken und Bergwerken anzufertigen – zumal die Rote Armee vor ihrem Rückzug große Industrieanlagen demontiert hatte –, daneben aber auch ausführliche Berichte über die Funktionsfähigkeit der regionalen Versorgungsbetriebe, der Krankenhäuser und medizinischen Institute, insbesondere aber über die Landwirtschaft der Region und über die zunehmend desolate Ernährungslage der einheimischen Bevölkerung unter Berücksichtigung der als vorrangig erachteten ausreichenden Ernährung der deutschen Truppen,[529] da vorgesehen war, dass während der Kampfhandlungen die Ernährung der deutschen Armeen nicht nur im Osten, sondern ebenso im Westen ausschließlich aus den regionalen Ressourcen der besetzten Ostgebiete zu erfolgen hatte.

Bibersteins Ausführungen vor dem US Military Tribunal II in Nürnberg werden in dieser Forschungsarbeit durch verschiedene an das Reichsicherheitshauptamt (RSHA) offensichtlich von Biberstein selbst gefertigte Berichte ergänzt, die jedoch in den jeweiligen so bezeichneten *Meldungen aus den besetzten Ostgebieten* (MbO) eine intensive redaktionelle Überarbeitung und starke Kürzung erfahren hatten. Zu ihrer Verwendung im Hinblick auf den Versuch einer Rekonstruktion von Bibersteins Dienstalltags sind die nachfolgenden Anmerkungen vorauszuschicken:

Bereits vor Beginn des Vernichtungskrieges gegen die UdSSR hatte Heydrich im Reichssicherheitshauptamt (RSHA) eigens ein personell gut ausgestattetes Büro in dem von SS-Sturmbannführer und Kriminaldirektor Josef Vogt geleiteten Referat IV A 1 (Kommunismus, Marxismus und Nebenorganisationen, Kriegsdelikte, Illegale und Feindpropaganda) eingerichtet, in der die gesamte Berichterstattung der Einsatzgruppen und deren Kommandos einlaufen sollte, um Hitler, Himmler und alle für den Russlandfeldzug relevanten Spitzenfunktionäre über den jeweiligen Stand der „sicherheitspolizeilichen Befriedung" zu informieren. Die eingehenden Berichte wurden ab August 1941 von SS-Hauptsturmführer Dr. Günther Knobloch und dessen Unterabteilungen redaktionell überarbeitet und wiesen die nachfolgende Gliederung auf:

<u>Ereignismeldungen UdSSR (23.6.1941-24.4.1942)</u>

I. Standorte und Nachrichtenverbindungen,
II. Meldungen der Einsatzgruppen und -kommandos.
   A. *Gegner- und Exekutivfragen.*
   B. *Lebensgebiete (Industrie, soziale Lage der Bevölkerung/politische Strömungen, Kultur/Kirche).*
III. Militärische Ereignisse.

[529] Zeugeneinvernahme Biberstein, StAN, Rep. 501, KV-Prozesse, Fall 9, A 34-35, S. 2854-2855.

Meldungen aus den besetzten Ostgebieten (1.5.1942-21.5.1943)
A. *Gegner- und Exekutivfragen.* B. *Lebensgebiete.*

Wesentlich im Zusammenhang mit dem Versuch einer Rekonstruktion von Bibersteins Dienstalltags ist, dass sämtliche eingehenden Berichte mit dem Formatwechsel von den *Ereignismeldungen UdSSR 1941/42* (EM) zu den *Meldungen aus den besetzten Ostgebieten* (MbO) am 1. Mai 1942 eine auffallend starke redaktionelle Überarbeitung erfuhren, in der Weise, dass die Zuständigkeiten für die in den Tätigkeitsberichten der Einsatzgruppen und -kommandos aufgeführten Sachgruppen (A) Gegner- und Exekutivfragen, (B) Lebensgebiete nunmehr bei unterschiedlichen Sachbearbeitern des RSHA lagen, die ihrerseits lediglich eine begrenzte *Auswahl* der von den jeweiligen Kommandoführern erstellten ursprünglichen Tätigkeitsberichte in die allgemeine Berichterstattung der *Meldungen aus den besetzten Ostgebieten* (MbO) einfließen ließen. Dazu führte der ehemalige Kriminalrat Rudolf Fumy, der als einer von mehreren Sachbearbeitern mit der redaktionellen Überarbeitung der eingehenden Meldungen der Kommandos betraut worden war, in einer eidesstattlichen Erklärung am 12. Januar 1948 vor dem US Military Tribunal II aus:

> „Die Meldungen aus dem Osten wurden vielfach nicht in der ursprünglichen Fassung wiedergegeben: die in Berlin ausgegebenen Ereignismeldungen, Tätigkeits- und Lageberichte und die Meldungen aus den besetzten Ostgebieten sind das Ergebnis einer redaktionellen Überarbeitung.
>
> Vor allem der Amtschef IV, Müller, hat diesen Überarbeitungen *seine persönliche Note* gegeben [...]. Auch Kürzungen der Ursprungsberichte wurden in Berlin vorgenommen." [Kursivdruck vom Verf.].[530]

Noch deutlicher drückte sich der eingangs erwähnte Dr. Knobloch am 30. Januar 1959 in der Vernehmung durch die *Zentrale Stelle der Landesjustizverwaltungen zur Aufklärung nationalsozialistischer Verbrechen* in Ludwigsburg aus: Er habe „aus der Flut eingehender Meldungen [der Einsatzkommandos] jeweils die interessierenden Stellen rot eingeklammert, und unsere Schreibdamen wussten genau, in welcher Form diese Meldungen zu bringen seien."[531]

---

[530] Auszug aus der Eidesstattlichen Versicherung des ehemaligen Kriminalrates Rudolf Fumy vom 12.1.1948 vor dem US Military Tribunal II. Die eidesstattliche Erklärung ist auszugsweise abgedruckt in: HELMUT KRAUSNICK/ HANS-HEINRICH WILHELM: Die Truppe des Weltanschauungskrieges. Die Einsatzgruppender Sicherheitspolizei und des SD 1938.1942, Stuttgart 1981, S. 338, f, hier S. 339.

[531] Auszug aus der Vernehmung des ehemaligen RSAH-Angehörigen Dr. Günther Knobloch durch die Zentrale Stelle Ludwigsburg am 30.1.1959. Das Vernehmungsprotokoll ist auszugsweise abgedruckt in: HELMUT KRAUSNICK/ HANS-HEINRICH WILHELM, Truppe, S. 337. Vgl. dort auf den Seiten 333-347 die fundierten quellenkritischen Ausführungen zu den „Ereignismeldungen UdSSR als historische Quelle", d. h. zur Frage der Glaubwürdigkeit, zum Charakter der Berichte und zum ‚kritischen Bewußtseinsstand' der Berichterstatter.

Während die *Ereignismeldungen UdSSR 1941/42* (EM) in allen Nürnberger Prozessen von der jeweiligen Anklagebehörde als wichtiges Beweismaterial herangezogen werden konnten, lässt sich hingegen Gleiches für die *Meldungen aus den besetzten Ostgebieten* (MbO) aufgrund des veränderten Formates nicht sagen. Zwar war auch in den EM von Anbeginn an keine Rubrik für den Eintrag von Exekutionsziffern vorgesehen – die Statistiken des Dr. Stahlecker (Bild 83) und jene des Karl Jäger (Bild 32/33) bildeten diesbezüglich eine Ausnahme. Jedoch erfuhr mit dem Formatwechsel die Berichterstattung über den Besatzungsalltag in dem Meldebereich „B. Lebensgebiete" eine beachtliche Erweiterung.

Durch gemeinsamen Beschluss von Goebbels und Himmler am 12. Mai 1943 wurden die *Meldungen aus dem Reich. Die geheimen Lageberichte des Sicherheitsdienstes der SS* eingestellt mit der Begründung, dass sie auf die Adressaten trotz der „an sich guten Materialunterlagen [...] auf die Dauer defaitistisch" wirken.[532] Zehn Tage später wurden auch die *Meldungen aus den besetzten Ostgebieten* (MbO) aus offensichtlich ähnlichen Erwägungen eingestellt.

Dass Biberstein dem Reichssicherheitshauptamt (RSHA) Berichte zukommen ließ über den zunehmenden Kampf der Partisanen, der sich nun auch „zu einer ernsten Bedrohung für die Wehrmacht" ausweitete, wie er bereits bei seiner Ankunft am 18. September 1942 erfahren hatte, dürfte vorausgesetzt werden, desgleichen seine Mitteilung, dass die beiden rumänischen Armeen, welche die 6. Armee auf dem Vorstoß auf Stalingrad flankieren sollten, mit dem Vorstoß der Roten Armee (Operation Uranus) am 19. November 1942 ihre Waffen wegwarfen und die Flucht ergriffen.[533] Dass derartige Meldungen Bibersteins auf die Adressaten der MbO „defaitistisch" wirken und die Durchhalteparolen konterkarieren würden und demzufolge durch die jeweils zuständigen Sachbearbeiter des Referates A IV I des Reichssicherheitshauptamtes (RSHA) eine entsprechende Streichung erfuhren oder zumindest euphemistisch umschrieben wurden, ist mit hoher Wahrscheinlichkeit anzunehmen, hatte Hitler doch in völliger Verkennung der militärischen Tatsachen nach der Einnahme einiger weniger Straßenzüge in Stalingrad bereits verkündet, dass die Rote Armee bei Stalingrad von der deutschen Wehrmacht besiegt sei.

Dennoch lassen sich trotz der stark interessengeleiteten redaktionellen Überarbeitung die *Meldungen aus den besetzten Ostgebieten* (MbO) zur Rekonstruktion der Besatzungsstrukturen und des Besatzungsalltags des bereits *stationär* gewordenen Einsatzkommandos 6 durchaus verwenden. So führt etwa der Bericht vom 9. Oktober 1942 unter „Punkt B: Lebensgebiete" im Hinblick auf die besorgniserregende Ernährungslage der einheimischen Bevölkerung in *Rostow* aus, dass „an

---

532 Ebd., S. 346.

533 Zeugeneinvernahme Biberstein, StAN, Rep. 501, KV-Prozesse, Fall 9, A 34-35, S. 2856.

die Stelle der Angst und Furcht [...] mehr und mehr die Sorge um Arbeit und Brot in den Vordergrund getreten [sei].“[534] Desgleichen heißt es in der Meldung vom 23. Oktober 1942, „dass die allgemeine Lage und Stimmung der Bevölkerung vorherrschend von dem militärischen Geschehen [d. h. dem Kampf um Stalingrad], der Ernährungslage oder dem Bandenterror [Partisanenkampf] bestimmt werde.“[535] In dem gleichen Bericht wird gemeldet, dass aufgrund der schwierigen Ernährungslage für die Bevölkerung der *Oblast Rostow* die Grundnahrungsmittel rationiert werden mussten, in der Weise, dass eine Einteilung der einheimischen Bevölkerung nach fünf Gruppen erfolgt sei im Hinblick auf die Bezugsberechtigung für Lebensmittelkarten sowie unter genauer Angabe der Grundnahrungsmittel in Gramm: Gruppe I: Kinder, Gruppe II: Nichtarbeitende, Gruppe III: Arbeiter und Gruppe IV: Schwerstarbeiter für außergewöhnlich harte Arbeit.[536] Bemerkenswert ist, dass derartige Negativmeldungen Bibersteins *nicht* der redaktionellen Streichung unterlagen, obgleich sie doch ein Versagen der Besatzungsbehörden dokumentieren, hier der Wehrmacht, die sich offensichtlich nicht in der Lage sah, den Minimalerfordernissen im Hinblick auf eine ausreichende Versorgung der Zivilbevölkerung nachzukommen.

Wie ebenfalls in weiteren *Meldungen aus den besetzten Ostgebieten* (MbO) dokumentiert ist, hatte Biberstein den künftigen *SS- und Polizeiführer Rostow*, den SS-Obergruppenführer und Generalleutnant der Polizei Paul Hennicke, über die verschiedensten „Lebensgebiete des Operationsraumes“ durch Ermittlungen und Berichte in Kenntnis zu setzen, etwa über den aktuellen Bestand von Kultureinrichtungen wie Schulen, Universitäten, Technischen Hochschulen, Bibliotheken oder Museen. Insbesondere sei die künftige Besatzungsverwaltung Rostow sehr interessiert gewesen an der Kontaktaufnahme mit russischen Gelehrten aus der vorbolschewistischen Zeit, d. h. mit Exilanten. Er habe Gelegenheit gehabt, eine ganze Reihe solcher Gelehrten von europäischem Ruf auf der Dienststelle zu begrüßen. Deren Zustand habe ihn sehr erschüttert. Seine Aufgabe sei es gewesen, diese Herren anzuregen, unter der deutschen Führung ihre alte Tätigkeit erneut aufzunehmen, gab Biberstein vor dem US Military Tribunal II in Nürnberg am 21. November 1947 zu Protokoll.[537]

> „In diesem Zusammenhang stand ein russischer Professor bereits im Dienst des Reichsführers-SS und hatte einen besonderen Auftrag, nämlich Hünengräber der Goten auszu-

[534] Der Chef der Sicherheitspolizei und des SD – Kommandostab – *Meldungen aus den besetzten Ostgebieten Nr. 24* vom 9.10.1942 (MbO 24), BArch, R 58/ 222.

[535] Der Chef der Sicherheitspolizei und des SD – Kommandostab – *Meldungen aus den besetzten Ostgebieten Nr. 26* vom 23.10.1942 (MbO 26), BArch, R 58/ 222.

[536] Ebd.

[537] Zeugeneinvernahme Biberstein, StAN, Rep. 501, KV-Prozesse, Fall 9, A 34-35, S. 2854-2855.

graben aus der Zeit des Ostgotenkönigs Ermanarich,[538] dessen Reich einst bis zur Wolga reichte. Er war meinem Kommando angegliedert und erhielt deutsche Verpflegung."[539]

Jene Aussagen Bibersteins erscheinen im Zusammenhang mit Himmlers nationalsozialistischer Germanen-Ideologie von Relevanz. Himmler hatte am 1. Juli 1935 die *Studiengesellschaft für Geistesurgeschichte Deutsche Ahnenerbe* gegründet. „Das Deutsche Ahnenerbe" verstand sich als Forschungs- und Lehrgemeinschaft. Unter anderem betrieb es im Zweiten Weltkrieg Kunstraub, so auch in der UdSSR. Einen von Himmler in Auftrag gegebenen Kunstraub – den Abtransport des gesamten Don-Kosaken-Museums in Nowotscherkassk – konnte Biberstein rechtzeitig mittels Verhandlungen mit Himmler verhindern.[540]

Bibersteins Erläuterungen vor dem US Military Tribunal II in Nürnberg im Hinblick auf die alsbaldige Übernahme seines Operationsraumes in die Zivilverwaltung und der daraus resultierenden Informationspflicht gegenüber dem künftigen *SS- und Polizeiführer Rostow,* dem SS-Obergruppenführer und Generalleutnant der Polizei Paul Hennicke, den er über die verschiedensten „Lebensgebiete des Operationsraumes" zu informieren hatte, sind in dessen Berichten an das Reichsicherheitshauptamt (RSHA) aufgeführt, wie sie in den *Meldungen aus den besetzten Ostgebieten* (MbO) belegt sind, beispielsweise in jener vom 16. Oktober 1942.[541]

So wird in jenem Bericht im Hinblick auf die Stimmung der Bevölkerung in Bibersteins Operationsgebiet Rostow/Nowotscherkassk/Woronesh[542]"von einer weiteren Beruhigung gesprochen." Daneben heißt es in der Meldung: „[Es] wird aus Rostow berichtet, dass die weiteren Erfolge [sic!] der deutschen Wehrmacht, die zunehmende Aufklärung der Bevölkerung und die anlaufende Ordnung des *wirtschaftlichen* und *kulturellen Lebens* zu einer merklichen Beruhigung beigetragen" hätten. [Kursivdruck vom Verf.].[543] Jene Ausführungen sind euphemistisch gefärbt und insofern mehr als realitätsfremd, als bereits seit August 1942 der erbitterte Kampf um Stalingrad tobte und zudem am 19. November 1942 die erfolgreiche Gegenoffensive der Roten Armee in der Schlacht um Stalingrad unter dem Code „Operation Uranus" anlief.

Des Weiteren ist anzumerken, dass die Teilkommandos/Außenstellen des Einsatzkommandos 6 (EK 6) durchaus nicht nur mit so bezeichneten „Gerichtsverfah-

---

538 Die historische Gestalt des Königs Ermanarich fand Eingang in zahlreiche Sagen, beispielsweise in die Heldenlieder der älteren Edda, dort in die Ermenrich-Lieder.

539 Zeugeneinvernahme Biberstein, StAN, Rep. 501, KV-Prozesse, Fall 9, A 34-35, S. 2854-2855.

540 Ebd.

541 Der Chef der Sicherheitspolizei und des SD – Kommandostab – *Meldungen aus den besetzten Ostgebieten Nr. 25* vom 16.10.1942 (MbO 25), BArch, R 58/ 222.

542 Woronesh liegt 500 km nördlich von Rostow.

543 Der Chef der Sicherheitspolizei und des SD – Kommandostab – *Meldungen aus den besetzten Ostgebieten Nr. 25* vom 16.10.1942 (MbO 25), BArch, R 58/ 222.

ren“ und Exekutionen beschäftigt waren, wie möglicherweise aufgrund der 195 *Ereignismeldungen UdSSR* (EM) vermutet werden könnte, insofern, als jene Berichte lediglich den Zeitraum vom 23. Juni 1941 bis zum 24. April 1942 umfassten. Jedoch mit der Übernahme der Operationsgebiete der Einsatzgruppen in die Zivilverwaltung veränderte bzw. erweiterte sich deren Aufgabenbereich entsprechend. So fiel in das Arbeitsgebiet des Einsatzkommandos 6 (EK 6) im Hinblick auf dessen alsbald zu erfolgender Übernahme in die Zivilverwaltung unter anderem die Verwaltung zweier landwirtschaftlicher Betriebe, und zwar einer Kolchose und einer Sowchose.[544] Die am Fluss Mius[545] gelegen Kolchose „war vorgesehen als Erholungsheim für deutsche Einsatzkräfte der Einsatzgruppe D und musste für diesen Zweck eingerichtet werden.“[546] Da jedoch die Wehrmacht jenen Besitz gleichfalls für ihre Zwecke verwenden wollte, seien oft langwierige Verhandlungen in den verschiedensten Dienststellen notwendig gewesen, erläuterte Biberstein vor dem US Military Tribunal II in Nürnberg. Der zweite landwirtschaftliche Betrieb hingegen sei eine Sowchose gewesen, d. h. sei ein 1.000 Hektar großer staatlich organisierter landwirtschaftlicher Großbetrieb mit Ackerbau und Viehzucht, für deren Bewirtschaftung und Pflege das EK 6 verantwortlich gewesen sei, gab Biberstein während des der Verteidigung dienenden *direct examination* am 21. November 1947 vor dem US Military Tribunal II in Nürnberg zu Protokoll.[547] Selbst nach der Kapitulation der 6. Armee in der Schlacht von Stalingrad am 2. Februar 1942 und der Verlegung des Einsatzkommandos 6 (EK 6) in das westlich gelegene Taganrog hatte das in Berdjansk stationierte Teilkommando ebenfalls einen Sowchosbetrieb mit einem Viehbestand von etwa 100 Pferden, 80 Stück Rindvieh und über 100 Schafen zu versorgen.[548]

Bereits fünf Monate vor der Planung des Nürnberger Einsatzgruppenprozesses und elf Monate vor dessen Beginn wurde Ohlendorf am 4. Oktober, 15. November und 2. Dezember 1946 auf Antrag des Mr. Walton, eines Mitarbeiters der SS-Section, als Zeuge in drei Verhören nicht nur zu dem Konstrukteur der Gaswagen und deren Einsatz im Russlandfeldzug befragt, sondern ebenso zu bestimmten Oberbefehlshabern der Heeresgruppen oder Armeen.[549] In diesem Kontext erteilte Oh-

---

[544] Die Kolchosen waren Produktionsgenossenschaften, die Sowchosen dagegen hochspezialisierte staatseigene Großbetriebe.

[545] Der Fluss Mius durchfließt die Oblaste Rostow, Luhansk und Dońezk (das ehemalige Stalino) und mündet bei Taganrog in das Asowsche Meer.

[546] Zeugeneinvernahme Biberstein, StAN, Rep. 501, KV-Prozesse, Fall 9, A 34-35, S. 2853.

[547] Ebd.

[548] B. d. S. I D – 3250/43 Vernehmungsniederschrift vom 19.6.1943, S. 1-4, hier S. 2, BArch (ehem. BDC), SSO, Biberstein, Ernst, 15.2.1899.

[549] Wie der Fragestellung des vernehmenden Offiziers der SS-Section zu entnehmen ist, stand jenes Verhör ganz offensichtlich im Zusammenhang mit dem gerade in Planung befindlichen Nürnberger OKW-Prozess, d. h. dem Prozess vor einem US Military Tribunal gegen neun Oberbefehlshaber von

lendorf unter anderem auch dezidierte Aussagen zu dem völligen Versagen der deutschen Wehrmacht im Hinblick auf die vollkommen mangelhafte Versorgung der Zivilbevölkerung mit Nahrungsmitteln. In dem Verhör vom 2. Dezember 1946 hatte er auf Anfrage zunächst Aussagen über Wirtschaft, Verwaltung und Schulwesen der Sowjets sowie über das Sowchos- und Kolchos-System in den besetzten Ostgebieten erteilt.[550] In diesem Zusammenhang berichtete er des Weiteren, dass mit den Ernteüberschüssen aus der „Kornkammer Ukraine" zum Teil die Armeen ernährt und der Rest nach Deutschland abtransportiert worden sei. Die auf den Kolchosen oder Sowchosen arbeitenden Bauern seien verpflichtet gewesen, in einem speziell eingerichteten Stützpunktsystem die Nahrungskontingente abzuliefern. Jene Stützpunkte seien durch die Wirtschafts-Inspektion der jeweiligen Heeresgruppe kontrolliert worden. Des Weiteren erhob er schwere Anschuldigungen gegenüber einzelnen Wehrmachtsgenerälen im Hinblick auf die desolate Ernährungssituation der Zivilbevölkerung im Operationsgebiet. So seien die Arbeitsunfähigen sich selbst überlassen gewesen. Sie hätten ihre Ernährung durch Tausch von Haushaltsgegenständen gegen Lebensmittel bestritten. Zwar seien seitens der deutschen Wehrmacht verschiedentlich Lebensmittel an die *arbeitende* Bevölkerung abgegeben worden, aber wegen der Transportschwierigkeiten im Winter, insbesondere im Winter 1941/42, nicht in der erforderlichen Menge.[551] Gleiches hatte auch Biberstein dem Reichssicherheitshauptamt (RSHA) mitgeteilt. Damit war der Hungertod der nichtarbeitenden Bevölkerung, d. h. der so bezeichneten „unnützen Esser" als eine kostengünstige Art der Liquidierung vorprogrammiert.

Heeresgruppen oder Armeen, die der Kriegsverbrechen und Verbrechen gegen die Menschlichkeit verdächtigt wurden sowie weiteren vier hochrangigen Generälen („The High Command Case" – Military Tribunal V – Case 12, The United States against Wilhelm Leeb and others"). Offensichtlich schien Ohlendorf für die zuständige US-amerikanische Ermittlungsbehörde zu jenem Zeitpunkt der einzige Ansprechpartner zu sein, zumal die jeweilige Heeresgruppen/Armee – wie mehrfach in der Dissertation dargelegt – den Einsatzgruppen und deren Kommandos das jeweilige Operationsgebiet zuteilte und die Dauer des dortigen Aufenthaltes bestimmte, ja sogar den genauen Exekutionsort zuwies und die erforderliche Logistik für die einzelnen Mordaktionen bereitstellte.

[550] Zeugeneinvernahme Otto Ohlendorf durch Mr. Wartenberg. Mr. Peter M. Walton, lawyer (Interpreter: Miss Schiller) auf Antrag (293) von Mr. Walton SS-Section, am 15. November 1946, 10.00 bis 11.40 Uhr, Protokollführer: M. Frauenknecht, Rep. 502, KV-Anklage, Interrogations, O 9/1, S. 1-37, hier S. 4-5.

[551] Ebd., S. 6, 8. Zum einen sind jene Aussagen Ohlendorfs im Kontext der nachfolgend zitierten *Aktennotiz über eine geheime Besprechung der Staatssekretäre vom 2. Mai 1941 über die Planung des Hungertodes von Millionen Sowjetbürgern durch wirtschaftliche Ausplünderung der okkupierten Gebiete der UdSSR* zu bewerten. Zum anderen ist quellenkritisch zu vermerken, dass Ohlendorf seitens der Briten Straffreiheit zugesichert worden war, sofern er vor dem IMT als Zeuge umfassend über die während des Russlandfeldzuges nicht nur seitens der Einsatzgruppen, sondern gleichermaßen seitens der deutschen Wehrmacht verübten Verbrechen Auskünfte erteilen würde. Ohlendorfs Aussagen aus dem Jahr 1946 waren *nicht* Gegenstand im Einsatzgruppenprozess.

Grundsätzliches zur Konstituierung der Zivilverwaltungen

Die Konstituierung von Zivilverwaltungen war zudem für das Hitler-Regime von ganz entscheidender geostrategischer Bedeutung, insofern, als große Teile der Ukraine – etwa das Gebiet um Charkív (russ. Charkow) erhebliche Eisen- und Braunkohlevorräte oder jenes um Krywyj Rih (russ. Kriwoi Rog) große Eisenerzvorkommen aufwiesen, insbesondere jedoch das bereits erwähnte Dońezk-Becken mit seinen beträchtlichen Steinkohle- und Erzvorräten.[552] Damit erwiesen sich jene Regionen nicht nur als eine große Rohstoff-Ressource mit Zugang zum Asowschen und Schwarzen Meer und damit zu verschiedenen Wasserstraßen Europas bis hin zur Nordsee, sondern gleichermaßen auch als eine wichtige „Kornkammer", nicht nur im Hinblick auf die geplante nationalsozialistische Siedlungs- und Germanisierungspolitik Himmlers, sondern ebenso im Hinblick auf die Versorgung der *gesamten* Wehrmacht ab dem dritten Jahr des Zweiten Weltkrieges – wobei in den besetzten Ostgebieten der Hungertod von „zig Millionen Menschen" billigend in Kauf genommen werden sollte.

Eine derartige Planung ist einer Aktennotiz über eine geheime Besprechung der Staatssekretäre vom 2. Mai 1941 zu entnehmen.

> „1. Der Krieg ist nur weiterzuführen, wenn die gesamte Wehrmacht im 3. Kriegsjahr [1941] aus Russland ernährt wird.
>
> 2. Hierbei werden *zweifellos zig Millionen Menschen verhungern*, wenn von uns das für *uns* Notwendige aus dem Lande herausgeholt wird.
>
> 3. Am wichtigsten ist die Bergung und der Abtransport von Ölsaaten, Ölkuchen, dann erst Getreide. Das vorhandene Fett und Fleisch wird voraussichtlich die Truppe verbrauchen.
>
> 4. Die Beschäftigung der Industrie darf nur in Mangelgebieten wiederaufgenommen werden." [Kursivdruck vom Verf.].[553]

In der Tat verschlechterte sich im Winter 1941/42 die Ernährungslage für die Zivilbevölkerung der okkupierten Ostgebiete aufgrund der von der Besatzungsmacht verhängten drastischer Lebensmittelkürzungen derart katastrophal, sodass viele Menschen den Hungertod erlitten.

---

[552] Im Dońezk-Becken sind z. Zt. 126 Kohlegruben in Betrieb.

[553] *Aktennotiz über eine geheime Besprechung der Staatssekretäre vom 2. Mai 1941 über die Planung des Hungertodes von Millionen Sowjetbürgern durch wirtschaftliche Ausplünderung der okkupierten Gebiete der UdSSR*, abgedruckt in: WOLFGANG MICHALKA (Hrsg.): Das Dritte Reich. Dokumente zur Innen- und Außenpolitik. Bd. 2: Weltmachtanspruch und nationaler Zusammenbruch 1939-1945. Dokumente, München 1985, S. 174f. Auf die Eroberung der sowjetischen Erdölfelder am Schwarzen und Kaspischen Meer sowie insbesondere auf die Ausplünderung der Ost-Ukraine wird in Kapitel IV im Zusammenhang mit Hitlers Großraumplänen zurückzukommen sein, wie sie beispielsweise in der Weisung des OKW Nr. 45 vom 23.7.19542 beschrieben werden oder in Hitlers Rede vom 8.11.1942 über die angebliche Einnahme von Stalingrad.

Zum Einbau des EK 6 in die Befehlsstrukturen der Wehrmacht

Des Weiteren ist mit Blick auf die militärische Situation und somit auf den „sicherungspolizeilichen Auftrag“ des Einsatzkommandos 6 (EK 6) von Relevanz, dass bei Bibersteins Ankunft in Südrussland ab Herbst 1942 der Stab des Einsatzkommandos 6 (EK 6) unter Aufsicht der neu gebildeten Heeresgruppe Don stand. Im Hinblick darauf war Bibersteins offizielle Dienststellung die eines *Beauftragten des Chefs der Sicherheitspolizei und des SD bei der Heeresgruppe Don.*[554] Jene Heeresgruppe war aus Teilen der damaligen im Raum Stalingrad operierenden Heeresgruppe Süd zusammengesetzt und zwar unter anderem aus einer deutschen Armee in Stoßrichtung Stalingrad – das war die 6. Armee unter Generalfeldmarschall Paulus – mit rumänischen Armeen auf beiden Flügeln.[555] Bei seinem Dienstantritt am 18. September 1942 hatte Biberstein sich demzufolge pflichtgemäß bei dem Befehlshaber der 330. Infanterie-Division, dem Generalleutnant Edwin Graf von Rothkirch und Trach, zu melden, der ihm den Befehl gab, „in der bisherigen Weise die Sicherung des Heeresgebietes Don wahrzunehmen gegenüber Angriffen der Zivilbevölkerung, Saboteuren, Terroristen, usw. Alle militärischen Dienststellen seien angewiesen, in allen vorkommenden Fällen dieser Art das Einsatzkommando in Anspruch zu nehmen.“[556]

In diesem Zusammenhang sind die Unterstellungsverhältnisse und Befehlsstrukturen zu beleuchten, die für das Einsatzkommandos 6 (EK 6) von besonderem Gewicht waren, insofern, als „das EK 6 [...] mit seinen Außenstellen fest in die vorhandene Wehrmachts-Organisation eingebaut war. Der Stab stand damals unter dem Oberbefehlshaber des Heeresgebietes Don – der neu gebildeten Heeresgruppe Don –, mit dem Oberbefehlshaber Antonescu, dem damaligen rumänischen Regierungschef,“[557] erklärte Biberstein vor dem US Military Tribunal II in Nürnberg. Weit ausführlicher hingegen beschrieb der ehemalige Leiter der Einsatzgruppe D, der SS-Gruppenführer und Generalleutnant der Polizei Otto Ohlendorf, jene Unterstellungsverhältnisse, indem er ausführte, dass

> „die Aufgabe und Tätigkeit der Einsatzkommandos sich unter der Oberhoheit des Armee-Oberbefehlshabers vollzog. Er war Inhaber der vollziehenden Gewalt seines Raumes, und seine Vollmachten waren festgelegt, sowohl im Reichsverteidigungsratsgesetz als auch in einem Erlass des OKW über die Stellung des Oberbefehlshabers im Operationsgebiet.
>
> *Danach gingen die Weisungen des Oberbefehlshabers jeder anderen Dienststelle vor* [...]. Es war daher für die Einheiten [der Einsatzkommandos] notwendig, alle Aufgaben

---

[554] Ohlendorf erläuterte am 9. Oktober 1947 ausführlich jene Dienststellung vor dem US Military Tribunal II in Nürnberg. Zeugeneinvernahme Ohlendorf, StAN, Rep. 501, KV-Prozesse, Fall 9, A 6-8, S. 560.

[555] Zeugeneinvernahme Biberstein, StAN, Rep. 501, KV-Prozesse, Fall 9, A 34-35, S. 2856.

[556] Ebd., A 32-33, S. 2815.

[557] Ebd.

> und Tätigkeiten in einer Form zu vollziehen, die in Übereinstimmung lag mit den Intentionen der Armee, d. h. die Armee musste entweder zustimmen oder unausgesprochen zu der Tätigkeit [der Einsatzkommandos] ihre Zustimmung geben [...].
>
> [Das Einsatzkommando] musste versuchen *die* Aufgaben zu erfüllen, die für diese Spezialeinheiten im Aufgabenrahmen der Armee vorgesehen waren. [Zudem] war [das Kommando] verpflichtet, *besondere* Aufgaben anzunehmen, die ihr nach der Regelung des Barbarossa-Erlasses von der Armee gestellt werden konnten." [Kursivdruck vom Verf.].[558]

Im Hinblick auf die *vollziehende* Gewalt in seinem Gebiet war der Oberbefehlshaber des Heeres als der Inhaber jener Ordnungsmacht der Herr über Leben und Tod. Hingegen bezog sich die Eigenverantwortlichkeit der Einsatzgruppen auf die Art und Weise der *Durchführung* des Exekutionsauftrages, führte Ohlendorf am 15. Oktober 1947 vor dem US Military Tribunal II in Nürnberg weiter aus.[559] Neben jenem allgemeinen Rahmen gab es noch ein rechtliches und tatsächliches Unterstellungsverhältnis der Einsatzgruppen und der ihnen nachgeordneten Kommandos, das durch das Abkommen zwischen dem OKW und Heydrich geregelt worden war und das beinhaltete, dass es „der Armee vorbehalten [war], den Operationsraum der einzelnen Einsatzkommandos zu bestimmen, die Stärke der Kommandos und die Aufenthaltszeit der Kommandos.[560] Zwar hatten die Einsatzgruppen und deren Kommandos in eigener Verantwortung zu arbeiten, jedoch niemals außerhalb des Hoheitsbereiches der Armee, bzw. der Heeresgruppe, d. h. „niemals außerhalb der tatsächlichen Weisungsbefugnis des Oberbefehlshabers der Armee."[561]

Des Weiteren hatte aufgrund der schriftlichen Weisung Heydrichs zwischen den Einsatzgruppen bzw. deren Kommandos und der Armee ein dauernder Kontakt zu bestehen, in der Weise, dass seitens der Einsatzgruppen und deren Kommandos ein so bezeichneter „Verbindungsoffizier" abgestellt wurde, der den Wohnraum mit dem I c AO [Ic-Offizier des Armeeoberkommando] teilte.[562] Jenem *Dritten Generalstabsoffizier* (Ic-Offizier) oblag die Zuständigkeit für das militärische Nachrichtenwesen und die Erkundung der Feindlage. Biberstein stellte keinen eigenen Verbindungsoffizier ab, da er jene Aufgabe, d. h. die Gesprächsführung mit dem Ic-Offizier im Hinblick auf die Feind- und sicherungspolizeiliche Lage in seinem Einsatzraum, selbst wahrnahm. Er habe „fast täglich" eine Rücksprache mit dem Ic des Heeresgebietes Don geführt, „vor allem dann, als die rückwärtigen Bewegungen der Wehrmacht einsetzten, erläuterte Biberstein am 21. November 1947 dem US Military Tribunal II in Nürnberg."[563]

---

[558] Zeugeneinvernahme Ohlendorf, StAN, Rep. 501, KV-Prozesse, Fall 9, A 6-8, S. 560-561.
[559] Ebd., A 9-11, S. 766.
[560] Zeugeneinvernahme Ohlendorf, StAN, Rep. 501, KV-Prozesse, Fall 9, A 6-8, S 561.
[561] Ebd., A 9-11, S. 698-699.
[562] Ebd., S. 691-693.
[563] Zeugeneinvernahme Biberstein, StAN, Rep. 501, KV-Prozesse, Fall 9, A 34-35, S. 2852-2853.

Dass die Zusammenarbeit der Einsatzgruppe C mit der Wehrmacht vom ersten Tag des Russlandfeldzuges an hervorragend gewesen sei, berichtete bereits der erste Chef der Einsatzgruppe C und spätere Mitangeklagte Bibersteins, der SS-Brigadeführer und Generalmajor der Polizei Dr. iur. Dr. rer. pol. Emil Otto Rasch, dem Reichssicherheitshauptamt (RSHA) in seinem Bericht vom 3. November 1941:

> „Was nun die Beziehungen der Einsatzgruppe [C] und ihrer Kommandos zu anderen Dienststellen anbelangt, so verdient das Verhältnis zur Wehrmacht besondere Beachtung. Es ist der Einsatzgruppe gelungen, zu sämtlichen Wehrmachtsdienststellen vom ersten Tage an ein ganz ausgezeichnetes Einvernehmen herzustellen [...]. In sehr zahlreichen Fällen ist es sogar vorgekommen, daß von der kämpfenden Truppe die Unterstützung der Einsatzkommandos angefordert wurde.
>
> Bei jeder größeren militärischen Aktion befanden sich stets auch Vorausabteilungen der Einsatzgruppe, die mit der kämpfenden Truppe in die neueroberten Orte eingerückt sind. Es ist hierbei in allen Fällen größtmögliche Unterstützung gewährt worden.
>
> Erwähnenswert ist z. B. in dieser Beziehung die Unterstützung bei der Einnahme von Shitomir [ukr. Šytomyr], wo unmittelbar hinter den ersten Panzern drei Wagen des Einsatzkommandos 4 a in die Stadt einrückten [und am 9. Juli 1941 ein Massaker an den 3.145 Juden der ukrainischen Stadt Šytomyr sowie der umliegenden Ortschaften durchführten].[564]
>
> Die *erfolgreiche Arbeit der Einsatzgruppe* [C] hat auch dazu geführt, daß die Sicherheitspolizei ein hohes Ansehen vor allem bei den Stäben der Wehrmacht genießt [...]. Der Befehlshaber des AOK 6 [Armeeoberkommandos 6], Generalfeldmarschall von Reichenau, hat auch wiederholt die Arbeit der Einsatzkommandos *in anerkennender Weise gewürdigt* und die Interessen des SD seinen Stäben gegenüber in entsprechender Weise vertreten." [Kursivdruck vom Verf.].[565]

Ebenso hielt auch die Einsatzgruppe B unter ihrem damaligen Leiter, dem SS-Gruppenführer und Generalleutnant der Polizei Arthur Nebe, die enge und gute Zusammenarbeit mit der Wehrmacht in ihren Berichten an das Reichssicherheitshauptamt (RSHA) für erwähnenswert, wie sie beispielsweise in der Ereignismeldung Nr. 90 vom 21. September 1941 belegt ist:

> „Die Zusammenarbeit mit den polizeilichen und militärischen Führungsstellen ist auch während dieser Berichtszeit äußerst befriedigend und reibungslos verlaufen. Bei den Wehrmachtsstellen besteht ein allgemeiner Ruf nach der Sicherheitspolizei. Man bedient sich gern unserer Hilfe, unserer Erfahrungen und Anregungen. *Bei einzelnen von uns durchgeführten Aktionen* [*Massakern an Juden*] *sind sogar ohne weiteres Truppeneinheiten unserer Führung unterstellt worden* [...].

---

[564] *Meldung über Erschießungen von 3 145 Juden* am 19. September 1941 in der Stadt Shitomir durch das Sonderkommando (SK) 4a der Einsatzgruppe C unter Führung von Paul Blobel. Der Chef der Sicherheitspolizei und des SD, IV A 1 – B. Nr. 1 B/41 g. Rs., Ereignismeldung Nr. 106 vom 7. Oktober 1941, BArch, R 58/ 217. Vgl. dazu das Kapitel 4.5, in dem jenes Massaker erwähnt wurde.

[565] Der Chef der Sicherheitspolizei und des SD, IV A 1 – B. Nr. 1 B/41 g. Rs., Ereignismeldung Nr. 128 vom 3. November 1941, BArch, R 58/218.

Wie bereits mehrfach erwähnt, hat sich die laufende gegenseitige Unterrichtung zwischen der Einsatzgruppe einerseits und der Heeresgruppe, dem Befehlshaber des rückw. Heeresgebietes, den AOKs, den Feld- und Ortskommandanturen andererseits, fruchtbringend ausgewirkt." [Kursivdruck vom Verf.].[566]

Andererseits sei es oftmals aber auch zu konkurrierenden Befehlen zwischen den Weisungen der Wehrmacht einerseits und jenen des Chefs der Sicherheitspolizei und des SD Heydrich andererseits gekommen, da im Zuge operativer Notwendigkeiten die Weisungen der Armee in jedem Falle Vorrang besaßen, gab Ohlendorf am 9. Oktober 1947 im Nürnberger Einsatzgruppenprozess zu Protokoll.[567] So konnte die Wehrmacht beispielsweise den Zeitpunkt von geplanten Massenmorden eigenmächtig abändern wie im Falle des Massakers von Simferopol an Juden, Krimtschaken und so bezeichneten „Zigeunern", das seitens der Einsatzgruppe D für März 1942 vorgesehen war. Der Befehlshaber der 11. Armee, Generaloberst von Manstein, bestand jedoch darauf, dass jener Massenmord noch vor Weihnachten 1941 durchzuführen sei. Zudem bestimmte die 11. Armee sogar den Exekutionsort.[568] Jenem Massaker von Simferopol fielen insgesamt 13.000 Menschen zum Opfer, davon etwa 10.600 Juden, 1.500 Krimtschaken und mehr als 800 so bezeichnete „Zigeuner". Dazu führt der Bericht der Einsatzgruppe D vom 2. Januar 1942 an das Reichssicherheitshauptamt (RSHA) aus:

„Juden: Simferopol, Jewpatoria, Aluschta, Karasubasar, Kertsch und Feodosia sowie weitere Teile der West-Krim judenfrei gemacht. Vom 16.11. bis 15.12. [1941] wurden 17.645 Juden, 2.504 Krimtschaken, 824 Zigeuner und 212 Kommunisten und Partisanen erschossen. Die Gesamtzahl der Exekutionen 75.881."[569]

Im Hinblick auf das Unterstellungsverhältnis benannte Ohlendorf weitere Zuständigkeiten der Wehrmacht, die einzelne Aufgabengebiete der Einsatzkommandos betrafen und die auch Bibersteins Dienstobliegenheiten berührten.

„Die grundsätzliche Aufgabe [der Einsatzgruppen und der ihnen nachgeordneten Kommandos] war die nachrichtenmäßige und polizeiliche Sicherung des Gebietes der Armee. Darüber hinaus wurden von der Armee konkrete Einzelaufgaben gestellt. Diese wechselten je nach der Situation. Also beispielsweise: Im Juli/August Ernteeinbringung; Brückenüberwachung im November/Dezember/Januar; Partisanenerkundung, Partisanenkampf, unmittelbarer militärischer Einsatz; und dann wieder rein nachrichtenmäßige Arbeit."[570]

---

566 Der Chef der Sicherheitspolizei und des SD, IV A 1 – B. Nr. 1 B/41 g. Rs., Ereignismeldung Nr. 90 vom 21. September 41, BArch, R 58/ 217.

567 Zeugeneinvernahme Ohlendorf, StAN, Rep. 501, KV-Prozesse, Fall 9, A 6-8, S. 561. Die Einsatzgruppe D war im Herbst 1941 in Bibersteins künftigem Operationsgebiet „exekutiv" tätig gewesen, bevor ihr seitens der Wehrmacht die Krim als Operationsraum zugewiesen wurde.

568 Zeugeneinvernahme Ohlendorf, StAN, Rep. 501, KV-Prozesse, Fall 9, A 9-11, S. 703.

569 Der Chef der Sicherheitspolizei und des SD, IV A 1 – B. Nr. 1 B/41 g. Rs., Ereignismeldung Nr. 150 vom 2. Januar 1942, BArch, R 58/219.

570 Ebd., S. 696.

Mit Bezug zu Biberstein ist in diesem Zusammenhang anzumerken, dass bei dessen Ankunft in Rostow am 18. September 1942 gemäß der Hitler-Weisung Nr. 46 vom 18. August 1942[571] das Einsatzkommando 6 (EK 6) – wie die übrigen Einsatzkommandos auch[572] – in der Weise fest in die vorhandene Wehrmachts-Organisation eingebaut war, dass es hinsichtlich Aufmarsch, Unterkunft und Verpflegung der Befehlsgewalt des Oberbefehlshabers der Heeresgruppe unterstand.[573] Jenes Unterstellungsverhältnis beinhaltete zudem neben der bereits genannten obligatorischen regelmäßigen Kontaktaufnahme eine umfassende Berichterstattungspflicht seitens der Einsatzkommandos und – im Hinblick auf die taktischen Notwendigkeiten der Truppe – die Entgegennahme entsprechender Wehrmachtsbefehle.[574] Dass der Operationsraum des Einsatzkommandos 6 (EK 6) mit seinen vier Teilkommandos/Außenstellen in Rostow, Taganrog, Nowotscherkassk und Šachty seitens der Wehrmacht festgelegt worden war, hatte zur Folge, dass jene Teilkommandos hinsichtlich ihres Arbeitsauftrages den jeweiligen militärischen Standortkommandanten, Feldkommandanturen oder Ortskommandanten unterstellt waren.[575] Diese wiederum hatten eine russische Kriminalpolizei aus einheimischen Kräften gebildet, die unter Aufsicht der Wehrmacht arbeitete. Jene aus einheimischen Kollaborateuren erstellte Kriminalpolizei, die Angestelltenstatus hatte und gemäß den Vorschriften über den Verwaltungsdienst vergütet wurde,[576] ermittelte die jeweiligen von Biberstein so bezeichneten „verbrecherischen Straftaten“ und legte sie nach der „Bearbeitung“ der zuständigen Wehrmachtsstelle vor, die ihrerseits über das weitere Prozedere zu entscheiden hatte. An das Einsatzkommando wurden diejenigen „Ermittlungsakten“ abgegeben, die den so bezeichneten „sicherheitspolizeilichen Auftrag“ der Einsatzgruppe hinsichtlich der Sicherung des rückwärtigen Heeresgebietes (Berück) betrafen. Die übrigen Fälle fielen in den Zuständigkeitsbereich der Wehrmacht.[577]

---

[571] Der Führer, OKW/WFSt/Op. Nr. 00 2821/42 g. K., F. H. Qu., den 18.8.1942. Geheime Kommandosache. – Weisung Nr. 46. Richtlinien für die verstärkte Bekämpfung des Bandenunwesens im Osten [Sperrdruck im Original], OKM Weisungen OKW IV, Band 3, abgedruckt in: WALTHER HUBATSCH (Hrsg.): Hitlers Weisungen für die Kriegsführung 1939-1945. Dokumente des Oberkommandos der Wehrmacht, Utting 2000, S. 201-205, hier, S. 202.

[572] Zeugeneinvernahme Naumann, StAN, Rep. 501, KV-Prozesse, Fall 9, A 9-11, S. 817.

[573] Ebd., S. 818.

[574] Ebd.

[575] Zeugeneinvernahme Biberstein, StAN, Rep. 501, KV-Prozesse, Fall 9, A 32-33, S. 2815f.

[576] *Merkblatt für die Führer der Einsatzgruppen und Einsatzkommandos der Sicherheitspolizei und des SD für den Einsatz Barbarossa*, RGVA, 500-1-25 und USHMMA, RG11.001M, abgedruckt in: ANDREJ ANGRICK/ KLAUS-MICHAEL MALLMANN/ JÜRGEN MATTHÄUS/ MARTIN CÜPPERS (Hrsg.): Deutsche Besatzungsherrschaft in der UdSSR 1941-1945. Dokumente der Einsatzgruppen in der Sowjetunion II (Veröffentlichungen der Forschungsstelle Ludwigsburg der Universität Stuttgart; 23), Darmstadt 2013, S. 30f.

[577] Zeugeneinvernahme Biberstein, StAN, Rep. 501, KV-Prozesse, Fall 9, A 32-33, S. 2815.

In diesem Zusammenhang sind zwei Befehlswege zu unterscheiden: Hinsichtlich der Exekution von Juden, so bezeichneten „Geisteskranken", „Zigeunern" und „Asozialen" sowie „kommunistischen Funktionären" galten die entsprechenden *Weisungen aus dem Reichssicherheitshauptamt* (RSHA), wie sie schriftlich in Heydrichs Einsatzbefehlen bis zu dessen Tod am 4. Juni 1942 formuliert oder in mündlicher Form von Himmler anlässlich dessen Inspektionsreisen zu den ihm unterstehenden Einsatzgruppen erteilt wurden. Hingegen galten die *Wehrmachtsbefehle* für „Verbrechen", die in den Militärverwaltungsgebieten im Rücken der Wehrmacht begangen wurden und die die vermeintliche Sicherheit der Truppen gefährdeten, etwa die Zugehörigkeit zu bewaffneten Partisanengruppen und zur OUN oder aber die Beteiligung der Zivilbevölkerung an Sabotageakten, Aufhetzung oder Plünderungen.[578] Jene „Verbrechen", die aufgrund des Kriegsgerichtsbarkeitserlasses nicht mehr in den Zuständigkeitsbereich der Wehrmacht, sondern *verfassungswidrig* in jenen der Einsatzkommandos fielen, waren ebenso wie die entsprechenden Exekutivmaßnahmen in einer Art „Strafkatalog" schriftlich festgehalten, der von den Einsatzkommandos als Grundlage für die so bezeichneten „Gerichtsverfahren", d. h. die verfassungswidrigen polizeilichen Strafverfahren, verwandt wurde.

Zielsetzungen der Partisanenkämpfe

Die von General von Rothkirch gegenüber Biberstein genannten „Angriffe der Zivilbevölkerung, der Saboteure und Terroristen auf die Wehrmacht" beinhalteten nichts weiter als die Bekämpfung der verschiedenen Partisanengliederungen, die sich zum einen aus versprengten Rotarmisten und geflohenen sowjetischen Kriegsgefangenen zusammensetzten sowie aus *den* Juden, denen die Flucht aus den Ghettos gelungen war und die lediglich Unterschlupf bei den Partisanen gesucht hatten. Zum anderen formierten sich die Partisanen aber auch aus den unterschiedlichen Gruppierungen innerhalb der ukrainischen Widerstandbewegung *Organisation Ukrainischer Nationalisten* (OUN).

Zudem war die Weisung des Generals Rothkirch an Biberstein lediglich die Umsetzung des bereits am 18. November 1941 ergangenen Himmler-Befehls.[579] Himmler hatte den Befehl im Hinblick auf die situativen „sicherungspolizeilichen" Gegebenheiten entsprechend angepasst. Ziel der Partisanen war ab dem Sommer 1942 unter anderem die Zerstörung der für die Wehrmacht wichtigen Nachschubwege, d. h. aller Verkehrsverbindungen und Versorgungswege – insbesondere der

---

578 Zeugeneinvernahme Naumann, StAN, Rep. 501, KV-Prozesse, Fall 9, A 9-11, S. 835.

579 Der Reichsführer SS, Kdo.-Stab RFSS I a/I c, Tgb.-Nr. I c/186/41 g. H. Qu., den 18.11.1941. Kommandobefehl Nr. 42, Betrifft: Bekämpfung von Partisanen, [Unterstreichung im Original], BArch-L, Dok. Slg. UdSSR.

Bild 46: Soldat der Waffen-SS bei der Gefangennahme eines sowjetischen Partisanenjungen. Juli/August 1943.
(Quelle: Bundesarchiv, Bild 101III-066-18 A).

Eisenbahnlinien sowie der Telefonverbindungen und der kriegswichtigen Industrieanlagen und Nahrungsmitteldepots –, sodass Himmler bereits in jenem Kommandobefehl vom 18. November 1941 die Zielsetzung der Partisanen erläutert und präventiv die nachfolgenden Maßnahmen angeordnet hatte:

„Die Aufgabe der Partisanengruppen besteht in der Sprengung von Brücken, Zerstörung von Strassen, Telefon- und Telegrafenanlagen, im Anlegen von Wald- und Lagerbränden und in der Durchführung von Überfällen auf die marschierenden Kolonnen, motorisierte Infanterie, Meldefahrer, Stäbe, Flugplätze, Eisenbahnzüge, Nachschubtransporte usw. [. . .].

Grundsatz bei der Bekämpfung der Partisanen muß deren *Vernichtung* und nicht deren Vertreibung sein. [. . .]. Die Partisanen sind im Anschluss an ihre Ergreifung durch Angehörige der Sipo und des SD [der Einsatzkommandos] zu vernehmen [und nach Erhalt notwendiger Informationen zu exekutieren]. Sie sind nur dann *sofort* zu erschießen, wenn es die Kampflage unbedingt erfordert.“ [Kursivdruck vom Verf.].[580]

[580] Ebd.

Im Falle Bibersteins ist im Rahmen des historischen Kontextes des Weiteren von Wichtigkeit, dass die Partisanen des Jahres 1941 – darunter insbesondere geflohene Juden, denen es gelungen war, sich innerhalb der Partisanenverbände zu verstecken – weniger gegen die deutsche Besatzung, als um ihr eigenes Überleben zu kämpfen hatten. Klaus-Michael Mallmann möchte demzufolge die von Himmler im Jahre 1941 getroffene Maßnahmen zur Partisanenbekämpfung „originär nicht als Reaktion auf eine äußere Bedrohung [. . .] werten, sondern als vorab bewußt gewählte Option des präventiven Terrors.“[581]

Bundesarchiv, Bild 101I-007-2477-06
Foto: Trautvetter | 1941 Juli - August

Bild 47: Militärpolizei im Partisanengebiet, August 1941. Aufschrift auf der Informationstafel: „Partisanengefahr von Welish nach Ußwjati. Einzelfahrzeuge halt! Durchfahrt nur von 2 Fahrzeugen aufwärts. Waffen bereithalten.“
(Quelle: Bundesarchiv Bild 101I-007-2477-06).

Zur Bekämpfung des zivilen Widerstandes in Bibersteins Einsatzgebiet

Im Gegensatz dazu begann sich der Partisanenkampf jedoch ab dem Sommer 1942 in den okkupierten Ostgebieten – und demzufolge auch in der Ost-Ukraine und ansatzweise in der Oblast Rostow – zu einer ernsten Gefahr zu entwickeln, wie Biber-

[581] KLAUS-MICHAEL MALLMANN, Aufgeräumt, S. 503-520, hier S. 507.

stein bereits bei seiner Ankunft in Kiew von seinem Dienstvorgesetzten, dem SS-Gruppenführer und Generalleutnant der Polizei Dr. Max Thomas, erfahren hatte.[582]

Kennzeichnend für die nationalsozialistische Diktion in jener Phase der Bekämpfung des sowjetischen zivilen Widerstandes ist, dass Himmler mit Befehl vom 31. Juli 1942 die Bezeichnung „Partisanen“ durch den despektierlichen Begriff „Banditen/Verbrecher“ ersetzt wissen wollte, da es „sich für uns [...] hier nicht um Kämpfer und Soldaten [handelt], sondern um Banditen, Franktireurs und kriminelle Verbrecher.“[583] Damit entzog Himmler den sowjetischen Widerstandskämpfern auf widerrechtliche Weise den Kombattantenstatus, wie er im humanitären Völkerrecht gilt, etwa in der Haager Landkriegsordnung, Artikel 1/2. Gleichzeitig suggerierte Himmler damit den Einsatzkommandos, sich in einem rechtsgeschützten Raum zu wähnen, da deren Kommandeure nicht etwa wahllos unschuldige Zivilpersonen, sondern „Verbrecher“ zu exekutieren hätten. Mit eben jener nationalsozialistischen Darstellungsweise, dass es sich bei dem so bezeichneten „Bandenkampf“ um die *rechtmäßige* Bestrafung von „Verbrechern“ gehandelt habe, rechtfertigte Biberstein vor dem US Military Tribunal II in Nürnberg unter anderem die etwa 2.000 bis 3.000 Exekutionen, die – insbesondere nach der deutschen Kapitulation in Stalingrad im Februar 1943 – im Auftrag der Abteilung IV (Gestapo/ Exekutivabteilung) von den Führern der Teil-/Außenkommandos in Rostow, Nowotscherkassk und Šachty durchgeführt worden waren.[584] In gleicher Weise argumentierten im Nürnberger Einsatzgruppenprozess die Mitangeklagten Bibersteins, wie in Kapitel IV darzulegen sein wird.

Da nach dem Befehl Himmlers vom 18. November 1941 das Ziel der Partisanenbekämpfung „die Vernichtung und nicht die Vertreibung“ aller Widerstandskämpfer war, erfolgte im Anschluss an die Vernehmung, die lediglich der Ermittlung eventueller „Tatbeteiligter“ diente, regelmäßig die Exekution der Inhaftierten. Ebenfalls zu erschießen waren so bezeichnete „Bandenverdächtige“, ja sogar „jede Person, die ausserhalb einer Ortschaft angetroffen [wurde]“, sowie „alle Personen, die nicht im Besitz eines Personalausweises [waren]“,[585] beispielsweise auf der Flucht befindliche Juden. Wie radikal die „Behandlung schädlicher und verdächtiger Teile der Zivilbevölkerung“ und die entsprechenden kollektiven Vergeltungsmaßnahmen seitens der Wehrmacht wahrgenommen wurden – deren Befehle entsprechend den örtlichen Gegebenheiten an die Einsatzgruppen und deren Kom-

---

[582] Zeugeneinvernahme Biberstein, StAN, Rep. 501, KV-Prozesse, Fall 9, A 32-33, S. 2812.

[583] Der Reichsführers SS, Befehl vom 31.7.1942, BArch NS 19/ 3616.

[584] Zeugeneinvernahme Biberstein, StAN, Rep. 501, KV-Prozesse, Fall 9, A 34-35, S. 2838, 2879, 2884, 2894.

[585] Der Reichsführer SS, Kdo-Stab RFSS I a/I c, Tgb.-Nr. I c/186/41 g. H. Qu., den 18.11.1941. Kommandobefehl Nr. 42, Betrifft: Bekämpfung von Partisanen, [Unterstreichung im Original], BArch-L, Dok. Slg. UdSSR 402.

mandos weitergegeben wurden,[586] zeigen die *Richtlinien des XXVI. Armeekorps*, die von dem Chef des Generalstabes des XXVI. Armeekorps, Oberst im Generalstab [i. G.] Richard-Heinrich von Reuß gezeichnet wurden.[587]

> „I. Die Behandlung schädlicher und verdächtiger Einwohner hat nach den folgenden Richtlinien zu erfolgen.
>
> I.1. Einwohner, denen V e r b r e c h e n oder S a b o t a g e a k t e bzw. Versuche oder Vorbereitungen hierzu nachgewiesen werden:
> E r s c h i e ß e n.
>
> I.2. Einwohner, die von der bolschewistischen Parteileitung als F u n k t i o n ä r e hierzu nachgewiesen werden:
> E r s c h i e ß e n." [Sperrdruck im Original].[588]

Mit Bezug zu Hitlers völkerrechtswidrigem Kriegsgerichtsbarkeitserlass vom 13. Mai 1941[589] führte von Reuß in den Richtlinien des Weiteren unter Punkt III.1 „Verfahren" aus:

> „Straftaten feindlicher Zivilpersonen sind der Zuständigkeit der Kriegsgerichte und Standgerichte entzogen.
>
> Es ist auch bei Vergeltung- oder Sicherungsmaßnahmen der Bezirks- und Ortskommandanturen nicht von ‚Verurteilten' und ‚Strafen' zu sprechen. Der Bevölkerung muß bekannt werden, welche schwere Folgen ihr drohen, wenn sie sich irgendwelcher Verstöße schuldig macht.
>
> Es ist daher notwendig, in jedem Ort eine oder mehrere Anschlagstellen für Bekanntmachungen, Propagandaaushänge usw. zu schaffen [...]. An den Anschlagstellen muß die Bekanntmachung stehen: ‚Wer die Maueranschläge der deutschen Wehrmacht abreißt oder beschädigt, wird erschossen' (zweisprachig)."[590]

Auf Weisungen und Befehle solchen Inhaltes, die der städtischen Zivilbevölkerung in regelmäßigen Zeitabständen durch Maueranschläge und per Funk sowie der Landbevölkerung durch von Hubschraubern abgeworfene Informationsblätter bekannt gegeben wurden und nach deren Grundsätzen die Einsatzkommandos ihre Exekutivmaßnahmen trafen, beriefen sich nicht nur Biberstein, sondern ebenso seine Mitangeklagten vor dem US Military Tribunal II in Nürnberg,[591] obgleich

[586] Zeugeneinvernahme Biberstein, StAN, Rep. 501, KV-Prozesse, Fall 9, A 34-35, S. 2818.

[587] Von Reuß war vom 8. Oktober 1941 bis Juli 1942 Chef des Generalstabes des XXVI. Armeekorps. Er fiel am 22.12.1942.

[588] Gen. Kdo. XXVI. AK, Abt. 1a/U (Ic III), Nr. 21/41 geh. gezeichnet: v. Reuß, Richtlinien des XXVI. Armeekorps für die „Behandlung schädlicher und verdächtiger Teile der Zivilbevölkerung" vom 26.12.1941, StAN, KV-Anklage, Dokumente, Fotokopien, NOKW-2502.

[589] Der Führer und Oberste Befehlshaber der Wehrmacht, Führerhauptquartier, d. 13. Mai 1941, *Erlass über die Ausübung der Kriegsgerichtsbarkeit im Gebiet „Barbarossa" und über besondere Maßnahmen der Truppe*, BArch-MA, RW 22/ 155.

[590] Gen. Kdo. XXVI. AK, Abt. 1a/U (Ic III), Nr. 21/41 geh. gezeichnet: v. Reuß, Richtlinien des XXVI. Armeekorps für die „Behandlung schädlicher und verdächtiger Teile der Zivilbevölkerung" vom 26.12.1941, StAN, KV-Anklage, Dokumente, Fotokopien, NOKW-2502.

[591] Zeugeneinvernahme Ohlendorf, StAN, Rep. 501, KV-Prozesse, Fall 9, A 9-11, S. 727.

Bild 48: Zur Abschreckung der sowjetischen Zivilbevölkerung wurden Partisanen von der deutschen Besatzungsmacht auch öffentlich erhängt. Die Inschrift auf den Schildern am Galgen lautet: „Wir sind Banditen, wir haben nicht nur deutsche Soldaten, sondern auch russische Bürger ermordet und ausgeplündert“ (Text deutsch und russisch), darunter: „Fotografieren verboten!“
(Quelle: Bundesarchiv, Bild 101I-031-2436-01A).

zumindest den Juristen unter ihnen die Rechtswidrigkeit jener Befehlsgebung bekannt gewesen sein dürfte. Biberstein formulierte jenen Sachverhalt in apologetischer Manier wie folgt:

> „Der besondere Befehl für das Einsatzkommando 6, das war der Befehl des Befehlshabers des Heeresgebietes Don, der überall zweisprachig an den Häusern angeschlagen war und der z. b. in Rostow von Zeit zu Zeit durch Drahtfunk der Zivilbevölkerung bekanntgegeben wurde.
>
> Dieser Befehl sprach ausdrücklich die *Todesstrafe* aus für folgende Fälle: Plünderung, Waffenbesitz, Angriffe auf militärische Einrichtungen und Nachrichtenmaterial, Angriffe auf Militärpersonen, Spionage, Sabotage, Terror und ähnliche Dinge.“ [Kursivdruck vom Verf.].[592]

In diesem Zusammenhang sei auf die *Fahndungsliste Nr. 1 des Sonderbeauftragen der Sicherheitspolizei und des SD bei der Armee Einsatzgruppe C* vom 30. Mai 1942 verwiesen – d. h. mehr als ein Vierteljahr vor Bibersteins Eintreffen in Rostow –, in der 88 Ukrainer unter Angabe ihres zuletzt gemeldeten Wohnortes zur Fahndung ausgeschrieben worden waren, denen entweder die Nähe zu Kommunisten oder die Mitgliedschaft in der KP nachgesagt wurde.

[592] Zeugeneinvernahme Biberstein, StAN, Rep. 501, KV-Prozesse, Fall 9, A 34-35, S. 2818

Hitlers Weisungen für die „verstärkte Bekämpfung des Bandenunwesens im Osten"

Nach dem Scheitern des deutschen Angriffs auf Moskau und der vom 5. Dezember 1941 bis zum 7. Januar 1942 dauernden sowjetischen Gegenoffensive hatte die Partisanenbewegung Auftrieb in der Weise erhalten, dass sie sich – beginnend in Weißrussland[593] – nunmehr tatsächlich „zu einer ernsten Gefahr für die Versorgung der Front und die wirtschaftliche Ausnützung des Landes" entwickelte – wie Biberstein bereits bei seinem Eintreffen in Kiew von seinem Dienstvorgesetzten instruiert wurde, der die Hitler-Weisung wörtlich zitierte[594] –, sodass Hitler die Partisanenbekämpfung nunmehr zu seiner „Führungsangelegenheit" erklärt hatte gemäß den *Richtlinien für die verstärkte Bekämpfung des Bandenunwesens im Osten*, die er seiner *Weisung Nr. 46* vom 18. August 1942 beifügte. Dort heißt es:

> „Das B a n d e n u n w e s e n im Osten hat in den letzten Monaten einen nicht mehr erträglichen Umfang angenommen und droht zu einer ernsten Gefahr für die Versorgung der Front und die wirtschaftliche Ausnützung des Landes zu werden.
>
> Bis zum Beginn des Winters [1942] müssen diese Banden im wesentlichen *ausgerottet* und damit der Osten hinter der Front befriedet werden, um entscheidende Nachteile für die Kampfführung der Wehrmacht im Winter zu vermeiden.
>
> Hierzu ist erforderlich: Schnelle durchgreifende aktive Bekämpfung der Banden unter Zusammenfassung aller hierzu freizumachenden und geeigneten Kräfte der Wehrmachtteile, der SS und der Polizei [...]." [Sperrdruck im Original].[595]

Demzufolge bestand die Zielsetzung des Einsatzkommandos 6 (EK 6) darin, in enger Zusammenarbeit mit der Wehrmacht so bezeichnete „Einsätze zur Bandenbekämpfung" zu koordinieren.[596] Des Weiteren wurden die mit der Durchführung

---

[593] Während für die Partisanenbewegung in der Ost-Ukraine, insbesondere im Operationsgebiet des Einsatzkommandos 6 (EK 6), aufgrund der desolaten Quellenlage bisher Studien fehlen, ist hingegen der Partisanenkampf in Weißrussland hinreichend belegt, so in der wegweisenden Studie des Christian Gerlach. CHRISTIAN GERLACH, Morde, S. 859-1055.

[594] Zeugeneinvernahme Biberstein, StAN, Rep. 501, KV-Prozesse, Fall 9, A 32-33, S. 2812, 2840.

[595] Der Führer, OKW/WFSt/Op. Nr. 00 2821/42 g. K., F. H. Qu., den 18.8.1942. Geheime Kommandosache. W e i s u n g N r. 46. R i c h t l i n i e n f ü r d i e v e r s t ä r k t e B e k ä m p f u n g d e s B a n d e n u n w e s e n s i m O s t e n [Sperrdruck im Original], OKM Weisungen OKW IV, Band 3, abgedruckt in: WALTHER HUBATSCH (Hrsg.): Hitlers Weisungen für die Kriegsführung 1939-1945. Dokumente des Oberkommandos der Wehrmacht, Utting 2000, S. 201-205, hier, S. 201f.

[596] Allen Einsatzkommandos in den Militärveraltungsgebieten, also in den *nicht* zu den Reichskommissariaten gehörenden Gebieten, oblag die genaue Erkundung der jeweiligen Partisanengebiete und die Exekution der von der Wehrmacht gefangen genommenen Partisanen, so auch dem EK 6. Erst nach der Schlacht von Stalingrad wurden Einsatz-/Sonderkommandos seitens der Wehrmacht angefordert und für die Dauer eines Partisaneneinsatzes der jeweiligen Heeresgruppe als Kampfverband eingefügt. Im Gegensatz dazu war in den Reichskommissariaten – wie Gerlach belegt – bei den von den HSSPF durchgeführten 55 Partisanen-Großeinsätzen lediglich ein einziges Kommando einer Einsatzgruppe beteiligt, nämlich das SK 10a am 30.7.1943 unter dem neuen Kom-

der Partisanenbekämpfung betrauten Führungseliten in den Richtlinien zur Führer-Weisung Nr. 46 zur Anwendung „härtester Maßnahmen“ angewiesen:

> „1. Die Bandenbekämpfung ist, wie die Führung gegen den Feind an der Front, eine Führungsangelegenheit. Sie ist durch die hierfür vorgesehenen Führungsstäbe zu organisieren und zu führen.
>
> 2. Die Vernichtung des Bandentums erfordert aktive Bekämpfung und härteste Maßnahmen gegen alle, die sich an der Bandenbildung beteiligen oder sich der Unterstützung der Banden schuldig machen. Kampfanweisung für die Durchführung der Bandenbekämpfung folgt.“ [Sperrdruck im Original].[597]

Darüber hinaus regelte Hitler die Befehlsführung, Zuständigkeitsbereiche und Verantwortlichkeit in der Weise, dass er Himmler zum einen als die „zentrale Stelle für die Sammlung und Auswertung aller Erfahrungen auf dem Gebiet der Bandenbekämpfung“ benannte, zum anderen ihn als Alleinverantwortlichen für die Partisanenbekämpfung in den Reichskommissariaten einsetzte. Hingegen legte er die Verantwortlichkeit der Partisanenbekämpfung im Operationsgebiet des Heeres in den Zuständigkeitsbereich des Chefs des Generalstabes des Heeres.[598]

Vom Grundsatzbefehl zur Selbstermächtigung

Da Bibersteins Operationsgebiet in naher Zukunft dem Reichskommissariat Ukraine (RKU) eingegliedert werden sollte, war demgemäß der „sicherungspolizeiliche“ Arbeitsbereich des Einsatzkommandos 6 (EK 6) eng mit dem entsprechenden Ressort des Heeres verknüpft. Demzufolge übergab der Chef des Generalstabes des Heeres dem Einsatzkommando 6 (EK 6) jeweils diejenigen Fälle zur Vernehmung und anschließender Exekution, die in deren „sicherungspolizeilichen“ Zuständigkeitsbereich fielen, erläuterte Biberstein vor dem US Military Tribunal II in Nürnberg.[599] Das bedeutete, dass die Weisungen Hitlers seitens der verschiedenen Wehrmachtstellen zunächst in militärische Befehle umgesetzt und sodann von den jeweils nachgeordneten militärischen Dienststellen in situativer Weise nicht nur den „sicherheitspolizeilichen“, sondern ebenso den militärisch-wirtschaftlichen Gegebenheiten vor Ort entsprechend interpretiert und angepasst wurden sowie danach zu deren *Durchführung* an die Einsatzgruppen und deren Kommandos

---

mandoführer SS-Sturmbannführer Dr. Kurt Christmann. CHRISTIAN GERLACH, Morde. Tabellen S. 899-904, hier Tabelle S. 902.

[597] Der Führer, OKW/WFSt/Op. Nr. 00 2821/42 g. K., F. H. Qu., den 18.8.1942. Geheime Kommandosache. Weisung Nr. 46. Richtlinien für die verstärkte Bekämpfung des Bandenunwesens im Osten [Sperrdruck im Original], OKM Weisungen OKW IV, Band 3, abgedruckt in: WALTHER HUBATSCH (Hrsg.): Hitlers Weisungen für die Kriegsführung 1939-1945. Dokumente des Oberkommandos der Wehrmacht, Utting 2000, S. 201-205, hier, S. 202.

[598] Ebd.

[599] Zeugeneinvernahme Biberstein, StAN, Rep. 501, KV-Prozesse, Fall 9, A 32-33, S. 2815f.

weitergegeben wurden. Da die Einsatzgruppen gemäß ausdrücklicher Anordnung Heydrichs eng mit der Wehrmacht zusammenzuarbeiten hatten,[600] sind in diesem Kontext weitere Befehle seitens der Wehrmacht von Relevanz, zeigen sie doch, wie Grundsatz-Weisungen aufgrund von Selbstermächtigung zu äußerst brutalen Befehlen führen konnten. So setzte beispielsweise Alfred Jodl, General der Artillerie und Chef des Wehrmachtsführungsstabes im Oberkommando der Wehrmacht, Hitlers Grundsatz-Weisung Nr. 46 in einem Merkblatt für das OKW in äußerst radikaler Weise wie folgt um:

> „8.3 Bei der Behandlung der Banditen und ihrer freiwilligen Helfer ist äußerste Härte geboten. Sentimentale Rücksichten sind in dieser entscheidenden Frage unverantwortlich. Schon die Härte der Maßnahmen und die Furcht vor den zu erwartenden Strafen muß die Bevölkerung davon abhalten, die Banden zu unterstützen oder zu begünstigen.
>
> 8.4 Gefangene Banditen sind [...] zu erhängen oder zu erschießen [...]. In der Regel sind Gefangene *nach kurzem Verhör* an Ort und Stelle zu erschießen [...]. Jeder Führer einer Abteilung ist dafür verantwortlich, daß gefangene Banditen und Zivilisten, die beim aktiven Kampf angetroffen werden (auch Frauen), erschossen oder besser erhängt werden.“ [Kursivdruck vom Verf.].[601]

Da die Partisanen in der Regel im Schutz der Dunkelheit operierten und sich tagsüber entweder in den Wäldern verborgen hielten oder aber in unauffälliger Weise einer geregelten Arbeit nachgingen, sah jenes Merkblatt in den Abschnitten 8a, 8.6 und 106 als Präventivmaßnahme ausdrücklich auch Kollektivstrafen gegen die Bevölkerung ganze Dörfer vor:

> „Wer die Banden durch Gewährung von Unterschlupf oder Verpflegung, durch Verheimlichung ihres bekannten Aufenthaltes oder durch sonst irgendwelche Maßnahmen unterstützt, ist todeswürdig [...]. Gegen Dörfer, in denen die Banden Unterstützung irgendwelcher Art gefunden haben, werden Kollektivmaßnahmen in der Regel geboten sein.
>
> Diese Maßnahmen können je nach der Schwere der Schuld in vermehrter Heranziehung zu Abgaben, Wegnahme eines Teiles oder des gesamten Viehs, Abtransport arbeitsfähiger Männer zum Arbeitseinsatz nach Deutschland und sogar Vernichtung des gesamten Dorfes [durch Niederbrennen] bestehen [...]. Einzelstehende unbewohnte Häuser und Schuppen außerhalb der Ortschaften, in denen Banden Unterschlupf finden können, sind abzubrennen.“[602]

In gleicher Manier wies nur einen Monat später der Chef des Oberkommandos der Wehrmacht (OKW) Generalfeldmarschall Wilhelm Keitel die Armee an, dass „die

---

[600] *Merkblatt für die Führer der Einsatzgruppen und Einsatzkommandos der Sicherheitspolizei und des SD für den Einsatz „Barbarossa“* (o. D., jedoch vor dem 22.6.1941), RGVA, 500-1-25 und USHMMA, RG11.001M, abgedruckt in: ANDREJ ANGRICK/ KLAUS-MICHAEL MALLMANN/ JÜRGEN MATTHÄUS/ MARTIN CÜPPERS (Hrsg.), Besatzungsherrschaft, S. 30-33, hier S. 30.

[601] OKW/WFSt/Op. Nr. 1216/42, *Kampfanweisung für die Bandenbekämpfung im Osten* vom 11.11.1942, MA, H 21.25.04./64, Bl. 69-76, abgedruckt in: NORBERT MÜLLER (Hrsg.): Deutsche Besatzungspolitik in der UdSSR 1941-1945. Dokumente, Köln 1980, S. 136-139, hier S. 52.

[602] Ebd., S. 139.

Truppe berechtigt und *verpflichtet* [sei], in diesem Kampf ohne Einschränkung auch gegen *Frauen* und *Kinder* jedes Mittel anzuwenden, wenn es nur zum Erfolg [führe]." [Kursivdruck vom Verf.][603] Desgleichen beorderte die Wehrmacht die Bevölkerung ganzer Ortschaften zur Entminung der Wehrmachtstraßen und nahm dabei ohne jegliches Unrechtsbewusstsein deren Tod billigend in Kauf. So ordnete etwa der Kommandant des rückwärtigen Heeresgebietes 532 (Korück 532)[604] in seinem Befehl vom 9. September 1942 an:

> „Da mit Verminung zu rechnen ist, ist für die Bereitstellung von *Minensuchgerät 42* (Juden oder gefangene Bandenangehörigen mit Eggen und Walzen) in ausreichender Zahl zu sorgen. Die Einheiten haben sich selbst mit Stricken auszurüsten, um die Juden oder gefangenen Bandenangehörigen mit langen Halsstricken zu versehen."
> [Die mit langen Halsstricken gefesselten Opfer wurden dann über das verminte Gebiet geschickt].[605]

„Minensuchgerät 42" war der Deckname für den Einsatz von Juden und Partisanen, die zum Entminen gezwungen wurden. Juden und Partisanen wurden hier als Sachobjekte gesehen, indem sie als „Gerät" eingestuft wurden. Ein noch brutaleres Vorgehen zur Entminung ordnete der Gebietskommandant für das rückwärtige Gefechtsgebiet in seinem Befehl Nr. 3/44 vom 22. Januar 1944 im Kampf gegen sowjetische Widerstandkämpfer an und nahm dabei billigend den Tod von Frauen, ja sogar von Kindern in Kauf. So veranlasste er die nachfolgend genannte brutale Maßnahme:

> „Ich befehle daher, daß Wege, die von deutschen Truppen befahren werden müssen, täglich von s ä m t l i c h e n Ortseinwohnern (einschl. Frauen und Kindern) mit Kühen, Pferden und Fahrzeugen bis zur nächsten K[omman]d[an]t[u]r z u e r s t abgetrampelt werden [...]. Dabei ist zu beachten, daß die Zivilisten dicht aufgeschlossen die ganze Wegbreite abtrampeln." [Sperrdruck im Original].[606]

Einen weniger dramatischen – letztendlich jedoch kaum effektiven – Erlass zur Bekämpfung der Partisanen erteilte Himmler, indem er in „partisanenverseuchten"

---

[603] OKW/WFSt/Op. (H) Nr. 004870/42, g. Kdos., Befehls des Chefs des OKW über die Anwendung brutalster Mittel bei der Partisanenbekämpfung sowie die völlige Straflosigkeit dabei begangener Verbrechen vom 16.12.1942, in: Dokumente über die Verbrechen Adolf Heusingers gegen den Frieden, seine Kriegsverbrechen und Verbrechen gegen die Menschlichkeit, Verlag für fremdsprachliche Literatur, Moskau 1962, S. 129-130, hier S. 130.

[604] Der Korück 532 unterstand dem General der Infanterie Max von Schenckendorff, Befehlshaber des Rückwärtigen Heeresgebietes der Heeresgruppe Mitte, der sich als erfahrener „Spezialist" in Sachen Partisanenbekämpfung hervorgetan hatte.

[605] Korück 532, Einsatzbefehl Unternehmen Dreieck und Viereck vom 9.9.1942, abgedruckt in: HAMBURGER INSTITUT FÜR SOZIALFORSCHUNG (Hrsg.): Verbrechen der Wehrmacht. Dimensionen des Vernichtungskrieges 1941-1944. Katalog zur Ausstellung, Hamburg 2002, S. 487f.

[606] 78. Sturm-Division, Gebietskommandant f. d. rückw. Gefechtsgebiet, Kommandeur, Befehl Nr. 3/44 vom 22.1.1944, ZStA Minsk, 416-1-1, Bl. 3, [Sperrdruck im Original], abgedruckt in: CHRISTIAN GERLACH, Morde, S. 970.

Gebieten zum Schutz von Eisenbahnlinien und Straßen das systematische Abholzen von Bäumen und Büschen in einer Tiefe von 400 bis 500 Metern anordnete.[607] Jener Erlass wurde dann vom Reichsministerium für die besetzten Ostgebiete (RMO) mit Datum vom 15. Juli 1942 rechtskräftig.

Bekämpfung der OUN in der Ost-Ukraine 1942

An dieser Stelle sei auf eine Besonderheit in der Partisanenbekämpfung der *Ost*-Ukraine durch die deutsche Besatzungsmacht verwiesen, für die aufgrund der desolaten Quellenlage bisher weder Makro- noch gar Mikro-Studien vorliegen. Es betrifft die Bekämpfung des zivilen Widerstandes der ukrainischen nationalistischen Gruppierungen, für die im Rahmen dieser Studie lediglich einige Flugblätter der *Organisation Ukrainischer Nationalisten* (OUN) ausfindig gemacht werden konnten sowie wenige spärliche diesbezügliche Meldungen der Einsatzgruppe C an das Reichssicherheitshauptamt (RSHA).

In diesem Zusammenhang ist zu vermerken, dass sich in der Ukraine die Widerstandskämpfer durchaus nur nicht aus den geflüchteten Juden der noch aufzulösenden Ghettos rekrutierten oder aber aus versprengten Rotarmisten und geflohenen sowjetischen Kriegsgefangenen sowie aus Zivilisten, die in NKWD-Partisanenschulen ausgebildet worden waren und die dann als Fallschirmspringer hinter der deutschen Front abgesetzt wurden, wie Himmler noch im Sommer 1941 geglaubt hatte,[608] sondern ebenso aus Mitgliedern der *Organisation Ukrainischer Nationalisten* (OUN-M und OUN-B).[609] Dabei ist zu beachten, dass die Konzeption

---

607 Erlass des Reichsministeriums für die besetzten Ostgebiete vom 15.7.1942, BArch, NS 19/ 1671, fol. 65-66.

608 Der Reichsführer SS, Kdo-Stab RFSS I a/I c, Tgb.-Nr. I c/186/41 g. H. Qu., den 18.11.1941. Kommandobefehl Nr. 42, Betrifft: Bekämpfung von Partisanen, [Unterstreichung im Original], BArch-L, Dok. Slg. UdSSR 402.

609 Die Organisation OUN hatte sich auf dem 1. Kongress Ukrainischer Nationalisten gegründet, der vom 28. Januar bis 3. Februar 1929 in Wien stattfand. Im Jahre 1940 spaltete sie sich aus taktischen Gründen. In der gemäßigten OUN-M waren die Anhänger des Politikers und Offiziers Andrij Melnyk organisiert. Hingegen umfasste die OUN-B die Anhängerschaft des Politikers und radikalen Widerstandskämpfers Stepan Bandera, der einen unabhängigen ukrainischen Staat anstrebte, welcher am 30. Juni 1941 im westukrainischen Lemberg durch Jaroslaw Stećko ausgerufen wurde. Daraufhin wurden Banderas und Stećko von der SS verhaftet. Gut ein Vierteljahr später versuchte im Oktober 1941 auch die OUN-M in dem ostukrainischen Kiew einen ukrainischen Staat aufzubauen. 1942 musste deren Führungsspitze jedoch in den Untergrund gehen und wurde wenig später von der deutschen Besatzungsmacht erschossen. FRANK GOLCZEWSKI: Organisation Ukrainischer Nationalisten (OrhanizacijaUkraïnśkych Nacionalistiv, Ukraine), in: WOLFGANG BENZ: (Hrsg. im Auftrag des Zentrums für Antisemitismusforschung der Technischen Universität Berlin): Handbuch des Antisemitismus. Judenfeindschaft in Geschichte und Gegenwart, Bd. 5: Organisationen, Institutionen, Bewegungen, München 2012, S. 468-471, hier S. 468f. Auf die Meldung der Einsatzgruppe C vom 10. April 1942 an das Reichssicherheitshauptamt (RSHA), dass in der Stadtverwaltung Kiews Anfang Februar 1942 eine illegale OUN-Organisation aufgedeckt wor-

des wirtschaftspolitisch und rassenideologisch ausgerichteten Vernichtungsfeldzuges gegen die Sowjetunion nicht nur die Auslöschung des Judentums beinhaltete, sondern gleichermaßen die Vernichtung der ebenfalls als minderwertig und als „Untermenschentum" deklarierten slawischen Rasse, zu der auch die ukrainische Bevölkerung gezählt wurde, mit Ausnahme der dort ansässigen Volksdeutschen. Dieser außerordentlich wichtige Aspekt ist in der Historiographie bisher kaum berücksichtigt worden.

Exemplarisch für jene äußerst brutale rassenideologische Sichtweise sei in diesem Zusammenhang der Befehl des berüchtigten Generalfeldmarschalls Walter von Reichenau genannt, des Oberbefehlshabers der 6. Armee, die im Operationsbereich des EK 6 kämpfte.[610] Jener Befehl übermittelte die gängigen Feindbilder ebenso, wie er die von Hitler gesetzten Zielsetzungen im Vernichtungsfeldzug gegen die Sowjetunion widerspiegelte im Hinblick auf dessen Vision eines „rassenreinen Großgermanischen Reiches":

> „Das wesentlichste Ziel des Feldzuges gegen das jüdisch-bolschewistische System ist die Zerschlagung der Machtmittel und die *Ausrottung des asiatischen Einflusses im europäischen Kulturkreis.* Hierdurch entstehen auch für die Truppe Aufgaben, die über das hergebrachte Soldatentum hinausgehen.
>
> Der Soldat ist im Ostraum nicht nur ein Kämpfer nach den Regeln der Kriegskunst, sondern auch *Träger einer unerbittlichen völkischen Idee* und der *Rächer* für alle Bestialitäten, die deutschem und artverwandtem Volkstum zugefügt wurden. Deshalb muß der Soldat für die Notwendigkeit der harten, aber *gerechten Sühne am jüdischen Untermenschentum* volles Verständnis haben.
>
> Sie hat den weiteren Zweck, Erhebungen im Rücken der Wehrmacht, die erfahrungsgemäß stets von Juden angezettelt werden, im Keim zu ersticken [. . .]. Wird im Rücken der Armee Waffengebrauch einzelner Partisanen festgestellt, so ist mit drakonischen Maßnahmen durchzugreifen. Diese sind auch auf die männliche Bevölkerung auszudehnen, die in der Lage *gewesen wäre*, Anschläge zu verhindern oder zu melden.
>
> Fern von allen politischen Erwägungen der Zukunft hat der Soldat zweierlei zu erfüllen:
>
> 1. die völlige Vernichtung der bolschewistischen Irrlehre, des Sowjet-Staates und seiner Wehrmacht.
> 2. die erbarmungslose Ausrottung artfremder Heimtücke und Grausamkeit und damit die Sicherung des Lebens der deutschen Wehrmacht in Rußland.
>
> Nur so werden wir *unserer geschichtlichen Aufgabe* gerecht, das deutsche Volk von der asiatisch-jüdischen Gefahr ein für allemal zu befreien." [Unterstreichung im Original; Kursivdruck vom Verf.].[611]

---

den sei, die sich zum Ziel gesetzt habe, eine straff organisierte Partei-Organisation aufzuziehen, wird weiter unten einzugehen sein.

610 Von Reichenau befehligte die 6. Armee bis zum 1. Januar 1942. Er wurde von Generalfeldmarschall Friedrich Paulus abgelöst.

611 Armee-Oberkommando 6, Abt. 1a – AZ. 7, A. H. Qu., 10. Oktober 1941, Btr. *Verhalten der Truppe im Ostraum*, BArch, RH 20-6/ 493. Eine Abschrift ist zudem abgedruckt in: ITM, Bd. XXXVII, S. 683-685.

Zum einen wird hier gemäß NS-propagandistischer Diktion „asiatisch" und „jüdisch" synonymisiert, zum anderen wird die slawische ebenso wie die jüdische Bevölkerung Sowjetrusslands als „Untermenschentum" dehumanisiert und ihr demzufolge per se unrechtmäßiges Verhalten und Handeln unterstellt. Jener Befehl des Generalfeldmarschalls von Reichenau – dessen 6. Armee im Übrigen neben der Einsatzgruppe C unter SS-Brigadeführer Dr. Dr. Otto Rasch bzw. dessen Sonderkommando 4a unter SS-Standartenführers Paul Blobel maßgeblich an dem Massaker an den 33.771 Juden der Stadt Kiew am 29./30. September 1941 beteiligt gewesen war – hatte für Biberstein insofern erhebliche befehlsempfängerischer Relevanz, als jener „Reichenau-Befehl" auch nach dem Tod des Generalfeldmarschalls am 17. Januar 1942 weiterhin seine Gültigkeit behielt und von dessen Nachfolger, dem Generalfeldmarschall Friedrich Paulus, übernommen wurde. Von der „Ausrottung" der „asiatisch-jüdischen Gefahr" wurden lediglich die einheimischen Kollaborateure ausgenommen, die von den Einsatzgruppen gezielt als „Hilfspolizeibeamte" oder im Partisanenkampf als V-Leute zur Bespitzelung ihrer Landsleute eingesetzt wurden. Auch in diesen historischen Kontext sind die später erfolgten Massenverbrechen Bibersteins an den etwa 2.000 bis 3.000 Zivilisten hineinzustellen.

Zwei Tage später, am 12. Oktober 1941, hatte das Oberkommando der Heeresgruppe Süd jenen „Reichenau-Befehl" an die ihm unterstellten Dienststellen weitergegeben – unter anderem auch an die militärischen Instanzen, die ein Jahr später für Biberstein maßgeblich sein sollten – so an den *Militär-Befehlshaber Ukraine* sowie an das Oberkommando der 6. Armee (AOK 6) – und stellte „zur Erwägung, im dortigen Befehlsbereich, sinngemäße, den örtlichen Verhältnissen angepasste Weisungen zu erlassen, sofern dies noch nicht geschehen [sei]."[612]

Grundsätzliches zum politischen Umschwenken der OUN

Im Hinblick auf Bibersteins Verbrechen an der Zivilbevölkerung in dem ihm zugeteilten Operationsgebiet ist zudem das politische Umschwenken der OUN insofern in den Blick zu nehmen, als die OUN zu Beginn des wirtschaftspolitisch und rassenideologisch ausgerichteten Vernichtungsfeldzuges gegen die Sowjetunion die deutschen Truppen zunächst als Befreier vom Stalin-Regime freudig begrüßt, ja sogar mit ihnen kooperiert hatte. So waren am 30. Juni 1941, d. h. eine Woche nach Kriegsbeginn, „zwei von der OUN organisierte militärische Einheiten mit den Decknamen Nachtigall und Roland [...] mit der [deutschen] Wehrmacht in

[612] Oberkommando der Heeresgruppe Süd, Ic Nr. 2682/41, geh., vom 12.10. 1941 [Stempelaufdruck „Zum Kriegstagebuch Anlage- Nr. 1032") an AOK 11, AOK 17, Pz. AOK 1, Borh. Rückw. H. Geb. Süd, nachrichtl. Mil[itär]-Bef[ehlshaber] Ukraine, AOK 6 (ohne Anlage), BArch, RH 20-6/ 493, S. 702f.

der Ukraine einmarschiert."[613] Das Bataillon Nachtigall bestand aus polnischen Kriegsgefangenen ukrainischer Nationalität, die bereits während des Überfalls auf Polen in Gefangenschaft geraten waren. 600 von ihnen wurden später ausgewählt und zunächst von 60 deutschen Unteroffizieren bereits im Winter 1940/41 in dem bereits erwähnten Truppenübungsplatz Neuhammer/Oberschlesien ausgebildet. Zum Stab des Bataillons Nachtigall gehörte ab dem 8. Mai 1941 unter anderem Oberleutnant Theodor Oberländer,[614] dessen politische Tätigkeit in der Bundesrepublik wegen seiner NS-Vergangenheit recht umstritten war.

Jedoch spätestens mit der Errichtung des *Reichskommissariats Ukraine* (RKU) sah die OUN sich in ihren Hoffnungen getäuscht, mit Unterstützung der Deutschen einen eigenen unabhängigen Staat Ukraine etablieren zu können. Sehr schnell wurde der Führungsspitze der OUN ebenso auch wie der ukrainischen Bevölkerung klar, dass das Ziel der deutschen Besatzungsmacht lediglich darin bestand, die Ukraine – im Hinblick auf die infolge des Versailler Vertrages verloren gegangenen deutschen Kolonien – als „Ersatz-Kolonie" zu betrachten und demzufolge bis zum Letzten wirtschaftlich auszubeuten und deren Bewohner als (Arbeits)-Sklaven zu behandeln. Jene bittere Erkenntnis der Zivilbevölkerung kam in verschiedenen Aufrufen der OUN deutlich zum Ausdruck.

Bereits am 12. August 1941 hatte der SS-Brigadeführer und Generalmajor der Polizei Dr. Dr. Otto Rasch, der damalige Chef der Einsatzgruppe C und 1947 Mitangeklagter Bibersteins im Nürnberger Einsatzgruppenprozess, in einem Funkspruch an Heydrich nicht nur auf bevorstehende Hungererscheinungen in seinem Operationsbereich aufmerksam gemacht – die dann im Winter 1941/42 auch tatsächlich eintraten und zahllose Hungertode zur Folge hatten –, sondern ebenso auf einen bevorstehenden Partisanenkrieg,[615] wenngleich zu jenem Zeitpunkt noch kein wirklicher Partisanenkampf zu erwarten war, auf den diese Bezeichnung zutreffend gewesen wäre und zudem die OUN-Bewegung aufgrund der militärischen Kampfhandlungen weder die Ost-Ukraine noch das Gebiet der südrussischen Oblast Rostow erreicht hatte.

Tätigkeiten der OUN im Reichskommissariat Ukraine

Drei Monate später ist jedoch eine erste Meldung über die Tätigkeit der OUN für das Reichskommissariat Ukraine (RKU) belegt. Mit Datum vom 25. November

---

[613] ANDREAS KAPPELER, Geschichte, S. 217.

[614] HERMANN RASCHHOFER: Der Fall Oberländer. Eine vergleichende Rechtsanalyse in Pankow und Bonn, Tübingen 1962, S. 29.

[615] Funkspruch vom 12.8.1941. Aufgenommen 1733, 14.8.41, 12.8. 1606, FT.: 249, E.-Gruppe C Nr.: 243 Geheim: (1) An SS-Gruppenführer Heydrich, (2) an Einsatzgruppe A, B und D nachrichtlich, USHMMA, RG18.002M, abgedruckt in: ANDREJ ANGRICK/ KLAUS-MICHAEL MALLMANN/ JÜRGEN MATTHÄUS/ MARTIN CÜPPERS (Hrsg.), Besatzungsherrschaft, S. 96.

1941 gab das Einsatzkommando 5 der Einsatzgruppe C unter seinem damaligen Leiter, dem SS-Obersturmbannführer August Meier,[616] den nachfolgenden Liquidation-Befehl an seine Außenposten in Kiew, Dripropetrowsk (russ. Dnepropetrowsk), Mykolajiw (russ. Nikolajew), Riwne (russ. Rowno), Šytomyr (russ. Shitomir) und Wynnizja (russ. Winniza) aus:

> „Betr.: OUN (Bandera-Bewegung)
> Es wurde einwandfrei festgestellt, dass die Bandera-Bewegung einen Aufstand in dem Reichskommissariat Ukraine vorbereitet mit dem Endziel, eine unabhängige Ukraine zu schaffen. Alle Funktionäre der Bandera-Bewegung sind sofort festzunehmen und nach einer eingehenden Vernehmung *als Plünderer [sic] in aller Stille zu liquidieren.* Die Vernehmungsprotokolle sind dem Einsatzkommando C/5 zu übersenden. Dieses Schreiben ist nach Kenntnisnahme durch den Kommandoführer sofort zu vernichten.“ [Kursivdruck vom Verf.].[617]

Des Weiteren meldete die Einsatzgruppe C fünf Monate vor Bibersteins Eintreffen in der UdSSR mit Datum vom 10. April 1942 an das Reichssicherheitshauptamt (RSHA), dass in Kiew Anfang Februar des gleichen Jahres eine illegale OUN-Organisation aufgedeckt worden sei, die sich zum Ziel gesetzt habe, eine straff organisierte Partei-Organisation aufzuziehen. Das Zentrum jener aktiven *gesamtukrainischen* Bestrebungen sei die Stadtverwaltung in Kiew gewesen, und dort insbesondere der Bürgermeister Bagasi.[618] In derselben Ereignismeldung UdSSR erwähnte die Einsatzgruppe C unter anderem mehrere erbeutete Flugblätter, in denen jeweils Eidesformeln der OUN abgedruckt waren, die Ziele und Intensität des Freiheitskampfes der OUN verdeutlichen.

> „Ehre und Heil für die toten Kämpfer, für ihr heiliges Blut, welches sie für mein ukrainisches Land vergossen haben. Für die Majestät meiner Heimat Ukraine gebe ich den Schwur ab, daß ich mit allen meinen Kräften und mit dem Einsatz meines Lebens für die Selbständigkeit und Herrlichkeit des ukrainischen Reiches kämpfen werde [. . .].
>
> Von diesem Wege zur ukrainischen nationalen Revolution kann mich niemand und nichts abbringen, keine Schwierigkeiten, keine Fehlschläge und auch nicht der Tod. Ich werde alle Befehle, die ich von meinem Führer erhalte, ohne Widerrede und mit Disziplin ausführen.“[619]

---

[616] Meier war ab dem 20.9.1941 Nachfolger des SS-Brigadeführers und Generalmajors der Polizei Erwin Schulz, eines Mitangeklagten Bibersteins.

[617] Einsatzkommando C/5 der Sicherheitspolizei u. d. SD, O[st] U[kraine], den 25. November 1941, Tgb. [Tagebuch] Nr. 92/41 g. Rs. An die Außenposten Kiew, Dnjepropetrowsk Nikolajew, Rowno, Shitomir, Winniza. Btr.: OUN (Bandera-Bewegung), RGVA, 500-5-3 und USHMMA, RG11.001M, abgedruckt in: ANDREJ ANGRICK/ KLAUS-MICHAEL MALLMANN/ JÜRGEN MATTHÄUS/ MARTIN CÜPPERS (Hrsg.), Besatzungsherrschaft, S. 239.

[618] Der Chef der Sicherheitspolizei und des SD, IV A 1 – 1 B/41 g. Rs., Ereignismeldung UdSSR Nr. 191 vom 10.4.1942, BArch, R 58/ 221. OUN-M-Anhänger waren auch in der weit im Osten gelegene Industriestadt Charkiv (russ. Charkow) tätig.

[619] Der Chef der Sicherheitspolizei und des SD, IV A 1 – 1 B/41 g. Rs., Ereignismeldung UdSSR Nr. 191 vom 10.4.1942, BArch, R 58/ 221.

Die zweite Eidesformel hatte den nachfolgenden Wortlaut:

> „Nach eigenem Willen, gemäß meiner festen Überzeugung, widme ich mich und mein Leben dem Opferdienst der ukrainischen Nation und der nationalistischen Idee. Vor Gott und dem hehren Andenken der Kämpfer schwöre ich der OUN ewige Treue [...]. Ich gebe meine ganze Arbeit und opfere, wenn nötig, mein Leben im Kampf für den ukrainischen Staat. Ich weiß, dass ich für Eidbruch mit meiner Ehre und meinem Leben verhaftet bin. Heil der Ukraine."[620]

Widerstandkampf der OUN in Bibersteins Einsatzgebiet

Als Biberstein am 18. September 1942 die Führung des Einsatzkommandos 6 (EK 6) übernahm, hatte sich auch in seinem Operationsraum der Partisanenkampf ebenso wie der Widerstandskampf der OUN zu einem ernsten Problem für das rückwärtige Heeresgebiet (Berück) ausgeweitet und war damit „zu einer Kernfrage des Krieges in Russland überhaupt geworden", sodass Bibersteins Dienstvorgesetzter Dr. Thomas sich veranlasst sah, Anfang Oktober 1942 eine mehrtägige Tagung mit dem Thema „Bandenkrieg" anzuberaumen, zu der auch Biberstein eingeladen war.[621]

Kurz vor Bibersteins Ankunft in seinem künftigen Operationsgebiet hatten die beiden Sonderkommandos der Einsatzgruppe C dem Reichssicherheitshauptamt (RSHA) jeweils eine Standortveränderung mitgeteilt. So hatte das Sonderkommando 4a (SK 4a), das bisher im nordöstlich gelegenen Charkow stationiert gewesen war, mit Datum vom 11. September 1942 „im Vormarsch begriffen" gemeldet, desgleichen das zuvor in Gorlowka (ukrainisch: Horliwka) stationierte Sonderkommando 4b (SK 4b).[622] Über das Einsatzkommando 5 (EK 5) gibt es ab dem Sommer keine amtlichen Einträge mehr. In den obligatorischen Berichten an das Reichssicherheitshauptamt (RSHA) ist lediglich vermerkt, dass dessen bisheriger Leiter, der SS-Obersturmbannführer August Meier, ab dem 5. Juli 1942 nunmehr die Führung des Sonderkommando 4b (SK 4b) übernommen habe. Ein Nachfolger wurde nicht genannt.[623] Daraus ist zu schließen, dass das Einsatzkommando 5 (EK

[620] Ebd.

[621] Zeugeneinvernahme Biberstein, StAN, Rep. 501, KV-Prozesse, Fall 9, A 34-35, S. 2840.

[622] Der Chef der Sicherheitspolizei und des SD – Kommandostab – *Meldungen aus den besetzten Ostgebieten* Nr. 8 vom 19.6.1942, BArch, R 58/ 222.

[623] *Charkow* war in der vom 12. bis 28. Mai 1942 dauernden Schlacht im Rahmen der Sommeroffensive (Operation Blau) zum zweiten Mal von den deutschen Truppen eingenommen worden. Das „im Vormarsch begriffene" Sonderkommando 4a (SK 4a) folgte ab dem Sommer 1942 der Heeresgruppe Süd in Stoßrichtung Kaukasus mit dem militärischen Ziel der Einnahme von Stalingrad. *Gorlowka* liegt im Verwaltungsgebiet Dońezk und ist 175 km Luftlinie von Rostow und 722 km Luftlinie von Kiew entfernt. Das „im Vormarsch begriffene" Sonderkommando 4b (SK 4b) marschierte ebenfalls mit der Heeresgruppe Süd mit dem militärischen Ziel der Einnahme von Stalingrad. Der Chef der Sicherheitspolizei und des SD – Kommandostab – *Meldungen aus den besetzten Ostgebieten* Nr. 13 vom 24.7.1942, BArch, R 58/ 289.

5) nach Beendigung seines „sicherheitspolizeilichen Auftrages“ Anfang Juli 1942 aufgelöst und als Kampftruppe in die Wehrmacht integriert worden war. Aus jener Konstellation kann daher mit großer Wahrscheinlichkeit angenommen werden, dass die Bekämpfung der bewaffneten Partisanen ebenso wie die Ausschaltung der nationalen ukrainischen Widerstandsgruppen, insbesondere die so bezeichnete „Unschädlichmachung“ der OUN-Mitglieder, nunmehr vordringlich zu Bibersteins Dienstobliegenheiten gehörten, wobei die „Partisanenbekämpfung“ – wie oben dargelegt – in enger Zusammenarbeit mit der Wehrmacht zu erfolgen hatte.

Aus den reichsamtlichen Dokumenten ist des Weiteren zu entnehmen, dass bei Bibersteins Dienstantritt eine zum Teil anders geartete „sicherheitspolizeiliche Aufgabe“ im Vordergrund stand, d. h. spätestens ab dem Frühsommer 1942 in der Ost-Ukraine die „Unschädlichmachung“ der OUN und in den in der Sommeroffensive eroberten südrussischen Gebieten vorrangig die Partisanenbekämpfung. Mehrere Meldungen der Einsatzgruppe C an das Reichssicherheitshauptamt (RSHA) bereits *vor* Bibersteins Eintreffen an seinem Dienstort über erfolgte Exekutivmaßnahmen mögen das exemplarisch belegen:

> „A. Gegner- und Exekutivfragen. Partisanen, Fallschirmspringer, Terror, Sabotage.
>
> Einsatzgruppe C:
> In diesem Bereich sammeln sich die verschiedensten Elemente in Gruppen, die partisanenmäßig Überfälle ausführen, Plünderungen vornehmen und Sabotageakte verüben. Sie sind in den verschiedensten Orten erfolgreich bekämpft [exekutiert] worden.“[624]

> „Im Bereich der Einsatzgruppe C erfolgte eine Reihe von Anschlägen auf Eisenbahnanlagen.“[625]

> „Eisenbahnsabotage im Bereich [. . .] der Einsatzgruppe C: stetig ansteigende Zahlen über die von Partisanen auf Eisenbahnanlagen durchgeführten Sabotageakte beweisen, daß der Gegner mit allen Mitteln den deutschen Nachschub zu stören versucht.“[626]

> „Im Kommandeurbereich Kiew wurde die begonnene Säuberungsaktion [Exekutionsmaßnahme] gegen einzelne erkundete Bandengruppen fortgesetzt. Als Vergeltungsmaßnahmen für Überfälle mussten nach durchgeführten Feststellungen Gehöfte, Ortsteile und einige Ortschaften wegen Unterstützung der Bandentätigkeit niedergebrannt werden [. . .]. Insgesamt wurden mehrere hundert Personen aus sicherheitspolizeilichen Gründen festgenommen.“[627]

---

[624] Der Chef der Sicherheitspolizei und des SD – Kommandostab – *Meldungen aus den besetzten Ostgebieten* Nr. 8 vom 19.6.1942, BArch, R 58/ 289.

[625] Der Chef der Sicherheitspolizei und des SD – Kommandostab – *Meldungen aus den besetzten Ostgebieten* Nr. 10 vom 3.7.1942, BArch, R 58/ 697.

[626] Der Chef der Sicherheitspolizei und des SD – Kommandostab – *Meldungen aus den besetzten Ostgebieten* Nr. 14 vom 31.7.1942, BArch, R 58/ 698.

[627] Der Chef der Sicherheitspolizei und des SD – Kommandostab – *Meldungen aus den besetzten Ostgebieten* Nr. 15 vom 7.8.1942, BArch, R 58/ 698.

„In Rostow wurden 49 Personen als aktive Kommunisten, 10 weitere als militärische und NKWD-Agenten und 23 Bandenmitglieder festgenommen."[628]

Unter dem Rubrum „Partisanentätigkeit" wurde regelmäßig auch die Ukrainische Widerstandsbewegung OUN eingeordnet, und zwar sowohl die OUN-B (Bandera) als auch die gemäßigte OUN-M (Melnik), so beispielsweise in der Meldung aus den besetzten Ostgebieten Nr. 14 vom 31. Juli 1942.[629] Am 2. Oktober 1942, d. h. zwei Wochen, nachdem Biberstein seine Dienstgeschäfte übernommen hatte, ergingen unter dem Rubrum „Ukrainische Widerstandsbewegung" zwei Meldungen an das Reichssicherheitshauptamt; die eine bezog sich auf die OUN-B, die andere auf die OUN-M:

„Bandera-Bewegung:
Die illegale Bandera-Gruppe hat die propagandistische Beeinflussung der einheimischen Bevölkerung durch Verbreitung deutschfeindlicher Schriften fortgesetzt. In Kiew wurden *weitere* Personen wegen des dringenden Verdachts der Zugehörigkeit zur Bandera-Gruppe festgenommen [...].

Melnik-Bewegung:
Nach längeren Ermittlungen gelang es in Kiew, einen gut getarnten und vorsichtig arbeitenden Personenkreis von Melnik-Anhängern festzustellen, der sich seit Monaten mit der Verbreitung illegaler Druckschriften und mit dem Aufbau einer geheimen Organisation befaßt. Dabei ist auch die Druckerei der illegalen Melnik-Organisation in Kiew ermittelt worden." [Unterstreichung im Original; Kursivdruck vom Verf.].[630]

Die propagandistische Beeinflussung der einheimischen Bevölkerung durch Verbreitung deutschfeindlicher Schriften wurde regelmäßig mit der Todesstrafe belegt. Knapp zwei Monate später meldete die Einsatzgruppe C in ihrer Berichterstattung vom 27. November 1942 den Fund weiterer illegaler Flugblätter der OUN im Bereich des *Kommandeurs der Sicherheit und des SD Šitomyr*, in denen die Verfasser ihre Anhänger mit „Partisanen" anredeten und in denen sie unter anderem die Misswirtschaft der deutschen Besatzer anprangerten, sich dabei aber strikt von dem durch den NKWD organisierten Partisanenkampf distanzierten.

„Partisanen, Ihr habt eure Häuser und Familien verlassen und seid in den Kampf gezogen [...]. Das eigene Leben riskierend, kämpft Ihr gegen die Eindringlinge für die allgemeine Sache. Und was die deutschen Eindringlinge mit unserm Volke machen, schreit nach Rache und ruft zur Gegenwehr.

---

628 Der Chef der Sicherheitspolizei und des SD – Kommandostab – *Meldungen aus den besetzten Ostgebieten* Nr. 18 vom 28.8.1942, BArch, R 58/ 698.

629 Der Chef der Sicherheitspolizei und des SD – Kommandostab – *Meldungen aus den besetzten Ostgebieten* Nr. 14 vom 31.7.1942, BArch, R 58/ 698.

630 Der Chef der Sicherheitspolizei und des SD – Kommandostab – *Meldungen aus den besetzten Ostgebieten* Nr. 23 vom 2.10.1942, BArch., R 58/ 222.

> *Die ausgeplünderte Heimat, Hunger und Arbeitslosigkeit, die Nichtachtung unseres Volkes, Zwang und Ausweisung Tausender der Zivilbevölkerung*[631] *sind das, was der Eindringlich bisher in unserem Lande geschafft hat. Dagegen ankämpfen, ist eine große und heilige Sache* [...].
>
> Was wollen wir anstelle der deutschen Okkupationsbewegung setzen? *Soll die alte Sowjetunion zurückkehren? War denn das Moskauer Regime weit von dem deutschen entfernt?* [...] *Das eine und das andere sind Diktaturen gegen unser Volk.* Heute ist der hitlerische und russische Imperialismus zusammengestoßen, und beide kämpfen für die Vernichtung und Versklavung der Völker. [...].
>
> Ein selbständiger Staat, ein freies Volk und freies Arbeitertum, das ist die neue Zeit, für welche wir kämpfen müssen. Partisanen, lasst Euch nicht in den Dienst der bolschewistischen und deutschen Imperialisten hineinziehen. Weckt die nationalrevolutionäre Bewegung, organisiert den *selbständigen* politischen Kampf [...]. *Fort mit Hitler und Stalin! Es leben die selbständigen nationalen Staaten der versklavten Völker*!" [Kursivdruck vom Verf.].[632]

Insbesondere in den kursiv markierten Sätzen des Flugblattes wird zwar indirekt – jedoch für jeden Ukrainer unmissverständlich – an das während der Stalin-Diktatur erlittene Elend des Volkes erinnert, d. h. an den *Holodomor* in den Jahren 1931 bis 1933 ebenso wie an die *Großen Säuberungen* in den Jahren 1937/38.[633] Im Dezember des gleichen Jahres 1942 wurden auch in dem Kommandeur-Bereich Charkiv (russ. Charkow) Flugblätter der OUN sichergestellt, die von der „Bezirksleitung der OUN für die Ostukraine" unterzeichnet worden waren, und in denen

---

631 Eine bestimmte Anzahl der als „slawische Untermenschen" devaluierten Ukrainer sollten von der deutschen Besatzungsmacht über den Ural in den asiatischen Teil Russlands abgeschoben werden, insbesondere die nicht zum Arbeitseinsatz benötigten Bewohner.

632 Der Chef der Sicherheitspolizei und des SD – Kommandostab – Berlin, den 27.11.1942. Geheim! Meldungen aus den besetzten Ostgebieten Nr. 35 vom 27.11.1941, BArch, R 58/ 699.

633 Als Stalin ab Ende 1929 mit der Kollektivierung der Landwirtschaft begann, ließ er gleichzeitig als Repressionsmaßnahme gegen diejenigen Groß- und mittelständigen Bauern, die sich der Zwangskollektivierung widersetzten, die „Liquidierung des Kulakentums als Klasse" durchsetzen, wie er es formulierte. Allein in der Ukraine wurden auf diese Weise „etwa 200.000 sogenannte Kulaken-Höfe [...] liquidiert." Millionen Bauern mit ihren Familien wurden deportiert oder erschossen. Nachdem in der Ukraine im Jahre 1930 eine gute Getreideernte verzeichnet werden konnte, folgten in den Jahren 1931/32 bis zum Sommer 1933 aufgrund von Dürren zwei Missernten. Dennoch bestand Stalin auf den Quoten der Getreideabgabe, wie er sie im Ersten Fünfjahresplan (1929-1933) festgelegt hatte. Als Folge entstand eine große Hungersnot. Als die hungernden ukrainischen Bauern und ihre Familien nach Norden zu flüchten versuchten, ließ Stalin 1933 die Grenze der Ukraine zu Russland abriegeln, mit der Folge, dass drei bis vier Millionen Menschen verhungerten. Jene große Hungersnot in der Ukraine, die unter dem Begriff *Holodomor* in die Geschichte eingegangen ist, wird zwischenzeitlich als Genozid anerkannt. Als Weiteres ist auf die *Großen Säuberungen* der Jahre 1937/38 zu verweisen, in der nicht nur die ukrainische Partei- und Staatsführung entweder verhaftet und deportiert oder erschossen wurde, sondern ebenso die „Mehrheit der ukrainischen Elite, der Ingenieure, Agronomen, Wissenschaftler, Lehrer, Priester, Offiziere." ANDREAS KAPPELER, Geschichte, S. 199-205. TIMOTHY SNYDER: Bloodlands. Europa zwischen Hitler und Stalin. Aus dem Englischen von Martin Richter, München [2]2014, hier: Kapitel I: Die sowjetischen Hungersnöte, S. 43-78.

die Bevölkerung aufgerufen wurde, sich der Bandera-Bewegung bedingungslos anzuschließen.[634]

Nur drei Wochen später beschlagnahmten die deutschen Besatzungsbehörden im Reichskommissariat Ukraine (RKU) wiederum Broschüren der von ihnen als illegal eingestuften Bandera-Gruppe der OUN, deren Verfasser sehr rasch und in Weitsicht die nationalsozialistische ausbeuterische Zielsetzung durchschaut hatten und daher zum Befreiungskampf aufriefen, sich dabei aber erneut von dem durch den NKWD initiieren Partisanenkampf distanzierten.

> „Deutschland, das sich als Verbündeter und Befreier ausgibt, will die Ukraine nicht selbständig und vereinigt sehen; es will nicht, dass der ukrainische Staat existiert; *es will die Ukraine zu seiner Kolonie und das ukrainische Volk zu leibeigenen Sklaven machen* [...]. Der Kampf, den wir jetzt führen, ist der Kampf des ukrainischen Volkes für den ukrainischen Staat, [...] für die Würde und das bessere Leben der Menschen [...].
>
> Nicht der Tausch der einen Okkupationsmacht gegen eine andere, sondern die Selbständigkeit ist das Ziel, *nicht der Partisanenkampf*, sondern die *nationale Befreiungsrevolution der ukrainischen Menschen.*" [Kursivdruck vom Verf.].[635]

Jene oben zitierten Flugblätter der OUN wurden innerhalb jenes Zeitraumes verbreitet, in dem die Kesselschlacht um Stalingrad tobte und Rostow in Kürze zu einem unmittelbaren Front- bzw. Kampfgebiet zu werden drohte, wie Biberstein dem US Military detailliert darlegte. Offensichtlich sah sich die OUN infolge der am 19. November 1942 begonnenen sowjetischen Gegenoffensive „Operation Uranus" zur Gegenwehr insofern ermutigt, als bereits drei Tage später, am 22. November 1942, die 6. Armee durch die sowjetischen Truppen vollständig eingekesselt war.

Wie verhielt sich Biberstein nun angesichts der Bedrohung durch den von Seiten des NKWD organisierten Partisanenkampfes und ebenso gegenüber den oben beschriebenen Tätigkeiten der ukrainischen Nationalisten (OUN), d. h. in welcher Weise nahm er jene „sicherungspolizeilichen Obliegenheiten" als Führer des Einsatzkommandos 6 (EK 6) in seinem Dienstalltag wahr? Immerhin wurden Bibersteins eigenen Angaben zufolge, die er sowohl während der staatsanwaltlichen Vorermittlungen als auch in dem Beweisaufnahmeverfahren vor dem US Military Tribunal II in Nürnberg tätigte, während seiner Dienstzeit von den Teilkommandos/ Außenstellen seines Einsatzkommandos im Rahmen der „Bandenbekämpfung" mehrere Tausend Zivilpersonen hingerichtet, wenngleich er im Prozess – nachdem ihm endgültig zum Bewusstsein gekommen war, das er der Todesstrafe

[634] Der Chef der Sicherheitspolizei und des SD – Kommandostab – Berlin, den 23.XXII. 1942. Geheim! Meldungen aus den besetzten Ostgebieten Nr. 35 vom 23.12.1942, BArch, R 58/ 699.

[635] Der Chef der Sicherheitspolizei und des SD – Kommandostab – Berlin, den 15.1.1943. Geheim! Meldungen aus den besetzten Ostgebieten Nr. 37 vom 15.1.1943, BArch, R 58/ 223.

nicht würde entgehen können – mehrfach beteuerte, die genaue Anzahl der Exekutierten aus unterschiedlichen Gründen nicht angeben zu können.

5.5 Zur Durchführung der „sicherungspolizeilichen Aufgaben"

Da Biberstein anlässlich seiner Dienstantrittsmeldung von Dr. Thomas am 18. September 1942 die strikte Weisung erhalten hatte, nach Rostow zu fahren, dort das Einsatzkommando 6 zu übernehmen und sich sodann in sämtliche Aufgabenbereiche einzuarbeiten, sah er sich zunächst unmittelbar nach Übernahme seiner Dienstgeschäfte auf eigenen Wunsch die beiden in den Außenstellen des Einsatzkommandos 6 üblichen Hinrichtungsarten an, zum einen die Ermordung mittels Gaswagen und zum anderen die Exekution durch Genickschuss.[636] In der Außenstelle Rostow habe das Exekutionskommando die Hinrichtungen überwiegend mittels des so bezeichneten *Gaswagens* vorgenommen, d. h. einer fahrbaren Gaskammer, führte Biberstein gegenüber dem US Military Tribunal II in Nürnberg aus.

Bild 49: 3,5 t-Gaswagen Opel Blitz. (Quelle: www.deathcamps.org/gas_chambers /gas_chambers_van_de.html; 4.7.2018).

Bild 50: 3,5t-Gaswagen Diamond 38 Reo. (Quelle: www.deathcamps.org/gas_chambers /gas_chambers_van_de.html; 4.7.2018).

Daher habe er Anfang Oktober 1942 den Leiter des Amtes IV (Gestapo/Exekutivabteilung) gebeten, ihm „eine Hinrichtung mit dem Gaswagen vorzuführen."[637]

[636] Zeugeneinvernahme Biberstein, StAN, Rep. 501, KV-Prozesse, Fall 9, A 34-35, S. 2831f.
[637] Ebd., S. 2893.

Bild 51: 5 t-Gaswagen der Firma Saurer. (Quelle: Saurer Photo, Bregenz, Austria; 4.7. 2018).
Nach Bibersteins Aussagen sei der 5 t-Gaswagen überwiegend in der Außenstelle Rostow benutzt worden.

Man beachte die Formulierung „vorführen". In der eidesstattlichen Erklärung vom 2. Juli 1947, die Biberstein unmittelbar nach seiner Überführung aus dem britischen Internierungslager Eselheide, dem *Civil Internment Camp No 7* bei Paderborn, in die Haftanstalt Nürnberg noch vor Prozessbeginn gegenüber dem US-amerikanischen Zivilermittler des *Office of the Chief of Counsel for War Crimes* (OCCWC), Rolf Wartenberg, abgegeben hatte und die eine kurze Zusammenfassung des zuvor stattgefundenen Verhörs war, beschrieb er den Tathergang wie folgt:

> „Die zum Tode bestimmten Personen wurden, nachdem ihnen Geld und Wertsachen und zum Teil auch Kleidung abgenommen worden waren, in den Gaswagen eingeladen. Der Gaswagen fasste ungefähr 50-60 Leute. Das Fahrzeug fuhr dann zu einem Ort ausserhalb der Stadt, wo Mitglieder des Kommandos bereits ein Massengrab geschaufelt hatten."[638]

Weil jene eidesstattliche Erklärung ausschließlich von Wartenberg formuliert und sodann Biberstein als fertiges Ergebnis zur Unterschrift vorgelegt worden war, und weil die eidesstattliche Erklärung lediglich die kurze Zusammenfassung eines zuvor erfolgten ausführlichen Verhörs beinhaltet hatte, das weder von Biberstein noch von dem US Zivilermittler Rolf Wartenberg unterschrieben worden war,[639] bestand Biberstein – da in der Kurzfassung wesentliche Punkte nicht aufgenommen worden seien – während des Kreuzverhörs auf einer Korrektur dahingehend,

[638] Ernst Biberstein, Eidesstattliche Erklärung vom 2. Juli 1947, StAN, Rep. 502, KV-Anklage, Dokumente, Fotokopien, NO-4314, S. 1-3. Es wurden zwei Typen von Gaswagen verwendet. Die kleineren 3,5-t Gaswagen (Diamond, Opel Blitz und ein Renault-LKW) fassten etwa 50 Menschen, die größeren 5-t Wagen der Firma Saurer ca. 70 Menschen. Gemäß Bibersteins eidesstattlichen Aussagen waren bei der Einsatzgruppe C und deren Kommandos mehrere solcher Wagen im Gebrauch, sowohl die kleineren 3,5t-Gaswagen als auch die größeren 5-t-Saurer-Wagen.

[639] Jene Verfahrensweise des Rolf Wartenberg – die er auch bei anderen Angeklagten angewandt hatte – wurde vom Vorsitzenden des US Military Tribunal II in Nürnberg scharf moniert, da sie aufgrund des US-militärischen Strafrechts nicht statthaft war. Darauf wird in Kapitel IV näher einzugehen sein.

dass den zu Exekutierenden „Geld und Wertsachen nach allgemeiner Übung abgenommen wurden, sobald die Person in das Gefängnis kam, und nicht etwa erst bei der Hinrichtung.“[640] Ebenso beanstandete er hinsichtlich der einbehaltenen Kleidung, dass die Abnahme von Kleidung sich lediglich auf Einzelfälle beschränkt habe, „wenn nämlich für andere Häftlinge ein Kleidungsstück benötigt wurde. Ein bestimmtes System lag hier nicht vor“, gab er zu Protokoll.[641] In der drei Tage zuvor erfolgten eidesstattliche Vernehmung vom 29. Juni 1947[642] hatte Biberstein die diesbezügliche Frage Wartenbergs dahingehend beantwortet, dass die zu Exekutierenden angezogen gewesen seien, d. h. teils seien sie in Unterwäsche, teils aber auch in vollständiger Oberbekleidung in den Gaswagen eingeladen worden.[643]

Informationshalber habe er sich auch die zweite Hinrichtungsart zeigen lassen, d. h. die Exekution durch Erschießen, die er dem US-amerikanischen Vernehmungsbeamten Rolf Wartenberg in Nürnberg vor Prozessbeginn mit folgenden Worten schilderte:

> „Es war eine Grube gegraben, und die Betreffenden mussten sich am Rande der Grube niederknien, und sie haben durch die Maschinenpistole einen Genickschuss bekommen [...]. Vor allem durch die SS-Männer, die zugeteilt waren, auch [durch] eine ganze Reihe von Volksdeutschen [seien die Erschießungen durchgeführt worden].
>
> Es war so, dass die Volksdeutschen in Russland auf die Bolschewisten eine Wut hatten. Es waren auch Studenten dabei, die durchgemacht haben, wie ihre Eltern [vom NKWD] erschossen wurden. Das hat uns direkt erschreckt, was die für eine Blutgier hatten.
>
> Es gab auch russische Kriegsgefangene, die sich freiwillig gemeldet haben[644] und im-

640 Zeugeneinvernahme Biberstein, StAN, Rep. 501, KV-Prozesse, Fall 9, A 34-35 S. 2898.

641 Ebd.

642 Biberstein war am 28. Juni 1946 aus dem britischen Internierungslager Eselheide in die Haftanstalt Nürnberg überführt und dort wegen NS-Verbrechen angeklagt worden. Einen Tag später erfolgte die Vernehmung durch den US Zivilermittler Rolf Wartenberg. Office of the U. S. Chief of Counsel, Subsequent Proceedings Division. Personalities Register Unit. Personal Data Sheet Nr. 6, StAN, KV-Anklage, Interrogations. Wartenberg hatte Biberstein in Eselheide lediglich als *Zeuge* befragt, ohne ihn – wie es seine Pflicht gewesen wäre – darüber zu aufzuklären, dass ein Strafverfahren geplant sei. Da jene Vorgehensweise ebenfalls gegen die verfahrensrechtlichen Vorschriften verstieß, hatte sich Wartenberg im Nürnberger Einsatzgruppenprozess noch vor der Befragung der einzelnen Angeklagten den Anschuldigungen der einzelnen Strafverteidiger ebenso wie den konkreten Nachfragen seitens des Vorsitzenden des Military Tribunal II in Nürnberg, Michael A. Musmanno, zu stellen. Da dieser Aspekt für das Militärgerichtsverfahren von erheblicher Relevanz war, wird in Kapitel IV darauf zurückzukommen sein.

643 Personal Data Sheet, Ernst Biberstein, Office of the U. S. Chief of Counsel/Subsequent Proceedings Division, p. 1-3, Anlagen zu Interrogation Nr. 1499-A, Vernehmung des Ernst Emil Heinrich Biberstein durch Mr. Wartenberg am 29. Juni 1947, 10.00-11.15 Uhr auf Veranlassung von Mr. Walton und Glancy, Staatsanwälte, StAN, Rep. 502, KV-Anklage, Interrogations, B-75, S. 1-16, hier S. 11.

644 Die Einsatzgruppen hatten hier offensichtlich ein ähnliches System etabliert wie in dem südöstlich von Lublin gelegenen Zwangsarbeitslager Trawniki. Dort wurden sowjetische Kriegsgefangene als Hilfstruppen der SS in die NS-Vernichtungsmaschinerie eingebunden wurden. Jene sowjetischen Kriegsgefangenen, die sich freiwillig gemeldet hatten, stammten zumeist aus der Ukraine wie etwa

mer schiessen wollten. Da kam aber der Befehl, dass dies diese nicht durften, damit die haltlosen Zustände nicht einreissen.“[645]

Vor dem US Military Tribunal II betonte Biberstein wiederholt und mit Nachdruck, dass den während seiner Dienstzeit erfolgten Exekutionen keineswegs rassenideologische Antriebe zugrunde gelegen hätten, sondern ausschließlich nachgewiesene Straftaten der Exekutierten. Hingegen belegen von der Holocaust-Gedenkstätte Yad Vashem übernommene russische Quellen, dass „on September 19, 1942 18 Aleksandrovka Jews were shot to death by Germans in the sand area behind the flour mill.“[646] Dieselbe Quelle belegt weiter, dass „in September 1942 about 70 Jews from Aleksandrovka in the Rostov-on-Don District were shot to death by Germans.“[647] Bei jenen Juden aus Aleksandrovka, einem Dorf im Rajon Asow der Oblast Rostov, dürfte es sich mit hoher Wahrscheinlichkeit um die Opfer der oben genannten Exekutionen durch Erschießen (18 Juden) und Vergasen (70 Juden) gehandelt haben, die Biberstein sich bei Dienstantritt „vorführen ließ“. Dieselbe Quelle führt des Weiteten auf, dass „in September 21, 1942 10 Jewish patients were shot to death, by Germans, in a mental hospital in Novocherkassk.“[648] Biberstein hat demzufolge die Mordpraxis seines Vorgängers Mohr *bereits einen Tag nach Dienstantritt* weitergeführt, d. h. die Ermordung von Juden und in NS-Diktion so bezeichneten „lebensunwerten Lebens“ durch die ihm unterstellten Teilkommandos.

In die eidesstattliche Aussage vom 2. Juli 1947 ist aufgenommen, dass während Bibersteins Dienstzeit als Chef des Einsatzkommandos 6 (EK 6) in der Zeit von September 1942 bis Anfang Februar 1943 in dem ihm von der Armee zugeteilten Operationsraum ungefähr 2.000 bis 3.000 Hinrichtungen durch die in Rostow, Nowotscherkassk und Šachty stationierten Teil-/Außenkommandos vorgenommen worden seien.[649] Mit hoher Wahrscheinlichkeit dürften sich unter jenen Exekutierten ebenfalls Juden befunden haben, wenngleich diesbezügliche Quellen entweder seitens der deutschen Besatzungsmacht im Zuge der Rückwärtsbewegung der Wehrmacht vernichtet oder rechtzeitig ausgelagert worden sind.

der Trawniki John Demjanjuk, der sich 2009 vor dem Landgericht II München zu verantworten hatte. (Vgl. Schlusskapitel).

645 Personal Data Sheet, Ernst Biberstein, Office of the U. S. Chief of Counsel/Subsequent Proceedings Division, p. 1-3, Anlagen zu Interrogation Nr. 1499-A, Vernehmung des Ernst Emil Heinrich Biberstein durch Mr. Wartenberg am 29. Juni 1947, 10.00-11.15 Uhr auf Veranlassung von Mr. Walton und Glancy, StAN, Rep. 502, KV-Anklage, Interrogations, B-75, S. 1-16, hier S. 13f.

646 https://www.yadvashem.org/yv/en/about/institute/killing_sites_catalog_details_full.asp?region=Rostov-on-Don&title=Rostov-on-Don%20county; 1.8.2019.

647 Ebd.

648 Ebd.

649 Ernst Biberstein, Eidesstattliche Erklärung vom 2. Juli 1947, StAN, Rep. 502, KV-Anklage, Dokumente, Fotokopien, NO-4314, S. 1-3.

Die oben erwähnte eidesstattliche Aussage vom 2. Juli 1947 ist zudem im Hinblick auf ihren Wahrheitsgehalt insofern unter Vorbehalt zu sehen, als Biberstein sieben Tage zuvor in seiner unter Eid geleisteten Zeugeneinvernahme vom 25. Juni 1947 im britischen Civil Internment Camp No 7 in Eselheide gegenüber dem Zivilermittler Frederic S. Burin mit Nachdruck erklärt hatte, er könne nicht mit Bestimmtheit irgendeine Zahl über die durchgeführten Exekutionen angeben, da der SS-Sturmbannführer Joachim Nehring nicht nur gemäß der ausdrücklichen Weisung des Dr. Thomas in alleiniger Verantwortung mit der Durchführung der „Gerichtsverfahren" und mit der Vollstreckung der Exekutionen beauftragt worden sei, sondern ebenfalls mit der Berichterstattung an den Dienstvorgesetzten Dr. Max Thomas.[650] Jene Exekutionsziffer von 2.000 bis 3.000 sei auf wiederholtes Drängen Wartenbergs zustande gekommen, erklärte Biberstein wiederholt und mit Nachdruck während des Kreuzverhörs im Prozess vor dem US Military Tribunal II in Nürnberg.[651]

Dennoch wäre zu erwarten gewesen, dass Biberstein auch viereinhalb Jahre nach Beendigung seines Osteinsatzes eine ungefähre Anzahl der Exekutionen hätte benennen können, insofern, als jeder Einsatzgruppenchef und jeder Kommandoführer ebenso wie das Führungspersonal der Wehrmacht zur Führung eines Kriegstagebuches befehligt worden war. Jene Verpflichtung hatte Heydrich bereits vor Beginn des Vernichtungsfeldzuges gegen die Sowjetunion am Schluss seines *Merkblattes für die Führer der Einsatzgruppen und -kommandos der Sicherheitspolizei und des SD für den Einsatz „Barbarossa"* explizit angeordnet.

> „Die Führer der Einsatzgruppen und Einsatzkommandos haben, vom Beginn des Einsatzes an, laufend ein Kriegstagebuch zu führen, in welchem chronologisch alle wesentlichen und für spätere Zeiten wissenswerten Vorkommnisse und Feststellungen zu verzeichnen sind. Für sichere Aufbewahrung der Kriegstagebücher ist Sorge zu tragen."[652]

Zudem waren in der dem Kriegstagebuch beigefügten Anlage vorschriftsmäßig alle für die „Vorkommnisse und Feststellungen" wesentlichen Daten als Beleg anzuheften. Die Angabe von Exekutionsziffern sind meines Erachtens als „wesentliche

[650] Zeugeneinvernahme Biberstein, StAN, Rep. 501, KV-Prozesse, Fall 9, A 34-35 S. 2863, 2868, 2896.

[651] Bibersteins Verteidiger Dr. Friedrich Bergold focht während des Gerichtsverfahrens jene eidesstattliche Erklärung vom 2. Juli 1947 insofern an, als sie zum einen nicht im Beisein Bibersteins angefertigt worden war und zum anderen die tags zuvor getätigten Aussagen Bibersteins in stark verkürzter Form enthielten, d. h. Wartenberg hatte eine von ihm selbst vorgefertigte „eidesstattliche Erklärung" Biberstein zur Unterschrift vorgelegt. Jene Vorgehensweise war verfahrensrechtlich nicht statthaft und wurde dementsprechend vom Gericht gerügt, zumal sie von Wartenberg auch bei einer Reihe anderer im Nürnberger Einsatzprozess Angeklagter angewandt hatte.

[652] *Merkblatt für die Führer der Einsatzgruppen und Einsatzkommandos der Sicherheitspolizei und des SD für den Einsatz „Barbarossa"* (o. D., jedoch vor dem 22.6.1941), RGVA, 500-1-25 und USHMMA, RG11.001M, abgedruckt in: ANDREJ ANGRICK/ KLAUS-MICHAEL MALLMANN/ JÜRGEN MATTHÄUS/ MARTIN CÜPPERS (Hrsg.), S. 30-33, hier S. 33.

Daten“ zu werten, selbst wenn nicht Biberstein die obligatorische Statistik über die erfolgten Hinrichtungen an seinen Dienstvorgesetzten Dr. Thomas zwecks Weiterleitung an das Reichssicherheitshauptamt (RSHA) zu übermitteln hatte, sondern sein Untergebener Nehring. Bedauerlicherweise ist Bibersteins Kriegstagebuch nicht auffindbar. Jedoch allgemein bekannt sind beispielsweise das Kriegstagebuch des Kommandostabes Reichsführer-SS, das unter dem programmatischen Titel „Unsere Ehre heisst Treue“ herausgebracht worden ist oder das Kriegstagebuch des Generalobersten Franz Halder, des Chefs des Generalstabes des Heeres.[653]

Während der US-staatsanwaltlichen Ermittlungen ebenso wie im Nürnberger Einsatzgruppenprozess griff Biberstein hinsichtlich der 2.000 bis 3.000 Massenmorde, die während seiner Dienstzeit von den Führern der Teilkommandos in Rostow, Nowotscherkassk und Šachty begangen worden waren, auf drei Legitimationsmuster zurück, die teilweise auch von seinen Mitangeklagten angewendet wurden. In jenen juristischen Einlassungen bzw. Einreden verdeutlicht sich einmal mehr die auf Interaktion beruhende rechtswidrige Befehlsgebung und Befehlsausführung der nationalsozialistischen Vernichtungsmaschinerie.

(1) Mit Blick auf die Befehlsgebung erklärte Biberstein, er habe ausschließlich auf *ausdrücklichen* Befehl gehandelt. Zwar griff er nicht auf den von Ohlendorf behaupteten „Judentötungsbefehl des Führers“ zurück, der den Einsatzgruppen und den ihnen nachgeordneten Kommandos im Bereitstellungsraum Pretzsch bereits *vor* deren Abmarsch in die Sowjetunion von dem SS-Gruppenführer und Generalleutnant der Waffen-SS Bruno Streckenbach in Anwesenheit Heydrichs mündlich übermittelt worden sei, sondern expressis verbis auf den Befehl des Befehlshabers der Heeresgruppe Don, Generalleutnant Edwin Rothkirch von Trach, mit dem er in seiner Eigenschaft als Verbindungsoffizier gemäß der ausdrücklichen schriftlichen Weisung Heydrichs in ständigem Kontakt und Austausch zu stehen hatte,[654] und dessen Befehle durch Plakatanschläge und über Radio der Zivilbevölkerung in regelmäßigen Zeitabständen bekannt gegeben worden seien, sodass die Bevölkerung hinreichen informiert war, welche „Verbrechen“ mit der Todesstrafe geahndet würden.

[653] FRITZ BAADE (Hrsg.): Unsere Ehre heisst Treue. Kriegstagebuch des Kommandostabes des Reichsführers-SS; Tätigkeitsberichte der 1. und 2. SS-Inf.-Brigade, der 1. SS-Kav.-Brigade und von Sonderkommandos der SS, (Europäische Perspektiven. Zeitgeschichte in Dokumenten), Maschinenschriftl. vervielfältigt, Wien u. a. 1965. FRANZ HALDER/ HANS-ADOLF JACOBSEN (Bearb.): Kriegstagebuch. Tägliche Aufzeichnungen des Chefs des Generalstabes des Heers, 1939-1945, 3 Bd., Stuttgart 1962-1964.

[654] *Merkblatt für die Führer der Einsatzgruppen und Einsatzkommandos der Sicherheitspolizei und des SD für den Einsatz „Barbarossa“* (o. D., jedoch vor dem 22.6.1941), RGVA, 500-1-25 und USHMMA, RG11.001M, abgedruckt in: ANDREJ ANGRICK/ KLAUS-MICHAEL MALLMANN/ JÜRGEN MATTHÄUS/ MARTIN CÜPPERS (Hrsg.), Besatzungsherrschaft, S. 30-33, hier S. 30, 32.

(2) Er habe die Exekutionen nicht selbst ausgeführt, da er auf seinen ausdrücklichen Wunsch hin von seinem Dienstvorgesetzten, dem SS-Gruppenführer und Generalleutnant der Polizei und Chef der Einsatzgruppe C Dr. Thomas, von jener Pflicht entbunden worden sei.

(3) Jeder Hinrichtung sei eine gründliche Prüfung des Falles durch einen Kriminalkommissar der Exekutivabteilung und im Anschluss daran ein Gerichtsverfahren vorausgegangen. Da jenen Exekutionen der Befehl des Befehlshabers der Heeresgruppe Don zugrunde gelegen habe, seien sie demzufolge rechtmäßig gewesen.

Mit allen drei Legitimationsmustern glaubte sich Biberstein zumindest formaljuristisch abgesichert zu wissen. Weder von ihm noch von seinen Mitangeklagten ist offensichtlich zu keinem Zeitpunkt die nationalsozialistische Befehlsgebung hinterfragt worden, auf der ihr „Osteinsatz" beruhte und die sowohl der Weimarer Verfassung als auch allen gültigen Völkerrechtsnormen widersprach. In den nachfolgend genannten Unterabschnitten wird auf jene Rechtfertigungsmuster nur kurz eingegangen, da sie teilweise an anderer Stelle und in anderen Zusammenhängen wieder aufgegriffen werden.

- *Exekutionen aufgrund völkerrechtswidriger Befehle,*
- *Hinrichtungen gemäß „geordneter polizeilicher Verfahren",*
- *Aufhebung der Rechtszuständigkeit durch den Kriegsgerichtsbarkeits-Erlass,*
- *Zur Arbeitsteiligkeit im Einsatzkommando 6.*

Exekutionen aufgrund völkerrechtswidriger Befehle

Hinsichtlich der Befehlsgebung führte Biberstein vor dem US Military Tribunal II in Nürnberg des Weiteren aus, dass eine Abmachung zwischen dem Oberkommando der Wehrmacht (OKW) und dem Chef der Sicherheitspolizei und des SD vorgelegen habe, die er zwar nicht in schriftlicher Form gesehen habe, die ihm aber in den Grundzügen von den Männern des Kommandos erläutert worden sei, und die er dann aus Gesprächen mit der Wehrmacht bestätigt gefunden habe. Danach sei die Aufgabe des Einsatzkommandos gewesen, alle Vorgänge, welche die Sicherheit der Heeresgebiete beträfen und die von nichtmilitärischen Kreisen ausgeübt worden seien, in eigener Zuständigkeit zu bearbeiten.[655] Die Bezeichnung „nichtmilitärische Kreise" beinhaltete insbesondere die zivilen Widerstandskämpfer, die von Himmler in NS-Diktion zunächst als Partisanen, später als „Banditen/Verbrecher" bezeichnet wurden.

Biberstein bezog sich hinsichtlich der von ihm erwähnten Befehlsgebung auf die Vereinbarungen völkerrechtswidrigen Inhaltes, die zwei Monate im Vorfeld des Vernichtungsfeldzuges gegen die Sowjetunion zwischen dem Reichssicherheits-

[655] Zeugeneinvernahme Biberstein, StAN, Rep. 501, KV-Prozesse, Fall 9, A 34-35, S. 2817-2818.

hauptamt (RSHA) und dem Oberkommando des Heeres (OKH) nach den Grundsätzen Hitlers festgelegt worden waren und die der General der Artillerie, Walther von Brauchitsch, mit Datum vom 28. April 1941 als Weisung wie folgt bekanntgegeben hatte:

> „Die Durchführung besonderer sicherheitspolitischer Aufgaben *außerhalb der Truppe* macht den Einsatz von Sonderkommandos der Sicherheitspolizei (SD) im Operationsgebiet erforderlich. Mit Zustimmung des Chefs der Sicherheitspolizei und des SD wird der Einsatz von Sicherheitspolizei und SD im Operationsgebiet wie folgt geregelt:
>
> (1) Aufgaben:
> (a) Im rückwärtigen Armeegebiet: Sicherstellung vor Beginn von Operationen festgelegter Objekte (Material, Archive, Karteien von reichs- und staatsfeindlichen Organisationen, Verbänden, Gruppen usw.) sowie besonders wichtiger Einzelpersonen (führende Emigranten [d. h. Juden], Saboteure, Terroristen usw.) [...].
> (b) Im rückwärtigen Heeresgebiet: Erforschung und Bekämpfung der staats- und reichsfeindlichen Bestrebungen, *soweit sie nicht der feindlichen Wehrmacht eingegliedert sind*, sowie allgemeine Unterrichtung der Befehlshaber der rückwärtigen Heeresgebiete über die politische Lage [...].
>
> (2) Zusammenarbeit zwischen den Sonderkommandos und den militärischen Kommandobehörden im rückwärtigen Heeresgebiet (zu 1a):
>
> Die Sonderkommandos der Sicherheitspolizei und des SD führen ihre Aufgaben in eigener Verantwortlichkeit durch.
>
> Sie sind den Armeen hinsichtlich Marsch, Verpflegung und Unterbringung unterstellt. Disziplinäre und gerichtliche Unterstellung unter den Chef der Sicherheitspolizei und des SD werden hierdurch nicht berührt. Sie erhalten ihre fachlichen Weisungen vom Chef der Sicherheitspolizei und des SD [...].
>
> Die Einsatzgruppen bzw. –kommandos sind *berechtigt,* im Rahmen ihres Auftrages *Maßnahmen gegen die Zivilbevölkerung zu treffen.* Sie sind zu engster Zusammenarbeit mit der Abwehr verpflichtet.“ [Unterstreichung im Original, Kursivdruck vom Verf.].[656]

Des Weiteren erläuterte Biberstein, dass namentlich für das Einsatzkommando 6 (EK 6) insbesondere der Befehl des Befehlshabers des Heeresgebietes Don gegolten habe, der überall zweisprachig an den Häusern angeschlagen gewesen und in Rostow zudem der Zivilbevölkerung in regelmäßigen Zeitabständen durch Drahtfunk bekannt gegeben worden sei.[657] Diesbezügliche Angaben wurden auch von Bibersteins Mitangeklagten getätigt. In Ergänzung dazu führte Ohlendorf aus, dass in ländlichen Gebieten die schriftlichen Mitteilungen der Oberbefehlshaber der jeweiligen Heeresgebiete der Bevölkerung per Hubschrauberabwurf zugänglich gemacht worden seien.[658] Jener Befehl des Befehlshabers des Heeresgebietes Don –

[656] Oberkommando des Heeres Gen. St. d. H. /Gen./Qu., Az. Abt. Kriegsverwaltung, Nr. H/2101/41 geh., Erlass vom 28.4.1941 btr. Regelung des Einsatzes der Sicherheitspolizei und des SD im Verbande des Heeres, BArch-MA, RH 22/155.
[657] Zeugeneinvernahme Biberstein, StAN, Rep. 501, KV-Prozesse, Fall 9, A 34-35, S. 2817-2818.
[658] Zeugeneinvernahme Ohlendorf, StAN, Rep. 501, KV-Prozesse, Fall 9, A 9-11, S. 727.

so Biberstein – habe ausdrücklich die Todesstrafe für folgende „Straftaten" seitens der Zivilbevölkerung vorgesehen: „Plünderung, Waffenbesitz, Angriffe auf militärische Einrichtungen und Nachrichtenmaterial, Angriffe auf Militärpersonen, Spionage, Sabotage, Terror und ähnliche Dinge."[659] Die von Biberstein zitierte Weisung des Befehlshabers des Heeresgebietes Don war inhaltlich zum Teil identisch mit Heydrichs schriftlicher *Einweisung der vier Höheren SS- und Polizeiführer im Osten* vom 2. Juli 1941. Dort hatte Heydrich unter Punkt 4 (Exekutionen) angeordnet, dass neben „allen Funktionären der Komintern [...], Juden in Partei- und Staatsstellungen" auch „*sonstige radikale Elemente* (*Saboteure, Propagandeure, Heckenschützen, Attentäter, Hetzer usw.*)„ zu exekutieren seien. [Kursivdruck vom Verf.].[660] Auch in jenem Befehl verdeutlicht sich einmal mehr das als Organsationsverbrechen konzipierte und die auf Arbeitsteiligkeit ausgelegte Vernichtungspolitik der nationalsozialistischen Besatzungsherrschaft.

Hinrichtungen gemäß „geordneter polizeilicher Verfahren"

Entsprechend einem weiteren Legitimationsmuster gab Biberstein vor dem US Military Tribunal II an, dass gemäß jenem Wehrmachtsbefehl des Befehlshabers des Heeresgebietes Don die Aufgabe des Kommandos gerade darin bestanden habe, in einem „geordneten polizeilichen Verfahren" – wie etwa bei der Staatspolizei im Reich[661] – den Einzelfall durch die zuständigen Kriminalbeamten der Exekutivabteilung des EK 6 untersuchen zu lassen, sodann die entsprechenden Urteile auszusprechen und endlich die Urteile zu vollstrecken. Mit der *Durchführung* jener drei Dinge sei nicht etwa die Stabsführung beauftragt gewesen, sondern die Teilkommandos, d. h. die in dem Operationsgebiet verstreut liegenden Außenstellen, die jeweils unter der Führung eines leitenden Kriminalbeamten oder Krimi-

---

[659] Zeugeneinvernahme Biberstein, StAN, Rep. 501, KV-Prozesse, Fall 9, A 34-35, S. 2817f. Es dürfte sich hier um einen Befehl des Generalfeldmarchalls Walter von Reichenau handeln. Reichenau war bis zum 1. Januar 1942 Oberbefehlshaber der 6. Armee/Armeeoberkommando 6 (AOK 6). Er war zusammen mit dem Sonderkommando 4a (SK 4a) unter Paul Blobel maßgeblich an dem Massaker von Babyń Jar beteiligt. Sein Nachfolger wurde Generalfeldmarschall Friedrich Paulus (1.1.1942-31.1.1943).

[660] Chef der Sicherheitspolizei und des SD, B. Nr. IV – 1100/41, geh. Rs., Schreiben vom 2.7.1941, als G e h e i m e R e i c h s s a c h e (a) an den Höheren SS- und Polizeiführer SS-Obergruppenführer J e c k e l n (über B.D.S. Krakau zur sofortigen Weiterleitung), (b) an den Höheren SS- und Polizeiführer SS-Gruppenführer v. d. B a c h (über Kommandeur der SPSD in W a r s c h a u zur sofortigen Weiterleitung), (c) an den Höheren SS- und Polizeiführer SS-Gruppenführer P r ü t z m a n n (über Stapostelle T i l s i t zur sofortigen Weiterleitung), (d) an den Höheren SS- und Polizeiführer SS-Oberführer K o r s e m a n n (über SS-Staf. O h l e n d o r f. [Sperrdruck im Original], BArch, R 70 Sowjetunion/ 32 sowie R 58/ 241.

[661] Jene von Biberstein genannten „polizeilichen Verfahren im Reich" waren ihrerseits verfassungswidrig, insofern, als die Zuständigkeit für Strafverfahren gemäß der Strafprozessordnung (StPO) damals wie heute ausschließlich bei den Strafkammern der zuständigen Landgerichte lag bzw. liegt.

nalkommissars des Amtes IV (Gestapo/Exekutivabteilung) gestanden hätten. Exekutionen seien jedoch nicht in Taganrog vollzogen worden, da dessen Teilkommandoführer keinen SS-Offiziersrang eingenommen habe. In Anbetracht all jener Gesichtspunkte habe er nach „genauer Vorschrift" und somit rechtlich abgesichert gehandelt, versicherte Biberstein wiederholt dem US Military Tribunal II in Nürnberg.[662] Bei jener Argumentation hatte Biberstein jedoch nicht beachtet, dass die Jurisdiktionsbefugnis hinsichtlich der von ihm so bezeichneten „geordneten polizeilichen Verfahren" mit anschließendem Urteilsspruch, d. h. mit der Verhängung der Todesstrafe, allein bei einem ordentlichen Gericht gelegen hätte, nicht jedoch bei den Kriminalbeamten seiner Gestapo-Abteilung. Damit waren jene „polizeilichen Verfahren" gemäß der weiterhin bestehenden Weimarer Reichsverfassung, Artikel 103/Artikel 105, schlicht verfassungswidrig.[663] Zwar hatte Biberstein nach „genauer Vorschrift" gehandelt, jedoch nicht nach Vorschrift des Normenstaates, sondern außernormativ nach den Werkzeugen/Maßnahmen des von Fraenkel so bezeichneten Maßnahmenstaates.[664]

Aufhebung der Rechtszuständigkeit durch den Kriegsgerichtsbarkeits-Erlass

Biberstein berief sich wiederholt auf die Rechtszuständigkeit des Befehlshabers des Heeresgebietes Don. Jedoch beruhte dessen vermeintliche Jurisdiktionsbefugnis – und die der gesamten Wehrmacht sowie jene für Himmlers Polizeiverbände und für die Einsatzgruppen – auf Hitlers verfassungs- und völkerrechtswidrigem *Kriegsgerichtsbarkeits-Erlass*, der bereits am 13. Mai 1941 ergangen und durch den die Rechtszuständigkeit der Militärgerichte schon *vor* Beginn des Russlandfeldzuges aufgehoben worden war. Bezüglich der „Behandlung von Straftaten feindlicher Zivilpersonen" sowie hinsichtlich der Behandlung von „Verdächtigen" führte jener Erlass aus:

> „1. Straftaten feindlicher Zivilpersonen sind der Zuständigkeit der Kriegsgerichte und der Standgerichte bis auf weiteres entzogen.
> 2. Freischärler [inbegriffen waren auch Partisanen] sind durch die Truppe im Kampf oder auf der Flucht schonungslos zu erledigen [zu erschießen].
> 3. Auch alle anderen Angriffe feindlicher Zivilpersonen gegen die Wehrmacht, ihre Angehörigen und das Gefüge sind von der Truppe auf der Stelle mit den äußersten Mitteln bis zur Vernichtung des Angreifers niederzukämpfen.

[662] Zeugeneinvernahme Biberstein, StAN, Rep. 501, KV-Prozesse, Fall 9, A 34-35, S. 2817f.

[663] Weimarer Reichsverfassung (WRV), Artikel 103: „Die ordentliche Gerichtsbarkeit wird durch das Reichsgericht und durch die Gerichte der Länder ausgeübt." Artikel 105: „Ausnahmegerichte sind unstatthaft. Niemand darf seinem gesetzlichen Richter entzogen werden."

[664] ERNST FRAENKEL: Der Doppelstaat. Zweite durchgesehene Auflage. Herausgegeben und eingeleitet von Alexander v. Brünneck, Hamburg 2001, S. 55, 61.

4. Wo Maßnahmen dieser Art [...] zunächst nicht möglich sind, werden tatverdächtige Elemente sogleich einem Offizier vorgeführt. Dieser entscheidet dann, ob sie zu erschießen sind.
5. Gegen Ortschaften, aus denen die Wehrmacht hinterlistig oder heimtückisch angegriffen wurde, werden unverzüglich [...] kollektive Gewaltmaßnahmen durchgeführt, wenn die Umstände eine rasche Feststellung des einzelnen Täters nicht gestatten." [Sperrdruck im Original].[665]

Da Hitler sich der Rechtswidrigkeit jenes Erlasses, der in allen Punkten den in der Haager Landkriegsordnung getroffenen Vereinbarungen entgegenstand, durchaus bewusst war und dies auch expressis verbis formulierte – er sprach in jenem Erlass von „militärischen Verbrechen oder Vergehen" –, ließ er dennoch im Umkehrschluss in demselben Schriftstück unter Punkt II die nachfolgende Weisung ergehen, wobei er in seinem Legitimationsmuster unter Synonymisierung von „Judentum" und „Bolschewismus" auf die allseits bekannten nationalsozialistischen Propagandaparolen der 1920er-Jahre zurückgriff, so auf die „Dolchstoßlegende" ebenso wie auf die Auflagen des Versailler Vertrages, insbesondere jedoch auf den Hass auf die gemäß nationalsozialistischer Diktion so bezeichnete „verjudete" Weimarer Republik.[666]

„Behandlung der Straftaten von Angehörigen der Wehrmacht und des Gefolges gegen Landeseinwohner:

1. Für Handlungen, die Angehörige der Wehrmacht und des Gefolges gegen feindliche Zivilpersonen begehen, besteht kein Verfolgungszwang, auch dann nicht, wenn die Tat zugleich ein militärisches Verbrechen oder Vergehen ist.
2. Bei der Behandlung solcher Taten ist in jeder Verfahrenslage zu berücksichtigen, daß der Zusammenbruch im Jahre 1918, die späte Leidenszeit des deutschen Volkes und der Kampf gegen den Nationalsozialismus mit den zahllosen Blutopfern der Bewegung entscheidend auf bolschewistischen Einfluß zurückzuführen war und daß kein Deutscher dies vergessen hat." [Sperrdruck im Original].[667]

Mit der Aufhebung der Militärgerichtsbarkeit in den besetzten Ostgebieten durch den Kriegsgerichtsbarkeitserlass, dessen Begründung nicht rechtstheoretisch, sondern weltanschaulich erfolgte, wurde ganz gezielt ein rechtsfreier Raum geschaffen. Demzufolge töteten die nationalsozialistischen Führungseliten – so auch Biberstein –, weil für sie aufgrund des Kriegsgerichtsbarkeits-Erlasses vom 13. Mai

[665] Der Führer und Oberste Befehlshaber der Wehrmacht, Führerhauptquartier, d. 13. Mai 1941, *Erlass über die Ausübung der Kriegsgerichtsbarkeit im Gebiet „Barbarossa" und über besondere Maßnahmen der Truppe*, BArch-MA, RW 22/155. und BArch-MA, RW 4/ v.577.

[666] Vgl. dazu die Ausführungen in Kapitel I.

[667] Der Führer und Oberste Befehlshaber der Wehrmacht, Führerhauptquartier, d. 13. Mai 1941, *Erlass über die Ausübung der Kriegsgerichtsbarkeit im Gebiet „Barbarossa" und über besondere Maßnahmen der Truppe*, BArch-MA, RW 22/ 155.

1941 „kein Verfolgungszwang" bestand, d. h. weil die *verfassungsrechtliche Struktur* des „nationalsozialistischen völkischen Führerstaates" ihnen nicht nur explizit die Ermächtigung zum Töten gab, sondern ihnen die Ausführung des Massenmordes mit Bezug zu dem letzten Satz des Kriegsgerichtsbarkeits-Erlasses geradezu als „moralische Verpflichtung" auferlegte.[668]

Inwieweit sich die Nichtjuristen der im Nürnberger Einsatzgruppenprozess angeklagten NS-Täter zum Zeitpunkt ihrer Massaker aufgrund der entsprechenden Erlasse und Weisungen tatsächlich in einem rechtsgeschützten Raum wähnten, und ob allen die in der Haager Landkriegsordnung erfolgten völkerrechtlichen Vereinbarungen im Einzelnen bekannt gewesen waren,[669] lässt sich aus den Gerichtsakten des Nürnberger Einsatzgruppenprozesses nur schwer deduzieren, da sich alle Angeklagten im Verteidigungsstatus befanden. Jedoch verwies das US Military Tribunal II in Nürnberg wiederholt und in unterschiedlichen Zusammenhängen auf die Haager Landkriegsordnung – so auch gegenüber Biberstein.[670] Dessen ungeachtet brachten Angeklagte wie Strafverteidiger das gesamte Entlastungsarsenal ein, um die Völkerrechtswidrigkeit der Hitler-Erlasse ebenso wie der Weisungen von Seiten Himmlers und Heydrichs sowie der Wehrmacht zu widerlegen.

Zur Arbeitsteiligkeit im Einsatzkommando 6

Die zweite prozessuale Einrede Bibersteins im US-Militärgerichtsverfahren zielte darauf ab, dass er, Biberstein, die Hinrichtungen nicht selbst ausgeführt habe, da deren Durchführung grundsätzlich in den Zuständigkeitsbereich der Außenkommandos gefallen sei, dessen Operationsgebiet ein riesiges Gebiet von insgesamt 60.000 km^2 (200 km Breite und 300 km Länge) umfasst habe.[671]

In diesem Zusammenhang sei auf die Organisationsstruktur verwiesen, die allen Einsatz- und Sonderkommandos zugrunde lag. So bestand das Einsatzkommando 6 (EK 6) aus dem Gruppenstab mit Sitz in Rostow sowie den vier in Rostow, Taganrog, Nowotscherkassk und Šachty stationierten Teilkommandos/Außenstellen. Der *Gruppenstab* setzte sich zusammen aus dem Kommandoführer Biberstein und dessen Stellvertreter, dem SS-Hauptsturmführer Heidelberger, der ein ausgebildeter Kriminalkommissar war, sowie den Leitern der Abteilungen I/II, dem Leiter der Abteilung III und jener der Abteilung IV (Exekutivabteilung/Gestapo).

---

[668] Vgl. Kap. III. 3.3 und dort den Unterabschnitt: *Die Aufhebung rechtsstaatlicher Normen als Erklärung für Bibersteins Verbrechen.*

[669] Ohlendorf war der *Inhalt* der Haager Landkriegsordnung hinreichend bekannt, Biberstein hingegen kannte offensichtlich nicht einmal den Titel.

[670] Zeugeneinvernahme Biberstein, StAN, Rep. 501, KV-Prozesse, Fall 9, A 34-35, S. 2831.

[671] Ebd., S. 2840, 2844.

Die Teilung der Bereiche in der Kommandoführung, d. h. des Stabes, wirkte sich in der Weise aus, dass die Abteilungsleiter I bis III in sachlicher Hinsicht Biberstein unterstellt waren. Hingegen oblag die Leitung der Abteilung IV (Exekutivabteilung/Gestapo) zunächst bis Mitte Oktober 1941 ausschließlich dem SS-Sturmbannführer Heidelberger und danach dem SS-Sturmbannführer Joachim Nehring, der eigens zu diesem Zweck von dem Chef der Einsatzgruppe C, dem SS-Gruppenführer Dr. Thomas, abgestellt worden war. Dennoch unterstand auch Nehring Biberstein in dessen Funktion als Führer des Einsatzkommandos 6 (EK 6).[672] Die Teilkommandos/Außenstellen – mit Ausnahme der Außenstelle Taganrog – wurden jeweils von einem Kriminalkommissar im Range eines SS-Ober- bzw. SS-Hauptsturmführers selbständig geführt, d. h. die Außenstellen „führten die Aufgaben [ihres] Kommandos in Bezug auf die Sicherung des Heeresgebietes für ihr Teilgebiet *in eigener Zuständigkeit und Verantwortung* [...] aus." [Kursivdruck vom Verf.].[673]

Zu seiner Entlastung machte Biberstein vor dem US Military Tribunal II in Nürnberg eingehende Ausführungen hinsichtlich der bestehenden Arbeitsteiligkeit im Gruppenstab des Einsatzkommandos 6 (EK 6), die auf einer ausdrücklichen Anordnung seines Dienstvorgesetzten Dr. Max Thomas beruht habe. So sei er, Biberstein, am 11. Oktober 1942, d. h. kurz nach seiner Ankunft in Rostow, zu einer Arbeitstagung mit dem Thema „Bandenkrieg" eingeladen worden, „der im Raum von Kiew zu einer Kernfrage des Krieges in Russland überhaupt geworden war und das ganze Interesse von Thomas" auf sich gezogen habe.[674] Anlässlich jener Tagung in Kiew habe sich die Gelegenheit zu einer Aussprache mit Dr. Thomas geboten. Nachdem Biberstein seinem Vorgesetzten zunächst seinen Eindruck über die beiden im Einsatzkommando 6 (EK 6) üblichen Exekutionsformen geschildert hatte, habe er ihm mitgeteilt,

> „dass die Verurteilungen und Vollstreckung von Todesurteilen unter meiner Führung mir aufgrund meiner religiösen Herkunft nicht zumutbar seien. Gleichzeitig erklärte ich ihm, dass ich nunmehr fest entschlossen sei – wie ich es ihm bereits vorher [anlässlich der Dienstantrittsmeldung] gesagt hatte – umgehend meinen Antrag zu stellen auf Aufhebung meiner Kommandierung nicht nur nach Russland, *sondern zur Sicherheitspolizei überhaupt* [d. h. zum endgültigen Ausscheiden aus dem SD]." [Kursivdruck vom Verf.].[675]

Jenen Antrag, der zum einen die Aufhebung der Uk-Stellung zum Inhalt hatte, zum anderen sein Ausscheiden aus dem SD, hatte Biberstein sodann „nach sorgfältiger Formulierung unter Berufung auf [...] alle mir möglichen Begründungen unter

---

[672] Das Splitting der Arbeitsbereiche wird im nachfolgenden Unterkapitel im Zusammenhang mit der Befehlsgewalt in den „Gerichtsverfahren" und der Exekutionen thematisiert werden.

[673] Zeugeneinvernahme Biberstein, StAN, Rep. 501, KV-Prozesse, Fall 9, A 34-35, S. 2843.

[674] Ebd., S. 2840. Der Ausdruck „Bandenkrieg" war die geläufige Bezeichnung für den von der Zivilbevölkerung ausgeübten Widerstandskampf im rückwärtigen Heeresgebiet.

[675] Zeugeneinvernahme Biberstein, StAN, Rep. 501, KV-Prozesse, Fall 9, A 34-35, S. 2841.

dem 9. November 1942 gestellt, und zwar in doppelter Ausfertigung, wovon eine an den Brigadeführer Thomas persönlich ging und die andere an das Reichssicherheitshauptamt, zu Händen von Gruppenführer Streckenbach."[676]

Da jedoch die Uk-Stellung seitens der Wehrmacht darauf beruhte, dass Biberstein sich für die Dauer des Krieges zur *ausschließlichen* Verfügung Heydrichs zu halten hatte, war eine Abänderung jener Wehrmachtsbeorderung keinesfalls aus persönlichen Gründen möglich, sondern ausschließlich im Einklang mit „dienstlichen Erfordernissen,"[677] Auf diese Tatsache verwies auch das US Military Tribunal II in Nürnberg. Schon aufgrund des Tatbestandes, dass auch der Chef einer Einsatzgruppe gleichfalls der Verfügungsgewalt Heydrichs unterstand, wäre Bibersteins Vorgesetzter Dr. Thomas keinesfalls berechtigt gewesen, eine Wehrmachtsbeorderung eigenmächtig abzuändern oder gar aufzuheben,[678] wie SS-Sturmbannführer Albert Hartl im Nürnberger Einsatzgruppenprozess ganz gezielt fälschlich und aus Furcht vor einer gegen ihn selbst gerichteten Anklage behauptet hatte.

So hatte Dr. Thomas „zur Aufrechterhaltung der von ihm gewünschten Linie [...] Sturmbannführer Nehring nach Rostow" entsandt und jenem Anfang Oktober 1942, d. h. zwei Wochen nach Bibersteins dortigem Eintreffen, die Leitung der Abteilung IV (Exekutivabteilung/Gestapo) übertragen und ihn dadurch mit der Beaufsichtigung und Durchführung der Exekutionen beauftragt.[679] Der elf Jahre jüngere Nehring, der als Sohn eines evangelischen Konsistorialrates streng kirchlich erzogen worden war, sei religiös sehr interessiert gewesen. Das seien für ihn alles Vorbedingungen gewesen, die ihm ein „sauberes und gerechtes Arbeiten garantierten", verteidigte sich Biberstein vor dem US Military Tribunal II in Nürnberg. Des Weiteren gab er zu Protokoll, dass gegen Nehring seitens des Reichsführers-SS Himmler ein Disziplinarverfahren anhängig gewesen sei. Um diesbezüglich

[676] Ebd., S. 2903 sowie Personal Data Sheet, Ernst Biberstein, Office of the U. S. Chief of Counsel/ Subsequent Proceedings Division, p. 1-3, Anlagen zu Interrogation Nr. 1499-A, Zeugeneinvernahme des Ernst Emil Heinrich Biberstein durch Mr. Wartenberg am 29. Juni 1947, 10.00-11.15 Uhr auf Veranlassung von Mr. Walton und Glancy, Staatsarchiv Nürnberg (StAN), Rep. 502, KV-Anklage, Interrogations, B-75, S. 1-16, hier S. 6.

[677] Der Chef der Sicherheitspolizei und des SD, I A 1 – B. Nr. 31/41 g., Runderlass vom 31.7.1941 an alle Dienststellen der Sicherheitspolizei, alle Dienststellen der Kriminalpolizei, alle Dienststellen des SD, nachrichtlich den Amtschefs II-VII, allen Referenten und Hilfsreferenten des Reichssicherheitshauptamtes, allen Sachbearbeitern des Amtes I des Reichssicherheitshauptamtes, btr. *Einsatz bisher noch nicht eingesetzt gewesener Angehöriger der Sicherheitspolizei und des SD,* BArch, R 58/ 259.

[678] Zeugeneinvernahme Biberstein, StAN, Rep. 501, KV-Prozesse, Fall 9, A 34-35, S. 2851.

[679] Ebd., S. 2844 sowie Personal Data Sheet, Ernst Biberstein, Office of the U. S. Chief of Counsel/ Subsequent Proceedings Division, p. 1-3, Anlagen zu Interrogation Nr. 1499-A, Zeugeneinvernahme des Ernst Emil Heinrich Biberstein durch Mr. Wartenberg am 29. Juni 1947, 10.00-11.15 Uhr auf Veranlassung von Mr. Walton und Glancy, StAN, Rep. 502, KV-Anklage, Interrogations, B-75, S. 1-16, hier S. 8.

„eine günstige Wendung zu veranlassen, wurde er [Nehring] von Brigadeführer Dr. Thomas nach Rostow geschickt.“[680]

Splitting der Zuständigkeitsbereiche auf Befehl des SS-Gruppenführers Dr. Thomas

Eine ähnliche „Lösung“ hatte Dr. Thomas bereits bei Bibersteins Vorgänger, dem SS-Sturmbannführer Robert Mohr angewandt.[681] Mohr hatte sich – wie Biberstein auch – unter Verweis auf eine behauptete ungenügende polizeiliche Ausbildung[682] zunächst gegen die Übernahme des Einsatzkommandos 6 (EK 6) gewehrt, nachdem er Details über den politischen Auftrag der Einsatzgruppen erfahren hatte, der in der Exekution insbesondere von Juden, kommunistischen Funktionären und Geisteskranken bestand. Da Dr. Thomas jedoch – unter Verweis auf die ausgezeichnete Funktionstüchtigkeit des Kommandos – argumentiert habe, dass Mohr sich „die Hände nicht schmutzig zu machen brauche“, hatte Mohr den SS-Hauptsturmführer und Kriminalkommissar Heidelberger als seinen Stellvertreter und gleichzeitig als Leiter der Exekutivabteilung (Amt IV) eingesetzt, der die Massenexekutionen dann ohne jegliche Bedenken ausführte.[683]

Im Fall Biberstein ordnete Dr. Thomas ebenfalls ein Splitting der Arbeitsgebiete an, dergestalt, dass er Biberstein mit der Gesamtleitung der Ämter I bis

---

680 Personal Data Sheet, Ernst Biberstein, Office of the U. S. Chief of Counsel/ Subsequent Proceedings Division, p. 1-3, Anlagen zu Interrogation Nr. 1499-A, Zeugeneinvernahme des Ernst Emil Heinrich Biberstein durch Mr. Wartenberg am 29. Juni 1947, 10.00-11.15 Uhr auf Veranlassung von Mr. Walton und Glancy, StAN, Rep. 502, KV-Anklage, Interrogations, B-75, S. 1-16, hier S. 8. Ebenso: BArch (ehem. BDC), SSO, Nehring, Joachim, 20.01.1910.

681 ADELHEID RÜTER-EHLERMANN (Bearb.): Band XXII. Die vom 21.8.1965 bis 31.12.1965 ergangenen Strafurteile; Lfd. Nr. 596-606 (Justiz und NS-Verbrechen; Sammlung Deutscher Strafurteile wegen Nationalsozialistischer Tötungsverbrechen; 22), Amsterdam 1981, Bd. XXII, S. 511.

682 Die Behauptung einer mangelnden juristischen Ausbildung ist unglaubwürdig. Immerhin hatte Mohr sein achtsemestriges Studium der Rechtwissenschaften im Januar 1938 mit dem Großen Staatsexamen abgeschlossen und seine Ausbildung als Assessor bei einem Rechtsanwalt fortgesetzt. Danach hatte er mehrere Gestapostellen übernommen.

683 ADELHEID RÜTER-EHLERMANN (Bearb.): Band XXII. Die vom 21.8.1965 bis 31.12.1965 ergangenen Strafurteile; Lfd. Nr. 596-606 (Justiz und NS-Verbrechen; Sammlung Deutscher Strafurteile wegen Nationalsozialistischer Tötungsverbrechen; 22), Amsterdam 1981, Bd. XXII, S. 511. Mohr wurde wegen „Erschießung und Vergasung mittels ‚Gaswagen‘ von tausenden jüdischen Männern, Frauen und Kindern, Erschießung kommunistischer Funktionäre, anderer Zivilisten sowie 800 Insassen der Irrenanstalt Igrin bei Dnjepropetrowsk“ vom Landgericht Wuppertal zu acht Jahren Haft verurteilt. Es erfolgten mehrere Eingaben an den Bundesgerichtshof, der das Urteil des LG Wuppertal dann am 27.9.1968 endgültig bestätigte (BGH 2 StR 487/68). LG Wuppertal 651230 vom 7.8.1963; LG Wuppertal 671213 vom 30.12.65 und 13.11.1967. BGH 641211 vom 11.12.1964; BGH 670524 vom 24.5.1967 und BGH StR 487/68. ADELHEID-RÜTER-EHLERMANN (Bearb.): Band XXII. Die vom 21.8.1965 bis 31.12.1965 ergangenen Strafurteile; Lfd. Nr. 596-606 (Justiz und NS-Verbrechen; Sammlung Deutscher Strafurteile wegen Nationalsozialistischer Tötungsverbrechen; 22), Amsterdam 1981, Bd. XXII, S. 503, 525, 528, 536.

III beauftragte, während er Nehring die Beaufsichtigung des Amtes IV (Gestapo/Exekutivabteilung) übertrug, dessen Zuständigkeitsbereich die eigentlichen „Sicherungsaufgaben" umfasste. Gemäß der Anordnung des Dr. Thomas oblag Nehring demzufolge die Verhängung der Todesurteile und die Durchführung der Exekutionen.[684] Jene „Lösung" hatte rein praktische Gründe, insofern, als Untersuchung, Urteilsfindung und Vollstreckung der „Urteile" in den Aufgabenbereich der Teilkommandos oder Außenstellen gehörten – mit Ausnahme der Außenstelle Taganrog –, und im Einsatzkommando 6 der Führer des *Teilkommandos Rostow* identisch war mit dem Leiter der Exekutivabteilung.[685] Da bei jeder Hinrichtung pflichtgemäß nicht nur der Leiter der Exekutivabteilung zugegen zu sein hatte, sondern zeitgleich der Chef des Einsatzkommandos mit dem gesamten Ablauf der Exekution betraut war, übernahm nunmehr SS-Sturmbannführer Joachim Nehring die diesbezüglichen Obliegenheiten Bibersteins gemäß der Weisung des Chefs der Einsatzgruppe C Dr. Thomas.

Es ist bereits gesagt worden, dass Bibersteins Vorgänger Mohr weisungsgemäß die Strukturen des Reichssicherheitshauptamtes (RSHA) auf das Einsatzkommando 6 (EK 6) übertragen hatte. Ergänzend dazu führte Biberstein vor dem US-Military Tribunal II in Nürnberg aus:

> „Die Abteilungen I und II waren in Russland zusammengefasst und behandelten *Personalien und Verwaltung.*
>
> Abteilung III war eine *Nachrichtenstelle über die Lebensgebiete*, wie sie im besetzten Raum, den das Einsatzkommando zu bearbeiten hatte, vorgefunden wurden.
>
> Abteilung IV [im Reichssicherheitshauptamt das Gestapo-Amt] umfasst[e] die eigentlichen Sicherungsaufgaben [d. h. die Ermittlung von „Straftaten" sowie die Exekutionen]." [Kursivdruck vom Verf.].[686]

In das Aufgabengebiet des Amtes III (Lebensgebiete) gehörten Bereiche wie Wirtschaft und Ernährungsfragen, Volkstum und Kultur sowie insbesondere die Erfassung der Stimmung der einheimischen Bevölkerung, wie sie etwa in den *55 Meldungen aus den besetzten Ostgebieten* zum Ausdruck kamen. Hingegen wurden die Obliegenheiten des Amtes V (Verbrechensbekämpfung/Kriminalpolizei) von der Militärverwaltung, d. h. der Besatzungsverwaltung, ausgeführt, erläuterte Biberstein gegenüber dem US Military Tribunal II. Ein Amt VI (Ausland/SD-Ausland) existierte im Einsatzkommando 6 (EK 6) nicht.[687]

---

[684] Zeugeneinvernahme Biberstein, StAN, Rep. 501, KV-Prozesse, Fall 9, A 34-35, S. 2841, 2845.

[685] Ebd., S. 2843.

[686] Ebd., S. 2841.

[687] Personal Data Sheet, Ernst Biberstein, Office of the U. S. Chief of Counsel/ Subsequent Proceedings Division, p. 1-3, Anlagen zu Interrogation Nr. 1499-A, Zeugeneinvernahme des Ernst Emil Heinrich Biberstein durch Mr. Wartenberg am 29. Juni 1947, 10.00-11.15 Uhr auf Veranlassung von Mr. Walton und Glancy, Staatsarchiv Nürnberg (StAN), Rep. 502, KV-Anklage, Interrogations, B-75, S. 1-16, hier S. 8f.

Bibersteins Rekurs auf die „Verwaltungsaufgaben“

Bei der Auswertung der Nürnberger Prozessakten fällt auf, wie sehr sich Biberstein vor dem US Military Tribunal II in Nürnberg der ausführlichen Beschreibung seiner *Verwaltungs*aufgaben widmete, die er offensichtlich mit großem Arbeitseifer und bürokratischer Disziplin auszuführen pflegte, in der Illusion, sich auf diese Weise der Gesamtverantwortung als Führer eines *Exekutions*-Kommandos entziehen zu können. Daher erscheint es sinnvoll, weitere von ihm aufgeführten alltäglichen Dienstobliegenheiten zu benennen, die er detailliert schilderte, mit der Absicht, das US Military Tribunal II in Nürnberg davon zu überzeugen, dass er aufgrund des Befehls seines Vorgesetzten Dr. Thomas *ausdrücklich* von der Teilnahme an Exekutionen entbunden worden sei.

> „Ich gab bereits an, dass mir die Beaufsichtigung der Arbeit in der Abteilung I, II und III in besonderer Weise übertragen war. Im einzelnen erstreckte sich meine Tätigkeit auf die eigentliche Führung des Kommandos, insbesondere auf die Vertretung des Kommandos nach außen hin, vor allem gegenüber der deutschen und rumänischen Wehrmacht.
>
> Ich habe dazu keinen Verbindungsoffizier angestellt, sondern ich habe diese Aufgaben persönlich wahrgenommen [,] und ich hatte fast täglich eine Rücksprache mit dem I C [Inspekteur] des Heeresgebietes DON, vor allem dann, als sich die militärische Lage um Rostow sehr verschärfte, als also die rückwärtigen Bewegungen der Wehrmacht allmählich einsetzten.
>
> Auch habe ich den Verwaltungsbeamten, also den Leiter I/II bei der Betreuung, also in der Versorgung [des Einsatzkommandos] mit Verpflegung usw. durch Rücksprache mit dem OQ [Oberquartiermeister des Heeres] und sonstigen Wehrmachtsdienststellen unterstützt. Ich hatte auch Beziehungen zu dem I C des deutschen Verbindungsstabes bei der rumänischen Wehrmacht in Rostow.
>
> Weiter war ich der Disziplinarvorgesetzte aller Männer des Kommandos. Als solcher hatte ich die persönliche Bearbeitung der Personalien [inne], das war vor allem die dienstliche Beurteilung und die Betreuung aller einzelnen Männer durch persönliche Aussprache mit ihnen. Gerade diese Aufgabe war eine besondere Verpflichtung des Kommandoführers.“[688]

Um gegenüber dem US Military Tribunal II in Nürnberg nachzuweisen, dass der Massenmord an den 2.000 bis 3.000 Zivilisten keinesfalls in den Kompetenzbereich seines Ressorts gehört habe, tätigte Biberstein aus verteidigungsstrategischem Kalkül weitere Ausführungen über seine Verwaltungsaufgaben. So habe sich sein Zuständigkeitsbereich auch auf die alleinige Zeichnungsberechtigung „in allen Kassensachen“ erweitert.[689]

Wie bereits erwähnt und wie Biberstein ein weiteres Mal sehr ausführlich beschrieb, hatte er zudem wegen der alsbald zu erfolgenden Übernahme des Gebietes in die Zivilverwaltung für den künftigen *SS- und Polizeiführer Rostow*, den SS-

[688] Zeugeneinvernahme Biberstein, StAN, Rep. 501, KV-Prozesse, Fall 9, A 34-35, S. 2852-2853.
[689] Ebd.

Obergruppenführer und General der Polizei Paul Hennicke, „die notwendigen Unterlagen über die verschiedensten Lebensgebiete dieses Raumes zur Verfügung" zu stellen, die sich unter anderem auf „umfangreiche Ermittlungen und Berichte" über „das Vorhandensein, den Bestand und die politischen Erwartungen bestimmter Volksgruppen [ebenso erstreckte, wie] auf das Vorhandensein von Kultureinrichtungen, wie Schulen, Universitäten, technische Hochschulen, Bibliotheken [. . .] und vor allen Dingen das Vorhandensein von russischen Gelehrten aus der vorbolschewistischen Zeit."[690]

Zum Ablauf der „Gerichtsverfahren" und der Exekutionen

In seiner dritten prozessualen Einrede rechtfertigte sich Biberstein gegenüber dem US Military Tribunal II in Nürnberg dahingehend, dass jeder Exekution ein „ordentliches Gerichtsverfahren" vorangegangen sei, in der Weise, dass zunächst eine Befragung durch die kollaborierenden angestellten russischen Hilfspolizisten stattgefunden hätte, danach eine gründliche und gewissenhafte Prüfung des Falles durch einen deutschen Kriminalkommissar und im Anschluss daran ein „Gerichtsverfahren" durch eine deutsche Prüfungskommission. Zudem führte er rechtfertigend aus:

> „Aber ich möchte hinzugefügt wissen, dass diese Hinrichtungen nach einem geordneten Verfahren, auf Grund einer bestimmten Täterschaft – einer bestimmten Tätigkeit – dieser Personen geschehen ist [sind], also dass die Personen nicht willkürlich erschossen worden sind, sondern nach eingehenden Einzelverfahren [zur Feststellung ihrer Schuld]."[691]

Ohne ein „ordentliches Gerichtsverfahren" seien während seiner Dienstzeit „weder Einzel- noch Massenerschießungen durchgeführt worden", versicherte er dem US Military Tribunal II in Nürnberg.[692] Im Hinblick auf die Rechtmäßigkeit der während seiner Dienstzeit von den Teilkommandos/Außenstellen durchgeführten Exekutionen rekurrierte Biberstein im Kreuzverhör wiederholt auf die ausdrücklichen Weisungen des Befehlshabers des Heeresgebietes Don, welche der Bevölkerung in regelmäßigen Zeitabständen durch Plakate und durch wiederholte Drahtfunkmeldungen bekanntgegeben worden seien. Zu jener Verfahrensweise, die bei allen Einsatzgruppen und Kommandos üblich war, führte Ohlendorf aus:

> „Da waren ganz klare Anordnungen der Armee bzw. der Heeresgruppe, die überall bekanntgegeben und plakatiert wurden, also in denen z. B. solche Vergehen aufgezeigt waren mit der Androhung, dass, wer dagegen verstößt, öffentlich gehängt wird."[693]

---

690 Ebd., S. 2853-2854.
691 Ebd., S. 2894.
692 Ebd., S. 2845.
693 Zeugeneinvernahme Ohlendorf, StAN, Rep. 501, KV-Prozesse, Fall 9, A 9-11, S. 727.

Im Hinblick auf das Prozedere der „Gerichtsverfahren" führte Biberstein vor dem US Military Tribunal II in Nürnberg aus, dass er sich voll und ganz auf die „Korrektheit und Gewissenhaftigkeit seiner Beamten" habe verlassen können, denn schließlich hätten die Führer der Exekutionskommandos ja gewusst, „was diesen Dingen zu Grunde lag." Demzufolge hätten sie auch „nichts Unrechtes" getan.[694]

> „Ich meine, sie [die Führer des Erschießungskommandos] wussten ja, was sie taten, und diese Urteilssprüche und diese Exekutionen beruhten auf verbrecherischen Taten dieser [verurteilten] Männer. Es war nichts Unrechtes, was von ihnen [den Führern des Erschießungskommandos] gefordert wurde."[695]

Während seiner Inhaftierung in der zum Nürnberger Justizpalast gehörenden Haftanstalt wurde Biberstein durch den Zivilermittler Rolf Wartenberg am 29. Juni 1947 im Hinblick auf die während seiner Dienstzeit von den Teilkommandos durchgeführten 2.000 bis 3.000 Exekutionen befragt, die er in der Weise rechtfertigte, dass jene Hinrichtungen ja nicht einmal von den Männern seines Kommandos ausgeführt worden seien, sondern von dem russischen „Hilfspersonal", d. h. von Kollaborateuren, die sich „dafür hergegeben" hätten.[696]

> „Wir hatten russische Leute, die sich dafür hergegeben haben. Nun wurden die Leute [Verdächtigen] ergriffen, die Sachen festgestellt und diese Geschichten wurden nun von einer Kommission geprüft. Es wurden Vernehmungen getätigt, wo die einzelne Straftat festgestellt wurde und entschieden, was darauf steht.
>
> Wenn derselbe nun zum Tode verurteilt war, dann wurden sie gesammelt, bis eine gewisse Anzahl vorhanden war. Ca. 50-60 Mann. Die wurden dann in den [Gas-]Wagen gebracht."[697]

Während des Beweisaufnahmeverfahrens in dem Prozess vor dem US Military Tribunal II in Nürnberg tätigte Biberstein am 21. November 1947 zu der „damals bestehenden Verfahrensordnung" weitere Angaben, die die Rechtswidrigkeit der so bezeichneten „Gerichtsverfahren" nur allzu deutlich werden lassen.

> „Die Verfahren liefen bei der russischen Hilfspolizei an, die alle Vernehmungen der Täter und Zeugen schriftlich durchführte und bei Vorliegen einer Täterschaft oder Beteiligung den Häftling nebst den Akten [d. h. allen schriftlichen Unterlagen sowie den Verneh-

---

[694] Zeugeneinvernahme Biberstein, StAN, Rep. 501, KV-Prozesse, Fall 9, A 34-35, S. 2884.

[695] Ebd.

[696] Zur Einbindung ukrainischer Kollaborateure bei der Ermordung der ukrainischen Juden exemplarisch: DIETER POHL: Ukrainische Hilfskräfte beim Mord an den Juden, in: GERHARD PAUL (Hrsg.): Die Täter der Shoah. Fanatische Nationalsozialisten oder ganz normale Deutsche? (Dachauer Symposien zur Zeitgeschichte; 2), Göttingen 2002, S. 205-234.

[697] Personal Data Sheet, Ernst Biberstein, Office of the U. S. Chief of Counsel/ Subsequent Proceedings Division, p. 1-3, Anlagen zu Interrogation Nr. 1499-A, Zeugeneinvernahme des Ernst Emil Heinrich Biberstein durch Mr. Wartenberg am 29. Juni 1947, 10.00-11.15 Uhr auf Veranlassung von Mr. Walton und Glancy, Staatsarchiv Nürnberg (StAN), Rep. 502, KV-Anklage, Interrogations, B-75, S. 1-16, hier S. 10.

mungsprotokollen] an das jeweilige Teilkommando [über die Standortkommandantur an das jeweilige Teilkommando] abgab.

Der Häftling kam in ein Gefängnis[698] unter Abnahme aller Gegenstände, die sie bei sich hatten, wie das allgemein in allen Gefängnissen, auch bei Gerichtsverfahren in Deutschland üblich ist. Die Gegenstände wurden verwahrt.[699]

Dann setzte das Untersuchungsverfahren ein durch die Männer des Kommandos [und danach] die Urteilsfindung [in einer Sitzung mit dem Leiter der Abteilung IV, dem Untersuchungsführer und dem jeweiligen Führer des Teilkommandos], und von Zeit zu Zeit – je nach Vorliegen der Täterschaft – die Exekution. Ich bemerke, dass auch Gefängnisstrafen verhängt wurden.

Nach der Vollstreckung der Todesurteile wurde das persönliche Vermögen der Betreffenden [soweit ein solches vorhanden war] zu Gunsten des Reiches eingezogen, wie dies auch bei Todesstrafen sonst üblich ist aufgrund solcher Verbrechen."[700]

Im Hinblick auf das Untersuchungsverfahren, den jeweiligen Urteilspruch und die durchgeführte Exekution bestand strenge Dokumentationspflicht in der Weise, dass die Berichte nach speziellen formalen Vorgaben von dem Führer der jeweiligen Teilkommandos/Außenstellen in einem so bezeichneten „Formularbuch" zu erstellen waren, wie Heydrich es bereits *vor* Beginn des Russlandfeldzuges festgelegt hatte in dem *Merkblatt für die Führer der Einsatzgruppen und -kommandos der Sicherheitspolizei und des SD für den Einsatz „Barbarossa"*. Dort ist unter Punkt 8 die nachfolgende Weisung im Hinblick auf die „Festnahmen"[701] gegeben:

„Bei jeder Festnahme ist ein Formular der ausgegebenen Formularbücher „Festnahmen" mit 2 Durchschriften auszufüllen. Die Urschrift und die 1. Durchschrift sind auf schnellstem Wege dem Führer des Einsatzkommandos zuzuleiten; dieser hat die Urschrift auf schnellstem Wege der Einsatzgruppe [dem Leiter der Einsatzgruppe] zuzuleiten.

Die Durchschrift bleibt beim Einsatzkommando, die 2. Durchschrift bleibt im Formularbuch, das nach Verbrauch an den Führer des Einsatzkommandos abzugeben ist."[702]

Im Nürnberger Einsatzgruppenprozess wurde im Zusammenhang mit der behaupteten Rechtmäßigkeit der „Gerichtsverfahren" und der Exekutionen verschiedent-

---

698 Ein Gefängnis für derartige Fälle gab es zu jenem Zeitpunkt nur in Rostow.

699 Auch jene Vorschrift war von Heydrich bereits vor Beginn des Russlandfeldzuges geregelt: *Merkblatt für die Führer der Einsatzgruppen und -kommandos der Sicherheitspolizei und des SD für den Einsatz „Barbarossa"*, RGVA, 500-1-25 und USHHMA, RG11.001M (Osobyi Archiv[(Moscow] records), abgedruckt in: ANDREJ ANGRICK/ KLAUS-MICHAEL MALLMANN/ JÜRGEN MATTHÄUS/ MARTIN CÜPPERS (Hrsg.), Besatzungsherrschaft, S. 30.

700 Zeugeneinvernahme Biberstein, StAN, Rep. 501, KV-Prozesse, Fall 9, A 34-35, S. 2830 und A 36-38, S. 3032.

701 Aus taktischen Gründen verwandte Heydrich *vor* Beginn des „Barbarossa-Einsatzes" die euphemistische Formulierung „Festnahmen".

702 *Merkblatt für die Führer der Einsatzgruppen und -kommandos der Sicherheitspolizei und des SD für den Einsatz „Barbarossa"*, RGVA, 500-1-25 und USHHMA, RG11.001M (Osobyi Archiv[(Moscow] records), abgedruckt in: ANDREJ ANGRICK/ KLAUS-MICHAEL MALLMANN/ JÜRGEN MATTHÄUS/ MARTIN CÜPPERS (Hrsg.), Besatzungsherrschaft, S. 30.

lich auf die Verwendung jener „Formularbücher" hingewiesen, ebenso auf die Tatsache, dass aufgrund des Kriegsgerichtsbarkeitserlasses vom 13. Mai 1941 in den besetzten Ostgebieten Strafverfahren gegen die Zivilbevölkerung vor einem ordentlichen *Militärgericht* von vorneherein ausgeschlossen gewesen seien, mit der Folge, das in den von Biberstein so bezeichneten „Gerichtsverfahren" weder ein Strafverteidiger als Rechtsorgan zulässig war noch ein Rechtsmittel gegen das verhängte „Urteil" eingelegt werden konnte.[703] Auch wenn Biberstein darlegte, dass neben Exekutionen auch Gefängnisstrafen verhängt worden seien, so bleibt dennoch der Straftatbestand bestehen, dass die Opfer der verfassungswidrigen Jurisdiktionsgewalt[704] des jeweiligen Teilkommandoführers ausgesetzt waren und damit dessen jeweiligem Interpretations- und Ermessensspielraum. In diesem Zusammenhang sei nochmals auf die Einbindung der Einsatzgruppen in die Wehrmachtstrukturen verwiesen. So war die für das Einsatzkommando zuständige Armee im Hinblick auf die Durchführung der Exekutionen verpflichtet, jeweils ihre gesamte logistische Unterstützung zur Verfügung stellte, etwa Lastwagen für den Abtransport der zu Exekutierenden sowie Kraftfahrer, Benzin oder Feldgendarmerien zum Absperren der Exekutionsstätte im Umkreis von 60 km Durchmesser u. ä.[705]

Um der Frage nachzugehen, welche Personen im Gruppenstab des Einsatzkommandos 6 (EK 6) und in den jeweiligen Teilkommandos/Außenstellen aufgrund ihrer Stellung die behauptete Berechtigung besaßen, strafrechtlich relevante Untersuchungen durchzuführen, „Gerichtsurteile" auszusprechen und Exekutionen zu befehlen, ist zunächst ein Blick auf die Zusammensetzung und Personalstruktur des Einsatzkommandos 6 (EK 6) zu werfen, das eine Personalstärke von ungefähr 150 Mann aufwies, inklusive des Schreib- und Küchenpersonals.

Das Kommando selbst setzte sich zusammen aus dem Gruppenstab und den vier Teilkommandos/Außenstellen. Im Hauptquartier, d. h. im Gruppenstab mit Sitz in Rostow, gab es fünf Offiziere, die aufgrund ihres Offiziersranges die Funktion eines Führers besaßen: zunächst Biberstein als Einsatzkommandoführer sowie sein Stellvertreter, der SS-Hauptsturmführer Heidelberger, sodann der Leiter des Amtes I/II sowie jene der Ämter III und IV. Die Teilkommandos/Außenstellen Šachty und Nowotscherkassk sowie das Teilkommando in der Sowchose wurden ebenfalls jeweils von einem Offizier geführt. Der Führer des Teilkommandos Rostow war identisch mit dem Leiter der Abteilung IV, dem SS-Sturmbannführer Joachim Nehring.

---

[703] Zeugeneinvernahme Biberstein, StAN, Rep. 501, KV-Prozesse, Fall 9, A 36-38, S. 3034.

[704] Jene „Gerichtsverfahren" verstießen gegen die Weimarer Reichsverfassung, Art. 103 und 105. Die ordentliche Gerichtsbarkeit wird durch das Reichsgericht und durch die Gerichte der Länder ausgeübt, WRV, Art. 103. Ausnahmegerichte sind unstatthaft. Niemand darf seinem gesetzlichen Richter entzogen werden, WRV Art. 105.

[705] Zeugeneinvernahme Ohlendorf, StAN, Rep. 501, KV-Prozesse, Fall 9, A 6-8, S. 608.

Alle Offiziere besaßen entweder den Rang eines SS-Sturmbannführers wie Biberstein (entsprechend dem Majorsrang in der Wehrmacht) oder aber den darunter liegenden Rang eines SS-Hauptsturmführers wie Bibersteins Stellvertreter Heidelberger (entsprechend dem Rang eines Hauptmannes in der Wehrmacht). Dem Teilkommando Taganrog hingegen stand kein Offizier vor, sondern lediglich ein Unterführer im Range eines SS-Sturmscharführers (vergleichbar dem Stabsfeldwebel in der Wehrmacht). Jedoch ausschließlich Biberstein und der Leiter des Amtes IV, der SS-Hauptsturmführer Nehring sowie die Führer der drei Teilkommandos/Außenstellen Nowotscherkassk, Šachty sowie das Teilkommando in der Sowchose besaßen die Befugnis, „Gerichtsurteile" zu fällen und Exekutionsbefehle zu erteilen.[706] Hingegen wurden für die *Durchführung* der Hinrichtungen alle Männer der Teilkommandos/Außenstellen abkommandiert, mit Ausnahme des Küchenpersonals und der Verwaltung.[707]

Biberstein legte großen Wert darauf, gegenüber dem US Military Tribunal II in Nürnberg in selbstrechtfertigender Manier zu betonen, dass er zwar als Führer eines Einsatzkommandos offiziell die Befugnis besaß, Urteile zu fällen und Exekutionen anzuordnen, dass er von jenem Recht jedoch nie Gebrauch gemacht habe, da er von seinem Dienstvorgesetzten, dem SS-Gruppenführer und Generalleutnant der Polizei Dr. Thomas, ausdrücklich von jener Aufgabe entbunden worden sei.

Bibersteins Berufung auf die verfassungsrechtlichen Prinzipien des „nationalsozialistischen völkischen Führerstaates"

Sämtliche während seiner Dienstzeit ausgeführten Verbrechen versuchte Biberstein vor dem US-amerikanischen Militärtribunal wiederholt und beharrlich in der spezifisch nationalsozialistischen Diktion der „SS-Weltanschauungsbürokratie" (Hans Mommsen[708]) zu legitimieren, indem er auf das Unterstellungsverhältnis zur Wehrmacht verwies und zudem ausführte, dass es sich bei den Exekutierten ausschließlich um Personen gehandelt habe, denen ein Verbrechen nachgewiesen werden konnte. Demzufolge seien sämtliche Fälle „ordnungsgemäß nach der damaligen Ordnung" abgewickelt worden.[709] Mit der Formulierung „nach der damaligen Ordnung" rekurrierten Biberstein ebenso wie seine Mitangeklagten auf die veränderten verfassungsrechtlichen Prinzipien des „nationalsozialistischen völkischen Führerstaates". Wie jenes verfassungsrechtliche Prinzip zu verstehen sei, hatte der Verwaltungsjurist und SS-Brigadeführer Dr. iur. Werner Best, der damalige Chef des Amtes I im Reichssicherheitshauptamt (RSHA), in der Weise de-

---

706 Zeugeneinvernahme Biberstein, StAN, Rep. 501, KV-Prozesse, Fall 9, A 36-38, S. 3026

707 Ebd., S. 3027.

708 HANS MOMMSEN: Forschungskontroversen zum Nationalsozialismus, in: Aus Politik und Zeitgeschichte 14/15 (2007).

709 Zeugeneinvernahme Biberstein, StAN, Rep. 501, KV-Prozesse, Fall 9, A 34-35, S. 2892.

finiert, dass „im völkischen Führerstaat alle staatliche Tätigkeit *nicht als Vollzug verfassungsmäßiger Gesetze* [aufgefasst werde], sondern als die Ausübung *notwendiger Funktionen des Volksorganismus*'." [Kursivdruck vom Verf.].[710] In jener Rechtsauffassung des typischen „Maßnahmenstaates" (Fraenkel), die von Biberstein ebenso wie von seinen Mitangeklagten vertreten wurde, verdeutlicht sich die Verschiebung der Koordinaten in dem bisher geltenden Wertesystem als Konsequenz der Suspendierung aller rechtsstaatlichen Normen im „nationalsozialistischen völkischen Führerstaat". Das hatte zur Konsequenz, dass jegliche Befehlsgebung im Vernichtungsfeldzug gegen die Sowjetunion nicht mehr rechtstheoretisch, sondern jeweils mit weltanschaulich-politischen Zweckmäßigkeiten begründet und zur Tarnung der Rechtswidrigkeit jeweils in Befehle in *Dienst*sachen gekleidet wurde.

Wie mehrfach erwähnt, wurde der „Führerwille" im wirtschaftspolitisch und rassenideologisch begründeten Vernichtungskrieg gegen die Sowjetunion von Hitler in dessen Funktion als *Oberbefehlshaber der Wehrmacht* den einzelnen Oberkommandostellen der Wehrmacht (OKW, OKH, OKM und OKL) in Form von *weltanschaulich* begründeten Rahmenbefehlen übermittelt, die diese dann ihrerseits den militärischen und wirtschaftspolitischen Gegebenheiten vor Ort anzupassen und auszulegen wussten und den nachgeordneten Dienststellen weitergaben, so auch dem Befehlshaber des Heeresgebietes Don. Auf dessen Weisungen rekurrierte Biberstein, wenn er sich vor dem US Military Tribunal II in Nürnberg zu den 2.000 bis 3.000 Exekutionen äußerte, die während seiner Dienstzeit von den Führern der Teilkommandos/Außenstellen ausgeführt worden waren, für die er – wie er eingestehen musste – als *Führer* des Einsatzkommandos 6 (EK 6) jedoch die Gesamtverantwortung trug. Dass jene von Biberstein so bezeichneten „geordneten polizeilichen Strafverfahren" nichts weiter beinhalteten als einfache Befragungen durch „eine deutsche Kommission", die gemäß vorgeschriebener „Verbrechenskategorien" das Strafmaß festsetzte, hatte Biberstein während seiner Dienstzeit als Kommandoführer des Einsatzkommandos 6 (EK 6) offensichtlich für Rechtens erachtet und nicht hinterfragt, zumal jenes Verfahren ja von seinem Vorgänger Robert Mohr, einem „Volljuristen", eingeführt worden sei,[711] wie er zu seiner Entlastung auszuführen meinte.

---

[710] *Der Aufbau der Sicherheitspolizei und des SD einschließlich des Reichssicherheitshauptamtes unter besonderer Berücksichtigung der Stellung und der Aufgaben der Inspekteure der Sicherheitspolizei und des SD.* Vortrag des Verwaltungsjuristen und SS-Brigadeführer Dr. iur. Werner Best, Chef des Amtes I im Reichssicherheitshauptamt (RSHA), gehalten am 29. Januar 1940 in Berlin anlässlich der Arbeitstagung der Höheren SS- und Polizeiführer (HSSPF) sowie der Inspekteure der Sicherheitspolizei, BArch., R 58/ 243, fol. 244-248 (V+R), hier fol. 244 (R).

[711] Personal Data Sheet, Ernst Biberstein, Office of the U. S. Chief of Counsel/ Subsequent Proceedings Division, p. 1-3, Anlagen zu Interrogation Nr. 1499-A, Zeugeneinvernahme des Ernst Emil Heinrich Biberstein durch Mr. Wartenberg am 29. Juni 1947, 10.00-11.15 Uhr auf Veranlassung

Selbst während des US-amerikanischen Militärgerichtsverfahrens war weder ihm noch den Mitangeklagten zu vermitteln, dass das Vorgehen der Einsatzgruppen und –kommandos auf zutiefst völkerrechtswidrigen Befehlen und Weisungen beruht hatte, die zwar mit den verfassungsrechtlichen Prinzipien des sich selbst so bezeichnenden „nationalsozialistischen völkischen Führerstaates" scheinlegitimierend begründet wurden, dass jedoch die *Ausführung* jener Befehle und Weisungen allen gültigen Rechtsnormen entgegengestanden hatte.

Zudem ist festzuhalten, dass die von der deutschen Besatzungsmacht eingesetzten „Hilfspolizisten" zu den einheimischen Kollaborateuren gerechnet werden müssen, die – sofern es sich bei den von ihnen Beschuldigten um ehemalige Anhänger oder Sympathisanten Stalins oder gar um NKWD-Mitarbeiter gehandelt hatte – nicht frei von entsprechenden Rachegefühlen waren. In Selbstrechtfertigung führte Biberstein dazu aus:

> „1. waren es Russen, die zumeist die Anzeige gegen die Täter erstatteten,
> 2. waren es Russen, die die einzelnen Vorgänge vorbearbeiteten, bevor sie an das Kommando kamen.
> 3. Die russische Zivilbevölkerung war in dieser Beziehung ganz anderes gewöhnt.
> Ich hörte durch den Dolmetscher, dass ein Russe im Hinblick auf die Tätigkeit des Kommandos folgendes sagte: ‚Deutschland wird den Krieg nie gewinnen, da die Deutschen nicht hart genug sind'."[712]

Das US Military Tribunal II in Nürnberg verwies darauf, dass jedem Wehrmachtsangehörigen – und somit auch den im Einsatzgruppenprozess Angeklagten – die *10 Gebote für die Kriegsführung des deutschen Soldaten* bekannt sein dürften. Die für den Nürnberger Einsatzgruppenprozess relevanten Textpassagen lauteten:

> 3. Es darf kein Gegner getötet werden, der sich ergibt, auch nicht der Freischärler und der Spion. Diese erhalten ihre gerechte Strafe durch die [Militär-]Gerichte.
> 7. Die Zivilbevölkerung ist unverletzlich.[713]

Bis 1941 hatte jedes Soldbuch jenes Merkblatt enthalten, das sich in einer Falttasche auf der Innenseite des rückwärtigen Einbandes befand. Mit Inkrafttreten des Militärgerichtsbarkeitserlasses vom 13. Mai 1941 jedoch wurden die *10 Gebote für die Kriegsführung des deutschen Soldaten* ausgehebelt in der Weise, dass während des Russlandfeldzuges weder die Verbrechen der Einsatzgruppen und der Polizeibataillone Himmlers noch jene der Wehrmacht strafrechtlich geahndet wurden.

---

von Mr. Walton und Glancy, Staatsarchiv Nürnberg (StAN), Rep. 502, KV-Anklage, Interrogations, B-75, S. 1-16, hier S. 10. Zeugeneinvernahme Biberstein, StAN, Rep. 501, KV-Prozesse, Fall 9, A 34-35, S. 2884.

712 Ebd., S. 2902-2903.

713 Die 10 Gebote für die Kriegsführung des deutschen Soldaten, abgedruckt in: JÖRG ECHTERNKAMP: Die 101 wichtigsten Fragen. Der Zweite Weltkrieg, München 2010, S. 52f.

5.6 Rückzug des Einsatzkommandos im Februar 1943

Zwei Monate nach Bibersteins Übernahme des Einsatzkommandos 6 (EK 6) veränderte sich die militärische Lage auch für Rostow dramatisch infolge der Schlacht um Stalingrad, dem heutigen Wolgograd, und zwar aufgrund der bereits erwähnten sowjetischen Gegenoffensive.[714] Am frühen Morgen des 19. November 1942 hatte die sowjetische *Operation Uranus* mit der Einkesselung Stalingrads begonnen. Letztendlich wurden dann ab dem 10. Januar 1943 mit der *Operation Kolzo* die Reste der 6. Armee aufgerieben. Biberstein schilderte dem US Military Tribunal II in Nürnberg die bedrohliche Lage des Gebietes um Rostow, das nur knapp 400 km Luftlinie von Stalingrad entfernt ist, wie folgt:

> „Rostow wurde mehr und mehr das nächste Ziel der Roten Armee. Schon während des Kampfes um Stalingrad [ab August 1942] fühlten kleine Einheiten des Russen nach Rostow vor.
>
> Bereits im Dezember [1942] versuchten sie im Süden und Norden durch Panzervorstöße überfallartig die Stadt zurückzugewinnen. Die Lage war militärisch gesehen, vor allen Dingen nach dem Fall von Stalingrad, sehr schlecht und äußerst ernst. Es wurde damals allgemein mit einer Rundum-Verteidigung von Rostow gerechnet.“[715]

Nach Bibersteins Einschätzung hinsichtlich der dramatischen militärischen Lage in Stalingrad wurden die rumänischen Armeen, welche die 6. Armee unter Generalfeldmarschall Paulus auf beiden Flügeln unterstützt hatten, als erste durch die sowjetischen Panzerangriffe aufgerieben, sodass viele Rumänen die Flucht ergriffen.[716]

> „Durch die ungeordnete, disziplinlose Flucht der Rumänen entstand allenthalben im Heeresgebiet [Don] Unruhe und Verwirrung, Plünderung, Vergewaltigung und Totschlag durch die flüchtenden, marodierenden Rumänen. Dadurch war es den unterirdischen Hetzern [Widerstandskämpfern] leicht möglich, die Bevölkerung zu Verbrechen gegen die deutschen Truppen zu gewinnen, in deren Folge ja die Rumänen gekommen waren.
>
> Viel akuter war die Gefahr, dass die Zivilbevölkerung sich der Waffen bemächtigte, die von den Rumänen weggeworfen wurden. Man konnte damals an irgendwelchen Straßenecken zurückgelassene Geschütze sogar sich aneignen. Auch verkauften die Rumänen weithin ihre Waffen gegen Esswaren, Tabak und Schnaps nicht nur an deutsche Soldaten, sondern nachweislich auch an die russische Zivilbevölkerung.“[717]

Intensivierung der Exekutivtätigkeit aufgrund der militärischen Lage

Wegen jener „Unruhen“ in der Zivilbevölkerung – hervorgerufen durch die „ungeordnete, disziplinlose Flucht der Rumänen“ seien viele Gerichtsverfahren und Hin-

[714] Zeugeneinvernahme Biberstein, StAN, Rep. 501, KV-Prozesse, Fall 9, A 34-35, S. 2856.
[715] Ebd.
[716] Ebd.
[717] Ebd., S. 2856-2857.

richtungen notwendig gewesen, begründete Biberstein vor dem US Military Tribunal II in Nürnberg einen Großteil der durchgeführten Exekutionen. Wahrscheinlicher erscheint jedoch, dass mit dem Rückzug der Wehrmacht auch die restlichen in NS-Diktion so bezeichneten „Arbeitsjuden" ermordet wurden, um keine Zeugen zurückzulassen. Um dennoch die vermeintliche Notwendigkeit der gehäuften Exekutionen vor dem US Military Tribunal II zu rechtfertigen, griff Biberstein auf ein bekanntes NS-Feindbild zurück, und zwar das von dem „bolschewistisch-asiatischen Untermenschentum" im Gegensatz zu dem „arischen Herrenmenschentum", d. h. von der als „minderwertig" und „tierisch" eingestuften slawischen Rasse:

> „Schließlich gehörte dieses ganze Gebiet um Rostow nicht mehr zur Ukraine im eigentlichen Sinne, sondern hier begann bereits Asien spürbar zu werden mit seiner für Menschen der westlichen Kultur unvorstellbaren Brutalität und Grausamkeit."[718]

Jener antislawistische Rassismus bildete nicht nur bei den Einsatzgruppen eine entscheidende Handlungsgrundlage für die Weitergabe und Umsetzung verbrecherischer Befehle, sondern gleichermaßen bei der Wehrmacht, wie die „Parolen des Tages" exemplarisch verdeutlichen, die von der 4. Panzerdivision an das XXXXVII. Panzerkorps ausgegeben worden waren:

> „Gegenüber dem bolschewistischen Untermenschentum gibt es keine Gnade, auch nicht für Weiber und Kinder. Partisanen und Mitwisser an den nächsten Baum!"[719]

Das US Military Tribunal II musste mit Befremden feststellen, wie sehr auch nach dem Ende des „nationalsozialistischen völkischen Führerstaates" jenes dort tradierte Wertesystem bei den Massenmördern internalisiert geblieben war.

Abordnung des Einsatzkommandos 6 zum „Bandeneinsatz" in der West-Ukraine

Aufgrund der misslungenen militärischen Einnahme der strategisch so wichtigen Stadt Stalingrad und der Kapitulation der 6. Armee am 2. Februar 1943 mussten Biberstein und der gesamte Stab des Einsatzkommandos 6 (EK 6) auf Befehl der Wehrmacht die Stadt Rostow bis zum 7. Februar räumen.[720] Das Kommando wurde „nach und nach abgeordnet und zwar zum Bandeneinsatz. Der Rest wurde am 16. Juni 1943 nach Kiew abgesetzt."[721] Damit sei die „sicherheitspolizeiliche

---

[718] Ebd., S. 2857f.

[719] *„Parolen des Tages" vom 18.1./14.2.1942*, 4. Panzerdivision an das XXXXVII. Armeekorps, Anlage zum Schreiben vom 20.3.1942, BArch-MA, RH 24-47/113.

[720] Eine Woche später, am 14.2.1943, wurde Rostow von der Roten Armee rückerobert.

[721] Personal Data Sheet, Ernst Biberstein, Office of the U. S. Chief of Counsel/ Subsequent Proceedings Division, p. 1-3, Anlagen zu Interrogation Nr. 1499-A, Zeugeneinvernahme des Ernst Emil Heinrich Biberstein durch Mr. Wartenberg am 29. Juni 1947, 10.00-11.15 Uhr auf Veranlassung von Mr. Walton und Glancy, Staatsarchiv Nürnberg (StAN), Rep. 502, KV-Anklage, Interrogations, B-75, S. 1-16, hier S. 6.

Aufgabe" des Einsatzkommandos 6 (EK 6) beendet gewesen, erläuterte Biberstein dem US Military Tribunal II in Nürnberg.

> „Auf Anordnung der Wehrmacht wurde der Tross und das Gros des Kommandos weit nach dem Hinterland verlegt. Also in ein Gebiet, in dem bereits die Zivilverwaltung war. Nur der Stab mit einigen Beamten blieb in Taganrog, um sich jeweils der in Taganrog liegenden Division zur Verfügung zu halten. Die einzelnen [Teil-]Kommandos lagen also in Ruhe und wurden von Dr. Thomas nach und nach abgerufen für die Zwecke der Bandenbekämpfung um Kiew."[722]

Da das 75 km westlich von Rostow liegende Taganrog nach der verlorenen Schlacht von Stalingrad und der Rückwärtsbewegung der Wehrmacht nunmehr zum Gefechtsgebiet und der dort verbliebene Rest des EK 6 somit als Kampftruppen *vollständig* der Wehrmacht unterstellt wurde,[723] war Bibersteins Auftrag im Grunde bereits am 3. Februar 1943 beendet. Daher fuhr er Anfang April zunächst zu einer von dem Chef der Einsatzgruppe C angesetzten Tagung in Kiew. Im Anschluss daran reiste er zu einem vierwöchigen Urlaub in das Reichsgebiet und verlängerte diesen Aufenthalt dadurch, dass er sich fernschriftlich vom Reich aus von Dr. Thomas in Kiew die Genehmigung erteilen ließ, an einer Tagung in Berlin teilzunehmen. Daher war Biberstein von Anfang April bis etwa zum 20./22. Mai 1943 von Russland abwesend.[724]

6 Bibersteins Ausscheiden aus den Diensten des SD

Unmittelbar nach seiner Rückkehr aus Berlin fand Biberstein in Taganrog nunmehr die Beantwortung seines Antrages vom 9. November 1942 an das Reichssicherheitshauptamt (RSHA) vor bezüglich der „Rückführung in die allgemeine und innere Verwaltung" sowie seiner „endgültigen Entlassung aus den Diensten des SD". Jener Bescheid des Reichssicherheitshauptamtes (RSHA) war auf den 4. Februar 1943 datiert und trug die Unterschrift des damaligen Amtschefs I (Personal), SS-Brigadeführers Schulz i.V.[725] Bedingt durch die militärische Lage und der damit verbundenen „geordneten Rückwärtsbewegung" des Einsatzkommandos und des Gruppenstabes war der Bescheid knapp vier Monate unterwegs gewesen, bis er endlich Biberstein am 21. Mai 1943 an dessen neuem Standort Taganrog erreicht hatte.[726] Das Schreiben wies den nachfolgenden Wortlaut auf:

[722] Zeugeneinvernahme Biberstein, StAN, Rep. 501, KV-Prozesse, Fall 9, A 34-35, S. 2904.

[723] Ebd., A 36-38, S. 3036.

[724] Ebd., A 34-35, A 34-35, S. 2905.

[725] Ebd., S. 2904 sowie B. d. S., I D – 3250/43, Vernehmungsniederschrift vom 19.6.1943, S. 2, BArch (ehem. BDC), SSO, Biberstein, Ernst, 15.2.1899. Erwin Schulz war Mitangeklagter Bibersteins. Er hatte von Juni bis August 1941 das Einsatzkommando 5 (EK 5) der Einsatzgruppe C geleitet.

[726] Zeugeneinvernahme Biberstein, StAN, Rep. 501, KV-Prozesse, Fall 9, A 34-35, S. 2903-2904 sowie BArch (ehem. BDC), SSO, Biberstein, Ernst, 15.2.1899.

„Ich bin bereit, Sie für eine Verwendung im Dienst der *allgemeinen und inneren Verwaltung* freizugeben und stelle anheim, wegen Ihrer Übernahme, *die bereits von hier aus in die Wege geleitet ist*, mit dem Reichsministerium des Innern in Verbindung zu treten." [Kursivdruck vom Verf.].[727]

Aufgrund jenes Bescheides hatte Biberstein künftig den Status eines *Beamten auf Lebenszeit im Reichsministerium des Innern* und war damit offiziell aus den Diensten der Sicherheitspolizei und des SD ausgeschieden, d. h. er stand nicht mehr zur „ausschließlichen Verfügung" Heydrichs, bzw. – da jener bereits am 4. Juni 1942 verstorben war – zur völligen Inanspruchnahme seitens des Reichssicherheitshauptamtes (RSHA).

6.1 Untersuchungsverfahren wegen des Verdachts des „passiven militärischen Ungehorsams"

Dessen ungeachtet konnte Biberstein erst knapp zehn Monate nach Dienstantritt, d. h. Ende Juni 1943, Russland verlassen und nach Deutschland zurückkehren.[728] Der Grund war ein durch SS-Brigadeführer Dr. Thomas am 11. Juni 1943 eingeleitetes „Untersuchungsverfahren [...] mit dem Ziel der Feststellung, ob SS-Sturmbannführer Biberstein sich des Ungehorsams schuldig gemacht" habe.[729] Jene Ermittlungssache sollte den Erweis erbringen, ob gegen Biberstein ein Disziplinarverfahren wegen „militärischen Ungehorsams gemäß § 92 des Militär-Strafgesetzbuches" eingeleitet werden sollte.

Da jenes Untersuchungsverfahren den sehr langen Zeitraum von Mai 1943 bis Februar 1944 in Anspruch nahm und zudem als *geheime Disziplinar-Akte I D – 3250/43* den größten Teil der SS-Personalakte ausfüllte – d. h. 103 von insgesamt 136 Seiten –, soll auf die Hintergründe zu jenem Ermittlungsverfahren näher eingegangen werden, nicht zuletzt, um darzulegen, dass Biberstein durchaus kein „williger Vollstrecker" (Daniel Goldhagen) war, der unkritisch und unreflektiert die Befehle seines Vorgesetzten auszuführen pflegte, wie das US Military Tribunal

[727] B. d. S., I D – 3250/43, Vernehmungsniederschrift vom 19.6.1943, S. 1-4, hier S. 2, BArch (ehem. BDC), SSO, Biberstein, Ernst, 15.2.1899 sowie Zeugeneinvernahme Biberstein, StAN, Rep. 501, KV-Prozesse, Fall 9, A 34-35, S. 2904.

[728] Zeugeneinvernahme Biberstein, StAN, Rep. 501, KV-Prozesse, Fall 9, A 34-35, S. 2907.

[729] Aktenvermerk des Befehlshabers der Sicherheitspolizei und des SD für die Ukraine vom 26.6.1943, gez. SS-Obersturmbannführer Ehrlinger, BArch (ehem. BDC), SSO, Biberstein, Ernst, 15.2.1899. Erich Ehrlinger war zunächst vom 22. Juni 1941 bis Anfang November 1941 Führer des Sonderkommandos 1b der Einsatzgruppe A unter SS-Brigadeführer und Generalmajor der Polizei Dr. Walter Stahlecker und Kommandeur der Sicherheit und des SD Weißruthenien (KdS Minsk). Im Dezember 1941 wurde er zum Kommandeur der Sicherheitspolizei und des SD in Kiew (KdS Kiew) ernannt und unterstand Dr. Thomas, der am 9. November 1942 vom SS-Brigadeführer zum SS-Gruppenführer befördert worden war. Ernst Klee, Personenlexikon, S. 128.

II in Nürnberg anzunehmen geneigt war, sondern der im Gegenteil die *situativen* Aspekte in seinem Operationsgebiet berücksichtigt wissen wollte. Wie aus den aufgezeichneten Funksprüchen, den dazugehörigen Aktenvermerken und der Vernehmungsniederschrift hervorgeht, hatte sich der Vorgang wie folgt abgespielt:

Nach der verlorenen Schlacht von Stalingrad war der Arbeitsauftrag des Einsatzkommandos 6 (EK 6) aufgrund des Vorrückens der Roten Armee faktisch beendet. Das Kommando, das am 7. Februar 1943 das bisherige Operationsgebiet in der Oblast Rostow räumen musste und in das Reichskommissariat Ukraine (RKU) und dort etwa 1.300 km weit nach Westen verlegt wurde, hatte sich danach lediglich dem SS-Brigadeführer Dr. Thomas auf Abruf zu „Banden-Einsätzen" im Raum Kiew zur Verfügung zu stellen. Lediglich der Gruppenstab verblieb in dem an der Mündungsbucht des Don in das Asowsche Meer gelegenen Taganrog, das etwa 75 km westlich von Rostow liegt. Ebenso bezog eines der drei Teilkommandos seinen Standort in dem nur 200 km westlich von Taganrog gelegenen Berdjansk (ukr. Berdyansk) am Asowschen Meer. Dessen ungeachtet erhielt Biberstein am 23. Mai 1943 per Funk einen Befehl im Auftrag seines Dienstvorgesetzten, dessen Bedeutung ihm offensichtlich unklar war, und zu dessen Klärung er in das knapp 1.000 km entfernte Kiew fuhr.

6.2 Militärrechtliche Begründung des Untersuchungsverfahrens

Biberstein war der Weisung seines Vorgesetzten Dr. Thomas, den gesamten Restbestand des Einsatzkommandos 6 (EK 6) – d. h. den in Taganrog verbliebenen Gruppenstab ebenso wie das in dem 200 km westlich von Taganrog entfernten Berdjansk stationierte Teilkommando – in die West-Ukraine zu einem „Bandeneinsatz" in Marsch zu setzen, aufgrund verschiedener Bedenken mit erheblicher Verzögerung nachgekommen. Die Sachlage stellt sich aufgrund mehrerer in Bibersteins SS-Personalakte dokumentierter Funksprüche wie folgt dar:

Am 23. Mai 1943, einen Tag nach seiner Rückkehr aus Berlin, erhielt Biberstein zwei Funksprüche, die im Auftrag seines Vorgesetzten Dr. Thomas in dessen Funktion als *Befehlshaber der Sicherheitspolizei und des SD für die Ukraine* (BdS Ukraine) verfasst waren und den Befehl enthielten, das gesamte Einsatzkommando 6 (EK 6) in das weit im Westen der West-Ukraine gelegene Kremenez (poln. Krzemieniec)[730] in Marsch zu setzen. Der erste Funkspruch hatte folgenden Wortlaut:

[730] Die Entfernung von Bibersteins damaligem Standort Taganrog zu dem im Westen zwischen Kiew und Lublin gelegene Kremenez (poln. Krzemieniec) beträgt Luftlinie 1.260 km.

„1). Es ist damit zu rechnen, daß das EK 6 *in den nächsten Tagen* aus seinem bisherigen Einsatzraum zurückgezogen und im Gebiete Westukraine eingesetzt werden muß. Weitere Befehle dazu bleiben abzuwarten.
Es ist schon jetzt Vorsorge zu treffen, daß der Abmarsch des EK 6 schnell und reibungslos durchgeführt werden kann.

2). Bisherige Aufgaben des EK 6 sollen vom KdS in Stalino mit eigenen Kräften übernommen werden. Maßnahmen in dieser Hinsicht sind bis zur Abberufung des EK 6 zurückzustellen." [Kursivdruck vom Verf.][731]

Während der erste Funkspruch den Abmarsch des EK 6 für die „nächsten Tage" angeordnete hatte und demzufolge von Biberstein lediglich als „eine allgemeine Ankündigung" verstanden worden war,[732] befahl hingegen der zweite Funkspruch den „sofortigen" Abmarsch des Einsatzkommandos wie folgt:

„Gruppenführer [Dr. Thomas] hat angeordnet:

1). EK 6 hat sich sofort nach Kremieniec in Marsch zu setzen. Nähere Weisungen über Einsatz daselbst erteilt *KdS in Rowno, dem EK 6 bis auf weiteres unterstellt* wird. Zeitpunkt des Abmarsches und Eintreffen sofort durch FT melden.

2). Bisherige Aufgaben des EK 6 übernimmt KdS in Stalino."[733]

Um Bibersteins Gründe für die verspätete Ausführung der von seinem Vorgesetzten Dr. Thomas ergangenen Befehle nachzuvollziehen, ist zunächst anzumerken, dass der um 8.35 Uhr gesendete Funkspruch von der Funkstelle des Einsatzkommandos 6 (EK 6) erst mit sieben Stunden Verspätung aufgenommen werden konnte, d. h. um 15.05 Uhr, und demzufolge Biberstein zusammen mit dem zweiten Funkspruch am Spätnachmittag vorgelegt wurde.[734]

Bibersteins Argumente

Biberstein hatte bereits am Vortag, d. h. am 22. Mai 1943, das auf den 4. Februar 1943 datierte Schreiben des Reichssicherheitshauptamtes (RSHA)[735] erhalten, in dem seinem Antrag auf ein endgültiges Ausscheiden aus den Diensten des SD entsprochen worden war. Gleichzeitig teilte das RSHA ihm mit, dass damit seine

---

[731] Der Befehlshaber der Sicherheitspolizei und des SD für die Ukraine, II A, FS bzw. FT an EK 6 und KdS in Stalino. Befördert durch Funk. Funkspruch Nr. 7041 vom 23.5.1943, 08.35 Uhr. Befördert durch Fs, FS-Nr. 8392 vom 23.5.1943, Betrifft: Einsatz des EK 6, BArch (ehem. BDC), SSO, Biberstein, Ernst, 15.2.1899.

[732] Zeugeneinvernahme Biberstein, StAN, Rep. 501, KV-Prozesse, Fall 9, A 34-35, S. 2905.

[733] Der Befehlshaber der Sicherheitspolizei und des SD für die Ukraine, II A, FS bzw. FT an EK 6 und KdS in Stalino, KdS in Rowno. Befördert durch Funk. Funkspruch Nr. 7049 vom 23.5.1943, 15.28 Uhr, Betrifft: Einsatz EK 6, Vorgang: FT vom 23.5.1943 Nr. 7041 (ohne Rowno), BArch (ehem. BDC), SSO, Biberstein, Ernst, 15.2.1899.

[734] Zeugeneinvernahme Biberstein, StAN, Rep. 501, KV-Prozesse, Fall 9, A 34-35, S. 2905.

[735] B. d. S. I D – 3250/43 Vernehmungsniederschrift vom 19.6.1943, S. 1-4, hier S. 2, BArch (ehem. BDC), SSO, Biberstein, Ernst, 15.2.1899.

Abkommandierung als Führer des Einsatzkommandos 6 (EK 6) faktisch aufgehoben und seine Rückführung in die allgemeine und innere Verwaltung seitens des Reichssicherheitshauptamtes (RSHA) bereits im Februar in die Wege geleitet worden sei. Da sich durch jenes Schreiben für Biberstein hinsichtlich der Befehlsausübung eine neue Situation ergeben hatte, gab er seinem Vorgesetzten am 24. Mai 1943 durch Funkspruch zu bedenken, dass er damals, d. h. im Juli 1942, durch Erlaß des *Reichssicherheitshauptamtes* (RSHA) mit der Führung des EK 6 beauftragt worden sei, und dass demzufolge eine Unterstellung des Einsatzkommandos an den Kommandeur Rowno auch nur mit Zustimmung des *RSHA* erfolgen könne.[736]

Seinen eigenen Aussagen zufolge hatte Biberstein es als seine Pflicht angesehen, seinen Vorgesetzten Dr. Thomas in dessen damaliger Funktion als *Befehlshaber der Sicherheitspolizei und des SD in der Ukraine* über die aktuelle sicherungspolitische Entwicklung in seinem Einsatzgebiet ausführlich zu unterrichten. Demzufolge hatte er acht Minuten zuvor, um 15.50 Uhr, den ersten Funkspruch an seinen Vorgesetzten abgesetzt, in welchem er den Verbleib des Einsatzkommandos 6 (EK 6) an dessen damaligem Standort wie folgt begründete:

> „Anlässlich Abberufung von EK 6 aus bisherigem Arbeitsgebiet, gebe ich pflichtgemäß zur Kenntnis:
>
> Die letzte Entwicklung in Taganrog und Umgebung sowie im gesamten Küstenstreifen am Asowschen Meer bis hin nach Berdjansk läßt erkennen, daß Tätigkeit sowjetischer Agenten erheblich zunimmt. Das äußert sich zum Beispiel in verstärkter Bandenbildung [. . .].
>
> Halte nach wie vor dringend notwendig, gesamten Küstenstreifen Taganrog, Mariupol, Berdjansk, gemäß meinem derzeitigen Vorschlag einer einheitlichen Führung durch ein EK, zwecks Abschirmung vor feindlichen Agenten und gründlicher Verhinderung von Bandenbildung zu unterstellen.
>
> Ob Außenstellen von Kommandeuren mit anderer Schwerpunktbildung [etwa jene in dem knapp 200 km entfernten liegenden Stalino] diese [von Dr. Thomas angeordnete] Aufgabe restlos erfüllen können, erscheint aufgrund meiner Erfahrung und Kenntnis der örtlichen Verhältnisse fraglich.
>
> Wehrmacht legt Wert auf Belassung *eingearbeiteter Kräfte* im gefährdeten Raum." [Kursivdruck vom Verf.].[737]

---

[736] Funkspruch des Einsatzkommandos 6 Nr. 1760 an SS-Sturmbannführer G. Aufgenommen am 24.5.1943, 15.58 Uhr, Dringend! Absender erbittet um sofortige Rückantwort. Betr.: Dortiges FT 7049, (Unterstreichung im Original), BArch (ehem. BDC), SSO, Biberstein, Ernst, 15.2.1899. Aus datenschutzrechtlichen Gründen ist lediglich der Anfangsbuchstabe des SS-Sturmbannführers genannt. Befehlshaber der Sicherheitspolizei und das SD für die Ukraine, Aktenvermerk vom 12. 6.1943, BArch (ehem. BDC), SSO, Biberstein, Ernst, 15.2.1899. B. d. S. I D – 3250/43 Vernehmungsniederschrift vom 19.6.1943, S. 1-4, hier S. 1, BArch (ehem. BDC), SSO, Biberstein, Ernst, 15.2.1899.

[737] Funkspruch des Einsatzkommandos 6 Nr. 1759 vom 24.5.1943 an den SS-Gruppenführer D r. T h o m a s, Einsatzstab B. Aufgenommen 15.50/1659 Uhr. B. Nr. 84/43 g. Rs., [Sperrdruck im Original],

Da Biberstein auf die beiden abgesetzten Funksprüche trotz der von ihm angemahnten Dringlichkeit keine Antwort erhalten hatte, fuhr er zur Klärung des gesamten Sachverhaltes und zu einer persönlichen Berichterstattung nach Kiew, ohne jedoch zuvor eine Dienstreisegenehmigung seines Vorgesetzten eingeholt zu haben. Jene Dienstreise in das knapp 1.000 km entfernte Kiew, deren Hinfahrt wegen der damaligen prekären Verkehrssituation zwei Tage in Anspruch nahm, habe für Biberstein zudem den Sinn gehabt, die Entscheidung des Dr. Thomas hinsichtlich der gesamten Abwicklungsgeschäfte einzuholen. „Beispielsweise mußte geklärt werden, was mit der Kolchose [die von dem in Berdjansk stationierten Teilkommando des EK 6 zu bewirtschaften war] und dem Viehbestand, etwa 100 Pferde, 80 Stück Rindvieh und über 100 Schafe, gemacht werden sollte", gab er am 19. Juni 1943 während seiner Vernehmung zu Protokoll.[738]

Nach Bibersteins Einschätzung war die Verwendung des Restbestandes des Einsatzkommandos 6 (EK 6) in den westukrainischen Gebieten offenbar nur vorüber gedacht. Insofern erschien für ihn eine Rückkehr des Kommandos in das militärische Gefechtsgebiet Taganrog nach erfolgter Beendigung des Einsatzes nicht ausgeschlossen.[739] Die Bedenken Bibersteins hinsichtlich der Bewirtschaftung der Kolchose und der kontinuierlichen Versorgung des recht großen Viehbestandes waren insofern durchaus begründet, als das Einsatzkommando des KdS Rowno mit Standort in dem knapp 200 km entfernten Stalino – dem heutigen Dońezk – diesen zusätzlichen Aufgabenbereich nur schwerlich hätte übernehmen können.

Auskünfte der Kommandantur des BdS an Biberstein

In Kiew erhielt Biberstein jedoch keine Genehmigung zum Vortrag bei seinem Vorgesetzten Dr. Thomas, dem Befehlshaber der Sicherheitspolizei und des SD (BdS) mit der Begründung, dass jener erkrankt sei. Insofern musste er alle Fragen mit den jeweiligen zuständigen Sachbearbeitern klären. Jedoch teilte ihm der SS-Hauptsturmführer G.[740] „im Auftrage des SS-Gruppenführers Dr. Thomas mit, er solle wieder nach Taganrog zurückfahren, das Kommando sofort in Marsch setzen, den Transport dem dienstältesten SS-Führer im Gruppenstab übergeben und anschließend nach Kiew zurückkehren, um [sich] beim Befehlshaber [Dr. Thomas] abzumelden und sodann ins Reich zu fahren."[741]

BArch (ehem. BDC), SSO, Biberstein, Ernst, 15.2.1899. Aus datenschutzrechtlichen Gründen ist lediglich der Anfangsbuchstabe genannt. B. d. S. I D – 3250/43 Vernehmungsniederschrift vom 19.6.1943, S. 1-4, hier S. 2, BArch (ehem. BDC), SSO, Biberstein, Ernst, 15.2.1899.

738 Ebd.

739 Ebd.

740 Aus datenschutzrechtlichen Gründen wurde der Name nur mit dem Anfangsbuchstaben wiedergegeben.

741 B. d. S. I D – 3250/43 Vernehmungsniederschrift vom 19.6.1943, S. 1-4, hier S. 2, BArch (ehem. BDC), SSO, Biberstein, Ernst, 15.2.1899.

So rasch ließ sich Bibersteins Rückkehr „ins Reich" indessen nicht bewerkstelligen, da zuvor verschiedene dienstliche Angelegenheiten pflichtgemäß zu regeln waren. So hatte Biberstein unmittelbar nach seiner Rückkehr aus Kiew zu seinem neuen Dienstort in Taganrog zunächst mit dem Kommandeur in Dnjepropetrowsk[742] wegen der Übernahme verschiedener volksdeutscher Familien in dessen Dienste sowie wegen der Übergabe der Dienstgeschäfte des in Berdjansk stationierten Teilkommandos in Verhandlung zu treten. Des Weiteren war unverzüglich bei der Transportkommandantur in Stalino, dem heutigen Dońezk, die Fahrtnummer für die Bereitstellung einer entsprechend großen Anzahl von Eisenbahnwaggons zu beantragen, die Biberstein für den 16. Juni 1943 genehmigt wurde, sodass der Abtransport des Einsatzkommandos in die West-Ukraine noch am gleichen Tag erfolgen konnte.

6.3 Rechtliche Würdigung der Befehlsverweigerung Bibersteins im Schlussbericht des Untersuchungsbeamten

Da sich infolge der eigenmächtig erfolgten zeitraubenden Dienstreise der Abtransport des Einsatzkommandos in die West-Ukraine erheblich verzögert hatte, war Biberstein demzufolge auf Veranlassung des Dr. Thomas in dessen Funktion als *Befehlshaber des Sicherheitsdienstes und des SD für die Ukraine* (BdS) für den 19. Juni nach Kiew zu einem Untersuchungsverfahren wegen des „Verdachts des passiven militärischen Ungehorsams" einbestellt worden. Da Biberstein in seiner Vernehmung vom 19. Juni 1943 jedoch glaubwürdig versichert hatte, „es habe ihm ferngelegen, den Befehl des SS-Gruppenführers Dr. Thomas vom 23.5.43 nicht zu befolgen bzw. die Inmarschsetzung seines Kommandos hinauszuzögern",[743] und er sich zudem in einem handschriftlich in Sütterlinschrift verfassten Brief bei seinem Vorgesetzten ordnungsgemäß entschuldigt hatte, kam der Untersuchungsbeamte hinsichtlich der rechtlichen Würdigung in dem Schlussbericht vom 21. Juni 1943 zu dem nachfolgenden positiven Ergebnis:

> „Da Biberstein nach alledem den ihm erteilten und ausdrücklich auf sofortige Ausführung lautenden Befehl in fahrlässiger Weise verspätet nachgekommen ist, hat er sich des militärischen Ungehorsams gemäß § 92 MStGB. [Militärstrafgesetzbuch] schuldig gemacht. Es fragt sich jedoch, ob seine Handlungsweise bei Berücksichtigung seines bisherigen Gesamtverhaltens und aller sonstigen mit seinem Ausscheiden aus der Sicherheitspolizei zusammenhängenden Umstände die Einleitung eines SS- und polizeigerichtlichen Strafverfahrens rechtfertigt oder eine dienststrafrechtliche Ahndung ausreichend erscheint.

---

742 Dnjepropetrowsk liegt 420 km nordwestlich, Berdjanks 200 km südwestlich von Taganrog.

743 Der Befehlshaber des Sicherheitsdienstes und des SD für die Ukraine, I D – 3250/43, I D – 3250/43, Kiew den 21.6.1943, g., Btr.: Untersuchung gegen SS-Sturmbannführer B i b e r s t e i n, Kommandeur in Taganrog. Schlussbericht, S. 1-4, hier S. 1, BArch (ehem. BDC), SSO, Biberstein, Ernst, 15.2.1898.

Biberstein hat sich bisher straffrei geführt. Er hat glaubwürdig bekundet, daß er sich während seiner erst zweijährigen Zugehörigkeit zur Sicherheitspolizei stets aufrichtig und eifrig bemüht habe, seine Pflicht in jeder Weise zu erfüllen, und daß es ihm ferngelegen habe, den ihm erteilten Befehl auch nur fahrlässigerweise zu verletzen.

Schließlich ist nicht zu verkennen, daß seine auf Grund seiner ganzen persönlichen Verhältnisse gerade in der letzten Zeit hervortretende Verärgerung auf seine Schaffenskraft und Arbeitsfreude bis zu einem gewissen Grade hemmend wirken mußte, ohne daß er selbst damit fertig wurde und das verhindern konnte. Nach alledem halte ich eine disziplinarische Bestrafung Bibersteins für angemessen und ausreichend. Ich schlage deshalb vor, Biberstein mit 14 Tagen Stubenarrest zu bestrafen.“[744]

Mit dem Hinweis auf die „ganzen persönlichen Verhältnisse“ spielte der Untersuchungsbeamte zum einen zweifellos an auf Bibersteins verständliche „Verärgerung“ hinsichtlich der erfolgten Uk-Stellung, welche die zwangsweise Übernahme eines Exekutionskommandos zur Folge hatte. Zum anderen betraf Bibersteins „Verärgerung“ die verspätete Beantwortung seines Antrages vom 9. November 1942 an das Reichssicherheitshauptamt (RSHA) auf Rückbeorderung und auf die endgültige Entlassung aus dem sicherheitspolizeilichen Dienst des SD, mit der Folge, dass Biberstein mehr als sieben Monate in Rostow zu verbleiben und einen „sicherheitspolitischen Auftrag“ auszuüben hatte, der ihm offensichtlich in seinem Innersten zutiefst zuwider war, wie er wiederholt gegenüber dem US Military Tribunal II in Nürnberg bekundet hatte. So beschrieb er in dem Beweisaufnahmeverfahren vom 25. November 1947 seine damalige Situation mit den nachfolgen Worten:

„Ich [habe] während dieser ganzen Zeit [als Gestapo-Chef in Oppeln und als Führer des Einsatzkommandos 6 (EK 6)] eine ganz unglückselige Stellung gehabt [...], und ich möchte noch einmal bemerken, ob es nicht begreiflich ist, wie ein Mensch mit dieser Vorbildung und mit dieser [theologischen] Ausbildung in solch eine Lage versetzt, sich fühlt. Es war die unglücklichste Zeit meines Lebens.“[745]

Ob aus jenen Worten Bibersteins ein Anflug von Reue zu erkennen ist, oder ob es sich lediglich um ein verteidigungsstrategisches Kalkül gehandelt hat, lässt sich aus den vorliegenden Quellen nicht ermitteln. Möglicherweise gelangte Biberstein zu jener Erkenntnis, weil er aufgrund einer Herzerkrankung drei Tage zuvor während des Gerichtsverfahrens einen Herzanfall erlitten hatte und in das Nürnberger Gefängniskrankenhaus transportiert werden musste.

[744] BArch (ehem. BDC), SSO, Biberstein, Ernst, 15.2.1899, S. 1-4, hier S. 3f.

[745] Zeugeneinvernahme Biberstein, StAN, Rep. 501, KV-Prozesse, Fall 9, A 36-38, S. 3018.

6.4 Die vom Befehlshaber der Sicherheitspolizei und des SD (BdS) verhängte Disziplinarstrafe

Bevor Dr. Thomas die von dem Untersuchungsbeamten vorgeschlagene disziplinarische Bestrafung tatsächlich ausführte, sicherte er sich zuvor juristisch ab mittels einer Nachfrage bei dem für die Ukraine zuständigen Höheren SS- und Polizeiführer, dem SS-Obergruppenführer und General der Waffen-SS und der Polizei Hans-Adolf Prützmann. Diesbezüglich lautete ein Vermerk der Adjutantur des Befehlshabers des Sicherheitsdienstes und des SD für die Ukraine (BdS):

> „Im Untersuchungsverfahren gegen SS-Sturmbannführer B i e b e r s t e i n [sic] wurden vom Untersuchungsführer 14 Tage Stubenarrest vorgeschlagen.
>
> Gruppenführer [Dr. Thomas] bat mich, da es sich bei SS-Stubaf. Bieberstein [sic] um einen Ehrenzeichenträger handelt, bei dem Höheren SS- und Polizeiführer, SS-Obergruppenführer Prützmann, nachzufragen, ob eine derartige disziplinare Ahndung bei einem Ehrenzeichenträger statthaft sei oder ob irgendwelche Gründe, selbst bei Unterstellung eines militärischen Ungehorsams, dagegen sprechen.
>
> Die Adjutantur von dem Höheren SS- und Polizeiführer, Leutnant D., teilte mir mit, dass nach Auskunft von SS-Obergruppenführer Prützmann als auch von dem Untersuchungsrichter, SS-Sturmbannführer H. keinerlei Bedenken gegen eine derartige disziplinarische Ahndung bestehen. Die höchstzulässige Bestrafung begrenze sich auf 4 Wochen. Träger des Ehrenzeichens würden ungeachtet nach Schwere des Vergehens bestraft.“[746]

Die Auskünfte des SS-Obergruppenführer und Generals der Waffen-SS und der Polizei Hans-Adolf Prützmann bezogen sich auf das Militär-Strafgesetzbuch (MStGB.) für das Deutsche Reich vom 20. Juni 1872. Im dortigen § 92 heißt es:

> „Ungehorsam gegen einen Befehl in Dienstsachen durch Nichtbefolgung oder durch eigenmächtige Abänderung oder Überschreitung derselben wird mit Arrest bestraft.“[747]

Mit Verfügung vom 26. Juni 1943 verhängte daher SS-Gruppenführer Dr. Thomas (BdS) über Biberstein eine Strafe von „10 Tagen verschärften Arrests“[748] gemäß § 10 A Mob. DBC. Der gesamte Vorgang wurde unter der Nr. 3210 in die Strafliste eingetragen, die damit Bestandteil der Personalakte Bibersteins wurde.[749] Zwei Wochen später erschien Dr. Thomas jenes Strafmaß offenbar zu hoch, sodass er am 11. Juli 1943 ein Schreiben an den Chef der Sicherheitspolizei und des SD,

---

[746] Der Befehlshaber des Sicherheitsdienstes und des SD für die Ukraine, I D – 3250/43, I D – 3250/43, Kiew den 25.6.1943, Vermerk der Adjutantur, BArch (ehem. BDC), SSO, Biberstein, Ernst, 15.2.1899.

[747] Militär-Strafgesetzbuch für das Deutsche Reich. Vom 20. Juni 1872. Sechster Abschnitt: Strafbare Handlungen gegen die Pflichten der militärischen Unterordnung, § 92.

[748] Der Befehlshaber des Sicherheitsdienstes und des SD für die Ukraine, I D – 3250/43 an SS-Sturmbannführer Ernst B i b e r s t e i n, z. Zt. beim BDS für die Ukraine in K i e w, Verfügung vom 26.6.1943, [Sperrdruck und Unterstreichung im Original], BArch (ehem. BDC), SSO, Biberstein, Ernst, 15.2.1899.

[749] Personalien, BArch (ehem. BDC), SSO, Biberstein, Ernst, 15.2.1899.

SS-Obergruppenführer Dr. Kaltenbrunner, sandte,[750] in welchem er eine Strafaussetzung mit folgender Begründung vorschlug:

> „Mit Rücksicht darauf, daß die von SS-Sturmbannführer Biberstein vorgebrachten Gründe für sein Verhalten glaubhaft erscheinen und er im übrigen aus der Sicherheitspolizei ausscheidet, schlage ich vor, die Strafe nicht mehr zu vollstrecken. Beiliegend übersende ich die Unterlagen in dieser Sache."[751]

Erst einen Monat später, d. h. am 10. August 1943, erhielt Dr. Thomas auf jenen Vorschlag eine positiv lautende Antwort aus dem Reichssicherheitshauptamt (RSHA).[752] Dennoch sollten kriegsbedingt noch fast neun weitere Monate vergehen, bis Biberstein von seinem neuen Arbeitgeber, dem Reichsministerium des Innern Heinrich Himmler,[753] zu einem neuen Einsatz beordert werden konnte.

7 Beamter in der inneren Verwaltung des Reichsministeriums des Innern

Nach Durchführung des Abtransportes des Rest-Kommandos zum Bandeneinsatz in das in der West-Ukraine gelegene Kremenez (poln. Krzemieniec) sowie nach Abschluss des Untersuchungsverfahrens in Kiew konnte Biberstein am 19. Juni 1943 nach Oppeln/Oberschlesien zu seiner Familie zurückkehren. Wenige Tage später suchte er weisungsgemäß sowohl das Reichssicherheitshauptamt (RSHA) auf als auch die Personalabteilung des Reichsministeriums des Innern. Dort erhielt er die schriftliche Bestätigung seiner Übernahme in die allgemeine innere Verwaltung. Gleichzeitig wurde ihm mitgeteilt, dass er „vorgesehen sei für einen Einsatz in der Zivilverwaltung in Italien."[754] Dennoch konnte Biberstein seinen dortigen Dienst erst Ende Februar 1944 antreten. Das hatte unterschiedliche Gründe. Nach Abschluss der disziplinarrechtlichen Untersuchung wegen „passiven militärischen Ungehorsams" am 19. Juni 1943 hatte das Referat I D 1 (Dienststrafsachen) im

[750] Nach Heydrichs Tod am 4. Juni 1942 hatte zunächst Himmler selbst dessen Funktion kommissarisch übernommen bis er dann am 30. Januar 1943 Dr. iur. Ernst Kaltenbrunner zum Chef der Sicherheitspolizei und des SD sowie zum Leiter des Reichssicherheitshauptamtes (RSHA) ernannte.

[751] Der Befehlshaber des Sicherheitsdienstes und des SD für die Ukraine, 3250/43, g. an den Chef der Sicherheitspolizei und des SD, SS-Obergruppenführer Dr. Kaltenbrunner – persönlich – Schreiben vom 11.7.1943, BArch (ehem. BDC), SSO, Biberstein, Ernst, 15.2.1899.

[752] Reichssicherheitshauptamt, Disz.: Nr. 2729 Rei/Ge. an den Der Befehlshaber des Sicherheitsdienstes und des SD für die Ukraine, z. Hd. Von SS-Gruppenführer T h o m a s in Kiew, Schreiben vom 10.8.1943, btr.: SS-Sturmbannführer Ernst B i b e r s t e i n. Bezug: Dortiges Schreiben vom 11.7.1943 – I D – 3250/43 g., Anlage:1 Handakte – I D 3250/43 [Sperrdruck und Unterstreichung im Original], BArch (ehem. BDC), SSO, Biberstein, Ernst, 15.2.1899.

[753] Hitler hatte Dr. Wilhelm Frick am 20.8.1943 als Reichsinnenminister abgesetzt und Himmler mit jenem Amt betraut.

[754] Zeugeneinvernahme Biberstein, StAN, Rep. 501, KV-Prozesse, Fall 9, A 34-35, S. 2907.

Reichssicherheitshauptamt (RSHA) mit Schreiben vom 17. August das Referat I D 2 (SS-Disziplinarsachen) um die Zusendung einer Abschrift der Strafverfügung ersucht.[755] Wie sich herausstellte, war eine Disziplinarstrafverfügung seitens des Befehlshabers der Sicherheitspolizei und des SD in der Ukraine (BdS) bisher nicht erstellt worden.[756]

In den Folgemonaten schrieb das Reichsicherheitshauptamt (RSHA) vergeblich Dr. Thomas an mit der Bitte um Zusendung der Strafverfügung in dreifacher Ausfertigung, so am 6. Oktober, 10. November und 29. Dezember 1943.[757] Jedoch war dessen Dienststelle und Adresse aufgrund der militärisch desolaten Lage nicht ausfindig zu machen, da der Standort des *Befehlshabers der Sicherheitspolizei und des SD für die Ukraine* sukzessive immer weiter nach Westen verlegt worden war, d. h. zunächst von Kiew über Rowno nach Lemberg, dann weiter nach Österreich, bis Dr. Thomas – der sich offenbar heimlich von seinem Gruppenstab abgesetzt hatte – endlich am 24. Februar 1944 in Tirol ausfindig gemacht werden konnte. Mit Datum vom 21. März 1944 wurde dann die Strafverfügung aus Hollenburg/Niederdonau (Gemeinde Krems) dem Referat I D 2 des Reichssicherheitshauptamtes zugeleitet, und am 6. April 1944 wiederum wurde Bibersteins Disziplinarakte dem Reichsführer-SS/SS-Personalamt in Müncheberg/Mark, Landkreis Märkisch-Oderland, „zur Ablage" übersandt.[758] Jener Vorgang belegt, dass mit Bezug zur Einsatzgruppe C durchaus nicht von einem „geordneten Rückzug" ausgegangen werden kann. Dementsprechend lässt sich auch die desolate Quellenlage im Hinblick auf die Einsatzgruppe C und deren Kommandos sowie auf die gesamten Besatzungsverhältnisse in der Ost-Ukraine als eine Folge des überhasteten Rückmarsches des Gruppenstabes der Einsatzgruppe C bzw. des Befehlshabers der Sicherheitspolizei und des SD (BdS) erklären.

7.1 Beorderung zum Einsatz in das Adriatische Küstenland 1944

Nachdem das Disziplinarverfahren wegen des „Verdachts des passiven militärischen Ungehorsams" nach fast einem Jahr endlich abgeschlossen werden konnte, erhielt Biberstein mit Datum vom 16. Februar 1944 einen Schnellbrief des Reichs-

[755] Referat I D 1 – 1653/43 – 372 – 2 – an das Referat I D 1, Schreiben vom 17.8.1943, BArch (ehem. BDC), SSO, Biberstein, Ernst, 15.2.1899.

[756] Befehlshaber der Sicherheitspolizei und des SD in der Ukraine, im Auftrag SS-Untersturmführer K. an das Reichssicherheitshauptamt – I D 2 in Berlin, Schreiben vom 8.9.1943, BArch (ehem. BDC), SSO, Biberstein, Ernst, 15.2.1899.

[757] Der Chef der Sicherheitspolizei und des SD, Schreiben vom 6.10.1943, 10.11.1943, 29.12.1943, BArch (ehem. BDC), SSO, Biberstein, Ernst, 15.2.1899.

[758] Der Chef der Sicherheitspolizei und des SD – der Untersuchungsführer – an den Reichsführer-SS – SS-Personalamt – in Müncheberg/Mark, Schreiben vom 6.4.1944, BArch (ehem. BDC), SSO, Biberstein, Ernst, 15.2.1899.

ministers des Innern.[759] Jenes Schreiben, das ihm über den damaligen Chef der Sicherheitspolizei und des SD, Dr. iur. Ernst Kaltenbrunner, zugeleitet worden war, beinhaltete Bibersteins Abordnung zu einem Einsatz in der Operationszone *Adriatisches Küstenland* und hatte folgenden Wortlaut:

> „Im Einvernehmen mit dem Chef der Sicherheitspolizei und des S. D. ordne ich Sie für einen Einsatz in der Operationszone „Adriatisches Küstenland“ zum Obersten Kommissar, Gauleiter und Reichsstatthalter Rainer, in Triest ab. Sie wollen sich nach Entbindung von Ihren Dienstgeschäften umgehend nach Klagenfurt begeben, wo Sie bei der Reichsstatthalterei weitere Weisung erhalten werden.“[760]

Eine Abschrift des Schreibens erging jeweils an den Regierungspräsidenten in Oppeln/ Oberschlesien sowie an den Chef der Sicherheitspolizei und des SD im Reichssicherheitshauptamt (RSHA). Über den Grund jener Abordnung liegt kein Quellenmaterial vor. Da in der SS-Personalakte diesbezüglich kein Ringtausch erwähnt wird, ist davon auszugehen, dass Biberstein als Reichsbeamter einer *vakanten* Planstelle in der allgemeinen inneren Verwaltung zugewiesen wurde, die seinem Rang als Oberregierungsrat und der entsprechenden Besoldungsgruppe entsprach.

7.2 Tätigkeit im Wirtschaftsreferat des Obersten Kommissars

Zu Bibersteins Tätigkeit in der Operationszone „Adriatisches Küstenland“ liegen keine amtlichen Dokumente vor, zumal die im Reichsministerium des Innern geführte Personalakte für Reichsbeamte offenbar nicht erhalten geblieben ist. Insofern muss sich die Beschreibung der dortigen Dienstobliegenheiten auf die im Nürnberger Einsatzgruppenprozess getätigten Aussagen beschränken.

In Triest war Biberstein als Beamter der damaligen Zivilverwaltung der Wirtschaftsabteilung des Obersten Kommissars der *Operationszone Adriatisches Küstenland*, des SS-Obergruppenführers Dr. iur. Friedrich Rainer, zugewiesen worden. Innerhalb jener Wirtschaftsabteilung gehörte er zur *Unterabteilung für Schwarzhandel*, wie er dem US Military Tribunal II in Nürnberg am 21. November 1947 erläuterte.

> „Diese Unterabteilung Schwarzhandel war das Zentralorgan der Obersten Kommissare, das in Zusammenarbeit mit allen für die Schwarzhandelsfragen arbeitsmäßig zuständigen deutschen und italienischen Dienststellen die allgemeinen Richtlinien zu bearbeiten hatte.“[761]

---

[759] Reichsminister des Innern war zu jenem Zeitpunkt Heinrich Himmler, der das Amt vom 24. August 1943 bis zum 29. April 1945 innehatte.

[760] Der Reichsminister des Innern III 1 A 287 VII/43 an den SS-Sturmbannführer Herrn Oberregierungsrat Biberstein in Oppeln, Stapo, BArch (ehem. BDC), SSO, Biberstein, Ernst, 15.2.1899. In der Anlage zu oben genanntem Schreiben wird Bibersteins Privatanschrift in Oppeln mitgeteilt.

[761] Zeugeneinvernahme Biberstein, StAN, Rep. 501, KV-Prozesse, Fall 9, A 34-35, S. 2908.

Da Biberstein über ein Jahr in jener Wirtschaftsabteilung tätig war, d. h. von Anfang April 1944 bis zum 29. April 1945,[762] ist kaum vorstellbar, dass er für die Erarbeitung der von ihm genannten Richtlinien einen derart langen Zeitraum benötigt hatte. Daher ist auch zu erwägen, ob er vielleicht in Zusammenhang gebracht werden könnte mit der Einweisung von Personen in das berüchtigte KZ *Risiera di San Sabba* vor den Toren der Stadt Triest, wenngleich das quellendokumentarisch nicht belegt werden kann. Immerhin wurden zu jener Zeit Delikte wie „Schwarzhandel" mit der Todesstrafe geahndet.

Im Hinblick auf die Entstehung der *Operationszone Adriatisches Küstenland* ist zu vermerken, dass nach der Landung der Alliierten in Süditalien im Juli 1943 und der Kapitulation Italiens am 8. September des gleichen Jahres zwar der Süden Italiens befreit wurde, hingegen der Norden mit seinem hohen jüdischen Bevölkerungsanteil als neuer faschistischer Satellitenstaat unter der Bezeichnung *Repubblica Sociale Italiana* unter der Besatzung deutscher Einheiten verblieb. Im Zuge jener politisch-militärischen Entwicklung wurden die im Norden gelegenen sechs Küstengebiete der Adria zur *Operationszone Adriatisches Küstenland* (OZAK) zusammengefasst. Zum Chef der deutschen Zivilverwaltungen jener OZAK wurde der Reichsverteidigungskommissar (RVK) und SS-Obergruppenführer Dr. Friedrich Rainer ernannt, der somit ab April 1943 Bibersteins Dienstvorgesetzter war.

Bild 52: Das gesprengte Gebäude des Krematoriums des KZ *Risiera di San Sabba*. Aufnahme vermutlich 1945. (Quelle: Civio Museo delle Risiera di San Sabba – Civii Musei di Storia ed Arte).

Im Oktober 1943 hatten die Nationalsozialisten in einem Vorort von Triest in dem Gebäude einer alten Reismühle das berüchtigte KZ „Risiera di San Sabba" errichtet, in dem vom 20. Oktober 1943 bis zum Frühjahr 1944 etwa 25.000 Ju-

[762] Ebd.

den und 3.000 bis 4.000 Partisanen durch Gaswagen getötet und in dem dortigen Krematorium verbrannt wurden. Erst beim Abmarsch der deutschen Besatzung am 29. April 1945 ließ die SS den Schornstein jenes Krematoriums sprengen, um auf diese Weise die Spuren der Massenexekutionen zu verwischen.[763] (Bild 52).

7.3 Flucht ins Reich, Gefangennahme und Internierung

Als die deutsche Besatzungsmacht sich am 29. April 1945 aus der Operationszone Adriatisches Küstenland zurückziehen musste, hatte auch Biberstein weisungsgemäß mit den letzten NS-Reichsbeamten Triest verlassen und war über Klagenfurt ins Reich geflüchtet.[764] Nach seiner Rückkehr in seine Heimatstadt Neumünster in Schleswig-Holstein wurde er dort am 1. Juli 1945 von den Briten als mutmaßlicher NS-Verbrecher gefangen gesetzt.[765]

[763] Zur Geschichte des KZs: Stiftung Denkmal für die ermordeten Juden Europas: Gedenkstättenportal zu Orten der Erinnerung in Europa. Triest: Gedenkstätte Risiera di San Sabba. Ebenso: Das KZ *„Risiera di San Sabba"*, in: http://www.deathcamps.org/sabba/indexd.html; 20.08.2015.

[764] Zeugeneinvernahme Biberstein, StAN, Rep. 501, KV-Prozesse, Fall 9, A 34-35, S. 2908.

[765] Personal Data Sheet, Ernst Biberstein, Office of the U. S. Chief of Counsel/ Subsequent Proceedings Division, p. 1-3, Anlagen zu Interrogation Nr. 1499-A, Zeugeneinvernahme des Ernst Emil Heinrich Biberstein durch Mr. Wartenberg am 29. Juni 1947, 10.00-11.15 Uhr auf Veranlassung von Mr. Walton und Glancy, StAN, Rep. 502, KV-Anklage, Interrogations, B-75, S. 1-16, hier S. 7.